DOCUMENTS HISTORIQUES

SUR LA MAISON

DE GALARD

IMPRIMERIE J. CLAYE
RUE SAINT-BENOIT 7

LABOR

PARIS

DOCUMENTS HISTORIQUES

SUR LA MAISON

DE GALARD

RECUEILLIS, ANNOTÉS ET PUBLIÉS

PAR

J. NOULENS

TOME PREMIER

PARIS

IMPRIMERIE DE J. CLAYE

RUE SAINT-BENOIT

1871
1872

INTRODUCTION

———

L'abondante moisson de documents historiques dont je commence aujourd'hui la publication est le produit de six années de recherches dans les bibliothèques et les dépôts manuscrits, soit de Paris, soit des départements. Mon mérite est donc bien mince, puisqu'il se réduit à une énergique volonté de découverte, à une longue patience, prouvées par la variété des sources où j'ai puisé mes matériaux diplomatiques et autres. Le but de mes efforts était de révéler le passé d'une illustre race, dans tous ses détails et sous tous ses aspects, pour démontrer le profit que pourrait retirer l'histoire générale de ces investigations, qui, de prime abord, ont une apparence d'intérêt particulier. On peut mesurer, à la clarté des titres qui composent ce volume et les suivants, le degré d'influence exercée sur

a

la société du moyen âge par le pouvoir royal et seigneu-
rial, l'autorité ecclésiastique, la puissance consulaire.
La monarchie et les trois ordres s'y manifestent dans
leurs formes les plus diverses, avec leurs caractères
fondamentaux. Ce n'est pas tout : des études comme
celles-ci aident à restaurer la religion perdue du foyer,
représentée autrefois par les dieux lares, les pénates,
les *dii manes*. Son culte n'est pas, comme on l'a cru,
une transmission de l'orgueil féodal, il remonte plus
haut, il provient des républiques de l'antiquité.

La revue des morts que nous allons passer est donc
un moyen de renouer des relations avec ceux qui ont
cessé d'être, de raccorder, par une chaîne mystérieuse
d'amour, les générations éteintes et vivantes. Par ces
travaux commémoratifs, en effet, les descendants peuvent se mettre en contact sympathique avec leurs
devanciers, les voir et les connaître, malgré la distance
des temps et l'obscurité des tombeaux.

En suivant la trace lumineuse laissée par la maison
de Galard à travers les annales du midi, il est facile de
remonter jusqu'en 1062. A cette limite du passé, la
haute origine des sires de Galard s'abîme dans les pro-
fondeurs des âges. Je vais à ce sujet laisser parler plusieurs autorités spéciales et garder pour mon compte
un silence à peu près absolu.

L'abbé de Lespine, dont le scrupule égalait l'érudition, a consacré deux pages précieuses à l'examen de deux chartes, l'une de l'année 1011, l'autre de 1062. Ce commentaire rend transparentes les brumes du XIᵉ siècle et laisse entrevoir, bien plus loin en arrière, l'illustre berceau de la maison de Galard. Voici la pensée textuelle de l'abbé de Lespine, que nous avons relevée au Cabinet des titres dans un fouillis de notes et de transcriptions se rapportant à la race des Galard :

« La généalogie de cette maison imprimée dans le *Dictionnaire de la noblesse,* par La Chesnaye-des-Bois, tome VII, page 18, la fait sortir d'un frère cadet de Gombaud, souverain du Condomois, fils de Sanche-Garcie, duc héréditaire de Gascogne dans le Xᵉ siècle et père de Hugues, dernier comte de Condomois, qui était en même temps évêque d'Agen et de Bazas, et qui donna son comté à l'abbaye de Saint-Pierre de Condom, en 1011, au préjudice de ses autres parents. L'auteur de l'*Histoire de l'abbaye de Condom,* publiée par D. Luc d'Achery, dans le XIIIᵉ tome du *Spicilége,* ne fait à la vérité mention que de trois fils du duc Sanche-Garcie, qui sont Sanche-Sanchez, mort sans postérité, Guillaume Sanche qui continua la descendance des ducs de Gascogne, et Gombaud qui fut comte de Condom. Mais le silence de cet auteur ne prouve pas que Sanche-Garcie n'aurait pas eu d'autres enfants. Au reste, quand l'un de ces seigneurs n'aurait eu que ces

trois enfants, on pourrait supposer que la maison de
Galard descend d'un de ces comtes de Gascogne que
Hugues appelle ses parents et dont il fait le dénombrement dans la charte de 1011, que M. de Marca place
un peu plus tard. Voici le passage où M. de Marca
parle de la fondation de l'abbaye de Condom : »

EXTRAIT DE L'HISTOIRE DE BÉARN PAR MARCA.
IN-FOL. LIVRE III, PAGES 234, 235 ET 236.

*Après le décès de Bernard Guillaume, Hugues, évêque
d'Agen, son cousin germain, fit un établissement monastique
dans le lieu de Condom, qui lui avoit été donné en partage,
avec plusieurs autres rentes, justice et domaine, en Agenois et
en Basadois; cet établissement mérite d'être inséré en ce lieu,
non-seulement à cause de la piété dont il usa envers ce couvent, mais aussi parce qu'il est de la maison de Gascogne.
Cet Hugues étoit fils de Gombaut, qui fut père de Guillaume
Sance, et fils de Sance Garcia, car Gombaut fut marié, et,
sa femme étant décédée, fut ordonné évêque, posséda en cette
qualité les évéchés d'Agen et de Bazas, et fut enfin associé par
son frère Guillaume Sance au duché de Gascogne. Or son
fils Hugues fut premièrement establi abbé de Condom et pourveu ensuite des évéchés d'Agen et de Bazas. Il se démit de
celui-ci à Rome entre les mains du pape, retint celui d'Agen
et pourveut de l'abbaye de l'église de Condom un certain
personnage no·nmé Pierre; mais ce fut en faisant un change-*

ment notable en cette église, car, au lieu qu'elle estoit possé-
dée et gouvernée par des clercs et des prêtres séculiers,
l'ayant rebastie, après un embrasement arrivé de son temps,
il la mit sous le gouvernement et la disposition des moines
de l'ordre de Saint-Benoît, afin que Dieu y fût plus saincte-
ment et convenablement servi. Il dota ce monastère, nouvelle-
ment érigé, de tout ce qui lui estoit escheu pour son partage,
sçavoir du lieu de Condom, avec toutes ses dépendances en
Agenois et Basadois, ce qu'il fit avec le consentement exprès
du comte Sancion, autrement Sance Guillaume, de l'évêque
Arnaud et de six vicomtes. Il escrit qu'il a été porté à faire
cette gratification pour le remède de son âme et de celle de
ses parents, sçavoir Garcia Sans le comte, et son fils Sans
Garcia, comte, et Guillaume Sans, comte, et Gombaut, évêque,
et Guillaume, comte, et Garcia, comte, et Bernard-Guillaume,
comte, et la comtesse Garcia... « *Nos, pro obedientia tradita,*
et remedio animæ meæ, meorumque parentum, id est Garciæ
Sans, comitis, et filii sui Sans Garciæ, comitis, et Guillelmi
Sans, comitis, et Gombaldi, episcopi, et Guillelmi, comitis, et
Garciæ, comitis, et Bernardi Guillelmi, comitis, et Garciæ,
comitissæ. »

Marca a négligé des parties essentielles de la charte
de 1011 en résumant son texte. Dans ce monument, en
effet, Hugues, évêque d'Agen et comte de Condomois,
ayant reconstruit le monastère de Condom, le dote au
détriment de ses successeurs selon la chair. Il ordonne

que la totalité de son héritage soit recueillie par le
Christ et l'église Saint-Pierre dont la réédification est
son œuvre. Il insiste sur l'exclusion de sa parenté, qui
ne peut et ne doit jamais revendiquer la moindre par-
celle de ses apanages. Si quelqu'un de ses proches venait
à transgresser ses prescriptions, malgré l'élévation de
son rang, il veut qu'il n'ait aucune part aux bénédictions
de Sem et de Japhet, qu'il soit maudit et esclave
comme Cham, qu'il perde sa fortune avec son âme,
qu'enfin il soit anathème! Nous confinons en note la
reproduction *in extenso* de cet acte emprunté au *Gallia
christiana* [1].

1. LITTERÆ HUGONIS, EPISCOPI, PRO FUNDATIONE ABBATTIÆ CONDO-
MENSIS.

In nomine summæ et individuæ Trinitatis, ego Dei gratia episcopus
Hugo secundum transitoriæ nobilitatis gradum alto florens germine parentum, et pro illo deciduo putrescentis carnis flore terreno sublimatus honore,
infra pectoris armarium sæpius volvebatur illud Salomonicum : Quanto
gradus altior, tanto casus gravior. Et dum hoc sollicita meditatione mecum
agerem, et omnem sæcularis dignitatis ordinem de die in diem, in pejus
declinando deficere viderem, paululum confidens in tam fragili flore nobilitatis, qui tam cito amittit honorem suæ viriditatis, perterruit me illud testimonium Esaiæ : Omnis caro fenum, et omnis gloria ejus quasi flos feni. Et
illud : Exsiccatum est fenum, et cecidit flos; verbum autem Domini manet
in æternum. Ad hæc quotidie illo admonebar exemplo quod David profert
in psalmo : Homo sicut fenum dies ejus, tamquam flos agri sic efflorebit.
Et hoc quod sequitur : Quoniam spiritus pertransibit in illo, et non sub-
sistet, et non cognoscet amplius locum suum, et cetera. His ergo et hujusmodi Scripturarum testimoniis aliquantulum correctus, ea quæ mihi contulit
benevolentia parentum ad radicem sæcularis honoris propagandam, illuc
decrevi ut deportarentur ubi fures non effodiunt, nec furantur, *et ob pro-*

La charte de l'an 1062, relative à l'extraction primitive des Galard, a été également interprétée par

missa centupla retributionis Deo disposui conferre. Salubrius mihi et illis existimans secundum Deum consulere, si hoc quod contulerant pro amore carnis peccati et vitii fomentum, per me sanctæ Dei Ecclesiæ produceretur in augmentum. Sed ut hoc convenienter posset fieri, *et ne ulla in posterum tempus meis parentibus servaretur occasio, hoc disponere volui communi consilio, et plurimorum provincialium confirmare testimonio.*

Anno igitur dominicæ Incarnationis M. XI. glorioso Henrico Romanam urbem imperante, Rothberto autem Franciam regente, sedi vero apostolicæ, summæ sanctitatis viro Benedicto præsidente, apud provinciam Vasconiam Sanctione illustri viro ducatum obtinente : ego supra nominatus *Ugo, licet immeritus præsul, secundum lineam carnis eidem duci propinquus* et affinis, inito consilio cum eodem duce, et provincialibus episcopis, et abbatibus, ceterisque terræ principibus, id est, Arnaldo episcopo et Arnaldo vicecomite, et cum conjuge sua, eorumque filio Arnaldo, ejusque conjuge Adalias, Bernardo vicecomite, et Arnaldo Lupo vicecomite, Amnardo, Gauzelmo, Arhuino, Gauselmo alio vicecomite, aliisque bonis hominibus, qui in præsentia aderant, terrenis postpositis heredibus, *omnis meæ possessionis Christum heredem feci,* et secundum Psalmistam : Elegi abjectus esse in domo Dei mei, magis quam habitare in tabernaculis peccatorum. *Omnem itaque portionem meæ hereditatis, quam in pago Leumaniæ libere et absolute et absque ulla parentum occasione possedi, Domino Deo, principique apostolorum Petro, sedique Romanæ in conspectu plurimorum dedi ; in primis ecclesiam sancti Petri, et locum Condomus, quod interpretatur quasi domus sublimis, cum omnibus appenditiis.*

Et ut hoc donum apud Deum semper esset in memoria, placuit mihi, seu duci Sanctioni, vel aliis principibus terræ, clericos sæculariter et absque regulari disciplina ibi degentes penitus amovere, et monachos Deo jugiter servientes, et sub regulari jugo militantes in illorum loco secundum instituta vel monita sancti Benedicti ibi ordinare, et hoc jussu et apostolica auctoritate firmare. Ad hoc omnium commune votum idonee perficiendum, quemdam nostrum filiolum, nomine Petrum, divinitus nobis collatum, virum

l'abbé de Lespine. On la trouvera en tête des documents qui constituent ce volume. Nous l'avons déta-

omni virtute probatum, apostolica auctoritate ut præesset ceteris in loco patris constituimus, abbatemque secundum instituta patrum benediximus. Quem etiam ut jugum Christi suave, et onus ejus leve aliis regulariter imponeret, paterna ammonitione submonuimus. Monachos vero, ut sibi quasi patri et seniori in omnibus obedirent, devote postulavimus, insuper anathematis lege indiximus.

Sed quia pleraque loca maxima calamitate obpressa audivimus, et jam omnino desolata nostris temporibus vidimus, ob hoc præcipue quia aliquanti sub specie regiminis usurpantes sibi dominium, dum ab aliis defendere debent locum, ipsi pessimum et abominabilem immittunt usum, assiduis comestionibus bona loci turpiter consumentes, inportuneque supervenientes, non familiariter, sed hostiliter hospitantes; et quod his omnibus est intolerabilius, vendunt abbatias ipsis abbatibus : et hoc fit quod ipsi non in loco spiritualium patrum ceteris præesse videntur, sed bonis quæ comparantur turpiter dominando abutuntur, et inde gravia scandala in monasteriis oriuntur. Nos ab illa simoniaca hæresi declinantes, et quæ Dei sunt, Deo reddentes, pro obedientia tradita et remedio animæ meæ meorumque parentum, item Garsiæ Sanctii comitis, et filii sui Sanctii Garsiæ comitis, et Guillermi Sanctii comitis, et Gumbaldi episcopi, et Guillelmi comitis, et Garsiæ comitis, et Bernardi Guillermi comitis, et Urachæ comitissæ, et ceterorum tam vivorum quam defunctorum : *Ita ordinamus et constituimus ut ipse locus, scilicet Condomus, tali libertate sit condonatus, ut ex hac die in deinceps nullus meorum heredum sit particeps :* quidquid ad nos pertinere usque huc videbatur, ad solvendum pertineat, ipseque cum ceteris suis fidelibus, quorum nomini adscribitur, amodo in perpetuum possideat. Monachi autem ibi Deo servientes nulli sæculari personæ propter honorem loci respondeant, nec comiti, vel episcopo, aut ceteris coacti aliquod servitium faciant, excommunicationem espiscopi non timeant, nisi rationabili causa existente legalem esse cognoscant : sed et hanc libertatem semper habeant, ut abbatem ex se ipsis eligant; omnino tamen prohibemus ne quis pretio inter eos honorem adipisci velit, quia Apostolus dixit : Qui dat et qui recipit, anathema sit.

Hanc igitur nostram descriptionem, et apostolicæ auctoritatis confirma-

chée de l'*Histoire de Béarn*, par Marca, note des pages
305 et 306. On peut observer, pour la première fois,

tionem si quis meorum heredum infringere voluerit, et Deo suisque fide-
libus, vim inferre et nostro dono studuerit, ullus cujusquumque ordinis
sit, qui violare velit, cum Sem et Japhet non habeat partem benedic-
tionis, sed cum Cham servo servorum mercedem recipiat maledictionis,
et cum omni sua possessione perditioneque animœ incurrat sententiam
Sodomœ et Gomorrœ, fiat, fiat anathema, maranatha †. Hæc descriptio
acta est IV Kal. Augusti, Ugone episcopo, et Sanctione duce jubente, Domino autem sine fine regnante. Amen, amen, amen. » (*Gallia christiana,*
— instrumenta —, t. II, col. 437–439.) — Il existe une erreur chronologique
d'une année dans cet acte. Benoît est désigné comme pape en 1011; or il ne
fut élu qu'en 1012. Il doit manquer, comme l'a soupçonné Marca, un chiffre
quelconque à la date ci-dessus.

TRADUCTION DE L'ACTE PRÉCÉDENT.

Au nom de la sainte et indivisible Trinité, moi, Hugues, par la grâce
de Dieu, évêque, issu d'une race florissante, mais d'une grandeur fugitive,
et porté au faîte des honneurs par le privilége de cette chair corruptible
qui passera comme la fleur des champs, souvent je repassais dans le secret
de mon cœur cette sentence de Salomon : « Plus vous serez élevé, plus sera
« grande votre chute. » Livré à ces profondes méditations, et voyant de
jour en jour disparaître tout l'éclat de cette noblesse séculaire qui n'avait
plus pour moi qu'une fragile espérance, car elle avait perdu toute sa force,
je fus effrayé de ce passage d'Isaïe : « Toute chair n'est que de l'herbe, et
« toute gloire est comme la fleur des champs... »

Rentré en moi-même par la méditation de ces textes divins, j'ai résolu
de reporter là où elles sont à l'abri des voleurs les richesses que mes
ancêtres m'avaient léguées pour soutenir l'éclat de ce nom antique, et de les
donner à Dieu qui promet de rendre au centuple des richesses au ciel...

C'est pourquoi, l'an de l'incarnation du Verbe M. XI., le glorieux
Henri étant roi des Romains, Robert roi des Français, Benoît pontife souverain, Sanction duc de Gascogne, moi, Hugues, évêque indigne, tenant

dans cette charte, le prénom de Garsie-Arnaud, si
habituel à la famille ducale de Gascogne, suivi de

à ce même duc par les liens du sang, après avoir pris conseil de lui, des
évêques et des abbés de la province, et des autres princes de Gascogne,
c'est-à-dire d'Arnaud évêque, d'Arnaud vicomte... et des autres seigneurs
qui étaient présents, *laissant de côté tous mes héritiers selon la chair,*
j'ai fait le Christ mon unique héritier selon les paroles du Psalmiste :
« J'aime mieux être le dernier dans la maison de mon Dieu que d'habiter
« sous la tente des pécheurs. » C'est pourquoi tout ce que je possède dans
la Lomagne librement et sans l'entremise d'aucun de mes proches, je le
donne à Dieu, au prince des apôtres et à l'Église, et premièrement l'église
de Saint-Pierre et le lieu appelé Condom, qui signifie maison élevée, avec
toutes ses appartenances.

Et afin que Dieu ait toujours ce même don pour agréable, j'ai résolu,
de concert avec le duc Sanction et les autres princes, d'éloigner entièrement
de ce monastère les clercs qui y vivaient séculièrement et sans discipline,
pour y mettre à leur place des moines de l'ordre de Saint-Benoît, et de faire
confirmer cette résolution par le souverain pontife. Et pour le parfait accomplissement de toutes ces choses, nous avons donné le gouvernement de ce
monastère à un de nos filleuls que Dieu nous avait réservé dans sa providence, homme d'une rare vertu nommé Pierre, et nous lui avons donné la
bénédiction abbatiale. Nous l'avons paternellement averti de ne pas faire
peser sur les autres religieux le joug du Seigneur, mais de le leur rendre
doux, et son fardeau léger. Nous avons aussi conjuré les autres religieux de
lui obéir en tout, comme à un véritable père.

Mais nous voyons, de nos jours, la désolation régner presque partout
et la plupart des monastères frémir sous une effroyable calamité. Quelques-
uns, en effet, sous prétexte de les gouverner, en usurpent l'administration,
et, au lieu de les défendre contre les étrangers, ils y introduisent des coutumes perverses, consumant tous les revenus en de perpétuels festins. S'il
se présente quelque voyageur importun, au lieu de le recevoir avec bien-
veillance, ils le traitent en ennemi; et, ce qu'il y a de plus déplorable, ils
vendent les abbayes à des abbés de cette sorte. Ceux-ci pourraient-ils faire
ressentir aux autres moines les bienfaits d'un gouvernement religieux et

l'appellatif patronymique DE GOUALARD OU DE GUALIAR,
plus conforme au vieux texte de 1062, dont certaines
phrases impliquent cousinage entre les de Galard et

paternel ! Non, sans doute; mais par une administration perverse ils dissipent les biens de la maison, et bientôt le scandale règne dans le monastère. Pour nous, ayant en abomination cette coupable simonie, et voulant rendre à Dieu ce qui appartient à Dieu, nous avons tout réglé selon les lois de la sainte obéissance et pour le salut de notre âme, de celle de tous nos proches, Garcie Sanche, comte, son fils Sanche Garcie, Guillaume Sanche, Gombaud, évêque, Guillaume Garcie, Bernard Guillaume et son épouse Urague, et tous les autres vivants et décédés. *Nous voulons que ce lieu de Condom soit donné avec telle franchise que, dès ce jour et à jamais, aucun de nos héritiers ne puisse en réclamer la moindre part...* Nous voulons que les moines n'aient à rendre compte du gouvernement de la maison à aucune personne séculière, ni à comte, ni à évêque, ni à qui que ce soit, et qu'ils ne puissent être obligés à aucune servitude ; qu'ils ne craignent point l'excommunication épiscopale, à moins que la légalité n'en soit reconnue ; qu'ils aient la liberté de prendre toujours un abbé parmi eux, leur défendant toutefois de jamais briguer cette charge ou de l'acheter au prix d'or; car ils entendraient l'apôtre leur crier : « Celui qui « donne et celui qui reçoit, qu'il soit anathème ! » Cette charte de notre donation, et la confirmation apostolique qui lui sera donnée, *si jamais aucun de nos héritiers venait à l'enfreindre, si jamais il exerçait quelque violence envers Dieu ou contre ses fidèles serviteurs, quel qu'il soit qui se rende coupable de cette violence, à quel rang élevé qu'il appartienne, qu'il n'ait aucune part aux bénédictions de Sem et de Japhet, mais qu'il soit maudit comme Cham, et qu'il devienne comme ce coupable l'esclave des esclaves!* qu'il perde son bien avec son âme, et qu'il périsse à jamais sous les ruines de Sodome et de Gomorrhe! Fiat, fiat anathema! maranatha! †. Cette charte a été faite le 4 des calendes d'août, Hugues étant évêque, Sanction, duc, y consentant, Dieu régnant éternellement. Amen, amen, amen. (*Histoire religieuse et monumentale du diocèse d'Agen*, par l'abbé Barrère, 1855, in-4°, tome Ier, pages 214-217.)

Centulle, vicomte de Béarn. Le frère de ce dernier, Hunaud, vicomte de Brulhois, fit cession de toutes les églises réparties dans ses domaines au monastère de Moissac, dont il était abbé. Cette libéralité lui fut dictée par le désir d'attirer les grâces célestes sur son âme, celles de son père Roger, de sa mère Aladin, de son frère Hugues, de son oncle Saxeton et de tous ses parents.

Dans cet acte, d'un caractère purement domestique, on remarque quatre signataires ou quatre garants, évidemment liés par une étroite consanguinité. Ce sont : Hunaud, le donateur, Aladin, sa mère, Hugues, vicomte, son frère, et Garcie-Arnaud, surnommé *Gualiar*, c'est-à-dire Gualard ou Galard.

La phrase finale, où ces quatre personnages se trouvent seuls groupés, mérite ici transcription : « Ego ipse Hunaldus propria manu decrevi; firmavit etiam viva voce Aladain, mater mea; Hugo, vicecomes, frater meus, signavit; GARSIA ARNAL, cognomento GUALIAR, signavit. »

Pour être ainsi appelé en qualité de caution et admis dans l'intimité de la famille, il fallait vraisemblablement que Garsie-Arnaud de Galard fut un de ses proches.

L'abbé de Lespine fait à ce sujet la remarque suivante, qui nous semble d'une importance capitale pour l'antique et illustre origine de la maison de Galard :

« Le plus ancien seigneur de Galard, dont le souvenir soit parvenu jusqu'à nous, est Garsias ou Garsie-Arnaud, surnommé GUALIAR (Guallar), qui souscrivit une charte, datée de la veille des ides de janvier de 1062, par laquelle Hunaud, vicomte de Brulhois, frère de Centulle, comte de Béarn, entrait en religion à Moissac, en Quercy, dont il devint abbé dans la suite. Il fit don à ce monastère des églises, qui étaient de son héritage dans la vicomté de Brulhois, et notamment de celle de Saint-Martin de Leyrac, et ajoute qu'il fait cette donation pour son âme, celle de son père Roger, de sa mère Aladain (Adélaïde), de Hugues, vicomte, son frère, et de Saxeton, son oncle. Ce Garsie-Arnaud, qui apposa sa signature à cette charte, était sans contredit un de leurs proches parents et allié à leur famille, et le nom de Garsie-Arnaud, si commun parmi les princes de la maison des ducs de Gascogne, ne permet pas de douter qu'il était issu d'un cadet de cette illustre maison. »

Dans une autre note du même abbé de Lespine on trouve, pour la dernière phrase ci-dessus, la variante que voici : « Garsie-Arnaud, qui apposa sa signature avec la mère et le frère du donateur, était probablement leur proche parent, et était, selon toute apparence, un cadet des ducs de Gascogne, qui prit le premier le nom de Galard. Celui de Garsie-Arnaud était commun parmi les princes de la maison des ducs de Gascogne. »

Ces réflexions sur le lointain point de départ de la race des Galard émanent, je le répète, d'un savant autorisé entre tous, de l'abbé de Lespine, professeur à l'École des chartes, et réputé autant que Chérin pour la science paléographique, pour la conscience de ses recherches et la prudence de son jugement.

Ailleurs, le même abbé de Lespine devient encore plus affirmatif; voici le titre qu'il place au-dessus de trois ou quatre notices [1] sur Jean de Galard, baron de Limeuil, et autres membres du même estoc :

« Abrégé de quelques faits intéressants et historiques qui concernent la maison de Galard de Brassac, issue des comtes de Condomois, cadets des ducs de Gascogne [2]. »

La provenance ducale de la race des GALARD est tour à tour affirmée par d'Hozier, par les dictionnaires de Moréri, de La Chesnaye-des-Bois et de Lainé, les *Tablettes historiques*, de Chazot de Nantigny. Avec les

---

1. Manuscrits de l'abbé de Lespine, liasse de Galard, Bibl. de Richelieu, Cabinet des titres. Les deux citations qui précèdent sont de la même source.

2. On trouve la même note dans le fonds Moreau; Bibl. de Richelieu, manuscrits.

témoignages ci-dessus s'accordent le *Gallia christiana*, le *Spicilegium* de D. Luc d'Achery, le *Mercure de France*, etc.

En matière généalogique, et pour des questions aussi délicates, on ne saurait trop déployer et multiplier les preuves. C'est pour ce motif que nous allons transcrire les textes des auteurs ou des ouvrages précités. Commençons par un extrait de la collection d'Hozier :

« La maison de Brassac, du nom de Galard, tire son origine directe, prouvée par contrats de mariage et testaments, de père en fils, des anciens comtes de Condomois, comme on le voit par les archives de l'hôtel de ville de Condom, et même par les vestiges de l'ancien château et demeure desdits comtes, qu'on appelle encore aujourd'hui Tours de Galard, qui sont de vieilles tours sur une colline au-dessus de la ville de Condom [1]. »

Passons maintenant à Moréri :

« GALARD, GALLARD, et quelquefois GOLARD ou GOALARD, maison des plus illustres de Guienne et de Gascogne. Elle tire son nom de la terre de Galard, en Condomois, qu'elle a possédée jusqu'au siècle dernier. La tradition du pays la fait sortir des anciens comtes

---

1. Bibliothèque de Richelieu, manuscrits ; papier portant le timbre de a Bibliothèque du roi et du cabinet de M. d'Hozier.

du Condomois, cadets des ducs d'Aquitaine. Ce qui appuie cette tradition, c'est qu'on a toujours appelé Tours de Galard celles qui sont près de Condom et qui étoient la résidence des anciens souverains de ce pays. On voit encore sur ces tours les mêmes armes que porte la maison de Galard, qui sont : *d'Or, à trois Corneilles de Sable, membrées et becquées de Gueules* [1]. »

Ce dire de d'Hozier et de Moréri a été adopté par Chazot de Nantigny :

« La terre, seigneurie et baronnie de Brassac, en Querci, fut vendue vers l'an 1195 par Guillaume, vicomte de Calvignac, à Raimond III, vicomte de Turenne [2], de la maison duquel elle a passé dans celle de Galard, que son ancienneté et ses alliances font mettre à juste titre parmi les plus illustres de Guyenne. Elle est connue dès le XIe siècle dans le Condomois, où elle a possédé, jusqu'au siècle dernier, la seigneurie et les tours près de Condom, qu'on appelle encore les Tours de Galard, ce qui appuie l'ancienne tradition sur son origine, que l'on rapporte aux comtes de Comdom, issus de ceux de Gascogne [3]. »

Lainé, dont les travaux généalogiques sont estimés

---

1. Moréri, *Dictionnaire historique,* tome V, page 18.
2. Erreur démontrée page 78.
3. Chazot de Nantigny, *Tablettes historiques,* tome IV, page 367.

à juste titre, partage l'avis de l'abbé de Lespine, tout
en étant bien plus explicite :

« DE GALARD DE BÉARN, DE BRASSAC, grande, illustre
et puissante maison qui, selon la tradition, tire son
origine des comtes de Condomois, issus des ducs de
Gascogne, et son nom de la terre de Galard, située
dans le Condomois. Hugues, dernier comte de Condomois, donna son comté à l'abbaye de Saint-Pierre de
Condom, l'an 1011, au préjudice de tous ses autres
parents, comme il le dit dans sa donation, où il comprend les biens qu'il avait dans la terre de Galard.
Les Tours de Galard, qui subsistaient encore avant la
Révolution près de Condom, et sur lesquelles on voyait
les armoiries de cette maison, étaient de l'ancien apanage des comtes de ce pays [1].

« C'est d'un frère de Gombaut, frère de Hugues,
dernier comte de Condomois, que l'on fait descendre

1. Dans le but d'éviter les redites, nous nous abstiendrons d'ajouter aux
extraits ci-dessus ceux presque identiques du *Dictionnaire de la noblesse*
par La Chesnaye-des-Bois (t. VII, p. 18), du *Mercure de France*, juillet
1756, vol. I, p. 232, des *Étrennes de la noblesse*, année 1771, in-8°,
p. 229, année 1772, p. 103.

Le *Gallia christiana*, t. II. col. 960, dit en parlant de Montasin de
Galard : « MONTASINUS DE GOALARD e gente toparcharum de Goalard, Condomiense cœnobio vicina et sæpius infensa natus; » c'est-à-dire, *Montasin de Goalard, sorti de la race des princes ou gouverneurs du
Goalard.* — Voir plus bas les actes relatifs à Montasin, abbé de Condom,
mort en 1247.

la maison de Galard, dont plusieurs seigneurs ont été
successivement bienfaiteurs de l'abbaye de Condom,
depuis 1060 jusqu'en 1247 [1]. »

M. Edmond Bézian, ancien élève de l'École des
chartes, quoique fort sceptique en matière nobiliaire,
s'exprime ainsi dans une correspondance avec un
érudit du Midi, M. Benjamin de Moncade :

« Plusieurs auteurs rattachent l'origine de la maison de Galard à la souche des ducs de Gascogne. Le
sujet initial de leur lignée serait un frère de Gombaud
de Gascogne, père de Hugo, bienfaiteur de l'abbaye
naissante de Condom. Gombaud prit le froc après
mariage et devint évêque d'Agen. Garcie Sanche le
Courbé était son frère. Hugo, comte de Condom et abbé
de Saint-Pierre, en même temps qu'évêque d'Agen,
donna à son abbaye la plus grande partie de ses biens,
et particulièrement ceux qu'il possédait aux environs
de Goalard, à l'exclusion de tous les autres membres
de sa race. Les *Toparques de Goalard* se trouvaient évincés,
puisqu'on donnait des terres environnantes de leur
château. Ils étaient donc de la famille, c'est-à-dire
qu'ils étaient cousins et que leur père était frère de
Gombaud. »

Chérin, le juge d'armes qui eut toujours pour guide

---

1. *Dictionnaire véridique des origines des maisons nobles ou anoblies
du royaume de France,* par Lainé, tome II, pages 36-57.

l'amour de la vérité et ne se prononça jamais que sur pièces extra-authentiques, parle de la race des de Galard dans les termes ci-après :

« La maison de Galard, l'une des plus anciennes et autrefois des plus puissantes de Guienne, a pris son nom d'une terre située au Condomois. L'abbaye de Condom compte un nombre de sujets de cette race parmi ses bienfaiteurs, depuis l'an 1062, et les monuments de l'histoire de France, dans les xiiie et xive siècles, représentent leurs descendants figurant avec les grands vassaux de cette province, soit comme appelés à la défense et au gouvernement de leur patrie, soit comme garants des traités faits entre les rois de France et d'Angleterre [1]. »

Une bulle, confirmant les possessions de l'abbaye de Condom, au xiie siècle, fortifie ce qui vient d'être énoncé touchant l'extraction primitive des DE GALARD. Parmi les donations territoriales faites par Hugues, neveu de Gombaud et évêque d'Agen, se trouve l'église de GALARD avec ses dépendances :

Ex dono Hugonis, quondam Aginnensis episcopi, quid-

---

1. Cabinet du Saint-Esprit : État de la noblesse des de Galard-Béarn, dressé pour obtenir, en faveur de M. le marquis de Béarn, l'honneur de monter dans les carrosses du roi. En marge est écrit de la main de M. de Beaujon : Envoyé par Sa Majesté, le 4 février 1766; et plus bas : *Vu le 3 août* 1774. CHÉRIN.

*quid in pago Leumaniæ et jure patrimonii sui vobis con-
tulit : videlicet ecclesiam quoque de Golard, cum appenditiis
suis*[1].

Le *Gallia christiana* fait sortir les GALARD de la
race des Toparques de Goalard, voisins du monastère de Condom : *Montasinus de Goalard e gente toparcharum de Goalard Condomiensi cœnobio vicina et sœpius
infensa natus*[2]. Or Toparque, d'après le *Glossaire* de
du Cange[3], voulait dire préfet ou gouverneur d'une
région, en basse latinité, et prince ou souverain d'un
lieu (*loci princeps*) durant le moyen âge[4]. Ainsi les
GALARD étaient Toparques du territoire de leur nom
au même titre que les d'Albret l'étaient plus tard
de Sainte-Bazeille[5]. Ce qualificatif impliquait toujours
éminence de rang et d'extraction. Aussi, dès les âges
les plus obscurs, les GALARD apparaissent-ils revêtus
de l'une des plus hautes dignités féodales, de celle de
baron. Ce dernier mot, dit Lévesque, simple latinisation
de l'adjectif *ber* ou *berth* (illustre), est le synonyme bar-

1. On se souvient que Hugues fit toutes ces largesses au grand dommage
de ses parents.

2. MONLEZUN, *Histoire de Gascogne,* vol. VI, pages 394-395.

3. *Gallia christiana,* tome II, col. 960.

4. *Glossarium latinitatis,* conditum a Carolo Dufresne, domino du
Cange, tomus sextus, p. 207.

5. A Francisco d'Albret S. Basiliæ toparcha. (*Gallia christiana,* tome II,
col. 963.)

bare de *princeps*. René Chopin, dans son *Livre du domaine,* donne le titre de baron aux plus puissants *fieffeux du pays,* à ceux qui primaient tous les grands dans la nation [1].

En Bretagne, ceux qui le tenaient avaient droit de préséance sur les vicomtes de Rohan et de Porhoët; en Dauphiné, en Languedoc, en Béarn, en Artois, dans l'assemblée des états, ils suivaient immédiatement les ducs [2].

Le *Spicilége* d'Achery constate que l'abbaye de Condom reçut plusieurs biens, entre autres ceux du Goalard, au détriment de la famille de Hugues: *Item, in alio loco nomine Gualardo, possidet alaudes plurimos, terras, vineas, casas, prata, pascua, aquas et decursus aquarum certo tramite currentium* [3]. Ainsi Hugues dota le monastère, dont il était le restaurateur, avec des alleux, domaines et dépendances du Goalard qui auraient dû échoir aux siens par succession. Or les Toparques du Goalard n'auraient pu être déshérités par Hugues, comte de Condom, s'ils n'avaient été ses cousins. La charte dont nous avons donné un fragment et l'*Historia ecclesiæ Condomiensis* proclament le même fait et lui prêtent un double appui. En résumé, ces récits divers et concor-

1. Barones majorum gentium.
2. Lévesque, *Droit nobiliaire français,* page 26.
3. *Spicilegium* d'Achery, tome II, page 585, 1re col.

dants permettent de croire que la maison de Galard est une branche cadette de la dynastie qui gouverna la Gascogne à partir des Mérovingiens d'Aquitaine.

Le berceau de la maison de GALARD ou de GOUALARD est, comme on l'a déjà vu, le château qui porte ce dernier nom et dont voici un dessin approximatif

d'après un croquis très-défectueux trouvé au château de Terraube, et qui nous paraît avoir été fait de souvenir et non *de visu*.

Ce château s'élevait sur une colline à une demi-lieue de Condom. Un autre fief de GALARD ou GOUALARD, mais d'une consistance bien moindre et n'ayant pas le titre de baronnie comme l'autre, était compris dans la vicomté de Brulhois et appartenait aux mêmes feudataires. Plus tard, partie de cette châtellenie devint un membre de l'ordre de Saint-Jean de Jérusalem, langue de Provence.

Il est question des tours ou de la terre de Galard en Condomois et de ses possesseurs dans beaucoup d'ouvrages, particulièrement dans le *Spicilége* de Luc d'Achery, les *Hommages de Languedoc*, le *Gallia christiana*, l'*Histoire de Gascogne* de l'abbé Monlezun, enfin dans le *Mercure de France*, comme suit :

« Le marquis de Terraube est de la même maison que les comtes de Brassac. Cette maison, l'une des plus illustres et des plus riches de la Guienne, a pris son nom de la terre de Galard près de Condom. La considération où elle était dès le XIe siècle favorise la tradition de son origine, qu'on rapporte aux comtes du Condomois. On trouve plusieurs seigneurs de ce nom, dès l'an 1062, parmi les bienfaiteurs de l'abbaye de Condom, et ce fut en faveur de Raymond de Galard que ce monastère fut érigé en évêché par le pape Jean XXII, en 1317 [1]. »

---

[1]. *Mercure de France*, juillet 1756, vol. I, pages 232-234.

On trouve une énonciation analogue du château de Galard dans les *Étrennes de la noblesse :*

« Galard, Gallard, et quelquefois Golard ou Goalard, de Béarn, maison des plus anciennes de Guienne et des plus illustres; elle tire son nom de la terre de Galard en Condomois qu'elle a possédée jusqu'au dernier siècle. La tradition du pays la fait sortir des anciens comtes du Condomois, cadets des ducs d'Aquitaine. Ce qui appuie cette tradition, c'est le nom des *Tours de Galard,* toujours donné à celles qui sont près de Condom, et qui étoient la résidence des anciens souverains de ce pays. On voit encore sur ces tours les mêmes armes que porte la maison de Galard, qui sont d'or à trois corneilles de sable, membrées et becquées de gueules posées deux et une [1]. »

La Chesnaye-des-Bois répète à peu près la même chose à propos des tours de Galard :

« C'est une des plus anciennes et des plus illustres maisons de Guienne et de Gascogne, qui tire son origine des comtes de Condomois, issus des ducs de Gascogne, et son nom de la terre de Galard, située dans le Condomois. Hugues, dernier comte de Condomois, donna son comté à l'abbaye de Saint-Pierre de Condom, en 1011, au préjudice de tous ses autres parents, comme

1. *Étrennes de la noblesse,* années 1772-73, page 103.

il le dit dans sa donation où il comprend les biens qu'il avoit dans la terre de Galard.

« C'est d'un frère de Gombaut, père de Hugues, dernier comte de Condomois, que vient la maison de Galard, dont plusieurs seigneurs ont été successivement bienfaiteurs de l'abbaye de Condom[1]. »

Le nom de GALARD ou de GOALARD ne serait, d'après une tradition du pays Condomois, qu'une imitation du croassement du corbeau : *goa lar !* S'il en était ainsi, les corneilles que porte la maison de Galard, de temps immémorial, seraient des armes parlantes[2].

Dans le *Recueil des historiens de France,* tome X, page 234, on trouve sous l'année 987 un *sanctus* GUALARICUS ou WALARICUS, dont les éléments syllabiques sont les mêmes que ceux de Gualard, abstraction faite de la

---

1. La Chesnaye-des-Bois, seconde édition, tome VII, page 18, article de Galard-Brassac.

2. « Souvent les figures des armoiries, dit M. de Semainville, ont un rapport plus ou moins fidèle avec le nom d'une famille. Elles se nomment alors parlantes. Pour peu qu'on y fasse attention, on reconnaîtra que toutes celles qui peuvent parler parlent. Ce qui nous empêche souvent de le découvrir, c'est que la plupart des noms se composent de mots actuellement inconnus ou défigurés par le mélange des langues, au point de n'être plus reconnaissables. Si les noms primitifs n'avaient point subi ces révolutions, il serait autrement facile de retrouver aujourd'hui une foule d'armes parlantes qui ne le paraissent plus. » — (*Code de la noblesse,* par M. de Semainville, page 434.)

Les armes les plus nobles sont, dit le père Ménestrier, celles que portent les plus anciennes et les plus nobles familles. La beauté n'y fait rien.

désinence qui, variable selon les idiomes et les dia-
lectes, n'est point regardée comme partie constitutive des
mots. Or, GUALARIC ayant tous les caractères d'impor-
tation gothique, GUALARD ou GALARD ne le serait-il pas?
Je pose la question, bien entendu, sans la résoudre,
me réservant d'en soulever d'autres analogues, et de
ne pas conclure davantage, par la raison que la science
philologique en général n'est rien moins que positive.
Sans vouloir m'engager sur le terrain mouvant de l'étymologie, ni dans une dissertation sur le caractère allé-
gorique de beaucoup d'appellatifs personnels, je ferai
remarquer que le radical GAL ou GALL, en sanscrit, en
irlandais, en persan, de même que KALLA, en scandi-
nave, CALARE, en latin, veut dire *crier*. Il est inutile
d'ajouter que la racine de GALLUS (coq) est GAL[1] et
qu'elle implique encore l'idée de cri ou de chant.
Puisque nous avons entamé deux petits exercices phi-
lologiques, nous pouvons bien en essayer un dernier,
laissant au lecteur la faculté du choix entre les trois ou
de leur rejet. De GAL ou GAEL, au pluriel GALS et GAELS,
qui, chez les Bretons et les Hislands a le sens de *brave,
audacieux,* dérivent visiblement GALLARD, en écossais,
intrépide, GALON, GUALLON[2] en celtique, *courageux,* GALANT

---

1. Le V étant le muable du G, *gal* est devenu en latin *val,* d'où *validus,
valens,* et en français *vaillant.*

2. En vertu de la même loi *galon* a été converti en *wallon.*

en français, synonyme de *valeureux,* GAILLACH, *solide,*
vigoureux. On sait qu'au moyen âge on donnait le sobri-
quet de GAILLARD aux châteaux forts les plus inexpu-
gnables, comme on l'applique de nos jours à la dunette
des navires. Il est donc assez plausible de penser que
le nom de Galard ou de Goalard[1] put symboliser primi-

---

1. Les noms propres illustres ne sont le plus souvent que des noms communs illustrés. Voici une race de croisés dont un membre sauva Richard
Cœur de lion en Palestine, les PORCELET. Voici celle des POURCET, barons
de Sahune, leur blason *un porcelet passant de sable sur un champ d'or.*
Après de tels exemples, je n'ai pas besoin d'invoquer les GOURET ou GORET
(mot synonyme de Porcelet) qui pullulent dans le Midi et les PORQUIER dans
le Nord.

L'Italie nous fournit les ORSINI et les URSEOLI (*ours*), la France les
URSINS; les langues germaniques, les BEAR, les BEER, les BIORN et BIOERN,
qui signifient la même chose, c'est-à-dire *ours.* La Gascogne a produit encore les GOUX et les GOUT, de Gossus, chien, Gozo en portugais. COQUET,
famille de Gascogne, dérive, ainsi que COQUEREAU et COQUEREL, de *coq,* les
de GAUVILLE ont gardé le nom de HARENG du XIe au XIVe siècle, TASSE a
tiré son nom de *tasso,* qui veut dire : *blaireau.* LUPPÉ vient de LUPUS,
LOUP, comme LOPANNER. Parmi ceux tirés de l'espèce ailée nous pouvons
citer de PLOUVIER, PASSERAT, PIERROT, PERRUCHON, LE PERDRIEL, etc. Ce
n'est pas seulement le moyen âge qui prit des dénominations humaines dans
le règne animal, l'antiquité lui avait légué de nombreux exemples de personnages appelés Κόραξ, corbeau, Πέρδιξ perdrix, VITELLIUS, petit veau,
Μόσχος, veau, ANSER, *oie,* AQUILIUS (qui porte l'aigle, brun couleur d'aigle),
ou LÉONIDAS, caractère de lion. TAURUS, *taureau,* SYAGRIUS (Σῦς ἄγριος),
cochon sauvage), VERRÈS, *verrat,* PORCELLUS, PORCIUS, PORCIA, que je n'ai
pas besoin de traduire. Ainsi, je le répète, les noms propres illustres ne sont
le plus souvent que des noms communs illustrés.

L'abbé Monlezun fait la remarque ci-après sur les modifications' syllabiques subies par le nom de Galard et autres :

« Nous pourrions avoir défiguré quelques noms en déchiffrant une écri-

tivement le cri guerrier ou la valeur des possesseurs de ladite terre, ou bien encore l'oiseau modelé sur le casque, ou figuré, soit sur le bouclier, soit sur l'étendard. On sait que les animaux décoratifs d'armures furent souvent adoptés d'une manière accidentelle et transmis ensuite héréditairement.

A propos des noms empruntés à ceux des animaux, M. de Coston fait la réflexion suivante :

« Cette similitude de noms a pour cause la ressemblance physique ou morale qu'on a trouvée entre l'homme et l'animal, au point de vue de la force, du courage, de l'adresse, de la ruse, de la férocité, de l'agilité, de la couardise, de la petitesse. La plupart des noms d'animaux sont pris dans un sens figuré. »

C'est justement le cas pour l'appellatif de Galard, si notre première leçon est acceptée. Il ne sortirait pas directement du monde des oiseaux, comme le nom de CORNEILLE (auteur du *Cid*) ou de DE L'AIGLE, porté par une famille de Normandie, mais par voie de conséquence et sous la forme allusoire, si chère à l'esprit féodal.

« ture très-difficile, surtout quand il s'agit de noms propres; d'autres ont « changé d'orthographe en traversant les âges. Ainsi Gouallard, Goallard, « Gallard, ainsi Luppé, Lupi, Lupati, ainsi Pardailhan, Pardillan, Par- « deilhan, etc., désignent les mêmes familles; la prononciation changeant avec « les siècles devait amener ces changements. » (*Histoire de Gascogne,* par l'abbé Monlezun, tome IV, page 449.)

La présence des *corneilles* dans les armes des de Galard, depuis les époques les plus reculées, est établie par les titres scellés du Cabinet des titres, par diverses chartes des Archives nationales, par l'usage constant de toutes les branches de la famille et par tous les héraldistes anciens et modernes, comme on le verra dans le parcours de ce tome et de ceux qui l'accompagneront. Pour tous ces motifs, que l'étymologie n'affaiblit pas, il faut repousser les *Goëlands* que la fantaisie a quelquefois, de nos jours, introduits dans le champ ou plutôt dans la description des armes des Galard.

Notre ordre chronologique s'applique aux individualités et non aux documents. De cette façon les faits et gestes qui remplissent une carrière se succèdent avec méthode, et peuvent être embrassés d'un coup d'œil par le biographe ou tout autre chercheur; de cette façon les pièces concernant un personnage quelconque se trouvent groupées et ordonnées jusqu'à épuisement de la série particulière. Quand vient le tour du membre qui suit en date le précédent, tous les titres qui l'intéressent sont également rapportés et rassemblés. Cette classification nous paraît être la meilleure, car elle permet d'éviter la dispersion des membres brisés de la statue antique et de les rajuster autant que faire se peut.

Au bas des originaux ou des duplicata publiés dans

ce volume ou les suivants, j'ai indiqué la provenance de chacun avec scrupule. A l'aide de ce fil conducteur, il sera possible à tout le monde d'aller contrôler sur les textes l'exactitude de mes copies. Nous avons, en outre, donné les variantes de texte, pour que les différences de rédaction pussent être facilement constatées.

Durant l'impression de ce volume, nous avons mis la main sur un grand nombre d'actes qu'il n'était malheureusement plus possible d'intercaler à leur place méthodique. Nous avons dû les réserver pour un tome supplémentaire, toujours indispensable en ce genre de recueils. Dans le groupe des titres découverts postérieurement au tirage des feuilles qui auraient dû les recevoir, plusieurs sont d'une époque reculée, notamment celui qui mentionne un Montasin de Galard, seigneur de Terraube, au nombre des témoins d'une donation accomplie par Guillaume de Saint-Justin et sa femme. Ceux-ci offraient la moitié de la dîme de Saint-Justin de Terraube au prieuré de Madiran. A cette œuvre pie présidait Embésian, évêque de Lectoure, contemporain de Géraud de Labarthe, métropolitain de la province d'Auch, qui s'assit sur ce dernier siége, l'an 1170. C'est ce qui résulte d'un passage du *Gallia christiana* [1].

---

1. « Bertrandus de Monte alto, ex tabulis prioratus Madirani, qui nunc est patrum societatis Jesu Tolosanorum, erat episcopus Lactorensis, tempore Odonis Leomaniæ vicecomitis, et Geraldi de Bartha, Ausciensis episcopi,

A l'aide de ce précieux texte, on peut établir qu'avant 1170 les seigneurs de Galard l'étaient aussi de Terraube [1], mais non pas intégralement, puisque la dîme de l'église de Saint-Justin, comprise dans la juridiction paroissiale de Terraube, fut abandonnée aux religieux de Madiran par Guillaume de Saint-Justin. De plus, les deux témoins « R. W. de Melia et Montosinus de Galard » sont dits *domini* de Terraube. Une

qui cœpit sedere anno 1170. In eisdem tabulis commemorari dicunt quemdam Embesiam seu Embesianum, episcopum Leomaniæ, circa ejusdem Geraldi de Bartha, archiepiscopi Ausciensis, tempora. » (*Gallia christiana,* tome Ier, c. 1076.)

1. Pour n'avoir pas à revenir à ce document et ne pas retarder son impression jusqu'à l'appendice, nous allons le consigner ici :

Vers 1170.

Guillaume de Saint-Justin et sa femme donnent au prieuré de Madiran la moitié de la dîme de Saint-Justin de Terraube, en présence de Embesian, évêque de Lectoure, et de Montasin de Galard, *seigneur de Terraube.*

« Bernardo de Podio, existente priore Madirani.

« Noverint tam præsentes quam absentes, quod Wuillelmus Sancti Justini cum uxore sua pro redemptione animæ suæ, necnon pro venia parentum suorum tam præcedentium quam subsequentium, et ut beata virgo Maria eis genus daret optatum, et datum ad vitam servaret, dederunt libere domui de Madirano medium decimæ ecclesiæ Sancti Justini de Terraubem manu Embeziani episcopi de Lectora. Hujus datæ decimæ testes fuerunt R. W. de Melia et Montosinus de Gualard, domini de Terraube, et Gauterius dominus de Senjuri et Bonel de Setsos ; hoc autem donum datum fuit Bernardo de Podio, priore Madirani existente. » (*Collection Doat, vol. 152, fol. 185, Bibl. de Richelieu, Mss.*)

autre charte de la même source confirme cette copro-
priété du fief de Terraube. Peu de temps après le bienfait dont nous venons de parler, Guillaume Bernard de
Saint-Justin ayant retiré aux moines sa donation, ceux-ci
le firent excommunier. L'anathème fut levé moyennant
restitution [1].

1. Voici encore cette charte :

APRÈS 1170.

*Guillaume Bernard de Saint-Justin, excommunié pour avoir repris la
dîme de Saint-Justin de* TERRAUBE, *la rend au monastère de Madiran ;
cette réparation, qui lui valut de ne plus être anathème, eut pour témoins
Bertrand, évêque de Lectoure, Gaubert, abbé de Marcillac, et Odon,
prieur de Madiran.*

« Quæ a viris geruntur prudentibus scripto debent commendari et scrip-
turæ notitia perhennari. Novit igitur ætas præsentium ac posteritas futurorum quod Willelmus B. de Sancto Justino, cum jam in virile robur excres-
ceret, prædecessorum patrum sui generis testamenta confrigens, dimidium
decimæ ecclesiæ Sancti Justini de Terraube, quam ipsius avi jam olim domui de Madirano pro se suoque genere obtulerant eidem substrahens domui,
nec cogitans quæ Dei sunt, velut raptor maleficus auferre non formidavit, quod
dampnum noverit illatum domus Madiranæ nimis ægre perferens clamore
præeunte jamdictum W. B. suæ decimæ invasorem simul et raptorem excommunicationis sententia percellere fecit, longo autem annorum tempore sic
elapso sæpedictus W. B. cœlesti rore imbutus se contra gloriosam virginem
Mariam de Madirano, genusque proprium agnovit graviter deliquisse, unde
quartam partem quam domui de Madirano per longum tempus abstulerat
mente devota ac corde benigno eidem restituit; quod insuper ut prædicto
dampno, quod domui de Madirano intulerat, satisfacere posset, tres concatas
terræ, et quandam vineam liberam eidem domui pro se suoque genere libera
manu dedit et obtulit. Hujus autem oblatæ decimæ restitutio cum prædicta
oblatione facta fuit in manu Bertrandi, tunc temporis episcopi de Laitora, et
Gauzberti, Marciliacensis abbatis, et Oddonis, prioris Madirani. Hujus rei

Nous avons encore recueilli, trop tard pour lui donner sa place régulière, un instrument de concession fait en 1192, auquel concoururent Arsieu de Galard et Arnaud du Bernet. Il résulte de cet acte que le prénom d'Arsieu ou Archieu, toujours continu, surtout dans la branche aînée, jusqu'au xvie siècle, était encore plus ancien qu'on ne le présumait. Ce titre va donc, comme les précédents, être inséré en note[1].

testes fuerunt V. Malet, R. de Fabrica, magister Gauterius, canonici de Laitora, Fulco, Stephanus, Marciliacenses monachi, et Montosinus, Madiranæ monachus. » (*Doat, vol. 152, fol. 186 et 187, Bibl. de Richelieu, Mss.*) — Doat avait fait copier cet acte dans le registre en parchemin des donations faites au prieuré de Madiran, diocèse de Tarbes, conservé aux archives des pères jésuites du collège de Toulouse, qui jouissaient dudit monastère avant la Révolution.

1. Cet acte est de l'année 1192.

Rostang de Bonnefont et son frère Arsieu accordèrent aux religieux de la Grand' Selve le droit de pâturages sur toutes leurs terres, sauf dans les vignes, les haies et les prairies. A cette donation assistèrent Arsieu de Galard, *Arnaud du Bernet, etc.*

« Anno ab incarnatione Domini millesimo centesimo nonagesimo secundo, regnante Philippo, rege Francorum, ego Rostagnus de Bonafonte, et ego Arsivus, frater ejus, nos ambo per nos et per omnes successores nostros, bona fide, sine omni dolo, pro amore Dei et pro salute animarum nostrarum, donamus et concedimus in perpetuum, sine omni retinimento, Deo et Beatæ Mariæ Grandissilvæ, et Willelmo, abbati, cæterisque fratribus ejusdem loci præsentibus et futuris, pascua omnibus animalibus eorum in omni terra mea quam habebimus vel habemus, ut libere et quiete pascant per totum, exceptis vineis, segetibus, et pratis defossis; si vero in supra dictis animalia prædictorum monachorum talam fecerint, cognitione et arbitrio vicinorum debent nobis amendare eam. Hujus rei sunt testes Bernardus Ati-

c

Au moment de clore cette introduction, j'ai parcouru les *Essais historiques* de M. André de Bellecombe sur l'Agenais, et j'y ai trouvé deux mentions d'Arnaud IV de Galard [1], évêque d'Agen, en 1235, dont nous avons relaté, sous forme documentaire, pages 27 et suivantes, les faits sacerdotaux, ainsi que les rapports religieux,

---

bertus, Odo de Vaudela, monachi; frater Arnaldus de Verneto, Arsivus de Gallard, Petrus Estius d'Affina; facta carta anno Incarnationis dominicæ millesimo centesimo nonagesimo secundo, frater Deusdedit, monachus, scripsit, feria quarta. » (*Collection du président Doat, vol. 77, fol. 392 et verso; Bibl. de Richelieu, Mss.*)

1. M. André de Bellecombe, au reste, ne nous révèle rien de nouveau, et tout ce qu'il dit concernant Arnaud de Galard est autrement détaillé dans les actes enregistrés page 27. Il est donc inutile d'ajourner ces citations au volume supplémentaire, elles seront tout aussi bien placées ici.

1235 ET APRÈS.

Notice sur Arnaud de Galard, *évêque d'Agen.*

« Arnaud IV de Galard, élu vers la fin de l'année 1235, obtint du comte de Toulouse la confirmation du droit de battre monnaie. Il reçut, en 1237, l'hommage de Gaston, vicomte de Brullois, et ratifia l'accord de Raoul avec le chapitre de Saint-Caprais le 21 mai 1240, année où les dominicains s'établirent à Agen. En 1242, Raymond de Toulouse, étant tombé dangereusement malade à Penne, réclame auprès de lui l'évêque d'Agen; il appelle de l'excommunication lancée contre lui par les frères prêcheurs, et lui enjoint d'exercer seul l'inquisition dans son diocèse.

« Le 3 mai 1245, l'évêque d'Agen céda au comte Raymond ses droits sur la colline où fut bâtie depuis la ville de Puymirol, moyennant une rente annuelle de 500 livres arnaudines, assignées sur le péage de Marmande. Le nécrologe de la cathédrale fixe la mort d'Arnaud au 12 septembre de la même année. On ne sait pour quel motif Raymond de Montpezat, abbé de Moissac,

pendant la guerre des Albigeois, avec Raymond, comte de Toulouse. Celui-ci, tombé gravement malade au château de Penne, en Agenais, fut absous par le prélat en retour d'une rétractation et d'une pénitence humiliantes.

Toutes les révolutions ont saccagé ou réduit en

vint faire une visite dans l'abbaye d'Eysses, le 4 du mois d'avril 1236, pour faire des reproches aux moines d'avoir prêté serment entre les mains de l'évêque d'Agen. » (*Essais historiques sur l'Agenais,* par André de Bellecombe, page 189.)

ANNÉE 1240.

Fondation du couvent des dominicains par ARNAUD DE GALARD,
évêque d'Agen.

« En 1313, les institutions de monastères et de couvents étant à peu près terminées dans le diocèse, Amanieu de Fargis, évêque d'Agen, recevait l'hommage du vicomte de Brullois pour son château d'Auvilars, des seigneurs de Clermont-Dessus, de Beauville, de Fumel, de Madaillan, de Roquecor, de la Cour, d'Astaffort, de Lagarde, de Montastruc, de Castillon et de Monteils. Les grandes abbayes de Clairac, de Condom, d'Eysses, de Gondom, de Pérignac et de Saint-Maurin, dépendaient de son diocèse. L'abbé de Sarlat, Armand de Saint-Léonard, lui devait la redevance d'une mule blanche. Venaient ensuite les prieurés et les couvents de Moirax, de Layrac, de Playssac, du Paravis, de Fongrave, de Sainte-Livrade, de Montflanquin, de Saint-Pierre de Nogaret, les biens des commandeurs du Temple que l'ordonnance de Philippe le Bel venait de confisquer au profit de l'Église, qui tous étaient du ressort de l'évêché d'Agen, et une foule de prieurés moins connus. Amanieu de Fargis avait en outre les couvents des dominicains établis à Agen sous ARNAUD DE GALARD, en 1240, des cordeliers, des carmes et des augustins, institués sous Arnaud de Goth, en 1275, et puis enfin les dîmes exigées dans presque toutes les paroisses de l'Agenais Ainsi se plaçait l'évêque d'Agen, vers le commencement du xiiie siècle. » (*Ut supra,* page 204.)

cendres une partie de notre histoire. La première, emportée par son vertige d'égalité et de nivellement, s'acharna à la destruction des chartes féodales comme coupables d'avoir recélé des priviléges. Naguère encore, les vandales de la Commune, dépassant de cent coudées les septembriseurs, leurs aînés (qui prenaient la peine de faire un gros triage avant de brûler), ont incendié les bibliothèques du Louvre et de l'hôtel de ville. Celle de Richelieu et les Archives nationales auraient eu le même sort sans l'arrivée foudroyante de l'armée de Versailles. Cette rage de tout anéantir par le feu, dont nous avons eu le douloureux spectacle, commande de prévoir des dangers nouveaux et de procéder sur une large échelle, comme nous le faisons sur une petite, au sauvetage des souvenirs cachés dans les manuscrits en les livrant à l'impression. Un exemplaire unique est à la merci de la torche ; sa reproduction en grand nombre est une garantie de durée et de salut.

Les Galard, qualifiés toparques ou princes de leur nom par la *Gallia christiana,* étaient, par voie de conséquence, premiers barons du Condomois. Ce titre glébé leur est reconnu par le P. Anselme, dont la conscience égalait la science, ce qui lui a toujours valu de faire autorité en justice. Or voici comment s'exprime le savant augustin à propos de l'alliance d'Anne de

Galard avec Odet V de Pardaillan : « Femme : ANNE DE GOUALARD ou GALARD, fille de N., seigneur du Gouallard, premier baron du Condomois, mariée en l'an 1380. »

Moreri, Lainé donnent le rang de baronnie à Terraube, qui ne fut primitivement qu'une dépendance du Goualard. De Waroquier[1] s'exprime ainsi : « Terraube, première baronnie de Condomois, possédée, dès le XIIe siècle, par la maison de Gallard. »

Il nous paraît inutile d'invoquer sur ce point d'autres témoignages et de rappeler les grands fiefs qui furent plus tard érigés en comtés et marquisats par la couronne au profit des continuateurs de l'illustre estoc[2] dont je relève le passé.

1. *Tableau historique de la noblesse,* tome III, page 361.

2. La race de Galard s'est distribuée en une infinité de branches dont l'une s'implanta en Espagne presque au début de la féodalité.

L'aînée de celles de France est celle des Galard, seigneurs de Terraube, représentée naguère par M. Jacques-Étienne-Marie-Firmin-Hector, marquis de Galard-Terraube et aujourd'hui par son fils aîné.

La première branche des barons de l'Isle-Bozon fut fondée par Géraud, second fils d'Ayssin et de Gazenne de Francs : elle s'éteignit au xve siècle dans la personne de Jean de Galard, sénéchal d'Armagnac. Ses titres, armes et fiefs furent recueillis par un rameau collatéral; le dernier rejeton de cette deuxième lignée, devenue marquisale, légua le rang et l'apanage de l'Isle-Bozon, avec sanction royale, à Joseph de Galard, seigneur de Luzanet, issu des seigneurs de Balarin. Le chef actuel de cette branche est le marquis de Galard-Magnas, qui personnifie en outre celles de Balarin, de Pellehaut et de Luzanet.

La branche des seigneurs de Saldebru, sortie, elle aussi, des seigneurs de Terraube, existe encore.

La branche des Galard, comtes de Brassac, eut pour auteur, en 1320,

J'ai inséré dans ma collection d'extraits tout ce qui
de près ou de loin se rattachait aux terres nombreuses

Bernard, fils de Géraud de Galard et d'Éléonore d'Armagnac, dame de
Brassac.

La branche comtale de Béarn eut pour premier chef François Ier de
Galard, baron de Brassac, seigneur de Saint-Maurice, de Cussol, de Mont-de-
Marsan, etc., qui épousa, le 12 novembre 1508, Jeanne de Foix, fille de
Jean de Foix, issu des comtes de Foix et vicomtes de Béarn. Une clause de
pactes imposa à François de Galard et à ses descendants de prendre pour
toujours le nom et les armes de Béarn.

La branche des comtes de Lavaur et d'Argentine fut constituée par Charles
de Galard, troisième fils de René de Galard-Brassac de Béarn et de Marie de
Larochebeaucourt.

La branche des Galard, comtes de Mirande, eut pour premier sujet
Charles, deuxième enfant de Louis de Galard-Brassac de Béarn et de Anne-
Marie de Ranconet de Noyon.

Les seigneurs de Blanzaguet forment un rameau, détaché de la branche
comtale de Galard-Brassac de Béarn en 1649.

La branche de Berrac ou de Pauilhac part de Gaillard ou Gaillardon de
Galard, seigneur de Berrac, de Frayssinet, de Merens et de Balarin en Condomois, second fils de Gilles Ier de Galard, seigneur de Terraube, et de Gaillarde
de Rigaud de Vandreuil.

Alexandre de Galard, deuxième fils de Gaillard de Galard, susnommé,
fonda la branche de Balarin, de laquelle sont provenues celles de Pellehaut et
de Luzanet.

La branche des sires de Limeuil tomba en quenouille au bout de deux générations; elle fut établie par Pierre de Galard, grand maître des arbalétriers.

La branche des sires d'Espiens s'était séparée du tronc originel avant
1260, époque à laquelle elle rendit hommage pour la terre d'Espiens et la
quatrième partie de l'hôpital de Galard, en Brulhois.

Comme les deux précédentes, la branche des Galard, seigneurs de Castelnau d'Arbieu, faite par Guillaume Bernard de Galard, fils cadet de Jean
de Galard, seigneur de l'Isle-Bozon, et de Marguerite de Vicmont, vers 1400,
n'est plus qu'un souvenir historique. Une partie de ses domaines est passée
aux marquis de Galard-Magnas.

dont les Galard furent seigneurs, mais j'ai réservé pour plus tard le soin d'appareiller ces matériaux bruts, c'est-à-dire de les convertir en monographies. J'ai fait de même pour les figures qui ne seront, jusqu'à nouvel ordre, l'objet d'aucune notice. Ceux qui désireraient les voir appropriées en français n'ont qu'à lire les entêtes qui précèdent chaque document, et ils pourront facilement avoir une idée du rôle important joué par les rejetons de la race qui nous occupe. Les faits étant accompagnés immédiatement de leurs preuves deviennent incontestables et incontestés.

Nous nous abstiendrons donc de présenter au public, avant qu'elles ne soient authentiquement connues, comme cela est usité dans ce genre de travaux, les individualités capables par leur illustration de former un imposant panthéon domestique. Les personnes qui voudront savoir les noms et les hauts faits des croisés, des nombreux prélats et bannerets, des grands maîtres des arbalétriers, des puissants feudataires, des ministres d'État, des chevaliers du Saint-Esprit, des capitaines tant renommés, issus de la maison de Galard, n'auront qu'à consulter la table générale et à se reporter, selon les besoins ou la curiosité, aux pages sur lesquelles tant de vies célèbres, de dévouements patriotiques, de luttes glorieuses sont racontés, soit par les scribes du temps, soit par les chroniqueurs, les historiens et les

juges d'armes. J'ai la présomption et la conscience
d'avoir été toujours inquiet de la vérité, jamais de la
vanité, d'avoir, en suant aux recherches et à la peine,
accumulé des trésors historiques bien moins dans l'intérêt d'une famille qu'au profit des annales du Midi[1].

Pour atteindre ce résultat fructueux, durant six
années, selon une heureuse expression de Michelet, j'ai
vécu dans les catacombes manuscrites, dans les nécro-
poles de nos monuments nationaux. Dans le silence
des vastes salles d'étude où étaient rangés les cartons,
les registres et les liasses, la surexcitation du travail
produisait en moi un phénomène étrange, une hallu-
cination toute locale. Une infinité de voix du passé, en
des langues diverses, semblaient converser à voix basse;
c'était comme l'immense murmure de la société féodale. J'écoutais ce concert mystérieux avec l'attention
religieuse de la Jeanne d'Arc de Rude prêtant l'oreille
au chuchotement des esprits. Les milliers de souvenirs
cachés ou retenus dans les plis des vieux papiers ou
des parchemins réclamaient leur retour à la lumière.
Des existences humaines ou provinciales, gisant dans

1. On ne s'étonnera donc pas, en raison du but austère de l'ouvrage, que
je n'aie point consacré quelques pages préliminaires à mettre en relief les
titres et dignités accordés si légitimement et si libéralement à toutes les
branches des Galard par la royauté. Ceux qui tiennent à cet ordre de
renseignements les trouveront plus loin, en feuilletant un peu, dans leur
forme officielle, plus éloquente qu'une constatation de ma plume.

la poussière des archives, paraissaient alors revivre et reparler. A cette heure solennelle et intuitive, je croyais voir les morts s'élancer de leurs tombes, se mettre en marche et redescendre en ordre militaire les escaliers des siècles.

En finissant cette préface, au Cabinet des titres, la vision m'est revenue [1] et j'ai poussé malgré moi ce cri d'évocation : Mânes augustes d'une maison dont l'histoire résume celle de mon pays natal, reprenez vos épées, vos targes et vos crosses; levez-vous! Allons, debout, messeigneurs!

J. NOULENS.

---

1. Je ne suis pas le seul qui ait subi cette influence d'un pareil milieu, car Guy-Allard dit, je ne sais où : « Ils semblent échauffer et animer leurs cendres et sortir de leurs anciens et nobles tombeaux pour faire voir ce qu'ils ont été. »

DOCUMENTS HISTORIQUES

SUR LA·MAISON

DE GALARD

DOCUMENTS HISTORIQUES

SUR LA MAISON

DE GALARD

TRANSCRIPTIONS LITTÉRALES.

—

ANNÉE 1062.

GARCIE-ARNAUD DE GALARD (GUALIAR) *apparaît en 1062 à une libéralité accomplie par Hunaud, vicomte de Brulhois, et frère du vicomte de Béarn. Hunaud cédait au profit du monastère de Moissac, dont il était abbé, l'église Saint-Martin de Layrac et ses succursales. Le donateur, par cet acte de générosité pieuse, désirait attirer la miséricorde divine sur son âme, celle de son frère Hugues, de sa mère Aladin et de son oncle Saxeton. A la fin de cet acte solennel et privé, quatre personnages, évidemment liés par le sang, se trouvent seuls groupés à titre de signataires et de garants : ce sont Hunaud, Aladin sa mère, Hugues, le vicomte, son frère, et enfin Garcie-Arnaud de Galard* [1].

E chartario Moyssiacensi : Jesu-Christo Domino nostro regnante, cum æterno patre et spiritu sancto, eiusdem Domini nostri Incarnationis anno millesimo sexagesimo secundo, pridie

---

1. Pour être ainsi appelé dans l'intimité de la famille, il fallait que Garcie-Arnaud de Galard fût un de ses proches. — Moréri, d'Hozier, Chazot de Nantigny, l'abbé de Lespine, Lainé, ainsi que nous l'avons établi dans notre introduction,

Iduum Ianuariarum, ego Hunaldus in monasterio Moysiaco, coma capitis detonsa, et monachali habitu induto, iussi hanc cessionis chartam conscribere, cum qua Domino Deo, et SS. Apostolis eius Petro et Paulo, ac loco Cluniaco, et Domino Hugoni abbati, nec non ceteris fratribus sibi commissis præsentibus quoque et futuris, quibus me perpetua subiectione conuertens subiicio, dono ecclesiam meam, quæ est consecrata in honore S. Martini, in villa nomine Aleirag, excepta quinta parte, quæ non est mei iuris hæreditate. Dono autem et alias ecclesias eidem ecclesiæ subditas, scilicet ecclesiam S. Saturnini in eadem villa, et ecclesiam S. Petri de Casals, et ecclesiam S. Geruasii de Corsols, et ecclesiam S. Saturnini de Firmag, cum ecclesia S. Vincentii de Preisag, et ecclesiam S. Mariæ de Mansiouilla, cum omnibus appendiciis earum, quæ nunc in possessione illarum videntur haberi, vel Deo donante in terris, et vineis, siluis, aquis, et molendinis, cultis, siue incultis, acquirere potuerint. Hanc autem cessionis perpetuæ donationem facio, pro redemptione animæ meæ, et patris mei Rogerii, et matris meæ Aladein, et fratris mei Hugonis, et auunculi mei Saxetonis, seu omnium parentum meorum, siue omnium fidelium christianorum defunctorum. Ita sane ut omni anno in festiuitate S. Martini, de his præfatis ecclesiis decem solidi argenti, in Cluniacensi capitulo, ante præsentiam fratrum in tributo deportentur a fratribus cœnobii Moysiacensis, fideli subiectione loci Cluniacensis degentibus, ceterisque redibitione prædictarum ecclesiarum exierint sibi in eodem monasterio Moysiaco petentis. Ideo ut omni anno memoria anniuersarii patris mei Rogerii in eisdem

proclament la maison de Galard issue des ducs de Gascogne. La présomption de cette haute origine semble corroborée par l'acte de 1062, dont le texte va être immédiatement rapporté.

locis Moysiaco, Cluniaco celebriter agatur. Obtestor autem omni-
potentem Deum, imo per virtutem omnium Sanctorum, et per
autoritatem Romanæ Ecclesiæ, et Apostolicæ Sedis, ut nemo
viuentium præsentium, seu futurorum inquietare audeat vel
præsumat hanc meæ donationis eleemosynam. Quod si præ-
sumptum quolibet ingenio, vel qualibet occasione a quocunque
viuente fuerit, hoc uniuersorum domini iudicio, et Apostolicæ
Sedis examini·hac inscriptione inspecto censendum constituo.
Firmantium quoque vocabula, quibus me præsente firmata hæc
donatio fore dignoscitur, subtus annotare decreui. *Ego ipse Hunaldus propria manu decreui, firmauit etiam viua voce Aladain mater
mea. Hugo vicecomes frater meus signauit,* GARSIA ARNAL *cognomento*
GUALIAR [1] *signauit.*

Ex eodem chartario Moyssiacensi : Hunaldus fuit frater
Domini de Bearnio, et ad partem suam deuenit vicecomitatus
Brulensis, et fecit monasterium de Leyraco, et ipsum de dicto
Comitatu ædificauit. Alibi : Hunaldus fuit frater Domini Bear-
nensis. Alibi : Hunaldus, frater Centulli comitis Bearnensis. Alibi
Dominus Hunaldus abbas Moyssiacensis, vicecomes de Brulbesio,
nam ille vicecomitatus fuerat dicti comitis de Bearnio, qui qui-
dem vicecomitatus peruenerat Hunaldo ratione diuisionis.

*Histoire de Béarn contenant l'origine des rois de Navarre, des ducs
de Gascogne,* etc., par Marca. Note commençant au bas de la page 305 et
finissant en tête de la page 306.

1. Garcie-Arnaud Gualiar, formant le quatrième personnage d'un groupe dont
trois membres appartiennent à la race des ducs de Gascogne, il n'est pas hasardeux
d'admettre avec le *Gallia christiana* que les de Galard étaient issus « e gente
toparcharum de *Goalard* Condomiensi cœnobio vicina, » et aussi de la maison de
Gascogne, comme l'avancent beaucoup d'auteurs précités. L'abbé de Lespine
remarque que le prénom de *Garcie-Arnaud* est très-fréquent dans la dynastie des
ducs de Gascogne.

Année 1062.

AIMERI DE GALARD, *son frère* GÉRAUD *ainsi que deux autres membres de*
la famille, du nom de GUILLAUME *et de* PIERRE, *se montrent parmi*
les cautions d'un échange, moitié spirituel, moitié temporel, consenti
par Pons et Bertrand d'Olbion. Ceux-ci abandonnent à l'abbé de
Condom l'église de Majan ; ils demandent en retour le rachat de leurs
âmes et en sus une mule de cent sols morlans.

Donum quod fecit Pontius de Olbion et frater ejus, Bertran-
dus, de ecclesia sancti Joannis de Majan, pro remedio animarum
suarum et parentum suorum : pro quo etiam dono dedit abbas
Raimundus et fratres mulam centum solidorum, et viginti
solidos et Bertrando L. solidos ; de qua re sunt fidejussores
EUMERICUS DE GUALARD, et GUIRALDUS, frater ejus, et Guillelmus de
Bornag, et Guillelmus Garsias de Clarag ; testibus : Arsione de
Olbion, PETRO DE GALAR, Bonel de Bonnefont, GUILEM DE GUALART,
Bernard Desbornazers, et aliis quam pluribus.

D. LUC D'ACHERY, *Spicilegium,* tome II, page 587, édition in-folio.

Autre charte sur le même sujet, postérieure de quelques années
à la précédente.

Donum quod fecit Pontius et frater ejus Bertrandus de Olbion
ex ecclesia Sancti Joannis, quæ dicitur Maian, pro suarum remedio animarum suorumque omnium parentum. Et quamvis hoc
donum pro hujusmodi intentione beato Petro dedissent, tamen
ab abbate Ramundo, illorum scilicet consobrino, qui tunc temporis erat, et ab istius loci fratribus mulam centum solidorum

Morlanensis monetæ et xx. solidos Pontius qui ecclesiam posside-
bat, accepit, et Bertrandus ejus frater L. Sed et hoc notandum,
quod supradicta ecclesia in quatuor participes sub hac donatione
manentes, est quadripartita, scilicet Marsmer de Ecclesia, et
Arsinus de Jeiselâ, et Arsinus de Petra et Garsianer, vicarius. Et
supradicti homines duo, scilicet et Arsiner et Arsinus, sunt
proprie homines beati Petri, et faciunt servitium ambo XL. panes,
et duos solidos, et quatuor modios annonæ, et VIII. sextarios
vini, duasque gallinas et questam. Forto quippe de Petra reddit
servitium XII, panes et XII denarios, et Garsias Amerius totidem : et
hoc participatione faciunt ejusdem ecclesiæ. Hujus vero doni
fidejussores sunt AYMERICUS DE GUALARD, et GERALDUS, ejus frater, et
Guillelmus de Bornac, et G. Garsias de Clarac. Testes isti idem
et Arsinus de Olbio, PETRUS DE GUALARD, Bonels de Bonnefont,
GUILLELMUS GUILEM DE GUALARD, Bernardus Desbornazers et alii
plures. Si quis vero de eorum genere, vel alius aliquis de beato
Petro suisque habitatoribus hoc donum auferre voluerit, nisi
inquisitus cito reddiderit, corpus et anima ejus, et quidquid ejus
est, a Deo vivo maledicatur, et dæmonum potestati tradatur,
et a Petro, regni cœlestis clavigero, Paradisi janua in perpetuum
ei claudatur; Amen [1].

D. Luc d'Achery, *Spicilegium,* tome II, page 593, col. 1 et 2, édition in-folio.

1. Moréri résume ainsi cette charte et la précédente :

« Les premiers du nom de Galard que l'on connoisse par les titres, sont Aimeric
« de Galard et Gérault, son frère, qui furent cautions dans un échange que fit,
« en 1062, Raimond, abbé de Condom, pour l'église de Saint-Jean de Majan. Guil-
« laume et Pierre de Galard servirent de témoins dans cet acte. » (*Dict. historique,* tome V, page 18.)

ANNÉE 1070.

BERNARD DE GALARD *fut témoin, en 1070, avec Bernard Tumapaler, comte d'Armagnac, de la donation des églises du Rimbez et de Ricau au couvent de Saint-Mont.*

Notum sit omnibus tam presentibus quam futuris amicis et domesticis nostris, quod ego Bernardus, filius Guillelmi et Brachitæ, uxoris ejus, pro remedio animæ meæ et parentum meorum, per consilium uxoris meæ Anselinæ et patris ejus Oddonis vicecomitis Leomaniæ, et Bernardi, comitis Armaniaci et monachi Cluniacensis, cognomento Tumapaillerii, et aliorum amicorum nostrorum, donamus Deo, S. Joanni de S. Monte, et Domno Hugoni abbati Cluniacensi, et monachis ibidem Deo devote servientibus ecclesiam S. Mariæ de Arombodio cum suis appendiciis, etc. Et si quis illud infregerit, a Deo maledictus erit, nisi emendaverit, et bonum S. Petri soluturus sit. Post mortem igitur Sanxionis presbiteri donamus aliam ecclesiam de S. Martino de Ricau : hoc est duas partes et senioratum terræ; ut inibi die noctuque Deo a monachis et aliis catholicis serviatur. Si quis hoc donum calumniaverit vel contradixerit, nisi pœnituerit, cum Juda Scharioth et aliis damnatis demergatur in profundum inferni. Facta est hæc cartula mense Octobri, fer. v. Luna xxx scripta publicè apud S. Montem, regnante Philippo rege, et Guillelmo, duce Aquitaniæ, dominante provinciam Vasconiæ, et Auscitana civitas à Domno Guillelmo, archiepiscopo, tunc patrocinabatur. Hoc autem factum est in præsentia domini Guidonis [1] Pictaviensis comitis totiusque Guasconiæ, qui propria manu bonum suum tribuit : similiter in præsentia Domini Bernardi

---

1. Guillaume, comte, s'appelait aussi Guy.

Tumapaillerii, avunculi mei, et D. Arnaldi, Agginensis episcopi, denique Raymundi de Albio, Condomiensis abbatis. Testes et visores hujus rei sunt : Oddo vicecomes Leomaniensis, Gailhardus de Villera, BERNARDUS DE GAILHARDO, Oddo de Podenaso, Oddo de Pardellano, et alii quam plurimi proceres. Signum Fortis comitis Augisiensis (pour Ausciensis), S. Geraldi, comitis, et Arnaldi Bernardi, fratris ejus.

- *Mémoires de Gascogne*, par Montgaillard, tome I. — D. BRUGELLES, *Chroniques du diocèse d'Auch*, preuves, page 55.

VERS 1070.

PIERRE DE GALARD et son fils, autre Pierre, concoururent à une œuvre de bienfaisance religieuse accomplie par Géraud de Bonnefont.

Quoniam nostri successores dona quæ huic loco dantur, nisi nos eis dimitteremus scripta, penitus nescirent, cupimus ut hujus doni notitiam hoc ex scripto certissimam habeant. Fuit autem miles quidam Gerardus de Bono-Fonte vocitatus, filius Atarnalt, germanus frater Garnerii, qui in fine vitæ suæ donationem medietatis ecclesiæ Sanctæ Mariæ, quæ nuncupatur Eseramurs, beato Petro in pignore, dereliquit tamdiu donec Guarnerius ejus frater beato Petro LX. solidos Morlanensis monetæ redderet. Cujus ecclesiæ annualis census tantus est panes XL nummi II. solidos, annonæ modii duo, sarcinæ vini II hujus medietatem servitii dimisit supradictus G. beato Petro. Transactis iterum diebus plurimis, instinctu divino perculsus Guarnerius, ejus supra jam nominatus frater, quemdam filium suum Atonem nomine monachili habitu indutum pro

redemptione animæ suæ, et ejus uxor Majalsen nomine, filiique
ejus II. scilicet Bertrandus et Rostais, beato Petro super altare obtulerunt, et donationem quam in supradicta vindicabant ecclesia,
medietatem alteram videlicet cum filio spontanee dederunt,
necnon alteram medietatem quam Eraldus pro hoc solidos
dimiserat, insimul cum filio beato Petro tradiderunt : et ita
utroque fratre partem suam donante, ex integro sub beati Petri
donatione, Deo volente, posita est. Sed et hoc sciendum, quod, in
dono Geraldi, fidejussores et testes PETRUS GUALARDI ille vetulus
et ARGAIAS, ejus nepos, extiterunt, in dono quoque Guarnerii
PETRUS GUALARDI, suprascripti Petri filius, et idem Argaias et Arsinus de Bono-Fonte, et frater ejus Petrus fidejussores et testes
fuere : in utroque quippe dono tot fuerunt jussores et testes tam
monachorum quam clericorum, tam militum, quam burgen-
sium, quod si vellemus scribere eos, proprium oporteret habere
librum [1].

D. LUC D'ACHERY [2], *Spicilegium*, tome II, pages 590-592, éd. in-folio.

[1]. Moréri a fait mention de cette charte en ces termes :
« PIERRE DE GALARD fut caution dans un acte passé, l'an 1100, entre Géraud, abbé
« de Condom, et Garnier de Bonnefont. Ses deux fils, PIERRE et ARGAIAS DE GALARD,
« furent de même cautions dans un acte de l'an 1150. (*Dict. hist.*, tome V, page 18.)

[2]. Moréri, d'après un autre passage de d'Achery, où est signalé un *Gualardus*,
qui consacra son fils Oger à saint Pierre, traduit le mot latin et les suivants par
le seigneur DE GALARD, *dit père d'Oger*. Selon moi, l'identité d'un membre de la
maison de Galard n'est pas établie d'une façon assez évidente par le nom seul de
Gualardus qui pourrait être un prénom. Aussi, dans le doute, je m'abstiens de
confirmer l'opinion de Moréri déterminée par ces lignes du *Spicilegium*, tome II,
page 593 :
« 1084. — Ab incarna ione Domini millesimo octuagesimo quarto anno, unde-
« cimo kalendas octobris, v feria et luna VI. GUALARDUS dedit beato Petro filium
« suum ODGERIUM nomine, et propter eumdem filium et remedium animæ suæ et
« omnium parentum suorum præteritorum, præsentium et futurorum, dedit eccle-
« siam Sancti Martini, etc. »

VERS 1074.

Pons d'Olbion ajoute à ses libéralités envers saint Pierre la donation de Cahuzac, PIERRE DE GALARD est un des deux garants.

Donum de honore de Causacho, quem dedit Pontius de Albion beato Petro pro redemptione animæ suæ, ut orent et cantent fratres ipsius loci villæ missas pro eo. Interim teneat beatus Petrus supradictum honorem, usque centum solidos reddat filius ejus, vel frater ejus aut propinqui ejus beato Petro. Ego Bertrandus frater ejus affirmavi ipsum honorem super altare Sancti Petri dedique fidejussores PETRUM DE GUALARDO, et Ficium de Castras.

D. LUC D'ACHERY, *Spicilegium*, tome II, page 591, col. 2, éd. in-folio.

VERS 1100.

ARGAIAS DE GALARD *fut un des témoins de la concession pieuse faite par Raymond-Arnaud lorsque celui-ci mit l'église d'Ampeils sous le patronage et en la possession de saint Pierre.*

Hoc est donum quod fecit Ramundus-Arnaldus de ecclesia de Ampel Deo et Sancto Petro pro remedio animæ suæ, donationem scilicet totius ecclesiæ, et terras quæ ad eam attinent, necnon duo servitia quatuor denariorum, et unam vineam juxta ecclesiam. Hujus rei fidejussores fuere Fortaner de Santosca, et Ramundus et Arnaldus frater ejus de Ampel; et tres fuerunt ipsi fidejussores, et Ramundus Oddo Deberali, et ARGAIAS GUALARD, et Arnald de Lasbads (*Labat*), et alii multi, etc.

D. LUC D'ACHERY, *Spicilegium*, tome II, page 592, 1re col. éd. in-folio.

Année 1115.

Guillaume de Galard *est deux fois mentionné dans un acte dont voici la substance · Suivant l'exemple coupable de ses ancêtres, Pierre, vicomte de Gavarret, avait plusieurs fois dévasté les possessions du couvent de Moirac qui étaient riveraines du Gers. L'abbé lui-même, après avoir subi toutes sortes de sévices, avait été jeté en prison par ledit vicomte. Celui-ci donna la liberté au captif en lui jurant de respecter désormais l'intégralité des biens ecclésiastiques moyennant deux cents sols. Cette transaction s'effectua à Moncaut, en présence de Guillaume de Galard, de Moutet, prieur de Layrac, et de Gausbert, évêque d'Agen. Au mépris de son serment, le tyrannique feudataire avait fait main basse sur des dépendances du couvent et obligé l'abbé par ses persécutions à se réfugier dans les forêts. Avant de s'enfuir, le chef des religieux, craignant que le trésor claustral ne fût ravi, l'avait expédié à Cluny, d'où il fut renvoyé avec ordre de le remettre à l'envahisseur du monastère, sous la condition par lui de jurer à nouveau devant Gausbert, évêque d'Agen, que les terres usurpées seraient rendues aux moines et qu'ils les conserveraient intactes à perpétuité. Pierre de Gavarret et sa femme Guiscarde prirent cet engagement pour eux et leurs hoirs, sous peine d'aller faire compagnie à Satan. A ce second compromis fut encore témoin Guillaume de Galard.*

DE MOIRAC IN VASCONIA.

At vero Petrus vicecomes Gavaritanus hujus, qui modo super est pater, qui erat consanguineus domni Petri prioris cepit terras nostras calumpniari et inquietare jura honoris nostri, qui etiam quadam a domno Petro priore terre accepta portioncula ; videlicet medietatem de parrochia que vocatur Esquirs in fevum excepto ecclesiam et res ecclesiasticas, ut faceret ei tenere omnem aliam terram, et ut super altare sicut alii fecerunt firmaret. Quod et

fecit videntibus domno Symone Aginensium episcopo et domno
Esquitilio Moysiacensium abbate cum aliis plurimis ; set postea
mortuus est. Quare ea que Raimundus Bernardi abstulerat monasterio ; ipse similiter tollere presumpsit. Mortuo autem eo uxori
ejus et Petro filio dedit Petrus prior ducentos solidos et firma-
verunt ei Fangosa et omnem aliam terram. Set et illam calump-
niam quam pater ipsius Petri emerat a quodam nostro rustico
Alnalfornet xxi solidorum Aginensium ; tunc mater cum filio dimi-
serunt in manu ipsius Petri prioris ac domni Hugonis abbatis ;
vidente G. Willelmi. Donato vicario nostro cum multis aliis. Sed
non post multum tempus cum Petrus iste Petri vicecomitis filius
patris in vicecomitatus potestatem indeptus fuisset, cepit inuma-
niter contra nos et contra omnes terras quas habemus ultra et citra
fluvium Gorcii sevire, rusticos depredari et ad ultimum totam
illam terram que vocatur Fresonia sibi vindicare presumpsit. Quid
crudelius est quam ipsum priorem capi et sub capture custodia
teneri jubere irreverenter ausus est. Set consilio domni Gosberti
episcopi acceptis a priore. cc. solidis firmavit ei secundo omnem
terram Beate Marie ; vidente ipso episcopo et Petro de Montecalvo
ubi hoc factum est, Willelmo de Gualardo et Monteto, priore Alayraci,
et G. Lagania cum multis. Iterum quoque veteribus malis nova adi-
ciens, Petrus vicecomes bannum suum in omni terra de Fangosa
misit. Sublatis inde plusquam quinquaginta modios annone et per
tres annos in heremum redacta est. Qui etiam burgum et omnem
parrochiam Moyriaci cum honore sibi pertinente usurpare non
timuit. Tantas igitur ac tales à Petro vicecomite sustinuit domnus
Petrus prior persecutionum molestias ut quasi in exilio positus
longa quereret latibula, immanissimam ejus volens declinare
persecutionem. Denique metuens ne hujus ecclesie thesauros
violenter raperet transmisit eos Cluniaco : argentum scilicet de

Tabula, calices et turribula et alia que huic loco hornatui essent vasa argentea. Sed Pontius Cluniensium abbas previdens quieti hujus monasterii omne illud argentum ad nos remisit, precipiens ut Petro vicecomiti daretur, si in manu domni Gausberti Aginensis episcopi et domni Monteti, prioris Alayraci, domnique Heliæ, sacriste Moysiaci, ac domni G. de Balagerio aliorumque hujus terre prudentissimorum virorum et etiam super altare Sancte Marie juraret fidem pleniret ipse et uxor sua, nomine Guiscarda et fratres sui, predictam terram donare, derelinquere Deo et sancto Petro Cluniaci et Sancte Marie de Moyriaco ; tali pacto talique convenientia ut in tota terra que ad jus Sancte Marie pertinere videtur nunquam in perpetuum ipse vel aliqui de parentela sua aliquid tollerent, raperent, vel aliquam violentiam facerent. Que convenientia hoc modo facta est, posita veneranda cruce et reverando corpore Christi super altare Beate Marie semper virginis, una cum plurimorum sanctorum reliquiis. Ego Petrus, vicecomes, cum uxore mea Guiscarda dono Deo et Sancto Petro Cluniaci et Sancte Marie matri Christi et huic monasterio Moiriaci et monachis qui modo sunt et qui in eternum in hoc loco sunt servituri omnem terram illam quam huc usque huic loco calumpniabam et auferebam et per fidem meam promitto super has sanctas reliquias et super altare Sancte Marie et super crucem et venerabile corpus Christi ut in tota terra quam superius donavi huic loco et dereliqui ; nichil mali ultra faciam, non tollam aliquid violenter aut voluntarie nec tollere faciam, nec aliqui qui post me de mea progenie nascituri sunt. Ut autem ista convenientia simper integra teneatur, ego et uxor mea facimus ✠ signum propriis in charta manibus, et damus partem corrigie se servanda posterius, in testimonium veritatis, accepi quoque propter hoc, a domno Petro priore et a domno G. de Balager,

LX et VI marchas argenti inter quas duo turribula et duo calices, duo quoque candelabra argentea erant, et totum argentum tabule altaris Beate Marie, precium videlicet duo milia et ducentorum solidorum Aginensis monete. Quicumque violaverit aut infregerit istam convenientiam partem accipiat cum Satan. Amen. Amen. Amen. Quod militibus R. et P. de Moirac dedi absolute reddam huic loco et fratribus meis R. et A. sicut ego feci firmare super altare faciam. Visores fuerunt G. episcopus, K. prior Sancti Genesii, G. de Balager. B. de Narces, G. M. P. de Golengs, P. de Albino, P. de Moiriac, pueri et ceteri monachi; milites vero WILLELMUS DE GALARD, Montesin de Golengs, P. de Montecalvo, R. et G. de Auliniaco, Willelmus Amanieu de Segoniaco, Bernucio de Marciola cum aliis multis, Bruno et Ingrosus de Alairiaco, Calvus de Caldacosta, Martinus de Moirac, et Willelmus filius ejus, Willelmus de Castilio qui argentum ad altare reddere monachis debuit. Set quia reddere contempsit octingentos et postea duo milia solidorum coactus dedit et simul juncti quinque milia faciunt. Facta est autem hec convenientia die dominica VI idus augusti luna XIIIIᵃ concurrentes IIII epacta XXIII. anno ab Incarnatione Domini MCXVᵐᵒ indictione VIII regnante Ludovico Francorum Rege, Romane ecclesie domno Paschasio papa IIᵒ pontificatum tenente, et in Aginensi Gausberto, quo presente hoc totum factum est: in Guasconia Willelmo Aquitanorum duce principatum tenente. Amen.

Collection Moreau, vol. XLVII, charte 35, allant du folio 154 à 157, mss. Bibl. imp.[1] Notre extrait commence fol. 155.

1. Lambert de Barive avait recueilli cet acte dans l'ancien *Cartulaire de l'abbaye de Cluny*, vol. II, coté B, chapitre de l'abbé Pons, fol. 289, verso, et 290, recto. Moreau avait fait sa copie sur celle de Lambert de Barive, chargé de cette transcription par le roi et le garde des sceaux.

ANNÉE 1163.

*Dans la bulle qui limite et confirme les possessions de l'abbaye de Condom,
au XIIe siècle, il est question de l'église du GOALARD.*

Alexander episcopus, servus servorum Dei, dilectis filiis
Garsiæ, abbati monasterii dicti Petri, situm (*sic*) in loco qui dicitur Condomus, et ejus fratribus tam præsentibus quam futuris
regularem vitam professis. Quoties illud a nobis petitur, quod
religioni et honestati convenire dignoscitur, animo nos decet
libenti concedere....... Quapropter, dilecti, vestris justis postula-
tionibus clementer annuimus et præfatum monasterium in quo
divino mancipati estis obsequio sub beati Petri et nostra protectione suscipimus et præsentis scripti privilegio communi-
vimus, statuentes ut quascumque possessiones, quæcumque
bona idem monasterium in præsentiarum juste et canonice possidet aut in futurum justis modis præstante Domino poterit
adipisci, firma vobis vestrisque successoribus et illibata permaneant in quibus propriis duximus exprimenda vocabulis, ex dono
Hugonis, quondam Aginnensis episcopi, quidquid in pago Leumaniæ et jure patrimonii sui vobis contulit : videlicet ecclesiam
dicti Petri et locum qui dicitur Condomus, cum omnibus suis
appenditiis, *ecclesiam quoque de* GOLARD [1] cum appenditiis suis,

---

1. Ce passage fortifie ce que nous avons énoncé en notre introduction, touchant
l'extraction primitive des de Galard. D'Achery, en son *Spicilége* (tome II, page 585,
1re colonne) dit que l'abbaye de Condom reçut de Hugues, évêque d'Agen et fils de
Gombaud, duc de Gascogne, plusieurs biens entre ceux du Goalard avec ses appartenances : « Item in alio loco nomine *Gualardo* possidet alaudos plurimos, terras,
« vineas, casas, prata, pascua, aquas et decursus aquarum certo tramite currentium. » Il est évident que si Hugues disposa de l'apanage des sires de Goalard où
de Galard, c'est que des liens de sang existaient entre eux. On ne peut, en effet,
deshériter que des parents.

ecclesiam sancti Sigismundi et villam cum omnibus..... ecclesiam de Coyssed, ecclesiam dictæ Mariæ de Cassanea et villam cum..... ecclesiam de Bornaco cum..... ecclesiam sanctæ Ruffinæ de Gelebat cum..... ecclesiam de Marsano cum..... ecclesiam de Marcary et villam quæ appellatur Serra cum..... ecclesiam de Sendet cum..... ecclesiam de Pujol cum..... ecclesiam de Calsdrot et villam cum omnibus pertinentiis suis, ecclesiam de Neraco et villam cum appenditiis suis... ecclesiam de Lauset cum... ecclesiam de Molas cum... ecclesiam de Brus cum... ecclesiam de Franciscano, etc.

Datum Turonis, nonis junii, indictione undecima, Incarnationis Domini anno millesimo centesimo sexagentesimo tertio, pontificatus vero domini Alexandri PP. III anno quarto.

Histoire de Gascogne, par l'abbé Monlezun, tome VI, pages 394, 395.

AVANT 1194.

MONTASIN DE GALARD (*qui ne paraît être ni l'abbé de ce prénom ni un autre Montasin de Galard* [1], *vivant tous deux au milieu du* XIIIe *siècle) est nommé dans une donation avant 1194.*

Posteritati nostræ scriptum relinqui volumus, quod B. de Bons pro se et pro suis dedit beato Petro in perpetuum, locum qui dicitur Laberdesca et locum qui dicitur Altmont et locum qui

---

1. Que nous retrouverons un peu plus bas, l'un sur le siége abbatial de Saint-Pierre, où il mourut en 1247, l'autre dans l'assistance d'un hommage rendu en 1255 à l'évêque d'Agen, par Gaston, vicomte de Béarn, en qualité de vicomte de Brulhois. Il est présumable que le Montasin de Galard, existant avant 1194, était l'aïeul de ceux qui jouèrent un rôle dans la moitié du siècle suivant.

dicitur Lacoma, G. Fuert et molendinarium ejusdem loci et culturam de Calaosa, et omnia jura sua usque ad terram Montasin de Gualard, pro monachatu suo, et pro redemptione animæ suæ et parentum suorum.

D. Luc d'Achery, *Spicilegium*, tome II, page 598, éd. in-folio.

7 MAI 1200.

Traité de paix entre le roi de France et celui d'Angleterre, dans lequel Philippe-Auguste donne, comme pleiges ou cautions, Guillaume de Galard, Robert, comte de Dreux, et Geoffroy, comte du Perche.

FINALIS CONCORDIA INTER PHILIPPUM REGEM FRANCIÆ ET JOHANNEM REGEM ANGLIÆ.

Philippus Dei gratia Rex Francorum, uniuersis ad quos præsens scriptum peruenerit, salutem. Noueritis quod hæc est forma pacis facta inter nos et dilectum nostrum et fidelem Joannem, Dei gratia Regem Angliæ : scilicet quod ipse tenebit nobis et hæredibus nostris pacem, quam Richardus Rex frater eius fecit nobiscum intro Heroldum et Carolum. Exceptis his quæ per præsentem chartam excipiuntur, vel multantur, propter exceptiones quas idem Rex Richardus nobis fecerat de pace illa, scilicet quod idem Rex Joannes donauit nobis et hæredibus nostris, sicut rectus hæres Richardi fratris sui, ciuitatem Ebroicarum et Ebrocinium, cum omnibus feodis et dominiis ; sicut subscriptæ metæ determinant. Metæ autem positæ sunt inter Ebroicas et Nouumburcum, et totum id quod erit inter has metas ex parte Franciæ, erit nostrum. Id quod erit versus

Nouumburcum erit Regis Angliæ et quantum terræ habuimus versus Nouumburcum, tantum terræ habebimus versus Conchias et versus Akenu ad eandem mensuram, ex parte ubi abbatia de Noa sita est, sicut aqua Icóniæ currit Gurtebo, ubicumque sit nobis, dedit Tyteus cum pertinentiis suis, et Damilla Rencaret Regi Angliæ. Item tantum quod dominus de Brucolet, habebit (id quod habere debet) in dominatu de Brucolet. Concessit etiam nobis de episcopatu Ebroicensi id quod est infra has metas, unde episcopus Ebroicensis nobis respondebit et hæredibus nostris. Idem autem episcopus respondebit Regi Angliæ et hæredibus suis, de hoc quod erit extra has metas, et sciendum quod neque nos, neque Rex Angliæ poterimus firmare intra has metas constitutas inter Nouumburcum et Ebroicum, neque apud Gurtebo, neque nos ex parte nostra, neque Rex Angliæ ex parte sua. Nisi ubi firmatum est infra metas prædictas propter fortelicias de Portis et de Laudis in continenti dirurentur, neque ibi, aliæ forteliciæ poterunt reædificari. Hæc autem omnia quæ comes Ebroicensis tenebat inter has metas fecit nobis Rex Angliæ acquittari à recto hærede Ebroicarum. De Aulcasiuo Normanniæ sic erit : prædicto Regi Angliæ, et hæredibus suis remanebunt feoda et dominium, sicut archiepiscopus Rothomagensis. Inde tenens erat, de qua fecit excambium de Andeliaco totum Vulcosmi residuum nobis remanet. Nos quoque non possumus firmare ultra Gaco. Totum Hulcasmi residuum nobis remanet. Nos quoque non possumus firmare ultra Gamagium ex parte nostra, Normanniæ, nec ultra fines forestæ Vernonis, sed infra, neque Rex Angliæ ultra forestam Andeliaci, sed infra. Dedit autem Rex Angliæ in maritagium Ludouico filio nostro cum filia Regis Castilliæ sua nepta feodum Eroldinum, et feodum Cæsarei, et feodum Butturressi, sicut Andreas de Calumniaco ea

2

tenebat de Rege Angliæ et de omnibus his erimus saisiti, usque
dum maritagium sit consummatum, et quidquid contingat de
maritagio, post quam factum fuerit, nos prædicta feoda tenebimus
tota vita nostra, et post vitam nostram reuertentur prædicta feoda
ad prædictum Regem Angliæ, et hæredes suos, si prædictus
Ludouicus filius noster hæredem non habuerit è nepte Regis
Angliæ : Si vero contigerit ipsum Regem Angliæ morí absque
hærede et uxore sibi desponsata cum prædictis feodis, dabit Rex
Angliæ Ludouico filio nostro, cum prædicta nepte sua in maritagium, feodum Hugonis de Garnaio, citra marè Angliæ, et
feodum comitis Patricii, sicut ea tenet de Rege Angliæ. Præterea
idem Rex Angliæ dedit nobis 30,000 marcarum argenti, ad pon-
dus et legem in qua facta fuerunt, scilicet tredecim solidos et
quatuor denarios pro marca, propter ricatum nostrum et propter
feodum Britanniæ quod nos Regi Angliæ dimisimus. Rex vero
Joannes recipit Arthurum in homine, ita quod Arthurus tenebit
Britanniam de prædicto rege Britanniæ. Idem vero Rex Angliæ
sicut rectus hæres fratris sui Richardi Regis tenebit de nobis
omnia feoda, sicut pater ejus, et Richardus frater ejus tenuerint,
et sicut feoda debent, exceptis supradictis quæ nobis remanent,
sicut prædictum est de comite Engolosimi, et vicecomite Le-
mouicensi. Sic erit quod Rex Joannes recipiet eos in homines,
ita quod jura eorum eis dimittet, de comite Flandriæ, et comite
Holoniæ; sic erit quod comes Flandriæ tenebit id quod tenet de
terra nostra; et nos ea quæ tenemus de comite Holoniæ, scilicet
dominia et feoda, et ea quæ comes Pontiui tenet, inde feodum
et dominium remanent nobis, et comiti Pontiui, propter hoc
quod comes Flandriæ tenet de nostro, ideo faciet nobis homma-
gium, et ipse comes Flandriæ, aut aliquis hominum meorum,
qui melius sint aut esse debent homines nostri, quam Regis

Angliæ, nobis malum facere aut nocere vellent, Rex Angliæ, non poterit contra nos adiuuare, et manu tenere eos, neque nos similiter suos qui sint, aut melius esse debent homines sui quam mei, salua forma huius pacis prædictæ. In conuentionibus istis habet Rex Angliæ conuentionem, quod ipse Othoni nullum faciet auxilium, neque per pecuniam, neque per gentes, neque per milites, neque per alium nisi per consilium nostrum de Arthuro, sic erit quod Rex Angliæ non minuet eum de feodo vel de dominio Britanniæ citra mare Angliæ, nisi per rectum iudicium curiæ suæ; Rex vero Angliæ dedit nobis firmitates de hominibus suis subscriptis : Balduino comite Albæmarliæ, Vuillelmo comite de Pembroc, Hugone de Gurnaco, Vuillelmo de Humes constabulario Normanniæ, Roberto de Harcuria, Joanne de Pratellis, Vuillelmo de Kau, Garino de Capium, qui juraverunt hoc modo, quod ipsi cum omnibus feodis suis citra mare ad nos venirent, si Rex Angliæ non teneret pacem et conuentionem, sicut diuisa est. Nos quoque dedimus securitates de hominibus nostris subscriptis, comite Roberto Drocorum, comite Gualfrido Pertici, Vuillelmo Galard, Geruasio de Castello, Vualtero Camerario patre, Visone filio ejus, Philippo de Leone, Vualtero Camerario juniore, qui similiter jurauerunt quod cum omnibus suis ad Regem venirent, si nos ei hanc pacem non tenuerimus, sicut est diuisa, nos autem et prædicti hostagii bona fide et sine malo ingenio, hæc firmiter et fideliter obseruanda jurauimus, quæ ut perpetuum robur obtinerent, præsentem chartam auctoritate sigilli nostri corroborauimus. Actum apud G. anno ab Incarnatione Domini 1200, mense maii.

Histoire généalogique de la maison d'Harcourt, t. III, p. 178 et suivantes. — Guillaume de Galard est mentionné page 181.

Année 1200 et après.

Notice de Moréri sur Guillaume de Galard.

Guillaume, sire de Galard, depuis lequel la filiation est suivie, fut un des pleiges du roi de France dans un traité conclu, au mois de mai de l'an 1200, entre ce monarque et le roi d'Angleterre. Il est qualifié sire de Galard avec le sire d'Albret en 1236. Voyez le cabinet de M. de Clairembaut, et l'Histoire d'Harcourt, tome III, page 180. Ses enfants furent 1. Assieu de Galard, qui suit. 2. Montassin de Galard, abbé de Condom, mort en 1247. On trouve un autre Montassin de Galard [1], qui servit de témoin à l'acte d'hommage de Gaston, vicomte de Béarn et de Brulhois, rendu à Guillaume, évêque d'Agen, en 1255.

Moréri, *Dictionnaire historique,* tome V, page 18.

---

9 mai 1218.

Rostaing Payne certifie que tous ceux qui outre-mer compteront vingt-cinq marcs d'argent à nobles Géraud de Boza, à Guillaume de Galard *et autres, seront remboursés à Marseille par les soins du recteur.*

Ego Rostagnus Paynus, publicus Massilie notarius, notum facio omnibus et testificor quod quicunque tradiderit in partibus transmarinis, nobilibus viris Geraldo de Boza, Berengario Vin-

---

1. C'est celui que nous allons rencontrer plus loin, page 56.

centio, Raymundo Aigardo et Willelmo Gallardo [1], cuique eorumdem, usque ad summam quinque et vigenti marcharum argenti, ipse indicta summa apud Massiliam per manus rectoris Massilie integre restaurabitur, pro ut amplius declaratur in generali plegiacionis magno instrumento, jussu et nomine predictorum rectorum publice confecto, et in tribus transcriptis bulla plumbea capituli rectorum Massilie sigillatis, redacto atque tradito communitati cruce signatorum in ipso designatorum. Ego autem Rostagnus predictus, rogatu dominorum supra nominatorum, ad majorem ipsorum securitatem et commoditatem hanc cartulam per manum meam factam signi mei munimine roboravi. Actum in capitulo rectorum Massilie anno Incarnationis Domini M° CC° XVIII°, indictione V, VII° idus maii.

Chartes des Croisades, fonds latin, nouveaux acquets, n° 17803, acte 202. Bibl. imp., Cabinet des titres.

JUILLET 1231.

Sur le compte de Th. Carnot et d'Aymeric Poul, GUILLAUME DE GALARD (GAULART) *reçoit quatre livres pour lui et son palefroi.*

COMPOTUS TH. DE CARNOTO ET AMARRICI PULLI ANNO DOMINI M. CC. XXXI, MENSE JULIO, DIE MERCURII POST MAGDALENAM.

Paga militum [servientum et balistariorum] equitum et pedi-

1. *La noblesse de France aux Croisades,* par P. Roger, cite, page 230, GUILLAUME DE GALARD comme étant en Palestine l'an 1218. On trouve également, dans le groupe de ceux qui combattaient quelques années avant lui en Orient, Mathieu Gorram ou Goran, signalé dans une charte de Constantinople en 1205.

tum et charrei, facta apud Antrain anno domini M. CC. tricesimo primo, mense julio [in] crastino [Beatæ Mariæ Magdalenæ]
provenire et ire.

§ 4 equi perditi

Rodolphus Goyner pro roncino xl^s 40

Balduinus de Ronquières, pro equo, viii^l 8

Ansellus de Failoles, pro palefrido lx^s 60

Johannes de Janz pro equo x^l 10

Mathæus de Trie pro ii equis de veteri xl^l 40

Arnaldus et Bertelemy de Capella pro ii equis xvi^l .. 16

Johannes Archepin pro equo xx^l 20

Guillelmus Gaulart pro palefrido iiii^l 4

Recueil des Historiens de France, tome XXI, publié par Guigniaut et
de Wailly, page 222.

Année 1236.

Guillaume de Galard *est, d'après Moréri, le personnage de cette famille
signalé dans le rôle ci-après, en compagnie de ses voisins.*

Item en un autre livre a ez couvert de cuir vert, que len ot
de mestre Pierre la Reue, sont trouvéz escrits les services et les
rebriches qui s'en suivent.

Ceux cy dessous escrits sont tenus à faire au Roy ost et che-
vauchiée pour raison de sa terre d'Agen et des appartenances
d'entre Garonne.

Le vicomte de Leomaigne.

Les seigneurs d'Astefort.

Eude Lomaigne pour le fief de Marconne (*Fimarcon*).

Amancon (*Amanieu*) d'Albret.

Les seigneurs de Caossonys (*Caussens*).

Les seigneurs de Saint-Orient.

Le sire de Braut (*Beraut*).

LE SIRE DE GALART.

Le sire de Fortesi (*Forcesi*).

Bertrand de la Gorulet (*la Graulet*) pour Villeneuve.

Le sire de Podenac (*Podenas*).

DE LA ROQUE, *Hist. du ban et de l'arrière-ban*, in-18, page 21.

ANNÉE 1218.

Philippe, sénéchal d'Agenais et de Quercy, ayant emprunté deux cents livres à BERTRAND DE GALARD *et à Pierre de Saint-Vid, leur consent une obligation. Dans le cas où la dette ne serait point payée à la Noël prochaine, le sénéchal doit rester en otage à Agen jusqu'à parfait remboursement. En sus de cette garantie, il fournit trois cautions qui prennent les mêmes engagements que lui. A défaut du débiteur et de ses répondants, l'évêque d'Agen se charge d'acquitter ladite somme.*

Conoguda causa sia que Philips senescalc d'Agenes et de Caerci à malevadas cc l. de diners nous d'en P. de San Vid e d'en BERTRAN GAILHARD, e d'en G. de la Faia, e d'en Galcelm d'Agan et liqual las i an' prestadas el predich senescalc d los mandad e autreiad e plevis per la fe del cors e jurad sobre sanz que las predichas cc l. los renda e los page al primer Nadal que ve en paz e senez tot contrast e senes tot defendement e senes tota

occaso e senes tot plag que nos los i metra e deu los ne donar ni
de Moissag o de Montalba, si ilho volo, per aïtalh cum valdra
cant ilh lo prendran. E si per aventura dessa lo predick Nadal
aventura venia al predich senescalc de renda o de percass de que
lo predich embargs pogues esser pagat o la I partida a conoguda
de nostre senhor, A. abesque d'Agen, lo senescalc o deu pagar
als predichs IIII pros homes deuant tot home, tro que los ara
compliz a lor voluntad de vi o d'als de las predichas cc l. e los
ne deu far donar letras pendenz al senhor comte A. sageladas ab
so sagel. Si ilh las ne volo e si al predich terme lo predich
senescalc no avia pagadas las predichas cc l. als predichs IIII
pros homes de in o d'als e a lor voluntad compliz del tot si ero
tuch paruent d si tuch no ero paruent a aquels qui paruent serio
e a los ordenh, lo predich senescalc ne tenaria ostages a Agen e
no s'en partiria ab los seus pes ni ab los altrui, meis de voluntad
dels predichs IIII pros homes tro que los agues compliz a lor
voluntad de las predichas cc l. e per tots los meis convenz que
lo senescalc o a mandad e autreiad e plevis per la fé del cors e
jurad sobre sanz, P. de la Bruera, e Thomasis lo nebs del senescalc an contradad e autreiad e plevis per las fes dels cors e jurad
sobre sanz que si lo senescalc no o aura pagad al predich terme
cum sobre diches, ilh lors cors ne tendrian ostages à Agen e no
s'en partirian ab loss lors pes ni ab los altrui tro que loss predichas
cc l. fosso pagadas e complidas als predichs IIII pros homes e a
lor ordenh a lor voluntad; et per tots aquels covens, son ne
intrad fiansas e pagadors cadaus pel tot W. de Malvine, Johan
de Bastanhs. W. sos frair liquals o an contradad e autreiad que
s'il predich senescalc no pagara al predich Nadal las predichas
cc l. as predichs IIII pros homes e no los a complia cum sobre
diches a lor voluntad, ilh ne vendrian a Agen al so moniment

que li predichs IIII pros homes lo fario per lors letras e per las
letras del sehor abesque d'Agen e no s'en partirian ab los lors
pes ni ab los altrui tro que li predich IIII pro homes fosso com-
plid a lor voluntad de las predichas cc l. E sobre tot aisso es ne
(*Illisible*) e pagair nostre senhor A. abesque d'Agen per aitat
covent que si li predich IIII pros homes, so es assaber. P. de
San Vid, Bertrand Gailhard, G. de la Faia, Galcelm d'Aganet de re
defalhio el sen (escal) ni en las fiancas predichas que no o
tenguesso e no o complisso cum sobre diches, lo predich senhor
abesque los pagaria las predichas cc l. e los i compliria a lor
voluntad, a lor ordenh, en paz, e senez tot contrasc e senez tot
defendement et senez tot plag e senez tot a occaso qui no i metra ; e
per so que li predich covent no posco esser desdich e plus ferm
sio tengud, an ne autreiada carta de notari lo cabalers e las fiansas,
sagelada ab lo sagel del predich senhor abesque e d'el predich
senescalc e d'en W. de Malvinhe e d'en Johan de Bastanhs qui la
sageled persi e per W. so frair. E fo aissi accordad vi dias a l'entrad
de septembre. Testes : Helias prior de San Crabari, Hugues de
Roumha, R. de Lator, Guilabert Odet, S. de Castel, S. de la Videa,
P. de Lomanha, Doat de Labesque ; W. de la Gleiza, communis
notarius Aginni, qui hanc cartam scripsit utrius que assensu,
anno ab Incarnatione Domini M° CC° XVIII ; A. Agenni episcopo in
Domino [1].

Archives départementales du Lot-et-Garonne.

1. Parchemin de 0ᵐ,21 sur 0ᵐ,14. Écriture très-fine, mais très-lisible ; vingt-cinq
lignes. Pas de cote, nulle trace de recolement. Le parchemin est plié dans le bas
et percé de 8 trous, qui laissent passer 4 fines lanières, au bout desquelles étaient
apposés les sceaux de l'évêque d'Agen, du sénéchal d'Agenais et de Quercy, de
W. Malvinhe et de Jean de Rastanhs.
Cette pièce est une des mieux conservées des archives du Lot-et-Garonne ; on la

Année 1221.

A cette date BERTRAND DE GALARD *était seigneur de Limeuil.*

Notum sit... quod Bertrandus et Grimoardus de Limol, fratres, et domini de quarta parte Limolii, positi in infirmitate, volentes sepeliri in Cadunio, atque omnium bonorum participes fieri pro salute animarum suarum atque parentum suorum, dederunt, etc., duos sextarios frumenti renduales quos sequenti tempore Grimoardus, filius prædicti Grimoardi, dedit et concessit super mansum de la Broza in ribeira ante Limolium. Hoc factum fuit apud Palnatum. Videntibus et audientibus : Constantini Ranulfo, Folco de Clarencio, canonico Sancti Frontonis, Bonifacio, monacho Palnati, etc.; anno M.CC.XXI.

PLUS BAS.

B. DE GALARD , *miles de Limolio* [1] *, pater Galardi.*

Collection de Périgord , vol. 37 , fol. 211. Bibl. imp., Cabinet des titres.

croirait d'hier, tant le vélin est blanc et l'encre noire, même sur les bords qui sont toujours plus exposés à souffrir.

1. La branche de Limeuil ne fut pas créée, comme l'ont assuré plusieurs historiens, par Pierre de Galard, grand maître des arbalétriers, car elle l'avait été près d'un siècle avant lui par le Bertrand de Galard ci-dessus. La descendance directe de ce dernier du s'éteindre au bout de deux générations et la majeure partie du fief de Limeuil être transmise aux seigneurs de Terraube, les aînés de leur race. Cette succession leur incomba, non-seulement par suite des liens de parenté antérieure, mais encore d'une alliance plus récente qui les avait resserrés. Montasin de Galard avait épousé, toujours d'après l'abbé de Lespine, une sœur de Bertrand de Beauville ou Bouville, sire de Limeuil en partie. Pierre de Galard, grand maître des arbalétriers , réclamera du roi d'Angleterre en 1326 la ratification du commun de Limeuil, comme lui ayant été légué par son oncle le susdit Bertrand de Beauville. Charles le Bel, la même année, confirma à Pierre de Galard

1235 ET APRÈS.

*Date du sacre et de la mort d'*ARNAUD IV[1] DE GALARD, *évêque d'Agen.*

ARNAUD IV DE GALARD, élu en 1235, meurt le 22 septembre 1245; il fut enseveli à Clairvaux[2].

Extraits des essais historiques sur l'Agenois, résumés d'Argenton, par Labrunie, curé de Monbran. — Catalogue de nos évêques, page 181, mst.

---

6 MAI 1240.

ARNAUD DE GALARD, *évêque d'Agen, ratifie la transaction passée entre son prédécesseur Raoul de Peyrines et le chapitre de Saint-Caprais*[3].

Noverint universi quod nos frater ARNALDUS, Dei patientia vocatus Agennensis episcopus, et nos Helias, prior et capitulum

les rentes de Limeuil, provenant de l'héritage de Bertrand de Beauville. Montasin de Galard, marié à N. de Beauville, était probablement celui qui se montrera (1255) au serment de fidélité prêté par Gaston de Béarn à l'évêque d'Agen. Il est possible en outre que la femme de Bertrand de Beauville fût sœur, soit de Géraud de Galard, soit d'Éléonore d'Armagnac, auteurs de Pierre, grand maître des arbalétriers, qui releva et continua le lignage des seigneurs de Limeuil.

1. Ce chiffre indique l'ordre successif des évêques du nom d'Arnaud et non celui des membres de la famille portant ce prénom.

2. L'*Annuaire du département de Lot-et-Garonne,* pour l'année 1828, page 37, répète textuellement la même chose. D'après ce calendrier et le catalogue de Labrunie, Arnaud IV de Galard fut le 27e évêque d'Agen, sans tenir compte d'une lacune chronologique de 300 ans.

3. Les prétentions réciproques de l'évêque Raoul de Peyrines et du prieur de Saint-Caprais à investir de certains bénéfices avaient fait surgir un différend qui se dénoua, le 7 des ides de juillet 1235, par une transaction : c'est celle qu'Arnaud de Galard va confirmer.

ecclesie S^{ti} Caprisii de Agenno, recognoscimus et confitemur quod compositio facta fuit inter venerabilem patrem Radulphum, quondam episcopum Agennensem, de consensu capituli S^{ti} Stephani Agennensis ex una parte,.et nos priorem et capitulum S^{ti} Caprasii ex altera, in hec verba :

Radulphus, Dei gratia episcopus Agennensis, etc. [1].........

Omnia igitur supradicta, prout superius scripta sunt, nos predictus frater Arnaldus, episcopus Agennensis, de consensu capituli S^{ti} Stephani Ageñ. ex una parte, et nos predicti Helias prior

---

1. Voici la partie initiale de cette transaction conservée aux archives de l'évêché d'Agen. Nous ne pouvons la donner en entier à cause de son étendue.

Transaction entre Raoul, évêque d'Agen, et le chapitre de Saint-Caprais.

Radulfus, Dei gratia Agennensis episcopus, et capitulum ecclesiæ S. Stephani de Agenno, et Helias prior, et capitulum S. Caprasii de Agenno, universis presentes litteras inspecturis, salutem in Domino : Notum vobis facimus quod cum controversie verterentur inter dominum dictum episcopum ex una parte, et nos predictos priorem et capitulum S. Caprasii ex altera, super quibusdam ecclesiis, decimis, primitiis, et rebus aliis, prout inferius continetur; tandem de voluntate utriusque partis, interveniente etiam consensu nostri dicti capituli S. Stephani, inter nos dictum episcopum, et predictos priorem et capitulum S. Caprasii talis compositio intervenit.

Videlicet quod nos dictus episcopus, consentiente capitulo nostro et ecclesiæ S. Stephani Agenni supradicto, remittimus, guerpimus, quittamus et absolvimus pro nobis et omnibus successoribus nostris in perpetuum, predictis priori et capitulo S. Caprasii et successoribus omnibus eorumdem, omnes questiones, querela et petitiones quas faciebamus de ipsis, prout inferius scripta sunt; et omnes questiones, querelas et petitiones quas facere poteramus de eisdem priore et capitulo, usque ad tempus dicte compositionis; exceptis institutionibus capellanorum in ecclesiis pertinentibus ad predictos priorem et capitulum S. Caprasii, et excepto jure quod habemus in electione prioris ejusdem, et exceptis aliis juribus spiritualibus, si que sunt alia, ab illisque nos dictus episcopus petebamus a predictis priore et capitulo S. Caprasii, prout inferius continetur, inter questiones nostras inferius scriptas; et exceptis illis que donant predictus prior et capitulum S. Caprasii nobis dicto episcopo et omnibus successoribus nostris, et ecclesiæ Sancte Fidis in perpetuum, ratione dicte compositionis, prout inferius scriptum est. . . . .

et capitulum Sancti Caprasii Agenneñ. ex parte altera, rata habemus et firma, et in perpetuum confirmamus. Acta sunt omnia
supradicta de consensu expresso capituli ecclesie S[ti] Stephani
Agenneñ. sexta die exitus maii, anno Domini millesimo ducentesimo quadragesimo R. (aymundo) Tholosano comite, A. Agenneñ.
episcopo [1]. Presentibus Henrico archidiacono Montald, C. Gontaldo, magistro Stephano de Vieterves, magistro Guillelmo Girardi
nominato sacrista, magistro Arnaldo de L..., Raymundo Beli,
Bernardo Bere, Odone de Cuzorn juniore, Guillelmo Rigaud,
Raymundo de Bovisvilla, Petro Groland, canonicis predicte ecclesie
S. Stephani Agenni, Aymerico de Bono-Oculo, Guillelmo de La-
garriquo sacrista, G. Oleri, A. de Columbato cellerario, Hugone
de Preissan, Guidone de Cuzorn, canonicis S. Caprasii Agenni, etc.

Et me magistro Helia communi notario Agenni qui de consensu expresso prefati venerabilis patris A. Dei gratia episcopi
Agennensis et capituli ecclesie S. Stephani Agennensis, et prefatorum Helie prioris, et capituli S. Caprasii Agenni, predicta omnia
scripsi et manu propria in publicam formam redegi et signum
meum apposui [2].

Archives de l'évêché d'Agen.

1. Arnaud de Galard avait eu, entre autres prédécesseurs sur le siége d'Agen,
Gombaud et Hugues, ducs de Gascogne, Arnaud et Bernard de Beauville, Raymond-
Bernard de Fossat, Élie de Castillon, Bertrand de Beceyras, Arnaud de Rovinha et
Raoul de Peyrines, déjà nommé. Son successeur fut Pierre de Rheims.

2. On lit au bas de cet acte :

« Et l'original de ladite pièce est écrit et scellé de deux sceaux de cire verte
« pendans avec cordons, et encore il y a autres deux cordons pour y mettre autres
« deux sceaux. »

Deux copies de la charte ci-dessus nous ont été communiquées, l'une par M. l'abbé
Barrère, auteur de l'Histoire du diocèse d'Agen, l'autre par M. Adolphe Magen, secrétaire de la Société des sciences et arts d'Agen.

IDES DE MARS 1241.

*Bien qu'*ARNAUD DE GALARD, *évêque d'Agen, ne soit pas nommé dans l'acte ci-dessous, c'est lui qui répondit à l'appel pressant de Raymond, comte de Toulouse, gravement malade en son château de Penne et implorant l'absolution, par l'envoi de l'official* [1]. *Ce juge ecclésiastique n'agissait jamais que par la volonté des prélats, qui confiaient habituellement cette magistrature à un grand vicaire. La mission de l'envoyé épiscopal étant l'œuvre de son supérieur, nous croyons devoir la rapporter ici.*

Noverint universi, quod D. R. D. G. comes Tolosanus, dum in lecto infirmitatis jaceret apud castrum de Penna Aginnensis diœcesis, in periculo mortis existens, cum magna devotione, cordis compunctione et lacrimarum effusione, a magistro R. officiali Aginnensi, et a W. B. habente curam animarum in dicto castro, et a magistro P. sacerdote ecclesiæ dicti castri, super omnibus sententiis excommunicationum, per judices ordinarios seu delegatos promulgatis, quibus ipse D. comes excommunicatus fuerat, vel esse dicebatur, absolutionis beneficium humiliter postulavit. Sane excommunicationis causæ, ad sollicitam requisitionem dicti officialis, de quibus D. comes et consilarii sui tunc recordabantur, istæ fuerunt expressæ ; videlicet pro facto Camargarum et guerra quam fecit in Camargis, et pro damnis datis ibidem D. archiepiscopo Arelatensi, et ecclesiis comitatus Pro-

---

1. L'official était le chef du tribunal ecclésiastique, chargé spécialement par l'évêque de la juridiction contentieuse. Toutes les questions de morale, de discipline et de foi étaient de sa compétence, ainsi que tous les délits commis en matière religieuse. Certains effets civils étaient attachés à ce pouvoir judiciaire, complété par un promoteur, qui remplaçait le ministère public, et par des assesseurs qui avaient simple voix consultative.

vinciæ, et civibus Arelatensibus per D. comitem vel per suos. Item
pro damnis datis et injuriis illatis D. episcopo Cavallicensi et
ecclesiæ suæ, et aliis ecclesiis provinciæ Arelatensis. Item pro
quærimonia quam facit ecclesia Vasionensis et electus ejusdem
ecclesiæ, contra dictum D. comitem Tolosanum de civitate Va-
sionis, et de castro ejusdem civitatis. Item pro facto ecclesiæ de
Manso, et pro quærimonia quam faciebat procurator quondam de
Manso, pro justitia, quam dicebat idem procurator D. comitem,
dictam ecclesiam spoliasse, et pro aliis quærimoniis quas idem
procurator faciebat. Ad hæc magister R. præfatus officialis, et W.
B. et magister P. sacerdos, attendentes et considerantes devotionem ipsius D. comitis quæ apparebat per indicia manifesta, diligenter requisivit medicos qui super infirmitate D. comitis adhæ-
rebant, videlicet magistrum Lupum Ispanium regentem apud
Tolosam in medicina, magistrum W. Alverniensem socium D.
episcopi Caturcensis, magistrum G. Petragoricensem, magistrum
P. Martinum medicos, et alios viros peritos in eadem infirmitate
D. comiti assistentes. Dicti autem medici unanimiter asserendo
responderunt, quod de dicta infirmitate pluribus ex causis, quas
rationabiliter proponebant, D. comiti mortis periculum immine-
bat. Facta igitur diligenti inquisitione super infirmitatis periculis,
habitoque consilio plurium peritorum ; facta prius restitutione
possessionis, vel quasi possessionis, totius justitiæ, villæ de Manso
ecclesiæ prædictæ de Manso, in manu et persona Stephani Geraldi
canonici præfatæ ecclesiæ de Manso, recipientis, salvo jure proprietatis D. comiti competenti ; recepto etiam juramento ab ipso
D. comite corporaliter præstito, de parendo mandatis ecclesiæ
super omnibus prædictis causis, et aliis pro quibus idem D. comes
excommunicatus erat, vel esse dicebatur : cum idem comes, vel
consiliarii sui requisiti, non crederent, neque eidem officiali aliter

constaret ipsum comitem ex aliis causis, pro manifesta offensa excommunicationis sententia innodatum, et si forsitan erat, paratum
se obtulit et juramento firmavit se ad mandatum et cognitionem
ecclesiæ emendare, præstito insuper juramento, quod dictus D.
comes, ad honorem Dei, et sanctæ matris ecclesiæ, et ad exaltationem fidei orthodoxæ hæreticam pravitatem de tota terra sua,
pro viribus suis, fideliter extirpabit; prædictus magister officialis
Agennensis, et W. B. et magister P. ipsius sacerdos, juxta formam
juris et ecclesiæ dictum D. comitem ab omnibus expressis et non
expressis excommunicationum sententiis quibuscumque excommunicatus erat, vel esse dicebatur, absolverunt : facta est ista
absolutio apud Pennam Agennesii in domo P. Pellicaris. Testes
præsentes interfuerunt D. Bertrandus, senescallus Agennensis,
Ramundus Gausselini, dominus Lunelli, Guillelmus de Barreria,
Poncius Astoaudi, Dorde Barasc, Petrus Alberici, canonicus Bar-
chilonensis, B. Pinellus, etc..... Petrus Marani medicus, etc., et
plures alii, de quibus pro majori parte, majores et peritiores, et
specialiter medici suprascripti, et plures alii super infirmitate
dicti comitis ab ipso officiali diligenter requisiti, consona voce
dixerunt memorato D. comiti, ex diversis infirmitatis causis,
mortis periculum imminere, sicut ex assertione prædicta medi-
corum presenserant, et eis per aspectum corporis apparebat, etc.
Anno Domini MCCXLI. II. idus martii. In cujus rei testimonium[1], etc.

Histoire générale du Languedoc, par un religieux bénédictin de la
congrégation de Saint-Maur, in-folio, tome III. Preuves, col. 408-409.

1. Cet acte était autrefois conservé dans le trésor des chartes du Roi; Toulouse,
sac 3, n° 8. L'auteur de l'*Histoire du Languedoc* le puisa à cette source.

ANNÉE 1242.

Assensement par ARNAUD IV DE GALARD, évêque d'Agen, du port inférieur
d'Agen et de la rive de la Garonne, sur une certaine étendue, moyen-
nant dix sols d'oublies, payables à la Toussaint, et cinq sols d'acapte
à l'avénement de chaque évêque.

Notum sit que lonarables paire, lo senhor n ARNAUTS, per la
gracia Deu ebesques d'Agen, reconoc e autreget qu en P. Bernart
d'Aganet filhs qui fo den Gaucelm d'Aganet, per si e per sos fraires
en Bernarts del Port, per si e per sos fraires, en Vidals de l'Obrador, per si e per tots los seus, tenon de lui feuzalment tot lo port
e tot lo ribalge del Port sotira devas la vila d'Agen, tant quant
dura del corbarriu tro al pont Doat W, e a los ne vestits feuzalment ab x sols doblias cada an martror e v sols dacapte a senhor
mudant, e los n a promes portar bona e ferma garentia de totz
homes e de totas femnas a dreghs de part senhoria. Pero li predighs feuzater reconogo quel predighs senher ebesques deu aver,
outra sas oblias sobredichas, els acaptes e las senhorias que i
aperteno, la mitat de tot quant issita ni avenra al digbs port, la
vespra de rampalm tot lo dia, la dia de rampalm tro a meghs dia.
Aïso fo fagh 15 dias a l'issit dochoire. Testibus domino Wilhelmo,
abbate Sancti Maurini, O. archidiacono Agennensi, domino P.
Jarlanda, O. de Cusorn, juniore, canonicis Agennensibus, Arnaldo
de la Cassanha, Wilhelmo Roqua et magistro Helia, communi
notario Agenni, qui tres cartas inde scripsit unius tenoris, de
voluntate parcium per A. B. C. divisas quarum predictus dominus
episcopus concessit unam dicto Bernardi d'Aganet et fratribus
suis et aliam dicto B. del Port et fratribus suis et aliam dicto Vitali

3 *

de l'Obrador et suis, anno ab Incarnatione Domini m° cc° xlij.
R. Tolosano comite, A. Agennensi episcopo [1].

Archives municipales d'Agen. Acte communiqué par M. Adolphe Magen.

ANNÉE 1242.

Labenazie relate encore un acte du même ARNAUD DE GALARD, *évêque
d'Agen, mais son indication se résume au titre que voici :*

En 1242, ARNAUD donna un certificat de la ratification que
fit en sa présence, dans l'abbaye de la Sauve, Bibien de Lavaur,
de toutes les donations qu'il avait faites jusqu'alors à cette
abbaye [2].

Extrait des mémoires manuscrits de Labenazie, communiqué par M. l'abbé
Barrère.

---

1. Un *vidimus* de cette charte fut délivré aux consuls d'Agen, le 15 avril 1382,
par Jean de Cantemerle, licencié ès lois, juge mage d'Agenois et lieutenant de noble
et puissant seigneur Pierre Guitard, chevalier, seigneur de Luganhac, sénéchal de
Gascogne pour le roi de France. A ce furent présents maître Aymeri du Puy
et Jean de Beaupuy, notaire. Ce *vidimus* est scellé du sceau royal de la sénéchaussée.

2. Labenazie ajoute que cette attestation était encore de son temps dans les archives de l'abbaye de la Sauve et que le prélat, dans ce document, se qualifie : *frater* ARNALDUS, *Dei patientia vocatus Aginnensis episcopus, vicarius Burdigalensis
provincie.* Le même chroniqueur nous apprend que, le 8 des calendes d'avril 1221,
Arnaud de Galard termina un différend entre le chapitre de Saint-Caprais et les consuls d'Agen, au sujet du péage des harengs, où l'évêque articule de nouveau son
titre avec une humilité tout évangélique : *Coram nobis fratre Arnald, Dei patientia vocato episcopo Agenni.* Labenazie, qui fut secrétaire de Mascaron, auquel il a
dédié quelques-uns de ses ouvrages, assure avoir manié plusieurs actes de 1240,
concernant la figure religieuse qui nous occupe.

Calendes de mai 1242.

Arnaud de Galard, évêque d'Agen, déclare dans les lettres ci-après que
Raymond, comte de Toulouse, lui avait témoigné la résolution de
chasser l'hérésie de ses États, et lui avait demandé, en conséquence,
de faire agir l'Inquisition dans son diocèse, lui assurant son aide
pour faire exécuter les sentences rendues par ce tribunal ecclésiastique contre les Albigeois. Cet engagement formel fut pris par ledit
prince, au château de Penne, envers Arnaud de Galard, devant
Armengaud, compagnon de ce prélat, et G. abbé de Saint-Maurin.

Noverint universi præsentes pariter et futuri, quod illustris
vir R. Dei gratia comes Tolosæ, marchio Provinciæ, veniens
coram nobis A(rnaldo) eadem Agennensi episcopo, cum magna
instantia nos rogavit, toto cordis affectu humiliter postulando,
asserens firmiter quod volebat hæreticam pravitatem de tota terra
sua expelli, ut nos contra hæreticos in diœcesi Agennensi inquisi-
sitiones, jure ordinario, faceremus, et hæreticam pravitatem cona-
remur pro viribus extirpare, vel aliquos fratres Minores, vel fratres
Prædicatores, vel alias bonas personas ad hoc destinaremus, qui
secundum Deum et justitiam omnia supradicta effectum manci-
pando complerent. Præterea obtulit etiam dictus comes, quod ipse
erat promptus penitus et paratus, bona fide, sicut decet fidelem
principem, hæreticos persequi, et nos in inquisitionibus juvare
pro posse, et Prædicatores et Minores, et omnes alios viros quos
nos duceremus ad hoc specialiter destinandos. Obtulit etiam
comes superius memoratus, quod ipse paratus erat sententias a
nobis latas contra hæreticos, vel ab illis quos nos destinaremus,
sive essent Prædicato resvel Minores, sive aliæ quæcumque bonæ
personæ, ad inquisitiones in diœcesi Agennensi contra hæreticos

faciendas, executioni mandare ; de personis condemnatorum
justitiam faciendo, et bona eorum nihilominus occupando,
secundum quod exigit ordo juris, vel etiam secundum quod nos
sibi præcipere curaremus. Ad hoc præsentavit et obtulit etiam
dictus comes, quod si frater Bernardus de Caucio, et frater
Johannes socius ejus de ordine Prædicatorum, vel alii etiam
fratres, sicut superius est expressum, non jure commissionis
quam dicunt sibi factam esse à priori provinciali super inquisitionibus in diœcesi Agennensi faciendis, vellent inquirere
tamquam boni viri, et sicut religiosæ personæ, et quasi ex debito
et officio sui ordinis, non ex commissione quam dicunt sibi
factam esse, ut diximus, paratus est eos juvare, et tam per se
quam per fideles et subditos suos ducatum præstare, auxilium et
consilium in faciendis inquisitionibus, quantum posset, etiam
impendendo. Insuper obtulit etiam dictus comes, quod diffama-
tos, suspectos, accusatos paratus erat cogere, si ad monitionem
nostram, vel eorum quibus nos duxerimus prædictum negotium
committendum, vel fratrum etiam Prædicatorum venire desis-
terent, ut coram nobis et ipsis veniant, et plenius confiteantur,
ut hæretica pravitas de terra sua radicitus extirpetur, et ne eam
contingat de cætero pullulare. Hæc quidem omnia et singula,
comes coram nobis obtulit supradictus, protestando quod volebat in omnibus capitulis appellationem sibi salvam esse, quam
ad sedem apostolicam interposuit contra prædictos fratres, qui
in terra sua ex commissione quam dicebant priori provinciali, et
sibi factam esse, inquisitiones contra hæreticos exercebant; quam
quidem appellationem coram nobis dictus comes confirmavit
et eam firmiter se prosequi velle asseruit : in cujus rei testimonium, præsentem paginam nos A. episcopus Agennensis, sigilli
nostri duximus munimine roborandam. Acta fuerunt hæc apud

Pennam Agennensis, in domo Petri Pelliperii, kal. maii, anno
Domini MCCXLII, in præsentia venerabilis patris G. abbatis de
Sancto Maurino, fratris Armengavi socii ipsius D. episcopi, fratris
Ægidii, monachi Grandæ-Silvæ, Bertrandi Traverii, Hugonis de
Rocaforte, G. de Garda canonici Sancti Frontis, G. de Punctis-
fracts D. comitis senescali Agennensis, Gastoni de Gontaudo,
Sicardi Alamanni, Poncii Grimoardi, Joannis Aurioli, G. de Bon-
vila, Berengarii Alamanni, Aimerici Porterii, B. cappellani de
Monte-Albano, et Bernardi Aimerici, publici Tolosæ notarii, qui
hoc publicum instrumentum scripsit, mandato D. comitis supradicti[1].

Fonds Doat, vol. XXXI, fol. 40 et suivants. Bibl. imp., mss. — *Histoire
générale de Languedoc,* par un religieux bénédictin de la congrégation de
Saint-Maur, in-folio, tome III, col. 410. Preuves.

Année 1242.

*Raymond, comte de Toulouse, étant dans son château de Penne, en Age-
nois, appelle* Arnaud de Galard, *évêque d'Agen, et lui promet de
seconder ses efforts pour extirper l'hérésie. Le prince autorise même
le prélat à faire instrumenter les inquisiteurs, pourvu toutefois qu'ils
soient pris dans l'ordre de Cîteaux ou des Franciscains et non pas
dans celui des frères Prêcheurs[2].*

Le comte retourna en Agenois bientôt après; et là, pour faire
voir qu'il n'avoit aucune intention par ses démarches de favoriser

1. Acte collationné par Doat sur un livre en parchemin contenant 247 feuillets
et faisant autrefois partie des archives de l'inquisition de Carcassonne. Messire Jean
Doat, président de la chambre des comptes de Navarre, avait reçu du roi la mission
de recueillir tous les documents relatifs aux droits de la couronne.

2. Cet acte est le résumé du précédent.

les hérétiques, il déclara publiquement à ARNAUD, évêque d'Agen,
le premier de may de l'an 1442, en présence de l'abbé de Saint-
Maurin, du sénéchal d'Agenois, de Gaston de Gontaud et de
divers autres seigneurs, qu'il prioit instamment ce prélat, dans
le dessein d'extirper l'hérésie de tous ses États, d'exercer l'inquisition dans le diocèse d'Agen en qualité d'ordinaire, et de commettre pour cela quelques frères Mineurs et Prêcheurs, ou
autres ecclésiastiques : protestant qu'il étoit prêt de l'aider lui
et ses déléguez de toutes ses forces, pour la poursuite des hérétiques; de faire exécuter les sentences qu'il rendroit contre eux,
de faire justice des coupables, de confisquer leurs biens, etc. Il
ajouta que si frère Bernard de Cancio, et frère Jean son compagnon, de l'ordre des frères Prêcheurs, vouloient procéder à
l'inquisition dans le diocèse d'Agen, non en qualité de commissaires nommez par leur provincial, mais comme simples religieux,
et par le devoir de leur état et de leur profession, il étoit disposé à les seconder dans tout son pouvoir, de leur donner un
sauf-conduit, etc., avec offre de contraindre tous ceux qui étoient
suspects d'hérésie à se représenter devant eux. Enfin il protesta
néanmoins qu'il ne prétendoit pas renoncer à l'appel qu'il avoit
interjeté au Saint-Siége contre les frères Prêcheurs qui exerçoient
l'inquisition dans ses États, en vertu de la commission de leur
provincial; confirma cet appel, et déclara qu'il avoit dessein de
le poursuivre. Il fit une semblable protestation devant les évêques
d'Albi, de Cahors et de Rodez; et on assure qu'il supplia ces prélats de ne pas employer les frères Prêcheurs dans l'office d'inquisiteurs, mais plutôt les religieux de Cîteaux et les Franciscains.

Histoire générale de Languedoc, par un religieux bénédictin de la congrégation de Saint-Maur, 1737, éd. in-folio, tome III, page 430.

XII DES CALENDES DE MAI 1243.

Raymond, comte de Toulouse, supplie ARNAUD DE GALARD, *évêque d'Agen,
et plusieurs autres prélats, tels que ceux de Toulouse, de Cahors,
d'Alby et de Rodez, d'appliquer l'Inquisition dans leurs diocèses et de
frapper les hérétiques. Le prince s'engage à prêter assistance à cette
répression, en présence de P. archevêque de Narbonne, de A.* [1]
*évêque d'Agen, de G. évêque de Carpentras, de G. évêque de Lodève, de B. abbé de Saint-Papoul, de Hugues d'Arcisio, sénéchal de
Carcassonne, d'Odoard de Villaris, sénéchal de Beaucaire.*

Ad honorem Dei omnipotentis et exaltationem fidei, et extirpandam hæreticam pravitatem de terris nostris, nos Raymundus
Dei gracia comes Tholosæ, marchio Provinciæ, supplicamus cum
omni instantia et devotione vobis venerabilibus *patribus*, Tholosano, *Agennensi*, Caturcensi, Albiensi et Rhutenensi, episcopis,
quatenus per vos personaliter, vel per idoneas personas Cisterciensis ordinis, fratrum Minorum vel per alias, prout melius
paternitati vestræ videbitur, expedire inquisitionem contra hæreticos, credentes, receptatores, deffensores et fautores eorumdem,
in terris nostris in vestris diœcesibus constitutis, faciatis vel fieri
faciatis, cum cura vigili et sollicitudine diligenti, ut hæretica labes,

---

1. Dans la collection Doat, vol. XXXI, fol. 44, le copiste a mis fautivement un P
au lieu d'un A. Les bénédictins, pour leur histoire du Languedoc, ont transcrit le
même acte d'après le même registre où ils ont lu correctement A, c'est-à-dire *Arnaud*, devant ces mots : *episcopus Agennensis*. Les actes d'Arnaud de Galard, en cette
qualité, sont rapportés dans les manuscrits de Labenazie, de d'Argenton, ainsi que
par l'abbé Barrère en son *Histoire du diocèse d'Agen*. Tous ces auteurs font durer
l'épiscopat d'Arnaud de Galard de 1235 à 1245. L'*Annuaire du Lot-et-Garonne, année 1828,* assigne mêmes dates au commencement et à la fin de sa carrière pontificale. Les frères Sainte-Marthe, n'ayant pas eu connaissance des chartes locales, ont
dédoublé ce prélat et en ont fait deux pasteurs du diocèse d'Agen tout à fait
distincts.

citius et facilius de terris in ditione nostra positis funditus extirpetur. Nos quoque, vobis et illis quos ad inquisitiones jam dictas videretis deputandos dabimus consilium, auxilium et juvamen, quantumcumque poterimus, bona fide, et a senescallis, vicariis et aliis bailivis nostris hoc idem, ad voluntatem vestram fieri faciemus; sententias quoque vestras et illorum qui a vobis ad faciendas inquisitiones fuerint deputati, executioni mandabimus et mandari faciemus; puniendo condemnatorum personas, secundum legitimas et canonicas sanctiones; bona quoque eorum occupabimus et occupari sine diffugio faciemus, et omnia alia faciendo quæ a paternitate vestra super hoc fuerint ordinata. Acta fuerunt hæc apud Biterrim duodecim kalendas madii, anno Domini millesimo ducentesimo quadragesimo tertio [1], in præsentia venerabilium patrum domini P. Narbonæ et domini J. Arelatensis, archiepiscoporum, et aliorum prælatorum P. Agath., G. Carpentorat., G. Lodovensis, episcoporum, et aliorum virorum tam clericorum quam laicorum, videlicet P. abbatis Sancti Pauli, J. præcentoris Narbonnensis ecclesiæ, magistri... de Lemovicis, R. Gaucelini, dñi Lunelli, Barralli, dñi Baucii, Hugoni de Arsicio, senescallo Carcassonæ, Oddardio de Vilario, senescalli Bellicadri, Pontii Astoaudi, Petri Martini de Castronovo, Ermengavi de Podio, Imberti de Aragone, Joannis Turioli, Galdi de Roserque, et Bernardi Aimerici, publici Tholosæ notarii, qui, in mandato ipsius domini comitis, cartam ipsam scripsit.

Fonds Doat, vol. XXXI, fol. 44 et suiv. Bibl. imp., Cabinet des titres. — *Hist. de Languedoc,* par les bénédictins, in-folio, tome III, col. 425. Preuves.

1. Cette même année 1243, le 2 du mois d'avril, toujours d'après Labenazie, qui signale ce fait sommairement, ARNAUD DE GALARD acquit la sixième partie du port et du rivage de Dolmayrac-sur-Garonne; le vendeur fut Bernard Maynard, habitant de la ville d'Agen.

XV. DES CALENDES DE SEPTEMBRE 1245.

*Innocent III, dans une bulle datée de Lyon, fait droit au xsupplications d'*ARNAUD DE GALARD [1]*, évêque d'Agen, en faveur des hérétiques Albigeois de son diocèse, et l'autorise à absoudre les profanateurs et les incendiaires des églises, à la condition toutefois que leur œuvre de dévastation sera réparée.*

Innocentius episcopus, servus servorum Dei, venerabili fratri episcopo Agennensi salutem et apostolicam benedictionem : devotionis tue precibus benignum impertientes assensum, absolvendi incendiarios et violatores ecclesiarum tue civitatis et diœcesis, ac dispensandi cum illis qui exinde irregularitatem aliquam incurrerunt plenam tibi concedimus auctoritate presentium facultatem, proviso ut violatis ecclesiis et passis damna per incendia congrue satisfaciant. Datum Lugduni, decimo quinto kalendas septembris, pontificatus nostri anno tertio.

Texte latin communiqué par M. l'abbé Barrère, détenteur d'un manuscrit de Labenazie.

1245 ET AVANT.

Notice sur ARNAUD IV DE GALARD, *évêque d'Agen, par l'abbé Barrère.*

Raoul de Peyrines eut pour successeur (sur le siége d'Agen) ARNAUD DE GALARD, qui reçut deux brefs du souverain pontife ; le

1. Le sceau de cet évêque, d'après Labenazie, d'un côté figurait « un prélat vestu « pontificalement, avec ces mots : *Sigillum* ARNALDI *Aginnensis episcopi*, et de « l'autre côté, une croix avec ceux-ci : *Secretum nostrum.* »

premier, daté du 4 des ides d'avril 1237, qui permettait au prélat
de célébrer dans tous les lieux de son diocèse et de la cité d'Agen
soumis à l'interdit, pourvu que ce fût à voix basse, les portes
fermées, et sans le son des cloches; le second, daté du 3 des ides
de mai 1238, pour prévenir le prélat qu'il envoyait l'évêque de
Palestrine dans les terres du comte de Toulouse et dans l'Albigeois. En conséquence, il le priait de suspendre pour trois mois
l'inquisition de la perverse hérésie, et les effets des condamnations
portées contre les hérétiques. Le pape veut aussi qu'on laisse
tranquilles les suspects d'hérésie qui avaient déjà pris la croix
pour marcher au secours de la Terre-Sainte, attendu qu'il a laissé
le soin de l'inquisition et des suspects de cette sorte au même
évêque de Palestrine.

Au nombre des hérétiques qui avaient pris la croix en signe
de leur retour à l'Église romaine, nous devons signaler, parmi
les Agenois, Bertrand de Pélicier, qui fit abjuration entre les
mains de l'évêque d'Agen. Il promit de poursuivre désormais les
hérétiques qu'il avait secondés, de dévoiler leurs secrets et de
reprendre les croix, aussitôt qu'il en serait requis.

On sait que les Juifs avaient été condamnés par divers conciles
à porter sur leur habit un cercle de feutre ou de laine rouge pour
qu'on pût les distinguer des chrétiens. Les Albigeois eux-mêmes
qui voulurent rentrer dans le sein de l'Église furent aussi condamnés par le quatrième canon du concile de Béziers à porter
deux croix sur leur habit. C'étaient des croix de feutre que Pélicier avait prises, selon le document qui nous sert de guide :
*Bertrandus Pelicerii cruce signatus de crucibus de fultro propter fac-
tum hæresis.* Bertrand de Pélicier témoigna son repentir par d'autres signes non équivoques. Il renonça pour jamais au crime
d'usure, si commun parmi les Albigeois, comme parmi les Juifs,

et abandonna à l'évêque d'Agen toutes les dîmes qu'il possédait. Tous ces détails sont rappelés dans une bulle de Clément V, datée d'Avignon le 4 des nones de juin 1309.

1242. — Cependant le comte Raymond VII s'était retiré en Agenois et il tomba dangereusement malade au château de Penne. Il mande auprès de son lit l'official d'Agen, le curé de Penne, et le chapelain du château. Il leur demande avec des larmes l'absolution des censures qu'il avait encourues, et notamment pour le fait du prieur de Mas. Après s'être assuré que la vie du comte était réellement en danger, l'official lui donna l'absolution, après qu'il eut restitué dans les mains de Géraud, chanoine du Mas, la justice seigneuriale dont il avait dépouillé le prieur. L'acte solennel de cette réconciliation fut passé au château de Penne, etc.

Mais la mort qui menaçait le prince l'épargna cette fois et Raymond s'enfuit à Toulouse pour y soulever la noblesse et le peuple contre le monarque français; il revint bientôt dans l'Agenois, et, pour enlever tous les soupçons que sa révolte contre Saint Louis pourrait faire concevoir sur ses dispositions à l'égard des hérétiques, il manda l'évêque d'Agen au château de Penne et lui déclara formellement son intention de bannir l'hérésie de ses États. Il le conjura d'établir des inquisiteurs dans son diocèse et de faire tous ses efforts pour en extirper la secte. Il consentit volontiers que frère Bernard de Cancio, qui fut le premier fondateur des dominicains d'Agen, et frère Jean, son collègue, exerçassent l'inquisition dans l'Agenois, pourvu toutefois que ce ne fût pas en vertu de la commission qu'ils en avaient reçue du père provincial de Toulouse dont il avait à se plaindre...

Raymond, qui les (hérétiques) avait si longtemps protégés, deviendra leur plus redoutable adversaire. Il promettra de nou-

veau à l'évêque d'Agen de l'aider à les bannir de son diocèse. Ce
n'étaient plus que des vils malfaiteurs qui promenaient l'incendie dans les sanctuaires désolés, et le souverain pontife adressait
à l'évêque d'Agen le bref suivant :

« Innocent, évêque, serviteur des serviteurs de Dieu, à notre
« vénérable frère l'évêque d'Agen, salut et bénédiction apostolique.
« Inclinant favorablement aux supplications que votre piété nous
« a adressées, nous vous accordons, par l'autorité de ces présentes,
« pleine faculté d'absoudre les incendiaires et les profanateurs des
« églises de votre cité et de votre diocèse, et de dispenser ceux
« qui, pour ces crimes, ont encouru l'irrégularité, à la condition
« qu'ils répareront, comme il convient, les dommages causés par
« l'infraction de la paix ou par l'incendie des églises. Donné à
« Lyon, le 16 des calendes de septembre, la troisième année de
« notre pontificat » (1245).

Arnaud de Galard mourut quelques jours après, et plus tard,
quand les cordeliers furent établis dans Agen, son corps fut transporté dans leur église. Il était lui-même religieux et sans doute
du même ordre, et nous avons plusieurs actes de ce prélat portant
cette suscription conforme à la modestie de son état : *Frater Arnaldus, Dei patientia vocatus Aginnensis episcopus.* Ces actes inconnus
de Dom Denys de Sainte-Marthe rectifient l'erreur de ce savant
bénédictin, qui avait fait de ce prélat deux évêques différents.

L'épiscopat d'Arnaud s'écoula, comme celui de ses prédécesseurs, parmi le trouble et les agitations de l'hérésie, mais le saint
évêque eut la consolation de voir la pénitence de Raymond et la
paix de Lorris.

Histoire religieuse et monumentale du diocèse d'Agen, par l'abbé Barrère, tome Ier, pages 380-386.

1238-1244 ET APRÈS.

Notice sur MONTASIN DE GALARD *tirée du manuscrit de Jean Lagutère* [1].

MONCASIUS DE GALARD, abbé de Condom, en 1244, ainsi qu'il se justifie par la fondation de la commanderie d'Abrin faite par Not. de Loumagne, seigneur de Fimarcon.

In mss. obituum, fol. 19, il est dict : *sepultus est prope pedes dñi Montazini, abbatis*, et fol. 32 est couché : *13 Kal. octobris obiit dñs Montazinus de Galart, abbas hujus ecclesiæ, qui est sepultus in prato citra ecclesiam B. Mariæ*, xxª *Morl.*

Il y a un accord fait entre l'abbé de Condom et habitants par le faict de plusieurs différans, terminés à l'amiable par la médiation de l'évêque d'Albi, *apud Confolentum an 1238 in vigilia maii*, porte que le dit abbé et couvent firent confirmer la sentence par le pape Innocent. Lad. bulle est escrite au li. mst. du chapre où sont certains statuts de pierre faicts sous Pierre, évêque de Condom. « Datum Lugdun. nov. aug. pontificatus ñri anno tertio.» où il y a plusieurs beaux droits à l'avantage de l'abbé dans lesquels il fut maintenu. Le nom pourtant de l'abbé n'y est point escrit. Il y a ensuite une bulle du même Innocent portant deffenses, sous peine d'interdiction, aux habitants de Condom de mettre en main morte, entre les mains des templiers ou religieux hospitaliers,

---

1. Une note, placée sur le verso de la couverture, indique que ce manuscrit avait été copié d'après un plus ancien conservé dans les archives de Saint-Pierre à Condom : « e manuscripto in pargameno, reperto in archivis capituli ecclesiæ catè- « dralis, Joannes Lagutère, presbyter, fideliter transcripsi anno dñi 1664; in « quorum fidem subscripsi.

« I. Lagutère, Prb. »

Jean Lagutère était vicaire général de Condom sous l'épiscopat de Bossuet.

les biens qu'ils possèdent, mouvans de la directe du dit couvent. Donnée à Latran, le 6 des nones de mars, an 12 du pontificat.

Autre sur le mesme subjet pour les biens qui estoient dans Francescas, Laressingle et Cassagne. Donnée à Lyon par le mesme Innocent 4. « nov. septem. pontificat. an. tertio. »

Manuscrit appartenant à la famille Lagutère de Condom, page 39, vᵒ.

<hr />

1247 ET AVANT.

Notice sur MONTASIN DE GALARD *tirée du Gallia christiana.*

MONTASINUS DE GOALARD e gente toparcharum [1] de *Goalard* Condomiensi cœnobio vicina et sæpius infensa, natus, Peregrino successit, quo regente conditur præceptoria d'Abrin a nobili viro de Leomania, domino Feodi-marchionis, *Fioumarchon.* Diu præfuisse ac profuisse videtur abbas noster, de quo Condom. hist. p. 502, hæc refert : « Fecit fieri muros castri de Cassanea, item aulam et cameram domini abbatis hujus monasterii ; item aulam prioratus Calcidroti, et multa alia bona. Post ejus obitum dé suis vasis argenteis fuerunt factæ tabulæ et capsa de argento,

1. Voici l'article de Du Cange sur les mots : *toparcha*, *toparchia* et *toparchiliter* :

TOPARCHA, Τοπάρχης, loci præses, dominus, princeps. Occurrit apud Spartianum in Adriano, cap. XIII, et recentiores passim. Vide Glossarium mediæ Græcitatis.

TOPARCHIA Glossæ Gr. Lat. Τοπαρχία, pagus. Occurrit hac notione I Machab., XI, 28, pro ipsa vero pagi seu regionis præfectura dicitur Plinio, lib. V, cap. XIV.

TOPARCHILITER Glossæ mss : Toparcha, Princeps unius loci. Toparchiliter, principaliter. (*Glossarium mediæ et infimæ latinitatis conditum a Carolo Dufresne, domino du Cange, tomus sextus, pagina 607.*)

cum imaginibus quæ sunt in altari majori B. Petri, etc. » Anno
1247. VI. cal. jun. Johannes episcopus et magister ordinis Prædicatorum, ipsi, totique cœnobio suo dat in perpetuum precum
et meritorum cum Dominicano ordine consortium. Exstant litteræ·
tom. XIII. Spicil. pag. 498. datæ in Montepessulano in capitulo
generali. Obiit Montasinus in vigilia B. Matthæi apostoli eodem
an. 1247, et est sepultus in prato B. Catharinæ, retro capellam
B. virginis Mariæ, ibid. pag. 502.

Gallia christiana, tome II, col. 960.

1247 ET AVANT.

Notice sur le même tirée du Spicilegium.

In primis est sciendum quod domnus Montasinus de Gualardo,
venerabilis abbas hujus monasterii, fecit fieri muros castri de Cassanea. Item aulam et cameram domni abbatis hujus monasterii.
Item aulam prioratus Calcidroti et multa alia bona. Et post ejus
obitum de suis vasis argenteis fuerunt factæ tabula et capsa de
argento, cum imaginibus quæ sunt in altari majori B. Petri, in
qua capsa sunt plures reliquiæ diversorum Sanctorum. Qui quidem domnus Montasinus obiit, in vigilia B. Matthæi, apostoli,
anno Domini MCCXLVII[1]. Et est sepultus in prato B. Katherinæ,
retro Capellam B. virginis Mariæ.

D. Luc d'Achery, *Spicilegium,* tome II, page 600.

---

1. Un acte de mars 1248 (*Arch. de l'Empire, K. 30, n° 15*) rapporte une donation de quarante livres tournois de rente faite par saint Louis à un Arnaud Galard

VI des calendes de juin 1247.

*Jean, évêque et maître de la congrégation des frères prêcheurs, par
lettres datées de Montpellier, le 6 des calendes de juin 1247, associa
pour toujours au bénéfice spirituel de son ordre* MONTASIN DE GALARD [1]
et les moines placés sous son autorité, à raison de leur piété et vertu.

Viris religiosis atque in Christo dilectis domino M(ontasino)
abbati Condomiensi, totique conventui nunc existentibus, frater
Johannes, Dei miseratione episcopus et magister ordinis Fratrum
Prædicatorum, salutem et ad vitæ cœlestis gaudia continue sus-
pirare. Vestram ad fratres nostros et ordinem universum specialem dilectionem evidentibus devotæ pietatis effectibus cognos-
centes, et gratiarum omnium largitori uberes exinde gratiarum
actiones affectione debita referentes, oramus et desideranter opta-
mus ut fructum nobis in ratione nostra Deus tribuat abun-
dantem, et per incrementa quotidiana justitiæ messem nobis
præparet gloriæ sempiternæ. Et ut nostræ parvitatis devotio ad
tam prompta nostræ libertatis obsequia appareat non ingrata
omnium missarum, orationum, prædicationum, confessionum,
jejuniorum et aliorum bonorum, quæ per Dei gratiam in uni-

sur la prévôté de Gisors. Nous ne pouvons dire si cet Arnaud était ou n'était pas un
membre de la race gasconne; il ne serait pas le dernier qui eût joué un rôle dans
le nord. On verra tout à l'heure Pierre de Galard, grand maître des arbalétriers,
devenir gouverneur des Flandres, et Bertrand de Galard, un de ses cousins, recevoir,
peu de temps après, un archidiaconat à Gand, dans le diocèse de Tournay, et ensuite occuper le même office ecclésiastique à Agen.

1. L'*Histoire de Gascogne,* par Monlezun, tome II, page 416, nous fournit encore
deux ou trois lignes sur Montasin de Galard :

« On ignore l'époque de la mort de cet abbé, mais on sait qu'il fut remplacé par
« MONTASSIN DE GOALARD OU GALARD, dont l'administration fut paisible et respectée.
« Il n'en fut pas ainsi de celle d'Auger d'Andiran, qui succéda à Montassin. »

verso ordine fiunt vel fient in posterum, vos tenore præsentium participes facimus perpetuo et consortes : concedentes nihilominus, ut cum alicujus vestrum obitus nostro generali vel provinciali capitulo fuerit nuntiatus, idem pro vobis fiat quod pro fratribus nostris defunctis communiter fieri consuevit. Datum in Monte-Pessulano in capitulo generali, anno Domini MCCXLVII. VI. Kalendas junii.

Nomina fratrum qui tunc erant, sunt hæc : domnus abbas Montasinus, Garsias, prior, Pontius, Guillelmus, etc.

D. Luc d'Achery, *Spicilegium,* tome XIII, pages 498 et 499, édit. in-4°.

Année 1258.

Auger d'Andiran institue un service commémoratif pour le bien de son âme et de celle de Montasin de Galard.

Item anno eodem domnus Augerius de Andirano, tunc prior Neiraci, fuit electus concorditer in abbatem hujus monasterii, qui fuit valde religiosus et vitæ laudabilis, ipseque in hoc monasterio instituit festum beati Joannis Evangelistæ ante Portam Latinam in albis; pro quo festo emit certos redditus, et eosdem conventui assignavit, capellaniam in capella beati Joannis Evangelistæ infra monasterium, et ibi est sepultus. Item fecit tria anniversaria, unum pro se, et aliud pro domno Montasino de Gualardo [1] abbate prædicto, tertium vero pro animabus paren-

---

1. « Montassin de Goualard était mort après avoir agrandi le monastère; il « légua, avec les statues qui étaient sur le grand autel de Saint-Pierre de Condom,

tum suorum. Item fecit unam cappam chori, et unam insulam cum dalmatica et tunica de bysso viridi. Item unum vestimentum cum imaginibus paratum. Item fecit fieri domum de Cuz cum ecclesia. Item ecclesiam castri de Cassanea. Item domum infirmariæ testudinatam cum cameria eidem contigua hujus monasterii. Obiit autem dictus domnus Augerius die III post festum Assumptionis B. Mariæ, anno Domini M CC LXXXV.

D. Luc d'Achery, *Spicilegium*, tome II, page 600.

Année 1258.

Extrait du Gallia christiana sur le même sujet.

Augerius de Andirano [1], germanus Geraldi de Andirano, Convenarum episcopi, tunc prior Neiraci, eodem anno fuit electus

« des vases d'argent, pour en faire des châsses pour les reliques de plusieurs saints ; « Oger d'Andiran marcha sur les traces de son prédécesseur. » (*Guienne monumentale*, tome II, page 116, col. 1re.)

1. Auger d'Andiran, abbé de Condom et successeur de Montasin de Galard, fut réduit, par les rébellions fréquentes des habitants, à offrir la moitié de la puissance temporelle, qu'il exerçait sur la ville, au roi d'Angleterre, mais seulement pour la partie intra muros. Le monarque, à son tour, voulut garantir l'autorité extérieure de l'abbé sur la banlieue et sur les appartenances du château de Goalard. Auger d'Andiran refusa la moitié de la libéralité royale et limita son acceptation aux terres nobles. Quelques-unes, toutefois, furent affranchies de la dépendance ecclésiastique. Dans ce nombre, l'abbé Monlezun, en son *Histoire de Gascogne*, tome II, page 417, signale les fiefs possédés par les maisons de GALARD, de Cannes, de Béraut, de Plieux, de Pouypardin. « Il n'excepta, dit l'auteur précité, que les lieux « nobles ou tenus noblement par les seigneurs. Ce paréage comprenait Condom et le « château de Larressingle. » Les maisons exemptées étaient donc celles de Cannes, de

concorditer in abbatem hujus monasterii, inquit hist. Condom.,
qui fuit valde religiosus et vitæ laudabilis. In hoc monasterio
instituit festum B. Johannis Evangelistæ ante Portam Latinam,
in albis ; pro quo festo emit certos redditus, et eosdem conventui
assignavit ; et in capella ejusdem sancti, infra monasterium est
sepultus. Fundavit 3. anniversaria, unum pro se, et aliud pro
domno MONTASINO DE GUALARDO [1], tertium vero pro animabus parentum suorum : laudaturque in Condom. hist. cujus meminimus, ob plurima ædificia quæ fieri curavit. Memoratur in charta
ecclesiæ Auxitanæ anno 1258. Eo annuente et opem ferente
an. 1277, conditur nobile cœnobium de Ponte-Viridi, seu de
Prulliano, monialium ordinis Dominicani a Vienna de Gontaldo.
Eo quoque, ut tradunt, juvante, frates Minores et Prædicatores
Condomi suscipiuntur, et monasteria mirum in modum culta
construunt. Huic , anno 1270, Gerardus, comes Armaniaci et Fi-
denciaci, cessit omne dominium de la Guardera.

Gallia christiana, tome II, col. 960 et 961.

Pouypardin, de Galard, de Béraut et de Plieux. A cet effet, l'année où le paréage
fut conclu (1286), une grande pancarte, rédigée à Monflanquin, déclarait que les
familles féodales ci-dessus mentionnées étaient dispensées de payer un tribut quelconque.

1. C'est sur la tombe de l'abbé Montasin, « supra tombam vocatam de Gualardo, »
que le sénéchal de Guienne et les consuls de Condom venaient se prêter serment
mutuel de fidélité. Nous assisterons en 1330 à un acte de ce genre tour à tour
accompli par Amalric de Créon et les magistrats de la ville. Le lieu choisi pour
cette solennité prouve la vénération dont jouissait la mémoire de Montasin de
Galard.

Avant que Montasin de Galard ne fut abbé de Condom, un ARNAUD GAILHARD
l'était de la Grand' Selve en 1232. Celui-ci reçut un compromis passé entre le
prieur de Bolbone et Bertrand de Belpuech. Nous ne pouvons dire toutefois si un
degré quelconque de parenté rattachait Arnaud à Montasin. Voir pour cet Arnaud
Gailhard, le *Gallia christiana,* tome XIII, col. 134 et 135.

DE 1238 ENVIRON A 1270.

Notice de Moréri sur ASSIEU *ou* AYSSIN I DE GALARD[1] (*l'aîné des enfants de Guillaume*[2]), *qui devait vivre de 1238 à 1270.*

ASSIEU I, SIRE DE GALARD[3], épousa DONNA GAZENNE DE FRANCS[4]. Leurs enfans furent 1. ASSIEU II du nom, et 2. GÉRAUD. Ces deux frères partagèrent entr'eux en 1270 la succession de leur père et de leur mère. Dans ce partage sont nommés plusieurs terres situées en Armagnac et en Condomois. Celles de Galard et de Terraube restèrent à l'aîné. Géraudeut, entr'autres, pour sa part, celle de l'Isle, et fut auteur d'une branche de ce nom, qui s'éteignit vers la fin du xv⁰ siècle, dans la personne de Jean de Galard, seigneur de l'Isle, sénéchal d'Armagnac, mort sans enfans[5].

MORÉRI, *Dictionnaire historique*, tome V, page 18.

1. Assieu I, selon Moréri, aurait été frère de l'abbé Montasin, et, d'après l'abbé de Lespine, d'un autre Montasin qui apparaîtra tout à l'heure dans un hommage rendu, en 1255, par Gaston, vicomte de Béarn et de Brulhois.

2. Pleige de Philippe-Auguste, en 1200.

3. Nous mettons Assieu de Galard après son frère Montasin, par la raison que ce dernier était mort avant lui et que la date de la naissance de l'un et de l'autre est indéterminée.

4. Gaillard de Francs, coseigneur de Séran et de la Briffe, acquit en 1511 trente concades de terre de Pierre Gras, qui se réserva la faculté perpétuelle de rachat pour lui et ses héritiers. (*Coll. Doat.* Bibl. imp., tome CLXIV, fol. 67, verso. — *Lieve des fiefs et oublies de Mauvezin de l'an mil cinq cent onze.*)

5. Cette branche des seigneurs de l'Isle Bozon, trois fois éteinte et trois fois reverdie par la substitution des lignes collatérales, tenait une baronnie qui fut plus tard érigée en marquisat. La dernière identification entre les de Galard, marquis de l'Isle Bozon, et les de Galard, seigneurs de Balarin, est représentée aujourd'hui par M. le marquis de Galard-Magnas, père de M. le comte Hippolyte de Galard et grand-père de M. le vicomte Hector de Galard qui a épousé mademoiselle Élisabeth de Crussol, fille de M. le duc d'Uzès.

JANVIER 1246.

Mention de la paroisse du GOALARD *ou* GALARD.

Vente faite par Bernard de Aurenc (Orens) à Raimond, comte de Toulouse et marquis de Provence, de ce qui lui appartenait audit Aurenc en la paroisse de GALARD; cet acte fut fait à Abolens au mois de janvier 1246[1].

Mss. de l'abbé de Lespine, dossier de Galard. Cabinet des titres. Bibl. imp.

CALENDES DE FÉVRIER 1246.

Autre mention de la paroisse du GOALARD *ou* GALARD.

Il est fait mention de la paroisse de Galard en Condomois, PARROCHIA GUALARDI, dans un acte du 18 des calendes de février 1246, conservé dans le cartulaire de Raymond VII, comte de Toulouse.

Mss. de l'abbé de Lespine[2], dossier de Galard. Cabinet des titres. Bibl. imp.

1. Ce titre de la charte d'aliénation fut transcrit par l'abbé de Lespine d'après l'inventaire du Trésor des chartes du roi ; Toulouse, sac 2, art. 72, v. 5, fol. 3362.

2. L'abbé de Lespine avait recueilli cet extrait dans la bibliothèque du roi, vol. 60,009, fol. 108. Il ajoute : « La terre de *Galard* est comprise dans le dénom- « brement des biens qui formèrent la dotation de l'abbaye de Condom suivant « une charte du xie siècle, rapportée par D. Luc d'Achery, *Spicilège*, édit. in-folio, « tome II, page 585. » Les *Étrennes de la noblesse* (année 1771, p. 229) disent que la terre de Galard communiqua son nom à ses possesseurs. Il est question du *chastel de Galard* dans un hommage de 1399 qui sera reproduit en temps et lieu.

19 AOUT 1246.

Les députés du roi de France, parmi lesquels se trouve RAYNAUD
DE GALARD, *règlent avec les syndics de Marseille les conditions d'un
traité en vertu duquel des navires seront nolisés pour le transport
des troupes outre-mer.*

In nomine Domini, amen. Incarnacionis ejusdem millesimo
ducentesimo kadragesimo sexto, indictione quarta, quartodecimo
kalendas septembris, convenciones inhite inter fratrem Andream
Pollinum, priorem sancte domus hospitalis Jerosolimitani in
Francia, et fratrem Rainaldum de Vicherio, preceptorem militie
templi in Francia, et dominum RAINALDUM GALLARDI, militem
domini regis Francie, et dominum Guillelmum de Reis militem,
et Johannem de Parisius, ejusdem domini regis clericum, nuncios [1], a dicto domino rege destinatos, nomine dicti domini regis
et pro eo, ex una parte, et Guillelmum de Mari et Petrum de
Templo, sindicos universitatis Massilie, nomine dicte universitatis ex altera, super navibus a communitate Massilie conducendis
ad transfretandum sunt tales, etc....

Archives de l'Empire, J. 456, n° 24.

1. Il est bon de noter que Raynaud de Galard et les autres mandataires du roi
sont désignés comme *nuncios*, c'est-à-dire *envoyés, messagers*. Cette qualité implique qu'ils n'étaient pas du pays. Toutefois, Raynaud de Galard put très-bien s'y
établir. Son rôle semble indiquer qu'il était parent de Guillaume de Galard, chargé,
en 1218, d'une mission en Orient par le recteur de Marseille. Ce dernier personnage est présumé par l'abbé de Lespine être le même « qu'un Guillaume dont
« Rymer fait mention sous le nom de *Gauler*. Il fut un des seigneurs qu'Henri III,
« roi d'Angleterre, chargea de porter au roi Saint Louis des lettres datées de West-
« minster, le 10 octobre 1227. Il est nommé, l'année suivante, dictateur des trèves
« faites entre les mêmes souverains. »

NOVEMBRE 1249.

Pour subvenir au retour de la septième croisade, HUGUES DE GALARD *et Jean de Beaufort, d'après une charte de Damiette, datée de novembre 1249, empruntèrent 200 livres à des marchands génois.*

CHARTE DE DAMIETTE.

Balduinus de Ramis (miles), garant.

Renerus de Thusiaco,

Johannes de Belloforti, (milites) emprunteurs.

HUGO GOLLARDI,

200 liv. tourn.

Charles des Croisades : latin, nouveaux acquêts, n° 17803, acte **277.** Bibl. imp. Mss.

JUIN 1250.

Prêt fait à BERTRAND DE GALARD *et autres croisés en Syrie. Leur caution fut le comte de Toulouse.*

CHARTE D'ACRE.

Universis presentes litteras inspecturis, notum sit quod nos BERTRANDUS DE GALHARDO [1], Bertrandus de la Graulet, Guillelm Galteri, Bertrandus de Favols et Bernardus Arnei, domicelli, Manuele de Becino, mercatore Januense, 200 l. turonenses rece-

1. C'est lui qui est inscrit dans la salle des Croisades au palais de Versailles.

perunt. Alfonsus, comes Pict. et Thol. mutuari fecit sub obligatione bonorum comiti facta. — Accon, 1250 jun [1].

Ut supra, acte 98.

---

8 OCTOBRE 1255.

Un autre MONTASIN DE GALARD [2], *qu'il ne faut pas confondre avec l'abbé, mort en 1247, coopéra par sa présence à l'hommage que rendit Gaston, vicomte de Béarn et de Brulhois, pour ce dernier terroir, à Guillaume, évéque d'Agen, sous forme d'une lance d'acapte.*

In Dei nomine, amen. Noverint universi et singuli præsentes litteras inspecturi, visuri et audituri, quod coram magistro Johanne, secreti notario, et habitatores Condomii commissario depputtato ad universitatem causarum per magnificum et potentem virum dominum Oddonem de Leomania, militem, vicecomitem Coseranensem dominumque terrarum Feudi Marchonis, Terridæ

---

1. Dans la quittance qui précède celle-ci, on remarque un Bernard de Saint-Paul, un Gérard de Cours, un Guillaume de Montesquiou et un Guillaume d'Adhémar. Dans la suivante figurent Ardouin de Peyrusse, Reynaud de Montagnac, Armand du Bosc. Les noms de ces sept croisés, ainsi que celui de Bertrand de Galard et de ses compagnons, indiquent leur origine gasconne ou languedocienne.

La noblesse de France aux Croisades, par Roger, page 255, cite comme ayant concouru, en 1250, à la septième croisade, le même BERTRAND DE GALARD. L'auteur lui attribue pour berceau le Béarn, ce qui est une erreur, car la famille de Galard avait son origine et son siége en Gascogne, dans le Condomois. A côté de Bertrand de Galard, retournant de Terre-Sainte en son pays, nous remarquons d'autres noms du Sud-Ouest, tels que : Vital de Ferragut (*Armagnac*), Guillaume de Fargues (*Guienne*), Franconnet de Duras (*Guienne*), Bernard de Caseneuve (*Armagnac*), Gaston de Gontaut, seigneur de Biron (*Agenais*), Guillaume et Raymond de Grossoles (*Gascogne*), Arnaud de Gironde (*Guienne*), etc.

2. Il existait en 1243, comme il appert de l'acte suivant :

- « Conoguda causa sia qu'en P. de Gontaut a perdonat A. de Clarens, lo filh que fo au Gasto de Clarens, del tort que el ni sos paires en Gasto de Clarens lhavia, et

et baroniæ de Angulis, consiliarium et cambellanum domini
nostri regis ejusque senescallum Agennensem et Vasconiæ, prout
de nostra comissione constat et apparet per quasdam patentes
litteras et apertas, a dicto domino senescallo emanatas, signatas
per notarium publicum subsignatum et sigillatas a tergo earumdem sigillo proprio dicti domini senescalli in absentia sigilli sui
officii et signatas manu sua propria, quarum quidem litterarum
comissionum tenor sequitur et est talis : Oddo de Leomania, miles,
vicecomes Conseranensis dominusque terrarum Feudi Marchonis, Terridæ et baroniæ de Angulis, consiliarius et cambellanus
domini nostri Francie regis, ejusque senescallus Aggenensis et
Vasconiæ, universis et singulis præsentes litteras inspecturis salutem : notum facimus et tenore presentium atestamur quod die
datæ præsentium, citra tamen revocationem aliorum locatenen-
tium nostrorum, egregium virum dominum Bertrandum de
Rulhia, licentiatum, locatenentem nostrum, et instituimus faci-
musque per præsentes magistrum Simeonem Sudre, in utroque
jure bacallarium, etc.

Sed prorsus omni vitio et suspitione carentia ut prima facie
apparebat confecta de et super homatgio præstito per vicecomites
quondam Brulhesii et Armanhiaci ad causam dicti vicecomitatus
Brulhesii et quorum quidem instrumentorum ibidem tradito-
rum et perlectorum per notarium subsignatum tenores sequuntur per ordinem juxta millesimam in hunc modum. Notum
sit omnibus præsentibus et futuris quod nobilis vir dominus

Arnaud de Clarens a gurpid au P. de Gontaut tota la senhoria del castel de Badafol
et de la parrossia de Saint-Vincens : testimoni l'abat de Cadunh, Johan Bertrand,
Hellas de Longa, prior d'Alhac, Helias de Melhac, prior de Saint-Avit, Bertrand de
Clarens, Ais de Clarens, Bertrand de Cosa, Montasi de Galhard (et autres) et
aisso fo fioh Badafol entre la tor et la sala, anno Mᵒ CCᵒ XLᵒ IIIᵒ. » (*Mss. de l'abbé
de Lespine, dossier de Galard.* Bibl. imp. Cabinet des titres.)

Gasto, Dei gratia vicecomes Bearnesii et Brulhesii, congregata
curia baronum et militum Brulhesii et aliorum genera plurium, et deliberatione habita, cum eisdem recognovit pro se
et successoribus suis venerabili fratri domino Guillermo, divina
gratia episcopo Agenensi, et canonicis suis ibidem congregatis se tenere totum territorium Brulhiense de prædicto domino
episcopo et ecclesia Sancti Stephani Agenensis, et se debere
facere homatgium eidem domino episcopo unam lanceam de
acapto; quod homagium prædictus dominus Gasto, requisitus a
dicto domino episcopo, fecit eidem episcopo, promittens corporaliter præstito juramento prædictus dominus Gasto quod erit eidem
domino episcopo et omnibus successoribus suis fidelis vassalus
perpetuo ratione prædicti territorii Brulhesii et deffendet eum et
sibi succedentes episcopos ac prædictam ecclesiam Agenensem
contra quemcumque hominem, domino rege Anglorum excepto.
Fecit etiam dominus Gasto prænominato domino episcopo Agenensi
acaptum de una lancea, facto primo homagio et recepto; et sciendum quod prædictus dominus episcopus receptis prædictis omnibus promisit eidem domino Gastoni pro se et successoribus suis et
ecclesia Agenensi prædicta quod erit et bonus dominus et fidelis,
ratione hujus feudi et territorii memorati, nec supponet prædictum feudum alii domino et portabit eidem domino Gastoni et
suis de prædicto territorio, seu feudo bonam et firmam guirentiam sicut bonus dominus debet portare garentiam suo bono
vassalo legitimo et fideli. Acta sunt hæc publice, octavo die ab
exitu mensis octobris, præsentibus testibus videntibus et audientibus : domino episcopo Casturcensi, domino Rotgerio, episcopo
Olorensi, Arnaldo Garcie de Fossato, Ramundo de Bearn, Gastone
de Gontaldo, Petro de Gontaldo, Montazino de Galart, Guillermo
Ramundi de Roumano, Bertrando et Gausberto de Ruppeforti,

B. de la Massa, etc., militibus; Johanne de Roqua, canonico
Lectorensi, Visiano de Lomanha, Guillermo Arnaud Dossamont,
Sancio de Pinibus, canonico et cappellano Sancti Caprasi de
Agenno, Hugo de Ruppeforti, priore de Portu Sanctæ Mariæ, et
me Guillermo de Masseto, communi notario Aggeni, qui de voluntate utriusque partis duo publica instrumenta unius ejusdem
tenoris par alphabetum divisa indescripsi et in publicam formam
redegi et signum meum apposui. Anno ab incarnatione Domini
millesimo ducentesimo quinquagesimo quinto, regnante Al-
phonso Tholosano, comite, Guilhelmo prædicto, Agennensi episcopo. Quorum instrumentorum unum fuit sigillatum sigillis
domini episcopi, capituli Agenensis prædictorum, etc.

Collection Doat, vol. CLXXI, fol. 132, 134 et 135. Bibl. imp. Cabinet
des titres.

Avant 1286.

Alliance de Montasin de Galard.

Montasin de Galard [1] épousa une sœur de Bertrand de Beauville,
seigneur de Limeuil.

Mss. de l'abbé de Lespine, dossier de Galard. Bibl. imp. Cabinet des
titres.

1. L'abbé de Lespine présume Montasin second fils de Guillaume de Galard,
vivant de 1200 à 1236. On ignore, dit-il en parlant de ce dernier, « le nom de sa
« femme, mais il parait certain qu'il eut pour enfants :
    « 1° Assieu Ier du nom ;
    « 2° Montasin, qu'on croit auteur des branches de Limeuil et d'Espiens. »
Cette croyance est une erreur; la branche de Limeuil eut pour premier sujet
connu Bertrand de Galard, que nous avons vu ci-dessus, page 26, coseigneur de
Limeuil, figurer dans une donation faite en 1221 à l'abbaye de Cadouin.

ANNÉE 1255.

GAISSION DE GALARD *apparaît dans une sentence arbitrale, rendue à la suite d'une guerre entre le vicomte de Lomagne et Gèraud, comte d'Armagnac.*

Q. cum contrast et tribailhs et guerra fol entre en Guiralt d'Armainhac d'un part, et enter Arnaud Odon, vescomte de Lomanha, d'altra part; se meteren enter autas partidas avant ditas, de lor agradable voluntad en man et en dit senhor Gaston (*effacè*) de Dieu, vescomte de Bearn[1], etc. Et las personas qui aqui eran d'Armainhac et de Fezensaq juran aquesta pads, so assaber : en B. de Brunhens, en B. de Manhoaq, en B. de la Legua, en Odo de Pardelhan, en B. de Sanguinieda, en Lebrerun de Laur, en B. de Orelhen, els coselhs de la partida del vescomte. Juran aquels qui aqui eran pel meiss convent so assaber : en GASSION[2] DE GALARD, en Jordan de Combalonat, en Montasi de Gonies, en B. de Casanobo, en A. W. de Bidalhaq, en A. d'Autigis, en B. de Baseurs, els cosels de Laitora et d'Autvillar pel meiss convent[3]. En accordat a Meixi (Mezin) viij dias a l'entrad de may, anno Domini MCC LV; regnante Alfonso, comite, W. priore de Meizis.

Mss. d'Oïhenart. Coll. Duchesne, vol. XLVI, fol. 29. Bibl. imp. Cabinet des titres.

1. Il est à remarquer que les rapports des membres de la maison de Galard avec les vicomtes de Béarn furent très-fréquents. Nous les avons vus ensemble dans la charte de 1062, placée en tête des documents qui vont former ce volume, et en outre dans l'acte de 1255, ci-dessus, page 58.

2. Gaission, Gassion et Arsion sont les diminutifs d'Assieu, d'Ayssin et d'Archieu.

3. En présence de l'archevêque d'Auch et de l'évêque d'Oléron.

VERS 1260.

GASSION DE GALARD *rend hommage et prête serment de fidélité au comte de Toulouse pour le château de Galard, ses dépendances et toutes ses possessions en Agenais.*

Ego GAISSIONS DE GALART [1] confiteor vobis magistro Bono Cozeti, judicis Agennensis, pro illustri domino comite Tholose, et de mandato nobilis viri domini Guillelmi de Balneolis, militis, senescalli Agennensis et Caturcensis, presenti et requirenti, me tenere a domino comite Tholose quidquid habeo in castro et honore et pertinentiis de *Galart* [2] et quidquid habeo in Agennezio, et propter hoc debeo, cum portionariis meis, centum solidos de acaptagio domino comite mutante et unum militem d'ost et homagium; quod homagium vobis pro domino comite recognosco et fidelitatis faciens juramentum juro vobis ad sancta Dei Evangelia corporaliter manu tacta me predicto domino comiti vitam et membra, honorem et fidelitatem perpetuo servaturum. Hujus rei sunt testes : Poncius Willelmi, Willelmus Molinier, et magister Petrus Amelii.

Trésor des chartes, Toulouse, 7e sac, n° 57. — Mss. de l'abbé de Lespine, dossier de Galard. Bibl. imp. Cabinet des titres.

1. Ce Gaission, désigné au présent acte et au précédent, est dit oncle de Arsieu et de Géraud de Galard dans le partage fait entre ces deux derniers en 1270. On ne doit pas pour ce motif confondre ce Gaission avec celui qui figure dans la concession de la justice de Terraube (1271) et dans les coutumes de ce lieu. Nous conjecturons son identité sans toutefois la garantir.

2. Ce fief de Goalard ou Galard, en Brulhois, était distinct et distant de celui de Galard en Condomois, mais tous deux appartenaient à la même famille.

AVANT 1256.

A la sentence arbitrale, qui dénoua le litige survenu entre le couvent du Brouil et le chapitre d'Auch, on trouve un PIERRE DE GALARD, religieux.

Le couvent de Brouil disputait au chapitre d'Auch un bien appelé Le Rieutort. On prit pour arbitres le sacristain d'Auch et le cellérier du monastère qui s'adjoignirent Raymond-Guillaume d'Areich, archidiacre d'Eauze. On s'obligea à tenir le compromis sous peine de deux cents sols Morlas. Odon d'Orbessan, seigneur de l'Isle, fut garant de l'engagement. La sentence fut portée dans la salle du Palado en présence de V. d'Auxion, de Vital, prieur de Brouil, et de quelques-uns de ses religieux parmi lesquels nous trouvons : Vital de Lamezan et PIERRE DE GALARD. Elle fut acceptée et ratifiée publiquement à l'hôpital de l'Isle de Noé le jour de Saint-Candide.

Histoire de Gascogne par J. J. Monlezun, tome II, pages 355-356.

ANNÉE 1260.

Mention d'un hommage rendu par BERTRAND DE GALARD, coseigneur d'Espiens.

BERTRAND DE GALARD, damoiseau, rendit hommage au comte de Toulouse, vers l'an 1260, pour la moitié du château d'Espiens. Il se qualifie *chevalier* dans un acte par lequel il se rendit caution pour Guillaume Raymond de Pins, chevalier, en 1284, et mourut dans la guerre de Gascogne, laissant PIERRE DE GALARD.

Mss. de l'abbé de Lespine, dossier de Galard. Bibl. imp. Cab. des titres.

VERS 1260.

BERTRAND DE GALARD *reconnaît que la moitié du château d'Espiens et la quatrième partie de l'hôpital du Galard, dont il est seigneur, sont sous la mouvance du comte de Toulouse. Il doit, à ce titre, un soldat d'ost et cent sols arnaudens d'acapte.*

Ego BERTRANDUS DE GALART, domicellus, confiteor vobis magistro Bono Cozeti, judicis Aggenensis, pro illustri domino comite Tholose, et de mandato nobis viri Guillelmi de Balneolis [1], militis, senescalli Agennensis et Caturcensis, presenti et requirenti, me tenere in feodum a domino comite Tholose medietatem castri d'*Espiens* et duodecimam partem alterius medietatis cum pertinentiis suis, et propter hoc debeo facere unum militem d'ost et c. s. arnaldens de acaptagio. Item quartam partem hospitalis *de Galart* [2] cum pertinentiis suis et pro predictis rebus, debeo ei facere homagium, quod homagiun vobis pro dicto domino comite recognosco et fidelitatis juramentum faciens, juro vobis ad sancta Dei Evangelia corporaliter manu tacta me predicto domino comiti vitam et membra, honorem et fidelitatem perpetuo servaturum. Hujus rei sunt testes : magister Willelmus Mota et Willelmus Beraut, miles, et Poncius Willelmi.

Trésor des chartes, mélanges. Toulouse, 7e sac, n° 57. — Mss. de l'abbé de Lespine, dossier de Galard. Bibl. imp. Cabinet des titres.

1. Guillaume de Bagnols, *de Balneolis*, était sénéchal d'Agen et de Quercy, en 1257, d'après D. Vaissete. (*Histoire de Languedoc*, tome III, page 488.)

2. On trouve dans les archives départementales de la Haute-Garonne, plusieurs actes se rapportant à l'hôpital de Galard (Brulhois), dépendance du Nom-Dieu, qui l'était de l'ordre de Saint-Jean de Jérusalem.

Mars 1275.

Extrait de D. Villevieille relatif à Bertrand de Galard.

Messire Bertrand de Golard, chevalier, se rendit caution pour messire Guillaume de Pins, chevalier, qu'il restitueroit au Roy le château de Montgaillard - Gontaut dès qu'il lui seroit remis. Mars 1275.

D. Villevieille, *Trésor généalogique*, tome XLIII, fol. 142, dernier alinéa. Bibl. imp. Cabinet des titres. — Bureau des finances de Montauban, Somme de Lisle, fol. 694.

Novembre 1284.

Bertrand de Galard *participa, en novembre 1284, à une cession du sire d'Astafort, ce qui résulte des lignes que voici :*

Messire Bertrand de Galard, chevalier, était présent lorsque le sire d'Astafort céda à messire Jean de Greilhy, sénéchal d'Aquitaine, et à Jourdain de Lisle un emplacement dans la paroisse de Villelongue sur la Baïse, en Agenais, pour faire une bastide, au mois de novembre 1284.

Mss. de l'abbé de Lespine, dossier de Galard [1]. — Bureau des finances de Montauban, Somme de Lisle, fol. 970.

----

1. D. Villevieille, en son *Trésor généalogique* (vol. IV, fol. 94), enregistre aussi cette cession qui eut pour témoins, outre Bertrand de Galard, les seigneurs ci-après: Arnaud-Bernard de Serris le jeune, Guitard de Burgo, le jeune, Guillaume-Garcie de Pins, Ramon de Murello, connétable de Bordeaux.

ANNÉE 1286.

BERTRAND DE GALARD *fit acte de vasselage envers le roi d'Angleterre,
seigneur d'Agenais, pour la moitié du château d'Espiens et pour
le quart de celui du Goalard (Brulhois), en présence de Fortané
de Cazenove.*

Item, BERTRANDUS DE GALLARDO [1] recognovit se tenere medietatem
castri d'Espienx, cum pertinentiis suis, a dño Agenesii, ratione
cujus dixit se debere facere unum militem seu scutiferum quando
communis exercitus exit de Agenesio et hoc una cum aliis partionariis suis dicti castri; et plus quinquaginta solidos Arnaldenses, in mutatione domini, et juramentum fidelitatis, etc... Item
Bertrandus de Gailhardo recognovit se tenere a dño Agenesii
quartam partem castri de *Gollard,* prope lou Nom-Dieu, cum
pertinentiis suis, ratione cujus tenetur facere sacramentum
fidelitatis et coram eo respondere. Testes de ista recogñone : dominus Fortanerius de Casanova, Joannes Costelh, Fortinus
Sancii de Vidalhaco.

Cahier in fol. contenant 55 hommages ou remembrances, ayant pour titre :
*Recognitiones feudorum, homagiorum a nobilibus et aliis Agennensis et
Condomiensis terræ incolis* [2]*,* etc. (1286). Archives départementales de la
Gironde, page 49. Copie authentique du xviie siècle.

1. On trouvera plus loin (1320) son fils Pierre, depouillé des biens paternels par
le fait de la guerre, demander au roi d'Angleterre la compensation de son héritage
perdu : « Le vostre lige homme PIERRE DE GALARD, fiuz del vostre chevaler BER-
« TRAND DE GALARD, que come en la gerre de Gascoigne ledit Pierres a perdu son
« père et tous ses chateaux et rentes, etc. » (*Arch. du château de Larochebeaucourt.
Copie certifiée conforme par Bréquigny.*)

2. M. Denis de Thezan possède également une vieille copie dûment collationnée de ces *Reconnaissances féodales,* publiées in extenso par M. Jules Delpi
dans les *Archives historiques de la Gironde,* tome I; de la page 351 à 357.

Année 1270.

Extrait de l'acte de partage fait arbitralement entre Arsieu *ou* Assieu II
et Éraud de Galard, *frères, au sujet de la succession paternelle,
maternelle et avunculaire.*

Arscieu et Gérauld de Goullard, fils de Arscion de Goullard et
de dona Gazènes de Francs, étoient en question sur le partage
des biens et seigneuries qu'ils tiendroient tant du côté de leur
père et de leur mère que de leur oncle Gaission [1] de Goullard, et,
ayant soumis leur différend à arbitres, l'ont vu régler par lesdits
arbitres comme s'ensuit :

Que tous les biens, de quelque qualité qu'ils fussent, appartenant auxdits frères pour raison de la succession de leurs père,
mère et oncle, qui étaient delà la rivière du Gers, vers Condom,
depuis où ladite rivière commence jusques où elle finit, qu'ils
fussent du père ou de la mère, appartiendroient à Arscieu de
Goullard, et nommément et exprès le chateau de Goullard et les
chasteaux de Tarraube et d'Aubiac, avec leurs juridictions, et les
autres dismes, rentes, debvoirs, fours, moulins et tours, terres,
près, bois.

En outre ordonnent lesdits arbitres que tout ce que les susdits
Arscieu et Gérauld de Goullard, frères, ont ou auront acquis de
par leur père, mère ou autre parent en quelques lieux qu'ils
soient en deçà de la rivière du Gers, vers Lectoure, depuis où la
rivière commence jusques où elle finit, dorénavant, sont et seront
audit Gérauld de Goullard et proprement tout ce qui pour lesdites successions leur appartient aux châteaux de Sempeserre,

---

1. Ce *Gaission* est celui dont il a été question dans les actes de 1255 et 1260,
pages 60 et 61.

Saint-Avit, L'Isle, Saint-Léonard, à Lectoure, tant dedans que dehors, de quelque qualité qu'ils soient, tours, maisons, terres, moullins, sans qu'ils puissent rien plus demander de l'un à l'autre... ci-dessus sont faits à Lectoure.

Archives de Terraube, carton A, pièce n° 2. Copie de la seconde moitié du xvi° siècle [1].

Année 1271.

Mention de Assieu *ou* Ayssin II de Galard *comme père de Géraud, de Gaission et de Bertrand de Galard.*

Assieu II [2], sire de Galard, dont on ignore l'alliance, eut pour enfans, 1. Géraud, qui suit; 2. Gayssion; 3. Bertrand. Le roi Philippe le Hardi accorda à ces trois frères [3], par des lettres patentes datées de 1271, la haute et basse justice de Terraube [4], en récompense des bons services rendus par eux et leurs ancêtres à ses prédécesseurs rois.

Moréri, *Dictionnaire historique*, tome V, page 18.

1. Une autre copie de la même époque donne cet acte in extenso.
2. La mort d'Ayssin I, advenue avant 1270, dut être suivie de près par celle de son fils Ayssin II. Si ce dernier avait existé en 1271, il eût recueilli la concession de la justice de Terraube, répartie entre ses trois enfants par Philippe le Hardi.
3. De ces trois frères Géraud, le premier est considéré par l'abbé de Lespine, en désaccord sur ce point avec Moréri, comme étant fils unique d'Ayssin II. Le même généalogiste croit que les deux autres, c'est-à-dire Gaission et Bertrand, étaient les oncles dudit Géraud. Cette version ne change rien à la remarque qui précède.
4. Terraube appartint primitivement aux comtes de l'Isle-Jourdain, en même temps qu'aux de Galard. L'*Histoire généalogique de la maison de Faudoas,* divers

ANNÉE 1271.

GUILLAUME DE GALARD *et Pierre de Bordes rédigèrent les coutumes de la Sauvetat.*

L'an 1271, la Sauvetat de Gaure vit établir sa commune et ses franchises. Garsias de Cazaubon, que nous croyons frère du malheureux Géraud, cité dans un de nos précédents articles, était seigneur de la Sauvetat avec Auger d'Andiran[1]; ils s'entendirent avec les habitants de la seigneurie pour la création d'une nouvelle commune. Grâce surtout à la paternelle sollicitude de l'abbé, les coutumes de la cité furent larges et bien entendues. Par ordre d'Auger d'Andiran, elles furent rédigées par Pierre de Bordes et par GUILLAUME DE GALLARD, consuls de Condom, qui, en leur qualité de premiers magistrats d'une commune déjà prospère, étaient bons juges des règlements à introduire dans une nouvelle municipalité. C'est à l'initiative de l'abbé de Condom et aux soins de ces deux consuls que les habitants de la Sauvetat doivent cette prospérité et cette richesse qui sont encore aujourd'hui un objet d'envie pour leurs voisins. Nous avons fait jusqu'à ce jour d'inutiles efforts pour retrouver ces intéressantes coutumes[2].

Revue d'Aquitaine, tome I, pages 415, 416; article ayant pour titre : *Possessions de l'abbaye de Condom dans le comté de Gaure.*

actes transcrits par D. Villevieille ne laissent aucun doute à cet égard. L'abbé Monlezun, en son *Histoire de Gascogne,* tome III, page 162, le constate aussi indirectement : « Nicolas eut pour successeur Pierre de Saubolée, frère de Hugues, seigneur « du Cauze et d'Ardisas, d'une ancienne et opulente famille de la province. Deux « de ses nièces étaient mariées, l'une à Bertrand de l'Isle-Jourdain, seigneur ou « plutôt coseigneur de Terraube, et l'autre à Bertrand de Faudouas. »

1. Abbé de Condom.

2. Elles existent, comme on le verra à la page suivante, dans les archives communales de Condom.

ANNÉE 1271.

Guillaume de Galard est témoin de la promulgation desdites coutumes de la Sauvetat.

In nomine Patris et Filii, et Spiritus Sancti. Amen. Notum sit à tots aquestes, qui aquere present carta veyran, ne augiran legir, qu'el religios senhor N. Auger, abbat de Condom, pel se et pel combent et pel sos successores del mesis loc; e el noble senhor En Garsie del castet de la Saubetat, de lor bon grad et pel lo franca et agradable voluntat, per si mesis et pel lors successors, an donadas et autreiadas à totas las personas, habitans en lodit castet, en la dita viela de la Saubetat, franquessas e libertatz et costumas, so es assaber..... Actum, requisitum et concessum fuit hoc quinto die in introitus madii. Testes sunt : Petrus de Bordas, Willelmus de Galard [1], consules Condomii, Johannes Costa, Sancius de Marmont, Sancius Garcias d'Aquatincta, et ego Vitalis de Quintano, publicus notarius Condomii, qui hanc cartam scripsi, et in publicam formam redegi, et signum meum apposui; anno Domini Mº ccº lxxº primo [2].

Mémoires sur le diocèse de Condom; archives communales de cette ville. — *Coutumes du Gers,* publiées par J.-F. Bladé, pages 184 et 189.

1. L'abbé de Monlezun à son tour, *Histoire de Gascogne,* tome II, page 416, fait intervenir Guillaume de Galard dans la publication des coutumes de la Sauvetat. « Il (Auger d'Andiran, abbé de Condom) était à peine élu depuis un an, lorsque, le « 5 mai 1271, il donna, de concert avec En Garsie ou plutôt Géraud de Cazaubon, « des coutumes à la Sauvetat, en présence de Pierre de Bordes et de Guillaume « de Galard, consuls de Condom, et de Sans-Garsie d'Ayguetinte. »

2. L'année suivante, à la montre des gentilshommes incorporés, en 1272, dans l'armée du roi pour le bailliage d'Orléans (Aurelianensis), on trouve un Guillaume de Galard, homme d'armes, qui se présenta pour lui, Guillelmus Galaqt *comparuit pro se.* (De La Roque : *Histoire du ban et de l'arrière-ban,* page 87, vol. in-18.) Quel était ce Guillaume? appartenait-il ou non à la famille du Condomois?

6 AOUT 1271.

*Concession par Philippe le Hardi de la haute et basse justice de
Terraube en faveur de* GÉRAUD, BERTRAND *et* GAISSION DE GALARD.

Ph. Dei gratia, rex Francorum, notum facimus universis presentibus et futuris presentes litteras inspecturis salutem, quod
principis cujuslibet statui et honori decens est et congruum subditorum suorum fidelium petitiones justas et honestas benigne
suscipere easque cum honore, gratia, largitione favorabiliter
exaudire. Hinc est ut nos de fidelitate et bono zelo quem semper
habuerunt et gesserunt erga nos dilecti et fideles nostri nobiles
dominus GERALDUS DE GOLARDO, miles, GAISSIONUS DE GOLARDO ET BER-
TRANDUS DE GOLARDO, domicelli, domini loci de Tarraubia[1] in ressorto
senescalliæ Agenensis, plenius informati, altam et bassam juridictionem dicti loci de Tarraubia una cum omnibus suis juribus
et pertinentiis ac emolumentis quibuscumque acquirendam per
eos scilicet ac manutenendam eisdem Geraldo, Gaissiono et
Bertrando de Golardo, dicti loci dominis, concedimus et concessimus, damusque et concedimus per presentes tenendam, possidendam, regendam et gubernandam, ex nunc imposterum,
imperpetuum, per eosdem Geraldum, Gaissionum et Bertrandum
de Golardo et eorum heredes et successores quoscumque. Volentes
insuper et eisdem de Golardo tenore presentium concedentes ut

---

1. De Waroquier, en son *Tableau généalogique et historique de la noblesse*,
tome II, page 361, consacre un article à Terraube, dont nous détachons la première
ligne : « Terraube, première baronnie de Condomois, possédée dès le XIIe siècle
« par la maison de Gallard. »

Le dessin ci-contre donnera une idée de la physionomie architecturale du château de Terraube de nos jours et de celle qu'il avait au XVIe siècle, car ce fier manoir
a été restauré avec un respect scrupuleux de son style passé.

CHATEAU DE TERRAUBE

ipsi pro se suisque propriis aucloritatibus et absque alterius cujuslibet licentia vel mandato possessionem ipsius alte et basse jurisdictionis intrare, tenere et possidere possint et valeant libere et absque contradictione quacumque. Rejectis tamen et salvis in premissis et quolibet premissorum et omnibus et singulis nobis fide, homagio, superioritate cum cæteris reddibentiis et superioritatis juribus, debitis ac eciam consuetis seneschallis, judicibus, aliis justitiariis et officiariis dicte seneschallie et eorum cuilibet atque locatenentibus eorum; necnon et subditis aliis nostris quibuscumque prout ad eos pertinuerit. Mandantes ac etiam injungentes quathenus dictos de Golardo suosque heredes et successores presentes et posteros hujusmodi dono et gratia nostra ad plenum uti et gaudere faciant et permittant. Quidquam in contrarium nullatenus faciendo nec a quoquam fieri permittendo quod et firmum et stabile perseveret in futurum, presentes litteras mandamus et firmamus nostro sigillo communi. Datum et actum Caturcensi, die sexta mensis augusti, anno Domini millesimo ducentesimo septuagesimo primo, regni nostri septimo [1].

Archives de Terraube, carton A, pièce n° 3, parchemin. Le même acte existe dans les archives du château de Larochebeaucourt. M. de Rabastens, juge mage et commissaire du roi pour la vérification des titres de noblesse, a inscrit en marge de ce parchemin : *ne varietur*.

1. L'abbé Monlezun, tome III, page 480, ajoute que la justice haute et basse de Terraube fut accordée « en récompense des services que les trois frères et leurs ancêtres avaient rendus à la couronne de France. »
Les lettres ci-dessus furent régistrées à la chambre des comptes de Cahors, le 11 novembre 1273, à celle de Condom, le 14 novembre 1274, en la juridiction d'Agen, le 22 avril 1280. Une copie fut dressée sur les originaux à la requête de Gaillard de Galard, écuyer, le 18 mai 1563. (*Preuves pour l'ordre de Malte.—Arch. du château de Larochebeaucourt. — Mss. de l'abbé de Lespine.*)

24 février 1284.

Préambule et fin de la coutume de Terraube octroyée aux habitants de ce lieu par Géraud, Bertrand *et* Gaission de Galard [1].

PRÉAMBULE.

In nomine Patris et Filii et Spiritus Sancti, amen.

Conoguda causa sia als presens e als abiedors que li senhors en Bertrand de la Hilla, dauzet, et en G. de Goalard, caouer, en Gaission de Goalard, dauzet, senhors del casted de Tarrauba en lors partidas no forsads, ni costreids, ni decebuds, ni enganads, mas de lor ferma e agradabla volontad ab certa pensa e ab deliberation de coradge, au donad e autrejad per lor metis e per tots lors hereters e successors senhors endevenidors del meis casted de Tarrauba, lors fors e lors usadges e las costumas, deins aquesta present carta contenguds e contengudas, ad honor de Diu e de nostra Sancta Maria e de tota la cort celestian, an Vidal d'Autinhan loctient de justitia et an Ramon de Goion, e an V. de Tarbalhan, e an Domeges de Maseras, e an P. Begordan, cosselhs del meis casted, recebens et acceptans per lor metis e per tota la universitat del meis casted a qui meis present aqui aperada e aiustada, segon que al dit casted de Tarrauba e per tots lors heretes habitants e habitadors daci avant per tos temps. . . . .

FIN.

. . . .

Aquestas soberdictas costumas e usadgis an donadas e autrejadas en perdurabilitat li avant dits senhors, Bertrand de la

---

1. Nous avons cru devoir mettre les faits collectifs de Géraud, Bertrand et Gaission de Galard avant les actes particuliers de chacun d'eux et par conséquent de Géraud.

Hylla, et en G. de Goalard, el senhor en Gaission de Goalard per lors metis et per tots lors heretets e successors, senhors endevenidors deldit castet de Tarrauba. Aldit Vidau d'Autinhan, loctenens de justizia, e aldit Ramon de Goion, e en Domenges de Mazeras, e en P. Begordan, e en Vidau de Tarbalhan, cosselhs adoux del predit casted, e a tots e a senglis los habitans deldit mantanedors, en aquesta presens carta, las ditas costumas et usadges recebens per los metis e per tots los habitans e habitadors del meis castet presens e abiadors, e an mandat e autrejad tant li pre-dits senhors quant la predita justizia els dits cosselhs e tot li autre que a cui eran presens dejus mantanedors, per ferma e lejau stipulation, e an jurat sobre los sans Evangelis de Diu que totas e sengles las ditas costumas e usadges auran, e tendrañ, e garderan, e observaran fermament, e en contra no biendran per los metis ne per autra persona en algun loc, ne en algun temps, ne en deguna maneyra, segon que desus sont escriutas; e podon esser entendudas sens tot mal et interpretamen, e en vertus del sagra-men e an promes e an jurat que, si augus cas lor venia aldit casted, que en aquesta presens carta no fos costuma scriuta, que aque cas determinaran en la cort del medis castet sens tota mala plaitezia, segoñ que melhs poiran a bona fe segout dreit.

Li nom del meis habitans que eran presens quant las ditas costumas recebaron et jureron son aquests, so es assaber : S. de Mazeras, en V. de Boer, V. B. de Saramejan, B. Comin, A. de Tarrauba, W. B. Delauraed, W. deu Colomer, Gaission deus Calhaos, G. Delauraed, R. de Mazeras, R. de Tarrauba, Gaission de Boer, GAISSION GOLIART [1]. N. deu Colomer, W. Durac, W. de

---

1. C'est presque la même orthographe que celle de *Gualiar* dans l'acte de 1062 qui vient en tête de ces documents.

Labusca, V. deu Puer, V. Dujac, S. Faure, Pierre Faure, Gaission d'Arinhan, P. de Lagorsa, P. Begordan, W. de Mazeras, A. R. de Casanava, Fortaner deu Colomer, P. de Puat, W. B. de Beders, Pey son frai, Ar. Doazan, W. de Saramejan, Miqueu de la Cortia, Ad. Dautinhan, P. de Lusans, P. de la Cortia, A. de la Cortia, Ar. Dautinhan, de las quals causas totas et singlas voloron, tan li predits senhors de Tarrauba, e la predita justizia, e li dit cosselhs e tots lis habitants del meis castet de sobre mentengu que fossan faitas duas cartas duna tenor, la una so es assaber aquesta als dits senhors de Tarrauba, e una als dits cossels e habitants de Tarrauba.

Asso so fait a Tarrauba en la sala del predit senhor en Gaission de Goalard[1], quarta die exitus mensis februarii, anno Domini MCCLXXX quarto, regnante Philippo, rege Francorum, domino Edoardo, rege Anglie, duce Aquitanie, Elia Talairandi, vicecomite Leomanie, et G. Lectorensi, episcopo; testibus presentibus, dño Guillelmo de Sancto Aurentio, officiali Lectorensi, B. Desparos, magistro Jacobo de Monte, jurisperitis, domino Peregrino de Casasibus, Garsia Arnaldi de la Croix, V. de Berauto, R. de Sancto Hananio, militibus, Othonem de Cassanabola, Arnaldo de Florensano, Guilelmo Durencs, domicellis, Guilelmo Bertrandi de Plumasano, burgense Lectorense, Fortano de Polenhaco, Jacobo de la Posterla, burgense Condomiense, et me Vitale de Cassanabola, communis et publicus notarius, qui hanc cartam scripsi et in publicam formam redegi, utriusque partis voluntate raturam

---

1. Ce qui prouve que Gaission était le principal seigneur de Terraube, c'est que les coutumes de ce lieu furent rédigées dans la salle du château qui était sienne. Probablement que Géraud, ayant reçu en totalité l'apanage de Goalard, n'avait conservé qu'un petit lot à Terraube.

feci superius vigesima septima linea a principio computando, et signo meo consueto signavi in testimonium premissorum [1].

Archives du château de Terraube, carton A; copie de 1400 environ, écriture gothique.

1284 ET AVANT.

Extrait des manuscrits de l'abbé de Lespine relatifs à BERTRAND, GAISSION *et* GÉRAUD DE GALARD.

La branche de l'Isle Bozon sera rapportée plus bas, BERTRAND DE GALARD ou de l'Isle et GASSION ou GAXION étaient sans doute chefs d'autres branches qui possédaient la terre de Terraube par indivis, avec GÉRAUD, dont, selon les apparences, ils étaient proches parents [2].

Mss. de l'abbé de Lespine, dossier de Galard. Bibl. imp. Cabinet des titres.

ANNÉE 1278.

Un titre du fonds d'Hozier fixe à 1278 l'alliance de la maison de GALARD *avec celle d'Armagnac.*

De cette maison sortit GÉRAUD DE GALARD qui se maria en 1278 [3] et qui se qualifia, par son contrat de mariage, noble et puissant

1. L'abbé Monlezun, en son *Histoire de Gascogne*, tome III., page 480, constate l'octroiement de ces coutumes.

2. Ailleurs, l'abbé de Lespine dit que Bertrand et Gaission étaient les oncles de Géraud.

3. La date de l'alliance me semble vraisemblable, à raison du rôle joué par les fils dès le commencement du XIVe siècle.

seigneur. Il épousa Éléonore d'Armagnac [1], de laquelle il eut plusieurs terres, entre autres celle de Brassac [2] qui a toujours demeuré dans la maison de Brassac-Galard.

De ce mariage sortirent Bertrand et Pierre de Galard, qui fut grand maître des arbalestriers de France, sous Philippe le Bel, comme on peut le voir par les Mémoires de du Tillet, au chapitre des maréchaux de France, à laquelle charge a succédé celle de colonel général de l'Infanterie.

Fonds d'Hozier, notice sur la maison de Galard, portant le timbre de la bibliothèque du roi et du cabinet d'Hozier. Bibl. imp. Mss.

1. Géraud, dans une autre copie qui remonte la date à 1268, est appelé *Hugues;* ce qui est une erreur : le dernier, que nous avons vu à la croisade, en 1249, a été sans doute confondu avec le premier. Dans le *Mercure François* (qui n'est pas le *Mercure de France*), la même confusion a été reproduite.

2. Copions dans d'Expilly quelques lignes sur Brassac, bien que les trois dernières ne soient point entièrement exactes.

« Brassac, en Quercy, diocèse et élection de Cahors, parlement de Toulouse, intendance de Montauban. On y compte 13 feux, 91 bellugues et trois quarts de bellugue de feu. La terre, seigneurie et baronnie de Brassac fut vendue, vers l'an 1195, par Guillaume, vicomte de Calvignac, à Raimond III, vicomte de Turenne, de la maison duquel elle a passé dans celle de Galard, que son ancienneté et ses alliances font mettre à juste titre parmi les plus illustres de Guienne. » (Expilly, *Dictionnaire de la France et des Gaules,* tome Ier, page 809.)

Le nom de *Brassac* est très-fréquent dans la géographie du midi de la France; il existait au pays de Foix, diocèse de Pamiers, deux fois en Languedoc, diocèse de Castres. On trouve encore *Brassat* en Auvergne et en Périgord avec conversion du C final en T.

Guérard a introduit notre *Brassac* dans la nomenclature des vicairies proprement dites qui accompagne son *Essai.*

Brassac est énoncé, comme église paroissiale de l'archiprêtré de Moissac, dans le *Fonds Saint-Germain, français,* n° 878, tome II, fol. 323 v°.

Il ne faut point confondre le château de Brassac en Quercy qui devait l'hommage aux comtes de Toulouse, avec celui de Brassac, en Albigeois, dont il est question dans ce testament :

« Raymond Ier exerça aussi sa libéralité envers ses proches. Il légua à Berthe, sa « femme, un grand nombre de châteaux et d'alleux ou de fiefs, qu'il substitue pour

Vers 1280.

Le Mercure de France assigne au mariage de la maison d'Armagnac
avec celle de GALARD *la date de 1280, qui est très-plausible.*

La branche de Terraube est séparée, depuis 1300, de celle des comtes de Brassac, laquelle s'est établie en Quercy, vers l'an 1280, à cause de l'alliance d'ÉLÉONORE D'ARMAGNAC, qui leur apporta la baronnie de Brassac [1].

Mercure de France, juillet 1756, page 233.

« la plupart, après la mort de cette princesse, à diverses églises. Il lui donne
« diverses terres, en particulier celles de Loupian et de Balaruc, en Languedoc,
« pour en jouir, soit elle seule, soit conjointement avec Raymond, leur fils. Il
« donne de plus à ce dernier sept châteaux, du nombre desquels sont Graulhet et
« Monestier, en Albigeois, qu'il substitue à ses plus proches, en cas que le même
« Raymond, son fils, vînt à décéder *ab instestat.* Il donne encore à ce dernier et à
« Hugues, son autre fils, le *château de Brassac,* en Albigeois, deux autres châteaux
« et plusieurs alleux, dont il leur laisse la jouissance en commun pendant leur vie.»
(*Hist. de Languedoc,* par D. Vaissète, tome II, page 92, éd. in-fol.)

1. La forme administrative et religieuse de vicairie ayant précédé celle de vicomté, et la dernière étant correspondante à la première, la terre de Brassac avait eu de tout temps le rang de vicomté. Cette opinion a été émise par M. Maximin Deloche qui continue ainsi :

« Parmi les vicairies comprises dans le Quercy, lesquelles étaient au nombre de
« dix, on trouve :

« Vicaria de *Brassiaco,* vicairie de Brassac, dans le canton de Bourg-de-Visa
« (Lot-et-Garonne); c'est sans doute à cette vicairie que se rapporte l'origine de la
« vicomté de Brassac (vicecomitatus Brassaco) à raison de laquelle le vicomte de
« Turenne, dans une période plus récente du moyen âge, relevait de l'évêque de
« Tulle et lui rendait hommage en qualité de feudataire. » (*Cartulaire de Beaulieu,*
en Limousin, publié par Maximin Deloche, dans *les documents inédits de l'histoire*
de France. Introduction, page ccxiii.)

M. Lacabane repousse l'avis de M. Maximin Deloche, conforme à celui d'Expilly

Vers 1280 et non pas 1250.

Les lettres patentes, confirmant l'érection de Brassac en comté, attestent,
mais antidatent, le mariage de Géraud de Galard et d'Éléonore
d'Armagnac.

Que cette terre considérable — Brassac [1] — et dont l'étendue
est à peu près quarrée sur une contenance de trois lieues est

et de Chazot de Nantigny. Le très-pertinent directeur de l'École des chartes fait
distinctes la vicomté de Brassac, appartenant à la race des Turenne, et la baronnie
de Brassac, possédée par une branche de la maison de Galard. Les deux terres étaient
situées en Quercy sur deux points extrêmes. M. Lacabane place la vicomté de
Brassac au lieu de ce nom sur une rive de la Dordogne ; M. Maximin Deloche la
maintient à Brassac près du Bourg-Visa, sur les confins de l'Agenais et du Quercy.
Cette question sera reprise tout à l'heure.

1. Frotard, vicomte de Quercy en 930, fit don au monastère d'Aurillac de la cour
de Souillac, dépendante du diocèse de Cahors et sise en la vicairie de Cazillac. Il
ratifia également d'avance toutes les acquisitions que les religieux dudit couvent
pourraient faire soit dans la vicairie précitée, soit dans d'autres, telles que Creysse,
Brassac, Calvignac, Saint-Sozy. Voici cette charte empruntée aux *Observations sur*
la géographie et l'histoire du Quercy et du Limousin, par M. Léon Lacabane; bro-
chure in-8°, page 33 :

« Ego Frotardus, vicecomes, et Adelberga, vicecomitissa, et Geraldus, filius noster,
monasterio Aureliacensi donamus curtem nostram dominicariam, quæ est infra
terminos Caturcensis episcopatus, in vicaria de Casiliaco, quæ dicitur Soliacus ;
quicquid vero in tota terra nostra in ipsa videlicet vicaria, vel in aliis nostris
vicariis, scilicet de Croxia, de Brassiaco, de Calvinhaco, de S. Sosico, vel de feudalibus nostris militibus, vel rusticis, deinceps monachi Aureliacenses acquirere
potuerint, totum et integrum ad præfatum locum donamus. Actum est hoc anno ab
Incarnatione Domini DCCCCXXX. Rodulpho Francorum rege, regnante anno quinto.
S. A. Caturcensis Episcopi. S. Frotardi vicecomitis. S. Aldabergæ vicecomitissæ.
S. Geraldi Junioris vicecomitis. »

Les deux savants précités ont controversé au sujet de la fixation géographique
de la vicairie de Brassac. Selon M. Lacabane, elle aurait eu pour siége Brassac sur
la Dordogne, près de Montvalent ; d'après M. Maximin Deloche, elle avait pour centre
notre château de Brassac, voisin de Bourg-Visa (Tarn-et-Garonne). Ces deux dis-
tricts de Brassac, quoique assez distants, étaient compris primitivement dans le ter-

entrée dans la maison de Galard dans le cours du treizième siècle

ritoire diocésain de Cahors. Brassac sur la Dordogne fut placé plus tard sous la mouvance de l'évêque de Tulle, tandis que Brassac, dans l'archiprêtré de Moissac, resta sous la suprématie féodale de l'évêque de Cahors. La confusion de M. Maximin Deloche est excusable, car le deuxième Brassac fut, durant le moyen âge, une place des plus considérables.

Si nous faisions une histoire féodale à la façon de l'Histoire Romaine que M. Ampère a dressée d'après les monuments, l'étude sur le château de Brassac, dont les de Galard furent seigneurs, à partir de 1280 environ, serait d'un puissant intérêt. Ces ruines titaniques sont campées sur un plateau inaccessible, du haut duquel se déploie un magnifique panorama. Ce sommet forme le centre exact et dominant de tous les horizons qui se succèdent aux quatre points cardinaux. Les voûtes souterraines de la vieille forteresse sont monumentales. Les tours, les murailles ont des proportions gigantesques. L'aspect de cette construction démantelée trahit l'importance de la terre et la puissance des feudataires. Les lettres recognitives de la baronnie de Brassac en comté lui attribuent une superficie de trois lieues carrées, qui était à peu près celle des vicairies ordinaires. Ces considérations toutefois ne sauraient renverser celles de M. Lacabane, dont la critique victorieuse est en opposition radicale avec l'opinion de d'Expilly, de Chazot de Nantigny, et en dernier lieu de M. Maximin Deloche. Ceux-ci pensent que la vicomté de Brassac, tenue jadis par les sires de Turenne, est absolument le même grand fief que la baronnie de Brassac apportée à une branche de Galard par Éléonore d'Armagnac.

Ce qui nous fait pencher du côté de M. Lacabane, en dehors des titres et des arguments sur lesquels il s'appuie, c'est l'impossibilité d'expliquer comment les seigneurs de Brassac, près de Bourg-Visa, c'est-à-dire résidant à l'extrémité méridionale du Quercy, auraient pu devoir l'hommage à l'évêque de Tulle. De tout temps par leur situation géographique et par le fait ils ont relevé de l'évêque de Cahors, sous le rapport temporel et spirituel, tandis que, pour la justice, la plupart des localités appartenant aux susdits feudataires, sires de Galard, étaient du ressort de la sénéchaussée d'Agen. Aussi le serment de fidélité, prêté en 1368 à l'évêque de Tulle par Roger Guillaume de Beaufort, vicomte de Turenne, pour raison de la vicomté de Brassac, ne se rapporte aucunement à la baronnie de ce nom, possédée par une branche de la maison de Galard, comme je l'avais cru et écrit ailleurs, entraîné par l'erreur de M. Maximin Deloche.

Il est question de la terre de Brassac, en mai 1257, dans une transaction conclue entre Alphonse, frère de Saint Louis, et Barthélemy, évêque de Cahors.

« Item dicebat idem Episcopus quod nos imminabamus eidem et ecclesiæ suæ « super castris de Montealsato, et de Lauserta et de Belcayre, et de Miremont, et de

vers l'an 1250[1] par le mariage de Géraud de Galard avec Éléonore d'Armagnac, dame de Brassac, qui la possédait.

Lettres récognitives de l'érection de Brassac en comté ; archives départementales du Tarn-et-Garonne, série C, registre 44 du domaine, fol. 204, années 1775, 1777.

« *Brassaco,* cum omnia castra prædicta, ut dicebat ad ipsum et ecclesiam suam « jure domini pertinerent. Tandem autem, nos et ipsum mediantibus bonis viris « super prædictis talis quæstionibus voluerunt : videlicet quod nos habeamus in « perpetuum dictum castrum de Calciata, de Belcayro, et de Miremont, et de Bras- « saco quæ omnia dictus episcopus pro se et ecclesia sua, nobis et hæredibus nos- « tris solvit in perpetuum et quittavit, et quod dictus episcopus et successores ejus « habeant quidquid nos petebamus vel petere poteramus aliquo jure, vel aliqua ra- « tione in castro Montispesati prædicto, et honore et districtu ejusdem. » (*Histoire politique, ecclésiastique et littéraire du Querci,* par M. de Cathala-Coture, tome II, page 456.)

M. Poey d'Avant, en ses *Monnaies féodales de France,* tome I, page 348, n° 2259, décrit ainsi un vieux denier frappé à Brassac : « *Pierre de Brosse,* + Petrus de « Brocia. *Croix cantonnée d'un lis dégénéré* au 2ᵉ. R + Brasau. *Tête de vierge de* « *face. Bill. Obol. 0,50.* » Cette pièce, tirée de la coll. Mioche, a été reproduite pl. xlix, n° 20. M. Poey d'Avant croit que *Brasau* est le Brassac d'Auvergne. Les raisons de sa préférence ne sont pas assez concluantes pour que cette monnaie ne puisse être attribuée tout aussi bien au Brassac de Quercy qui nous occupe ; mais ce n'est pas ici le lieu d'engager une discussion numismatique et de faire valoir les motifs qui pourraient militer en notre faveur.

1. Les lettres d'érection indiquent donc que ce mariage dut s'accomplir vers 1250. Cette date a été fixée approximativement par les juges d'armes de France d'après quelques actes, rappelant l'alliance sans toutefois marquer son époque. Lainé, en son *Dictionnaire des origines des maisons nobles du royaume de France,* tome IV, pages 56 et 57, la porte à 1270. « L'ancienne baronnie de Brassac, en Quercy, « est dans cette maison depuis l'an 1270. » Le document précité du fonds d'Hozier place ledit mariage en 1278, et le *Mercure de France* en 1280. Ces deux dernières supputations sont tout à fait concordantes avec la marche des faits et des générations, ainsi qu'avec les documents antérieurs et postérieurs, concernant l'aïeul ou les enfants de Géraud. Pour tous ces motifs nous avons cru devoir rectifier la date de 1250 qui classerait Géraud bien avant ses auteurs dans la filiation. Comment d'ailleurs échelonner trois générations dans l'étroite période de 14 ans, comprise entre 1236, où l'on a vu mourir Guillaume de Galard, bisaïeul, et 1250, où

Vers 1280.

L'abbé de Lespine a marié Géraud de Galard *avec Éléonore d'Armagnac* [1] *en s'appuyant sur des mémoires domestiques et sur des titres conservés à la Bibliothèque du roi. Il observe toutefois que Chazot de Nantigny fait épouser Éléonore d'Armagnac par Ayssin III.*

On donne à Géraud de Galard pour femme Éléonore d'Armagnac [2]. (*Mém. domest. et tit. à la Bibl. du roi.*) M. Chazot de Nantigny lui donne pour femme Assalide et prétend qu'Éléonore avait épousé Assieu III [3].

Mss. de l'abbé de Lespine, dossier de Galard.

se serait marié Géraud de Galard, son arrière-petit-fils? Les quatre enfants issus de Géraud de Galard et d'Éléonore d'Armagnac ne se montrent sur la scène historique que postérieurement à 1300 : l'aîné, Géraud, en 1303, Bertrand vers 1305, Raymond, abbé et plus tard évêque de Condom, en 1306, Pierre, grand maître des arbalétriers, en 1310. Or, s'ils étaient nés immédiatement après 1250, leurs faits et gestes se seraient manifestés plus tôt. Autrement il faudrait admettre leur entrée dans la carrière à un âge où ils auraient dû la quitter. D'ailleurs, est-il raisonnable de supposer que des époux, unis en 1250, n'aient laissé leur succession disponible que 70 ans après, c'est-à-dire en 1320? Il faut nécessairement ramener l'alliance avec Éléonore d'Armagnac à 1278 ou 1280, comme nous l'avons fait, à l'exemple du *Mercure de France,* en tête de l'extrait des lettres d'érection de Brassac en comté, sous peine d'anachronisme et d'interversion des degrés.

1. L'abbé de Lespine a tourné la difficulté des dates contradictoires en les omettant toutes. Nous rétablissons celle que tout concourt à rendre exacte.

2. Le partage de 1320, qui nomme les quatre enfants de Géraud et d'Éléonore d'Armagnac, corrobore la date de 1278 ou 1280 assignée au mariage. Géraud, d'après cet acte, serait mort 40 ou 42 ans après son alliance, ce qui nous paraît très-normal. Voir cet extrait dans la série des pièces concernant Géraud II de Galard et courant de 1303 à 1342 inclusivement.

3. Moréri a commis la même erreur au sujet de cette alliance, car il a marié Ayssieu ou Ayssin de Galard avec Éléonore d'Armagnac, laquelle eut pour époux Géraud de Galard, comme il résulte des actes précités. Lors de l'érection de la

Vers 1280.

Dans une autre notice augmentée et expurgée sur la Maison de Galard,
l'abbé de Lespine, à la suite de l'article Géraud, *insiste davantage*
sur l'alliance de ce dernier avec Éléonore d'Armagnac.

Géraud de Galard... *Femme :* Éléonore d'Armagnac, Dame de
Brassac. Cette Armagnac est probablement Constance-Éléonore
d'Armagnac, fille de Gérault V du nom, comte d'Armagnac et
de Fezensac, et de Mathe de Béarn (troisième fille de Gaston,
vicomte de Béarn, et de Mathe de Bigorre), dont plusieurs
enfants qui suivent. Les descendants de la Maison de Galard
ont toujours possédé, depuis cette Éléonore d'Armagnac, la
terre de Brassac et la possèdent encore aujourd'hui.

Mss. de l'abbé de Lespine, dossier de Galard, Cabinet des titres.

Année 1286.

Géraud de Galard *reconnaît tenir à mouvance du roi d'Angleterre*
le territoire de Las Martects ou Martiets.

Item Geraldus de Gailhardo, domicellus, recognovit se tenere a
domino Agenesii territorium, vocatum de Las Martects, ratione
facti Agenesii et de dicto territorio debet facere jus coram dicto

terre de Brassac en comté, les titres produits durent l'établir, puisque les lettres
patentes disent qu'Éléonore d'Armagnac fut femme de Géraud.

Les *Étrennes de la Noblesse,* années 1272-1273, page 104, relatent également
le mariage de la maison de Galard avec celle d'Armagnac, mais en rééditant la méprise de Moréri, qui fait d'Ayssin III l'époux d'Éléonore : «La baronnie de Brassac,

domino Agenesii. Testes : magister Bernardus de Sancto Lupo, Anthonius de Podio Lobaut [1].

Cahier in-folio contenant 55 hommages ou remembrances, ayant pour titre : *Recognitiones feudorum, homagiorum a nobilibus Agennensis et Codomiensis terræ incolis,* etc. (1286). Archives départementales de la Gironde, page 8; copie authentique du xvii* siècle.

« entrée dans cette branche par le mariage d'Assieu III, sire de Galard, avec Éléo-
« nore d'Armagnac, dame de Brassac, est tombée en partage à Bertrand de Galard,
« leur second fils, tige de la branche des seigneurs de Galard de Brassac de
« Béarn. »

Moréri donne à Aissieu II de Galard, comme successeur, Géraud, ce qui est vrai : mais il est trop osé lorsqu'il attribue à ce dernier la paternité d'un troisième Aissieu ou Ayssin. Celui-ci ne pouvait être que le fils de Gaission ou de Bertrand, oncles de Géraud, selon l'abbé de Lespine, et ses frères, selon Moréri.

Géraud de Galard, en sa qualité d'aîné, pouvait être seul apanagé en suffisance pour entrer dans la maison d'Armagnac. De plus, en 1271, dans les lettres de Philippe le Hardi, il est qualifié *miles* et dans les coutumes de Terraube *caouer,* c'est-à-dire *chevalier.* Bertrand et Gaission, nommés en même temps et en sa compagnie, ne sont que damoiseaux (*domicelli* ou *daouzets*).

Les confusions multiplient les confusions. Aussi Moréri et Chazot de Nantigny ont-ils marié Dona Assalde avec Géraud de Galard. Moréri a du considérer Ayssin III, coexistant alors, comme leur fils qui n'est pourtant point nommé dans le groupe des quatre enfants se partageant, en 1320, la succession de Géraud. Celui-ci haussé d'un degré a été fait père d'Ayssin et par suite s'est trouvé incapable d'épouser Éléonore d'Armagnac. C'est ainsi qu'Ayssin III est venu prendre la place de Géraud 1er. Cette substitution était imposée par la logique des identités faussées.

1. Le Géraud nommé en tête de cet hommage ne semble pas s'identifier avec celui qui figure dans les lettres de concession de Philippe le Hardi (1271) et les coutumes de Terraube (1284). Le personnage mentionné dans ces documents prend toujours la qualité de *miles* ou *caouer,* c'est-à-dire de *chevalier.* Le Géraud rendant hommage en 1286 au roi d'Angleterre est simple *damoiseau,* de plus dans les *Archives historiques de la Gironde,* son prénom de *Geraldus* est précédé de *Gailhardus* qui n'est pas dans d'autres copies. Il paraît d'ailleurs également distinct du Géraud II qui devait être tout jeune en 1286. Il est vrai que, si ce dernier avait hérité de la terre de Las Martects, son père pouvait, en son nom, prêter le serment de fidélité. Peut-être est-il le même que Géraud de Galard, juge de Menbesii (probablement Mauvezin), en 1302.

Mai 1294.

Géraud de Galard, Sans Garcie de Manas, Géraud de Pressac, Pons
de Loubens et tous les nobles de Lomagne donnent leur assentiment
à la cession de cette vicomté faite par Marquèse en faveur de son
père Élie de Taleyrand.

Marquèse, de son côté, était entraînée vers le cloître. En 1294,
elle fut conduite à Toulouse et émancipée en présence de Pierre
de Ferrières et de Guillaume de Villèle. Élie de Talayran prépa-
rait l'acte qui ne tarda pas à s'accomplir. Le 7 mai de l'année
suivante, la jeune vicomtesse confirma juridiquement, sous l'autorité de Bernard de Lamothe, son curateur, devant le sénéchal
de Toulouse et l'évêque de Bazas, la donation faite par Philippe
à Élie, son père, et reconnut que la vicomté de Lomagne lui était
engagée pour vingt mille marcs d'argent. Ne pouvant la retirer
en payant cette somme, elle abandonnait à jamais à son père tous
les droits qu'elle y pouvait prétendre et ne gardait pour elle que
Lachapelle et Poupas. Ainsi dégagée, elle prit l'habit de Sainte-
Claire dans un des couvents de Périgueux et y mourut jeune.

Cependant la noblesse de Lomagne s'assemblait dans l'église
de Castera-Lectourois (mai 1294). On y vit accourir Othon de
Montaut, seigneur de Gramont, terre donnée à son père par
Simon de Montfort, Sans-Garsie de Manas, seigneur d'Avenzac,
Arnaud de Pressac, Élie de Leaumond, Gautier du Bosq, Montarsin
de Cocumont, Bernard de Sérillac, Othon de Bonnefond, Pierre
de Lomagne, Bosan de Vicmon, Bernard de Vivès, Gauthier
d'Artiguelongue, Arnaud Guillaume de Mauroux, Barrau du
Bouzet, Pons de Loubens, Vital de Montgaillard, Raymond de
Seguenville, Bernard de Lamothe, Géraud de Galard et Vital du

Brouil. L'assemblée reconnut la cession de Marquèse et prêta hommage à Élie.

Histoire de Gascogne, par Monlezun, tome III, pages 56, 57.

1294 ET AVANT.

Notice de l'abbé de Lespine sur GÉRAUD DE GALARD.

GÉRAUD DE GALARD, seigneur de Galard, de Terraube, chevalier. Le roi Philippe le Hardi lui fit don, par lettres patentes de Cahors, le 6 août 1271, *ibidem* de l'an 1280, de même qu'à BERTRAND et GASSION DE GALARD (qu'on présume avoir été ses oncles), de la haute et basse justice de Terraube, en récompense des grands services rendus par eux et leurs ancêtres aux rois, ses prédécesseurs. Il donna, conjointement avec Bertrand de l'Isle et Gassion de Galard, donzels, ses coseigneurs du château de Terraube, des coutumes aux habitants de Terraube, le 4ᵉ jour à l'issue de février (24 février) 1284. On ignore l'année de sa mort, mais il paraît qu'il ne vivait plus en 1291. On lui donne pour femme ÉLÉONORE D'ARMAGNAC. (*Mém. domest. et à la Bibl. du roi.*) M. Chazot de Nantigny, lui donne pour femme Assalide et prétend que Éléonore avait épousé Assieu III [1].

Mss. de l'abbé de Lespine, dossier de Galard. Bibl. imp. Cabinet des titres.

---

1. Le mémoire manuscrit de la Bibliothèque du roi, sur lequel Moréri et Chazot de Nantigny ont basé le mariage d'Ayssin III et d'Éléonore d'Armagnac, est un tissu d'erreurs. Ce n'est pas Ayssin de Galard, mais un Hugues, qui s'y trouve marié avec Éléonore d'Armagnac ; Bertrand de Galard, seigneur de Brassac, dans ce document apocryphe, au lieu d'être l'époux d'Esclamonde de Thézac, devient celui

ANNÉE 1273.

D'après la page de la généalogie de Faudoas, que nous allons transcrire,
il est présumable que la terre de TERRAUBE *passa, soit par mariage,*
soit par transmission, aux sires de Galard des mains de la puissante
maison de l'Isle qui, en octobre 1273, tenait en partie le susdit fief.

Le premier titre qu'on trouve de ce seigneur est une charte
écrite en langue vulgaire par R. Assalh, écrivain public de Montech, la férie IV, et le 4 jour de l'issuë du mois de novembre de
l'an 1269. Cet acte contient les conventions du mariage de Bertrand de Faudoas [1], dont je parle, avec Séguine de Saboulies, fille
de Hugues de Saboulies, seigneur du Cauze et d'Ardisas, et de
Realle de Montech, dame en partie de Lévignac. P. R. de Sabou-

d'Isabeau de Tournon et le père de Marguerite qui s'allia à Roger de Beaufort.
Or, cette Marguerite, femme de Nicolas et non pas de Roger de Beaufort, était
née de Jean de Galard, baron de Limeuil, et de Philippe de Lautrec. Les confusions
et les anachronismes fourmillent dans cette page : Pierre de Galard, grand maître
des arbalétriers, dont l'union avec Talésie de Caumont est établie plus loin par les
actes les plus irrécusables, aurait épousé Esclamonde d'Abzac.

Les assertions les plus infondées se succèdent et s'enchevêtrent dans le mémoire
en question, que le plus léger examen doit faire repousser même à défaut des pièces
justificatives que nous possédons. La bonne foi de Moréri et de Chazot de Nantigny
a pu être surprise ; la nôtre ne le sera point. Connaissant la source où ils ont puisé
l'union d'Ayssin avec d'Éléonore d'Armagnac, nous ne saurions l'accepter. Nous
avons pour la contredire les lettres d'érection de la terre de Brassac en comté conservées aux archives de Montauban. Bien que la date y soit fautive, elles furent
dressées officiellement sur production de titres authentiques. Géraud de Galard y
est désigné comme mari d'Éléonore d'Armagnac, ce qui est également établi par le
partage de 1320, dont un extrait sera tout à l'heure reproduit, enfin par la citation
du *Mercure de France* et celle de l'abbé de Lespine.

Voir plus haut la note de la page 78.

1. Chevalier seigneur de Faudoas, Hauterive, Avensac, Sarraut, Cadours, Drudas.

lies, prieur de Nérac, y paroît en qualité d'exécuteur testamentaire du même Hugues, et agissant aussi au nom de Réalle. Il
constitue à la future épouse pour tous droits paternels et maternels la somme de 3,000 sols Tolosains, que Bertrand, autorisé de
Béraud, seigneur de Faudoas, son père, veut qu'elle puisse répéter sur tous ses biens. Cette dame étoit sœur puînée de Condor
de Saboulies, femme de Bertrand de l'Isle[1], seigneur de TAR-
RAUBE. Elles avoient pour oncle paternel Pierre de Saboulies,
évêque de Couzerans, qui faisant pour elles, conjointement avec
Realle, leur mère, et le seigneur de Tarraube, compromirent
avec Bertrand de l'Isle, son frère, évêque de Toulouse, et Jor-
dain, seigneur de l'Isle, en la personne de Bertrand, par la
grâce de Dieu, comte de Comenge, tous les différens qu'ils avoient
au sujet de la terre de Levignac, donnée en échange au seigneur
de l'Isle par Realle et ses filles pour partie des terres de Terride
et de Sarrant. Ce compromis est du 5 de l'issuë d'octobre 1273 et
se voit avec l'acte d'échange et autres concernans cette affaire aux
fol. 36, 133, 135 et 138, d'un fort gros registre intitulé : *La Saume
de l'Isle*, qui est aux Archives de la Trésorerie de Montauban.

Histoire généalogique de la maison de Faudoas, p. 8 et 9, in-4.
Montauban, MDCCXXIV.

1. La race des seigneurs de l'Isle-Jourdain, l'une des plus puissantes du Midi,
est très-connue par son grand rôle guerrier, politique et dramatique au moyen âge,
soit en Italie, soit dans nos guerres civiles. On peut dire de ces feudataires comme
des Armagnacs qu'ils étaient des *diables en fourrure d'homme*. Ces sires de l'Isle
ne furent pas longtemps coseigneurs de Terraube avec les de Galard, qui demeu-
rèrent bientôt seuls possesseurs.   .

La seigneurie de Terraube, première baronnie de Condomois, fut érigée en marquisat par lettres patentes de Louis XIV, le 10 janvier 1683. Elle a toujours été depuis, dans la maison de Galard, l'apanage de la branche aînée, qui la possède encore
de nos jours. C'est dans les riches archives du château de Terraube que nous avons
puisé à poignées les documents historiques.

ANNÉES 1276-1277.

GRÉGOIRE DE GALARD, *issu d'une branche fixée en Espagne, est signalé dans l'histoire de la guerre de Navarre, poëme de la seconde moitié du treizième siècle.*

E la torr don GUIRGORI DE GALARR [1] qu'es bastens,

Fum dad' a N Johan Ros que sap prom d'arremens

E a Johan d'Aldava quiera ben vivens ;

Miquel Peritz y era de la torr attendens,

E z ap lur un garrot que non s'esta de mens.

E dedintz lo palaci, qu'es nou bastimens,

De dona Maria Pelegrin, ac grammens

Balestes ; Marin Ros y fo prumeramens,

E.'N Johan Pelegri e'N Marti yssamens, etc [2].

Histoire de la guerre de Navarre, en 1276 et 1277, par Guillaume Anelier de Toulouse, publiée par Francisque Michel dans les *Documents inédits de l'Histoire de France,* p. 162 et 163, vers 2505.

1. Les *Adiciones al Diccionario de antiguedades del reino de Navarra por D. José Yanguas Miranda* indiquent, page 141, divers actes des archives de Pampelune, relatifs aux membres ci-après de la race espagnole des Galard :

« YENEGO GALLAR ou GALÁR. — PIERRE MIGUEL DE GALLAR, alcade du château « de Petilla (Navarre). — JEAN DE GALAR. — PEROUT DE GALLAR. — PEIRON DE « GALLAR. — JEAN MAGNA DE GALAR. — PEDRO GALLAR, alcade du château de Pitiella « (Aragon). — PERÉ DE GALAR. — PETREQUIN DE GALAR. — JEAN DE GALLAR. — MARIE « GALLAR. »—On voit dans le même *Diccionario,* page 150 du tome II, qui n'est pas celui des *Adiciones,* MOSEN BERTRAND DE GOALAR, ambassadeur du roi de France à la cour de Navarre en 1423. Charles III lui donna un cheval.

2. TRADUCTION : Et la tour de don GRÉGOIRE DE GALAR, qui est suffisante, — fut donnée à sire Jean Ros (ou Roux) qui sait assez de ruse, — et à Jean d'Aldava qui était bien vivant; — Michel Peritz y était prenant soin de la tour — et avec eux un garrot qui n'est pas de moins (inutile). — Et dans le palais qui est nouvellement bâti, — de dame Marie Pelegrin, il y eut grandement — d'arbalétriers; Marin Ros y fut premièrement — et sire Jean Pelegrin, et sire Martin pareillement.

En vertu de la cession de 1279, l'Agenais passa des mains du roi de France sous la domination anglaise. A cet acte important et solennel comparaît PIERRE DE GALARD en qualité de témoin.

Noverint universi publicum instrumentum inspecturi quod, cum nos magister Guilhelmus de Novavilla, archidiaconus Blesensis, in ecclesia Carnotensi, clericus excellentissimi principis domini nostri Philippi, Dei gratia Francorum regis, et Radulphus de Neratis, marescallus Franciæ, miles ejusdem domini nostri regis de speciali mandato dicti domini regis nobis facto per suas litteras patentes, tenores quarum inferius continentur, venissemus apud Aginnum et essemus in claustro fratrum prædicatorum ejusdem loci personaliter constituti vocatisque coram nobis venerabili in Christo patre domino Arnaldo episcopo Aginnensi, et abbatibus et aliis ecclesiarum prælatis et capitulis, necnon baronibus et aliis nobilibus, communitatibus, seu universatibus, consulibus et juratis villarum, castrorum et aliorum locorum diœcesis Aginnensis et aliis in eadem diœcesi constitutis et etiam aliis qui ratione terræ Aginnensis dicto domino regi tenebantur, et dicto domino episcopo de Clairaco, Sancti Maurini, de Exio abbatibus, priore de Manso, domino Galtero de Fossato, domino Guilhelmo Esclanii, domino Ottone de Leomania, domino Fortanerio de Casanova, militibus, Guilhelmo Raymundi de Pinibus, Jordano de Insula, Bernadeto de Lebretto, Bertrando de Cavomonte, Stephano et Guilhelmo Ferrioli, G. de Hugone de Pojolis, Ramfrede de Montepessato, Bernardo de Rovinhiano, Hugone et Ramundo Bernardi de Rovinhiano, domicellis, necnon consulibus civitatis Aginnensis et villarum ac castrorum de

Condomio, de Penna, de Marmanda, de Torno, et plurium
aliorum locorum dictæ diœcesis et magna multitudine aliorum
ibidem præsentibus coram nobis, nos auctoritate et de speciali
mandato dicti domini regis ab eodem nobis facto reddidimus,
tradidimus et deliberavimus plene et integre nobili viro domino
Guilhelmo de Valentia, militi, patruo illustrissimi principis
Eduardi, Dei gratia regis Angliæ, domini Hiberniæ et ducis
Aquitaniæ, procuratori seu alternato ejusdem domini regis Angliæ
recipienti.....

cum litteris inferius transcriptis sigillo dicti domini regis Angliæ
sigillatis totam terram Aginnensii cum pertinenciis suis, videlicet :
civitatem Agenni, castra, villas et alia loca, redditus, exitus et
proventus, pedagia, fidelitates, juramenta, hommagia et alia omnia
quæ prædictus dominus Franciæ habere et tenere debebat in
terra prædicta et pertinentiis suis cum omni jure et dominio quæ
in prædictis idem dominus Franciæ habebat et tenebat et habere
debebat : præcipimus etiam prædicto domino episcopo Aginnensi
cæterisque ecclesiarum prælatis, capitulis et conventibus, militibus et aliis nobilibus, communitatibus, seu universatibus, consulibus, juratis civitatis, castrorum, villarum et aliorum locorum,
et aliis omnibus et singulis in prædicta terra constitutis et aliis
quibuscumque qui prædicto regi Franciæ tenebantur ratione dictæ
terræ Aginnesii et pertinentiarum suarum quod ad obedientiam
prædicti domini regis Angliæ veniant ac eidem vel dicto domino
de Valentia patruo suo, ejusdem domini regis Angliæ nomine et
ad opus ipsius juramenta, fidelitates et homagia exhibeant, ac
alia quæ prædicto domino regi Franciæ faciebant et præstabant
seu facere et præstare debebant ratione dictæ terræ dum tenuit
ipsam terram, faciant et præstent eidem domino regi Angliæ ac
eidem domino regi Angliæ ut domino suo deinceps pareant et

intendant et nos eosdem universos et singulos ab homagiis, fidelitatibus, juramentis et aliis in quibus ratione terræ prædictæ et pertinentiarum suarum dicto domino regi Franciæ tenebantur, ejusdem domini nostri regis auctoritate absolvimus et quitamus, salvis superioritate et ressorto dicti domini regis Franciæ, et jure serenissimæ dominæ reginæ Angliæ. Amovemus etiam ex nunc, de senescallia Aginnesii dominum Joannem de Villeta, militem, qui pro dicto domino rege Franciæ erat senescallus, præcipientes eidem ut castra, fortalitia et domos quæ dictus dominus rex Franciæ tenebat in diœcesi Aginnensi dicto domino Guilhelmo de Valentia vel mandato suo tradat de libera vice nostra, et eidem domino Guilhelmo respondeat de fructibus terræ prædictæ et pertinentiarum suarum perceptis a die martis post proximum festum Pentecostis usque ad hodiernum diem. Acta fuerunt omnia prædicta apud Aginnum in dicto claustro fratrum prædicatorum ejusdem loci, die mercurii in vigilia Beati Laurentii videlicet nona die introitus mensis Augusti, anno Domini millesimo ducentesimo septuagesimo nono, regnante domino Eduardo rege Angliæ et domino episcopo Aginnensi prædicto, præsentibus et testibus, reverendo domino Geraldo, episcopo Lectorensi, domino Geraldo, comite Armaniaci, domino Esquivato, comite Bigorras, domino Geraldo de Greili, senescallo Vasconiæ, domino Alexandro de Lapitrea, Arberto de Thesaco, PETRO DE GALARDO, domino Bertrando, abbate Moysiaci, domino Gallardo, abbate Figeac [1].

Histoire de Gascogne, par l'abbé Monlezun, tome VI, pages 301, 302, 303.

1. L'abbé Barrère, en son *Histoire du diocèse d'Agen,* relate également la cession de l'Agenais faite, en 1279, par le roi de France à celui d'Angleterre.

Année 1279.

Au serment de fidélité prêté par Édouard à l'évêque d'Agen et à celui que le prince reçut à son tour de ses vassaux, on remarque Pierre de Galard.

Le traité de paix conclu entre Saint Louis et Henri III assurait le comté d'Agen à la couronne d'Angleterre, dans le cas où la comtesse de Toulouse mourrait sans enfants. Plusieurs années s'étaient écoulées et l'Agenais était encore entre les mains du roi de France; mais enfin en 1279, Philippe chargea Guillaume de Neuville, archidiacre de Blois, et le maréchal d'Estrade de le remettre à Guillaume de Valence, oncle d'Édouard, désigné pour le recevoir. Les deux commissaires convoquèrent, devant l'évêque d'Agen, le clergé, les nobles et les communautés qui devaient hommage à la France et à l'évêque.

Édouard était alors à Abbeville, dans la Picardie. Il nomma un nouveau sénéchal d'Agenais, et le commit pour prêter, en son nom, à l'évêque d'Agen l'hommage que lui prêtaient les comtes d'Agenais, et pour le recevoir ensuite de tous les vassaux. Ce double serment se fit avec éclat, le 6 août de cette année, dans le cloître des Dominicains, en présence de Géraud, évêque de Lectoure, de Géraud, comte d'Armagnac, d'Esquivat, comte de Bigorre; de Jean de Grailly, sénéchal de Gascogne, de Pierre de Galard, de Bertrand, abbé de Moissac, d'Élie de Noailles, d'Arnaud de Caulet, de Pierre Dupuy, de Bertrand de Goth et de quelques autres seigneurs. Édouard se plaignit bientôt que, entre les mains des comtes de Toulouse ou des rois de France, les domaines du comte avaient été usurpés et ses revenus affaiblis. Il ordonna aussitôt une enquête sévère et fit tout rétablir sur l'ancien pied.

Histoire de Gascogne, par Monlezun, tome II, pages 413, 414.

30 DÉCEMBRE 1283.

RAYNAUD DE GALARD *fut un des quarante chevaliers que Charles d'Anjou, roi des Deux-Siciles, avait choisis comme seconds dans le duel proposé à Pierre III d'Aragon et assigné à Bordeaux* [1].

DE EODEM DUELLO ET JURAMENTIS, EX PARTE CAROLI REGIS SICILIÆ.

Karolus, Dei gratia rex Hierusalem, et Siciliæ, et Sardiniæ, ad notitiam præsentium et memoriam futurorum.

Pridem inter magnificum principem Petrum, Aragonæ regem

[1]. Moréri avance que le témoin de Charles d'Anjou fut Géraud de Galard et s'exprime ainsi à son sujet :

« GÉRAUD Ier, SIRE DE GALARD, qui devait être du duel proposé par le roi Charles « d'Anjou au roi d'Aragon et qui n'eut pas lieu, donna, de concert avec ses frères, « en 1284, des coutumes aux habitants de Terraube. »

- Moréri a commis une erreur quant au prénom, car l'identité de l'assistant de Charles d'Anjou, comme Géraud, ne résulte point des documents qui vont être reproduits. D'après Rymer, Gianonne et Papon, le sire de Galard, second du roi de Sicile, se serait appelé *Raynaud* et non point *Géraud*. J'avais pensé tout d'abord que Raynaud et Géraud étaient un seul individu, maintenant je les crois distincts. C'est pour cela que j'ai fait deux groupes de pièces, l'un s'appliquant au premier, l'autre au second. Jourdain de Lisle, l'un des chefs de l'expédition de Sicile, étant coseigneur de Terraube avec les de Galard, avait dû amener Raynaud à sa suite.

On sait que la conception d'un *dictionnaire historique universel* appartient à Jean VII de Gaillart, évêque d'Apt, sacré le 1er janvier 1671. Ce prélat, fils de Pierre de Gaillart et de Marguerite de Village, avait pour aumônier l'abbé Moréri, auquel il confia, dit Papon (*Histoire de Provence*, tome I, p. 231), l'exécution d'une biographie générale. Si Raynaud ou Géraud de Galard avait pu être rattaché à la famille de Gaillart, qui était celle de son supérieur et bienfaiteur, Moréri ne serait jamais venu en Gascogne chercher un personnage qu'il aurait pu aisément trouver et colloquer en Provence. Si donc le biographe a opté pour Géraud, seigneur de Terraube, comme témoin de Charles d'Anjou, c'est qu'il était difficile de le prendre ailleurs que dans la maison de Galard. A ces motifs qui militent pour la race de Gascogne d'autres pourraient être ajoutés. Papon, par exemple, à l'instar de Rymer, a écrit *Rainaldus Galardus* au nominatif, mais il ne

illustrem, et nos, mutuo precedente tractatu quod ipse rex elige-
ret sex de suis militibus, viros probos et fideles, et nos eligeremus
sex de nostris militibus, viros probos et fideles, qui omnes duodecim milites, per ipsum regem Petrum et nos taliter electi,
corporali prius per eos præstito juramento, legaliter et bona fide
tenerentur eligere locum communem, et statuere terminum, ad
pugnam faciendam inter ipsum regem Petrum et centum de suis
militibus ex parte una, et nos ac centum de nostris militibus ex
parte altera, pro eo quod nos, tamquam petitor, eidem regi
Petro apposuimus, quod ipse intravit regnum nostrum Siciliæ
contra rationem et malo modo, et nobis prius non diffidatis, et
hoc parati eramus, et sumus probare de nostro corpore, et centum de nostris militibus, contra suum corpus et centum de suis
militibus...

Quod prædicta pugna, inter nos et centum de nostris militibus, et dictum regem Petrum et centum de suis militibus
facienda, fiat in posse regis Angliæ, videlicet, in Vasconia, in
territorio, civitatis Burdegalensis in aliquo campo, vel placea
ipsius territorii, quem vel quam rex Angliæ magis conve-
nientem pro utraque parte judicaret ad pugnam ipsam de ducentis militibus faciendam; et quod locus, in quo prædicta
pugna fieri debet, sit circumdatus, et bene clausus palis et clau-

l'a pas moins traduit par *Reynaud de Gallard* dans la relation d'un combat naval
où ce dernier tomba dans les mains de Loria en compagnie du prince de Salerne.

Les rois et les princes de France semblent avoir une prédilection particulière
pour les personnages sortis de la maison de Galard. Nous avons vu Philippe-Auguste,
en 1200, donner Guillaume comme otage, en compagnie du comte de Dreux, et,
en 1218, le même Guillaume chargé d'une mission en Orient par le recteur de
Marseille. Plus tard (1246) Raynaud de Galard est député par le souverain français
pour fixer avec les consuls de Marseille les conditions d'un transport maritime de
troupes. Les de Gaillard du Sud-Est, venus de Blois, ne s'établirent dans la
Provence ou le Dauphiné qu'en 1595, d'après Moréri.

suris aliis opportunis, ita quod nullus, pedes vel eques, locúm ipsum possit intrare, vel exire, nisi per portas...

Nos autem præfati quadraginta milites, videlicet,

Jordanus de Insula,
Johannes vicecomes de Tramblay,
Jacobus de Borsona,
Eustacius de Ardicone,
Johannes de Denisi,
Guillelmus de Salsis,
Johannes comes de Monteforti,
— comes de Fallaciis,
— et de Monte Scaggioso,
Erigus comes de Vadimonta,
Odo de Cusiaco,
Ricardus de Montemores,
Johannes de Barris,
Odo de Solats,
Ancelmus de Caprosia, regni
  Siciliæ marescallus,
Rotbertus de Altitia,
Ludovicus de Rothesia,
RAINALDUS GALARDUS [1],
Amelius Carbono,

— de Castellano,
Conradus de Tornay,
Hugucionus de Perna,
Johannes de Laganessa,
Simon de Belvedere,
Gaufridus de Milli,
Gerardus de Nipri,
Guillelmus de Bars,
Albertus de Durbano,
Johannes de Vaseralle,
Thomasius de Basius,
Tibaldus Alamannius,
— Estandardus,
Maine de Ubere,
Simon de Caprosia,
Amioctus de Suis,
Theonisius de Bononen,
Addam de Crivis,
Johannes Villanus,
Stephanus de San-Jorn.

Ad preces et requisitionem dicti regis Karoli promittimus, et juramus, tactis evangeliis sacrosanctis, nos legaliter et bona fide, pro posse, facturos et curaturos, quod ipse rex Karolus prædicta omnia et singula, per eum promissa et jurata, et per prædictos duodecim ordinata, firmiter adimplebit et inviolabiliter observabit. Quod, si non fecerit, ex tunc incontinenti societatem et servitium ipsius regis Caroli, vel ut devicti, perjuri, falsi, falliti, infidelis, et proditoris, totaliter et perpetuo deseremus, nec postea unquam, toto tempore vitæ nostræ, cum eo erimus, nec

1. Voir la note ci-dessus, page 54.

sibi præstabimus in aliquo auxilium, consilium, vel favorem, verbo vel opere, publice vel occulte.

Et nos præfatus rex Karolus, si, quod absit, in prædictis (legitimo, aperto, et bene probato corporis cessante defectu, defecerimus, ex tunc volumus, et consentimus expresse quod ipsi prædicti quadraginta milites ab omni fidelitalis, homagii et quolibet alio juramento, quo nobis tenentur, prorsus sint liberi et remaneant penitus absoluti.

Datum Rhegii penultima die mensis decembris, undecima Indictione, anno Domini millesimo ducentesimo octuagesimo tertio ; regnorum nostrorum Jerusalem anno sexto, Siciliæ vero decimo octavo.

Fœdera, conventiones, litteræ et cujuscumque generis acta publica. Thomas Rymer, in-fol. 1737, tomus II, pages 230, 232, 234.

Année 1283.

Papon, de même que Rymer, donne au témoin de Charles d'Anjou le prénom de Raynaud.

Les chevaliers choisis par Charles étaient : Jordanus de Insula, Joannes vicecomes de Tremblay, Jacobus de Borsona, ou plutôt de Bursona, Estachius de Ardicour, plutôt d'Ardicours, Joann. de Denisi, peut-être de Nisiaco, Guillelmus de Salsis, Joann. comes de Monteforti, comes de Fallaciis et de Monte Scagioso, Erigus Henricus, comes de Vademonte, Odo de Cusiaco, Ricardus de Montemores, vraisemblablement Bochard de Montmorenci, Joannes de Barres, Odo de Solats, je trouve de Solliaco [1], c'est-à-dire de Sulli, Anselmus de Caprosia, regni Sicilie marescallus, Rotbertus de Altitia, Ludovicus de Rothesia, RAINALDUS DE GALARDUS [2], Amelius Carbono, etc.

Histoire générale de Provence, par M. l'abbé Papon, de l'Académie de Marseille, tome III, note de la page 55.

---

30 DÉCEMBRE 1283.

L'abbé de Lespine marque la place de RAYNAUD DE GALARD, *second de Charles d'Anjou, dans l'ordre filiatif de la maison qui nous occupe, et le présente comme troisième fils d'Ayssin de Galard [3] et de Gazenne de Francs.*

ASSIN OU ASSIEU DE GALARD, Ier du nom, seigneur de Galard et de Terraube en partie, Saint-Avit, Sempesserre, Saint-Léonard et Lisle, vivait sous le règne de Saint Louis. On ne connaît pas la

1. Erreur : de *Solliaco* doit être traduit par de *Souillac* (en Quercy).

2. Papon, on le voit, met *Galardus* au nominatif comme Rymer, ce qui ne l'empêche pas, dans l'acte qui suit, de le traduire par *Raynaud de Galard*.

3. L'abbé de Lespine remarque dans une note marginale que le Trésor des chartes (Mélanges : cot. Sicile, n° 27) porte RAYNALDUS GAULARDI et non pas *Raynaldus Gualardus* ainsi que l'orthographie Rymer. L'abbé de Lespine différencie dans ce cas Géraud de Raynaud de Galard, tandis qu'ailleurs, sous sa plume comme sous celle de Moréri, ces deux personnages n'en font qu'un ayant nom Géraud.

Nous ne connaissons point le titre sur lequel l'abbé de Lespine assoit le rang qu'il donne à Raynaud de Galard dans la progéniture d'Ayssin et de Gazenne de Francs. Il est présumable que l'ancien professeur de l'École des chartes aura procédé par induction chronologique. Le synchronisme de deux personnages n'est aucunement une preuve de leur fraternité, il y a donc insuffisance démonstrative pour faire accepter la place assignée par l'abbé de Lespine à Raynaud de Galard dans les générations graduées. Seulement pour qu'un savant aussi consciencieux, quoique faillible, se soit permis de classer Raynaud, il fallait que, dans sa conviction, le témoin de Charles d'Anjou appartînt sûrement à la maison de Galard.

Si, dans un travail plus achevé et mis au net, Raynaud de Galard a été converti

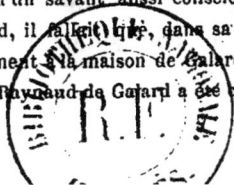

date de sa mort, mais il est constant qu'il avait cessé de vivre en
1270. Il laissa de Gazene ou Galène de Francs, sa femme, les enfants qui suivent :

1° Assin ou Assieu II dont l'article suit.

2° Géraud de Galard, auteur de la première branche des seigneurs de Lisle-Bozon.

3° Raynald ou Raynaud de Galard était un des quatre chevaliers
qui devaient être du duel que le roi Charles d'Anjou et le roi
d'Aragon avaient proposé entre eux pour le royaume de Sicile
le 30 décembre 1283. Ce combat ne fut pas exécuté parce que le
roi d'Aragon ne se trouva pas à Bordeaux, lieu du rendez-vous.

Mss. de l'abbé de Lespine, dossier de Galard. Cabinet des titres. Bibl. imp.

Année 1284.

Raynaud de Galard *est fait prisonnier avec le prince de Salerne, fils
de Charles d'Anjou, en combattant contre Lauria, chef des galères
siciliennes.*

Les galères, qui avaient fui du combat (de Malte en 1283),
portèrent à Marseille la nouvelle de la défaite. Charles y était

en Géraud et identifié avec lui par le même abbé de Lespine, c'est que ce généalogiste s'est ravisé; il a dû penser, à l'exemple de Moréri, que le premier copiste italien du cartel de Charles d'Anjou avait très-bien pu faire erreur en écrivant et
changer Géraud en Raynaud. Aussi l'ancien professeur de l'École des chartes
abandonne-t-il finalement sa première opinion pour adopter le prénom de Géraud
comme étant celui du personnage qui servit de témoin au roi de Sicile. Voici les
lignes dans lesquelles l'abbé de Lespine corrige les vieux textes et le sien : « Gérault
« de Galard était un des quarante chevaliers qui devaient être du duel que le roi
« de Sicile, Charles d'Anjou, et le roi d'Aragon, avaient proposé entre eux pour le
« royaume de Sicile en 1283. Ce combat ne fut point exécuté, le roi d'Aragon ne se
« trouva point à Bordeaux, lieu du rendez-vous. »

encore : il dépêcha un brigantin pour défendre au prince de
Salerne d'engager aucune action sur mer, avant qu'il fût venu
le joindre, étant au moment de mettre à la voile avec de nouvelles
forces. Malheureusement le brigantin fut pris par la flotte enne-
mie : Lauria, résolu de profiter de l'avis, fit le dégât aux environs
de Naples, entra ensuite dans le port de cette ville, défiant les
Français en termes injurieux pour le monarque sicilien, afin
d'irriter le prince de Salerne et de l'attirer au combat. Le stratagème réussit : le jeune prince, qui avait plus de courage que
d'expérience, ne put retenir sa colère ; malgré les sages repré-
sentations du légat, il se mit en mer le 5 juin avec trente-cinq
galères. Le général Sicilien, feignant de le craindre, prit le large,
jusqu'à ce que la flotte napolitaine, qui le poursuivait à pleines
voiles, fût trop éloignée de Naples pour en être secourue : alors
revirant de bord il présenta le combat. Les galères des deux
partis se tenaient réciproquement accrochées, et les soldats se
battaient comme en terre ferme, n'y ayant point de coup qui ne
portât. Les Siciliens, étonnés de cette bravoure, commençaient
à se mettre en désordre : mais ayant ensuite repris la supériorité,
ils combattent avec une nouvelle vigueur. Plusieurs galères accro-
chent celle du prince : les plus braves officiers provençaux et
français s'y étaient jetés : aussi fut-elle défendue avec tant de vigueur, que Lauria, désespérant de l'emporter de force, fit plonger
un nommé Pagan pour la percer. Le stratagème réussit ; l'eau entra
de toutes parts ; le prince, voyant qu'il allait être englouti dans
la mer avec tous ceux qui l'accompagnaient, se rendit. On
nomme parmi les prisonniers Hugues de Brienne, REYNAUD DE
GALARD, François et Thomas d'Aquin.

Histoire générale de Provence, par l'abbé Papon, tome III, page 79.

Année 1285.

Solde en nature et en argent de monseigneur Raynaud *ou* Renaud de Galard *par Jean d'Ays* [1].

CE SONT LES CHOSES BAILLIES A MONSEIGNEUR RENAULT GAULART PAR JEHAN D'AYS ET PAR SON COMMANDEMENT.

§ 151. Premièrement par Michiel le Clerc, en Chateloingne, vi sas de froument, qui font xxIIII setiers de Biaucaire, ou pris de xII l. — Item, par li ilec, vi sas de farine, qui font xxIIII setiers de Biaucaire, ou pris de xv l. — item, par li ilec, II bacons ou prix de lx s. — item par li ilec, une somme de vin ou prix de l. s.

Somme, xxxII l. x s. Rent mestres P. de Conde, xv l. vIII s. III D.

Recueil des historiens de la Gaule et de la France, etc., tome XXII, page 702 ; fragment d'un compte de Jehan d'Ays [2] en matières et en deniers, pendant l'expédition d'Aragon, en M.CC.LXXXV.

Année 1286.

Hommage de 1286, dans lequel Pierre d'Aubignon reconnait relever du roi d'Angleterre, duc d'Aquitaine, pour la quatrième partie du château du Goalard, *à proximité du Nom-Dieu en Brulhois. Le vassal ajoute que les seigneurs de Goalard, près de Condom, lui doivent protection.*

14. — *Item :* Petrus d'Aubignon recognovit se tenere a domino Agenesii quartam partem *castri de Goalardo,* quod est prope

---

1. Nous trouverons, en 1357, un Perrot de Galard de Brassac, recevant également sa paye d'un autre Aymeri d'Ays.

2. On lit également page 646 du même ouvrage et du même tome :

« Compotus Ballivorum Franciæ de termino Omnium Sanctorum, anno millesimo « ducentesimo octogesimo quinto. »

« Pro feodo relictæ Renaudi Gaulart pro medietate xvi l. »

Nomendei, cum pertinentiis suis, pro qua recognovit se debere facere jus in manibus suis. Dixit tamen quod domini de GOALARDO, prope Condomium, debent sibi et suis garentire in arduis factis[1].

Cahier in-folio contenant 55 hommages et remembrances et ayant pour titre : *Recognitiones feudorum, homagiorum a nobilibus Agennensis et Condomiensis terræ incolis*, etc. (1286). Archives départementales de la Gironde, page 8. Copie authentique du XVIIᵉ siècle.

Année 1286.

AYSSIN III DE GALARD et autres reconnurent devoir au roi d'Angleterre 50 sous morlans d'acapte pour les fiefs du Goalard et du Puyfontain ou Puyfontaine.

43. — *Item :* Bibianus de Blazerto et Augerius de Miramont, milites, et AYSSINUS DE GAILHARDO, domicellus[2], recognoverunt se

1. Pierre d'Aubignon, qui vient en tête de cet acte, paraît être un cadet de la maison de Galard : ce qui fortifie ma présomption, c'est que ce personnage tenait aussi une fraction de la terre d'Espiens, laquelle fut d'abord en partie et ensuite entièrement possédée par les de Galard. Voici l'acte où Pierre d'Aubichon (pour d'Aubignon) est dit coseigneur d'Espiens :

« Petrus d'Aubichon et Gailhardus de Rupe et Guilhermus Raymundi de Nazaretho recognoverunt se tenere medietatem castri d'Espienx, scilicet dictus Petrus quartam partem et dictus Gailhardus mediam quartam, et dictus Guilhermus aliam mediam quartam, pro quibus recognoverunt se debere facere quinquaginta solidos arnaldenses in mutatione domini Agenezii : videlicet dictus Petrus viginti quinque solidos et quilibet aliorum duodecim solidos cum dimidio ; et nihilominus recognoverunt se debere facere medietatem in uno milite seu scutifero de exercitu, quando communis exercitus exit de Agenesio, et sacramentum fidelitatis. » (Cahier in-fol. ayant pour titre : *Recognitiones feudorum*, p. 8. Archives dép. de la Gironde.)

2. Il y a lieu de présumer que cet Ayssin n'est autre que le deuxième Gaission nommé dans les lettres de concession, en 1271, et dans les coutumes de Terraube, en 1284. Voici mes raisons : le prénom enfantin ou juvénile de Gaission, diminutif d'Ayssin, dut prendre cette dernière forme, plus mâle, quand celui qui

tenere a dicto dño rege cum partionariis suis tenementum *de
Goalardo* et tenementum de Pueufontan et feuda et retrofeuda
cum jurisdictionibus suisque tenentur ab ipsis in dictis tenementis, pro quibus recognoverunt se debere facere centum solidos morlanos de acaptagio, in mutatione domini, et unum scutiferum armatum pro exercitu, ipsi et partionarii sui, et homagium
et sacramentum fidelitatis.

Cahier in-folio contenant 55 hommages ou remembrances, ayant pour
titre : *Recognitiones feudorum, homagiorum a nobilibus Agennensis et
Condomiensis terræ incolis,* etc. (1286). — Arch. départ. de la Gironde,
page 18 ; copie authentique du xviie siècle.

Année 1286.

*Géraud de Pouy déclare ses terres de Pouypardin mouvantes du roi
d'Angleterre à l'exception de la moitié d'un moulin et d'une pièce
de terre relevant d'*Ayssin III de Galard.

84. — *Item :* Geraldus de Podio, de Condomio, recognovit se
tenere a domino Agenesii domum de Podio Pardino, cum pertinentiis suis, excepta medietate molendini quam habet supra Ossa,
quam dixit se tenere ab Assino de Galardo[1], domicello, et hominibus de Mesplet. *Item :* omnes terras quas habet et tenet in parro-

avait été Gaission fut plus avancé en âge. Cette modification insignifiante d'appellatif
a dérouté Moréri et l'abbé de Lespine ; ils ont fait deux Ayssin différents, de Gaission ou d'Ayssin III, qui à mon avis peuvent être une seule et même personne. La
fin de la carrière de Gaission, devenu Ayssin III, coincidant avec le début et le
milieu de celle d'Ayssin IV, lieutenant du sénéchal de Gascogne et maire de Bordeaux, la nécessité de distinguer l'un de l'autre fit que le dernier fut surnommé
le jeune.

1. Ayssin III est probablement le sire de Galard qui figure (1286) dans un rôle
du ban et de l'arrière-ban publié par de La Roque.

chia de Serris, diœcesis Agenensis, excepta una petia terræ
quam asserit se tenere ab Assino de Gallardo.

Ut) supra, page 22.

---

6 NOVEMBRE 1291[1].

AYSSIN *ou* AYSSIEU III DE GALARD, *seigneur de Terraube, le sixième jour*
à l'issue de novembre 1291, acquit de Dominge de Manhan la dîme
entière de Saint-Justin pour le prix de dix-huit sols morlans.

« Notum sit que Domenge Manhan, de son bon grad et de sa
« franca voluntad, a venud et vend al senhor en AYSSIEU DE GALARD,
« dauzed, senhor del castel de Tarrauba en sa partida., etc. La
« dempna de la gleiza de Sent Justin prop Tarrauba..... Actum
« fuit hoc Lectore, regnante Phillipo Francorum rege, Eddoardo,
« rege Angliæ, duce Aquitaine, Helia Talairandi, vicecomite Leo-
« maniæ, Guillelmo [2], episcopo Lectorensi. Testes : Forcius de
« Rupe, filius ejus, domicellus, etc. »

Archives du château de Terraube, coté A 5. Original en parchemin ;
idiome gascon.

1. Deux ans avant, le 1er juillet 1289, Édouard Ier, roi d'Angleterre, avait pourvu
à la garde du château de Goalhard en Brulhois. « Rex commisit castellano Pennes
« custodiam loci vocati castrum *Galhard*, prope Pennam et Pertin, ejusdem man-
« dans quod non permittat in eo et rebus ibidem existentibus dampnum dari. Datum
« ut supra. Apud Metulum Pictaven. Dioc. primo die julii. » — Rot. Vascon. an 17 Éd. 1,
p. 1, memb. 3. — (Arch. du château de Larochebeaucourt, acte transcrit et certifié
conforme par Bréquigny, commissaire envoyé à Londres par le conseil du roi pour
recueillir les documents relatifs à l'histoire de France.)

Penna signifiait *la Plume,* localité peu distante du château de Goalhard qui était
en Brulhois ainsi que Bertin.

2. Le *Gallia christiana* ne mentionne aucun acte de cet évèque postérieurement
à 1287.

19 MAI 1294.

Marquèze, fille d'Hélic de Taleyrand, voulant se consacrer au service de Dieu, transporta à son père ses droits sur la vicomté de Lomagne. A la suite de cette cession, tous les nobles de Lomagne, et parmi eux GÉRAUD DE GALARD, firent acte de fidélité au nouveau vicomte. Au nombre des témoins de cet hommage collectif, on trouve AYSSIN III DE GALARD.

Noverint, etc., quod nobilis vir dominus Helias Talayrandi, vicecomes Leomaniæ et Altivillaris, in presentia mei notarii et testium subscriptorum, inthimavit nobilibus viris dominis Hothoni de Monte Alto, domino Agrimontis, et domino Sanctio-Garciæ de Manas, domino castri de Avesano, militibus, reverendo Arnaldi de Prissaco, Estido de Vigmont, Galterio de Voseto, Montarzino de Cucomonte, reverendo de Serelhac, Hothoni de Bonofonte, Guillelmo Bernardi de Cucomonte, Petro Savalli de Leomania, Bosoni de Vigmonte, reverendo d'Agra, reverendo Bernardi de Viveriis, Galhardo d'Artiga-Longua, Augerio de Leomania, Odoni del Falgar, Arnaldo Guillelmi de Mauros, Barravo de Bozeto, Pontio de Lobenys, Vitali de Monte Galhardo, Vitali de Brolio, reverendo de Seguenvilla, Bernardo de Lamota, GERALDO DE GALARDO[1], reverendo Bernardi de Bonofonte, Rostagno de Bonofonte, Bernardo Galterii, Guillelmo Petro d'Agra, domi-

---

1. Ce Géraud, dont la personnalité est incertaine, a déjà figuré (page 84 de cet ouvrage) dans un extrait de l'*Histoire de Gascogne* qui résume l'acte ci-dessus.

Il peut être le Géraud de 1286, rendant hommage pour la terre de la Martects (page 82), et aussi le Géraud fils aîné d'autre Géraud et d'Éléonore d'Armagnac que nous retrouverons tout à l'heure précédant ses frères cadets : Raymond de Galard, évêque de Condom, Bertrand, seigneur de Brassac, et Pierre, grand maître des arbalétriers. Seulement ce Géraud ne pouvait être alors âgé que de 15 ou 16 ans.

cellis, Bertrando de Maureys, Bertrando de Calveto, burgensibus ibidem presentibus, quod nobilis domina Marquesia, filia emancipata dicti domini vicecomitis, transtulerat, sua libera et gratuita voluntate, in dictum dominum vicecomitem, ex titulis donationis et aliis veris et justis prout in instrumentis inde confectis ibidem perlectis et vulgariter expositis, quorum tenores inferius sunt inserti, plenius continetur, totum vicecomitatum Leomaniæ cum suis juribus et pertinentiis universis, et omnia alia bona et jura quæ ad dictam dominam Marquesiam spectabant, vel spectare poterant in futurum. Item exibuit et in vulgari exponi fecit litteras, seu instrumentum emancipationis dictæ dominæ Marquesiæ, et in quo dicta domina Marquesia mandabat nobilibus et comunitatibus et aliis quibuscumque personis in prædictis vicecomitatibus permanentibus seu in locis quæ ad dictos vicecomitatus pertinere possent, et aliis quibuscumque personis quæ juramento fidelitatis seu alio quocumque vicecomiti Leomaniæ et Altivillaris et prædecessoribus dictæ dominæ Marquesiæ astringuntur seu astringi debent... Dominus Helias Talayrandi, vicecomes prædictus, requisivit nobiles antedictos ut eidem domino Heliæ, in quem locorum prædictorum jus et dominium est translatum, prestarent fidelitatis juramentum, et eidem homagium facerent prout de jure, consuetudine vel usu tenentur; postque dictus dominus vicecomes juxta morem alias observatum juravit, ad sancta Dei Evangelia corporaliter manu tacta, prædictis nobilibus quod ipse dominus vicecomes erit dictis nobilibus bonus, justus dominus et fidelis et eos tuebit pro posse suo ab injuriis et violentiis per se, vel suos vel alios inserentes : et ibidem prædicti nobiles omnes et singuli, flexis genibus et osculo a dicto domino vicecomite recepto, homagium faciendum, et fidelitatis juramentum præstandum, juraverunt,

Evangeliis corporaliter manu tactis, dicto domino vicecomiti librum Evangeliorum tenenti, quod eidem erunt omnes et singuli boni et fideles. . . . .

Actum et datum fuit hoc Tholosæ, medio mense madii, regnante Philippo, rege Franciæ, Hugone, episcopo Tholosano, anno ab Incarnatione Domini millesimo ducentesimo nonagesimo quarto. Huius rei sunt testes rogati per dictam dominam Marquesiam : venerabilis vir dominus Petrus de Ferrariis, legum doctor, nobilis vir dominus Sanctius-Garciæ de Manas, miles, magister Ratherius de Ferrariis, jurisperitus, Bertrandus Sanctii de Manas, alias vocatus Monetus, Bertrandus de Lagmot, Bertrandus de Ergolio, domicelli, et ego Aymericus Narbona, publicus Tholosæ notarius, qui, ad instantiam dictæ dominæ Marquesiæ, cartam istam scripsi et in publicam formam reddegi et eam signo meo quo utor publice signavi. Et ad majorem fidem faciendam, quod dictus Aymericus Narbona est publicus Tholosæ notarius et erat tempore confectionis hujus publici instrumenti, et ante, et quod scripsit hoc publicum instrumentum, nos consules urbis et suburbis Tholosæ sigillum nostrum authenticum huic publico instrumento duximus apponendum; et debent inde fieri duo publica instrumenta' unius ejusdemque tenoris per manum mei notarii suprascripti; unum videlicet pro parte domini vicecomitis supradicti, aliud vero pro supradictis nobilibus vicecomitatus Leomaniæ, et aliis quorum interest aut poterit interesse, perpetuo valitura. Actum fuit hoc apud Castellarium del Letres in ecclesia dicti castri, duodecimo die exitus mensis madii, anno Domini millesimo ducentesimo nonagesimo quarto, regnante Philippo, Franciæ rege, Helya Talayrandi, vicecòmite Leomaniæ et Altivillaris, supradicto Geraldo, Lactorensi episcopo. Huius rei testes : dictus Archambaldus, canonicus

Sancti-Frontonis de Petragorio, filius spectabilis viri domini comitis Petragoriæ, dominus Petrus de Ferrariis, legum doctor, magister Ademarius de Naraco, jurisperitus, AYSSINUS DE GALARDO, domicellus, dominus Ademarius de Rezeto, presbiter, Amalinus de Cuzorn, domicellus, Bertrandus de Molinis, dicti domini Petri de Ferrariis familiaris, V. de Merola, Guillelmus Bertrandi de Plumassau, burgensis Lactoræ, et ego Gaufridus de Beniven, publicus Leomaniæ notarius, qui hanc cartam, ad instantiam dicti domini vicecomitis et assensu dictorum nobilium, scripsi.

Coll. Doat, vol. 247, fol. 42, 57. Bibl. imp. Cabinet des titres.

---

29 JUIN 1294.

*Selon l'abbé de Lespine, dont je partage l'opinion, Assin d'Agualayt n'est autre qu'*AYSSIN III DE GALARD, *dont le nom a été altéré par le copiste ; voilà pourquoi nous reproduisons les lettres du roi d'Angleterre, datées du 10 juillet 1294. Elles ne peuvent, en effet, avoir été adressées qu'à Ayssin de Galard.*

ASSINO D'AGUALAY.T (POUR DE GUALART) CUM MULTIS ALIIS DE VASCONIA, PER DOLUM ABREPTA, RECUPERANDA.

Rex dilecto fideli suo Assino d'Agualayt salutem : satis bene audistis et nostis discordiam, habitam inter regem Franciæ et nos et qualiter idem rex nostris bonis gentibus et terra nostra Vasconiæ nos malitiose decepit.

Propter quod, quam carius possumus, vos requirimus et rogamus, quatenus ad dictam terram nostram recuperandam, manu tenendam et defendendam nos juvetis, sicut vos et antecessores vestri nobis et antecessoribus nostris fecistis omnibus temporibus retroactis et in isto negotio taliter faciatis, quod nos et nostri vobis teneamur prout vobis ob bona servitia, quæ nobis hactenus impendistis recognoscimus nos teneri.

Teste rege apud Portesmus (29° die junii).

Nomina magnatum Vasconiæ quibus dominus rex misit litteras suas, sub illo tenore[1].

RYMER : *Conventiones, literiæ,* tome II, fol. 647 et 648, édit. de Londres, 1705.

1301 ET AVANT.

Extrait de la notice de l'abbé de Lespine sur AYSSIN III DE GALARD.

ASSIN, nommé aussi AISSIN ou ASSIEU DE GALARD, 3ᵉ du nom, seigneur, en partie de Terraube, etc., donzel, acquit par acte passé à Lectoure, le 6ᵉ jour à l'issue de novembre 1291, tout le droit que Domenges Manhan avait sur la dixme de l'église de Saint-Justin près Terraube ; pour le prix de 18 sols morlans ; fut témoin avec Archambaud de Tallayrand, chanoine de Saint-Front de Périgueux, et autres, de l'hommage rendu le 19 mai 1294, par GÉRAUD DE GALARD, damoiseau[2], à Hélie de Talleyrand, comte de Périgord, vicomte de Lomagne et d'Auvillars ; fut du nombre des seigneurs à qui le roi d'Angleterre écrivait, le 10 juillet de la même année 1294. Ayssin est mentionné dans l'acte du caution-nement de la dot de Seguine, sa fille, de l'an 1301.

Mss. de l'abbé de Lespine, dossier de Galard ; Cabinet des titres.

---

1. Sur cette liste Ayssin de Galard est rangé dans la section de l'Agenais.
2. Voir le résumé de cet hommage ou son texte aux pages ci-dessus, 84 et 104.

AOUT 1304.

Jean de Hastings, sénéchal de Guienne pour le roi d'Angleterre, ayant pour procureurs fondés Jean d'Astaford, clerc, Vital Duprat, lieutenant d'Auger de Castel-Pujo, châtelain du Saint-Puy, fait défense à AYSSIN III DE GALARD *de s'approprier les droits de justice sur divers fiefs de Lomagne, relevant de la couronne britannique. A la fin de cet acte on remarque un* ROBERT DE GALARD, *sergent de Fleurance.*

TRANSCRIPTA QUATUOR CARTARUM, CONTINENTIUM TITULOS LITTERARUM ET PROCESSORUM, IN CUSTODIA CUSTODIS, GARDEROBÆ ET THESAURI CAMERARII LONDINI EXISTENTIA. (LIB. A, FOL. 112, RECTO.)

Noverint universi, hoc presens instrumentum publicum visuri vel audituri, quod constitutus apud Tarraubam coram me notario et testibus infra scriptis prope ecclesiam Sancti Justini quæ est cum suis pertinentiis in terra propria domini regis nostri Angliæ, ducatus Aquitaniæ; ut dicitur discretus vir magister Joannes de Stafordia clericus, adjuncto secum magistro Vitale de Prato, locum tenente Augerii de Castropugon, castellani Summi-Podii, ostendit quasdam litteras patentes nobilis et potentis viri domini Joannis de Hastingues, militis, senescali ducatus Aquitaniæ, sigillatas in dorso, quarum tenor talis est :

Johan de Hastingues, chivaler deu noble notre seignhour le Roy d'Angleterre, duc de Guiaine, luctenent et seneschal en mesme duché, à noble homme sire Gailhard de Castelpugon, baile de Leomagnhe par le dict noste seinhour le Roy ou à son lueutenant, salut et dilection : comme nous avions entendu que aucunes gens de vostre ballie ont approprié a soy aucunes choses qui sont du propre hérittage de nostre seinhour le Roy dessusdit.

Premièrement en la ville de Tarrauba le sires de la dite ville

approprie à soy terres, mesons, vignes, bois et preds qui tous
ceux ont esté tenus dudit noble seignour le Roy, et de ce sont
testimonis, si comme lent dict, **plus de cent personnes** de la dite
ville. Item en la ville de Saint-Clar ou ceux des François furent
vendus, si comme len dict les droits de Roy, c'est à sçavoir bois
et maisons, vergers, vinhas et champs et autres choses, lesquelles
vantes ne valent rien selont la forme de la paix faicte entre les
deux Roys; item autres aliénations ont été faictes en Lectore et en
plusors autres lieux de la vicomté de Leomagnhe. Nous vos mandons et commandons que vous personaument avesques Me Jean
d'Estaufort, clerc, porteur de ces présentes lettres, alliez esdits
lieux; et si vos avec ledict clerc troves que la chose soict ainsi,
que vos haslivement et sans delay metes les choses dessus dittes
en estat ou elles estoient au temps que le duché de Guyanne fut
livré en la main des François; et si ledit Me Jean se porte bien
et loyaument en porsiguant la besoingne dessus dite, si le nos
mandes par vos lettres patantes, si que nos ledit Me, pour ses
bonnes dessertes, puissions puis emprès mettre en plus grand
office. Donné à Bourdeus, le premier jour d'aoust, l'an de grace
mil trois cent et quatre.

Et preterea predictus magister Vitalis de Prato ostendit quasdam litteras patentes sigilli Augerii de Castropugone, domicelli,
castellani Summi-Podii ut prima facie apparebat, quarum tenor
talis est.

Universis presentes litteras inspecturis Augerius de Castropugon, castellanus Summi-Podii pro domino rege Anglie, salutem:
noveritis quod nos loco nostri mittimus magistrum Vitalem de
Prato, clericum nostrum et tenentem locum nostrum apud magistrum Joannem, domini nostri regis deffensorem, ad faciendum
id quod nos oporteret facere in his quæ dictus deffensor, aucto-

ritate regia, contra quosdam homines de Tarrauba ; habet
expedire ratum et gratum perpetuo habiturum quemcumque
per dictum nostrum locum tenentem factum fuerit super premissis. In cujus rei testimonium sigillum nostrum presentibus
duximus apponendum. Datum Summi-Podii, die lunæ, in festo
beati Laurentii, martiris, anno Domini mᵒ cccᵒ iiijᵒ,

Harum igitur authoritate litterarum predictus magister Joannes et magister Vitalis de Prato fecerunt citari coram se, ad hanc
presentem diem, quosdam habitatores de Tarrauba seu pertinentiarum, quorum nomina inferius continentur, qui etiam coram
dictis clericis comparuerunt, et interrogati super jure regio sub
juramento ab ipsis præstito, tactis corporaliter Dei Evangeliis
sacrosanctis, et interrogati dixerunt et deposuerunt ut sequitur :
et primo Guill. Bernardi de Beders dixit per juramentum a se
prestitum : se tenere et debere, tam ipse quam sui predecessores
a domino nostro rege Angliæ, duce Aquitaniæ, una cum suis
partionariis terras, in parrochia Sᵗⁱ Justini, ratione quarum terrarum facere debet et consuevit dicto domino nostro regi et duci
duos solidos morlanos de accaptis in mutatione domini. Item
pro terris quas tenet a domino nostro rege prædicto, cum partionariis suis, in parrochia de Doazano, duos solidos morlanos. Item
Vitalis de Comino, cum suis partionariis, dixit se tenere a dicto
domino nostro rege modo quo supra terras in parrochia de Comino, ratione quarum tam ipse quam sui predecessores tenentur
facere et consueverunt dicto domino regi, in mutatione domini,
duos solidos morlanos. Item Guill. de Tarrauba dixit se tenere a
dicto domino nostro rege terras in parrochia Sᵗⁱ Licerii, ratione
quarum terrarum tenetur facere dicto domino nostro regi de
acaptis, in mutatione domini, duos solidos morlanos. Item Vitalis de Aucygnhano, cum suis partionariis, pro cazali de Monte

Ardeo, quod tenent a dicto domino nostro rege, consueverunt et tenentur facere de acaptis, in mutatione domini, eidem domino nostro regi, xii d. morlanos. Item Michael de las Cortias cum suis partionariis pro cazali de Rivali, quod tenet a domino nostro rege prædicto, dixit se teneri facere domino nostro regi et facere consuevisse sex ferra nova equi cum clavis suis in mutatione domini. Item Guill. de Mazères cum suis partionariis dixit se teneri facere dicto domino nostro regi pro cazali de Monteraveti, quod tenet a dicto domino nostro rege, xii d morlanos. Item Guill. de Tarrauba, cum partionariis, dixit se tenere a domino nostro rege cazale de Cerra, prope ecclesiam de Doazano et in tenemento ejusdem, et facit vi d. morlanos in mutatione domini. Item Arnaldus de Antinhano, cum suis partionariis, tenentur facere et solvere domino nostro regi prædicto xii d. morlanos, in mutatione domini, pro cazali de Cessan. Item Guill. de Plescatis, cum suis partionariis, vi d. morlanos in mutatione domini pro cazali de Plescatis, quod tenet a dicto domino nostro rege. Item Guill. Bernardi de Beders et Vitalis de Antinhano dixerunt se tenere a domino nostro rege cazale de Marmont et consueverunt et tenentur pro acaptis solvere domino nostro regi, in mutatione domini, etc. Item Michaele de la Cortya dixit se teneri facere pro cazalide Ademario, quod est in parrochia de Sto Anghano; quibus omnibus ita perpactis predictus magister Johannes de Staffordia et prædictus magister Vitalis prædictas terràs tanquam feudum dicti domini nostri regis ad manus et salvam gardam dicti domini nostri posuerunt, salvo in omnibus jure dictorum feudotariorum, inhibentes, ex parte dicti domini nostri regis et ducis, Yssinio de Gaalhardo, domicello, domino castri de Tarrauba, ne ipse in prædictis feudis domini nostri regis exercet jurisdictionem altam vel bassam nec personis aut rebus dictorum feudotariorum quas ipsi magistri ponebant sub salva garda domini nostri regis inferret aliquas molestias, gravamina vel indebitas novitates in feudis supradictis aut occasione dictorum feudorum.

Actum fuit hoc apud Tarraubam prope ecclesiam Sancti Justini, die martis post festum Sancti Laurentii, presente dicto domino de Tarrauba, anno Domini m° ccc° iiij°, regnante Philippo rege Francorum, domino Edwardo, rege Angliæ, duce Aquitaniæ, Armanevo, archiepiscopo Auxitano. Hujus rei testes : magister Guill. Macellar, jurisperitus, Jacobus de Sancto Vincentio, Robertus Gailhardi, servientes Florentiæ, Petrus de Paolhaco, domicellus, et ego Richardus de Ponteforti, notarius publicus Summi-Podii et pertinenciarum et totius terræ de Gaura, qui ad requisitionem dicti magistri Joannis de Stafordia et prædicti magistri Vitalis de Prato et prædictorum feudotariorum de prædictis confeci duo publica instrumenta unius ejusdemque tenoris, et signum meum apposui quod est tale [1].

Archives du château de Terraube, carton A 6. — Collect. Bréquigny, vol. 17, *Guienne-Aquitaine*, VIII, fol. 77-82 ; Bibl. imp. Cabinet des titres.

LE MERCREDI DE LA SAINT-MICHEL 1308.

AYSSIN III DE GALARD *accorde aux habitants de Terraube la permission d'entourer leur ville de remparts.*

Noverint universi quod constituti personaliter coram venerabili et discreto viro domino Joanne de Bernadone, licentiato in

1. Cet acte existait autrefois aux archives du château de Comtrière.

legibus, judice ordinario Aginensi, citra Garumnam et etiam Auxis
et Lectorensis diœcesis pro domino nostro rege Angliæ, duce
Aquitaniæ, in mei notarii et testium infra scriptorum præsentia
Petrus de Via Forcada, Bernadus deu Colomer, Raymundus deu
Compts, consules de Tarrauba in Leomania, nomine consulatus
et universitatis hominum dicti loci de Tarrauba, necnon et Joan-
nes de Bordis, Petrus de Cazanova, Dominicus Begordan, Ray-
mundus de Tarrauba, Guillelmus Bernadus de Bedes, Petrus de
Montabot, Colinus Tissanes, Guillelmus deu Casterar, Guillelmus
Dauriola, Vitalis Gavarra, Gayssionus de las Saleras, Guillelmus
de Larrieu, Guillelmus de Mazeres, Sanxius Dantinhan, Petrus
deu Calhaos, Donsilhus Darrabin, Vitalis de Laurey, Ramundus
Darrabin, Ramundus de Cazanova, Bernadus de Bedes, Petrus-
Bernadus de Mazeres, Guillelmus Dantinhan, Vitalis Dantinhan,
Gayssionet Barber, Raymundus de Poy, Arnaldus de Calhaos,
Joannes de Lauraet, Joannes de Sarramejan, Guillelmus de
Benet, Bernadus Arrabio, Bernardus Fabo, Joannes d'Armanhac,
Dominicus de Mazeres, Martius de Larrey, Vitalis de Lussac, Gays-
sionus Boer, Petrus deu Prat, Guillelmus deu Lussac, Sanxius
de Vic, Joannes d'Antinhan, Santius Fabry, Arnaldus de Poy,
Petrus Begordan, Petrus de Bezin, Raymundus-Guillelmus de
Sarramejan, Sanxius de Benet, Arnaldus de Lacorsia, Guillel-
mus de Besin, Arnaldus de Labusca, Guillelmus Bernardus de
Comin, Vitalis de Lasloberas, Guillelmus-Arnaldus Delsperes,
Guillelmus-Sanxius de Ladeveza, Joannes d'Arrabin, Gassionus
de Privat, Sanxius de Lasalera, Arnaldus de Douzan, Joannes de
Larrieu, Bernardus deu Colomer, Petrus de Sos, Arnaldus de
Cazanova, Arnaldus deu Bosc, Petrus de Doazan, Gassyonus deu
Colomer, Guillelmus de Poy, Raymundus de Montabert, Petrus
Barader, Raymundus de Bezin, Petrus deu Casterar, Joannes

Favarer, Guillelmus de Castin, Michael Lacorsia, Petrus-Joannes
de Villanova et Raymundus deu Castanh, habitatores dicti loci de
Tarrauba, modo consueto vocati et congregati in ecclesia beatæ
Mariæ dicti loci de Tarrauba, ad faciendam universitatem et ut
major pars dictæ universitatis et nomine ipsius universitatis et
etiam ut singuli non vi ne coacti, nec metu, nec dolo malo, nec
fraude, nec aliqua machinatione, sed sua mera et gratuita voluntate et de suo proprio motu ad hoc ut dixerunt inducti, certi de
facto suo et cerciorati de jure per dictum dominum judicem et me
notarium infra scriptum, per se eorumque hæredes et successores
attendentes publicam utilitatem necnon tuitionem corporum et
bonorum dicti loci et universitatis prædictæ, suppliciter et humiliter
petierunt a nobili viro Arsivo de Goalardo, domicello domino dicti
loci de Tarrauba, præsenti stipulanti et recipienti pro se et ejus
ordinio, castrum et villam de Tarrauba una cum castris claudere,
firmare ac vallare vallatis profundis et bonis muris lapideis
confectis de bonis lapidibus cum calce et arena, hinc ab instanti
festo Pentecostes proximo venienti ad tres annos continuos et
proximo venientes, in modum qui sequitur velit et placeat ipsis
permittere, videlicet quod hac clausura erit facta communibus
sumptibus seu expensis hominum et universitatis dicti loci de
Tarrauba secundum solidum et libram de bonis muris lapideis
scisis, confectis ut dictum est de calce et arena, habentibus de alti-
tudine supra terram novem rasas de massis et ultra hoc lampicis
et perpuntella seu denteils supra dictos muros et dicti muri
debent habere de spissitudine usque ad dictos ampices tres rasas
et in qualibet platea unam arqueriam crozatam. Item tria portalia, videlicet duo portalia in dictis castris et tertium in dicta villa
cum portis coladicis bene formatis, et supra quolibet portali
debent habere et construere turrim de tres carras quamlibet

habentem altitudinis supra portalia octo razas et de spissitudine ad cognitionem Lathomorum.

Quæ omnia si in posterum restaurabuntur, propriis et communibus sumptibus universitatis casu adveniente reparabuntur pertinebuntque proprie ad dictum nobilem Assivum tanquam ad dominum, quemadmodum plateæ vacantes si qua sint in dicta clausura. Si vero contingeret quod aliqui seu aliquis dictorum hominum infra dictum tempus non fecerint seu compleverint dictum opus, quod dictus nobilis Arsivus sua propria auctoritate possit et ei liceat dictum opus tunc non perfectum perficere et non incoatum incoare et perficere expensis propriis dictorum hominum, si qui sint qui intra dictum terminum non compleverint seu incoaverint dictum opus seu dictam clausuram modo et forma quibus supra, et ad hoc possit dictus nobilis Arsivus sua propria auctoritate ipsos compellere per captionem et distractionem bonorum suorum et aliter fortius prout fuerit rationis; et vice versa dictus nobilis Arsivus de Goalardo dictis consulibus et hominibus stipulantibus et recipientibus gratanter et spontanea voluntate promisit dictam clausuram modo et forma quibus supra, et promisit ulterius et juravit solemniter dictos consules et homines dictæ universitatis pro suis viribus tueri et defendere adversus quemcumque seu quoscumque, exceptis tamen regibus Franciæ et ducibus Aquitaniæ; quæ omnia prædicta et singula prædicti consules et prædicti homines et dictus nobilis Arsivus pro se et nominibus quibus supra promiserunt solemniter una pars alteri ad invicem per firmam et legitimam stipulationem tenere, facere et complere et inviolabiliter observare absque diminutione quacumque, reficere etiam et resarcire omnia damna, expensas et interesse litis et extra litem, quæ et quas una partium prædictarum ob causam prædictam et ob defensionem

alterius partis pro prædictis vel occasione prædictorum fecerunt
vel sustinuerunt bona fide, se et omnia bona hominum dictæ
universitatis necnon et bona sua omnia propria mobilia et immobilia, futura et præsentia, ubicumque sint, de jure suo certificati,
una pars alteri specialiter et efficaciter obligando sub renuncia-
tione qualibet et cautelas renunciantes exceptionibus doli, fraudis
et lesionis et omni deceptioni et omni juri canonico seu civili et
omni privilegio per quæ se possent juvare seu contra prædicta
venire in totum vel in parte aliqua ratione vel causa, represan-
tantes se dicti consules et homines et omnes alios homines dictæ
universitatis ut universos et singulos efficaciter fore obligatos
propter utilitatem publicam necnon et propter tuitionem publicam et privatam corporum et bonorum ad prædictam clausuram
faciendam et complendam modo et forma superius expressatis
et ad prædicta omnia et singula tenenda, complenda et inviolabiliter observanda; prædicti consules et homines nominibus quibus supra, nisi dicto tempore compleverint ut dictum est dictum
opus, certificati de jure suo et de facto voluerunt compelli et per
complendum dictum opus per captionem et distractionem bonorum suorum tamquam pro se judicata et in figura judici facta,
contenta et confessata et quæ transivit in rem judicatam absque
petitione et datione libelli et absque objectu alicujus exceptionis juris et facti, et quod sine prolatione alicujus finis seu
præcepti omnia prædicta et singula executioni mandentur, re-
moto omni appellationis remedio , requirentes prædicti consules
et homines et dictus nobilis Arsivus de Goalard nominibus quibus supra dictum dominum judicem ut præsenti instrumento
suam auctoritatem interponeret pariter et decretum et prædictas
insinuaret et pro insinuata haberet; qui dominus judex ibidem
præsens in judicio ad postulationem dictarum partium, solemni-

tate juris adhibita quæ in talibus debet et consuevit adhiberi, auctoritatem suam in prædictis interposuit, pariter et decretum, salvo jure alieno, de quibus omnibus et singulis prædictis consules et homines de Tarrauba nominibus quibus supra et prædictus Arsivus de Goalardo, domicellus, requisiverunt me notarium infra scriptum ut sibi de prædictis reciperent et facerent duo instrumenta ejusdem tenoris, unum dicto domino Arsivo de Goalardo et aliud dictis consulibus et hominibus de Tarrauba duranda firma, bona et valida, sicut facere possunt de concilio peritorum, substantia non mutata.

Actum fuit hoc apud Tarraubam in ecclesia beatæ Mariæ ejusdem loci, die Mercurii in festo beati Michaelis Archangeli, anno Domini millesimo trecentesimo octavo : testes sunt magister Hanardus de Fassa, jurisperitus, Arsivus de Faudoas, domicellus, Pelagus de Montelugduno, domicellus, Guillelmus Beraldi, notarius Regalis Montis, Petrus Morelli de Manso, Otho de Marestanh, domicellus, Joannes de Rocafort, Castellanus Lectoræ, Ramundus de Bernadone junior, Bernardus de Faudoas, domicellus, Guillelmus de Conilh, Otho de Gandas, domicellus et ego Petrus de Bespeyriis, publicus notarius Agenni et comitatus de Gaura qui ad requestam dictorum consulum et hominum et prædicti nobilis Arsivi de Goalardo præmissa recepi, notavi et in publicam formam redegi et meo signo solito signavi in testimonium præmissorum, regnante domino Philippo, rege Franciæ, Edduardo, rege Angliæ, duce Aquitaniæ [1].

Histoire de Gascogne, par l'abbé Monlezun, tome VI, page 266.

1. Cet acte a été également résumé par l'abbé de Lespine. Le texte manuscrit existe dans les archives du château de Terraube sous la cote A 7.

ANNÉE 1310.

*Rapport des commissaires du roi d'Angleterre au sujet de prétendues usurpations d'*AYSSIN III DE GALARD *sur les domaines et la justice relevant dudit monarque.*

Item. ASSIVUS DE GOLARDO, dominus de Terrauba, a octodecim annis occupavit et domino regi usurpavit jurisdictionem suam altam et bassam in parrochia Sancti-Ciceri de Doazan [1].

Archives de Terraube, A 9, titre latin.

———

8 NOVEMBRE 1320.

AYSSIN III DE GALARD *ne vivait plus après 1315, ce qui est établi par un mandement d'Édouard II à son sénéchal d'Agenais sous la date du 8 novembre 1320. Celui-ci reçoit de son souverain l'ordre de protéger dans l'exercice de leurs fonctions les officiers royaux de Bruselles, dépendance de la Sauvetat, au comté de Gaure, contre les entreprises d'Ayssin de Galard, qui devait être Ayssin III, puisque Ayssin IV, dit le Jeune, poursuivit sa carrière bien au delà de 1315.*

ROTULI VASCONIÆ, ANNO 13 ET 14, EDUARDO II, MEMBRANA 15.

Rex eidem (senescallo suo Agenensi, qui nunc est vel qui pro tempore fuerit), salutem. Ex parte consulum et universitatis castri nostri de Salvitate, comitatus ds Gavera, in ducatu predicto,

1. Viennent après d'autres énonciations d'empiétements divers sur des maisons, des moulins à vent et des droits féodaux.

nobis est ostensum quod cum locus de Brusella, Auxitanensis
diœcesis, sit in et de nostra jurisdictione immediata alta et bassa
mero et mixto imperio baillivie nostre immediate dicti castri et
bajuli nostri et progeninosorum nostrorum fuissent in possessione, vel quasi expletandi et utendi omnimoda jurisdictione in
dicto loco et ejus pertinentiis universis in casibus qui ibidem
hactenus emerserunt ab antiquo et hoc a tempore, cujus con-
trarii memoria non existit, necnon bajulus noster et consules
dicti loci cestri predicti fuissent in pacifica possessione vel quasi
coti et gardiagii in dicto loco de Brusella per tempora supradicta Assinus de Gualardo, quondam miles, tempore quo vivebat,
circa quinque annos jam elapsos[1], per sui maliciam et armorum
potenciam predictum bajulum nostrum et consules et universitatem dicti castri in tantum expavit et impedivit quominus ipsi
premissi in loco predicto uti possent vel audebant in nostri prejudicium et ipsorum bajuli, consulum et universitatis dispendium non modicum et jacturam. Nos volentes hujusmodi prejudicio precavere et tam pro nobis quam pro bajulo, consulibus
et universitate predictis de remedio quo convenit in hac parte
providere, vobis mandamus quod habito cum illis, etc. Datum
apud Ebro..., octava die novembris; per consilium.

Collection de Bréquigny, vol. 21, *Guienne-Aquitaine*, XII, années
1317-1319, folio 327; Bibl. imp.

1. Ce document fixe à 1315 environ la mort d'Ayssin III de Galard. Cette date
est importante, car elle démontre l'erreur de ceux qui, comme Moréri, ont fait
Ayssin III père de Géraud II, de Bertrand, sire de Brassac, de Raymond, évêque de
Condom, et de Pierre, maître des arbalétriers. S'ils avaient été les fils d'Ayssin, qui
n'était plus vers 1315, la succession de celui-ci eût été recueillie avant 1320; or, le
partage eut lieu, cette année-là, entre les quatre frères.

L'abbé de Lespine, dit qu'Ayssin III avait épousé, le 12 novembre 1304, une

18 SEPTEMBRE 1296 [1].

Inscription de MONTASIN DE GALARD *sur un rôle des gens d'armes d'Agen qui ont servi sous Jean Maynall, depuis le 3 août jusqu'au 18 septembre 1296.*

RECEPTES ET DÉPENSES DE Mᵉ JEAN DOMMARTIN, CLERC DU ROY.

MONTASIO DE GALARDO, domicello, pro se et suis armigeris, 59 lib. 12 sol. in rotulo Dyon. de Albign. extracto de compoto de Guichardi de Marziaco.

Mss. de l'abbé de Lespine [2], dossier de Galard. Cabinet des titres. Bibl. impériale.

dame nommée ASSALIDE OU ASSALDE, ce qui ne peut se concilier avec l'existence de sa fille Séguine, nubile en 1301. Dona Assalide dut être par conséquent la première femme d'Ayssin, quatrième du nom, qui eut pour seconde Realle de Faudoas.

L'abbé de Lespine ajoute, en parlant d'Ayssin III :

« Des mémoires de famille lui donnent encore deux filles :

« NUMÈDE OU NUMIDIE DE GALARD, femme de MASSIS DE MANALIS, d'après un acte « de l'an 1304, et ANTOINETTE DE GALARD, mariée à SICARD DE MONTAUT, seigneur « d'Auterive, par acte de 1352. »

Quant à cette dernière, l'abbé de Lespine s'est certainement trompé : Antoinette de Galard, mariée à Sicard de Montaut en 1352, ne pouvait être sœur de Seguine et de Numède, qui avaient contracté alliance, l'une en 1301, et l'autre en 1304.

1. L'abbé Monlezun (*Histoire de Gascogne*, t. III, p. 65 et 66) cite RANDULPHE DE GALARD parmi les seigneurs auxquels le roi d'Angleterre adressa, le 29 juin 1296, une lettre où il conjurait ses vassaux de lui prêter le concours de leur bras pour reconquérir la Gascogne, dont il avait été dépouillé par la fourberie de Philippe. La teneur de l'appel adressé par le souverain britannique, à Arnaud de Blanquefort, à Randulphe de Galard, à Barthélemy de Pins, à Vital et Gaston de Gontaut, à Assin de Castelpujo, etc., se trouve rapportée dans Rymer, édit. de Londres, 1727, t. II, p. 647-648. Or, l'annaliste anglais écrit *Randulphus Barnardi de Golans*. La responsabilité de la conversion de *Golans* en *Golard* ou *Galard* demeure par conséquent à l'auteur de l'*Histoire de Gascogne*.

2. L'abbé de Lespine avait relevé cette mention de Montasin de Galard dans le fonds de M. Clairembault, généalogiste du roi.

5 AVRIL 1312.

Le roi d'Angleterre écrit au comte de Foix, à MONTASIN DE GALARD, *seigneur d'Espiens, ainsi qu'à* AYSSIN IV DE GALARD, *seigneur de Terraube, pour solliciter, en armes et en chevaux, tous les secours dont ils peuvent disposer.*

AD COMITEM DE FOYZ, DE SUMMONITIONE EXERCITUS IN VASCONIA.

Rex dilecto et fideli suo, Gastoni de Berne, comiti de Foyz, salutem;

Quia de fidelitatis vestræ constantia plenam fiduciam reportamus, sperantes quod ad ea, quæ honoris nostri et regalis dignitatis augmentum concernunt, procuranda et manutenenda, et ad injurias, si nobis, quod absit, irrogarentur, propulsandas, velitis, juxta assuetæ dilectionis sinceritatem, operam efficacem apponere, et si necesse foret, prout tenemini, manus extendere adjutrices.

Vobis mandamus, in fide et homagio, quibus nobis tenemini, firmiter injungentes, quatenus de equis et armis, quanto honorabilius poteritis, vos paretis, ita quod, decenti comitiva armatorum muniti, ad nos, in obsequium nostrum, ad nostri et vestri honorem, venire possitis, cum per nos fueritis præmoniti.

Et quod, per operis experimentum, sinceram dilectionem, quam ad nos, et honorem nostrum, et commodum geritis, percipere valeamus; ac exinde vobis, tanquam fideli nostro prædilecto, et nostri ac regni nostri honoris fervido zelatori, futuris temporibus teneri merito debeamus.

Et de eo, quod inde duxeritis faciendum, ac etiam de numero

hominum ad arma, cum quibus ad nos poteritis sic venire, nobis per literas vestras, et latorem præsentium constare faciatis.

Dat. apud Eborum, quinto die aprilis, 1312.

Eodem modo mandatum est subscriptis; videlicet : Reymundo Roberti, vicecomiti de Taytas (pour Tartas), — Bernardo Jurdan de Lile, — Bernysoun de Moncaup, — Montesyn de Galard, — Bosian de Lomayne, — Asson (pour Assin) de Galard, — domino Reymundo Bernard Gelas, — domino Vigero de Maynhaut.

Rymer, *Conventiones, fœdera,* tome III, page 315.

---

5 avril 1312.

L'abbé Montezun explique les causes de l'appel adressé par le roi d'Angleterre à ses feudataires gascons, et cite, parmi ceux dont l'appui fut demandé en cette conjoncture, le comte d'Armagnac, Ayssin IV *et* Montasin de Galard.

Son beau-frère Édouard d'Angleterre était encore moins heureux que lui dans ses expéditions. L'Écosse lui échappait. Vaincu dans plusieurs combats, il s'adressa aux seigneurs gascons et réclama leur épée. Il écrivit en même temps aux villes et aux cours du Bordelais, de l'Agenais, du Bazadais et des Landes pour solliciter des subsides. Rymer nous a conservé les noms des villes, des monastères, des prélats et des seigneurs qui reçurent un message spécial. Les cours se réunirent : dans l'Agenais, Fleurance offrit cinq cents livres, Lamontjoie cent, La Romieu deux cents, Francescas quatre cents, Montréal trois cents, Fourcès et Larroque deux cents, Pouy-Petit cent, Réjaumont douze, La Sauvetat cent, Le Saint-Puy cent, Condom douze cents ; mais elles ne voulurent les donner qu'aux deux termes suivants, la moitié à Pâques et l'autre moitié à Saint-Martin. Les barons de l'Agenais furent moins généreux. Ils ne voulurent rien accorder sur leurs revenus directs. Ils permirent seulement qu'on levât sur leurs vassaux quatre sols par feu, mais à double condition que ceux-ci y consentiraient, et qu'eux-mêmes feraient la levée sans que les officiers du roi intervinssent d'aucune manière.

Dans l'église nous trouvons l'archevêque de Bordeaux, les évêques d'Oléron, de Lescar, d'Agen, de Lectoure, de Bazas, de Bayonne, de Dax et d'Aire, les abbés de Clairac, de Condom, de Saint-Maurin et de Saint-Sever, les prieurs de Saint-Macaire, de Mézin, du Mas d'Agenais, de Saint-Serdos, de Saint-Caprais d'Agen, de Layrac et de La Réole. Enfin au nombre des seigneurs sont mentionnés Pierre de Grailly, vicomte de Benauges, Montassin de Noaillan, Guillaume-Raymond de Montpezat, Garsias de Marchin, Jean Dubourg, Amalvin de Barès, Sansaverin de Pins, Guillaume-Raymond de Ravignan, Arnaud de Durfort, Bernard de Trencaléon, Assin de Galard, seigneur de Terraube, Arnaud-Bernard de Preissac, dit le Soudan, le comte d'Armagnac, Guillaume de Caumont, Jourdain de l'Isle, seigneur de Montgaillard, Montazin de Galard, coseigneur d'Espiens, Géraud de Trancaléon et Bernard de Durfort, coseigneurs de Calignac, Jeanne de Bordeaux, dame de Lavardac, etc., etc. [1]

Histoire de Gascogne, par l'abbé Monlezun, tome III, texte et notes des pages 150 et 151.

---

1. Cet alinéa forme la note de la p. 151, du tome III de l'*Hist. de Gascogne.*
« Le 5 avril 1312 (dit aussi M. Samazeuilh), il écrivit d'York au sire d'Albret,
« pour le mander à son conseil. Le même jour, et du même lieu, il fit sommation au

ANNÉE 1315.

Forme des lettres adressées par le roi d'Angleterre à Bernard du Gout, MONTASIN DE GALARD, *seigneur d'Espiens,* AYSSIN IV DE GALARD, *seigneur de Terraube, et plusieurs autres.*

Rex dilecto et fideli suo Bernardo de Gutlo, vicecomiti Leomaniæ et Alti-Villaris, salutem :

Cum injuxerimus dilectis et fidelibus nostris Almarico de Credonio, senescallo nostro Vasconiæ, Almaneno, domino de Lebreto, Johanni de Benstede, militi, et Thomæ de Cantebrigia, clerico, quædam negotia nos et honorem nostrum et vestrum, ac statum regni nostri et ducatus predicti tangentia, vobis ex parte nostra seriosius exponenda.

Consimiles litteræ diriguntur subscriptis ; videlicet :

Domino Bernardo, comiti d'Ermynac; Sansaverio de Pinibus; episcopo Agennensi, Lectorensi, Lescurensi, abbati Condomio, abbati Claraco, à AYSSINO DE GOLARDO, militi, domino de Terraubia, MONTESINO DE GOLARD et aliis, dominis d'Espienx, dominis de Buzeto, Amaneno de Noalhano, militi, et aliis dominis de Sanctæ Liberatæ, Fortaner de Batz, etc.

RYMER : *Conventiones, litteræ et acta publica,* tome III, pages 529 et 530, édition de Londres, MDCCXXVII.

« comte de Foix, au comte d'Armagnac, à Jourdain de l'Isle, au sire d'Albret, au « vicomte de Lomagne, à Gaston d'Armagnac, vicomte de Brulhois, au vicomte de « Benauges, à plusieurs Caumont, au seigneur Arnaud de Marmande, à plusieurs « Fossat, à des GALARD, à des Gontaud, à des Montpezat, de venir le joindre, avec « armes et chevaux, en vertu du service qu'ils lui devaient. » (*Histoire de l'Agenais, du Condomois et du Bazadais,* par Samazeuilh, tome I, page 148.)

17 JUILLET 1315.

Résumé des lettres de créance adressées par le roi d'Angleterre à MON-
TASIN DE GALARD *et à ses autres vassaux de Gascogne.*

Nous avons déjà cité les lettres de créance que le roi
d'Angleterre donna, le 17 juillet 1315, à son sénéchal de
Gascogne, Amalric de Créon, au sire d'Albret, au chevalier de
Benstède et au clerc Thomas de Cambridge, au sujet de quelques
affaires qui concernaient son honneur et son duché.

Parmi les seigneurs à qui s'adressaient ces lettres, on remarque les suivants : Guillaume, seigneur de Cano-Monte (pour
Cavo-Monte, sans doute Caumont), Jourdain de Lile, le seigneur
de Montgaillard, Bernard de Pins, Hugues de Mauvezin et autres
seigneurs de Faolreto (sans doute Fauillet), MONTEZIN DE GALARD
et autres seigneurs d'Espiens, les seigneurs de Longo-Monte,
les seigneurs de Buzet, Gérard de Trencaléon et Bernard de
Durfort, seigneur de Calignac, les seigneurs de Stussan, Jeanne
de Bordeaux, dame de Lavardac, les seigneurs du lieu ou territoire de Faxium, etc.

Histoire de l'Agenais, du Condomois et du Bazadais, par Samazeuilh,
tome I, page 351.

JEUDI AVANT L'ANNONCIATION 1297.

*Dans un compte final des arrérages dus aux barons et aux seigneurs
d'Agenais combattant dans l'armée du roi en Gascogne, on remarque*
AYSSIN IV DE GALARD.

Hæc sunt illa quæ debentur baronibus et nobilibus Agennesii ratione exercitus D. regis in Vasconia ex finali computo

per eos facto cum nobili viro Pontio, domino Montis Lauri, quondam senescallo Agennensi, quo fuit senescallus usque ad diem jovis ante festum Annuntiationis B. Mariæ, anno 1297.

Primo. Domino Rainfredo, domino de Montepesaco : 47 lib.

        Amaneo de Madalbano, domino de Cancon;

        Mercaderio de Noalhano ;

        Bertrando de Sentaralha;

Do.   Vitali de Beraut, militi;

Do.   Arnaldo de Duroforti, domicello;

        Geraldo de Trenqueleon;

        Odoni de Cadelhano;

        Guillelmo Garcie de Vallaco, domicello;

        Bertrando de Insula, domicello;

Do.   Geraldo de Monteleduno, militi;

        Bernardo de Monteleduno, domicello;

Do.   Hugoni de Chalucio, militi;

        Renerio de Manhaut, domicello;

        ARSYNO DE GALARDO, domicello;

        Arnaldo de Rovinhano;

        Arnaldo Garcie de Fossaco;

        Sansanerio de Pinibus, domicello ;

Do.   Othoni de Lomania, militi;

Do.   Gasberto Doereinvilla, bajulo Agennensi;

        Nonpar de Cavomonte, domicello ;

        Joanni Petit;

        Geraldo Lamberti, burgensi Condomiensi.

Fonds du Cange, 9504, p. 67, mss. Bibl. imp. — On trouve le même compte dans la coll. de Camps, vol. LXXXII, fol. 500 de la pagination nouvelle; Cabinet des titres.

5 AVRIL 1312.

Édouard, par sa confiance aveugle dans Gaveston son favori et les
grâces dont il l'avait comblé, ayant mécontenté ses sujets, ceux-ci se
révoltèrent. Le monarque d'outre-mer, en présence de cette rébellion,
invoqua le secours des seigneurs gascons, au nombre desquels se
trouvent MONTASIN *et* AYSSIN IV DE GALARD.

L'Angleterre était alors en proie à la guerre civile. Ses fiers
barons humiliés de l'empire que Gaveston avait pris sur l'esprit
de leur maître, et irrités de ses insolences, avaient couru aux
armes. Forcé de fuir avec son favori, Édouard se retourna vers
les seigneurs gascons et leur écrivit de York le 5 avril, 1312, pour
leur ordonner de se tenir prêts à marcher à sa défense; mais on
ne lui donna pas le temps de mettre leur fidélité à l'épreuve.

Il écrivit aux comtes de Foix et d'Armagnac, à Bernard de
Comminges, vicomte de Turenne, à Jourdain et Bernard Jourdain de l'Isle, aux vicomtes de Lomagne et Fezensaguet, à Amanieu d'Albret, à Pierre de Grailly, vicomte de Benauges, à Non-
par de Caumont, à Fortanié de Lescun, à Bernard de Rovignan,
à Bernisson de Moncaup, à Amanieu de Fossat, à Raimond Bernard de Thouars, à Arnaud de Montpezat, à MONTASSIN et ASSIN DE
GALARD [1], à Raimond Bernard de Sainte-Foix, à Bernard et Gérard
de Trencaléon, à Vézian de Lomagne, au seigneur de Fimarcon,
à Viger de Magnaut.

Histoire de Gascogne, par Monlezun, tome III, texte et note de la
page 131.

---

1. D'après l'abbé de Lespine, Édouard III aurait écrit, non pas à Ayssin IV,
mais à Ayssin III, qui fut en lutte constante avec le souverain anglais.

1er JANVIER 1313.

Ordre du roi d'Angleterre de maintenir en la mairie de Bordeaux AYSSIN IV DE GALARD, *seigneur de Terraube, tant qu'il remplira dignement et fidèlement cette fonction.*

ROTULI VASCONIÆ, ANNO 6, EDOARDI II, PARS 1ª, MEMBRANA 14.

Mandatum est Guidoni Ferre et senescallo Vasconie quatenus si per avisamentum consilii regii Vasconie ASSINUM DE GAILLARDO[1], dominum de Taremba (Tarrauba), domicellum, nunc majoriam civitatis Burdegale regentem, utilem et idoneum ad officium predictum regendum invenerint, tunc ipsum Assinum in majorem civitatis predicte auctoritate regia preficiant, in eodem officio moratur, quamdiu bene et fideliter se habuerit in eodem et regis placuerit voluntati.

Datum ut supra (apud Wyndesor, primo die januarii).

Copie certifiée conforme par Bréquigny[2] ; archives du château de La Roche-Beaucourt.

1. **Ayssin de Galard,** avant d'être lieutenant de Guidon Ferre, sénéchal de Gascogne, l'avait été de Jean de Hastings, qui fut l'un des bons gouverneurs de notre province pour le compte de l'Angleterre. Ce fut lui qui fonda, près de Bayonne, la bastide de son nom, accorda des usages à la ville de Bonnegarde et des coutumes à la ville de Dax. Il est probable que son lieutenant Ayssin IV coopéra à la plupart des œuvres de son chef, dont on retrouve la trace à chaque page de Rymer et de Bréquigny.

2. « Nous, commissaire du roi, par arrêt du conseil du 26 août 1763, pour la « transcription et collation des titres concernant la France, trouvés dans les dépôts « d'Angleterre, attestons que la copie ci-dessus est conforme à la copie collationnée « par nous, sur l'original qui est à la tour de Londres. Fait à Paris le 2 janvier « 1783.

« *Bréquigny.* »

9

22 JANVIER 1313.

Lettres d'Édouard III, roi d'Angleterre, qui confirment l'investiture du château de Puy Guilhem et de la bastide de Montségur, accordée par AYSSIN IV DE GALARD *à Bertrand de Gout, seigneur du Duras et de Blanquefort;* BERTRAND DE GALARD *est nommé dans la charte.*

PRO ARSINO GALARDO.

Rex omnibus ad quos, etc., salutem : sciatis quod cum decimo die februarii, anno regni nostri quarto, volentes nobili viro Bertrando del Got, dño de Duracio et de Blankeford, de eo quod sibi de summa mille et quingentarum libratarum terre Chipotensium, per annum tunc defuit satisfacere, juxta concessionem nostram ei inde prius factam dederimus et concesserimus, pro nobis et heredibus nostris, eidem Bertrando castrum de Podio-Guillelmi, et bastidam Montis-Securi, Vasatensis diocesis, cum suis juribus et pertinenliis universis, prout in litteris nostris patentibus inde confectis plenius continetur, ac postmodum per alias litteras nostras patentes dederimus et concesserimus, pro nobis et heredibus nostris, prefato Bertrando homagia, fidelitates, sacramenta et alia deveria feudalia nobilium et tenencium subscriptorum ac heredum et successorum suorum nobis debita in vicecomitatu Leomannie et Altivillaris pro castris, villis, tenementis quibuscumque in vicecomitatibus ante dictis, videlicet episcopi et capituli ecclesie Lectorensis, Seguine de Pinibus, Guillelmi Arnaldi de Autigiis, Reymundi de Manas, Bernardi de Bearrak, Ffortenerii de Mareslanh, Arnardi de Vicomonte, heredum Aynardi de Cutmont, Guillelmi Bernardi de Cutmont, Bertrandi de Cobiraco, Assionis de Fandas et Beraldi, fratris ejus, BERTRANDI DE

GALARDO, Guillelmi-Reymundi Lort, Reymundi de Lucmont Bozonis de Lucmont, Bernardi de Duroforti, Veziani de Leumania, Galabruni de Golanxs, et Arnaldi de Ffalgayrouls habenda prefato Bertrando del Got et suis heredibus ac successoribus quibuscumque, simul cum castro de Podio-Guillelmi et bastida Montis-Securis predictis, cum pertinentiis, in plenariam satisfactionem, mille et quingentarum libratarum terre Chipotensium predictarum, prout in litteris illis plenius continetur; et mandaverimus dilecto nostro Guidoni Ferre, tunc senescallo nostro Vasconie, quod prefato Bertrando del Got predicta castrum et bastidam cum pertinentiis liberaret, et predicta homagia, fidelitates, sacramenta et alia feudalia deveria nobilium et tenencium predictorum habere faceret in forma predicta. Ac ASSINUS DE GALARDO, tunc tenens locum prefati Guidonis, in partibus illis, eidem Bertrando predicta castrum et bastidam cum pertinentiis et homagia, fidelitates, sacramenta et alia feudalia deveria nobilium et tenencium predictorum, sine mandato ipsius Guidonis, liberaverit et habere fecerit, ut intelleximus; nolumus quod dictus Assinus, occasione premissorum, per nos vel heredes nostros futuris temporibus occasionetur in aliquo seu gravetur.

In cujus, etc., apud Windesor = XXII die Januarii
Per ipsum regem nunciate comite Pembr.

Coll. Bréquigny, tome XIX, *Guienne et Aquitaine*, X, fol. 262. Bibl. imp. Cabinet des titres [1].

1. On trouve une copie du même acte aux archives du château de La Roche-Beaucourt. Elle est, comme la précédente, certifiée conforme par Bréquigny, qui avait fait opérer la transcription et la collation, sous son contrôle, durant ses recherches en Angleterre. Les lettres en question portent pour cote : « Rotuli Vasconie, anno « sexto Edouardo II, pars secunda, membrana 13. »

MARS 1313.

*Le mariage d'*AYSSIN DE GALARD *et de Royale de Faudoas est constaté dans le testament de Condore de Saboulies ou Saubolée en 1313, mais il devait avoir été célébré après 1305.*

Guillaume[1] est aussi nommé dans le testament de Condore de Saubole, veuve de Bertrand de l'Isle[2], seigneur de Terraube, qui choisit sa sépulture dans le tombeau de son mari érigé devant le maître-autel du couvent de Bouillas. Ce testament fut passé au château de ROYALE DE FAUDOUAS, femme d'AYSIUS DE GOALARD, ou de Galard[3], dont les descendants possèdent[4] encore la seigneurie de Terraube.

Histoire de Gascogne par l'abbé Monlezun, tome III, page 159.

1. Il s'agit de Guillaume de Bordes, évêque de Lectoure et frère de Bertrand de Bordes, cardinal, évêque d'Alby, et camerlingue de la sainte Église romaine, sous Clément V.

2. Le *Gallia christiana*, tome I, colonne 1079, parle du Bertrand de l'Isle susdit en 1315, à propos de Guillaume de Bordes, évêque de Lectoure. Ce dernier « nominatur in testamento nobilis dominæ Condoræ de Saubolea, relictæ nobilis « baronis Bertrandi de Insula, domicelli, domini de Tarraubia, quæ sepulturam « elegit in ecclesia Beatæ Mariæ de Baulhas de Portaglon ord. Cisterc. in tumulo « sui mariti ante majus altare. Actum fuit hoc apud Tarraubiam in aula dominæ « Regalis de Faudoanis, quinta die introitus mensis februarii, anno Domini M. CCC. « quinto decimo, regnanti Ludovico rege Franc. »

3. Nous avons plusieurs fois mentionné le mariage d'Ayssin de Galard et de Royale de Faudoas en nos *Maisons historiques de Gascogne*, tome II, notice de Bordes, mais nous ne croyons pas nécessaire de reproduire nos œuvres.

4. La descendance directe d'Ayssin IV de Galard, qui ne paraît avoir eu qu'une fille, dut s'éteindre après lui, et sa part, dans la seigneurie de Terraube, fit sans doute retour à la ligne aînée et masculine, c'est-à-dire à Archieu ou Arcieu Ier (fils de Géraud II) ou à ses enfants. Condor de Sauboulies, dans son testament, nomme tous les membres de sa famille, même jusqu'à ses petites nièces, comme Condor de Galard. La testatrice n'aurait probablement pas oublié son petit-neveu si, à la date de 1313, Ayssin de Galard eût eu un fils de Réale de Faudoas.

MARS 1313.

*Autre constatation du mariage d'*AYSSIN DE GALARD*, et de Royale de
Faudoas*

ROYALE DE FOUDOAS [1] épousa AYSSIN DE GOLARD, seigneur en partie de Terraube, maison des plus anciennes de Guienne, et qui
subsiste encore dans la personne du marquis de Terraube, du
nom de Golard. Elle a donné deux évêques à l'église de Condom :
sçavoir : RAYMOND DE GOLARD, dernier abbé de Condom et premier
évêque, le 13 octobre 1317, et PIERRE DE GOLARD [2], qui lui succéda
le 23 novembre 1340.

Histoire généalogique de la maison de Faudoas. In-4°. Montauban,
MDCCXXIV, page 13.

----

31 MARS 1313.

AYSSIN IV DE GALARD *était maire de Bordeaux lors du mariage de
Blanche de Maiensan, veuve d'Auger de la Vaslada Chevada,
avec Pons de Cantemerle.*

AYSSIEU DE GOLARD, le jeune, damoiseau, étoit maire de Bordeaux, Arnaud en étoit archevêque, Édouard, roy d'Angleterre,
étoit duc d'Aquitaine, et Philippe régnoit en France, le 31 mars

1. Elle était sixième fille de Bertrand de Faudoas, chevalier, seigneur de Faudoas, Hauterive, Avensac, Sarrant, Cadours, Drudas, etc., et de Seguine de
Saboulies, laquelle était née de Hugues de Saboulies, seigneur du Cauze et d'Ar-
dizas, et de Realle de Montech, dame de Levignac. Seguine vivait encore au mois
de juillet 1314. Le seigneur Bertrand de Faudoas donna des coutumes aux habitants
d'Avensac.

2. L'abbé de Lespine est tombé dans une grave erreur généalogique en faisant
Ayssin IV de Galard frère de Pierre, deuxième évêque de Condom. Le rôle ecclé-

1313, lorsque fut passé le contrat de mariage de Mlle Blanche de Maïensan, veuve du seigneur Auger de La Vaslada-Chevada, avec Pons, fils de Ramon de Cantemerle, seigneur dudit lieu, damoiseau, vidimé du mois de mars 1338.

Archives de M. de La Roque au château de Budos. — D. VILLEVIEILLE, *Trésor généalogique*, vol. XLIII, fol. 142 v°. Bibl. imp. Mss.

ANNÉE 1313.

Arrêt au sujet d'un litige soutenu par AYSSIN IV DE GALARD *contre le sénéchal de Périgord et autres.*

Arrêt prorogeant au jour du duché de Guienne, au prochain parlement, pour donner le temps de faire une enquête sur les coutumes alléguées, dans le procès entre ASSIN (Assinus) de GALARD (de Galardo), damoiseau, lieutenant du sénéchal de Gascogne, et le sénéchal de Perigort, Pierre de Toulouse, Jean deu Poreu, Mathieu de Maioula, et Aymon *deu* Barent, bourgeois de Dax.

Actes du Parlement de Paris, publiés par B. Boutaric; tome II, pages 125 et 126.

siastique de celui-ci n'étant guère apparent qu'à partir de 1340, époque de son avénement à l'épiscopat, ne saurait s'accorder avec l'existence d'Ayssin IV de Galard, terminée dix ans auparavant. Othénart, Moréri, le *Gallia christiana*, Chazot de Nantigny et divers documents, proclament Pierre, soit fils de Bertrand de Galard, sire de Brassac, et d'Esclarmonde de Thézac, soit, ce qui revient au même, neveu de Raymond, dernier abbé et premier évêque de Condom. L'abbé de Lespine a donc péché par inattention en établissant le degré de consanguinité qui liait Ayssin IV et Pierre de Galard, le prélat.

JUILLET 1313.

*Philippe, à la prière de son fils et d'Édouard, roi d'Angleterre, fait acte
de clémence envers* AYSSIN DE GALARD *condamné, banni et privé de
ses biens, pour cause de plusieurs homicides; il le réintègre en
outre dans sa patrie et ses possessions.*

REMISSIO TOCIUS PENE ET CULPE IN QUIBUS POTERAT INCURISSE ASSINUS
DE GALARDO, OCCASIONE PLURIUM HOMICIDIORUM.

Philippus, etc. Notum, etc., quod cum ASSINUS DE GALARDO,
nunc miles, pro nonnullis homicidiis, injuriis, violenciis,
oppressionibus factis per eumdem, ut dicebatur, tempore quo
locum tenebat senescalli Vasconie, post et contra appellationem
per Petrum de Tholosa, Johannem de Poiem, Matheum de
Mirobea, et Aymonem Dembarent, cives Acquenses, ad nostram
curiam, ab audiencia ipsius seu dicti senescalli interjectam, quia
primo, secundo, et tercio, et quarto ex habundanti, citatus
coram senescallo nostro Petragorensi, virtute cujusdam commissionis eidem senescallo ad inquirendum super premissis veritatem facte non comparuit, suis exigentibus contumaciis, a regno
nostro bannitus fuerit plenis assisiis, ad instanciam civium
predictorum. Nos ad preces, instanciam et obtentum carissimi
filii et fidelis nostri Eduardi, regis Anglie illustris, ducis Acquitanie, ac carissime nate nostre Ysabellis, consortis sue, regine
Anglie, bannum et facta predicta et omnem penam corporalem,
quantum ad nos et quemcumque alium pertinet omnino, necnon omnem penam, mulctam et emendam pecuniariam et offensam quamcumque, quantum ad nos spectat, eidem Assino
remittimus penitus et quittamus, et ipsum restituimus ad pa-
triam et ad famam, omnem notam infamie si quam incurrerit

ob premissa penitus abolentes, et omnia bona sua sibi reddi
volumus, et deliberari ad plenum, salvo tamen dictis civibus et
omnibus aliis, quorum intererit, jure suo quo ad interesse suum
dampnorum, et expensarum, et emendarum, ac mulctarum
pecuniariarum et civilium quod sibi potest competere quomodolibet ex premissis. Quod ut ratum, etc. — Actum Pissiaci, anno
Domini M°. CCC°. tertio decimo, mense Julii[1].

Per dominum regem : *Jacobus.*

Trésor des chartes, JJ. 49, n° 53; Archives de l'Empire.

ISSUE D'AOUT 1313.

Ayssin de Faudoas, en cas d'extinction dans la ligne masculine des
*siens, leur substitue les enfants mâles d'*AYSSIN DE GALARD *et de Rèale*
de Faudoas.

Testament de noble Ayssin, seigneur de Faudoas, damoiseau,
coseigneur de l'Isle de Lomagne, fait à Beaumont, le 13ᵉ à l'issue d'août 1313, par lequel il institue Bertrand, son fils, son

1. Le *Trésor des chartes*, JJ. 49, acte 87, Archives de l'Empire, signale des
lettres de grâce en faveur d'Ayssin de Galard. Comme elles étaient identiques de
date et de rédaction avec celles de Guichard de Comborn, le copiste s'est contenté
de faire une seule transcription. A la suite de la charte de Guichard de Comborn,
il a renouvelé le titre pour Ayssin, et déclaré que tout le reste, sauf l'amende,
était semblable au texte précédent.

« *Remissio plurium excessuum perpetratorum ab domino* ASSINO DE GALARDO,
« *milite, qui bannitus fuerat.*

« Item similis littera facta fuit et sub eadem data pro ASSINO DE GALARDO,
« nunc milite, qui bannitus fuerat pro nonnullis homicidiis et aliis criminibus,
« excepto quod in ista littera non loquitur de condempnatione pecuniaria. » (*Trésor*
des chartes, JJ. 49, n° 88. Archives de l'Empire.)

héritier universel, et établit divers degrés de substitution, soit de ses enfants ou de ses vassaux, et ajoute :

« . . . . Et si frater et nepos absque liberis masculis premorerentur, vult quod ejus bona et hereditas, castrum et territorium de Faudoas, et alia terra quam habet in vicecomitatu Gimoesii (Gimosi) deveniat ad Ysparcum, nepotem suum, filium nobilis viri Gastonis (de Lomagne), domini Gimoesii; et terra, quam habet in locis de Plius et de Insula et aliis locis diocesis Lectorensis, deveniat ad filios masculos nobilis viri domini Assini de Golardo et dominæ Realis, uxoris suæ, si tunc temporis superessent, etc. »

Titres de la maison de Faudoas. Cabinet des titres. Bibl. imp. — Mss. de l'abbé de Lespine, dossier de Galard.

Année 1314.

Lettres du roi d'Angleterre, demandant à celui de France, de faire rémission des peines et restitution de leurs biens à ceux qui exécutèrent les ordres de son fidèle et bien-aimé Ayssin de Galard, *alors qu'il était lieutenant du sénéchal de Gascogne et maire de la ville de Dax.*

Excellentissimo principi, etc., Edwardus, etc., salutem, et, ad vota, successus prosperos et felices.

Cum dilectus et fidelis noster Assinius de Gayllard, nuper, ut accepimus, dum erat senescalli nostri Vasconiæ locum tenens, majoriam civitatis Aquensis, pro eo quod Dominicus de Monte Olivo, tunc major civitatis ejusdem, quosdam graves et enormes excessus, in dicta civitate commissos, punire noluit, prout de jure, et ex officii sui debito tenebatur, in manum nostram cepisset.

Petrus Arnaldi, Robertus-Garsias, Arnaldus de Luk, et Bovinus de la Baste, cives civitatis nostræ prædictæ, eo quod voluntati et mandato prædicti locum tenentis obediverunt, ut debuerunt in hac parte, fuerunt postmodum, et adhuc sunt, in curia vestra Franciæ, expensis et laboribus, ut dicitur, fatigati multipliciter et gravati : et tandem a vestro domino banniti, ac eorum bona, mobilia et immobilia, occasione prædicta, ad vestram manum regiam sunt seisita :

Suber quibus sibi per nos supplicarunt de congruæ subventionis remedio provideri.

Nos igitur, desiderantes præfatis, Petro, Garsiæ, et Bovino, qui, prætextu servitii nostri, ut præmittitur, sunt vexati, super præmissis, viis et modis, quibus commode poterimus, subvenire; excellentiam vestram affectuose requirimus et rogamus.

Quatinus, cum, de vestra regali munificentia, anno præterito, secundo mensis julii, nobis, dum vobiscum in Francia moram fecimus, omnem foris facturam terrarum, pœnam pecuniarum, et aliam quamcumque, in quibus nos, vel progenitor noster potueramus, ex quibuscunque causis, primitus incidisse, necnon senescallis, ballivis, majoribus, officialibus, servientibus et subditis nostris, ac villarum dicti ducatus communitatibus, si forte eidem subditi et communitates de præcepto, mandato vel occasione servitii nostri, seu senescallorum, aut aliorum officialium nostrorum; aliquas inobedientias, violentias, seu injurias, aut alia dampna contra vos, seu ad vestram curiam appellantes, commisissent, quamcumque forisfacturam corporum, terrarum, et bonorum, bannimenta, omnemque pœnam pecuniariam, aut aliam, quocumque nomine censeretur, in quæ tunc inciderant, occasionibus prænotatis remiseritis per vestras litteras gratiosas.

Consimiles litteras pro præfatis, Petro, Garsia, et Bovino (qui tempore quo vobiscum eramus, nobiscum in Francia non fuerunt) fieri; et quod ipsis, tam de bonis suis, ad manum vestram captis et positis, quam de dampnis, quæ, ut premittimur, incurrebant occasione prædicta, debita restitutio fiat præcipere dignemini nostri rogaminis interventu..

Teste rege apud Berewicum super Twedam, secundo die Julii, anno Domini 1314.

RYMER, *Fœdera, conventiones,* tome II, 1re partie, page 68.

———

3 NOVEMBRE 1314.

Bernard de Blanquefort, seigneur d'Audenia, contracta alliance, le 3 novembre 1314, avec Mabille, fille de Bernard d'Escossan, seigneur de Langoirans, né d'autre Bernard d'Escossan et de dame de Trenqueléon. Il est constaté à la fin du contrat de mariage que cet acte fut dressé pendant que Philippe le Bel [1] était roi de France, Édouard, duc de Guienne, Arnaud, archevêque de Bordeaux, et AYSSIN DE GALARD, *maire de cette ville.*

In nomine Patris et Filii et Spiritus sancti, amen; conegude cause sie que en Bernard d'Escossan, daudets, seinher de Logoyran, filhs de Bernard d'Escossan, daudets, qui fo et de la dona na Trencaleon, sa moilher, a dat et autreyat na Mabila, sa

———

1. Philippe le Bel mourut dans ce même mois de novembre, mais sa mort ne dut pas être connue à Bordeaux le jour où furent rédigés les pactes de mariage.

seror, filhe deu dit en Bernard, son payre, et de la deita dona
na Trencaleon, sa mayre, per molher esposa au Bernard de
Blanquaffort, daudets, senher d'Audenia, et la dita na Mabila,
per sa bone voluntat ab volontat et autrey deudert en Bernard
d'Escossan, son frayre, esse dada et autreyada au deit en Bernard
de Blanquefort per moilher et per esposa, per palauras de present; et l'avant deits en Bernard de Blanquefort esse dats et
autreyats à l'avant dita na Mabila per marit et pour espous per
palauras de present; et l'avan deit en Bernard d'Escossan ali
dat, en aquest maridatge, oeyt milia sods de la moneda corssable
de Bordeou en deners per deners dats de maridatgé et cent libres
de la dite moneta, etc. . . . .

Actum fuit tertia die introitus novembris, anno Domini millesimo trecentesimo decimo quarto, regnant Philippe, rey de
France [1], Édouard regnant en Angleterre, duc de Guyaine,
Arnaud archibesque, Assin de Galard cavoir, major de Bordeaux.

Collection Dout, vol. XXXVIII, fol. 245. Bibl. imp. Mss.

Année 1314.

Ayssin de Galard, *lieutenant du sénéchal de Gascogne, s'insurge contre
la domination anglaise et livre au roi de France la ville d'Auch
dont il était gouverneur.*

Si l'Anglais eut des partisans, il eut aussi de nombreux ennemis, chez lesquels l'amour de la patrie ne s'était pas éteint, et,
disons-le à la louange de nos pères, la domination britannique
ne fit jamais d'eux des Anglais; ils la subirent comme une dure

nécessité, que la politique faible des rois de France leur imposait. Son poids devenait de plus en plus intolérable; les mécontents voyaient chaque jour leurs rangs se grossir. Le nombre en était assez considérable pour que des conjurations se tramassent dans l'ombre, attendant un moment opportun pour lever l'étendard de la révolte. Ce fut dans de semblables circonstances qu'un homme considérable, investi des plus hautes dignités par l'Anglais, Assieu de Galard, grand sénéchal de Gascogne et gouverneur de la ville d'Auch [1], leva le bouclier en 1314 et prit parti pour le roi de France.

Nous regrettons vivement que les documents qui nous apprennent cet événement ne nous fassent pas connaître d'une manière explicite les circonstances qui déterminèrent à cet acte l'homme qui représentait la puissance anglaise à Auch et en Gascogne. Nul doute, cependant, que cette révolte ne décidât du sort de cette cité, et que, dès cette époque, elle ne fût française.

Histoire de la ville d'Auch par P. Lafforgue, tome Ier, page 74.

---

5 FÉVRIER 1315.

Condor de Saboulie, veuve de Bertrand de l'Isle, fait un legs à sa filleule CONDORINE DE GALARD, *née d'Ayssin de Galard et de Réalle ou Royale de Faudoas.*

Testament en langage gascon (très-difficile à lire et très-corrompu), de noble dame Condor de Saubolea, veuve de noble

---

1. Il était lieutenant du sénéchal et non pas sénéchal. Moréri, tome V, page 18, art. de Galard, limite les prétendues fonctions de sénéchal à la ville d'Auch : « Assieu de Galard, gouverneur et sénéchal d'Auch en 1315, marié avec Royalle « de Faudoas. »

baron Bertrand de l'Isle, damoiseau, seigneur de Terraube; elle
élit sa sépulture dans l'église de Notre-Dame de Bolhas de Par-
taglon, ordre de Cîteaux, confirme les donations qu'elle avait
faites à Bertrand de Faudoas, fils de feu Ayssin de Faudoas, et à
Bertrand de Faudoas, fils de feu Béraud de Faudoas, etc., savoir :
elle avait donné au premier le château du Cause (de Causio),
laisse quelques deniers à des filles étant au service de Réalle de
Faudoas, femme de Monseigneur Ayssin de Galhart, 50 livres
à Següine de Faudoas, sa filleule, fille de feu Ayssin de
Faudoas, 50 livres, à CONDORINE DE GALHART, sa filleule, fille
de Monseigneur AYSSIN DE GALHART et de RÉALLE DE FAUDOAS;
50 livres à Réalle de Faudoas, fille de Béraud de Faudoas;
50 livres à Bernard del Frans, écuyer; institue son héritière
universelle noble dame Réalle de Faudoas, femme de Monseigneur Ayssin de Galhart. — Actum fuit hoc apud Terraubiam in
aula domine Regalis de Faudoanis, V die introitus mensis
februarii anno Domini 1315.

Mss. de l'abbé de Lespine, dossier de Galard. Bibl. imp. Cabinet des
titres.

15 FÉVRIER 1315.

*Condor de Saboulies refait son testament à Terraube, nomme son héri-
tière universelle Réale ou Royale de Faudoas, femme d'*AYSSIN DE GA-
LARD, *et avantage d'un legs particulier Condor de Galard, sa filleule.*

Condor (de Saboulies), n'ayant eu de son mari que Bertrand
de l'Isle, mort sans enfans de legitime mariage, fit donation,
le 2 de l'issuë de juillet 1314, en faveur de Bertrand, son petit-

neveu, fils aîné d'Aissin, seigneur de Faudoas, de la terre du Cauze, s'en reservant les fruits durant sa vie, qu'elle laisse après elle à Seguine, sa sœur. Et par son testament, fait à Tarraube, dans la maison de Royalle de Faudoas, le 15 de l'entrée de février 1315, elle confirme cette donation, et autorise celle qu'elle avait déjà faite du château de Plieux à Bertrand, fils de feu Béraud de Faudoas, qui forma la branche des seigneurs d'Avenzac. Elle fait divers legs à Condor de Faudoas, sa nièce, religieuse de l'ordre de Fontevrault au monastère de Bonlieu, vulgairement appellé *Bouleau*, à Seguine, sa filleule, fille de feu Aissin, seigneur de Faudoas, à N . . . . . de Lomagne, fille de Gaston de Lomagne, sa filleule, à CONDOR DE GOALARD (*Golard*), fille AISSIN DE GOLARD et de ROYALLE DE FAUDOAS, aussi sa filleule, et à Réalle, fille de Béraud de Faudoas. Elle institue son héritière universelle Royalle de Faudoas[1], femme d'Aissin de Golard, cy-devant nommé, et fait ses exécuteurs testamentaires Hugues de Faudoas, chanoine d'Alby, et l'abbé du monastère de Boüillas, ordre de Cisteaux, où elle élit sa sépulture au tombeau de son mari.

Histoire généalogique de la maison de Faudoas. In-4°, Montauban, MDCCXXIV, page 9.

---

1. Trois femmes contemporaines, sorties de la maison de Faudoas, avaient le prénom de Réale ou Royale; c'étaient : 1° *Réale* (femme d'Aissin de Galard), fille de Bertrand de Faudoas, chef de sa maison, et de Séguine de Sabouliés; 2° *Réale*, née de Béraud, auteur de la branche d'Avensac. Elle fut mariée à peine âgée de onze ans à Raymond-Arnaud de Preissac, dit le jeune, dont la mère était une Durfort; 3° *Réa'e*, fille d'Arnaut de Faudoas (bâtard de ce nom), laquelle s'allia à Pierre de Bordes. Un degré plus bas, Bertrand de Faudoas, fils d'Aissin et d'Obrie de Lomagne, s'unit à Marquèse de Savignac, qui lui donna aussi 4° *Réale* de Faudoas; cette quatrième épousa Bernard de Sérillac, comme on le verra tout à l'heure dans un extrait de l'abbé de Lespine.

20 MAI 1316.

*Lettres d'*AYSSIN DE GALARD, *ancien lieutenant de Jean de Hastings,
sénéchal de Guienne, accordant l'office de tabellion en Aquitaine à
Jean de Falcon ou Faucon. Ces provisions, données par Ayssin de
Galard, le 13 août 1311, et contenues dans l'acte ci-après, furent
confirmées par Édouard II, le 20 mai 1316.*

ROTULI VASCONIE, ANNO 9 EDUARDO II, MEMBRANA 8.

Rex omnibus ad quos, etc., salutem. Inspeximus litteras
patentes per quas ASSINUS DE GOLARDO, nuper locum tenens Johannis
de Hastings, tunc senescalli dicti ducatus, fecit Johannem Ffalconis, clericum, tabellionem et notarium publicum in hec verba :

« Universis patentes litteras inspecturis, ASSINUS DE GOLARDO,
« domicellus, locum tenens nobilis viri domini Johannis de
« Hastingiis, militis, ducatus Aquitanie senescalli, salutem et
« presentibus date fidem.

« Sciatis quod, propter bonum et laudabile testimonium quod
« de Johanne Ffalconis, clerici, notarii Burdegaliæ a fide dignis
« et idoneitate et fidelitate ejus ad tabellionatus officium exer-
« cendum multipliciter perhibetur, facimus eum et creamus
« tabellionem et notarium publicum, in ducatu predicto, cum
« omnimoda potestate recipiendi, inquirendi, protocollandi et
« in publicam formam redigendi omnia instrumenta de quibus
« recipiendis seu inquirendis fuerit requisitus; adjicientes et
« specialiter concedentes quod, omnia et singula instrumenta
« recepta seu inquisita et protocollata per magistrum Petrum
« Gombaldi, olim notarii dicti ducatus, que de libris suis extracta
« non sunt, possit extrahere, et ea et extracta non signata in

« publicam formam redigere et signo suo solito consignare.

« Juravit enim dictus Johannes quod in commisso sibi hujus-
« modi officio bone et fideliter se habebit.

« In cujus rei testimonium sigillum nostrum duximus
« apponendum. Datum Burdeg. XIII die augusti anno Domini
« Mᵒ CCCᵒ XIᵒ. »

Nos autem factum predicti Assini in hac parte ratum habentes
et gratum illud quamdiu predictus Johannes in officio predicto
bene se habuerit acceptamus et tenore presencium confirmamus. In cujus, etc.

Teste Rege apud Westmonasterium XX die maii.

Per peticionem de consilio.

Collection Bréquigny, vol. 20, *Guienne et Aquitaine*, XI, fol. 291,
années 1313-1316.

20 MAI 1316.

AYSSIN DE GALARD, *pendant qu'il était lieutenant du sénéchal d'Aquitaine, avait pourvu Pierre Milon, clerc, d'un office de notaire.
Cette concession, d'abord ratifiée par Étienne Fériol, sénéchal du
duché, le fut définitivement par les lettres d'Édouard II que voici :*

ROTULI VASCONIE ANNO 9, EDUARDO II, MEMBRANA 3.

Rex omnibus ad quos, etc., salutem :

Concessionem quam ASSINUS DE GOLARDO, nuper locum tenens
senescalli ducatus predicti, fecit Petro Milonis, clerico, de officio
notarii seu tabellionatus in eodem ducatu, videlicet de recipiendo
instrumenta super quibuscumque contractibus obligacionum,
vendicionum, quitacionum, infeudacionum, matrimoniorum,

testamentorum et requestarum et omnia alia et singula faciendo
et exercendo, que ad officium notarii publici seu tabellionis pertinent quoquo modo, necnon ratificacionem quam Stephanus
Fferioli, postmodum senescallus dicti ducatus, fecit prefato Petro
de officio predicto, favorabiliter acceptantes eas, quamdiu predictus Petrus in eodem officio bene et fideliter se habuerit,
tenore presencium confirmamus.

In cujus, etc. Datum apud Westminster XX die maii.

Per peticionem de consilio.

Collection Bréquigny, vol. 20, *Guienne et Aquitaine*, XI, fol. 289,
années 1314, 1316. Bibl. imp. Mss.

Jeudi après Saint-Laurent 1317.

*Article du testament de Bertrand de Faudoas qui rend son héritage
transmissible aux enfants d'*Ayssin de Galard *et de Réalle ou Royale
de Faudoas.*

Testament de Bertrand de Faudoas, damoiseau, seigneur
du château de Faudoas, fait le jeudi après la fête de Saint
Laurent 1317, par lequel il demande à être inhumé dans le
cloître du monastère de Grandselve, « cum nobili Assino de Faudoas, quondam patre suo; » parle de Marquèse, sa femme (qui
était de la maison de Montfaucon)... « Item reliquit, jure insti-
tutionis, nobili Regaliæ, filiæ suæ legitimæ et naturali, duo
millia librarum turonensium parvorum, in quibus ipsam heredem
sibi instituit. » Bertrand institue son héritier universel Gaston, son frère, et établit divers degrés de substitution, et y

appelle les enfants mâles d'Ayssin de Galard, chevalier, et de
Réale, sa femme.

Ainsi, il paraît que :

Réale de Faudoas était fille de Bertrand de Faudoas, chevalier, seigneur de l'Isle et de Plieux, et baron de Faudoas (après
son père), et de Marquèse de Montfaucon, et petite-fille d'Ayssin
de Faudoas, chevalier, baron de Faudoas, seigneur de Plieux,
l'Isle, Gimat, le Cauze, Auterive, Marignac, etc., et de dame Obrie
de Lomagne. Elle épousa : 1° Ayssin de Galard, seigneur de Terraube ; 2° Jourdain de Sédilhac, seigneur de Saint-Léonard.

Titres de la maison de Faudoas. Bibl. imp. Mss.

---

10 JUIN 1318.

Ayssin de Galard, *lieutenant de Jean de Hastings, ancien sénéchal de
Gascogne, avait fondé une charge de tabellion ou notaire public en
faveur de Guillaume Edwa, clerc, avec plein pouvoir d'exercer
dans toute l'étendue du duché de Guienne. Cette création fut confirmée par Édouard II, le 10 juin 1318.*

ROTULI VASCONIE ANNO XI ET XII, EDUARDO II, MEMBRANA 8.

Rex senescallis, prepositis, ministris et omnibus ballivis et
fidelibus suis, in ducatu predicto constitutis, ad quos, etc., salutem. Cum dilectus nobis Assinus de Galardo, nuper locum tenens
Johannis de Hastinges, tunc senescallus noster Vasconiæ, dilectum nobis Willelmum de Edwa, clericum, suorum exigentia
meritorum, fecerit et creaverit tabellionem seu notarium publicum in toto ducatu predicto, cum potestate omnimoda recipiendi

seu inquirendi, prothocollandi, signandi signo suo et in formam publicam per se vel per alium redigendi instrumenta vel cartas, de quibus recipiendis, inquirendis, prothocollandis, signandis et in publicam formam redigendis fuerit requisitus, prout in litteris patentibus predicti Assini inde confectis, quas inspeximus, plenius continetur. Nos factionem et creationem predictas ratas habentes et gratas eas concedimus et confirmamus sicut littere predicte rationabiliter testantur. In cujus, etc. — Datum apud Westminster decima die junii anno undecimo.

Per   de privato sigillo.

Collection Bréquigny, vol. 21, *Guienne et Aquitaine*, XIII, années 1317-1349, folio 177. Bibl. imp. Mss.

---

23 JUIN 1326.

Édouard II, roi d'Angleterre, fait savoir à ses lieutenants en Guienne qu'il a fait grâce à AYSSIN DE GALARD pour ses révoltes. Il défend en conséquence à ses ministres de lui infliger répression.

Rex universis, singulis, senescallis, constabulariis, castellanis, prepositis, officialibus, ballivis, ministris et omnibus aliis in ducatu Aquitanie constitutis, ad quos, etc., salutem. Sciatis quod, de gracia nostra speciali, admisimus ASSIEU DE GALARD, dominum de Taraube, de ducatu predicto, ad pacem et benevolenciam nostram et pardonavimus sectam pacis nostre et quidquid ad nos pertinet de eo quod ipse nobis contrarians et rebellis et contra nos adherens fuit gallicis et aliis, ducatum predictum invadenti-bus, et firmam pacem nostram eidem Assieu de Galardo inde concedimus. Nolentes quod ipse vel heredes sui per nos vel heredes nostros, seu ministros nostros quoscumque, occasione contrarietatis, rebellionis seu adhesionis predictarum, molestetur in aliquo seu gravetur. In cujus, etc. Apud Turrim London, XXIII die junii[1].

Archives du château de la Roche-Beaucourt; transcription certifiée conforme par Bréquigny, commissaire du roi de France, envoyé à la tour de Londres pour recueillir et dépouiller les actes relatifs à l'histoire de France.

---

16 DÉCEMBRE 1327[2].

Galiciac, chanoine d'Agen, est chargé de rallier et de maintenir au service du roi d'Angleterre les grands seigneurs gascons en général, et en particulier AYSSIN IV DE GALARD, *Anesans de Pins, Arnaud Guilhem de Barbazan, etc.*

Après avoir apaisé les derniers mouvements de la tempête qui l'avait porté sur le trône, Édouard songea à multiplier ses

1. Ces lettres ont été aussi publiées par Rymer (*Fœdera*, 2ª pars, tom. II, p. 122), seulement elles sont expédiées de Notingham en faveur du seigneur de Montastruc. A la fin sont énumérées les autres personnes qui obtinrent des lettres semblables de clémence : dans le nombre on remarque : ASSIEN DE GALARD, *dominus de Tarraube.* La substitution de son nom à celui de Montastruc par Bréquigny est donc parfaitement légitimée par cette déclaration finale : *Consimiles litteras regis de pardonatione habent subscripti.*

Dans la dernière édition de Rymer imprimée de 1816 à 1840, on trouve également mention (vol. II, pars 1, p. 584) de la grâce accordée à Ayssin de Galard, car il est dit que des lettres identiques à celles de Bernard de Durford furent expédiées à plusieurs autres seigneurs gascons tels que : « Sanxeus de Pyns, dominus de Taillibork, Bertramus de Fumel, dominus de Montescu, Damadenus de « Montestruc, dominus de Montestruc, Bertramus de Sent Araille, Petrus de Gon- « taut, dominus de Biron, Jordanus de Forcès, con-dominus de Forcès, ASSIEN DE « GALARD, dominus de Tarraube. »

2. Nous avons fixé cette date d'après Rymer, tome IV, page 331, édition de Londres.

partisans dans l'Acquitaine. Il députa Pierre de Galiciac [1], chanoine d'Agen, vers l'archevêque de Bordeaux, les évêques d'Agen, de Condom, de Lectoure et de Bazas, les comtes de Foix, d'Armagnac et de Comminges, le vicomte de Fezensaguet, Jourdain de l'Isle et le sire d'Albret.

Galiciac avait encore pour mission de parcourir Condom, Lectoure et la plupart des villes de la province, et de s'aboucher avec les seigneurs, et en particulier avec Anesans de Pins, Amanieu de Noailhan, Ayssius de Galard, Arnaud d'Esparbés, Armand de Latour, Jean de Mauléon, Arnaud de Durfort, Bernard de Poyanne, Roger de Poudens, Arnaud Guilhem de Barbazan et Branet de Solar. Partout il devait semer des promesses, soutenir la fidélité et faire naître ou raviver le dévouement à son maître.

Histoire de Gascogne par Monlezun, tome III, page 241.

1337 ET AVANT.

Notice de l'abbé de Lespine sur Ayssin IV de Galard, *dit le Jeune.*

Assin ou Assieu de Galard, IVe du nom, coseigneur de Terraube, dit *le Jeune,* est qualifié damoiseau et maire de Bordeaux, dans le contrat de mariage de Blanche de Maiensan avec Pons, fils de Ramond de Chantemerle, damoiseau, daté du

---

1. Le nom latin *Gallicianus* a été trop librement traduit par *Galliciac,* il l'eût été mieux par Gallicien. Ce personnage, d'abord chanoine de Rouen et ensuite trésorier du roi à Agen, ne fut pourvu du canonicat de cette dernière ville que vers 1329

31 mars 1313. Il est mentionné dans le testament d'Aissin, seigneur de Faudoas, et coseigneur de l'Isle en Lomagne, du 13 à l'issue d'août 1313, par lequel le testateur substitue les terres de Plieux, de l'Isle et autres qu'il possède dans le diocèse de Lectoure, aux enfants mâles d'Assin de Galard et de Royale de Faudoas, sa femme. Bertrand II, seigneur de Faudoas, damoiseau, fit une semblable substitution, dans son testament, daté du jeudi après la fête de Saint Laurent 1317. Ce fut sans doute Assin et non pas Géraud, comme il est dit par erreur[1] dans quelques généalogies, qui partagea avec ses frères, en 1320, la succession de leur père et conserva, comme aîné, les terres de Galard et de Terraube, et les autres biens de l'Armagnac et de Condomois, dont ses descendants ont porté le titre de premiers barons. Il fut compris, en 1324, dans l'amnistie que le roi d'Angleterre accorda, par lettres du 28 décembre de cette année, à ceux qui avaient pris les armes contre lui. Il fut du nombre des seigneurs servant dans la guerre de Gascogne qui, à la suite du siége de Madaillan, donnèrent à Michel Pinchart, clerc du maréchal de Trie, une journée de leurs gages, suivant des lettres datées de Marmande, le 16 juin 1327[2]. On remarque que quatre seigneurs du nom de Galard, Pierre, Bertrand, Assin et autre Bertrand, servaient en même temps dans cette armée.

1. L'erreur est du côté de l'abbé de Lespine, comme il sera démontré par le partage de 1320 et divers actes postérieurs, établissant que Géraud fut père d'Archieu Ier, continuateur direct de la filiation dans la branche aînée, qui est celle des seigneurs de Terraube.

2. L'acte qui justifie le dire de l'abbé de Lespine sur ce point sera rapporté dans la série des pièces concernant Bertrand de Galard, seigneur de l'Isle Bozon. C'est pour ce motif que nous avons négligé de l'enregistrer parmi les documents relatifs à Ayssin IV de Galard. L'abbé de Lespine a identifié, avec raison, ce dernier avec NESSION DE GALARD, qui abandonna aussi une journée de ses gages à Michel Pin-

Assin IV fut choisi en 1332 pour être un des arbitres du différend élevé entre Bertrand de Galard et les coseigneurs de l'Isle-
Boson, d'une part, et la ville de Lectoure, touchant les limites
de leurs juridictions. On ne connaît pas la date de sa mort,
mais il est certain qu'il avait cessé de vivre en 1337. Il avait
épousé, avant l'an 1313, demoiselle ROYALE ou RÉALE DE FAUDOAS,
fille de Bertrand de Faudoas, chevalier, seigneur de l'Isle et de
Plieux, baron de Faudoas, après la mort de son père, et de
Marquèse de Montfaucon. Elle était petite-fille d'Ayssin de Faudoas, chevalier, baron de Faudoas, seigneur de Plieux, l'Isle,
Gimat, le Cauze, Auterive, Marignac, etc., et de dame Obrie de
Lomagne. Elle fut instituée héritière universelle par le testament
de noble dame Condor de Saboulies (de Saubolea), veuve de
noble baron Bertrand de l'Isle, damoiseau, coseigneur de Terraube, du 5 février 1315. Elle se maria après la mort d'Assin de
Galard [1], par contrat passé à Faudoas, le 27 novembre 1337, à
noble Jourdain de Sédilhac (de Sedelhaco), damoiseau, fils de
noble Raimond-Bernard, seigneur de Sédilhac; en présence
d'Odon de Sédilhac, seigneur de Saint-Leonard, Pierre et
Gailhard de Paulhac (de Paolhaco), de Raimond de Sédilhac,
fils de Guillaume. Leurs enfants furent, etc.

Mss. de l'abbé de Lespine, *Généalogie de la maison de Galard*, Bibl.
imp. Cabinet des titres.

chard, en 1327. *Nession*, en effet, aussi bien que *Gaission* et *Arsion*, est le même
nom qu'*Ayssin*, ainsi que nous l'avons déjà constaté. Seulement, l'abbé de Lespine
aurait dû remarquer plus tôt cette similitude appellative et l'appliquer au Gaission
de 1271 et 1284 qui, selon nous, n'est autre qu'Ayssin III. Voir à ce sujet la note 2,
page 101 de cet ouvrage.

1. On trouvera d'autres détails sur Ayssin de Galard dans l'*Histoire généalogique
de la maison de Faudoas*, p. 20 et ailleurs.

12 JANVIER 1301.

Une dot de 3,300 sols morlans ayant été constituée à SÉGUINE DE
GALARD, lors de son mariage avec Bernard de Berrac, Ayssin III de
Galard, père de la future, Bernard de Batz, Arnaud de Florensan
promirent de compter ladite somme en divers termes dans les mains
de l'époux. Il fut stipulé dans l'acte que si les débiteurs ne tenaient
pas leur engagement, ils y seraient contraints par les voies de
droit.

Noverint universi hoc presens publicum instrumentum
inspecturi, quod ARSINUS DE GUALARDO, domicellus, dominus
(déchiré) Tarrauba, in parte sua, Bernardus de Natalis (ou de
Vallatis), domicellus, Arnaldus de Florensano, dominus ejusdem
Castri-Podii [1], in parte sua, et Guarcias Arnaldi de Ligardis,
domicelli, quilibet eorum principaliter et in solidum, ita quod
alter... non possit se reclamari pro alio, nec aliquam exceptionem juris et facti proponere, nec allegare, et firma stipulatione promiserunt dare et solvere, infra villam Condomii tria
millia trecentos solidos morlanos Bernardo de Bearracho, militi,
et Bernardo de Bearracho, domicello, filio dicti militis, vel alteri
ipsorum, seu eorum ordinio, vel eorum certo mandato, presentem
obligationem defferenti, videlicet XL libras morlanas de dicta
summa die dominica proxima veniente; item quingentos solidos
morlanos in Octavis Nativitatis Sancti Johannis Baptiste proximo
venturo. Item mille solidos morlanos ab eisdem Octavis Sancti
Johannis Baptiste in unum annum continuum et completum.
Item mille solidos morlanos ab eisdem Octavis proxime venien-
tibus, in duobus annis continuis et completis, ratione et ex causa

1. Estrepouy (Gers).

dotis Seguine de Gualardo, fllie dicti Arsini de Gualardo, et pro matrimonio, ut dicebatur, facto inter eandem Seguinam, ex parte una, et dictum Bernardum de Bearracho, domicellum, ex altera. Et si contingeret dictos debitores non solvere summam predictam dictis creditoribus, seu eorum certo mandato, promiserunt eisdem refundere et resarcire omnia damna interesse et expensas quos et quas facerent aut sustinerent, ob deffectum ipsorum, vel ob retardationem solutionis ejusdem summæ. Et voluerunt dicti debitores quod, pro eisdem expensis, possint compelli summarie et de plano, sicut pro debito principali. Voluerunt etiam dicti debitores quod de dictis damnis interesse, et expensis dictis creditoribus credatur suo verbo simplici, sine testibus et juramento ; obligarunt dictis creditoribus se et omnia bona sua mobilia et immobilia. Actum fuit hoc Condomio XIIᵃ die introitus januarii. Testes sunt : Dominus Petrus de Gatlezio, dominus Jacobus de Vilari, preceptor Nomen Dei, militis, Arnaldus Lamberti, burgensis Condomii, et ego Arnaldus de Bonafos, publicus notarius Condomiensis, qui hanc cartam scripsi, anno Domini Mᵒ CCCᵒ primo ; regnante domino rege Franciæ, et Arnaldo Othonis, abbe de Condom, existentibus.

Recueil de titres originaux provenant du fonds de D. Villevieille. Bibl. imp. Mss.

---

12 JANVIER 1301.

Résumé de l'acte précédent par l'abbé de Lespine.

Séguine de Galard, femme de Bernard de Berrac (de Bearracho), damoiseau, fils d'autre Bernard de Berrac, chevalier ; son

père lui avait constitué pour sa dot la somme de 3,300 sols morlans, dont se rendirent caution Bernard de Vallat, Arnaud de
Florensan, et Garcie Arnaud de Ligardes, par acte daté
du 12 janvier 1301.

Mss. de l'abbé de Lespine, dossier de Galard. Cabinet des titres. Bibl. imp.

---

11 MAI 1318.

C'est vraisemblablement de la même SÉGUINE DE GALARD *qu'il s'agit dans
la sentence ci-après :*

Arrêt prononçant défaut contre SÉGUINE DE GALARD (de Galardo)
et ses enfants, qui avaient été ajournés par le lieutenant du
Bayle de Vic, à la requête de Dalmas de Marziac (de Marziaco) et
de Monde, sa femme.

Actes du Parlement de Paris, publiés par Boutaric, t. II, art. 6,004,
page 309[1].

---

1. On trouve dans le même ouvrage, t. II, art. 5093, p. 10, sous l'année 1317,
une autre mention de ce procès :
« Arrêt entre Dalmas de Marzy, chevalier, et SÉGUINE DE GALLARD, damoiselle :
« idem. »
Ce procès devait avoir été engagé avant 1312, car on suit ses diverses phases, à
partir de cette époque jusqu'en 1320, dans les *registres anciens des actes du Parlement de Paris,* dans les *Olim,* tome IV, fol. 345 verso, dans le *Greffe,* tome I,
fol. 33 recto.
L'abbé de Lespine, nous l'avons dit plus haut, fait SÉGUINE DE GALARD fille
d'Ayssin III de Galard, ainsi que sœur de NUMÈDE ou NUMIDIE DE GALARD, mariée
en 1304 à MASSIP DE MANAS (*de Manalis*).
Moréri, avec son inexactitude habituelle, a fait épouser Numidie de Galard par
noble Ressy de Manalisse, dont le nom et le prénom ne sont qu'approximatifs.

APRÈS LA SAINT-MICHEL 1303.

Legs du seigneur de Villelongue en faveur de GÉRAUD II DE GALARD [1].

Noble messire Bernard Berenguier, chevalier, seigneur de Villelongue, *alias* de Maumont, légua cinquante livres à GÉRALD DE GALHARD [2], son écuyer, par testament du mardy après la Saint-Michel 1303.

D. VILLEVIEILLE, *Trésor généalogique*, tome XLIII, fol. 142 v°. — Bureau des finances de Montauban, registre des testaments, n° 7.

1. Nous l'appellerons Géraud II, à cause du rang que les généalogistes lui attribuent dans la filiation directe des seigneurs de Terraube, qui sont les aînés, et non en raison du nombre des membres de Galard qui ont porté ce nom, car trois Géraud différents ont déjà défilé sous notre œil, et, parmi eux, le fondateur de la branche de l'Isle Bozon : celui-ci, on ne l'a pas oublié, eut pour auteurs Assieu ou Ayssin I de Galard et dame Gazenne de Francs. Voir la note de la page 104.

2. L'abbé de Lespine nous révèle en 1302 l'existence d'un GUIRAUD DE GALARD, juge de *Membesii*. Comme à cette époque les justiciers réunissaient le pouvoir militaire et judiciaire, nous avons présumé, sur la foi de l'abbé de Lespine, p. 83, avant-dernière et dernière lignes, que ce Guiraud pourrait être le même que Géraud de Galard, héritier du seigneur de Villelongue en 1303. Un document, recueilli par Doat, en sa collection, tome 162, fol. 76, me fait craindre que l'abbé de Lespine n'ait écrit *Membesii* au lieu de *Minerbesii*. L'acte tardivement trouvé établit qu'un *Geraldus Gualardi* était juge royal du Minervois (Minerbesii) dans la sénéchaussée de Carcassonne et de Béziers en 1292. Le même Géraud exerçait ledit office deux ans avant en Albigeois. Nous confesserions volontiers notre erreur d'hypothèse, s'il y avait lieu, car ceci est une œuvre de bonne foi.

Le samedi avant la Nativité de la Vierge, 1290, Simon Brisetête, sénéchal de Carcassonne, mit en possession de plusieurs biens Jacques de Fulano, commandeur, pour l'ordre du Temple, de la maison de Saint-Antoine, au diocèse de Narbonne. L'un des témoins fut GÉRAUD DE GALARD (GERALDI GALANDI), juge d'Albigeois. Ce dernier ne paraît pas avoir de rapport direct avec la maison qui nous occupe. C'est pour cette raison que l'acte le concernant n'a pas été transporté du volume 58 de la Collection Doat, page 483, dans ce recueil de documents.

Année 1320.

Extrait d'un acte de partage dans lequel Géraud II, Bertrand, Pierre
et Raymond de Galard, *sont tour à tour désignés comme fils de*
Géraud I de Galard et d'Éléonore d'Armagnac.

Notum sit omnibus quod, anno 1320, die 2 octobris, regnante
Philippo, apud castrum de Tarraupa, personaliter constituti illustrissimi et potentissimi viri domini Geraldo de Gallard de
Tarraupa, Bertrandus de Gallard de Tarraupa, Petrus de Tarraupa,
alabasterius major, seu magister sagittariorum, et Raymundus de Gallard, episcopus Condomiensis, omnes quatuor filii legitimi et naturales illustrissimi et potentissimi viri domini Geraldi
de Gallard de Tarraupa et Eleonore d'Armagnac, dominæ de
Brassaco, ? etc.,

Géraud conserve Gallard et Terraube, Bertrand a la terre de
Brassac et est l'auteur de la branche de ce nom, Pierre a pour
lui celle de Limeuil, Raymond a sa part en argent.

Extrait d'une lettre de l'abbé de Galard à son frère le marquis de Terraube; dans cette missive, portant la date du 8 novembre 1758, avait été
inséré le fragment d'acte ci-dessus [1].

---

1. Les lignes qui précèdent avaient été expédiées par un notaire de Castel-Sarra-
zin sur une copie communiquée par M. Blanc, prêtre et curé de Gasques, diocèse de
Cahors, sous les yeux de M. Raymond Fontanier, prêtre et vicaire de la paroisse de
Saint-Martin de Belcassé, et de Jean-Antoine Verdier, praticïen, le 4 novembre 1745.

Cet acte, l'un des plus importants pour graduer la descendance, concorde avec
plusieurs extraits de D. Villevieille, rapportés plus loin, et avec la déclaration faite
devant la Cour des comptes de Paris par Pierre de Galard, grand maître des arbalétriers, qui constatera avoir fait exporter en Flandres les vins de son frère Raymond
de Galard, évêque de Condom.

ANNÉE 1320.

D'après Moréri, s'occupant de GÉRAUD DE GALARD, *les sires de ce nom étaient premiers barons du Condomois.*

GÉRAUD II DE GALARD [1] partagea avec ses frères en 1320, et conserva, comme aîné, les terres de Galard et de Terraube, et les autres biens de l'Armagnac et du Condomois, dont ses descendants sont les premiers barons. Il fut père d'Archieu, qui suit, et de Longue de Galard de Terraube, mariée avec le seigneur de Bonnefont [2].

MORÉRI, *Dictionnaire historique,* tome V, page 19, article de Galard.

ANNÉE 1320.

D'après Chazot de Nantigny, GÉRAUD II DE GALARD *fut le continuateur des seigneurs de Terraube.*

GÉRAUD et BERTRAND DE GALARD, autres frères de l'évêque Raymond, formèrent les deux branches de Terraube et de Brassac.

CHAZOT DE NANTIGNY, *Tablettes historiques,* 4ᵉ partie, page 367.

1. Parmi les consuls de Condom, en 1328, le Livre-Cadenas, conservé aux archives communales de Condom, désigne Jean de Lagutère, Pierre de Fousserie Bernard de Gontaut, Vital Guillaumin de Labat, Vital de Peyrecave, GÉRAUD DE GALARD.

2. Moréri a faussement attribué la postérité d'Archieu Iᵉʳ, à Géraud, son père. Longue de Galard, en effet, fut sœur d'Archieu II et non d'Archieu Iᵉʳ, ce qui appert de ce passage du *Factum* de Bègue de Galard, conservé aux archives du château de Terraube, carton B 16 : « Item ponit et dicit quod primus ARSINETUS « DE GALARDO, dominus de Taraubia, genuit ex legitimo matrimonio ARSINETUM DE « GALARDO, hoc nomine secundum, patrem dicti Arsineti, et LONGAM DE GALARDO, « uxorem domini loci de Bonofonte. »

JUIN 1337 ET FÉVRIER 1338.

GÉRAUD II DE GALARD *est inscrit en compagnie de* JEAN, PIERRE
et BERTRAND DE GALARD, *sur un compte de Jean Le Mire,*
trésorier des guerres.

Extrait du compte de Jean Le Mire, trésorier des guerres,
des droitures que l'enprent en temps de guerre sur les gens
d'armes et de pié qui servent aux gaiges du roy, nostre Sire;
desquelles droitures la moitié appartient entièrement au connestable, pour cause de sa connestablie, et aux trésoriers des guerres,
au maistre et au clerc des arbalestriers; l'autre moitié, depuis
le mois de juin ccc. xxxvii. (1337), que guerre commença entre
le roy de France, nostredit seigneur, et le roy d'Angleterre et
ses alliez, que monsieur le comte d'Eu, connestable de France,
fut ès-parties de Gascoigne et de la Languedoc, lieutenent du
roy, jusques au 1er jour de février ccc. xxxviii. (1338), que ledit
compte finit.

La séneschaucée de Pierregort (1338) :

M. JEAN DE GALART, banneret, 3 chevaliers, 72 escuiers,
180 sergens.

Agenois. ccc. xxxviii. (1338) :

PIERRE DE GAILLART, 1 gentilhomme et 10 sergens.

Guilaume de Caumont pour 5 escuiers, 80 sergens, etc.

Establies :

. . . .

GIRAUT DE GALART, 16 escuiers, 51 sergens, etc.

M. Pierre de Gontaut, 12 escuiers, 27 sergens, etc.

. . . .

Pierre de Gallart, 39 escuiers, 60 sergens.

Bertran de Gallart, 5 escuiers, 12 sergens.

Collection de Camps, vol. LXXXIII, fol. 209 de la pagination nouvelle. — Mss. de l'abbé de Lespine, dossier de Galard. Cabinet des titres. Bibl. imp.

___

D'OCTOBRE 1541 A FÉVRIER 1342.

Dans le contingent de la guerre de Gascogne, commencée en octobre 1341 et fermée le 14 février 1342, est inscrit GÉRAUD II DE GALARD, en compagnie de PIERRE et JEAN DE GALARD.

De la guerre de Gascongne, commençant en octobre 1341 et finissant 14 jour de février 1342.

Premierement droitures prises et rabatues aux gens d'armes par Jean Le Mire, clerc et lieutenant des trésoriers des guerres au temps susdit.

. . . .

M. Roger de Comminge.

Arnaut de Lomaigne.

Géraut de Galart.

Pierre de Galart, sergent d'armes.

Bertrand, sire de Lille.

Corbaràn Vigier.

Ogier de Montaut, sire de Saint-Front.

Jean de Galart[1].

Collection de Camps, vol. LXXXIII, fol. 459 de la pagination nouvelle.

1. Ce rôle est compris dans les comptes de Barthélemy du Drach, trésorier des guerres.

7 ET 13 NOVEMBRE 1343.

Les commissaires du roi Philippe de Valois restituèrent à Jean, comte d'Armagnac, les vicomtés de Lomagne, d'Auvillars et le lieu de Montségur, que la couronne de France retenait depuis longtemps. La mise en possession eut lieu dans l'église de Miradoux; elle fut sanctionnée par Arnaud Guillaume de Montlezun, vicomte de Pardiac, Gaillard de Gout, seigneur de Rouillac, Othon de Montaut, seigneur de Grammont, GÉRAUD *et* BERTRAND DE GALARD[1]*, le premier, seigneur de Terraube, le second, de l'Isle-Bozon, et par plusieurs autres feudataires.*

Noverint universi et singuli seriem hujus processus seu publici instrumenti visuri, audituri ac etiam inspecturi, quod, anno Domini millesimo trecentesimo quadragesimo tertio, die veneris post festum omnium Sanctorum, quæ fuit septimo die mensis novembris, circa horam vesperorum, in loco et ante castrum et portam castri Altivilaris, diœcesis Condomiensis et senescalliæ Agenensis, regnante serenissimo principe et domino nostro domino Philippo, Dei gratia Franciæ rege illustri, in mei notarii et testium infrascriptorum præsentia, personaliter constitutus egregius, magnificus et potens vir dominus Johannes, Dei gratia Armaniaci, Fezensiaci et Ruthenæ comes, et Leomaniæ et Altivillaris vicecomes, exhibuit, et præsentavit viris venerabilibus et circumspectis dominis Petro d'Aurelzarii, canonico et cantori Ambianensi, majori, et Petro de Casetone, ultra Garonam Agennensibus judicibus, quasdam patentes literas dicti domini nostri regis et ejus sigillo magno cum cera alba et etiam quasdam alias

---

1. Bertrand de Galard est cité deux fois, la première quelques lignes avant Géraud, et la seconde dans la partie finale ci-dessous, page 167, dernière ligne.

patentes literas, de quibus in dictis literis fiebat mentio dicto
sigillo regio magno cum cera virida et filis de cirico, ut prima
eorum facie apparebat, sigillatas, quarum tenores seriatim sequuntur sub his verbis : « Philippus, Dei gratia Francorum rex,
dilectis et fidelibus magistris Petro Aurelzeo[1], cantori Ambiani,
consiliario, et Petro de Casetone, judicibus majori, et citra Garonam Agennensis salutem et dilectionem. Cum·nos, magni nostri
consilii deliberatione præhabita, vicecomitatus Leomaniæ et Alti-
villaris et villam Montis Securi, cum suis juribus et pertinentiis
et dependentiis,. carissimo et fideli consanguineo... comiti Armaniaci reddiderimus et restituerimus, prout in literis nostris,
in cera viridi et filis de cerico sigillatis continetur, vobis et
vestrum cuilibet de cujus fidelitate et industria plenius confidimus, committimus et comendamus per præsentes quatinus
per vos seu a vobis deputandum aut deputandos contenta in
dictis nostris literis in cera viridi sigillatis, de quibus liquebit,
cum bona diligentia et celeritate compleatis et exaquamini diligenter, et dictum comitem seu procuratorem suum in possessionem realem et corporalem castrorum, villarum, fortaliciorum,
edifficiorum et aliorum locorum dictorum vicecomitatuum et
villæ Montis Securi et... redditium, feudorum et homatgiorum
inducatis, et nobiles et alios quoscumque qui, ratione dictorum
vicecomitatuum et villæ Montis Securi, nobis fidelitates et homatgium, juramentum fidelitatis et alia deveria nobis præstiterunt
et præstare tenentur, eidem comiti dicta homatgia, fidelitates,
juramentum fidelitatis et deveria prædicta facere et præstare, per
captionem et realem protectionem, in manu dicti comitis, etc.
Datum apud Castrum Novum, super Ligerim, decima octava die

---

1. Un peu plus haut son nom est écrit : *Aurelzarii.*

augusti, anno Domini millesimo trecentesimo quadragesimo
tertio... »

. . . .

Deinde vero, eadem die jovis, anno, regnante quibus supra
(13 novembre 1343), dicti domini commissarii accesserunt, ad
requestam dicti domini comitis, quod apud Miratorium, ad quam
diem in dicto loco, dicti domini commissarii, ad requestam ipsius
domini comitis, nonullos nobiles vicecomitatus Leomaniæ coram
eis citari fecerant cum eorum litteris citatoriis inferius insertis,
homagia et fidelitatis juramenta et alia deveria consueta presti-
turos dicto domino comiti, tanquam domino immediato vicecomitatuum prædictorum. Qua die comparuerunt in ecclesia dicti
loci de Miratorio, coram dictis dominis commissariis, dictus
dominus comes pro se, ex parte una, et nobiles et potentes viri
domini Arnaldus Guillermi de Montelugduno, comes Pardiaci,
procuratorio domine, ut dixit, uxoris suæ, Ortus de Cavomonte,
Condominus Sancti Petri de Serris, milites, Gualhardus de Guto,
dominus de Rolhaco, dominus Arnaldus Guilhermi de Bonofonte,
miles, Otho de Monte Alto, dominus Agrimontis, Rubeus de
Manacio, Petrus Pagani, Odetus de Gaytapodio, Guillelmus de
Lucomonte, Johannes de Seguenvilla, condominus de Mauros,
Otho de Sedelhaco, Guillermus de Vicomonte, condominus de
Tornacopa, Guillermus Bernardus de Cucomonte, Augerius de
Leomania, dominus de Sancta Rometz, Vesianus de Leomania,
dominus de Gayssianes, Otho de Monte Alto, condominus de
Ulmis, Bertrandus de Podio, condominus dicti loci, Bertrandus
de Galardo, condominus Insulæ Bosonis, Galterus de Boseto,
dominus de Castellaro de Boseto, Ayssinus de Boseto, dominus
de Boseto, Bertrandus de Lucomonte, Geraldus de Caussada,
Bertrandus de Viveriis, condominus de Viveriis, Bertrandus de

Insula, dominus Guillermus de Turre, locum tenens, ut asseruit,
præceptoris Gimbrede, Vitalis de Preyssaco, ·dictus de Monte
Galhardo, dominus Bertrandus de Cobiraco, Amanevus de
Insula, Ayssinus de Bonofonte, Bertrandus de Argombato, Ra-
·mundus Arnaldi de Bordis, Geraldus de Galhardo, condominus
de Tarrauba, Otho de Franchis, condominus Castri Novi Arney,
Manaudus de Manhanco, Otho de Franchis, Otho de Bonofonte,
Ramundus Bernardi de Brunhimonte et Pelegrinus de Viveriis,
domicelli, ex parte altera. Quibus compositionibus factis, dictus
dominus comes et vicecomes dixit et proposuit, seu dici et
proponi fecit, quod cum ipsi domini commissarii, virtute eorum
commissionis prædictæ, ipsum dominum comitem posuissent
in possessionem realem et corporalem civitatis Lectoræ et loci
de Miratorio et castrorum dictorum locorum et plurium aliorum
locorum vicecomitatuum Leomaniæ et Altivillaris, prout hæc
et alias superius in præsenti processu latius continentur; dicti
que nobiles teneantur facere et præstare eidem domino comiti,
tanquam domino immediato dictorum vicecomitatuum, homagia
et fidelitatis juramenta, et alia deveria præstari consueta, pro
rebus et possessionibus seu feudis quas habent in vicecomitatu
Leomaniæ. Propter quod requisivit dictos dominos commissarios, necnon venerabilem virum dominum Johannem de Roqueta, consiliarium regium commissarium in hac parte, per
dictum dominum senescallum Agenensis et Vasconie, mediantibus suis patentibus literis inferius insertis, deputatum ut dictos
nobiles ad præstandum sibi dicta homagia juramenta fidelitatis,
et alia deveria consueta compellerent juxta formam et tenorem
litterarum regiarum prædictarum. Quiquidem domini comissarii,
audita requesta dicti domini comitis et vicecomitis prædictis
nobilibus et eorum cuilibet ibidem præsentibus, virtute et autho-

ritate quibus supra, ex parte regia præceperunt quatinus dicta
homagia, fidelitatis juramenta et alia deveria dicto quondam
vicecomiti, tempore quo vivebat, et domino nostro regi seu gentibus suis, tanquam domino immediato dictorum vicecomitatuum,
præstari per ipsos et eorum prædecessores consueta dicto comiti
tanquam vero et immediato domino dictorum vicecomitatuum
præstarent et eidem et suis officialibus de cetero obedirent
potissime, cum dominus noster rex et etiam ipsi domini comissarii eosdem liberassent, adhuc liberabant et quitabant, virtute
eorum prædictæ comissionis, a juramentis fidelitatis et homagiis
per ipsos domino nostro regi seu ejus officialibus, tanquam
domino immediato dictorum vicecomitatuum, præstitis, salvis et
retentis dicto domino nostro regi et suis successoribus dominis
Franciæ regibus superioritate et ressorto omnium prædictorum
et dicti nobiles, visis et diligenter inspectis tenoribus literarum
regiarum et comissionis prædictarum, ad præceptum dictorum
dominorum comissariorum, prædicta juramenta et homagia et
alia deveria consueta se paratos præstare dicto domino comiti et
sibi et suis officialibus obedire obtulerunt. Requirentes prædicti
nobiles eundem dominum comitem ut eis faceret, seu præstaret
juramentum per quondam alios dominos, vicecomites dictorum
vicecomitatuum, eis præstari consuetum, quiquidem dominus
comes prædictum juramentum eis præstitit et ipsi nobiles et
ipsorum quilibet juramentum fidelitatis et homagia et aliqui
ipsorum certa alia deveria dicto domino comiti præstiterunt
prout in instrumentis per magistrum Raymundum Martelli,
notarium regium, super præstatione hujusmodi juramentorum
fidelitatis et homagiorum confectis latius dicuntur contineri. De
quibus omnibus et singulis dictus dominus comes et dicti nobiles,
in quantum ipsos tangebat, requisiverunt me notarium infra

scriptum, ut eis et eorum cuilibet conficerem unum vel plura
publica instrumenta, quæ dicti domini comissarii voluerunt inseri
in processu præsenti. Testibus præsentibus nobilibus viris dominis Pontio de Gardia, Vitale de Manhanco, militibus, venerabilibus
viris dominis Ramundo de Montelys, legum doctore, Guillelmo de
Gardia, licentiato in legibus, Ramundo Caahas, clerico regio,
Baulaco de Baulaco, Odeto de Campanesii, domicellis, Johanne
de Canilla, magistris Johanne Martelli, Ramundo Martelli, Stephano Bruni et Petro de Cirone, notariis regiis et me notario
infra scripto, tenor viro dictarum litterarum citatoriarum et
comissionis dicto domino Johanni de Roqueta per dominum
senescallum prædictum factæ sequntur seriatim in hunc modum.
Petrus Aurelzerii, cantor Ambianensis, consiliarius regius, et
Petrus de Casetone, Agenensis ultra Garonam judex ordinarius
régius, comissariique ad infra scripta per regiam majestatem
deputatus magistro Ramundo Martelli, notario regio, cæterisque
officialibus præsentes literas recepturis, salvis, literas dictæ nostræ
comissionis nos recepisse noveritis formam quæ sequitur continentes : « Philippus, Dei gratia Francorum rex, dilectis et fidelibus magistris Petro Aurelzer, cantori Ambiansi, consiliario, et
Petro de Casetone, judicibus majore, et citra Garonam Agenensi
salutem et dilectionem; cum nos magni nostri consilii deliberatione præhibita vicecomitatus Leomaniæ et Altivillaris ac villam
Montis Securi cum suis juribus, pertinentiis et dependentiis,
carissimo et fideli consanguineo nostro comiti Armaniaci reddiderimus et restituerimus prout in litteris nostris in cera viridi
et filiis de circo sigillatis continetur, vobis et vestrum cuilibet
de cujus fidelitate et industria plenius confidimus, comitimus et
mandamus per præsentes, etc. . . . .
. . . .

Datum apud Castrum Novum, super Ligerim, decima octava die
augusti. » Anno Domini millesimo trecentesimo quadragesimo
tertio per dominum regem in consilio, quarum litterarum
aucthoritate vobis, et vestrum cuilibet in solidum præcipimus et
mandamus, quatinus hæredes domini Bernardi de Duroforti,
domini de Flamarenchis, quondam dominum Beguerium de
Manhaco, condominum Sancti Petri de Serris, dominum
Guillermum Ramundi Lort, condominum dicti loci, militis,
Gailhardum de Guto, dominum de Rolhaco, dominum Guil-
helmum Ramundi de Bonofonte, militis, hæredes domini
Othonis de Totbesio, militis, quondam Othonem de Monte Alto,
dominum Acrimontis, Ramundum de Manatio, condominum
Manconisvilla, hæredes Sancti Garssie de Manatio, domini de
Vesino, quondam hæredes Ramundi'de Acra, quondam domini
de Asquis, hæredes Guilhiermi Johannis de Gachia Podio; Ber-
nardum de Bearraco, condominum Manconisvilla, hæredes
Galhardi de Artigialonga, Sansanerium de Baregiis, hæredes
Vitalis de Bertolio, Guillermum de Lucomonte, Johannem de
Seguenuilla, Vesianum de Leomania, condominos de Mauros,
hæredes domini Petri de Ferrerio, militis, domini quondam
Sancti Martini de Lobreciula, Johannem de Vicomonte, dominum
de Pordeaco, Othonem de Sedilhaco, dominum Sancti Leonardi,
hæredes Guillermi Arnaldi de Vicomonte, condominum quondam de Tornacopa, Guillermum Bernardi de Cuquomonte, condominum dicti loci, Augerio de Leomania, dominum de Sancta
Rometz, hæredes Petri de Leomania, alias Saualli, domini
quondam de Garsianes, Augerium de Leomania, dominum de
Benqueto, Arneum de Monte Alto, Othonem de Monte Alto,
condominum de Olmis, Bertrandum de Podio, condominum
dicti loci, Gasbertum de Rupeforti, Bertrandum de Galardo,

condominum Insulæ Bosonis, dominum Bertrandum de Faudoanis, militis, dominum de Plius, Bertrandum de Faudoanis, Galterium de Boseto, dominum Castellerii de Boseto, Assinum de Boseto, dominum dicti loci, Bertrandum de Lucomonte, hæredes Guillermi de Lucomonte, condominum de Tornacapa, hæredes Galhardi de Lucomonte, hæredes Ramundi de Agra domini de Asquis, Ramundum Arnaldi de Præyssaco, condominum de Marsaco, hæredes Ramundi Bernardi de Præyssaco, condominum Montis Gallardi, Jordanum de Garridogio, Giraldum de Calciata, Bertrandum de Viueriis, Ramundum Bernardi de Viueriis, et hæredes Sanctii Guassie de Manatio, condominos de Viueriis, Bernardum de Insula, Guillermum Arnaldi de Altegiis, seu ejus hæredes, præceptorem domus seu loci de Gimbreda, hæredes Vitalis de Preyssaco dicti loci de Montegalhardo, dominum Bertrandum de Cobiraro, militem, Guillermum Bernardi de Brolio, seu hæredes ipsius, dominum Ispanium de Leomania, militem, dominum Inmadesii, Ramundum Arnaldi de Bordis, hæredes Arnaldi Averii, Arnaldum de Bonofonte, Bertrandum de Argombaco, condominum Cavimontis, hæredes seu bonorum detentores Fortanerii de Brolio, alias del Saulo, Aymericum Alacris, Othonem de Cuquo, dictum Galenquis, citetis, et peremptorem ut die jovis proxima apud Miratorium infratertiam compareant personnaliter coram nobis executionem per nos dicta die faciendam de et super contentis in dictis literis regiis visuris, et nihilominus juramenta fidelitatum et homagia dicto domino comiti Armaniaci, vicecomiti dictorum vicecomitatuum pro feudis et rebus quas tenent ab eodem, præstitis et factis alias quod fuerit rationis. Datum Lectoræ, nona die mensis novembris, anno Domini millesimo trecentesimo quadragesimo tertio, reddituris literis sigillatis, Robertus dominus de Haute-

coto, miles, magister requestarum hospitii domini nostri regis
ejusque senescallus et gubernator Agenensis et Vasconiæ, discreto
viro magistro Johanni de Roqueta, bacallario in legibus ac consiliario dicti domini nostri regis; et Petro de Siregio, servienti
armorum, castellano regio de Paolhaco, salutem : literas patentes
regias nos recepisse noveritis formam quæ sequitur continentes, etc.

Collection Doat, vol. CCXLVII, fol. 251 et 307 verso. Bibl. imp. Cabinet
des titres.

1343 ET AVANT.

Notice de l'abbé de Lespine sur GÉRAUD II DE GALARD.

GÉRAUD DE GALARD, IIᵉ du nom, chevalier, coseigneur de Terraube et qualifié « noble et puissant homme, » servit dans les
guerres de son temps, sous le règne de Philippe de Valois, avec
seize écuyers et cinquante-un sergents de sa compagnie, sous les
ordres de Raoul, comte d'Eu, connétable de France, suivant le
compte de Jean Le Mire, trésorier des guerres, pour les
années 1337 et 1338. Il servait encore dans la guerre de Gascogne les années suivantes. Il est porté sur les comptes de Barthélemy du Drach et qualifié « noble et puissant homme, » et
nommé, le 9 novembre 1343, avec un grand nombre de seigneurs, ses voisins, parmi lesquels on remarque BERTRAND DE
GALARD, coseigneur de l'Isle-Bozon, les seigneurs de Monlezun-
Pardiac, de Lomagne, de Caumont, de Goth, de Montaut, de
Preissac, du Bouzet, de Lucmont (Leaumont), de Manas, de

Vicmont, de Sédillac, de Bonnefont, dans le procès-verbal de la mise en possession des vicomtés de Lomagne et d'Auvillars et du lieu de Montségur, faite par les commissaires du roi Philippe de Valois, en faveur de Jean, comte d'Armagnac, auquel tous ces seigneurs et plusieurs autres furent sommés de rendre hommage et de faire le serment de fidélité. Il ne vivait plus au mois de septembre 1349, suivant une sentence rendue par le juge d'Agenois, par laquelle il nomma des tuteurs à Assieu de Galard, son fils, qu'il avait laissé en âge de minorité. On lui donne pour fille Longue de Galard, mariée, le 10 novembre 1358, avec Odet de Bonnefont [1].

Mss. de l'abbé de Lespine, dossier de Galard. Bibl. imp. Cabinet des titres.

Avant la Saint-Matthieu 1349.

A cette date Géraud II de Galard *étant mort, son fils* Arsieu *ou* Archieu *fut placé sous la tutelle de* Viguier de Galard *et de Arsieu de Berrac.*

Le juge d'Agenois donna pour tuteurs à Arsieu de Galardo, fils de feu Géraud de Galardo, conseigneur de Terraube, Veguier de Galardo et Arsieu de Bearato (Berrac) par sentence rendue à Condom, le samedy après la Saint-Matthieu 1349.

Archives de l'hôtel de ville de Lectoure. — D. Villevieille, *Trésor généalogique,* vol. XLIII, fol. 143.

1. Nous avons démontré, page 158 (note), qu'elle était petite-fille et non fille de Géraud II.

Vers 1303.

BERTRAND DE GALARD [1] *épousa Esclarmonde de Thésac.*

BERTRAND DE GALARD, second fils d'Assieu de Galard, III du nom, et d'Éléonore d'Armagnac [2], eut en partage la baronnie de Brassac, et épousa ESCLARMONDE DE THÉSAC, veuve d'Arnault de Luserches, et fille de Gusber de Thésac. Il eut 1. PIERRE-GUILLAUME DE GALARD, qui suit. 2. PIERRE, second évêque de Condom en 1340, mort en 1370. 3. VIGUIER DE GALARD [3], qui fut caution, le 13 mars 1373, de la dot de Marthe d'Armagnac, sa proche parente, mariée à Jean d'Aragon, duc de Gironde.

MORÉRI, *Dictionnaire historique,* tome V, page 19.

Vers 1303.

Constatation par l'abbé de Lespine du mariage de BERTRAND DE GALARD, *seigneur de Brassac, avec Esclarmonde de Thésac.*

BERTRAND DE GALARD, baron de Brassac, à qui le roi Édouard II écrivit de Westminster, le 8 février 1327, pour l'exhorter à se

1. Il avait pour contemporains un autre Bertrand, seigneur de Lisle-Bozon, qui apparaît sur la scène historique en 1313 et que nous retrouverons tout à l'heure, Bertrand, seigneur de Campanès, et Bertrand de Galard, archidiacre de Gand, le 27 octobre 1332, et de l'église Saint-Étienne d'Agen, le 21 octobre 1335.

Dans les titres de la maison de Monlezun, page 111, on voit un BERTRANDO DE GUALARDO, *dicto de Fontefrigido, domicello,* servant de témoin à Geraldus de Manas, le 19 mai d'une année que la déchirure du document ne permet pas de fixer. L'abbé de Lespine, en renvoyant à la branche de Brassac, pour ce personnage semble croire qu'il lui appartient.

2. Nous avons déjà relevé cette erreur ci-dessus, note 3 de la page 81.

3. Voir pour l'identité de ce personnage les actes qui le concernent dans la suite de ce volume.

maintenir dans la fidélité à son égard et d'ajouter foi à ce que lui diront de sa part les ministres qu'il envoie en Guienne, épousa ESCLARMONDE DE THÉSAC, fille de Gasbert de Thésac et veuve d'Arnaud de Luzeches, laquelle lui apporta plusieurs biens joignant Brassac, entre autres le Bugat. La baronnie de Brassac fut l'apanage dudit Bertrand et de ses descendants. Il partagea la succession de ses père et mère avec ses frères, en 1320. Il eut pour fils GUILLAUME.

Frère du précédent : GÉRAULT DE GALARD de Terraube, coseigneur de la terre de Galard de Terraube et des biens de Condomois ; a fait la branche des comtes de Galard Terraube, barons du Condomois.

Mss. de l'abbé de Lespine, dossier de Galard. Bibl. imp. Cabinet des titres. Cahier mis au net [1].

ANNÉE 1320.

Paye de 140 liv. sterling à BERTRAND DE GALARD [2], *chevalier banneret.*

De solutione facienda BERTRANDO DE GALHARD, baneretto Vascon, 140 liv. sterling pro vadiis suis hominum suorum ad arma

---

1. Dans un autre cahier où l'auteur cherchait la filiation de Bertrand de Galard, sans l'avoir éclairée à l'aide de tous les documents, ce dernier est dit fils d'Ayssin. En son travail définitif, dont nous venons de donner un extrait, l'abbé de Lespine se rectifie lui-même, car il proclame Bertrand deuxième fils de Géraud et d'Éléonore d'Armagnac et frère cadet d'autre Géraud, chef de la branche aînée, c'est-à-dire de Terraube.

2. Voici d'après Denisart quelles étaient les qualités exigées d'un banneret : « Le chevalier banneret, ainsi appelé parce qu'il pouvait lever bannière, devait « être gentilhomme de nom et d'armes, c'est-à-dire d'ancienne noblesse. Il fallait

et balistariorum morando in villa Novi-Castri-sur-Tynam. Datum
apud Eborum 10 januarii.

Collection Bréquigny, vol. XL. Rolles gascons, page 40 de la pagination
ancienne et fol. 20 v° de la nouvelle. Bibl. imp. Mss.

« qu'il fût assez riche pour mettre sur pied un certain nombre d'hommes d'armes,
« et en défrayer au moins 28 ou 30. Chaque homme d'armes avait, sans compter
« les valets, deux cavaliers pour son service, armés l'un d'une arbalète, l'autre
« d'un arc et d'une flèche; de sorte, dit Legendre, à qui nous empruntons ces
« détails, que cent hommes d'armes faisaient au moins 300 chevaux. Les bacheliers
« ou bas chevaliers, n'ayant pas de quoi soutenir une telle dépense, servaient sous
« la bannière d'autrui.

   « La solde, que le chevalier banneret avait à la guerre, était double de celle du
« chevalier-bachelier, et celle du bachelier, double de celle de l'écuyer.

   « Les chevaliers étaient encore distingués par des marques extérieures; ils
« avaient leurs harnois et leurs éperons dorés, ce qui n'était pas permis à l'écuyer.
« Des lettres patentes, données à Melun, le 17 décembre 1486, portent que les
« chevaliers tenant 2,000 livres de revenu par an pourront porter toutes sortes de
« draps de soie; et que les écuyers, ayant pareil revenu de 2,000 livres, auront
« seulement draps de damas, satin raz et satin figuré, et non de velours cramoisi
« ou figuré, à peine d'amende. » (DENISART, *Collection de décisions nouvelles et
de notions relatives à la jurisprudence*, tome III, page 359, 1re et 2e colonnes)

   Denisart ajoute, dans une autre édition, que le banneret était tenu de pourvoir
avec ses ressources propres à l'équipement de cinquante hommes d'armes et de
cent cinquante chevaux.

   De Laurière, en son *Glossaire du droit français*, dit que le rang de banneret
était conféré par le connétable ou les maréchaux.

   « Quand un chevalier a longuement servi et suivi les guerres, et qu'il a terre
« assez tant qu'il peut tenir cinquante gentilshommes pour accompagner sa ba-
« nière, il peut licitement lever bannière et non-autrement. Et s'il y a cinquante
« hommes d'armes et les archiers et les arbalestriers qui y appartiennent, il doit à
« la première bataille apporter un pennon de ses armes et doit venir au conné-
« table ou aux maréchaux requérir qu'il soit *banderet,* et se ils lui octroyent,
« doivent faire sonner les trompettes pour tesmoigner, et doit on couper les queues
« du pennon, et lors le doit lever et porter avec les autres au-dessous des barons. »

   Guyot nous apprend que : « le banneret avait le privilége du cri de guerre, que
« l'on appelle cri d'armes, qui lui était particulier et lui appartenait privativement
« à tous les bacheliers et écuyers, parce qu'il avait droit de conduire ses vassaux
« à la guerre et d'être chef de troupe et d'un nombre considérable de gens d'armes. »

8 NOVEMBBE 1320.

Édouard II, roi d'Angleterre, dans ce mandement adressé à son séné-
chal de Gascogne, revendique la haute, moyenne et basse juridic-
tion de Galard, près de Francescas, que le baile de cette ville avait
toujours exercée en son nom ou en celui des siens. Nonobstant les
droits de sa couronne, BERTRAND DE GALARD, chevalier, sous prétexte
de certain échange, s'est approprié la triple justice dudit lieu où il
a fait dresser des fourches patibulaires. Le souverain demande à son
lieutenant une enquête sur ces faits.

ROTULI VASCONIE ANNO 13,14, EDOARDI 2, MEMBRANA 14 DORS.

Rex senescallo suo Vasconie, qui nunc est, vel qui pro tempore fuerit, salutem. Ex parte dilectorum nobis consulum et
universitatis ville nostre Franciscanii, in Agennense, nobis est
ostensum, quod cum nos habere debeamus et a longo tempore
habueramus jurisdictionem altam et bassam in loco de *Galardo*,
prope Franciscanii, per bajulum ville nostre de Franciscano exercendo, BERTRANDUS DE GALARDO, domicellus, in prejudicium nostrum
et ville nostre predicte, appropriavit sibi jurisdictionem hujusmodi dicti loci, bajulo nostro et consulibus dicte ville nostre inscientibus, et ibi erexit furcas, asserendo, ut dicitur, se dedisse
per escambium pro dicta jurisdictione alibi quedam alia bona, de
quibus bonis et escambio dicti consules scire nequeunt veritatem.
Nos igitur, si ita sit, volentes super premissis certiorari et ea que
minus rite in hac parte sint attemptata, emendari, et ad statum
pristinum revocari; vobis mandamus quod vos tam super jurisdictione quam in dicto loco de *Galardo* per bajulum nostrum
dicte ville exercere et habere debemus et habere consuevimus

temporibus retroactis, quam super usurpatione jurisdictionis predicte, et qua auctoritate et a quo tempore predictus Bertrandus
hoc fecerit et qualiter et quo modo, necnon super escambio et
omnibus aliis factum predictum contingentibus, vos plenius viis
et modis quibus melius poteritis, informetis, et si necesse fuerit,
per sacramentum proborum et legum hominum de balliva vestra,
per quos rei veritas melius sciri poterit, plenius inquiri facere
veritatem. Et nos de eo quod inde inveneritis, necnon de informacione vestra in hac parte reddatis sub sigillo officii vestri distincte et aperte sine dilacione certiores, hoc breve nobis remittentes.

Datum apud Ebor. octavo die novembris, anno regni nostri
tercio decimo.

Collection Bréquigny, vol. 21, *Guienne-Aquitaine*, XI, années 1317-1319,
fol. 317, pagination nouvelle. Bibl. imp. Mss.

———

16 JANVIER 1322.

*Édouard II mande à son sénéchal de Gascogne de mettre à exécution
certaines lettres accordées par le roi aux consuls et habitants de la
ville de Francescas[1]. Ceux-ci réclamaient contre les entreprises de
ce sénéchal auquel on reprochait d'avoir assigné, sur le péage du
dit lieu, à* BERTRAND DE GALARD, *chevalier, une rente annuelle de
12 livres.*

ROTULI VASCONIE ANNO 15, 16, 17, EDOARDO II, MEMBRANA 16, DORSO.

Rex senescallo suo Vasconie qui nunc est, vel qui pro tempore fuerit, salutem. Ex parte consulum et universitatis ville

1. En Agenais.

nostre de Franciscano[1] nobis est graviter conquerendo monstra-
tum, quod licet nos olim per litteras nostras patentes eis duxerimus concedendum quod ipsam villam, cum juribus et pertinentiis suis universis, ad manum nostram perpetuo teneremus, nec
ipsam aut aliqua de pertinentiis ejusdem permutando, vel alias
quoquo modo extra manum nostram poneremus, nec transferre-
mus, prout in litteris nostris predictis asseritur contineri. Vos
tamen bajulo nostro dicte ville dedistis in mandatis quod duodecim libras turonenses de pedagio dicte ville, singulis annis, in
festo Pasche, BERTRANDO DE GALARDO, militi, in feodo solvat, seu
solvi faciet; quas quidem XII libras eidem Bertrando de dicto
pedagio percipiendo, ut dicitur, assignastis, in ipsorum consulum et universitatis prejudicium et contra tenorem litterarum
nostrarum predictarum , super quo petierunt sibi remedium
adhiberi. Nos nolentes eis, contra concessionem nostram predictam, prejudicium fieri in hac parte, vobis mandamus quod inspectis litteris nostris predictis, quicquam contra tenorem earumdem nullatenus attemptetis, nec per alios permittatis aliqualiter
attemptari, proviso quod si quid improvide contra concessionem
nostram predictam factum fuerit in premissis, id ad statum
pristinum sine dilationis incommodo revocetur; ita quod querela ad nos super hoc non perveniat iterata. Datum apud Salop,
xvj die januarii anno xv.

Coll. Bréquigny, vol. 23, *Guienne-Aquilaine* XIV, page 1. Bibl. imp.
Mss.

---

1. On verra plus tard (1341) le roi d'Angleterre céder à Pierre de Galard,
seigneur d'Espiens, les droits sur Francescas, pour lesquels il est en litige avec
Bertrand de Galard.

Vers 1320.

Sur la liste des seigneurs convoqués par Édouard à la guerre d'Écosse est inscrit Bertrand de Galard.

Bertrand de Goth, vicomte de Lomagne.	Amanieu de Fossat.
Amanieu d'Albret.	Raymond de Farges.
Sansavarin de Pins.	Guillaume de Trencaléon.
Bertrand de Gallard.	Hugues de Pujols.
Viguier de Magnaut.	Guillaume Raymond de Lort.
Bertrand de Durfort.	Gérard Dupuy.
Anessans de Baylens.	Élie Taleyrand, seigneur de Grignols.
Bertrand de Ravignan.	Fergau d'Estissac.
Amanieu de Noaillan.	Gaston, vicomte de Béarn.
Bernard Jourdain de l'Isle.	Etc., etc.

Histoire de Gascogne, par Monlezun, tome III, page 494.

Année 1323.

Esclarmonde de Thésac, femme de Bertrand de Galard, *est nommée dans un arrêt, prononcé par le sénéchal de Périgord et de Quercy, au sujet de la juridiction de Brassac qui était contestée.*

Arrêt annulant les procédures dans un procès, porté d'abord devant le sénéchal de Périgord et de Quercy, en l'audience de Lauzerte, entre Gaillard de Bonneville[1], damoiseau, et Esclarmonde de Thésac, sa parçonnière, d'une part; et d'autre part les consuls de Lauzerte, au sujet de la juridiction dans le château

1. Il faut de *Bouville* ou de *Beauville,* car le texte original qui se trouve aux Archives de l'empire (X 5, Parlement, jugés, 1, fol. 312 v°) porte : *Gaillardum de Bovisvilla.*

12

de Brassac. Les parçonniers prétendaient aussi « quod parrochie
« de Burgato, de Monte-Manharico et de Brugueda infra stratam
« Claromontensiam, versus Brassacum, et de Monte-Gaudone,
« infra stratam eamdem versus Brassacum, et Sancti-Severini
« infra stratam predictam versus Brassacum, et de Sancto-Nazario
« infra stratam predictam versus Lazeona et infra iter recedens
« a strata predicta usque ad gadum ecclesiæ Sancti - Anastasii
« (sunt) de pertinenciis et jurisdictione dicti castri de Brassaco.[1] »

Actes du Parlement de Paris, publiés par Boutaric, tome II, art. 7185,
page 518.

---

23 FÉVRIER 1325.

Édouard II, roi d'Angleterre, charge son frère Edmond, comte de
Kant, de remettre le commandement du château de Cazaubon à
BERTRAND DE GALARD, *et de le laisser en ses mains, tant que les*
dommages subis par lui dans les dernières guerres ne seraient
point réparés.

ROTULI VASCONIE, ANNO 18, ÉDOUARD II, MEMBRANA 14.

Rex dilecto et fideli suo Edmundo, comiti Kant, fratri suo
carissimo, salutem : supplicavit nobis dilectus et fidelis noster
BERTRANDUS DE GALLARD quod in recompensationem dampnorum-
que in obsequio nostro sustinuit, in ducatu predicto, concedere

---

1. A la fin de cet acte, dont Boutaric n'a donné que le court extrait ci-dessus,
on voit qu'un premier procès fut gagné par Gaillard de Beauville et Esclarmonde
de Thésac : « Quia nobis constat dictum Gaillardum et ESCLARAMUNDAM suam inten-
cionem fundasse, idcirco finaliter prohibemus dicto bajulo et consulibus de Lauserta
ut a dictis impedimentis et perturbatione, in libello ipsorum partionariorum contentis, desistant de cetero, ipsosque non impedient vel perturbant infra limites in
libello predicto declaratos, condempnando etiam dictos consules in expensis. »

velimus eidem custodiam castri de Casonbon habendum quousque de predictis dampnis eidem Bertrando fuerit satisfactum. Nos igitur supplicationi ejusdem quatenus bono modo poterimus condescendere volentes in hac parte vobis mandamus quod temptata voluntate ipsius qui nunc habet custodiam castri predicti si bono modo et decenti et spontanea voluntate dictam custodiam dimittere voluerit, tunc ipsam prefato Bertrando comittatis tenendam quamdiu nobis placuerit, ita tamen quod idem Bertrandus sacramentum vobis faciat et sufficientem securitatem inveniat de respondendo nobis de exitibus inde provenientibus et quod bene et fideliter se habebit penes nos quamdiu custodiam habuerit supra dictam[1]. Teste rege apud Turrim London, xxiii die februarii.

Archives du château de La Roche-Beaucourt. Acte transcrit et certifié conforme par Bréquigny, commissaire envoyé à Londres par le conseil du roi.

---

8 FÉVRIER 1327.

Édouard, roi d'Angleterre, écrit à Pons de Cantemerle pour l'inviter à persister dans le dévouement que lui et les siens ont toujours témoigné à sa couronne. Des lettres de même teneur furent adressées à BERTRAND DE GALARD *et autres.*

PRO FIDELIBUS IN AQUITANIA LAUDATORIA ET DE CREDENTIA.

Rex, nobili viro Pontio de Canta-Milia, salutem.

Quam fideliter et constanter erga progenitores nostros et

1. D. Villevieille, en son *Trésor généalogique*, a donné la substance du même acte emprunté à la *Somme de l'Isle*, ayant trait au commandement du château de Cazaubon, dont Bertrand de Galard fut investi par le roi d'Augleterre.

nos, etiam totis temporibus, bene gessistis, bene novimus, et impensa per vos obsequia manifestant; quamobrem, fidei vestræ constantiam specialiter commendantes, vos rogamus et requirimus ex affectu, quatinus laudabilem gestum vestrum sic erga nos et ministros nostros, in ducatu Aquitaniæ, strenuis actibus continuare studeatis, quod benivolentiam vestram erga nos possimus operum efficacia experiri, et vobis ex inde teneri, et obligatiores efficiamur temporibus oportunis.

Cæterum super aliquibus negotiis, nos et statum ducatus prædicti tangentibus, dilectis et fidelibus nostris, Berardo de la Bret, Johanni de Weston (quem constituimus constabularium nostrum Burdegaliæ), Arnaldo Edmundi, Bernardo de Semyux, et Petro Descorte (quos ad partes illas destinamus), votum aperuimus mentis nostræ, vobis per ipsos, quatuor, tres, vel duos eorum, seriosius exponendum; vobis mandantes quod eisdem, Berardo, Johanni, Arnaldo, Bernardo, et Petro, quatuor, tribus, et duobus eorum in hiis, quæ vobis dicent ex parte nostra, fidem indubiam præbeatis, et ea curetis effectui mancipare

Datum apud Westmonasterium octavo die februarii.

Eodem modo scribitur subscriptis, videlicet:

Guillelmo, domino de Calvi Montis.

Domino de Pedeynas (pour Podanas).

Arnaldo de Duroforti, militi.

Sansonerio de Pynibus.

Vymano de Podensak.

Pontio Amanevi de Madalhano.

Arnaldo Guillelmi de Marsano.

Akelmo Guillelmi, domino de Sparre.

Arnaldo de la Launde, domino de Breda.

Petro de Gavareto, domino in parte sua de Langonio.

Ramfredo de Bellomonte.

Raymundo Guillelmo de Salviaco.

Bernardo de Rovygnano, domino de Alta Ripa.

Arnaldo de Bovisvilla.

Assalto de Sanymaco.

Gaucelino de Castellione, condomino de la March.

Arnaldo de Curtone.

Bertrando, domino de Lebret.

Reymundo de Batz.

BERTRANDO DE GALARD.

Datum apud Westmonasterium, octavo die februarii, anno
Domini 1327.

RYMER, *Fœdera, acta publica*, tome IV, page 250 ; édition de Londres,
publiée en 1727 [1].

---

8 JUIN 1330.

*Dans le vidimus de l'hommage rendu par Mathe d'Albret, à raison de
la baronnie de Castelmoron, aux commissaires du roi de France,
figurent* AYSSIN ou ASSIN *et* BERTRAND DE GALARD.

Noverint universi hoc præsens publicum instrumentum
inspecturi, quod anno Domini millesimo quatercentisimo........
mensis junii, quæ fuit mercurii, constitutus personaliter honorabilis et circunspectus vir dominus Ramundus de Abbatia, bac-

1. Voir également *Histoire de Gascogne*, par Monlezun, tome III, p. 495.

callarius in utroque, canonicus Vasentensis, procurator et
receptor generalis in Vasconia egrigii et potentis domini Karoli,
domini de Lebreto, comitis Drocharum, Carnotensis diocesis,
constibulariique Franciæ et domini loci Castrigelosii, coram
venerabili viro Michaele Guiberti, bajulo dicti loci Castrigelosii,
curiam ipsius loci tenente ut est moris, dictus dominus Ramundus coram ipso bajulo judicialiter sedente exhibuit, et præsentavit quoddam publicum instrumentum non rasum, non cancellatum, nec in aliqua parte sui suspectum, ut prima facie apparebat, cujus tenor sequitur in hunc modum. . . . .

Acta fuerunt hæc anno, die et loco prædictis, præsentibus
nobilibus viris Bernardo Esii, domino de Lebreto domicello,
dominis Guillelmo de Balma, castellano Reule, Bigerio de Man-
haut, Bertrando de Galardo, Arnaldo de Novelliano, Bernardo de
Semenxs, Ramundo Amaneni, militibus, venerabili et discreto
viro domino Ramundo Albenacio, legum doctore, judice majore
Agennensi, Assino de Galardo, Menaldo de Manhant, domicellis,
Ramundo de Lamsone, burgensi, et magistro Doato de Gardona,
clerico de Regula, et pluribus aliis testibus ad hoc vocatis specialiter et rogatis. Et me Helia de Malenato, prædictæ villæ de Regula
notario, qui præmissis una cum dictis testibus interfui, et super
eisdem hoc præsens instrumentum publicum inquisivi, et signo
meo consueto signavi, quod Benedictus de Bordili scripsit,
regnante serenissimo principe domino Philippo, Dei gratia Francorum rege, Ramundo Sanctæ-Mariæ-Novæ, diacono cardinali,
priore de Regula [1].

Collection Doat, vol. CLXXXV, page 1. Bibl. imp. Mss.

---

1. Ce document a été également publié par M. J. Delpit dans les *Archives his-*
toriques de la Gironde.

Année 1337.

Bertrand de Galard *est compris dans un état de gages, acquitté par Jean Le Mire, trésorier des guerres.*

AUVERGNE.

Bertran de Galard, 5, escuyers, 12 sergents [1].

Collection de Camps; vol. LXXX, folio 459. Bibl. imp. Mss.

1338 et avant.

Notice de l'abbé de Lespine sur Bertrand de Galard, *premier seigneur de Brassac.*

Bertrand de Galard, fils d'Ayssin ou Assin de Galard, IIIe [2] du nom, seigneur en partie de Terraube, eut en partage, dans la succession de son père, en 1320, les biens que sa famille possédait en Querci, et qui consistaient dans une partie de la baronnie de Brassac. Il servit dans les guerres de Gascogne et fut au nombre des seigneurs qui firent l'abandon d'une journée de leurs gages à Michel Pinchart, clerc du roi.

Mss. de l'abbé de Lespine, dossier de Galard. Bibl. imp. Cabinet des titres.

1. Voir plus haut, page 159, l'énonciation préliminaire de ce compte sur lequel figurent plusieurs autres personnages de la maison de Galard.

2. Cette erreur de paternité, au sujet d'Ayssin III, a déjà été démontrée plusieurs fois et rectifiée par l'abbé de Lespine lui-même dans une autre généalogie revue et corrigée de la maison de Galard.

Année 1306.

Mention de Raymond de Galard *comme successeur d'Arnaud de Lomagne
sur le siége abbatial de Saint-Pierre.*

Arnaldo, bonæ memoriæ, abbati Sancti-Petri de Condomio,
Agennensis diocesis, succedit Raimundus (de Galard).

Bulletins de Garampi[1], Clemens V, parte 2ª, page 377, Archives du
Vatican.

---

7 mars 1306.

Désignation de l'abbé de Condom, c'est-à-dire de Raymond de Galard,
dans une bulle du Saint-Siège.

Te ipsius monasterii monachum (de Condom), in diaconatus
ordine constitutum, tunc apud sedem apostolicam commorantem
(monachi) te in abbatem ipsius monasterii elegerunt, etc. Datum
Matisconi nonnas martii.

Bulletins de Garampi, *ut supra.*

---

1. Joseph Garampi fut l'un des plus illustres antiquaires du dernier siècle. Ses
études en numismatique et sigillographie lui méritèrent la faveur de Clément XIII,
Clément XIV et Pie VI. Ce dernier lui donna le chapeau de cardinal. Garampi avait
rempli dignement en Europe plusieurs nonciatures, durant lesquelles il avait fait
une immense collection de livres curieux. Leur catalogue, publié par Mariano de
Romanis, forme 7 vol. in-8°. C'est avec les ressources de cette très-riche bibliothèque
que le savant italien entreprit un ouvrage monumental, *Orbis christianus*, qui
devait comprendre l'histoire des évêques de tous les pays. A sa mort, ses notes
préparatoires, ses bulletins indicatifs des sources furent déposés aux archives du
Vatican. Ces archives, transportées en France sous le premier Empire, furent restituées au Saint-Siége par la Restauration.

Année 1306 et après.

RAYMOND DE GALARD [1] *était prieur de la Graulet lorsqu'il fut appelé sur le siège abbatial de Condom, laissé vacant par la mort d'Arnaud-Odon de Lomagne.*

Anno autem quo supra, videlicet xi die post obitum domni Arnaldi Odonis, abbatis prædicti, reverendus pater in Christo domnus RAMUNDUS DE GUALARDO, tunc prior *Agrauleti,* Tolosanæ diocesis [2], fuit electus concorditer in abbatem hujus monasterii. Iste quidem domnus abbas, vir religiosus, misericors ac prudentissimus fuit : nam super causa sive controversia, quæ ratione incurrimenti multisque aliis de causis inter ipsum et prædecessores suos, ex parte una, et villam Condomii, ex altera, vertebatur antiquitus, pacem benignissime reformavit, qui, usque in hodiernum diem, vivit Domino præeumte multa bona facturus.

D. LUC D'ACHERY, *Spicilegium,* tome II, page 601, 1re col.

1. Pierre de Galard, grand maître des arbalétriers, est désigné par tous les généalogistes comme le troisième des enfants de Géraud et d'Éléonore d'Armagnac ; il devrait, en conséquence, prendre rang avant Raymond, évêque de Condom, son frère puîné ; mais la disposition chronologique, que nous avons adoptée, m'impose de le classer à la suite du prélat, qui apparaît dans les documents historiques dès 1306, tandis que Pierre de Galard ne s'y montre qu'en 1310, avec la fonction de grand maître des arbalétriers, ce qui implique, à son honneur, l'accomplissement de grands faits militaires avant cette date.

2. D'Achery et les auteurs du *Gallia christiana,* en plaçant la Graulet dans le diocèse de Toulouse, ont confondu la localité de ce nom, en Languedoc, avec celle qui se trouve à proximité de Gondrin, en Armagnac, dans l'ancienne province ecclésiastique d'Auch.

La paroisse de la Graulet comprenait autrefois, dans sa circonscription religieuse, la seigneurie de Campanès, tenue par la maison de Galard dès le commencement du xive siècle. Cette possession de Campanès, dans le voisinage du prieuré de la Graulet, est établie par diverses chartes du Livre-Cadenas de la mairie de Condom.

29 JUIN 1312.

RAYMOND DE GALARD, *évêque de Condom, et le roi d'Angleterre, représenté par un de ses lieutenants, se concertent pour donner des coutumes aux habitants de Condom. Lettres d'Édouard pour une enquête préliminaire.*

LITTERA QUALITER DOMINUS EDOARDUS, REX ANGLIE, VOLUIT QUOD CONCEDE-
RENTUR CONSUETUDINES CONSULIBUS CONDOMII.

Edoardus, Dei gracia rex Anglie, dominus Hybernie et dux Aquitanie, universis et singulis presentes litteras inspecturis, salutem. Inspeximus quamdam compositionem seu ordinationem, factam inter nos et abbatem et conventum ville Condomii, ex parte una, et consules et universitatem ejusdem ville, ex altera, cujus tenor sequitur in biis verbis : RAYMUNDUS, divina permissione humilis abbas ville Condomii et conventus monasterii Sancti-Petri de Condomio ejusdem ville, universis et singulis presentes litteras inspecturis, salutem. Inspeximus quamdam ordinationem seu compositionem, factam inter dominum nostrum regem Anglie, dominum Hybernie et ducem Aquitanie, et nos abbatem et conventum predictum, ex parte una, et consules et universitatem ejusdem ville, ex altera, cujus tenor sequitur in hiis verbis : cum super eo quod consules et universitas ville Condomii asserebant se habere consuetudines scriptas et legitime prescriptas, super quibus et ipsarum observatione sepe per dominos Condomii et eorum bajulos impediebantur et etiam turbabantur indebite ut dicebant. Pro parte vero dominorum Condomii, videlicet pro domino nostro rege Anglie, duce Aquitanie, et

pro domino abbate et conventu monasterii Condomii, assere-
batur dictas consuetudines allegatas, minime fore approbatas hec
etiam sigillatas, negaretur quod predictam villam Condomii aliquas habere consuetudines speciales, et propter hoc diceretur
ipsos dominos vel eorum baiulos non teneri ad observationem
ipsarum consuetudinum, per dictos consules allegatarum, nisi in
quantum conveniunt juri scripto, vel consuetudini Agenensi
generali. Tandem multis et diversis ac frequentibus tractatibus
habitis super dictis.

Primo inter discretum virum dominum Raymundum Peleti,
militem, judicem maiorem Agennii nomine domini nostri regis
Anglie, ducis Aquitanie, tractantem de mandato nobilis viri
domini Johannis de Britania, comitis Richemondie, ad partes
dicti ducatus destinati.

Et religiosum virum dominum Raymundum, abbatem monasterii Condomiensis et conventum ejusdem monasterii Condomiensis pro se, ex parte una, et consules et quam plures probos
viros dicte ville Condomii pro se et nomine universitatis hominum dicte ville, ex altera.

Secundo vero inter magnificum et potentem virum dominum
Amalricum de Credonio, ducatus Aquitanie senescallum, et consilium predicti domini regis et ducis ducatus predicti, nomine
ejusdem domini nostri regis et ducis, et de speciali mandato
litteratorie sibi facto per eumdem dominum nostrum regem per
breve de privato sigillo, cujus tenor inferius continetur, et predictum dominum abbatem suo et conventus monasterii sui
predicti nomine, ex parte una, et predictos consules et quam
plures probos viros dicte ville, pro se et nomine quo supra, ex
altera. Convocato generaliter toto consilio ducatus ejusdem
domini regis, apud Burdegalis, per dictum dominum senescallum

ducatus predicti, exhibito eidem domino senescallo tractu predicto, habito inter predictos dominos Raymundum Peleti, abbatem, conventum, consules, probos viros, in quodam rotulo par-
gameni clauso et signato sigillis predictorum dominorum,
Raymundi abbatis et consulum predictorum et peticionem
dictorum consulum eidem domino senescallo. Missa, clauda,
in dicta regia littera, auditaque relatione predicti domini
abbatis et sociorum ejus, monacorum predicti monasterii, per
juramentum ab eis prestitum, facta predicto domino senescallo
super predictis visis etiam disputatis et finaliter concordatis Burdegalis in pleno consilio per dictos dominum senescallum, abbatem et consules per se, ex nominibus quibus supra principalio-
ribus, in fine cujus rotuli contentis de incurramentis sive
confiscationibus super quo lis pendebat, et per viginti quinque
annos et amplius ventilata fuerat in curia Francorum inter partes
predictas. Cum idem dominus senescallus esset pluribus arduis
et diversis negotiis occupatus de consilio dicti consilii regii,
ordinavit quod discreti viri dominus Raymundus Gofridi, canonicus Sancti-Severini, et archidiaconus in ecclesia Burdegalis,
ac dominus Thomas de Vasto, decanus Andegavensis, et dominus
Guillelmus, legum professor, judex ordinarius Agennii, consiliarii domini ejusdem regis et ducis, viderent et diligenter
tractatum predictum examinarent. Demum viso et diligenter
examinato tractatu predicto et quantum potuerunt rationnabi-
liter modificato, factaque diligenti informatione super quibusdam
certis articulis, in tractatu predicto contentis, et usu ac observatione hactenus habita super eisdem, factaque per ipsos plena
et diligenti relacione predicto domino senescallo et consilio
ducatus predicti ejusdem domini nostri regis, atentis et diligenter
inspectis omnibus consuetudinibus allegatis, extitit tractatum

ordinatum et quantum in supra nominatum est concordatum. Salva tamen ut decet omnimoda voluntate dicti domini nostri regis et ducis, videlicet quod consuetudines infra scripte per dictum dominum nostrum regem et ducem, si sibi placuerit, una cum dicto domino abbate Condomii dicti loci et conventu monasterii predicti, concedantur dicte ville, approbentur et sigillentur, ad eternam rei memoriam et perpetuam firmitatem habendam, quibus debent se subscribere dicti consules pro se et nomine quo supra, et sigillum dicte ville apponere, ad perpetuam et maiorem roboris firmitatem, et incipiunt ut sequitur inferius, tenor vero dicte litere regie sequitur in hiis verbis salutem :

« Edoardus, Dei gracia rex Anglie, dominus Hybernie et dux Aquitanie, senescallo suo Vasconie, qui nunc est vel qui pro tempore fuerit, salutem : peticionem consulum et universitatis ville de Condomio, ex parte una, coram nobis et consilio nostro exhibitam, super quodam tractatu pacis inter abbatem de Condomio, ex parte una, et ipsos consules et universitatem, ex altera. Nuper mediante Raymundo Peleti, maiore judice Agennii, super quibusdam discordiis et dissentionibus inter ipsos abbatem et consules et universitatem exortis, cedendis et pacificandis, inhibito per nos ratificando et confirmando, vobis mittimus interclusam. Mandatum quod visa et diligenter examinata petitione illa et vocatis ad nos illis, qui sunt de consilio nostro, in partibus illis, videatis et examinetis tractatum predictum, et habita informatione pleniori utrum expediens sit nobis tractatum illum ut permittitur confirmare necne, nos in proximo parlamento nostro, super tenore tractatus illius et de consilio et avisamento nostro et de modo qualiter ille tractatus debeat confirmari, distincte et aperte reddatis certiores, hoc breve nobis remittentes. Datum apud Pontisaram sub privato sigillo nostro, magno sigillo nostro in Anglia existente pro regimine regni nostri, xxix die junii, anno regni nostri sexto. »

Archives communales de Condom, Livre-Cadenas, fol. xlix du numérotage noir.

---

23 SEPTEMBRE 1313.

Amalric de Créon, sénéchal de Guienne pour le roi d'Angleterre, vient prêter serment de fidélité aux consuls de Condom et recevoir le leur. Cet acte solennel et réciproque est accompli, selon la coutume, au cimetière, sur la tombe appelée DE GALARD, « *supra tombam vocatam* DE GUALARDO. » RAYMOND DE GALARD, *abbé de Condom, et* AYSSIN DE GALARD, *chevalier, sont parmi les témoins.*

INSTRUMENTUM QUALITER SENESCALLI, DUM VENIUNT CONDOMIO, JURANT CONSULIBUS NOMINE UNIVERSITATIS E CONTRA.

Noverint universi hoc presens publicum instrumentum inspecturi quod nobilis et potens vir dominus Amalricus, dominus de Credonio, ducatus Aquitanie senescallus pro illustri domino rege Anglie, duce Acquitanie, ante ecclesiam beati Petri de Condomio, in siminterio eiusdem loci, *supra tombam vocatam* DE GUALARDO, stando in mei notarii et testium infra scriptorum presencia, personaliter constitutus, in presencia Bertrandi de Sancto Symone, Bernardi de Soleriis, senoris, Gualteri de Martino, Petri de Condomio, Guillelmus deus Fees, et magistri Arnaldi de Servato, consulum ville Condomii requirencium. Idem dominus senescallus, ut senescallus ducatus Acquitanie pro dicto domino rege, ad sancta Dei evangelia, corporaliter a se tacta, dictis consulibus et requirentibus juravit; et vice versa predicti consules omnes et singuli, ad sancta Dei evangelia cor-

poraliter a se tacta, ut consules ville Condomiensis et pro tota
universitate Condomiense, dicto domino senescallo requirente
juraverunt, prout in quodam cartapello ibidem per discretum
virum dominum Guillelmum de Cazis, legum doctorem, judicem
Agenensis ordinarium ultra Garonam pro dicto domino rege,
dictis domino senescallo et consulibus lecto et de verbo ad
verbum exposito ibidem continebatur. Videlicet dictus dominus
senescallus primum articulum dicti cartapelli et dicti consules
secundum; cuius cartapelli tenor sequitur in hunc modum :

« Jura lo senescalc que ed bon senher e leyau nos sera, e dred
nos fara a totz e a cascun, e nos guardera, e nos emparera de
tor et de forsa a son leyal poder, e nostras costumas, e nostres
bons uzatges, e nostras franquessas escriutas, e no escriutas
nos tiera; ens gardera degudement salva la feautad son senher
lo rey et duc.

« Item lo cossel jura que totz lo seran bos et fizeus homes e
leyals et les droturias e los profeits nos gardera et nostre dampnage esquivera ben e leyalment, et à lor sen lo cosselheran, secret
lotieran, sa vita et sas menbres et dels sos garderan, e contra
totas personas qui puescan vive e morir a lor leyal poder a
bona fe. »

De quibus omnibus et singulis dictus dominus senescallus,
pro parte dicti domini nostri regis, requisivit magistrum Johannem Durandi, notarium ducatus Acquitanie, et dicti consules
me notarium infra scriptum, pro parte ipsorum consulum, requisierunt ut ex inde dictus magister Johannes Durandi conficeret
unum instrumentum domino senescallo et aliud ego notarius
infra scriptus ejusdem substancie dictis consulibus conficerem
substancia non mutata. Actum fuit hoc Condomio, die dominica
post festum Beati Mathei, apostoli, videlicet, vicesima tertia die

mensis septembris, anno domini M° CCC° tertio decimo. Testes
sunt : venerabilis pater in XPO dominus RAYMUNDUS, Dei gracia
abbas Condomii, dominus Raymundus Auzelli, legum doctor,
dominus Gualhardus de Florensano, monacus et operarius
monasterii Sancti-Petri de Condomio, magister Guillelmus de
Labato, jurisperitus, Bertrandus de Bramansone, Guillelmus de
Guitis, notarii Condomii, Gualterius de Matheo, Gualterius de
Bosigiis, magister Bernardus Geraldi, jurisperitus, Johannes
Martini de Lausinhano, Vitalis de Caulazone, Petrus del Bor-
nalis, Geraldus de Bordis, Bernardus de Duroforti, Petrus Bear-
nhesii, Johannes de Cassanea, senior, nobilis vir dominus
ARSINUS DE GUALARDO [1], miles, dominus Geraldus de Seyssas,
miles, dominus Arnaldus de Campena, miles, Geraldus de
Polenhaco, Petrus de Pinolerio, Bernardus de Gontaldo, discretus vir magister Johannes de Fageto, jurisperitus, Geraldus de Fageto, eius frater dictus magister Johannes Durandi,
et ego Petrus de Besperiis, tocius ducatus Acquitanie publicus
notarius, qui ad instanciam et requisicionem dictorum consulum
de predictis hoc presens publicum instrumentum inde recepi et
scripsi; regnante Philippo, rege Francorum, Eddwardo, rege
Anglie, duce Acquitanie [2].

Archives communales de Condom, Livre-Cadenas, fol. XLVII, verso,
du numérotage rouge.

1. Le *Mémoire généalogique de la Maison d'Aux de Lescout* nous révèle, dans
les premières années du XIIIᵉ siècle, l'existence d'un *seigneur* DE GALARD, abbé de
Saint-Sever.

2. L'importance de la maison de Galard ressort de cette prestation mutuelle de
serment sur la tombe d'un de ses membres, qui était certainement Montasin, abbé
de Condom en 1245.

Voir la note 1 de la page 51.

Année 1313.

Plusieurs prélats du midi et Raymond de Galard, *abbé de Condom, qui s'assemblèrent à Toulouse, étaient, selon Bardin, suspects d'hostilité au roi de France.*

Anno M.CCC.XIII, mense Augusto, habita sunt comitia patriæ Occitanæ apud Tolosam. Interfuere archiepiscopi Auscitanus et Narbonensis et plures episcopi, delecti ex nobilitate et ex plebeio ordine. De iis agens Guillelmus Bardini in historia parlamentorum linguæ Occitanæ ait : « In camera ecclesiastica suspecti erant[1] regi archiepiscopus Auxitanensis, Joannes de Convenis, episcopus Magalonensis, Arnaldus Fredetus, episcopus Conseranensis, Ludovicus de Pictavia, episcopus Vivariensis, Raimundus Galardi, abbas Condomi, et Raimundus de Verdala, abbas Sancti Saturnini. Hi erant præcipui factores rebellionis[2]. »

Stephanus Baluzius, *Vitæ paparum Avenionensium,* tome I, page 753.

1. L'abbé Monlezun explique la résistance des évêques à la couronne de France de la manière suivante :

« C'étaient les officiers préposés par le roi pour la levée des dons et impositions « sur le Languedoc qui entretenaient les soupçons de Philippe le Bel contre ces « prélats, qui s'opposaient ouvertement aux excessives demandes faites par ces offi- « ciers au nom du roi, parce qu'ils savaient que le souverain n'en recevait qu'une « faible partie. Tout le reste était retenu par les officiers, qui en profitaient au pré- « judice du peuple. »

2. Une copie manuscrite de la *Chronique* de Guillaume Bardin publiée par les bénédictins dans l'histoire de Languedoc, tome IV, preuves, pages 19 et 20, existe à la Bibliothèque impériale dans le fonds latin sous le N° 9186. On voit à la page 13 v° de ce manuscrit, provenant de la bibliothèque de M. Caumartin, que toute la province, à l'exception des évêques d'Albi, de Loudun et de l'abbé de Cahusac, s'associa à la protestation du clergé.

ANNÉE 1313.

Extrait du Gallia christiana sur le même sujet.

Arnaldus Fredeti, *alias* Fradeti, ex ordine Dominicanorum, Bernardi locum excepit. Hic cum capituli consensu certas duodecim canonicorum portiones constituit; quam legem Johannes papa XXII, anno pontificatus sui II, IV calendas maii, auctoritate apostolica confirmavit. Verisimile est eum comitiis Occitaniæ adfuisse anno 1313, nam de his loquens Guillelmus Bardini, in Historia parlamentorum linguæ Occitaniæ, ait : « In camera ecclesiastica suspecti erant regi archiepiscopus Auxitanensis, Johannes de Convenis, episcopus Magalonensis, Arnaldus Fredetus, episcopus Consoranensis, Ludovicus de Pictavia, episcopus Vivariensis, RAIMUNDUS GALARDI, abbas Condomiensis, Raimundus de Verdala, abbas Santi Saturnini. »

Gallia christiana, tome I, col. 1134.

ANNÉE 1313.

RAYMOND DE GALARD, *abbé de Condom, plusieurs prélats et les trois ordres, dans la séance des États de Languedoc, tenue à Toulouse sur la convocation de Philippe, roi de France, refusèrent de voter le subside écrasant demandé par ce souverain.*

Philippe était d'ailleurs assez occupé à préparer une nouvelle expédition contre la Flandre. Ses trésors étaient épuisés, il décréta un subside général dans tout le royaume; Jean de Blainville fut chargé d'en poursuivre la levée dans le Languedoc. Les États s'assemblèrent à Toulouse le lundi après l'Assomption.

Amanieu d'Armagnac, archevêque d'Auch, et Bernard de Farges, archevêque de Narbonne, y présidèrent la chambre ecclésiastique [1]. Bernard de Mercœur et Aymeric de Narbonne y présidèrent la noblesse. Guillaume de Montluc et Aymeric de Castelnau, consuls de Toulouse, étaient à la tête du tiers état. Le roi y nomma trois commissaires pour assister en son nom à l'assemblée et y surveiller les délibérations; mais ses exactions lui avaient aliéné les cœurs. Il suspectait surtout, dans la chambre ecclésiastique, l'archevêque d'Auch, Jean de Comminges, évêque de Maguelone, Arnaud Fredet, évêque de Couserans, Louis de Poitiers, évêque de Viviers, RAYMOND DE GALARD, abbé de Condom, et Raymond de Verdale, abbé de Saint Sernin. Dans l'ordre de la noblesse, tous penchèrent vers la résistance, excepté le vicomte de Narbonne, Nicolas de Montpezat, André de Goson, et Pons de Chalenson, partisans déclarés de l'autorité royale. Le tiers état tout entier, écrasé sous le poids des subsides sans cesse renouvelés, ne voyait de soulagement à ses maux que dans la révolte. Avec de pareilles dispositions, on refusa au roi les trente mille livres qu'il demandait. On arrêta qu'on s'opposerait à la levée de tous subsides imposés sur le blé, le vin et les autres subsistances, et que, si le roi passait outre, on opposerait la force à la force. Cette délibération hardie fut scellée du serment des trois ordres.

Histoire de Gascogne par Monlezun, tome III, pages 133, 134.

1. L'archevêque d'Auch, Bernard de Mercœur et Armand de Mondagot se concertèrent avec les consuls de Toulouse pour résister à la dévorante autorité royale. L'évêque d'Albi, fidèle au roi de France, non-seulement combattit les adversaires de celui-ci, mais il leur lança l'anathème dans une tournée pastorale. A son appel toutes les populations de l'Albigeois, contrairement à la décision dès états de Languedoc, se rallièrent aux sentiments du prélat, partisan de Philippe.

Vers 1313 ou 1314.

RAYMOND DE GALARD, *abbé de Condom, et Édouard, roi d'Angleterre, octroient de concert aux habitants de ladite ville des coutumes dont nous donnons seulement la partie préliminaire et finale.*

INTRODUCTION DE LA COUTUME DE CONDOM.

Au nom del Pay et del Filh et del Sant Esperit, amen, et de nostra donna Sancta Maria et de sent Per, lo glorios apostol, et de tota la cort celestial, conoguda causa sia et manifesta causa sia als presens et als abiadors, que Nos Edoart, per la gracia de Dieu rey d'Anglaterra, senher d'Irlanda et duc de Aquitania, etc. nos RAMON (DE GALARD) per la meissa gracia, abbas de Condom el convent del mostier del meisl loc per nos et per nostres successors aven donat et autreiat costuma a nostra viela et als habitans et als habitadors de Condom lasquals son aitals cum sen segun dejus escrit[1].

FIN DE LA DITE COUTUME.

Nos vero RAYMUNDUS, Dei gratia abbas Condomiensis et conventus monasterii dicti loci, et nos consules dicti loci de Condomio, pro nobis et universitate hominum dicti loci, subscribimus nos et sigilla nostra impendenti carte in qua consuetudines ville Condomii continentur apponi fecimus in fidem et testimonium quod predicta omnia in presenti carta contenta sunt de voluntate et assensu nostro tractata, ordinata et concordata quantum

---

1. Coutume de la ville de Condom, en langage gascon ; copie en parchemin de 1631 appartenant à M. Albert Soubdès et collationnée, lors de sa transcription, sur un exemplaire en parchemin qui était aux archives de l'évêché.

in nobis est una cum nobili et potenti viro domino Amalrico
de Credonio, ducatus Aquitaniæ senescallo et consiliario dicti
ducatus domini nostri regis Anglie, ducis Aquitaniæ [1].

Archives communales de Condom, Livre-Cadenas, fol. LXXIIII v° du numérotage rouge.

26 MAI 1314.

Note rappelant certaines lettres d'Édouard II, qui sanctionnaient un
compromis passé entre ce roi, de concert avec l'abbé de Condom
(RAYMOND DE GALARD), et l'université de la même ville.

ROTULI VASCONIÆ ANNO 7, EDUARDO II, MEMBRANA 2.

Memorandum quod, vicesimo sexto die maij, anno regni
regis Eduardi filius regis. E. septimo idem rex per litteras suas
patentes confirmavit quandam composicionem seu ordinacio-
nem, factam inter ipsum regem et abbatem (RAYMOND DE GALARD),
et conventum ville Condomii, ex parte una, et consules ac universitatem ejusdem ville, ex altera, cujus transcriptum dominus
Almaricus de Credonio, senescallus regis predicti Vasconie,
transmisit consilio domini regis, apud Westminster, sub sigillo
suo, cum ejus avisamento, inde per ipsum et consilium dicti
domini regis in partibus Vasconie habitoque quidem composicio
seu ordinacio, propter prolixitatem ejusdem, ac pro eo quod

1. Le texte du Livre-Cadenas et celui de la copie de M. Soubdès présentent quelques variantes de mots. De plus, selon que le titre était à la destination du roi ou
de l'évêque, la mention du nom de l'un d'eux était omise au commencement et
rétablie à la fin et vice versa. L'acte expédié pour Raymond de Galard ne relatait
que lui en tête, et Édouard était relégué à l'autre extrémité; c'était le contraire dans
le parchemin réservé au monarque anglais.

sub lingua Vasconie scripta fuit non erat irrotulata ; sed dictum transcriptum cum avisamento predicto eidem consuto inter rotulos cancellarie remansit, quod per intitulacionem ejusdem poterit inveniri.

Collection Bréquigny, vol. 20, *Guienne-Aquitaine,* XI, folio 45; années 1314-1316. Bibl. imp. Mss.

ANNÉE 1317.

Érection de l'abbaye de Condom en évêché, élection de RAYMOND DE GALARD, *premier évêque, assignation des revenus du siége nouveau sur celui d'Agen.*

1317. — Villa Condomiensis, Agennensis diocesis, titulo civitatis decorata, et ecclesia monasterii Sancti Petri, ordinis Sancti Benedicti, in cathedralem erecta, RAYMUNDUS [1] (DE GALARD), abbas

---

1. Le nom de Raymond ou la mention de son siége se retrouve encore sur divers bulletins de Garampi, sous les années et les cotes ci-après:

1318. — RAYMUNDUS, Condomiensis episcopus. (Tome 68, Ep. 1277; tome 109, Ep. 610, 992, etc.)

1319. — Condomiensi episcopatui subjicitur archid^tus de Brulhesio. (Tome 69, Ep. 349.)

1324. — RAYMUNDUS, Condomiensis episcopus. (Tome 76, Ep. 635.)

1327. — Octobre. — RAYMUNDUS, Condomiensis episcopus. (Instr.)

1333. — RAYMUNDUS, Condomiensis episcopus. (Tome 105, Ep. 1129.)

1336. — Condomiensis episcopus. (Ben. 12, II, parte prima; Ep. 22, 394-398.)

1337. — Condomiensis episcopus. (Tome 131, Ep. 138-383.)

RAYMUNDO, episcopo Condomiensi indul. (Ben. 12, V, 180; V, 644.)

RAIMUNDUS bonæ memoriæ, episcopus Condomiensis, Petrus successor. (Ben-12, VII, 224.)

1404. — RAIMUNDUS bonæ memoriæ, episcopus Condomiensis. (Ben. 13, tome IV, page 352.)

1340. — Condomiensis ecclesiæ provisio Sedi Apostolicæ reservata. (Tome 133, Ep. 134.)

dicti monasterii, electus extitit in episcopum Condomiensem.

1317. — 13 octobr. Raymundus, Condomiensis episcopus, pro assignatione sibi facta de redditibus episcopatus Agennensis de 3,132 libris turon. obl. 1560 flor. obl. (T. 6, p. 9.)

1317. — Raymundus, primus Condomiensis episcopus. (T. 67, Ep. 299.)

Bulletins de Garampi, an. 1°, parte 4ª, p. 170, Joh. 22, Ep. 3633, archives du Vatican. — *Ibid.*, tome 67, Ep. 29J. — *Ibid.*, tome 68, Ep. 1277. — *Ibid.*, Ep. 610, 992, etc.

Année 1317.

Érection de l'abbaye de Condom en évêché par une bulle du pape Jean XXII, dont l'abbé Monlezun a donné le texte latin et dont voici la traduction, que nous empruntons à l'abbé Barrère.

1317. Nous touchons à une grande transformation juridictionnelle. Le diocèse d'Agen était vaste, sa population nombreuse, et le premier pasteur portait sur ses épaules un redoutable fardeau. Ces difficultés étaient communes à plusieurs autres diocèses, et le souverain pontife Jean XXII, qui venait de succéder à Clément V, entreprit de porter remède à ce mal. L'abbaye de Condom fut érigée en évêché, et toute la rive gauche de la Garonne fut soumise à sa juridiction.

« Jean XXII, serviteur des serviteurs de Dieu, pour perpétuelle mémoire.

« Notre divin Sauveur, à qui tout obéit, voyant l'abondance de la moisson dans le champ de ce monde, et le petit nombre des ouvriers, pria le maître des moissons de lui envoyer des travailleurs. S'étant donc levé de grand matin, comme un père de famille diligent, il rencontra des ouvriers à toutes les heures du jour, et les envoya à sa vigne.

« C'est pourquoi le pontife romain, qui est son vicaire sur la terre, doit, autant que la fragilité humaine le lui permet, se conformer à la conduite de son maître. Là où il verra une moisson abondante, c'est-à-dire une population considérable, là aussi il devra envoyer de bons ouvriers, et, selon la voix du prophète, en augmenter le nombre, diminuer le poids de la vigilance, et destiner à la vigne du Seigneur des gardes et des travailleurs qui la feront fructifier. Après avoir donc mûrement réfléchi et souvent médité dans le fond de notre cœur, nous avons compris que, dans la cité et le diocèse d'Agen que le Très-Haut a enrichis d'une si grande multitude de peuple, un seul pasteur ne pouvait pas, comme il convient, embrasser d'un regard un si vaste troupeau, et remplir d'ailleurs les autres charges pastorales. D'un autre côté, dans un diocèse si étendu, il était extrêmement difficile que tant de personnes ecclésiastiques ou laïques pussent avoir recours à un seul évêque. Voulant toutefois l'accroissement du culte divin et le profit spirituel des âmes que nous espérons avec confiance, toutes ces causes et bien d'autres à ce nous mouvant, après en avoir longuement conféré avec nos frères, de leur avis, de notre science certaine et de la plénitude de notre autorité apostolique, pour la gloire de Dieu, l'exaltation de l'Église et le salut des fidèles, nous partageons le diocèse d'Agen en deux évêchés, dont nous fixerons les limites. De la même autorité et de l'avis du même conseil, outre la cité d'Agen, qui aura son diocèse particulier et ses limites déterminées, nous élevons au titre de cité la ville de Condom, qui désormais portera ce nom insigne qu'elle mérite à tous égards, et qui aura aussi sa juridiction particulière, séparée du diocèse. d'Agen. L'église de Saint-Pierre, antique monastère de Condom, sera la cathédrale de la même cité, et la cité et la cathédrale, son chapitre et son diocèse, seront désormais affranchis de la juridiction et de l'autorité de l'évêque d'Agen, de son chapitre et de son église. Ces choses ainsi réglées par la prévoyante sollicitude du Saint-Siége apostolique, pour l'utilité et le profit de tous, nous voulons qu'elles soient durables et fortement établies, et nous défendons expressément à qui que ce soit, de quelque autorité qu'il soit revêtu, évêque, archevêque ou roi, sous quelque prétexte que ce puisse être, de porter la moindre atteinte au présent règlement apostolique. Nous déclarons de nulle valeur tout ce qui pourrait être fait à l'encontre. Quant à ceux qui auraient la témérité de s'élever contre le présent décret, si dans huit jours ils ne reviennent à des sentiments meilleurs, nous les déclarons excommuniés, interdits ou suspens, selon leurs qualités, réservant au pontife romain, sinon à l'article de la mort, le pouvoir de les absoudre. Que nul n'ose donc déchirer cette page qui renferme notre volonté sur l'érection du nouveau siége; et si quelqu'un avait la témérité d'y contrevenir, que la colère du Dieu tout-puissant et des bienheureux apôtres Pierre et Paul tombe sur lui. Donné à Avignon, les ides d'août, l'an premier de notre pontificat[1]. »

Histoire religieuse et monumentale du diocèse d'Agen par l'abbé Barrère, tome II, page 92.

1. L'abbé Barrère, dans une note, indique que cette traduction a été faite sur le texte latin du manuscrit de Jean Lagutère. C'est également à cette source que l'abbé Monlezun a emprunté ce titre, publié dans son *Histoire de Gascogne*, tome VI, page 393.

Année 1317.

Résumé d'une seconde bulle du même pontife et de la même date que la précédente, en vertu de laquelle RAYMOND DE GALARD, *dernier abbé, est nommé premier évêque.*

Par une seconde bulle, datée du même jour, le pape laissait à l'évêché d'Agen la rive droite de la Garonne et donnait la rive gauche à l'évêché de Condom. L'église du vieux monastère de Saint-Pierre devenait cathédrale, et restait unie à la métropole de Bordeaux; le dernier abbé, RAYMOND DE GALARD, devenait le premier évêque du nouveau siége [1], et les religieux étaient transformés en chanoines. Ce changement, toutefois, ne fut pas d'abord très-sensible. Les cénobites gardèrent encore leurs constitutions et même leur habit, et toutes les observances de la vie régulière; mais plus tard les frocs se changèrent en aumusses, et les religieux ne furent plus désormais que de simples chanoines séculiers. L'église de Condom, si longtemps fille aînée de la nôtre, devint, sous le rapport temporel, plus florissante que sa mère; si bien qu'on avait coutume, dit Labrunie, de lui appliquer ce vers si connu d'Horace (Ode XIV, liv. 1er) :

O matre pulchra filia pulchrior !

Histoire religieuse et monumentale du diocèse d'Agen par l'abbé Barrère, 1855, in-4°, tome II, pages 93 et 94.

1. Il est en outre question de l'élévation de l'abbaye de Condom au rang d'évêché dans le *Gallia christiana*, tome II, col. 962.

« Johannes XXII episcopatum Agenensem divisit in duos, villamque Condomiensem in novam erigens civitatem, episcopalem sedem posuit in abbatia S. Petri de Condomio, anno 1317, ut habetur in ejus vita authore Bernardo Guidonis, episcopo Lodovensi. Nihil tamen primis illis temporibus de ordine fuit immutatum ; monachi habitum, vitamque regularem conservantes, canonicorum munia obibant. »

2 OCTOBRE 1318

RAYMOND DE GALARD, *évêque diocésain, confirme la fondation de l'église
collégiale de La Roumieu, œuvre du cardinal Arnaud d'Aux.*

Le cardinal Arnaud d'Aux, évêque d'Albane, camerlingue de
la Sainte Église romaine, par acte du 13 juillet 1318, fonda dans
l'église de Saint-Pierre de La Romieu, construite à ses frais, un
chapitre collégial, composé d'un doyen dignitaire, d'un sous-
doyen, d'un chantre, d'un sacriste, d'un ouvrier et de quatorze
chanoines : lesquels devaient vivre en commun jusqu'à ce que,
par les effets de la Providence, les revenus seraient devenus
suffisants pour faire vivre décemment les bénéficiers, chacun
dans son particulier, du produit de sa prébende, sous le bon
plaisir et contentement du patron et du doyen. Il donna en dot
à son église tous ses biens patrimoniaux, meubles et immeubles,
tous ceux acquis par lui. A ces dons fut joint celui du prieuré de
Notre-Dame de La Romieu, qu'Arnaud d'Aux avait acheté avec
toutes ses appartenances et droits, tant spirituels que temporels.
Il les fit séculariser et unir à son église de Saint-Pierre par autorité du Saint-Siége. Sa libéralité pourvut encore l'église de croix
d'argent et de vermeil, de châsses de même métal, contenant
des reliques, d'ornements ecclésiastiques, de livres cantoraux,
de cloches.

Cette fondation fut confirmée et autorisée par le diocésain
RAYMOND DE GALARD, premier évêque de Condom, qui y donna
son approbation, de l'avis et exprès consentement de son chapitre capitulairement assemblé, le 2 octobre 1318, à la réquisition de Pierre de Verdala, archiprêtre de Carcassonne, de
Pierre Raymond d'Aux, abbé commendataire de Notre-Dame

la Grande, doyen de Poitiers et chapelain du pape ; et de
Guillaume d'Aux, chantre de l'église de Poitiers et camérier du
pape, tous les deux neveux du cardinal d'Aux et ses procureurs
fondés.

Mémoire généalogique de la maison d'Aux de Lescout, in-4°, publié
en 1788 ; *Vie d'Arnaud d'Aux*, pages 11 et 12.

4 OCTOBRE 1318.

Arnaud d'Aux ayant voulu régler, dans son testament, la transmission
du droit de patronage pour l'église de Saint-Pierre de La Rou-
mieu, légua cette prérogative à ses neveux. Ces dispositions furent
approuvées par RAYMOND DE GALARD.

Post hæc dictus testator, volens ordinare de jure patronatus
spectante ad ipsum ut ad privatam personam ecclesiæ supra-
dictæ beati Petri de Romevo, fecit heredes suos in dicto jure
patronatus totali Geraldum de Auxio, dictæ Condomiensis diocesis, filium Guillermi de Auxio, quondam fratris testatoris prædicti, et Arnaldum de Auxio, ejusdem diocesis, filium Petri de
Auxio, quondam nepotis testatoris ejusdem, ita videlicet quod,
post mortem testatoris ipsius vel ante, si idem testator trans-
tulerit in perpetuum qualitercunque jus patronatus hujusmodi
in eosdem heredes, dictus Geraldus vel heres ipsius possit jure
suo solus et in solidum prima vice cum ea ecclesia carebit
deeano, eritque locus præsentandi seu nominandi, nominare
capitulo ejusdem ecclesiæ vel episcopo Condomiensi, in casu in
quo ad eum spectet electio, duas vel tres personas idoneas, quas
voluerit, quarum una juxta modum qui sequitur in decanum
promoveatur, et quod idem capitulum beati Petri et episcopus

in casu suo unam de prædictis duabus vel tribus personis sibi per dictum Geraldum nominatis in decanum eligere teneantur, secundum ordinationem factam super hoc per testatorem prædictum, et confirmatam per reverendum patrem in Christo RAYMUNDUM, episcopum Condomiensem, et capitulum suum. Item quod dictus Arnaldus, heres prædictus, secunda vice solus et in solidum, cum similis casus eligendi decanum in dicta ecclesia Sancti Petri contigerit, possit, ut supra dicitur de Geraldo coherede suo, eidem capitulo vel diocesano in casu suo, in quo ad eum electio pertinet secundum contenta in ordinatione prædicta, duas vel tres personas idoneas nominare, quarum unam capitulum eligere teneatur, et diocesanus casu suo. Et tertia vice prædictus Geraldus, vel heres ejus ut supra, et quarta vice dictus Arnaldus, vel ejus heres, et sic deinceps in perpetuum alternis vicibus successive possint et habeant nominare personas capitulo Sancti Petri prædicti et diocesano in casu suo, et capitulum teneatur unam eligere de prædictis, et ordinarius in casu suo.

STEPHANUS BALUZIUS, *Vitæ paparum Avenionensium*, tome II, p. 384.

---

12 DÉCEMBRE 1318.

RAYMOND DE GALARD, *évêque de Condom, après avoir mis l'interdit sur la ville, se retire à la cour d'Avignon et coopère, avec les archevêques de Toulouse et de Narbonne, à la rédaction des lettres qui assurent aux pèlerins, traversant Condom, la nourriture dans l'hôpital Saint-Jacques, récemment fondé par le cardinal de Teste.*

Dans les archives de l'hôtel de ville de Condom, cassette D, liasse 1, n° 2, on trouve des lettres accordées aux pèlerins par les archevêques de Toulouse et de Narbonne, les *évêques de Condom*[1], de Lectoure et de Cahors, contenant privilége d'être nourris dans l'hôpital Saint-Jacques, toutes les fois qu'ils passeront pour raison de leur pèlerinage ; datées d'Avignon l'an 1318.

Manuscrit appartenant à la famille Lagutère de Condom, folio 47.

6 AOUT 1320.

Édouard II ordonne à son sénéchal de Gascogne de sauvegarder le pouvoir judiciaire de son baile et des consuls de Condom, revendiqué par l'évêque (RAYMOND DE GALARD). Celui-ci, à l'occasion d'un meurtre commis sur le terroir de Couchet, prétendait s'approprier la juridiction intégrale de ce lieu, relevant du bailliage de Condom.

Rex eidem (senescallo suo Vasconie), salutem :
Supplicarunt nobis consules et communitas ville nostre Condomii, in Agennense, per peticionem suam, coram nobis et consilio nostro exhibitam, quod cum inter venerabilem patrem episcopum Condomii (RAYMOND DE GALARD), ex parte una, et bajulum nostrum, consules ac communitatem ejusdem ville, occasione cujusdam homicidii nuper commissi in quodam loco vocato Coisshet, qui est in balliva Condomii. In quo quidem loco prefatus episcopus totam jurisdictionem ad se asserit pertinere : præfatis bajulo et communitate contrarium asserentibus, gravis dissensionis materia sit exorta, velimus, pro hujusmodi discordia sedenda et pro periculis quæ sequi poterint evitandis,

---

1. Raymond de Galard l'était à la date du 12 décembre 1318.

ac pro conservacione juris nostri ac ville predicte, remedium super hoc apponere opportunum; nos supplicationi hujusmodi quatenus bono modo poterimus favoraliter annuentes, vobis committimus et mandamus quatenus, viso pariagio dicte ville Condomii, jurisdictionem nostram et ville ejusdem, omnibus modis et viis quibus poteritis, manuteneatis et defendatis et præfatis bajulo, consulibus et communitati, in defensione juris nostri et sui, in premissis assistatis et celere remedium per avisamentum consilii nostri, in partibus illis, apponere studeatis in premissis, quod nobis aut dicte ville prejudicium super jurisdictione dicti loci nullatenus generetur.

Datum apud Westmonasterium, VI die augusti.

Collection Bréquigny, vol. 22, *Guienne-Aquitaine*, XIII, folio 111. Bibl. imp. Mss.

---

6 AOUT 1320.

Édouard II demande à son sénéchal de Gascogne de réprimer les violences exercées par les gens de RAYMOND DE GALARD, évêque de Condom, sur les officiers royaux et particulièrement sur le lieutenant du baile. Celui-ci et les autres avaient été d'abord pourchassés et ensuite mis en prison. Le roi demande en outre que le prélat retire sans retard l'excommunication et l'interdit fulminés par lui contre les consuls et les habitants de la ville.

PRO REGE : DE EXCESSIBUS QUORUMDAM DE EPISCOPO CONDOMII CORRIGENDIS ET EXCOMMUNICATIONIBUS REVOCANDIS.

Rex eidem (senescallo suo Vasconie), salutem : pervenit ad nos quod gentes episcopi Condomiensis (RAYMOND DE GALARD)

plures de servientibus nostris ville nostre Condomii nuper vul-
neraverunt et male tractaverunt, ac tunc tenentem locum bajuli
nostri ibidem ac aliquos alios de consilio nostro in partibus illis
et de dicta villa vi armorum fugaverunt et dictos locum tenentem
servientes ceperint et incarceraverunt novum carcerem faciendo ;
et quod prefatus episcopus consules dicte ville, pro eo quod
prefatum bajulum et gentes nostras manutenent et eis assistunt
pro jure nostro defendendo, excommunicavit et dictam villam
supposuit interdicto. Nos super premissis volentes celeris juris
remedium adhiberi, vobis commitimus et mandamus quatinus
excessus predictos, cum omni celeritate qua poteritis, corrigi
et emendari faciatis, prout juste et rationabiliter fore videritis
faciendum, et prefatum episcopum, ut predictas sententias suas
non differat revocare, omnibus modis et viis quibus juste prote-
ritis efficaciter inducatis, ita quod jus nostrum et civitatis predicte conservatur illesum [1].

Datum apud Westminster, sexta die augusti.

Per peticionem de consilio.

Collection Bréquigny, vol. 22, *Guienne-Aquitaine*, XIII, folio 105;
années 1320-1324.

_____

1. La politique de la couronne britannique à cette époque était de se faire appeler
par les partis faibles et de leur prêter main-forte de manière à recueillir, comme
prix de son assistance, la moitié du pouvoir local. Quand le prince d'outre-mer la
tenait, il aspirait nécessairement à dominer seul. Dans ce but il favorisait ou fomen-
tait des factions nouvelles, et alors l'auxiliaire de la veille devenait l'ennemi du
lendemain. Cette tactique fut employée contre Raymond de Galard qui, comme on
le voit par les plaintes d'Édouard II, ne voulut pas se laisser dépouiller de son autorité. Son énergique opposition triompha de tous les obstacles suscités par son roya
adversaire. Les causes de la dissension perpétuelle entre les habitants de Condom
et leur fougueux pasteur seront recherchées avec soin dans une étude spéciale sur
les coutumes de ladite ville.

6 AOUT 1320.

Amalric de Créon, étant sénéchal de Gascogne, avait accordé aux habitants de Condom la faculté de percevoir certains impôts pour construire dans la ville un pont de pierre à la place de celui de bois qui existait précédemment. Cette concession avait été maintenue pour quatre ans. L'évêque de Condom (RAYMOND DE GALARD) s'étant opposé à la volonté souveraine, le roi d'Angleterre, duc de Guienne, ordonna de faire lever le péage nonobstant la résistance épiscopale.

PRO CONSULIBUS ET COMMUNITATE VILLE CONDOMII.

Rex senescallo suo Vasconie, qui nunc est vel qui pro tempore erit, salutem ;

Supplicarunt nobis consules et communitas ville Condomii, quod cum dilectus et fidelis noster Almaricus de Credonio, tempore quo fuit senescallus noster Vasconie, concessisset eis quoddam paiagium levandum et percipiendum in eadem villa in subsidium constructionis pontis ejusdem ville de petra et calce, qui prius constructus fuerat de lignis et periculosus erat omnibus transeuntibus per eundem, nosque postmodum concessimus eisdem per litteras nostras patentes dictum paiagium, per quatuor annos, percipiendum in auxilium constructionis dicti pontis; ac venerabilis pater episcopus Condomii (RAYMOND DE GALARD) ipsos hactenus impediverit; quominus dictum paiagium juxta formam concessionis nostre predicte levare potuerunt : velimus eandem concessionem nostram facere effectui mancipari ac nos ad nostrorum supplicationem prefato episcopo duximus injungendum ut ipsos consules et universitatem

14

dictum paiagium absque impedimento levare permittat, secundum formam litterarum nostrarum predictarum; vobis committimus et mandamus quatinus, si prefatus episcopus ab
hujusmodi impedimentis absque causa rationabili ad rogatum
nostrum non duxerit desistendum, tunc vos dictum paiagium,
juxta formam concessionis nostre predicte, colligi et levari faciatis
in subsidium constructionis predicte, quatenus id rationabiliter
fore videbitur faciendum [1].

Datum apud Westminster, sexta die augusti.

Per peticionem de consilio.

Collection Bréquigny, vol. 22, *Guienne-Aquitaine,* XIII, années 1320-
1321, fol. 107.

---

7 AOUT 1320.

Édouard II ordonne à son sénéchal de Gascogne de se transporter à
Condom pour faire respecter sa juridiction, protéger la personne
des consuls ainsi que pour informer contre les familiers de l'évêque
(RAYMOND DE GALARD), qui ont commis divers homicides sur ses
serviteurs et plusieurs dévastations au préjudice de sa couronne.

ROTULI VASCONIÆ, ANNO 13-14, EDUARDO II, MEMBRANA 5 DORSO.

Rex senescallo suo Vasconie, qui nunc est vel qui pro tempore
fuerit, aut ejus locum tenenti, salutem :

Ad nostrum pervenit auditum quod gentes et familiares
episcopi (RAYMOND DE GALARD) civitatis Condomiensis, quendam

---

1. Une note marginale porte : « Communiqué à M. l'abbé de Polignac, pour la
ville de Condom. Juillet, 1780. »

voc um Brusac servientem nostrum ac senescalli nostri Age-
niensis, officium in partibus illis exequentem, nuper dum ipse
officii sui debitum in partibus illis exequi voluisset, ab ecclesia
in qua tunc inventus fuerat violenter extraxerunt et nequiter
interfecerunt ac frustatim dilaniaverunt, et quod gentes et familia
ejusdem episcopi diversa hujusmodi homicidia et alia dampna
et facinora oppressionis et gravamina intollerabilia in partibus
illis perpetrarunt, et adhuc in dies conantur perpetrare in nostri
contemptum, prejudicium et dispendium ac jurisdictionis nostre
supradicte lesionem manifestam. Nos igitur, pro jurisdictionis
nostre conservacione, ac consulum et civium nostrorum dicte
civitatis, ac populi nostri parcium illarum tranquillitate et tui-
cione, malorum supradictorum perpetratores juxta eorum demerita puniri ac omnibus et singulis super premissis pro nobis
vel se ipsis conqueri volentibus justiciam volentes exhiberi ;
vobis mandamus quod, ad predictam civitatem Condomii personaliter accedentes et habita super premissis informacione diligenti auditaque querela procuratoris nostri et aliorum conqueri
volencium in hac parte, ulterius faciatis quod pro justicia et
conservacione juris nostri et dicte civitatis fuerit faciendum, taliter in mandato nostro exequendo vos habentes quod in vestri
defectum querela ad nos inde non perveniat nec jura et jurisdictionem nostram predictam amittamus.

Teste ut supra (apud Westm. VII die augusti).

Per peticionem de consilio [1].

Collection Bréquigny, volume 22, *Guienne-Aquitaine*, XIII, folios 122
et 123, années 1320-1321. Bibl. imp. Mss.

1. A la suite de cette pièce, dans le même volume de Bréquigny, on lit un autre
mandement par lequel Édouard II maintient au baile de Condom le droit, con-
testé par l'évêque, d'exercer la surveillance et la police aux foires de Montcrabeau.

10 DÉCEMBRE 1320[1].

Ordre du Parlement de Paris en réponse à la requête de l'évêque de Condom qui réclame répression contre des malfaiteurs.

Mandement du sénéchal de Toulouse, à la requête de l'*Évêque de Condom*, de faire prompte justice à Raymond Duraci et autres malfaiteurs qu'il avait reçu commission de punir : ceux qu'on ne pourra arrêter ou qui seront contumaces, on les bannira.

Actes du Parlement de Paris, publiés par Boutaric, tome II, page 330.

----

30 MARS 1321.

Le roi d'Angleterre dénonce au pape les abus d'autorité de RAYMOND DE GALARD, *évêque de Condom, qui sévit arbitrairement contre les habitants de sa ville et pousse le roi de France à rompre avec le plaignant, son frère d'outre-mer.*

DE EXCESSIBUS EPISCOPI CONDOMII.

Papæ rex devota pedum oscula beatorum.

De variis et nephandis excessibus, per REIMUNDUM, *episcopum Condomii,* et gentes suas, in officiales, ministros, ac subditos nostros multipliciter commissis,

Et quæ, et quanta contentiones, et scandala inter ipsum episcopum, ac consules, et universitatem civitatis Condomii, propter ipsius demerita, sunt exorta,

1. Sous Philippe le Long.

De quibus non solum corporum, set pericula etiam imminent animarum;

Et, quod leniter ferre non possumus, quomodo ipse et sui ad suscitandam gravem discordiam inter magnificum principem, regem Franciæ, fratrem nostrum carissimum, et nos, totis conatibus elaborant,

Plurium fide dignorum, et fidelium nostrum, nostris sæpius est auribus intimatum.

Ut igitur ipsius episcopi refrænetur malitia, et excessus canonice puniantur, vestræ Sanctitati totis desideriis duximus supplicandum, quatinus articulos, quos procuratores consulum et universitatis civitatis prædictæ, contra præfatum episcopum, vestræ clementiæ duxerint porrigendos, benigne audire, et eundem episcopum, ad respondendum eisdem articulis, ad vestram præsentiam dignemini evocare;

Taliterque, si placet, de statu ejusdem episcopi, paterna sollicitudine ordinare, quod tantorum malorum tollatur occasio, puniantur qui culpabiles fuerint, et honor ecclesiæ conservetur illæsus [1].

Conservet, etc. Datum apud Gloucestriam, 30 die martii.

RYMER, *Fœdera, conventiones, literæ*, tome III, page 877.

1. La plainte adressée au pape par le roi d'Angleterre ne paraît pas avoir abouti. Nous voyons, en effet, le prince réitérer ses accusations contre Raymond de Galard, le 12 décembre 1321, en 1323 et 1324, dans des lettres expédiées successivement au cardinal de Portici, au sacré collége et au Saint-Père pour obtenir la disgrâce et le déplacement de l'évêque de Condom. Aucune des démarches royales ne dut réussir, puisque le prélat fut maintenu sur son siége jusqu'à sa mort, advenue en 1340. Les griefs du roi d'Angleterre contre Raymond de Galard semblent fort exagérés, puisque les habitants de Condom, présentés comme victimes dans les accusations d'Édouard II, viendront tout à l'heure implorer à genoux la grâce de leur évêque qui, par conséquent, n'était pas le coupable.

12 décembre 1321.

*Lettres d'Édouard qui invoque la justice du roi de France en faveur
des habitants de Condom contre* RAYMOND DE GALARD, *leur évêque,
et demande une enquête sur les faits dont il accuse le prélat.*

AD REGEM FRANCIÆ, PRO CIVITATE CONDOMIÆ, CONTRA EPISCOPUM.

Magnifico principi, domino Philippo, Dei gratia Franciæ
et Navarræ regi illustri, fratri suo carissimo, Edwardus, etc.,
salutem, et ad vota, successus prosperos ac felices.

Quanto quietem et commoda, dilectorum et fidelium nostrorum, consulum et universitatis civitatis nostræ Condomiæ,
suis exigentibus meritis, affectamus, tanto ex injuriis et grava-
minibus, eis illatis, anxius conturbamur.

Cum itaque, venerabilis pater *episcopus* civitatis prædictæ
dictos consules et universitatem, nec non et officiales nostros
partium illarum, quæsitis coloribus, in curia vestra inquietet
multipliciter et fatiget, ratione quarumdam dissensionum inter
ipsum episcopum, et præfatos consules, universitatem et
officiales nostros, super aliquibus, nos, jus, et juridictionem
nostram in partibus illis contingentibus.

De quibus idem episcopus, per quosdam ministros vestros,
quandam inquestam, sive informationem, nobis, et juri, ac
jurisdictioni nostræ, et dictis consulibus, et universitati, ac
officialibus nostris multipliciter suspectam, fieri, et in dicta
vestra curia remitti procuravit; per inquestam, seu informationem hujusmodi, suspectam, nobis, in dicta curia vestra,
præjudicium, et dictis consulibus, et universitati, ac officialibus nostris, dampna et gravamina procurando :

Nos, de excellentia vestra plenam fiduciam reportantes, sperantes etiam quod jura nostra illæsa conservare velitis, et super excessibus, si emerserint, quod absit, agere gratiose,

Serenitatem vestram affectuosis precibus imploramus, quatenus nostros, et dictorum consulum, et universitatis, ac officialium nostrorum procuratores, sindicos, ad proponendum et probandum defensiones, excusationes, et objectiones in dicto facto, benigne, et præcipue nullitatem dictæ inquestæ, seu informationis, velitis admittere et audire, antequam ad dictam inquestam, seu informationem judicandam procedat.

Et, si forsitan quicquam in eodem, in vestri offensam appareat attemptatum, id, pro nostro honore, pro nostra, et dictorum consulum, et universitatis, ac singulorum ejusdem parte, remittere gratiose.

Dat. apud Radyng, 12 die decembris.

RYMER, *Conventiones, fœdera, literæ*, tome III, page 911.

---

12 DÉCEMBRE 1321.

Autre plainte du roi d'Angleterre au pape contre RAYMOND DE GALARD, *qui, à l'instigation du diable, refusa d'accepter l'arbitrage d'Amalric de Créon, sénéchal en Gascogne, envoyé pour pacifier le diffèrend entre ledit évêque et l'université de Condom.*

AD PAPAM, CONTRA EPISCOPUM CONDOMIENSEM.

Papæ rex devota pedum oscula beatorum.

Turbat acerbe nostra præcordia gravis dissensio, quæ inter REYMUNDUM episcopum Condomiensem, ac procuratores nostros, consulesque, et universitatem civitatis nostræ Condomiæ, dudum exorta, adhuc indies, instigante diabolo, accensis odiis adaugetur.

Et licet nos, ante hæc tempora, cum nobis innotuisset de nephandis excessibus ejusdem episcopi, desiderantes, pro evitando pericula, quæ ex contentione præmissa poterant evenire, concordiam inter præfatum episcopum et dictos procuratores, consules, et universitatem reformari, dilecto et fideli nostro, Almarico de Credonio, senescallo nostro Vasconiæ (quem utriusque partis tranquilitatem et quietem cognovimus affectare) per nostras literas duxerimus injungendum, quod, super præmissis veritate subtilius indagata, vires apponeret ad tantam discordiam sopiendam :

Idem tamen episcopus, ex hoc amplius in tumorem elatus, consilio ejusdem senescalli nostri acquiescere non curavit, set tam ministris nostris, quam ipsis consulibus et universitati, majora incommoda inferre conatus est, et adhuc ipsos, quæsitis coloribus, expensis et laboribus multipliciter non desinit fatigare, civitatemque | nostram prædictam voluntarie, et absque causa rationabili, jam per annum et dimidium, et amplius, tenuit suppositam interdicto.

Et, hiis non contentus, ad suscitandam discordiam inter excellentissimum principem, dominum regem Franciæ illustrem, et gentes suas, ac nos, et gentes nostras, in partibus illis callidis machinationibus pro viribus elaborat.

Ut igitur tanta ipsius episcopi refrænetur malitia, auferatur scandalum, et animarum saluti paterna providentia consulatur; vestræ Sanctitati totis affectibus supplicamus, quatinus eundem episcopum ad aliquem alium locum, vel sedem, ubi non tantum erit nociva subditis ejus præsidentia, transferre dignemini de vestra speciali gratia et plenitudine potestatis.

Non enim credimus quod, dum in loco illo ut pontifex administrat, subditi sui, quibus excessus sui nepharii, quod dolendum est, sunt aperti, per ejus monita in viam salutis dirigi poterunt; set timendum est potius ne, per exempli perniciem, ad excedendum periculosius incitentur.

Et, ne hæc ex levitate benignitati vestræ suggesta fore credantur, placeat, quæsumus, vestræ clementiæ secretam informationem, de actubus et gestu ipsius episcopi, per aliquos de vestris jubere fieri; et, nisi fallamur, invenietur quod indigne in pontificali officio administrat.

Cæterum quia interdictum, per eundem episcopum in civitatem nostram prædictam voluntarie promulgatum, adhuc ibidem observatur, unde multorum crescit indevotio, pululant scelera, et prompta inveniuntur pericula animarum, illud interdictum, si placet, velitis relaxare pro tantis dispendiis evitandis.

Conservet, etc. Dat. apud Radyng, duodecimo die decembris.

RYMER, *Conventiones, fœdera, literæ*, tome III, pages 912-913.

---

12 DÉCEMBRE 1321.

Édouard, roi d'Angleterre, s'adressant cette fois au cardinal de Portici, renouvelle énergiquement ses griefs contre RAYMOND DE GALARD *et l'accuse d'avoir répondu à ses réclamations en repoussant l'intervention de son sénéchal et en redoublant de rigueur à l'égard des habitants de Condom.*

AD CARDINALEM, CONTRA PRÆFATUM EPISCOPUM.

Venerabili in Christo patri, domino A., Dei gratia Sanctæ Mariæ in Porticu diacono cardinali, amico suo carissimo,

Edwardus, etc., salutem, et sinceræ dilectionis affectum.

Cum, propter varios et enormes excessus, quos REYMUNDUS, episcopus Condomiæ, contra officiales nostros, ac consules, et universitatem civitatis nostræ Condomiæ, noscitur commisisse, ipsos nihilominus in curia regis Franciæ fatigando multipliciter laboribus et expensis, dictamque civitatem supponendo, absque causa rationabili, ecclesiastico interdicto :

Super quibus eundem episcopum, per senescallum nostrum Vasconiæ, requiri fecimus, ut usurpata indebite faceret emendari ita quod inter ipsum et gentes nostras prædictas posset concordiæ et amoris tranquilitas reformari :

Qui tamen, ex hoc altius in tumorem elatus, dictum senescallum nostrum audire renuens, dictis gentibus nostris majora visus est incommoda procurare, et adhuc indies ad hoc pro viribus elaborat;

Sanctissimum Patrem, dominum summum pontificem duxerimus literatorie requirendum, quatinus, pro tanta ipsius episcopi refrænanda malitia, removendo scandalo, et animarum salute procuranda, eundem episcopum ad aliquem alium locum vel sedem, ubi ipsius actus nepharii non adeo aperti fuerint, nec erit forsitan ejus presidentia tam nociva, transferre dignetur de sua speciali gratia et plenitudine potestatis;

Paternitatem vestram, quanta possumus affectione, requirimus et rogamus, quatinus, audita informatione latoris præsentium super præmissis, præfatum dominum summum pontificem, ut super hoc annuat votis nostris, sicut de vestra sinceritate confidimus, movere et inducere velitis modis et viis quibus decet.

Valde enim timendum est ne, per ejus exempli perniciem, si populus sibi subditus ad excedendum diversimode excitetur,

nec creditur quod possit, de facili, inter ipsum et subditos nostros, veluti inter patrem et filios, plena dilectio reformari. Dat. apud Radyng, duodecimo die decembris.

RYMER, *Conventiones, fœdera, literœ,* etc., tome III, page 913.

———

ANNÉE 1323.

Lettre du roi d'Angleterre qui dénonce au sacré collége des cardinaux RAYMOND DE GALARD, *évêque de Condom, comme étant en lutte constante avec les habitants et comme ayant répondu par des violences et l'interdit à la médiation du sénéchal de Guienne, Amalric de Créon.*

AD CARDINALES, CONTRA EPISCOPUM CONDOMIÆ.

Rex, venerabili in Christo patri, domino G., Dei gratia tituli Sanctorum Marcellini et Petri presbitero cardinali, amico suo carissimo, Edwardus, ejusdem gratia, etc., salutem, et sinceræ dilectionis affectum.

Pungit acerbe nostra præcordia gravis dissensio quæ inter REYMUNDUM, episcopum Condomiæ, et dilectos et fideles nostros, consules et universitatem civitatis nostræ Condomiæ, olim per ipsius improbitatem episcopi suscitata, adhuc, accensis odiis, indies deterius augmentatur.

Et quanquam, pro evitandis periculis, quæ præmissa occasione evenire verisimiliter timebantur, ante hæc tempora, vias et modos exquisiverimus, quibus errata corrigi, et inter ipsos concordia reformari potuissent, eundem episcopum, per dilec-

tum et fidelem nostrum Almaricum de Credonio, tunc senescallum nostrum Vasconiæ, super hoc amicabiliter alloqui fece-
rimus, et requiri;

Idem tamen episcopus, hujusmodi requisitiones parvi pen-
dens, et se exinde magis efferens in tumorem, dictis consulibus
et universitati majora prioribus gravamina intulit, et adhuc
cotidie non desinit cumulare; civitatem nostram prædictam
supponendo ecclesiastico interdicto, ex cujus conservatione
lucrum quærit a subditis temporale, non absque animarum
periculo, pro sacramentis et sacramentalibus ministrandis; ipsosque alias, tam in curia Franciæ quam alibi, expensis et laboribus, per se et suos, satagit multipliciter fatigare; prout plenius
vestræ Paternitati alias meminimus nos scripsisse.

Verum quia ejusdem episcopi actus nepharios (qui nostris
quotidie auribus inculcantur) absque cordis anxietate non
possimus æquanimiter tollerare, sinceritati vestræ (de qua plenam fiduciam reportamus) votivo desiderio supplicamus, quatinus penes dominum summum pontificem (cui pro translatione
præfati episcopi ad alium locum, et relaxatione interdicti prædicti, per nostras literas, preces effundimus cordiales) insistere
velitis modis, quibus videritis expedire, ut, pro tranquilitate
status ducatus nostri prædicti, et tanto scandalo a prædicta civitate amovendo, dignetur clementer annuere votis nostris; præsertim cum verisimiliter credatur quod, quamdiu in loco, quo
nunc præsidet, pastorali officio potiatur, subditorum suorum
(quibus excessus sui multiplices, quod dolendum est, sunt
aperti) crescet indevotio : et, qui ad viam salutis pastoris solicitudine deberent dirigi, per exempli perniciem in erroris devium
periculosius pertrahentur.

Talem, si placet, et tantam, nostri intuitu, diligentiam in

hac parte apponentes, quod, vestro mediante præsidio, dictæ civitatis nostræ tantis dispendiis occurratur, appositione remedii salutaris, et quod vobis exinde, ad spiritualia gratiarum munera, teneri debeamus, ex merito, temporibus oportunis.

Dat. apud Westmonasterium, vicesimo primo die maii [1].

Eodem modo scribitur subscriptis ; videlicet :

Domino W. tituli Sancti Ciriaci in Termis presbitero cardinali;

Domino A. Sanctæ Mariæ in Porticu diacono cardinali ;

Domino R. Sanctæ Mariæ Novæ diacono cardinali, ac domini papæ pœnitentiario;

Domino B. Sanctæ Agathæ diacono cardinali;

Domino P. tituli Sancti Stephani in Cœlio Monte presbitero cardinali, et Sanctæ Romanæ Ecclesiæ vicecancellario ;

Domino B. Sanctæ Mariæ in Aquiro,

Domino A. Sancti Eustachii,   } diaconis cardinalibus;

Domino G. Sanctæ Luciæ, in Silice,

Domino Petro de Via, militi, domino de Villa Mariæ et de Camneto ;

Domino Petro de Osa, militi, vic. de Caramuch et de Sancto Felice, fratri papæ;

Domino Arnaldo de Osa, militi regis Franciæ.

RYMER, *Conventiones, fœdera, literæ,* tome II, 2ª pars, page 72. Editio tertia, Hagæ Comitis, apud Joannem Neaulme, MDCCXXXIX.

1. Ces lettres étaient autrefois à la Tour de Londres sous la cote ci-après : « Anno 16, Ed. II, Rom. 16, Ed., membrana 6, dorso. »

A la même date le roi d'Angleterre dénonçait également à la sévérité du Saint-Siége l'évêque de Lincoln et l'abbesse d'un monastère de Saintonge.

21 MAI 1324.

Édouard II mande à son sénéchal de Gascogne d'employer tous les moyens, en son pouvoir, pour rétablir amiablement la concorde entre l'évêque (RAYMOND DE GALARD) et les habitants de Condom, en lutte depuis si longtemps. Le souverain ordonne en outre à son lieutenant de faire tous ses efforts pour que l'interdit épiscopal soit levé ; en cas d'insuccès dans sa négociation pacifique, le sénéchal doit châtier la malice du prélat.

Rex senescallo suo Vasconie, qui nunc est, vel qui pro tempore erit, salutem : cum inter REYMUNDUM (DE GALARD), episcopum Condomii, et consules et universitatem civitatis nostre Condomii super aliquibus que iidem consules et universitas de mandato quorumdam ministrorum nostrorum de partibus illis fuisse dicuntur, pro juribus et deveriis nostris conservandis, gravis dissensionis materia sit exorta, et idem episcopus, ea occasione, dictam civitatem nostram supposuerit interdicto, et diversa gravamina ipsis consulibus et universitati de die in diem inferre non desistat, et plura in nostri prejudicium atque dampnum attemptaverit et attemptet, sicut intelligi nobis datur ; nos periculis que ex premissis verisimiliter evenire poterunt, volentes, prout nostro incumbit officio, obviare, vobis committimus et mandamus quatinus tam præfatum episcopum quam ipsos consules et universitatem ad componendum super premissis, viis et modis quibus poteritis, amicabiliter inducatis et ad concordiam inter ipsos reformandam et ut predicti interdicti sentencia relaxetur interponatis cum omni efficacia partes vestras ; et si forsitan idem episcopus difficilem se reddiderit, nec vestris parere voluerit persuasionibus in hac parte, tunc pro ipsius refrenanda malicia et ut attemptata per ipsum inde-

bite contra nos et dictos consules et universitatem ad statum
debitum revocentur cum omni severitate qua, sine juris offensa,
poteritis, procedatis.

Datum apud Westminster, XXI die maii (an XVII).

Per ipsum regem.

Collection Bréquigny, volume 23, *Guienne-Aquitaine*, XIII, folio 95,
années 1322-1328. Bibl. imp. Mss.

Année 1324.

*Édouard, roi d'Angleterre, adresse, cette fois, au pape des plaintes
véhémentes sur la malice de* Raymond de Galard [1], *qui porte ses
appels contre la communauté de Condom devant le roi de France
et fulmine l'excommunication pour des motifs frivoles. Le prince
demande finalement au souverain pontife de punir le prélat, dont
la conduite est odieuse, et de le transférer sur un autre siège.*

DE REYMUNDO, EPISCOPO CONDOMII, AD LOCUM ALIUM TRANSFERENDO.

Papæ rex devota pedum oscula beatorum.

Pro sedandis discordiis, quæ inter Reymundum, episcopum

1. Cent ans avant (avril 1225), un autre Raymond de Galard, dont le rang dans
la filiation n'a pu être déterminé, mais qui pourrait avoir été le parrain de l'évêque,
participait à un accord entre les consuls d'Agen et ceux de Moissac. Il fut convenu
par les deux parties que les habitants de Moissac ne pourraient être pignorés, mar-
qués ou arrêtés dans la ville d'Agen et ses dépendances, à moins que ce ne fût
pour dettes ou cautionnement. Les mêmes immunités étaient reconnues à ceux
d'Agen sur le territoire de Moissac. S'il advenait qu'un préjudice fût commis par
les habitants d'Agen envers ceux de Moissac, et réciproquement, le dommage devait
être réparé conformément aux coutumes locales. Le conseil communal était tenu
de remettre au plaignant la personne du coupable, qui, en cas d'évasion, était
dépouillé de ses biens au profit de celui qu'il avait lésé. Si cette forme de justice

Condomii, ac quosdam ministros, consulesque, ac universitatem civitatis nostræ Condomii, dudum exortæ fuerant, ejus-

n'était pas appliquée par les magistrats urbains, chacun pouvait revenir aux anciens
usages, c'est-à-dire pignorer, marquer et emprisonner. Voici l'acte :

« Coneguda causa sia a tots aquets qui aquesta present carta veiran ni auziran,
quel mager el coselhs de la ciutad d'Agen, ab coselh e ab voluntad de tota la universitad de la ciutad d'Agen, el coselh del bourg de Moysag ab coselh e ab voluntad de
tota la universitad del borg de Moysag, au mandad et autreiat per ave per tos temps,
qué nuls homés de la ciutad d'Agen no sia penhorads, ni marcads, ni destrigads el
borg de Moyssag, ni en lapertenh, si deutré o fer mansa no era atresis que nuls
hommes del borg de Moysag no sia penhorads, ni marcads, ni destrigads en la ciutad
d'Agen, ni en lapertenh, si deutré·o fermansa no era; e si alcus home de la ciutad
d'Agen fazia tord, dembarg, o dals, a alcu homé del borg de Moysag, e no lo volia
adobar pel for e per las coustumas de la ciutad d'Agen, lo mager el coselh d'Agen lo
devo trametré à Moyssag a aquel acun fariat tord, e aquel deulo gardar e tenir entro
quel tord laia adobad. E si aquel quel tord fara fugia ni gantia son cors, qué dreg
no volgues far, a aquel acun fariat tord lo mager els coselhs de la ciutad d'Agen de
no livrar las sias causas al clamant, entro quen si apagads. Acresi si alcus homé
del borg de Moysag fazia tord a alcus homé de la ciutad d'Agen dembarg, o dals, e no
ovolia adobar per for, e per las costumas del borg de Moysag, le coselh de Moysag
lo devo trementré a Agen a quel acun faciat tord, et a quel deu lo gardar e tenir,
entré quel tord faria jugia, ni gandia son cors qué drech no volguès far a aquel
acun farial tord, lo coselhs del borg de Moyssag devo livrar las suas al clamant entro
quen sia pagads. E si alcus homé de la ciutad d'Agen se fadiava quel cosselh del
borg de Moyssag no volguès sa dretura par aver él poiria penhorar lo communal del
borg de Moyssag, acresi si alcus homé del borg de Moyssag se fadiava quel mager
et coselhs de la ciutad d'Agen..... drethura; far aver el ne poiria penhorar lo communal de la ciutad d'Agen : e per que aquest convent sobre dich sio ferm e tenguo
per tosts temps sous ne fachas duas cartas partidas per a. b. c. d. sageladas del
communal sagel de la ciutad d'Agen, e del communal sagel del borg de Moyssag; et
ela una lo mager, el coselhs d'Agen e lautra lo coselhs de Moyssac. Aiso fo aisi
accordad el mes d'Avril, anno ab Incarnatione Domini, millesimo ducentesimo vigesimo quinto, regnante R., comite Tholozano. A. Agen. episcopo, et Guillelmo Caturcensi episcopo, é aiso fo aisi fach el temps quen P. Auzel era mager d'Agen, e de
coselh era R. de Caors, Fors de Prisa, P. de Claustra, P. Mora, B. de Sasgassias,
G. Pelier, Helias d'Agen, S. del Ramon, G. de Maseg, P. de Mostet, P. Teter; e de
Moyssag era de Coselh, S. de Bragairag, Isarn Pontoner, R. DE GALHARD, P. del
Bosc, A. Delluc, R. de Vilars, P. Bedos, P. de Monbrossa Vinhares, G. Sussa, dozilh,

dem episcopi malitia hoc agente, et periculis variis, exinde im-- · minentibus, cautius declinandis, vias et modos exquisivimus

B. de Bodor, R. B. G. » (Coll. Doat, vol. CXXVII, acte allant du fol. 34 au fol. 39. Bibl. imp. Mss.)

Extrait collationné d'une copie en parchemin, trouvée aux archives de l'hôtel de ville de Moissac, au diocèse de Cahors, par l'ordre et en la présence de messire Jean de Doat, conseiller du roi en ses conseils, président de la Chambre des comptes de Navarre, et commissaire député par lettres patentes de Sa Majesté, du premier avril et vingt-troisiesme octobre 1667, pour faire recherche des titres, etc.

Semblable accord fut signé entre les consuls du bourg de Moissac et ceux de la ville de Marmande le 8 janvier 1239.

Nous ne pouvons dire si Raymond de Galard, dont il est question dans l'acte ci-dessus de 1225, est ou n'est pas distinct du RAYMOND DE GALARD, qui abjura l'hérésie albigeoise en compagnie de PÉTRONILLE DE GALARD. Les inquisiteurs, en expiation de ses erreurs religieuses, dans la semaine de l'avent 1241, infligèrent à ce Raymond deux ans de séjour à Constantinople.

« POENITENCIÆ FRATRIS PETRI SILLANI.
DE MOISIACO.

« PETRONILLA DE GALHARD vidit hæreticos in quadam domo. Item in eadem domo vidit hæreticos et audivit prædicationem eorum utraque vice. Item ibidem vidit hæreticos et adoravit eos. Item, alibi vidit hæreticos bis. Item misit duos lucios hæreticis et duos panes et adoravit eos bis, et credebat quod essent boni homiues. Ibit ad Podium, Sanctum Egidium, Sanctum Jacobum, Sanctum Dionisium, Sanctum Thomam et crucem per annum.

« RAIMUNDUS DE GAILLARD vidit hæreticos et duxit eos per navem usque ad Montem Albanum. Item alibi vidit hæreticos. Item alibi vidit hæreticos. Item alia vice vocatus a quodam hæretico venit ad eum, et ex parte illius hæretici portavit quasdam litteras cuidam hæretico. Item rogatus a quodam ivit apud Villamur ad videndum quemdam hæreticum, et fuit tunc cum hæreticis diu. Item adoravit hæreticos et dedit hæreticis a duodecim denariis usque ad duos solidos. Item alibi dedit cuidam ad opus hæreticorum duos solidos provencienses. Stabit Constantinopoli per duos annos de cruce et via sicut alii. » (Collection Doat, vol. 21, fol. 299 v° et 303 v°. Bibl. imp. Mss.)

La copie de Doat est suivie de l'indication de source ci-après :

Extrait et collationné d'un livre en parchemin, couvert de bois avec une basane, trouvé aux archives des frères prescheurs de Toulouse par l'ordre et en la présence de messire Jean de Doat, conseiller du roy en ses conseils, etc., par moy

per quos et errata corrigi, et ruptæ dilectionis fœdera potuissent amicabiliter reformari :

Set idem episcopus, ex hoc amplius in tumorem se efferens, tam nobis, quam dictis ministris nostris, necnon consulibus et universitati prædictis, majora studuit inferre gravamina, tam per appellationes, frivolas et injustas, ad curiam Franciæ, quam per excommunicationis et interdictionis sententias, in ipsos ministros ac consules et universitatem prædictos voluntarie promulgatas :

Ex quibus, nec immerito, turbati pariter et commoti, alias vestræ Sanctitati, votivo desiderio, nos meminimus supplicasse, ut, pro refrænanda tanta ipsius episcopi malitia, ac scandalo auferendo, et ut, paterna providentia, saluti provideretur animarum, ipsum episcopum ad aliquem locum vel sedem (ubi ejus præsidentia non in tantum abhominabilis esset subditis, nec improbitas patefacta) transferre dignaremini de vestra plenitudine potestatis.

Verum, quia ejusdem episcopi actus nepharii, nostris adhuc quotidie auribus, fidelium assertionibus, inculcantur (quos,

---

Gratian Capot, etc. Fait à Alby le 17 octobre 1669, signé : DE DOAT, *et plus bas :* CAPOT.

Dans les interrogatoires et instructions du procès, intenté par le terrible tribunal à plusieurs autres ennemis de la foi, on trouve quatre dépositions de GUIRAUD DE GALARD que nous mentionnons à cause de la conformité du nom, ce qui n'implique pas attache avec la famille de Condomois. Ce Guiraud de Galard atteste que, à Castel-Sarrazin, ceux de la famille de Grimouard de Brassols et de Cavalsant assistaient aux prédications de Vigoureux de Boucone et de Bernard de La Mothe. Le déposant assura en outre avoir vu, dans la maison de son père, quatre hérétiques, brûlés depuis sur les bûchers de Toulouse, faire acte d'adoration impie dans la demeure d'Arnaud de Mongiscard, dit de Roqueville. L'acte, d'une certaine étendue, et portant la date du 6 des ides de février 1243, existe dans la *Collection Doat, vol. 22, fol. 12 v°.*

non sine diri acerbitate doloris, æquanimiter tolleramus) super
quibus, si libeat, nuncii civitatis prædictæ, præsentium porti-
tores, vestræ Serenitatis conscientiam poterunt plenius informare ;

Vestræ Beatitudinis januam pulsandam duximus precibus
iteratis, quatinus, ad statum ducatus nostri prædicti (qui ex
ipsius episcopi gestu nephario, amplius commotus est hiis
diebus) paternæ considerationis intuitum convertentes, ipsum
ad locum alium transferre dignemini, pro tantis periculis evitandis; præsertim cum verisimiliter credatur, quod, quamdiu
in loco, quo nunc præsidet, potitur officio pastorali, subditorum suorum, quibus excessus sui multiplices (quod dolendum
est) sunt aperti, crescet indevotio, et qui ad viam salutis pastorali solicitudine deberent dirigi, per exempli perniciem, in
erroris devium periculosius pertrahentur.

Et, sicut alias vestræ scripsimus Benignitati, si, super veritate præmissorum excessuum, libeat vestræ providentiæ aperte
informari, per secretam informationem non solum præmissa,
set alia deteriora facinora ipsius episcopi vobis, ut certitudinaliter
credimus, nota fient.

Cæterum, Pater Sancte, quia idem episcopus interdictum,
per ipsum in eadem civitate olim voluntarie promulgatum, jam
per plures annos observari fecit, et adhuc facit (lucrum exinde
quærens temporale pro sacramentis et sacramentalibus, minis-
-trandis, sicut nobis a fidelibus est relatum, et jacturam non
metuens animarum), placeat, quæsumus, super relaxatione
hujusmodi interdicti, remedium apponere salutare.

Dat. apud Westm., vicesimo primo die maii, an. D. 1324.

RYMER, *Conventiones, fœdera, literæ,* tome II, pars 2ª, page 98.

Année 1327.

Étienne Bos, procureur de RAYMOND DE GALARD, *évêque de Condom,
vient dénoncer à Jourdain Paute, sénéchal d'Agenais, les empiétements du baile et des officiers royaux sur l'autorité temporelle de son
mandant. Le sénéchal leur défendit de s'immiscer dans les affaires
relevant du pouvoir spirituel ou administratif du prélat. Il régla,
en outre, l'exercice judiciaire sur la rive de la Garonne où finis-
sait le Condomois, et sur celle opposée où commençait l'Agenais.
Philippe de Valois ratifia la décision de son lieutenant.*

Le 16 janvier 1327 fut marqué par d'autres incidents. Étienne
Bos, procureur de l'*évêque de Condom*, vient devant le sénéchal
d'Agenais et de Gascogne réclamer contre d'autres injustices. Le
nouvel évêché devait avoir sa part de tribulations dans les luttes
qui avaient si souvent agité et qui agiteront encore le siége
d'Agen. Étienne Bos se plaint au sénéchal, Jourdain Paute, que
quelques ennemis de la paix portent à l'évêque de Condom de
graves empêchements dans l'exercice de sa juridiction temporelle : il le conjure d'y mettre un terme.

Le sénéchal tenait alors les [assises, et voulut s'assurer de
la vérité de la plainte. Il manda devant lui le procureur royal
et le procureur de l'évêque, ainsi que des consuls d'Agen, et il
apprit d'eux l'injustice du bailli et des autres officiers royaux
de la ville de Condom. Il leur défendit de troubler désormais
l'évêque de cette même ville, qui avait succédé à l'évêque d'Agen,
dans la juridiction temporelle, aussi bien que dans la juridiction
spirituelle, ce qu'ils feignaient de méconnaître. Cette sentence
fut portée en présence de PIERRE DE GALARD, chevalier, maître
d'arbalètes du roi, de Raymond d'Albignac, juge-mage d'Agen,
de plusieurs autres officiers et grands seigneurs, d'Arnaud Ber-

trand, prêtre, des consuls et d'une multitude innombrable de peuple.

Mais il restait à régler la manière dont la justice s'exercerait de l'autre côté de la Garonne, en face d'Agen, c'est-à-dire au lieu du Passage, qui avait été réservé dans le démembrement du diocèse. Ce fut le lendemain, 17 janvier, que le sénéchal prononça sur ce sujet, dans le monastère des frères prêcheurs. Il ordonna que le bailli royal d'Agen et le bailli de l'évêque de Condom tiendraient leur cour simultanément, par eux-mêmes ou par leurs lieutenants, dans une maison située au bourg du Passage, « ultra pontem Garonæ, » et que les consuls d'Agen y seraient appelés dans les cas accoutumés. Que si quelqu'un des habitants d'Agen venait à commettre quelque crime de l'autre côté de la Garonne, il serait, en attendant le jugement, arrêté dans les prisons de cette ville, sans préjudice de la juridiction de l'évêque de Condom.

Après cette sentence, Pierre Bernard, habitant d'Agen et bailli de l'évêque de Condom, fut présenté par le procureur du même évêque, et jura sur les saints Évangiles, entre les mains des consuls, de garder fidèlement les coutumes et les libertés des habitants, et de rendre à chacun de ceux qui seraient appelés devant lui pleine et entière justice. Puis il prêta serment au bailli royal d'Agen, Arnaud de Sancius, de lui rendre un compte fidèle des émoluments du bailliage commun, et Arnaud de Sancius prêta le même serment au bailli de l'évêque de Condom. (*Évêché, G 16.*)

1329-1345. — Philippe de Valois venait de monter sur le trône de France depuis un an à peine, lorsque, au mois d'avril 1329, il confirmait les sentences de son sénéchal. Quelques jours auparavant, il avait confirmé les priviléges de l'évêque, et pris

sous sa sauvegarde les bénéfices vacants que les seigneurs usur-
paient par la force des armes.

Histoire religieuse et monumentale du diocèse d'Agen, par l'abbé
Barrère, tome II, page 404.

Année 1327.

Raymond de Galard, *cédant aux sollicitations du chapitre, lève l'interdit jeté par lui sur la ville de Condom.*

Universis presentes litteras inspecturis, nos Ramundus, Dei gratia
Condomiensis episcopus, notum fieri volumus, per presentes, omnia et singula interdicta per nos, seu officialem nostrum, seu per
quemcumque alium superiorem, ad instigationem nostram capi-
tulique nostri, seu nostrum alterius, in ecclesia et loco de Condomio ejusque pertinenciis apposita amovisse eaque tenore presentium prout nobis est possibile tollimus et amovemus. Mandantes
rectoribus et capellanis loci predicti pertinentiarumque ejusdem,
pro ut ad ipsos et eorum quemlibet spectat, ut in eisdem loco
et pertinentiis divina celebrent, ut prius officia ecclesiasticaque
sacramenta ministrent, pro ut ante oppositionem interdictorum
predictorum celebrabantur et ministrabantur per eosdem, gene-
ralemque eis licenciam concedimus et donamus. Quod corpora
defunctorum loci et pertinenciarum predictorum tempore interdictorum non excommunicatorum, nec aliud de jure seu per
ecclesiam reprobatorum, cum requisiti fuerint, tradant eccle-
siastice sepulture tradique permittant in ecclesiis et cimiteriis
ubi defuncti predicti elegerint sepeliri. In cujus rei testimonium
fecimus presentes litteras sigilli nostri munimine roborari.

monachi dicte ecclesie cathedralis Sancti Petri de Condomio,
capitulum ibidem facientes et ut moris est congregati. Infra
dictum capitulum dicte ecclesie Condomiensis specialiter ad
infra scripta, videlicet nos episcopus, pro nobis, ecclesia et successoribus nostris, cum assensu et consensu dicti capituli, et nos
fratres priores, sacrista, camerarius, claviger, monachi et capitulum, cum auctoritate, voluntate et expresso consensu dicti
domini episcopi, ibidem presentis, pro nobis et successoribus
nostris capitulo et ecclesia. Quod cum ex parte consulum civitatis Condomiensis, pro se et universitate seu habitatoribus
civitatis predicte, nobis humiliter fuit supplicatum quod nos eisdem supplicantibus instituendi de novo et tenendi perpetuo in
dicta civitate nundinas bis in anno, videlicet in die festi Penthe-
costis et aliis septem diebus inmediate et continue subsequentibus, et in die festi Omnium Sanctorum et septem diebus
inmediate et continue subsequentibus concedere dignaremur.
Quare nos, super predictis legitime informati, quod commodum
vel incommodum nos, aut ecclesiam predictam, vel capitulum
sequi posset si dictis supplicantibus licenciam hujus modi con-
cederemus, et utrum sine nostro aut ecclesie predicte et cujus-
quam alterius prejudicio dicte nundine dictis diebus et temporibus possint ibidem institui et perpetuo teneri, ac eisdem
supplicantibus concedi, et de aliis negociis, circumstanciis
universis, per quam informationem factam nobis constat quod
dicte nundine, temporibus et diebus predictis, de novo institui
in dicto loco et in ibi perpetuo teneri possint absque nostro et
dicte ecclesie et cujuslibet alterius prejudicio, cum dictis temporibus et diebus nulle sint aut teneantur nundine in civitatibus,
villis, castris et burgis seu aliis locis circumvicinis tocius terre,
quodque nobis et ecclesie predicte et supplicantibus supra dictis

commodum non modicum exinde proventurum speratur. Nos episcopus et capitulum predicti, nominibus et cum autoritate et assensu quibus supra, attendentes in premissis nostrum et dicte ecclesie ac publicam utilitatem et nullius prejudicium vel dampnum versari, et preterea prefatorum consulum, universitatis civium et habitatorum civitatis predicte supplicationi benigniter annuentes, auctoritate nostra, nominibus et cum auctoritate et assensu quibus supra, omnes insimul et quilibet per se in quantum poterat, tenore presentium, instituimus dictas nundinas ibidem ad usum et modum aliarum circumvicinarum nundinarum, deinceps perpetuo tenendas, predictis temporibus et diebus, per hoc tamen dictorum supplicancium juribus, privilegiis, franchisiis et libertatibus per nos et dominum ducem Aquitanie olim et dominum nostrum regem Francie et Navarre eis concessis. Quibus eorum predecessores et ipsi, ante nostram presentem concessionem, usi fuerunt, pacifice volumus in aliquo derogari seu quodvis prejudicium generari, nec etiam volumus quod nobis propter predicta in vectigalibus, pedagiis, seu leudis, debitis et aliis eciam deveriis assuetis ad nos pertinentibus, prejudicium aliquod, vel jactum fiat seu eciam generetur, cum eciam eadem vectigualia, pedagia, deveria et leudas, more solito, exigere valeamus et levare. Quod ut ratum et stabile permaneat in futurum, nos episcopus et capitulum predictum sigilla nostra episcopi et capituli presentibus litteris fecimus apponi, jure nostro ecclesieque nostre in aliis salvo et illibato omnimode remanente. Actum et datum Condomii, die lune ante festum Purificationis Beate Marie Virginis, anno Domini millesimo ccc° vicesimo septimo. Ita est.

Archives communales de Condom, Livre-Cadenas, folio xxiv du numérotage rouge.

LUNDI AVANT LA PURIFICATION 1327.

Lettres par lesquelles RAYMOND DE GALARD, *évéque de Condom, et les religieux, constituant le chapitre, confirment les coutumes précédemment concédées par lui et le roi d'Angleterre.*

LITTERA QUALITER DOMINUS CONDOMIENSIS EPISCOPUS ET TOTUS CONVENTUS SUUS MONACHORUM DE CONDOMIO CONFIRMAVERUNT CONSUETUDINES CONDOMII CONCESSAS PER DOMINUM REGEM ANGLIE.

Noverint universi quod nos RAYMUNDUS, Dei gratia Condomiensis episcopus, et Johannes de Polenhaco, monachus et prior claustralis monasterii seu ecclesie cathedralis Condomiensis, PETRUS DE GUALARDO, monachus Condomii dicte ecclesie et prior prioratus de Neriaco, Arnaldus de Beirenxio, monachus et sacrista dicte ecclesie, Guilhelmus Ramundi de Savinhaco, monachus et claviger in dicta ecclesia, Gualardus de Godbesio, monachus et camerarius in dicta ecclesia, Petrus Martini, monachus dicte ecclesie et prior prioratus de Salvitate, comitatus de Gaura, Columbus de Montealto, Bertrandus de Paolhaco, Augerius de Pausaderio, Ramundus Jordani de Carreribus, Vital de Seyssos, Gualabrunus de Lassera, Guilhermus Arnaldi de Geraldo, Bernardus de Lardo, Guilhermus Ramundi de Forcesio, Petrus de Podio-Estremerii, Bernardus de Podio, Johannes de Laco et Johannes Rossini, monachi dicte ecclesie cathedralis Sancti Petri de Condomio, capitulum ibidem facientes, et ut moris est congregati, infra dictum capitulum dicte ecclesie Condomiensis specialiter ad infra scripta; videlicet nos episcopus, pro nobis et ecclesia nostra et successoribus nostris, cum expresso assensu et consensu dicti capituli et cum deliberatione prehabita et pleno peritorum nostrorum perpenso consilio, et nos fratres

priores, sacrista, camerarius, claviger, et monachi, et capitulum,
cum autoritate, voluntate et expresso consensu dicti domini
episcopi, ibidem presentis, pro nobis et successoribus meis pro
tempore, in predicto monasterio seu ecclesia, capitulum facien-
tibus, capitulo et ecclesia, damus, concedimus et ex certa
sciencia confirmamus, perpetuo plenarie cum effectu, consulibus
et universitati omnium incolarum et habitatorum civitatis Condomii et cuilibet ipsorum et singularibus personis ejusdem
civitatis, honoris et pertinentiarum ejusdem civitatis, usus, consuetudines, libertates, franchalesias, et privilegia dictis consulibus et universitati data, concessa et sigillata, tam per nos
nominibus quibus supra conjunctim vel divisim, quam eciam
per dominum regem Anglie, tunc ducem Aquitanie, prout in
ipsis consuetudinibus et privilegiis et quolibet capitulo consuetudinum et privilegiorum continetur. Item, vicibus et nominibus
quibus supra, donamus et ex certa sciencia quitamus et remittimus, plenarie perpetuo cum effectu, predictis consulibus, universitati et cuilibet habitatori, in civitate predicta et ejusdem
pertinenciis, omnes et quidquid nos nominibus quibus supra,
conjunctim vel divisim, seu nostri procuratores, sindici, seu ministri, ex nostro vel suo officio vel alia ratione condempnationum,
vel multarum factarum, vel faciendarum, vel alterarum, et etiam
ratione litis, mote, et diu gentilate inter nos seu procuratores
vel sindicos nostros et procuratorem domini nostri regis Francie,
conjunctim vel divisim, ex una parte, et procuratorem domini
regis Anglie, ducis Aquitanie, et dictos consules, universitatem
et quasdam singulares personas ejusdem civitatis et pertinentiarum ejusdem, conjunctim vel divisim, ex altera, que pendet in
curia domini nostri regis Francie Parisiis, vel alibi ubicumque,
ratione predicte litis seu dependencium, vel qui dependere pos-

sunt, ex eadem exigere vel habere poteramus ab eisdem, conjunctim vel divisim, quovis jure et ratione, vel causa, quantum
nos vel successores nostros aut nostros officiales tangit vel tangere potest, conjunctim et divisim, et procuratoribus, sindicis,
officialibusque nostris et cuilibet ipsorum imperpetuum silencium imponimus in ea et super premissis et quolibet premissorum. Item, vice et auctoritate, nominibus quibus supra et pro
nobis et successoribus nostris in perpetuum, damus et ex certa
sciencia concedimus perpetuo dictis consulibus universitatis,
civitatis Condomii et cuilibet eorum et pertinenciarum ejusdem
civitatis et honoris ipsius, quod nos seu officiales nostri, vel
ministri nostri, non extrahemus, nec abstrahent, seu extrahi faciemus, vel procurabimus per nos aut interpositas personas aliquem seu aliquos habitatorem seu habitatores dicte civitatis Condomii et pertinenciarum ejusdem extra dictam civitatem, seu
pertinentias ejusdem, pro hostagiis, seu pro delictis, comissis
infra dictam civitatem et pertinentias ejusdem, seu aliud quoquomodo, nisi dumtaxat prout consuetudo requirit et in consuetudinibus dicti loci plenius continetur.

Item, vice, nomine et auctoritatibus quibus supra, pro ut nobis
et successoribus nostris in perpetuum damus et concedimus, ex
certa sciencia, perpetuo consulibus et universitati dicte civitatis
Condomii et pertinentiarum ejusdem et cuilibet eorumdem, ut
munitiones, fortalicie, facte seu faciende, tam in muris lapideis
quam in clausuris ligneis, quam eciam in fossatis et aliis quibuscumque munitionibus dicte civitatis seu loci de Condomio, sint
et remaneant in statu in quo nunc sunt absque omni destruxtione,
demolitione et impedimento quocumque; et quod alias possint
easdem fortalicias de novo et municiones reparare, refficere et
emendare et novas facere et de novo, ad securitatem et utilitatem

dicte civitatis, quocienscumque et quandocumque eisdem consulibus et habitatoribus Condomii placuerit et videbitur expedire.
Nulla a nobis, seu officialibus, vel ministris nostris, aut successorum nostrorum petita licencia nec optenta, nec non quantum in
nobis vel successoribus nostris est vel esse potest. Quod arma et
quecumque genera armorum ipsorum consulum et habitatorum
et cujuslibet eorum, antiquitus vel de novo empta et possessa in
civitate Condomii et pertinentiis ejusdem, sint et remaneant in
dominio et possessione ville seu civitatis Condomii et penes illos
quorum sunt. Et quod nos seu nostri successores seu officiales
vel ministri nostri nichil possimus petere, exigere vel habere a
possessoribus eorumdem armorum.

Item, vice, nominibus et auctoritatibus quibus supra, ex certa
sciencia, damus et concedimus eisdem consulibus et universitati
Condomii, in perpetuum, et cuilibet habitatori ejusdem et pertinenciis ejusdem civitatis, quod officium nostrum et nostrorum
judicum et officialium, ministrorum et curiæ nostræ cesset et
quiescat contra omnes habitatores ejusdem civitatis et pertinentiarum ejusdem, in omnibus et singulis delictis criminibus et
excessibus comissis in dicta civitate et ejus pertinentiis usque
ad diem concessionis eisdem facte super istis per dominum
Karolum, comitem Valesii, Carnoti et Andegavensem, tunc locum tenentem dicti domini nostri Francie regis in partibus Occitaniæ, per quoscumque et cujuscumque condicionis existant et
contra quoscumque comissa fuerint in quibus officium judicis
seu prevencio fieri potest vel se possint extendere nisi denunciator vel accusator existat qui partem faciat sine vel cum procuratore nostro in premissis. Et si contingeret apparere denuncia-
rem vel accusatorem super criminibus et excessibus seu delictis,
comissis contra aliquem vel aliquos habitatores civititatis predicte,

et lite contestata super denunciatione vel accusatione predicta, velet desistere ab accusatione vel denunciatione predictis. Illo casu volumus quod si, per testes productos et per depositiones eorum publicatas, appareret judici et consulibus civitatis predicte quod consules in hoc vocari volumus et interesse accusatum vel denunciatum de crimine, seu de criminibus propositis, seu denunciatis contra eum esse nocentem et culpabilem, quod illo casu judex juxta usus et consuetudines dicte civitatis possit procedere et punire denunciatum vel accusatum de criminibus et denunciatis contra eumdem, non obstante desistencia accusatoris vel denunciatoris, alias autem minime nolumus judicem seu curiam posse procedere in negocio ex officio seu causa, nisi modo et forma superius expressatis.

Item, volumus et ex certa sciencia, vice, nominibus et auctoritatibus quibus supra, quod si que receptatores vel obedientes facti fuerint bannitis Tolose per dominum nostrum regem Francie vel obedientes extiterint eorum litteris, vel mandatis, seu alio quoquomodo contra inibitiones et precepta per dominum nostrum regem Francie facta eisdem habitatoribus, vel eorum cuilibet, omnem penam deffectum in hobedienciam et punitionem ob premissa comissam seu comitendam pleno jure eisdem ex certa sciencia perpetuo. Nos episcopus et capitulum predicti, nominibus quibus supra, pro ut nostra interest ad nos quod spectat remittimus et quittamus. Volumus eciam quod si alique cause extiterint finite per transactionem, sentenciam, compositionem vel alias, quod nullathenus reviviscant, ymo sopita remaneant, istud ex certa sciencia eisdem concedentes.

Item, vice, nominibus et auctoritatibus quibus supra, ex certa sciencia, perpetuo volumus concedentes quod nos, seu nostri officiales vel ministri nostri, seu gentes familiares et domestici nostri

possint, audeant recipere nec habere aliqua victualia, vel alia
ab aliquo seu aliquibus habitatore civitatis Condomii vel pertinentiarum ejusdem, nisi satisfacto primitus de precio habitatoribus dicte civitatis Condomii vel pertinenciarum ejusdem. Quod
ut ratum et stabile permaneat in futurum, nos episcopus et capitulum predicti sigilla nostra presentibus litteris apponi fecimus
in pendenti in testimonium premissorum. Actum et datum Condomii, die lune ante festum Purificationis Beate Marie Virginis,
anno Domini millesimo CCC° vicesimo septimo. Ita est.

Archives communales de Condom, Livre-Cadenas, folio xxii du numérotage rouge.

5 JANVIER 1328.

Arrangement entre RAYMOND DE GALARD, *évêque de Condom, et le chapitre, d'une part, les consuls et l'université, de l'autre, au sujet
de Larressingle. Ce compromis, qui prévenait les conséquences
désastreuses des procès pendants en cour de France et de Rome, fut
amené par la médiation d'Anissans de Caumont, seigneur de
la Graulet. Dans cette transaction figurent* PIERRE *(prieur de Nérac),* GUILLAUME, JEAN, GÉRAUD *et* BERTRAND DE GALARD. *Ce dernier est dit seigneur de Campanès.*

INSTRUMENTUM PACIS ET PRONUNCIATIONIS PER DOMINUM ANISANCIUM DE
CAVOMONTE, DOMINUM MONTIS VETERIS ET DE AGRAULETO, PROLATE ET
FACTE SUPER DEBATIS INTER DOMINUM CONDOMIENSEM EPISCOPUM ET
EJUS CAPITULUM EX PARTE UNA, ET CONSULES ET UNIVERSITATEM CONDO-
MII, EX ALTERA, SUPER FACTO RETROSINGULE ET INTERDICTIS, MOTIS.

In nomine Domini, amen. Pateat universis quod cum inter
reverendum in Christo patrem dominum RAYMUNDUM, Dei gratia
Condomiensem episcopum, et capitulum ejusdem, nomine ecclesie

sue Condomii, nec non et quosdam de capitulo, ex parte una,
consules et universitatem et quasdam singulares personas de
Condomio, pro se et nomine dicte universitatis, ex altera, conjunctim vel divisim, contentiones, controversie seu questiones
verterentur super facto seu factis castri de Retrosingula et territoriorum de Coysetõ et de Casurario; nec non super pluribus
dampnis, excessibus et inobedienciis, quas et que iidem episcopus
et capitulum dicebant sibi et gentibus suis per consules et universitatem et aliquas singulares personas ville Condomii, conjunctim vel divisim, illatas illataque fuisse; nec non super facto
interdictorum per dictum dominum episcopum, seu alium, vel
alios, in villa Condomii positorum, ex causis predictis vel aliis,
super quibusdam aliis questionibus que inter partes memoratas,
in diversis foris tam ecclesiasticis quam singularibus, mutuo vel
aliquomodo quibus supra nominibus dependebant. Demum in
presentia mei notarii et testium infra scriptorum personaliter
constituti : predictus dominus episcopus Condomii et venera-
biles ac religiosi viri domini Johannes de Polinhaco, prior claustralis, Petrus de Gualardo, prior Neriaci, Arnaldus de Berenquis,
sacrista ecclesie cathedralis Sancti Petri de Condomio, Guilhelmus Raymundi de Sevinhaco, claviger, Gualhardus de Gotbesio,
camerarius, Johannes de Teulerio, infirmarius, Petrus Martini,
prior Salvitatis, Columbus de Monte alto, Bernardus de Paolhaco,
Bernardus de Lardo, Bernardus Jordani de Carreribus, Augerius de Pausaderio, Vitalis de Seyssos, Petrus de Podio extremo,
Galabrinus de Serra, Johannes de Lato, Guilhelmus de Forcesio,
Guilhelmus Arnaldi Geraldi, et Bernardus de Ligardis, capitulum facientes, et capitulum predictum faciendum. Vocati, prout
est mos et decet, dicti domini episcopus et capitulum et eorum
quilibet, pro se et suis successoribus, et providus vir dominus

Besianus de Tribus Montibus, scindicus et procurator dictorum
episcopi et capituli Condomii, prout in quodam instrumento
publico ibidem exhibito et ostenso, cujus tenor inferius de verbo
ad verbum est insertus, plenius continetur, nomine scindicatorio
et procuratorio dictorum dominorum episcopi et capituli, et
pro quolibet de capitulo; dictum capitulum cum auctoritate et
assensu dicti domini episcopi, et dictus dominus episcopus,
cum voluntate et assensu capituli predicti, ex parte una : et Guilhermus de Sancto Petro, procurator et sindicus consulum et
universitatis predicte; nec non et quarumdam singularium perso-
narum de Condomio, cum potestate compromittendi, pro ut in
quodam instrumento publico ibidem exhibito et ostenso, cujus
tenor inferius est insertus, plenius continetur; nec non Petrus de
Fossariis, Vidonus de Lausinhano, magister Johannes de Roqueta,
Benardus de Gontaldo, Bernardus de Marsano, et Johannes de
Cassanea, consules Condomii, nomine sui consulatus et universitatis predicte de Condomio et singularium de universitate
predicta, ex altera. Considerantes que et quanta incomoda
litigantibus proveniunt, et si quod lites hodia pariunt, facultates
consumunt, presertim cum sint dampnose lites et periculose inter
illos qui dilectionis et fidei mutuo sunt federe, ipsi ducti consilio saniori, postpositis litium anfractibus, questiones, litès et
controversias quas prelibati reverendus pater et suum capitulum
et singulares de dicto capitulo, ex parte una, et consules et incole
et singulares persone dicte civitatis, ex altera, mutuas habent
conjunctim vel divisim pendentes in curia Francie, vel alibi, seu
dependentes, vel que dependere possent quoquomodo ab eisdem,
etiam ratione dependentie, vel alias contra aliquas singulares
personas dicte civitatis, elegerunt, per viam compromissi, arbitrii, arbitrationis amicabilis, quam sit ei possibile terminare,

nobilem et potentem virum dominum Anissancium de Cavomonte, clericum et domicellum dominum Montis Veteris et de
Agrauleto, qui predictas controversias, questiones, lites et alias
universas et dependentes seu dependere valentes, quoquomodo
ab eis inter ipsas partes, ut premittitur, pendentes seu pendere
valentes, in curia Francie et in curia domini nostri pape, ratione
interdictorum vel alias aut delegatis, ab eisdem curii aut curia domini senescalli Agennensis, vel alibi ubicumque, coram judicibus
ecclesiasticis, vel secularibus et aliis quibuscumque. Et partes
predicte, pro se et suis successoribus et nominibus quibus supra,
de omnibus et singulis questionibus, litibus et controversiis que ex
causis predictis vertuntur, vel verti sperantur inter eas quomodo et
concorditer compromiserunt et concensieverunt[1], de alto et basso
in dictum clericum et domicellum, electum, constitutum, assumptum et ordinatum comuniter ab eisdem tanquam in arbitrum, comissarium, arbitratorem, laudatorem, diffinitorem, seu
amicabilem compositorem et comunem amicum, ibidem presentem, et sponte premissa et dictum arbitrium in se suscipientem. Dantes et concedentes plenam et liberam potestatem ut
possit per se, vel per alium, vel simul cum alio quem sibi voluerit sociare usque instantem dominicam primam carniprivii in
premissis et singulis de plano, sine strepitu et figura judicii,
examinare, cognoscere et partes ad audiendum sentenciam seu
preceptum, vel ad alia citare et diem ad pronunciandum, vel ad
aliud prefixam prorogare, partem contumacem multare et per
se ipsum pronunciare, diffinire, laudare, arbitrare, precipere et
alte et basse, sicut ei videbitur, terminare et ordinare semel et
pluries, conjunctim vel divisim simul, vel super altera earum,
ordine vel juris servato vel non servato, ordinarie vel extraor-

1. Pour *concenserunt*.

dinarie diebus feriatis, vel non feriatis, sedendo vel stando, in scriptis, vel sine scriptis, et alias qualitercumque, prout melius sibi videbitur expedire, nullo pretermisso obstante, omni loco et hora, utraque parte abscente, vel utraque parte presente et altera abscente,
citata tamen. Et quod possit semel et pluries et etiam quandocumque suam sentenciam vel sentencias, dictum laudum, preceptum sive pronunciationem interpretare, declarare, corrigere, re-
formare ut sibi videbitur expedire. Quodque si arbiter predictus,
arbitrator, seu amicabilis compositor de aliquibus vel de omnibus
questionibus cognoscere ceperit, vel aliquas terminaverit, possit
jam ceptas, vel non ceptas, tanquam arbitrator, vel amicabilis
compositor, resumere et de ipsis cognoscere et diffinire vel contra. Et quod super pene comissione et aliis ad penam spectan-
tibus et quibuscumque aliis idem arbiter valeat quandocumque
etiam lapso tempore compromissi agnoscere, diffinire, declarare,
arbitrare, dicere et precipere sub pena in hoc conpromisso contenta. Quodque si in dicto termino non fuerint omnia et singula
terminata vel aliqua remanserint terminanda, seu declaranda,
possit, partibus presentibus, vel abscentibus requisitis, vel irre-
quisitis semel et pluries et quandocumque voluerit ipsum prorogare. Promiserint insuper dicte partes, pro se et suis successoribus et nominibus quibus supra, sibi ad invicem per sollempnem
stipulationem parere, hobedire ejus laudo dicto, pronunciationi
pene arbitrio, precepto seu preceptis, per eum vel alium, de
mandato ejus facto seu factis mox eis prolatis emologare et apro-
bare et in nullo contra venire quacumque ratione, vel causa, seu
modo de jure vel de facto, verbo vel opere, per se vel per interpositam personam quam, vel quas, inter eas super quocumque
vel aliquo premissorum, seu eorum occasione dixerit, fecerit,
pronunciaverit, diffinierit, seu fuerit arbitratus et contra ejus pre-

ceptum laudum, pronunciationem, seu arbitrium, non appellabunt
nec appellationem prosequentur, nullum rescriptum, nullum pri-
vilegium, per se aut alium, impetrabunt aut impetratis utentur,
nullam exceptionem opponent, restitutionem in integrum non
petent, nec illud corrigi, seu emendari, per superiorem vel aliquem judicem petent. Quodque non utentur cujuscumque legis,
vel canonis, statuti, seu consuetudinis beneficio quod viciet, seu
viciaret, vel infirmare valeat hujusmodi compromissum, seu
arbitrium in totum vel in parte, vel ex persona arbitri, sive ex
personis compromitencium sive ex forma compromissi, vel arbitri, seu ex rebus vel causis de quibus est compromissum, seu
alia quocum ratione vel causa. Quod si facerent, vel in aliquo
contra premissa vel aliquod premissorum venirent, promiserunt
sollempniter, ut est dictum, sibi ad invicem et eidem arbitro, ar-
bitratori, seu amicabili compositori, quod pars arbitrium vel laudum in totum vel in parte non servans, parti servanti dabit et
solvet nomine pene decem milia librarum turonensium, parvorum, refficereque et resarssire sibi omnia dampna et expensas et
interesse que et quas ipsam facere contigerit, vel eciam susti-
nere, sicut suo declaraverit juramento, cui sine aliis probationi-
bus fidem plenam eis placuit adhiberi. Que omnia et singula
promiserunt sub pena premissa et sub obligatione omnium et
singulorum bonorum suorum et capituli, ecclesie et universitatis predictarum presencium et futurorum, fideliter observare;
constituentes ad invicem, seu vicissim unus alteri bona sua et
unus pro altero possideat bona sua, ita quod non liceat arbitrium
servanti sua auctoritate absque cujuscumque judicis licencia,
seu requisitione, cum dicti tamen arbitrii[1] licencia ingredi bona

---

1. Pour *arbitri.*

venientis contra illud, in totum vel in partem, et accipere de
bonis ejus mobilibus, vel immobilibus, pro summa predicta
et pro restitutione dampnorum expensas et interesse. Hoc nichilominus acto quod pena predicta semel vel pluries quociens
contra predicta vel aliquod predictorum a quacumque parcium
predictarum actum fuerit vel prestatum, laudatum, seu dictum,
integre servatum non fuerit, in omnibus et singulis capitulis in
solidum comitatur et comissa exigatur. Qua soluta et non soluta,
expensis, dampnis et interesse ressarsitis vel non, predicta omnia
et singula et predictum compromissum, laudum seu arbitrium in
sua permaneant firmitate; et laudo seu dicto etiam rato manente,
pena nichilominus peti possit. Et hec omnia et singula juraverunt quelibet parcium predictarum et nominibus quibus supra
tenere et observare, per se suosque heredes et successores, corporaliter prestito juramento. Renunciantes specialiter autentice
descernimus posite. C. de arbitris[1], que inhibet arbitrium fieri cum
sacramenti interpositione et generaliter omni beneficio et auxilio
cujuscumque juris specialiter ibi enumerati et privilegiis statuti
rescripti, consuetudinis, appellationis, et in integrum restitutionis, emendationis seu correctionis et exceptionis per que possent,
in totum vel in partem, a pena seu observatione predicti arbitrii,
seu precepti, seu a restitutione dampnorum et expensarum quomodolibet liberari. Ex utraque parte tamen primitus protestato
et protestatione ab eis mutuo recepta, quod earum intentionis est

---

1. C'est le titre défiguré d'une authentique de Justinien, dont le texte correct
est celui-ci : *Decernit jus novum*. Le mot *posite*, qu'on a lu plus haut, signifie sans
doute que l'authentique en question est placée dans le Code au titre LVI, *De arbitris*, ce qui est vrai. Il faudrait donc restituer le texte de la manière suivante :

Autentice : *decernit jus, posite*. § C. *de arbitris*, ou bien, sans abréviation :
Autentice: *decernit jus, posite*. § *Codice de arbitris*.

dictum compromissum seu arbitrium facere et eidem pronunciationem seu dictum inde subsecutum tenere in eo casu quo domino
nostro regi et sue curie istud compromissum placuerit alias absque
eorum voluntate et concesu [1] non est eorum intentio supra dicta
facere vel tenere. Quodque non est earum intentionis jus regium
in isto compromisso deducere vel in aliquo prejudicare eidem ;
protestate etiam fuerunt partes predicte, pro se et nominibus quibus supra, quod propter istud compromissum de predictis rebus,
causis, et litibus, factum in dictum arbitrum arbitratorem, non [2]
intendunt compromisso prius facto per ipsas partes in dicto
arbitro renunciare nec eidem prejudicare. Ymo volunt istud, non
obstante presente compromisso, in suo robore permanere et
effectum obtinere. At consequenter ibidem dictus arbiter, arbitrator, seu amicabilis compositor, pace et concordia, questiones
et controversias predictas, inter partes predictas, diu habitas,
sopire et determinare, cupiens et effetans presentibus partibus
supradictis in hunc modum pronunciavit :

Quoniam ipsa veritas que est XRS. JHUS. (Christus Jhesus)
pacem mundo relinquens, eam voluit atque dignatus est predicare
in concordiaque membrorum ecclesie summe Deus gloriatur :
nam sic dulcis est pro temporali et eterna salute quod persona-
rum diversitatem sub uno respectu convertit ; paxque et concordia cujusiibet actus compositionis et tranquillitatis debent esse
principium atque finis. Ea propter :

Nos Anissancius de Cavo Monte, clericus et domicellus
dominus Montis Veteris et de Agrauleto, arbiter, arbitrator, seu
amicabilis compositor, electus comuniter et concorditer per

1. Pour *concensu.*

2. Le *non* est placé au-dessus de la ligne, entre *arbitratorem* et *intendunt*. Il
paraît être de la même main.

partes predictas, visis, auditis, intellectis et examinatis parcium juribus, deliberatione prehabita diligenti, pro bono pacis et concordie et vigore compromissi predicti, XRI (Christi) nomine invocato. In nomine Patris et Filii et Spiritus Sancti : amen. Primo per dictam nostram arbitrationem seu amicabilem compositionem dicimus, diffinimus, arbitramur, pronunciamus, ordinamus atque precipimus partibus supra dictis : quod deinceps pax, vera concordia firmaque dilectio sint et existant inter partes predictas et successores earumdem, in eisque unanimiter perdurent, de cetero ac etiam perseverent et ex nunc in antea omnes questiones, querimonie, jurgia, controversie et discordie sint sopite et finite nunc pro perpetuo, recipiant et inter se partes, pro se et nominibus quibus supra, caritativam affectionem et dilectionem habeant. Et quod omnis rancor et mala voluntas inter partes predictas sint amota. Et quod, ratione aliquarum questionum, dubiorum, controversiarum seu litium, quas vel que dicte partes, pro se vel nominibus quibus supra, habent vel habere possunt inter se coram quibuscumque judicibus ecclesiasticis, vel secularibus, ordinariis vel extraordinariis, delegatis vel sub-delegatis, usque ad diem presentem una aliam non vexet seu aliquas singulares personas ex ipsis non in futurum vexare faciat, seu procuretur. Ymo partes predicte, pro se et nominibus quibus supra, a quibuscumque litibus et causis inter dictas partes ceptis et dependentibus in curiis quibuscumque cessent, penitus quiescant et desistant ; et de predictis questionibus et controversis litibus, seu demandis, partes predicte ad invicem et nominibus quibus supra quitent quantum eis tangit seu tangere potest, penitus et absolvant.

Item, secundo dicimus, pronunciamus et etiam ordinamus nos arbiter, arbitrator seu amicabilis compositor ante dictus,

quod, causa juridictionis castri de Retrosingula et territoriorum
de Coyseto et de Casurario et aliarum pertinenciarum dicti
castri de Retrosingula, que cepta, mota et inchoata esse dicitur
per consules et sindicum civitatis Condomii contra dominum
episcopum et ejus capitulum et procuratorem regium, coram
domino Girardo Quireti, olim senescallo Agennii, in qua
libellus oblatus esse dicitur. Et lis contestata visis dicto libello,
tam processus inde subsecuto, tam coram domino senescallo,
tam coram discretis viris magistris Johanne de Roqueta et Forcio
de Buxo, clericis, jurisperitis, comissariis, ut dicitur, per dictum
tunc dominum senescallum deputatis. Et inquesta per dictos
comissarios facta, productis atque visis consuetudinibus instrumentis et aliis legitimis documentis et aliis quibuscumque arra-
mentis, que dicte partes, seu ipsarum quelibet, in causa predicta
debebunt producere et tenebuntur de jure. Quoquomodo secundum juris formam per predicta et visis omnibus predictis questio
seu causa predicta decidatur, finiatur et terminetur per dominum
senescallum Agennensem, seu regentem senescalliam predictam
vel eorum locatenentes, examinatis primitus et ante omnia
per dictos comissarios duobus de testibus productis per procuratorem regium, dominos episcopum et capitulum supra-
dictos, ante publicationem faciendam in causa predicta. Re-
servato etiam et expresse retento per nos arbitrum, arbitratorem, seu amicabilem compositorem, quod quelibet parcium
predictarum sex testes ultra jam examinatos dumtaxat,
per dictos comissarios faciant ante publicationem, si voluerint,
examinare. Et facta publicatione testium predictorum coram
dicto domino senescallo seu ejus curia, quod nulla parcium
predictarum objiciat nec objectiones audiantur, seu recipiatur
sentencia predicta et questio visis predictis per predictos do-

minos senescallum seu regentem vel eorum locatenentes per
diffinitivam sentenciam terminetur et etiam decidatur. A qua
quidem sentencia partes predicte, seu ipsarum quelibet, nullatenus appellet, nec etiam appellare audeat, nec ab aliquo emer-
genti vel incidenti appellare audeat aliqua parcium, nec possit
si super modum interloqutorias vel alias, si advenerit, in causa
predicta appellare modo aliquo seu forma, et quod partes predicte,
per pactum expressum, renunciare predictis appellationibus
habeant et teneantur et renuncient specialiter expresse et servare premissa per pactum expressum promittere teneantur. Nec
non quod partes predicte ad sancta Dei Evangelia jurare teneantur, quod, ut cicius poterunt, causam, questionem et litem predictam que pendet inter partes predictas de dictis locis de Retrosingula cum territorio de Coyseto et de Casurario, finiri facient
et etiam terminari. Et ne sentencia aliter quam de jure fuerit
faciendum proferatur, quod jurent et jurare teneantur partes
predicte quod nichil dederunt, dabunt directe vel indirecte, nec
dari facient alicui persone, nec dudum senescallum vel alium
inducent prece, precio, vel precibus, munere, dono |vel alio
quocumque indebito actu, nec falsum instrumentum vel testem,
nec aliam quamcumque probationem falsam inducent, induci
producive facient quoquomodo. Et quod appellationi vel appellationibus vel earum qualibet facienda vel faciendis per alium seu
alios quoscumque interponende seu interponendis dicte partes
vel aliqua earumdem non possint vel valeant adherere.

Item, tercio dicimus, pronunciamus, ac etiam ordinamus nos
arbiter, arbitrator, seu amicabilis compositor, quod cum plures
fraudes, ut dicebantur, comitterentur in molendinis civitatis predicte et pertinenciis ejusdem, quod molendina omnia scituata
infra juridictionem et districtum civitatis Condomii predicte

amoto pondere et rejecto omnino et in rotondo remaneant et in rotondo teneantur ad fraudem multure seu farine evitandam perpetuo, et quod ratione multure nichil amplius quam xiiii[a] pars bladi exhiguatur seu extorquatur ex precepto seu ex certa sciencia dominorum molendinorum predictorum. Et si per molendinarios, vel aliquem seu aliquos ex ipsis, contra premissa factum fuerit, puniatur contrafaciens, ad cognitionem dominorum civitatis predicte, vocatis et presentibus consulibus et aliis probis viris dicte civitatis, et secundum quod in aliis punitionibus vocantur, consulunt et presentes sunt si et prout juxta consuetudines civitatis predicte fuerit faciendum.

Item, quarto dicimus, pronunciamus, ac etiam ordinamus nos arbiter, arbitrator, seu amicabilis compositor, quod omnia et singula interdicta, apposita per dictum dominum episcopum et ejus officialem in civitate Condomii, seu per quemcumque alium superiorem, ad instigationem dictorum dominorum episcopi et capituli vel alterius eorumdem, in ecclesia et loco de Condomio supradictis, tollat et amoveat incontinenti, tolli seu amoveri faciat, et quod ratione excessuum si que comissa sint per quoscumque contra dominos dictos episcopum et capitulum, vel aliquem de capitulo, seu de eorum familiis, interdicta nullatenus inposterum apponantur ex predictis; dicimus tamen et volumus et etiam ordinamus nos arbiter, arbitrator predictus, seu amicabilis compositor, quod ex aliquo de premissis juri (*sic*) quod habent dicti domini episcopus et ejus capitulum contra quascumque alias personas extraneas non tamen habitatores civitatis Condomii seu pertinenciarum ejusdem nullatenus derogetur.

Item, quinto dicimus, pronunciamus et etiam ordinamus quod nos arbiter, arbitrator, seu amicabilis compositor ante dictus, quod idem dominus episcopus dare licenciam generalem tenea-

tur, quod corpora defunctorum tempore interdictorum non
excommunicatorum nec alio de jure seu per ecclesiam reprobatorum qui elegerunt extra cimiteria dicte ecclesie sepulturam
ubi elegerint, omissa presentatione consueta, sepeliantur, satisfacto ecclesie supradicte ex integro de deveriis consuetis, et
quod dicte ecclesie propter omissam presentationem nullum in
posterum prejudicium generetur.

Item, sexto dicimus, pronunciamus ac etiam ordinamus nos
arbiter, arbitrator, seu amicabilis compositor predictus, quod
dicti domini episcopus et ejus capitulum firmiter et cum effectu
dent et concedant, dare et concedere teneantur, quantum dictum
dominum episcopum tangit et ejus capitulum, consulibus et
universitati dicte ville, habitatoribus civitatis predicte et pertinenciarum ejusdem, libertates, francalicias et privilegia modo
consimili atque forma quibus per dominum Karolum, comitem
Valezii, in primo articulo concesse et concessa extiterunt universitati et dictis habitatoribus dicte ville et pertinenciarum ejusdem.
Nec non omnes quitationes, remissiones condempnationum
facere teneantur predictis consulibus, habitatoribus dicte ville et
pertinenciarum ejusdem et singularibus personis prout in secundo articulo continetur; nec non privilegia, libertates, francalicias de non abstrahendo habitatores civitatis Condomii seu
pertinenciarum ejusdem pro ostagiis vel delictis prout in tercio
articulo continetur, et de fortaliciis et armis prout in quarto
articulo continetur; et de non procedendo contra aliquem nisi
acusator, vel denunciator existat qui partem et cᵃ (cetera), prout
in quinto articulo continetur; nec non et de causis per transactionem finitis prout in sexto articulo plenius continetur; et de
officialibus, gentibus et domesticis eorumdem quod non audeant
seu possint habere seu recipere aliqua victualia vel alia, ab aliquo

seu aliquibus habitatoribus civitatis Condomii et pertinenciarum ejusdem, nisi satisfacto primitus per eosdem de precio condecenti, predicta concedant dicti domini episcopus et capitulum quantum eos tangit seu tangere potest.

Item, septimo dicimus, pronunciamus ac etiam ordinamus nos arbiter, arbitrator, seu amicabilis compositor predictus, quod idem dominus episcopus et ejus capitulum dent, dare et concedere teneantur quantum ad eos pertinet dicte ville consulibus et universitati et habitatoribus ejusdem nundinas [1] bis in anno, et barragium modo et forma quibus dicte ville consulibus et universitati per dominum nostrum Francie et Navarre regem concesse extiterunt, videlicet barragium quoad residuum temporis quod restat ad complendum de tempore concessionis per dictum dominum nostrum regem Francie et ad tempus preteritum retrotraendo concessionem predictam, quantum ad eos pertinet, vel aliquatenus potest pertinere. Dicimus tamen et protestati sumus nos arbiter, arbitrator, seu amicabilis compositor, quod idem dominus episcopus et ejus capitulum et dominus noster rex suis debitis pedagiis non fraudentur, nec etiam in eorum aliis deveriis consuetis, nec francaliciis et libertatibus, seu usibus civitatis Condomii prejudicium aliquod generetur. Et dicimus et retinemus nos arbiter, arbitrator, seu amicabilis compositor ante dictus, quod propter premissa, statim in isto articulo superius expressata, aliquod jus novum dictis consulibus et universitati nec singularibus personis ejusdem nullatenus nec juri alicui dominorum episcopi et capituli in deveriis eisdem debitis generetur.

Item, octavo dicimus, pronunciamus et etiam ordinamus nos

---

1. Le texte porte : *nundias.*

arbiter, arbitrator, seu amicabilis compositor predictus, quod partes predicte teneantur mittere Parisiis et alibi, in quibuscumque curiis ecclesiasticis vel secularibus, ubi lis pendet inter partes predictas, personas idoneas, specialem potestatem ad hoc habentes, et procurare viis et viribus quibus poterunt, videlicet quod lites, questiones et jurgia et alia que pendent inter partes predictas, ubicumque et quibuscumque locis sopiantur omnino et nunquam ultra procedatur in predictis, et hec ad comunes expensas utriusque partis omnia fiant.

Item, nono dicimus, pronunciamus ac etiam ordinamus nos arbiter, arbitrator, seu amicabilis compositor predictus, quod dicti consules et universitas domum comunem, quam habent in civitate Condomii, possint et valeant retinere et eam possint refficere et necessaria et competentia duntaxat opera ibi facere et construere cum eis videatur expediens. Dicimus tamen et nobis retinemus nos arbiter, arbitrator, seu amicabilis compositor, quod super emenda et mortificatione, si que sint, quod nos possimus ordinare juxta consuetudinem Condomii prout si videbitur faciendum.

Item, decimo dicimus, pronunciamus ac etiam ordinamus nos arbiter, arbitrator, seu amicabilis compositor predictus, quod partes predicte, sub virtute juramentorum prestitorum per easdem et sub incurrimento pene apposite in compromisso predicto incontinenti laudent, aprobent, emologent, ratificent et confirment omnia et singula supra dicta pronunciata, ordinata et declarata per nos arbitrum, arbitratorem, seu amicabilem compositorem predictum, eaque teneant et inviolabiliter observent tenerique et observari viis quibus poterunt faciant et procurent. Et hec omnia nos arbiter, arbitrator seu amicabilis compositor arbitrati sumus, diffinimus, dicimus, pronunciamus et declaramus, et ea inviolabiliter observari precipimus, sub pena

predicta contenta in dicto compromisso et prout in eodem compromisso continetur. Reservamusque etiam, nos arbiter, arbitrator, seu amicabilis compositor, expresse nobis retinemus
potestatem pronunciandi, declarandi, interpretandi, corrigendi
super predictis et eorum quolibet, nec non et aliis quibuscumque
semel secundo et pluries quando et ubi nobis visum fuerit expedire juxta potestatem nobis attributam in compromisso predicto
et non alias. Tenores vero instrumentorum syndicatuum de
quibus supra fit mentio seriatim subsequuntur.

Quere ea superius. — Qua quidem pronunciatione per dictum
arbitrum, arbitratorem, seu amicabilem compositorem facta
atque prolata ibidem et illico partes predicte et quelibet earumdem predicta, pronunciata, ordinata, jussa et precepta predicta
universa et singula expresse emologarunt, aprobarunt, ratiffica-
runt atque laudarunt, et tenere inviolabiliter ac etiam observare,
sub virtute juramentorum, prestitorum per easdem, et sub incurrimento pene in predicto compromisso contente, promiserunt,
firma et legitima stipulatione inter partes predictas interveniente;
videlicet : dictum capitulum, cum auctoritate et assensu domini
episcopi supradicti, et dominus episcopus, cum assensu capituli
memorati, de quibus omnibus et singulis supradictis dicte partes
et quelibet ipsarum requisiverunt me notarium infra scriptum,
ut eisdem duo ejusdem tenoris facerem publica instrumenta,
videlicet unum instrumentum pro qualibet parcium predictarum.
Acta fuerunt hec apud Condomium in viridario aule episcopalis,
quinta die mensis januarii, anno a nativitate Domini. M°. ccc°.
xxviii°. pontifficatus sanctissimi patris et domini nostri domini
Johannis divina providentia pape vicesimi secundi. Anno xii°.
Indictione undecima currente. Presentibus testibus ad premissa
vocatis specialiter et roguatis : venerabilibus viris dominis, Ber-

nardo de Brax, officiali Condomii, Raymundo Auzelli, Johanne de Feudis, legum doctoribus, magistris Bernardo Geraldi, Johanne de Fageto, Forcio de Buxo juris peritis, domino Johanne Ychardi, presbitero, Bertrando de Galardo, senhorio Campanes, Bertrando Vidoni, Petro de Brocariis, Bernardo de Lavardaco, Bertrando Sermola, domicellis; Johanne Martini de Lausinhano, Bernardo de Matheo, Bernardo de Bordis, Geraldo de Polinhaco, Bertrando de Sancto-Symone, Petro de Fabrica, Geraldo de Bordis, Bernardo de Magistro, burgensibus Condomii, magistro Augerio Descalanis, notario Condomii qui, ad requisitionem parcium predictarum, consimilia instrumenta retinuit.

Postque septima die januarii, anno, pontificatu et Indictione predictis, partes predicte, de omnibus questionibus, controversiis, litibus et demandis, quas habebant et habuerant, ad invicem exceptis causis Retrosingule ex supradicta et obligationibus inhitis [1], seu contractis inter eas, seu inter quascumque singulares personas vel cum quibus singularibus personis per aliquam parcium predictarum conjunctim vel divisim se ad invicem nominibus quibus supra quantum eas tangunt, seu tangere possunt, quitarunt penitus et absolverunt juxta continentiam articuli primi. Et partes predicte, videlicet dictus dominus episcopus ut juris et moris est aliique, ad sancta Dei Evangelia, juraverunt, juxta continentiam secundi articuli pronunciationis predicte atque tenorem quod ut citius poterunt causam, questionem et litem, que pendent inter partes predictas de dicto loco de Retrosingula, territorio de Coyseto et de Casurario, finiri facient et etiam terminari; et quod nichil dederunt, dabunt directe vel indirecte, nec dari facient alicui persone, nec dominum senescalum vel alium

1. Pour *initis*.

inducent prece, precio, vel precibus, minime dono vel alio quocumque in debito actu, nec falsum instrumentum vel testem,
vel aliam quamcumque probationem falsam inducent, induci
producive facient quoquomodo. Renunciaveruntque dicte partes
per pactum expressum, legitima stipulatione vallatum, appellationi et appellationibus quibuscumque que fieri possent, in et
super causa et questione predictis et servare quod pronuncia-
bitur seu ordinabitur, per dictum dominum senescallum seu
ejus locum tenentem super causa et questione predictis per
pactum expressum etiam promiserunt. Et dictus dominus episcopus, in scriptis et sub sigillo ejusdem, dedit licentiam generalem, et ibidem amovit omnia interdicta et singula apposita per
eumdem et venerabilem et discretum virum dominum officialem
Condomii, in civitate Condomii et parrochiis circumvicinis, seu
per quemcumque alium superiorem, ad instigationem dominorum episcopi et capituli vel alterius eorumdem, juxta continen-
ciam et tenorem quarti, quinti articulorum; dictique domini
episcopus et capitulum firmiter et cum effectu dederunt et concesserunt consulibus et universitati predictis libertates, francalicias, privilegia, nundinas, barragium et alia prout in sexto et
septimo articulis dicte pronunciationis continetur. In quorum
omnium et singulorum fidem et testimonium et ad perpetuam
rei habendam memoriam prefati dominus episcopus et capitulum, officialis domicellus et consules supradicti hoc presens
publicum instrumentum scribi et in publicam formam redegi
fecerunt per me, notarium publicum infrascriptum, et sigillorum
suorum appentione muniri volentes et expresse conscencientes
quod etiam amotis aut ruptis, cassatis, seu deletis, in toto vel in
parte sigillis seu impressionibus sigillorum, huic instrumento
publico appenssis, quod nichilominus contenta in eodem instru-

mento robur inconcussum obtineant perpetue firmitatis. — Acta fuerunt hec in capitulo ecclesie Sancti Petri de Condomio. Presentibus testibus vocatis specialiter et rogatis venerabilibus viris dominis : Bernardo de Brax, officiale Condomii, Raymundo Auzelli, Johanne de Feudis, legum doctoribus, Anissantio de Cavomonte, domicello, domino Montis Veteris et de Agrauleto, Bernardo de Bordis, Bertrando de Sancto Symone, Petro de Bordis, burgensibus Condomii, Forcio de Buxo, juris perito, Petro Basterii, Laurencio de Boali, notariis Condomii, et magistro Augerio Descalanis, notario, qui omnium predictorum aliud retinuit publicum instrumentum.

Ego vero Petrus de Samolono, clericus diocesis Lascurensis, comunis ac publicus auctoritate apostolica notarius, omnibus et singulis supradictis, dum agebantur, presens fui, una cum testibus antedictis, et requisitus per dictas partes de eisdem duo publica instrumenta ejusdem tenoris retinui, et hoc presens scripsi illudque eidem me subscribendo quod instrumentum est in quinque locis superius annexum sive conclutinatum, et meo signo solito signavi in veram fidem et testimonium omnium, et singulorum premissorum[1].

Archives communales de Condom, Livre-Cadenas, fol. 127 v° et suivants du numérotage noir.

[1]. La vaillance déployée par Raymond de Galard dans la défense des intérêts spirituels et temporels de son siége lui mérita la reconnaissance du chapitre, qui élut, à sa mort, pour le remplacer, son neveu, Pierre de Galard, prieur de Nérac. Le pape, qui avant de connaître ce choix avait désigné un autre titulaire, s'inclina devant la nomination des moines et la confirma. L'élection des religieux et la ratification du souverain pontife prouvent que les plaintes acerbes du roi d'Angleterre n'avaient aucunement altéré la vénération dont le nom de Galard était l'objet soit à Rome, soit à Condom, non-seulement parmi le clergé, mais parmi les habitants. Ceux-ci, en effet, dans l'acte ci-après, viennent humblement demander au prélat le pardon de leur révolte envers son autorité.

6 JANVIER 1328 [1].

*Les consuls de Condom viennent implorer leur pardon et celui des
habitants aux pieds de l'évêque* RAYMOND DE GALARD. *Ils s'agenouillent
en effet devant lui sous la réserve toutefois que cette humble attitude
ne sera point déshonorante pour eux. Le rude pasteur, en présence
de ses ouailles, au cœur naguère rebelle et maintenant contrit,
daigne absoudre la ville séditieuse et lui dispenser sa grâce.*

INSTRUMENTUM, CONCESSUM PER DOMINUM EPISCOPUM, QUALITER RECIPIEBAT
HOMINES DE CONDOMIO IN PACE ET EOS INDULGEBAT SI ALIQUID FORE
FECERANT CONTRA IPSUM ET ECCLESIAM SEU CAPITULUM.

In nomine Domini. Amen. Noverint universi hoc instrumentum publicum visuri, seu audituri, quod anno a Nativitate Domini
millesimo ccc° vicesimo octavo, pontificatus sanctissimi patris et
domini nostri domini Iohannis, divina providencia Pape vicesimi secundi, anno duodecimo, Indictione undecima currente,
sexta die januarii; constituti personaliter, apud Condomium, in
viridario aule episcopalis, coram reverendo in Christo patre domino RAMUNDO, Dei gratia Condomiensi episcopo, Petrus de Fossariis, magister Johannes de Roqueta, baccalarius in legibus,
Vidonus de Lussinhano, Bernardus de Gontaldo, Bernardus de
Marsano, et Johannes de Cassena, consules Condomii, nomine
consulatus sui, una cum multitudine maxima habitancium et
civium dicti loci, et Guillermus de Sancto Petro, burgensis

---

1. L'écriture gothique de toutes les chartes comprises dans le Livre-Cadenas de
la mairie de Condom ressemble à celle dont nous donnons le spécimen ci-contre,
qui reproduit le titre, la capitale illustrée et les premières lignes de l'acte qui va
suivre. Nous devons ce fac-simile en couleur, d'une exactitude parfaite, et celui
que l'on a déjà trouvé, page 231, à l'obligeance de M. Albert Soubdès.

Inftrm occellum p omny epm qlr
recipiebat homines de gdrm
in pace ᛉ eos i oulgebat fi aliqd
foze fecant qm ipm ᛉ ecclam fen capl
n nomine domini. Am. ᛉJo
uerint uniuerfi hoc inftrumentum
publicum nifuri feu audituri quod
anno a natiuitate domini milleño
ccc. bicefimo octauo. Pontificato
fanctiffimi patris et domini noftri
domini iohannis diuina prouidem-
cia pape bicefimi fecondi anno duodecimo in dictione bntecima cur-

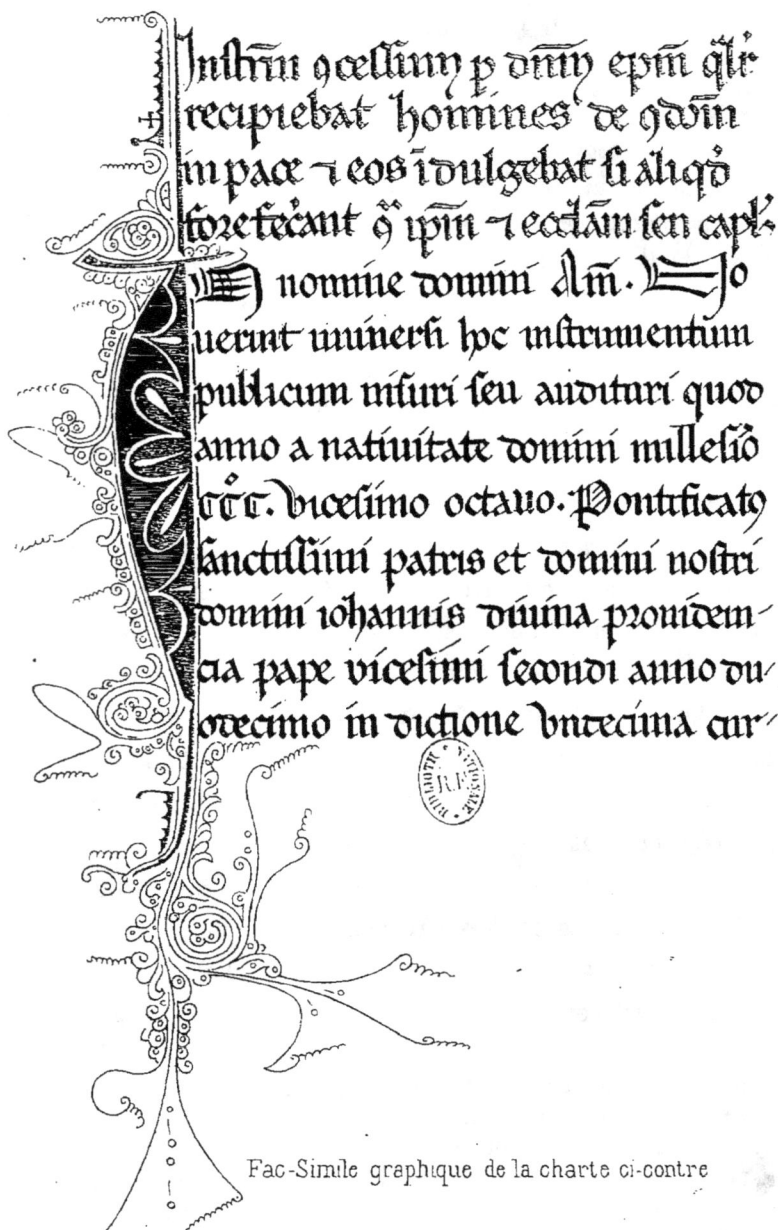

Fac-Simile graphique de la charte ci-contre

Condomii, sindicus consulum universitatis et habitatorum Condomii, prout in quodam instrumento publico, ibidem exhibito
et hostenso, cujus tenor inferius est insertus plenius continetur.
Post pronunciationem et declarationem factam et prolatam per
nobilem et potentem virum dominum Anissancium de Cavomonte, clericum et domicellum, dominum Montis Veteris,
ratione et ex causa compromissi, facti in dictum dominum Anissancium, per dictum dominum episcopum et ejus capitulum,
ex parte una; et dictos consules et sindicum, nomine dicte universitatis ex altera : ibidem humiliter et flexis genibus dicto
domino episcopo, pro se et nomine sui consulatus et sindicatus
dicte universitatis, supplicarunt protestato primitus per ipsos
consules et sindicum, quibus supra nominibus, quod, per hanc
presentem suplicationem, non possent aliquam infamiam facti
vel juris incurrere aut ipsi sive eorum aliquis vel alique singulares persone dicte universitatis infamia retari aliquali, ut si
ipsi vel eorum aliquis aut alique singulares persone dicte
universitatis occasione causarum, motarum contra ipsum
aut ejus capitulum et ecclesiam, per eosdem et dictam universitatem, sive per ipsum et ejus capitulum contra eosdem
et dictam universitatem vel alias, de quibus causis est Dei
gratia per dictam pronunciationem deffinitum forefecerant,
quod non credunt aut ut dixerunt verbo, actu, vel opere sibi
placeret ipsis pro se et nominibus quibus supra et dicte universitati et singularibus personis veniam indulgere. Qui quidem
dominus episcopus, corda contrita et humiliata non despiciens
eorumdem, set admittens graciose atque benigne, auditis et
attentis humilibus dictorum supplicantium postulatione et supplicatione, tanquam verus pater et dominus ipsorum, eosdem
nominibus quibus supra, et dictam universitatem et singulares

personas de predictis omnibus quitavit veniamque contulit eisdem et concessit[1]; et in signum vere indulgencie et perfecte venieque concesse, epischopalem petitam per eosdem benedictionem eisdem ibidem contulit, prebuit et concessit. Hoc acto et retento eciam per dictum dominum episcopum expresse, quod, propter presentem venie peticionem et concessionem, nulla infamia dictos consules sindicum et universitatem, seu aliquas singulares personas dicte universitatis assequatur; bonamque famam dictis consulibus, universitati et singularibus personis dicte universitatis reservavit specialiter et expresse.

Sequitur tenor dicti instrumenti de quo supra fit mentio. In nomine Domini nostri Jesus Christi et beatissime Virginis, matris ejus, et beatorum Petri et Pauli, apostolorum, et omnium aliorum Dei sanctorum, noverint universi presentes pariter et futuri hoc presens publicum instrumentum inspecturi, seu eciam audituri, quod convocata publice universitate hominum civitatis Condomii per precones publicos dicte civitatis tubicinantes, ut moris est, et ita in Agennesio esse acthenus, ut ibi

---

1. La fureur du roi d'Angleterre élève à mes yeux celui qui en était l'objet, c'est-à-dire Raymond de Galard, qui demeura finalement victorieux dans ce duel de la crosse contre le sceptre. Le rôle du prélat ainsi injurié et accusé devient tout à fait patriotique. Le prince a beau crier au scandale et dénoncer l'excommunicateur comme agissant sous l'inspiration du diable, ses incriminations demeurent sans effet sur le pape et les cardinaux, qui connaissaient sans doute les motifs peu désintéressés d'un langage outrageant. La colère royale glorifie l'évêque militant dont la lutte peut être comparée à celle d'Amanieu d'Armagnac, archevêque d'Auch, contre le vicomte de Béarn. La seule différence que l'on constate, à l'avantage de Raymond, c'est que son adversaire est encore plus puissant que celui d'Amanieu. Le courroux du souverain d'outre-mer trahit ses torts et l'acte ci-dessus de 1328 semble justifier le prélat, puisque les consuls repentants et agenouillés viennent solliciter son pardon. Cette démarche et cette humilité des magistrats urbains prouvent que les inculpations d'Édouard II contre Raymond de Galard n'étaient pas très-fondées.

dicebatur fieri consuetum, et congregatis in platea communi
dicte civitatis ad preconisationem et tubicinationem predictam,
necnon ad citacionem et mandatum factum seu factam ut ibi
dicebatur ostiatim omnibus hominibus dicte civitatis ut die
presenti ad infra scripta peragenda in predicto loco personaliter interessent : videlicet : Geraldo de Lamberto, Geraldo de
Polenhaco, Petro de Fabrica, Bertrando de Pometa, Johanne
de Castello, Vitale de Helizona, consulibus civitatis Condomii,
pro se et tota universitate dicti loci, cum Bertrando de Sancto
Symone, Egidio de Gontaldo, Petro de Pujolerio, Michaele de
Bearno, Bernardo Geraldi, Johanne de Cucurmonte, Bernardo
de Parisius, Bernardo de Soleriis, seniore, Johanne de Busca-
rio, Goalterio de Martino, de Carreria Lamberti, Petro de
Pometa, Petro de Fossariis, Ferando de la For, Bertrando, ypo-
thecarii, Petro de Pometa, Raymundo Canp, Giraldo de Busca-
rio, Bernardo de Gontaldo, Petro de Maloleone..., Guillelmo
Paumerii, Johanne Martini de Laussinhano, Bernardo de Laus-
sinhano.., Johannes de Cassanea, Raymundo de Salis, Johanne
de la Posterla, Raymundo deu Castanh, Petro de Curtaldo,
Johanne de la Coqutsaute, Petro deu Fiou, Johanne de Beziaco...,
Petro de Sancto Paulo, Jacobo de la Posterla.., Goalardo de Podio,
Bernardo Barberii, Bernardo de Bordis, Pelegrino de la Posterla, Guillelmo de Lescot, Boscel Mercerii, Bartholomeo de La-
borda, Arnaldo de Laborda, Arnaldo de Bordis, Geraldo de
Bordis, magistro Guillelmo de Labato, Arnaldo de Leberono,
Ardaldo de Luco, Arnaldo Othone de Bordis, Guillelmo de Luco,
Vitale Planha, Othone de Baulenxio, Bertrando de Cassanea, Petro
de Maloleone..., Bernardo de Soleriis, Johanne de Berneto,
Sancio de Caupena, Bernardo de Caupena, Guaicia de Gau-
rano, Guarsia Barberii, Raymundo de Larey, Symone de Car-

boneu, Johanne de Gondrino, Geraldo de Gaurano, Hélie Badie,
Petro de Goa, Guidone de Boteto, Grimoardo de Cazalibus,
Raymundo de Lupe, Arnaldo de Gardera, Remundo de la
Roca, Arnaldo de Marsano, Johanne de Galardo[1], Johanne de Par-
delhano[2], Johanne Lagotera, Guillelmo de Galardo, Arnaldo de
Podanazio, Vitale de Conhaxs, Geraldo de Galardo[3], Bertrando
de Galardo, senhorio de Campanes, domicellis, Petro de Gon-
drinio, Guillermo de la Briffa, Petro de Sautboabado, Martino
Tissanerii[1], burgenses et cives et habitantes in civitate Condomii,
et plures alii ipsius universitatis, et ipsi omnes et singuli ibidem
presentes pro se ipsis et vice ac nomine universitatis seu communitatis dicti loci, representantes duas partes dicte universitatis vel majorem partem duarum parcium presentium, fecerunt,
constituerunt ac eciam ordinaverunt suos speciales, veros et
legitimos procuratores scindicos et actores generales et speciales,

---

1. Livre-Cadenas, fol. xxvii recto, colonne 1, ligne 4. Archives communales de
Condom.

2. Nous avons, dans cette nomenclature, négligé beaucoup de noms propres.

3. Ce Géraud de Galard est évidemment le fils de Géraud 1 et d'Éléonore d'Armagnac, par conséquent le deuxième du nom, frère de Bertrand, seigneur de Brassac, de Raymond, évêque de Condom, de Pierre, grand-maitre des arbalétriers.
Bertrand de Galard, qui suit, qualifié seigneur de Campanès, a été déjà nommé
dans le cours de l'acte. Ces deux personnages sont précédés de Jean et de Guillaume de Galard. Ce dernier, que nous retrouverons plus loin, avait certainement
pour père Bertrand de Galard, seigneur de Brassac. Quant à Jean de Galard susnommé, je ne lui soupçonne aucune affinité avec le Jean de Galard qui délivra,
en 1302, à Geoffroy Cocatrix la quittance ci-après extraite des titres scellés, vol. 54,
fol. 4109. (Bibl. imp. Mss.) :

« Jean Goulart, chevalier de la baillie de Chartres, ai eu et receu 'de mestre
« Guillaume, chantre de Milly, et de Geoffroy Cocatrix, pour moy et v escuyers, xviii
« livres tornois petits, sur le service que nous fesons a nostre seignour le roy, en
« son ost de Flandres, pour la quelle chose j'ai scelé ces lettres de mon scel.
« Donné à Arras, l'an de grâce mil trois cens et deux, la veille de fête St-Remy. »

videlicet discretos viros magistros Arnaldum de Analhato, Bonum
Mancipum de Podio, Johannem Caubeti, Arnaldum de Bona-
villa, Geraldum Reyssideron, Johannem de Lectadonum, Raymundum Gavara, Bertrandum Codena, jurisperitos, Arnaldum
de Bonafocio, Petrum de Bilhariis, Laurencium de Boali, Raymundum de Salis, Guillermum de Guicis, Guillermum For-
narii, clericos, Petrum de Podio, Geraldum de Matheo,
Johannem de Cassanea, Guillermum de Sancto Petro, Arnaldum
de Ligardis, Raymundum de Gordenxio, Vitalem deu Bos, Guillermum de Ferris, quemlibet eorum in solidum ita quod non sit
melior condicio occupantis. Ita quod si unus assumeret vel
assumptum dimitteret alius vel alii ipsorum posset mediare,
sumere et finire in omnibus causis et singulis quam vel quas
dicti constituentes et commune et universitas dicti loci habet
seu habent et habere intendit seu intendunt contra quascumque
personas vel quemcumque personam habent, seu habere intendunt contra ipsos constituentes et communitatem et universitatem dicti loci et singulos habitantes in dicta civitate Condomii et
ejus pertinenciis, tam in agendo quam in defendendo coram
quibuscumque personis, seu judicibus ecclesiasticis vel secularibus, ordinariis vel extraordinariis delegatis, vel subdelegatis
arbitris, arbitratoribus seu amicabilibus compositoribus et aliis
quibuscumque judicibus et personis cujuscumque condicionis,
dignitatis, statusve existant : dantes et consentes dicti constituentes dictis procuratoribus, sindicis et actoribus eorumdem et
eorum cuilibet in solidum plenam, generalem et liberam potestatem et speciale mandatum agendi, defendendi, proponendi,
exipiendi, replicandi, respondendi, duplicandi, triplicandi,
quadruplicandi libellum seu libellos offerendo, petendi seu recipiendi expensas, petendi et jurandi et recipiendi easdem, litem

seu lites contestandi, jurandi de calumpnia in animas suas et
de veritate dicenda et subeundi cujuslibet alterius generis juramentum et delatum, suscipiendi positionibus, respondendi et
faciendi eosdem terminos et dilationem petenda et recipiendi
testes et instrumenta producendi et alterius partis testium juramenta videndi et eos reprobandi seu contra eos excipiendi et
obiciones contra eos tradendi, proponendi et probandi easdem,
judices eligendi et suspectos recusandi, petendi decreta interponi, ab officiariis Condomii et judicibus infra scriptis omnibus
et singulis, in presenti instrumento contentis, et interlocutoriam
seu interlocutorias et definitivam sentenciam seu sentencias
petendi, audiendi, appellandi et appellationem seu appellationes
factas, dicte civitatis seu universitatis nomine, ad dominum regem
Francie vel alium, laudandi, approbandi et confirmandi et
appellationes de novo faciendi et causam seu causas earumdem
appellationum prosequendi, eligendive et recipiendi judicem
vel judices super premissis et quolibet premissorum, proponendi,
exeptiones et defentiones suas et ad allegandum causa absentie
et causas cause procuratorem seu procuratores faciendi, seu
substituendi ante litem contestatam et post in judicio et extra-
judicium et eosdem destituendi quandocumque et quotiens-
cumque eis vel eorum alteri videbitur expedire, componendi
compunctendi, quittandi et absolvendi de alto et basso pacis-
sendi, transigendi, absolutionis beneficium petendi, impetrandi
et obtinendi coram quibuscumque judicibus et personis a quacumque sentencia excommunicationis ligati essent ad instanciam alicujus. Et omnia alia universa et singula facienda et
expediendi que causarum merita exigit et que ipsi constituentes
dicte civitatis, communitatis et universitatis facere posset seu
possent et debet seu debent et non solum ea que sub generali

clausula continentur. Set ea etiam que mandatum exigunt et
desiderant speciale et que veri et legitimi sindici et actores seu
procuratores possunt et debent de jure, usu terre, consuetudine
facere et eciam procurare, et que ipsimed constituentes et eorum
quilibet conjunctim vel divisim faceret, seu facerent et facere
posset seu possent, predicte communitatis seu universitatis
nomine, si in premissis et premissorum quolibet presentes personaliter interessent, et compromittendi de alto et basso et sub
pena quacumque que ipsis vel eorum alteri visum fuerit expedire super omnibus controversis, questionibus et debatis quas
dicti consules jurati et universitas habent seu habere intendunt
contra quascumque personas vel quecumque persone contra
ipsos. Ratum et gratum perpetuo habiturum pro se et nomine
quo supra omne et quicquid per dictos sindicos actores seu
procuratores suos et eorum quemlibet, et cum ipsis vel eorum
altero et cum ipsis substitutis vel eorum altero in judicio vel
extra actum, dictum, defensum, petitum, responsum, appela-
tum, prosequtum, promissum, compromissum, emologatum,
obligatum, ypothecatum, receptum, ordinatum, transactum,
laudatum, approbatum, confirmatumve fuerit seu eciam modo
quolibet procuratum. Volentes dicti constituentes, pro se et
nomine quo supra, dictos suos sindicos actores seu procuratores
et eorum quemlibet et substitutis seu substituris ab eis vel eorum
altero relevare, necnon eciam relevaverunt ab omni honere
satisdandi, promiseruntque dicti constituentes, pro se et nomine
quo supra michi notario infra scripto stipulanti et recipienti vice
et nomine omnium et singulorum quorum interest et intererit,
interesseve poterit in futurum, sub ypoteca et obligatione
omnium bonorum suorum et universitatis predicte, rem ratam
haberi et in judicio sisti et judicatum solvi, cum suis clausulis

universis, et predicta omnia ét singula omnibus quorum interest
et intererit, interesseve poterit in futurum, dicti constituentes,
nomine quo supra, significant et ostendunt per hoc presens
publicum instrumentum; et requisiverunt dicti constituentes,
quo supra nomine, Gailhardum de Castro Pugone, domicellum,
bajulum Condomii pro domino nostro rege Anglie, duce Aquitanee, habentem et exercentem juridicionem altam et bassam et
merum et mixtum imperium et habentem gladii potestatem ibidem presentem. Nec non et requisiverunt tenore presentis instrumenti nobiles potentes et discretos viros dominos senescallum,
judicem majorem et judicem ordinarium Ageuensem, citra Garonam, pro dicto domino nostro rege Anglie, duce Aquitanee, licet
absentes et eorum quemlibet cum illa instancia qua de jure
poterant et debebant, ut huic presenti sindicatui actorum seu
procuratorum et omnibus et singulis supra dictis, ad majorem
roboris firmitatem et ad dictorum constituencium requisitionem
vel ad requestam dictorum consulum vel alterius eorumdem, quibus consulibus et eorum cuilibet in solidum dicti constituentes
quo supra nomine dederunt et concesserunt plenam, generalem
et liberam potestatem et speciale mandatum petendi, interponi
decretum, nomine universitatis predicte, a predictis dominis
senescallo, judice majore et judice ordinario Agenensi, omnibus
et singulis supra dictis suam interponant auctoritatem judiciariam pariter et decretum quo apposito vel non apposito voluerunt premissa omnia et singula rata manere. Et ibidem dictus
Galhardus de Castropugone, bajulus Condomiensis predictus,
ad requisitionem, suplicationem et instanciam constituencium
predictorum sedentes pro tribunali, adhibito super premissis
jure solempnitatis, que in talibus debent et consueverunt adhiberi, presenti sindicatui actorum et procuratorum et omnibus

et singulis, in presenti publico instrumento contentis, suam auctoritatem judiciariam interposuit pariter et decretum. De quibus
omnibus et singulis supra dictis dicti constituentes, pro se et
nominibus quibus supra, requisierunt me notarium infra scriptum ut eis de premissis sex vel plura ejusdem tenoris pro ut ex-
pedierit ipsis constituentibus conficerem publica instrumenta.
Factum et requisitum fuit hoc in platea communi civitatis Condomii, ante ecclesiam beati Petri de Condomio, die ultima mensis
augusti. Anno Domini m.ccc.xx. Regnantibus dominis Philippo
rege Francie, Edwardo rege Anglie, duce Aquitanie, et Raymundo
episcopo Condomi. Presentibus fratre Petro de Luco, fratre Petro d'Aire, ordinis fratrum minorum de Condomio, domino Petro Johanne de Baquario, presbitero, magistris Petro de Quinsaco,
Johanne de Fontanilhas, notariis : testibus ad premissa vocatis
specialiter et rogatis. Et magistro Raymundo de Garrico, communi
et publico notario senescalli Agenensis qui, ad instanciam et requisitionem dictorum constituencium de premissis omnibus et singulis supra dictis, hoc presens publicum instrumentum recepit
et in papira sua notavit. A qua quidem nota et receptione ego
Petrus Descotilh, communis et publicus notarius civitatis Condomiensis, hanc cartam abstraxi, scripsi, feci et in publicam formam
redegi et signo meo consueto signavi ex precepto et mandato consulum Condomii qui papirum dicti magistri Raymundi mihi tradiderunt. Acta fuerunt hec anno, die, pontificatu et Indictione
predictis, presentibus testibus ad premissa vocatis specialiter et
rogatis venerabilibus viris dominis Bernardo de Brax, officiali
Condomiensi, Raymundo Auzelli, Johanne de *Sendis*[1], legum doctoribus, magistris Bernardo Geraldi, Johane de Fageto, Forcio

1. Ailleurs nous trouvons *Feudis*.

de Buxo, juris peritis, domino Johanne Achardi[1], presbitero, BERTRANDO de GALARDO, *senhorio Campanes*, Bertrando Bidoni, Petro de Bocariis, Bernardo de Lavardaco, Bertrando Sernola, domicellis, Johanne Martini de Laussinhano, Bernardo de Matheo, Bernardo de Bordis, Geraldo de Polinhaco, Bertrando de Sancto Symone, Petro de Fabrica, Geraldo de Bordis, Bernardo de Magistro, burgenses Condomii, magistro Augerio de Calanis, notario Condomii, qui, ad requisitionem parcium predictarum, consimilia instrumenta retinuit, et me Petro de Samolono, clerico dyocesis Lascurrensis, communi ac publico apostolica auctoritate notario, qui, premissis omnibus, dum agebantur, presens fui, una cum testibus antedictis, et requisitus per dictas partes de eisdem duo instrumenta publica retinui pro parte qualibet unum et hoc presens quod superius est in uno·loco annexum sive conglutinatum. Scriptum per manum Arnaldi Galteri de Fabricis, mei clerici jurati, signo meo consueto signavi eidem me subscribendo in testimonium omnium premissorum[2].

Archives communales de Condom, Livre-Cadenas, folio xxv et suivants du numérotage rouge.

1. Ailleurs c'est *Ychardi*.

2. Quand le roi d'Angleterre ne domine pas à Condom, les habitants se rapprochent de leur pasteur. Après 1324, l'étranger ayant été chassé de la ville susdite, la paix entre les consuls et l'évêque ne tarda pas à se rétablir. Elle fut complète en 1327, quand le meurtre d'Édouard II eut été consommé par Mautravers et Gournay qui lui enfoncèrent un fer rouge dans les entrailles. Il expia ainsi les guerres civiles suscitées chez les autres par celles qui éclatèrent chez lui. On sait que les rebelles qui le mirent à mort étaient commandés par ses fils, sa femme et son frère. En 1330, Édouard III ayant recouvré l'autorité locale, les dissensions intestines renaissent, et la commune s'engage dans de nouveaux démêlés avec Raymond de Galard à propos de la juridiction de Couchet et de Larressingle. La politique d'outre-mer avait intérêt à entretenir les sujets de discorde pour que la force populaire, occupée ailleurs, ne se retournât pas contre sa tyrannie.

CHATEAU DE LARRESSINGLE
(Ruines)

ANNÉE 1330.

Les consuls de Condom, d'une part, et RAYMOND DE GALARD, *évêque de Condom, d'autre, recommencent leurs querelles au sujet de la paroisse de Couchet (de Coysseto) et du château de Larressingle[1] revendiqués des deux côtés. L'instance est portée devant le sénéchal d'Agen. A la fin sont reproduits les articles du paréage qui déterminent les limites de la juridiction de Condom.*

QUALITER SENESCALLUS MANDAT FIERI COPIAM CONSULIBUS CONDOMII DE CERTIS ARTICULIS PARIAGII [1].

Noverint universi quod, cum in causa pretorii mota, que in curia domini senescalli Agenensis vertitur, et diu ventilata extitit inter consules ac sindicum universitatis ville seu civitatis Condomii super facto et ex etiam debato parrochie Sancti-Johannis de Coysseto, prope Condomium, et ex etiam loci seu castri de Retrosingula[2], agentes ex parte una, et procuratorem regium seu

1. Voir plus haut l'arrangement du 5 janvier 1328.
2. Trois membres de la maison de Galard, Montasin, Raymond, qui nous occupe, et Pierre, son neveu, ayant été presque successivement seigneurs de Larressingle, en leur qualité d'abbés ou d'évêques de Condom, nous avons cru devoir reproduire par la gravure les fières et imposantes ruines de ce château, dont l'abbé Dugoujon a fait le sujet de la notice archéologique ci-après :

CHATEAU DE LARRESSINGLE.

« Un autre non moins remarquable, par son site et son antiquité, a également « cessé d'exister, je veux parler de *Goalard,* dont les anciens se rappellent avoir « admiré le faîte menaçant. Mais non loin de là s'élève le château de Larressingle, « vraie citadelle du moyen âge, bàtie ou plutôt augmentée ou reconstruite par « Arnaud de Lomagne, seigneur et abbé de Condom, vers le milieu du XIIIe siècle. « Je dis augmentée ou reconstruite, car, outre qu'une partie de la chapelle pré- « sente tous les caractères architecturaux du commencement du XIIIe siècle, il est

ejus substitutum, reverendum patrem in Xᵖᵒ dominum Condomii episcopum ejusque Condomii capitulum ac ejus eorumve

« question de cette localité sous le prédécesseur d'Arnaud, à l'occasion d'un
« paréage avec le roi d'Angleterre.

« Un fossé large et profond, un mur crénelé, haut de trente pieds, s'étendant
« sur un plan octogone et ayant à chaque angle une tour carrée d'environ cinquante
« pieds de hauteur, telles sont les principales fortifications du château. Trois tours
« seulement ont échappé au vandalisme; les autres ont été tronquées au niveau du
« rempart. Quant à la muraille d'enceinte, elle s'est assez bien conservée, si ce
« n'est du côté de l'orient, où une partie s'est écroulée jusqu'aux fondements. La
« grande porte regarde l'occident : elle s'ouvre au pied d'une tour plus grosse que
« les autres. Avant de toucher au seuil, il faut traverser deux arches, dont la pre-
« mière était formée autrefois par le pont-levis. Deux piliers se dressent entre ces
« deux arches comme deux gardes d'honneur. Ils étaient destinés à la manœuvre
« du pont-levis. Ainsi, quand cette machine était levée, l'entrée du château était
« protégée par deux portails : l'un placé au milieu du pont, à l'endroit des deux
« piliers, et l'autre sous le premier arceau de la porte. Ce dernier était, selon l'usage
« du temps, défendu par un mâchicoulis construit au sommet de la tour dont il est
« encore, avec ses dentelures trilobées, le plus bel ornement. L'arceau intérieur
« porte également des traces d'un portail ou d'une herse.

« Quand on a franchi la porte, l'on se trouve en face du donjon, qui est
« une addition considérable faite à la façade du nord, une masse carrée, vaste et
« fort élevée. On y compte trois étages et un rez-de-chaussée, ayant chacun environ
« une vingtaine de pieds de hauteur. Il domine, par conséquent, de beaucoup les
« remparts et même les tours restées intactes. Ainsi que nous venons de le voir,
« le château est avantageusement protégé par les travaux extérieurs; néanmoins,
« il était disposé de manière à opposer encore aux assaillants, qui auraient franchi
« les remparts, une sérieuse résistance, car le rez-de-chaussée et le premier étage
« n'étaient éclairés que par des meurtrières fort étroites, et le faîte était crénelé à
« l'instar des tours.

« Les murailles sont d'une solidité admirable; quoique dépouillées depuis le
« xvi⁰ siècle de la toiture et exposées ainsi à toutes les injures des saisons, elles
« paraissent toutefois avoir peu souffert, et on ne doit pas craindre d'assurer
« qu'elles les braveront longtemps encore, si le marteau démolisseur ne vient en
« aide à l'action du temps. Tous les siècles qui se sont écoulés depuis la construc-
« tion jusqu'au moment où il fut abandonné pour Cassagne ont imprimé leur cachet
« sur les antiques remparts. C'est sur toutes les façades un mélange d'ogives simples
« et géminées, de fenêtres ou de croisées ouvertes ou murées, mais décorées des

sindicum, procuratorem seu yconomum deffendentes, ex altera;
examinato et discusso negocio inter partes ante seu citra tamen

« plus belles moulures des xiiie, xive et xve siècles. On voit sur la façade du sud
« un escalier tournant de la fin du xve siècle. On admire la belle cage octogone,
« les sculptures des portes et fenêtres, la magnificence des appareils et des degrés.
« Dans l'intérieur, les cheminées très-bien conservées et un *infernet* ou *vade in*
« *pace* offrent plus d'une sorte d'intérêt à l'amateur d'antiquités.

« Les seigneurs de Larressingle étaient abbés ou évêques; il est donc probable
« qu'ils évitèrent les excès les plus criants de la féodalité.

« Le cachot est situé à l'angle nord-ouest du donjon; c'est un espace carré et
« fortement muré. On n'y entrait primitivement que par une porte intérieure fort
« étroite et fort basse. Les oubliettes font partie de la même pièce. Néanmoins
« elles étaient disposées de telle sorte, au moyen des planchers, qu'il fallait avoir
« tous les secrets du manoir pour en soupçonner l'existence et en deviner l'orifice,
« placé à la hauteur du second étage, à une quarantaine de pieds du sol. Elles sont
« resserrées vers le haut, mais elles s'élargissent dans le rez-de-chaussée, ce qui
« leur donne l'apparence d'une citerne ou d'une souricière. Lorsqu'on frappe du
« pied la terre du cachot, elle résonne et donne lieu de croire qu'elle recèle un
« souterrain.

« La chapelle est à l'est du donjon, et seulement à huit ou neuf pieds de
« distance. Il y avait communication de l'une à l'autre au moyen d'une galerie ou
« d'une chambre volante. On pouvait également assister aux offices sans sortir du
« château; deux fenêtres ogivales avaient été disposées, à cette fin, de ce côté-là.
« La chapelle se divise en deux parties très-distinctes, l'une appartenant au xiie siècle
« et l'autre au xive. La première, qui est la plus occidentale, a deux étages. L'étage
« inférieur est voûté et orné de deux colonnes qui supportent une corniche en damier
« régnant autour de la première partie de la chapelle, et un arc partageant la voûte
« en deux parties à peu près égales. Un des chapiteaux est historié. Le sujet pré-
« sente : 1° en face, deux lions adossés l'un à l'autre, et chiens portant sur la
« croupe un oiseau qui becquette des raisins; 2° sur le côté de droite, une grosse
« fleur épanouie; sur celui de gauche, un personnage qui tient un livre d'une main
« et lève l'autre comme pour bénir.

« Ce sanctuaire est dédié à saint Sigismond, roi de Bourgogne, qui fut jeté
« dans un puits, l'an 523, avec sa femme et ses enfants. Aussi, comme dans
« toutes les églises qui lui sont dédiées, on y voit un puits, en mémoire de son
« martyre.

« La partie du xive siècle est voûtée comme la première et ornée de deux
« colonnes; elle n'a point d'abside. Autrefois, les murs et la voûte étaient déco-

sentenciam ferendam, petitum et requisitum ac supplicatum
extiterit per dictam partem agentem pariagium dudum inhi-
tum inter dominum regem Anglie, tunc dominum Agennii
ac Aquitanie ducem, ex una parte ; et dominum tunc
abbatem et ejus Condomii conventum de villa Condomii
ejusque pertinenciis et extentis, ex altera, seu dicti pariat-
gii certos articulos ac capitula in et sub forma publica et sigillo auctentico eidem parti agenti fieri atque tradi et in judicium exhiberi pro ejusdem partis agentis intencione probanda
et fundanda et eciam pro specifficatione et declaratione libertatum et consuetudinum habitatoribus Condomii concessarum,
demum, pluribus alcertatis, hinc inde ordinatum et pronunciatum
ac interlocutum extiterit per curiam dicti domini senescalli ac
per eundem (sic) dominum senescallum de dicto pariagio seu
articulis ac capitulis ejusdem que faciunt aut facere possunt, pro
dicta parte agente seu quibus ipsa pars dictorum consulum et
sindici se juvari intendit, eidem parti agenti copia fiat sub forma
publica et sigillo auctentico et quod ea in judicium exhibeantur.
Tandemque etiam per eandem curiam seu per nos Gerardum de
Albentone, judicem ordinarium Agennii, citra Garonam versus
partes Condimii, comissarium ad hoc datum, ordinatum dictum

« rés de peintures, mais elles ont disparu, depuis quelques années, sous un
« ignoble badigeon.

    « Les antiquaires ont fait des recherches sur le nom de cette intéressante loca-
« lité. Quelques-uns ont prétendu que le mot *Larressingle, Retrosingula,* dans
« les mémoires du XIII° siècle, vient de ces deux mots latins: *retro singuli,* que
« Crassus, marchant contre les Sosiates, aurait prononcés dans le moment où ses
« troupes, surprises en cet endroit, furent mises un instant en désordre. Cette
« explication, fondée sur une tradition locale, reçoit une certaine probabilité du
« voisinage d'une voie antique se dirigeant de Condom sur la Ténarèze, vers la
« tour Lamothe. » (*Revue d'Aquitaine,* t. I, p. 355 et suivantes.)

et declaratum extiterit quod, de ceteris articulis per partem dictorum consulum ac sindici civitatis Condomii petitis et requisitis, eisdem consulibus et sindico dicte universitatis Condomii fiat et tradatur copia sub forma publica et sigillo auctentico, videlicet per partem dictorum domini episcopi et ejus capituli Condomii, ad finem quo se juvare possunt in et super predictis et in et de hiis de quibus est questio inter partes, videlicet et specialiter ac expresse de illo capitulo seu articulo in dicto pariagio contento qui dicit : Ordinarius concorditer, et cetera, usque ad illam partem que dicit : Exceptis tamen juribus ressorti, et cetera ; et eciam de illo articulo seu capitulo in eodem pariagio contento qui quodve dicit : Terminum vero seu mete ballivie de Condomio, et cetera, usque ad illum articulum qui incipit : Item si aliquis baro vel miles, et cetera, prout hec et alia in processu, habito in curia dicti domini senescalli ac coram nobis comissario predicto ab ea deputato, latius continetur. Dicuntur hinc est quod nos prefatus Gerardus de Albentone, judex et comissarius predictus, ad declarationem et specifficationem articulorum seu capitulorum dictarum consuetudinum et libertatum dicte civitatis Condomii, ex dicto pariagio seu capitulis ac articulis ejusdem ad exhibitionem et hostencionem ad copiam faciendam seu fieri faciendam deputatus, tenendo auditorium nostrum et curiam pro dicta causa apud Condomium in loco assueto. Presentibus et conparhentibus in judicio coram nobis dictis partibus seu earum procuratoribus sindicis ac yconomis, videlicet Bertrando de Marssolano et Geraldo de Barrano, consulibus Condomii, pro se et aliis conconsulibus suis, nomine sui consulatus, et magistro Laurencio de Boali, sindico, et nomine sindicatus consulum et universitatis Condomii ex una parte ; et magistro Petro de Villari, procuratori sindico seu preconomo dictorum domini episcopi et

capituli ejus ecclesie cathedralis Condomii, nomine procuratorii
sindicatus seu yconomatus sui, ex altera. Et super predictis coram nobis litigantibus ad exhibitionem et hostentionem dicti
procuratoris sindici seu yconomi. Dicti domini episcopi et capituli et ejus partis ad nostri judicis et commissarii jussum dictum
pariagium exhibentis, et in judicio hostendentis ; illud nos judex
et commissarius predictus ibidem. in sua prima figura vidimus,
tenuimus ac legimus, seu legimus (*sic*), quasdam patentes litteras
in pargameno scriptas, et sigillo magno domini regis Anglie,
tunc domini Agennii ac Aquitanie ducis, inpendenti cera crossea[1],
seu quasi alba, ut prima facie apparebat, sigillatas, non viciatas,
non cancellatas seu omni suspicione carentes inde continentes·
pariagium dudum inhabitum inter dictum dominum regem
Anglie, tunc dominum Agennii seu Aquitanie ducem, ex parte
una, et dominum tunc abbatem et conventum de Condomio, ex
altera, super juridicione extentis, et comunione locorum de Condomio, Retrosingula et de Gualardo, in quo quidem pariagio et
litteris sunt et erant expressi et contenti articuli seu capitula
quorum tenores seriatim inmediate subsequuntur.

Ordinamus concorditer, prout inferius continetur, ut videlicet
predicti abbas et conventus, pro se et successoribus suis, recipiant et admittant predictum dominum regem et ducem, pro se
et successoribus suis, ad pariagium seu paritatem et comunionem,
justicie et juriditionis alte et basse meri et mixti imperii, quam
habent in villa de Condomio et ejus districtu et in castro de
Retrosingula et pertinenciis ejusdem et aliorum omnium et singulorum, que premissa tangunt vel tangere possunt, et que ab eis
dependent vel dependere possunt, vel modo aliquo obvenire,

---

1. Pour *crocea*.

exceptis illis que inferius exipiuntur expresse. Ita quod predicta justicia et juriditio alta et bassa, merum et mixtum imperium predicte ville de Condomio et districtus ejusdem et castri de Retrosingula predicti et ejus districtus et pertinenciis sit per medium in perpetuum equaliter et pro indiviso domini regis et ducis et abbatis et conventus predictorum. Et quod dictus dominus rex et dux, in reconpenssationem et precium dicte permutationis pariagii seu paritatis, recipiat et admittat, pro se et successoribus, predictos abbatem et conventum et eorum monasterium et successorum[1] ad pariagium seu paritatem et comunionem totius justicie et juriditionis alte et basse meri et mixti imperii balliviarum de Condomio extra villam et castrum de Gualardo[2] et ejus pertinencias, sicut eam dictus dominus rex et dux habet, exceptis hiis que inferius de nobilibus pro rege exipiuntur expresse. Quas ballivias dicimus et volumus comprehendi sub una et intelligi sub Condomense sicut distinguntur certis terminis inferius expresse contentis.

Item quod predicta justicia et juridictio balliviarum predictarum de Condomio et de Gualardo sint equaliter per medium et pro indiviso domini regis et ducis et abbatis conventus et monasterii predictorum, et omnia et singula que predictam justiciam et juridictionem tangunt vel tangere possunt, seu ab ea depen-

---

1. A la place de *successorum*, le paréage met *successores*, ce qui vaut mieux.

2. Le présent acte et celui du paréage offrent des différences sensibles, quant à la lettre et quant à l'esprit. On vient de lire en effet ci-dessus, à l'endroit qui a motivé cette note : « Extra villam et castrum de Gualando, » tandis que le paréage porte : « Extra villam et ejusdem pertinentiarum. » Dans le premier cas, le roi d'Angleterre semble tenir la justice et les bailliages au delà de la ville et du Goalard. Son autorité ne s'étendait donc ni sur la population intérieure, ni sur le Goalard, sorte de banlieue. Dans le second cas, il concède la justice des entours suburbains et du Goalard; il était donc devenu seigneur de ce lieu.

dent vel dependere possunt, vel modo aliquo obvenire. Termini
vero seu mete ballivie de Condomio extra villam sunt et intel-
liguntur et confruntuntur, cum terra domini Bernardi de Armaniaco, villa ac cum juridictione castri sui Podii, ex una parte,
et cum juridictione castri Montis-Caprelli[1] ex alia , et cum rivo
vocato la Ossa ex alio latere, et cum rivo vocato Laubinho[2], ex
alio latere. Quos quidem articulos seu capitula dicti pariagii seu
ipsorum hujusmodi copiam eidem parti agenti dictorum consulum et sindici de Condomio et ad ipsorum postulationem supplicationem seu requisitionem fieri et tradi volumus sub forma
publica et sigillo auctentico ac sigillo nostro. Et hoc pro copia
et forma publica, eidem parti agenti haberi volumus ad fines qui
sibi magis prodesse et profiteri[3] poterint pro speciffication et
declaratione consuetudinum et libertatum Condomii predictarum,
in et super predictis de quibus eisdem fieri volumus publicum
aut publica instrumenta per notarium infrascriptum si et cum de
hoc fuerint requisiti. Actum et datum, visum, lectum factaque
collatio et visio de predictis fuit hoc Condomii, die jovis post festum apostolorum Petri et Pauli, anno domini M. CCC. XXX. regnante
domino Philippo, Francie rege. Testibus presentibus : discretis
viris dominis Johanne de Feudis, legum doctore, Johanne de
Roqueta, bacalario in legibus, Raymundo Cuavarra, jurisperito,
et me Johanne de Artigato, notario Condomii, qui premissis,
visione, collatione, inspexione, requisitione, et concessione
presens interfui cum dicto domino judice et comissario ac testibus supra dictis, et requisitus per partem dictorum consulum et
sindici Condomii de premissis feci hoc presens publicum instru-

1. Montcrabeau.
2. Aujourd'hui *l'Auvignon*.
3. Le texte porte *proficeri*.

mentum. In quorum testimonium nos judex comissarius predictus sigillum nostrum presentibus duximus apponendum.

Archives communales de Condom, Livre-Cadenas, folio LXXXIV verso et suivants du numérotage roûge.

---

18 OCTOBRE 1331.

Une contestation étant survenue entre noble Pons, seigneur de Castillon et de Lamarque, en Médoc, et Gaucem de Castillon, écuyer, les deux parties conclurent un accord à Bordeaux, le 18 octobre 1331, devant le notaire du roi de France. A cette convention, écrite en langage gascon, assistèrent plusieurs personnages distingués et entre autres RAYMOND DE GALARD, *comme il appert de ces lignes finales, les seules du texte qui soient en latin :*

Actum fuit die lune ante festum Beati Luce, evangeliste, in ecclesia domus condam Templi [Burdegalensis, in parrochia Sancte-Marie de Podio-Paulini, anno Domini millesimo ccc° xxx° primo. Regnantibus serenissimis principibus dominis nostris Philippo, Dei gratia Francorum rege, et Edoardo, eadem gratia rege Anglie, duce Aquitanie. Presentibus venerabilibus et discretis viris domino Bertrando Ferrandi, Agenensi, canonico Vasatensi (*sic*), domino Armaldo, Vasatensi presbitero, Hugo Ferrandi, Agenensi, Petro de Jaucam, Adurensi, RAMUNDO GALARDIII, Guillelmo Lacausada, clerico Burdegalensis diocesis.

Copie informe sur papier du XIVᵉ siècle. Archives de M. le marquis de Verthamon [1].

---

1. Le texte de cet accord a été publié dans les *Archives historiques de la Gironde*, tome VI, page 61. Raymond de Galard est nommé à la page 66.

DE 1306 A 1340.

Notice sur RAYMOND DE GALARD *tirée du Gallia christiana.*

XVII. RAIMUNDUS DE GOALARD, ex nobili gente prope Condomum, Montasini nepos, tunc prior Agraudleti Tolosanæ diœcesis, eodem an 1305, II die post prædecessoris obitum in abbatem concordi fratrum suffragio electus est : vir religiosus, misericors et prudentissimus, qui in controversia inter suos prædecessores et oppidum mota, ratione incurrimenti, pacem benignissime reformavit, ut monasterii docet historia.

An. 1306 pepigit cum Amanevo de Lebreto, super domino villæ Neiraci. In Condomii dominio Eduardum Anglie regem, et ducem Aquitaniæ sibi sociavit, ac cum eo Condomiensibus leges et privilegia dedit. Anno 1313[1], interfuit comitiis patriæ Occitanæ, mense Augusto apud Tolosam habitis; de quibus agens Guillelmus Bardini in historia parlamentorum linguæ Occitanæ ait : « In camera ecclesiastica suspecti erant regi archiespicopus « Auxitanensis....... episcopus Magalonensis, etc....... RAIMUNDUS « GALARDI, abbas Condomi, et Raimundus de Verdala, abbas « S. Saturnini. Hi erant præcipui factores rebellionis. » Primus Condomiensis episcopus effectus est anno 1317[1]. Nunc ergo de Condomiensibus agendum præsulibus.

---

1. Dans son *Histoire de l'Agenais, du Condomois et du Bazadais,* tome Ier, page 348, M. Samazeuilh consacre à la création de l'évêché de Condom les quatre lignes que voici :

« La bulle d'érection de l'évêché de Condom est du 13 août 1317. Raymond de « Galard, abbé, fut élu par les religieux pour premier évêque. On démembra du « diocèse d'Agen, dont l'abbaye était dépendante, le bailliage d'outre-Garonne et « tous les pays situés au sud de cette rivière. »

Primus episcopus Condomiensi ecclesiæ præficitur, qui antea erat abbas, RAIMUNDUS DE GOALARD seu de Galardo, et 1317. 13. octobr. instituitur, ex libro obligationum Vaticani; rexitque ad annum fere 1340. Hujus meminit fragmentum martyrologii, his verbis : « X. cal. April. obiit R. P. D. Raimundus de Galardo pri-« mus episcopus Condomiensis, qui est sepultus ante altare S. Be-« nedicti a parte sinistra, et fuit sepultus III. idus Aprilis. » Obiit autem Lutetiæ Parisiorum anno 1340, ut notant Sammarthani. Mensam episcopalem a monachali sejunxit. Anglie regi et abbas et episcopus odio fuit[1]. De excessibus quippe episcopi Condomi. Papæ scripsit præfatus rex expostulatoriam epistolam anno 1321. 30. maii, in Collect. Rimer, tom. 3. pag. 877 et pag. 412. Exstat et altera ejusdem regis epistola de hoc Raimundo ad alium locum transferendo, data Westmonast. 21 maii 1324, apud Rimer, tom. 4, pag. 51. A. Francisco d'Albret, S. Basiliæ toparcha, testamenti sui 3. Jan. an. 1327. instituitur exsecutor, quo eodem anno urbis consuetudines ab Eduardo Anglorum rege conditas confirmavit. Observandum Augustinum Oldoinum asserere Guillelmum Testa primum Condomii episcopum nominatum fuisse a Johanne XXII. Quod ubi invenerit ille nescire se merito testatur eruditissimus Baluzius, atque falsissimum putat, et merito quidem, cum omnia illius ecclesiæ monumenta Raimundum primum antistitem exhibeant.

Gallia christiana, tome II, col. 961, 962 et 963.

1. L'abbé Monlezun, en son *Histoire de Gascogne,* comme on le verra page 281 de ce volume, prétend que la cause primitive de la haine d'Édouard II fut la cession de la seigneurie de Nérac faite par Raymond de Galard à Amanieu d'Albret. Ainsi, sans la libéralité d'un membre de la maison de Galard, au xive siècle, les d'Albret, au xvie, n'eussent point possédé Nérac et tenu en cette ville leur brillante cour.

DE 1306 A 1340.

Notice sur RAYMOND DE GALARD, *dernier abbé et premier évêque
de Condom, par J. J. Monlezun.*

Jean XXII, après avoir essayé de rétablir la paix dans le Midi,
y multiplia les évêchés. Seize nouveaux siéges y furent créés :
Mirepoix, Montauban, Lavaur, Rieux, Lombez, Saint-Papoul, Alet,
Saint-Pons de Thomières, Castres, Condom, Tulle, Sarlat, Saint-
Flour, Vabres, Mailleraye et Luçon. Deux seuls sont situés dans
la Gascogne, quoiqu'ils n'aient jamais appartenu à la province
ecclésiastique d'Auch.

Nous avons les bulles qui regardent Condom. Par une première datée du 13 août 1317, le pontife érigeait l'abbaye en
évêché, et par une seconde du même jour il séparait le nouveau
diocèse de celui d'Agen, dont il avait fait partie jusqu'alors. Il
laissait à celui-ci la rive droite de la Garonne et assignait à l'autre
la rive gauche avec les revenus qu'y percevait le prélat. Les moines de l'abbaye allaient former le chapitre, sans néanmoins
renoncer à leur habit ni à leurs observances. Eux seuls devaient
nommer l'évêque. Leur choix s'arrêta aussitôt sur RAYMOND DE
GALARD, leur abbé. Raymond appartenait à la noble famille dont
il portait le nom, et qui eut désormais[1] le privilége de conduire
la haquenée du prélat dans son entrée solennelle au jour de sa
prise de possession et de le servir à table. Il avait succédé à Ar-
naud-Othon de Caseneuve en 1306.

Peu de mois après avoir pris en main l'administration du

---

[1]. M. de Goas, ayant dans la suite acheté la terre de Galard, prétendit conduire
l'évêque, mais il fut débouté de ses prétentions.

monastère, il autorisa le prieur de Nérac à abandonner à Amanieu, sire d'Albret, la justice et le droit de péage que le prieuré possédait dans la ville, ainsi que douze deniers de fief que lui payait annuellement la maison d'Albret; c'était donner la seigneurie de Nérac à Amanieu. Aussi le sire d'Albret assurait au prieuré les boucheries et le moulin de la ville avec l'exemption du péage dans toutes les possessions de la maison d'Albret et la permission pour les serviteurs du couvent de porter les armes dans toute la baronnie de Nérac. Il s'obligeait en outre, en signe de vassalité, de donner une cucule et une aumusse à chaque mutation d'abbé et de prieur.

Le roi d'Angleterre vit avec peine cette transaction, et, oubliant tout ce qu'il devait aux services que le sire d'Albret avait rendus à sa couronne, il ordonna à Jean de Ferrière, sénéchal d'Agenais, de se saisir de Nérac, sous prétexte du paréage passé avec l'abbé de Condom. Amanieu essaya de se défendre et fut soutenu par le vicomte d'Orthe et de Marennes, et par Fortaner de Bats. En même temps il en appela à la France et se plaça sous sa sauvegarde; mais, au mépris de cet appel, le sénéchal, suivi d'Odon de Ladoux, d'Arnaud de Castelnau et de Guillaume Arnaud de Gelas, entra à la tête de plus de quatre mille soldats sur les domaines d'Amanieu et de ses auxiliaires, et y promena longtemps le fer et la flamme. Le sire, se sentant trop faible pour soutenir la lutte, en appela de nouveau à la France. Il se plaignait surtout de Raymond de Laclaverie, de Guillaume de Goyon, bayle de Lembege, de Gaillard de Bernède, d'Aramon de Bezoles, de Pierre de Belin, de Bertrand de Lalanne et d'Amerigot de Gavaston. Pierre de Castan, envoyé par le vicomte d'Orthe, se joignit à lui. Leur voix fut écoutée. Philippe, secrètement prévenu contre Édouard par Isabelle, sa fille, qui n'avait pu voir

qu'avec un profond dépit la place de l'épouse dans le cœur du
roi occupée par un vil favori, ordonna de cesser sur-le-champ
toute hostilité, et condamna le monarque anglais à payer une
indemnité de vingt mille livres tournois. Il se montra encore
plus sévère à l'égard des seigneurs gascons. Il les bannit presque
tous du royaume.

Édouard n'avait pas attendu cette sentence ; il craignit que la
querelle ne s'étendît et se hâta de nommer des commissaires pour
vider les différends. Peu de jours après, il espéra mieux ramener par lui-même les esprits, et écrivit à Amanieu une lettre
pleine d'affection dans laquelle il déclarait vouloir juger en personne. Le pape se mêla au monarque pour prêcher la réconciliation ; ce qui semblerait faire entendre que la Gascogne n'était
guère plus paisible que l'Angleterre. Rien ne pousse aux troubles et aux désordres comme un gouvernement faible et impré-
voyant. Édouard s'en prit à Raymond de Galard, qu'il accusa
d'avoir fait naître ce différen t, et il ne tarda pas à lui en témoi-
gner son mécontentement.

La vieille querelle entre les abbés et la ville s'étant réveillée
au sacre du nouvel évêque, le sénéchal de Gascogne, par ordre
de son maître, se déclara pour les bourgeois. L'évêque en appela
au roi de France, ressource ordinaire de tous ceux qui avaient
à se plaindre de l'Angleterre. En attendant, il lança un interdit
sur la ville et s'achemina vers la cour d'Avignon, où il se joignit
aux archevêques de Narbonne et de Toulouse, et aux évêques de
Lectoure et d'Agen, pour accorder à tous les pèlerins qui traver-
seraient Condom le droit d'être reçus et nourris dans l'hôpital
que venait de fonder le cardinal Teste. Édouard fut vivement
piqué de cette double mesure. Il en écrivit à la fois au roi de
France, aux papes et aux cardinaux (12 décembre 1322). Il expo-

sait à Philippe le Bel la nullité de l'appel. Il allait plus loin auprès
du pape : il lui demandait d'éloigner le prélat d'un siége où son
ministère serait désormais infructueux, et le conjurait de lever
l'interdit, encore observé dans toute sa rigueur après plus d'un
an et demi. Enfin il priait les cardinaux d'appuyer sa demande
et d'obtenir du Saint-Père la translation de Raymond de Galard à
un autre siége. BERTRAND DE GALARD, parent du prélat, fut enveloppé
dans sa disgrâce. Édouard l'accusait d'avoir usurpé quelques
droits dans la commune dont il portait le nom, au détriment de
la ville de Francescas. Mais le monarque anglais était alors occupé à lutter à la fois contre le comte et contre les grands de son
royaume, qu'avaient soulevés l'orgueil et le crédit des Spencer,
plus puissants et plus absolus que n'avait été Gaveston. Il renouvela
quelques mois après ses instances auprès du souverain pontife
et du sacré-collége; mais ses démarches n'ayant point obtenu de
succès, il abandonna cette affaire, du moins nous en ignorons
l'issue, et Raymond de Galard resta sur le siége de Condom.

Histoire de Gascogne par l'abbé Monlezun, tome III, pages 166, 167,
168, 169.

DE 1327 A 1340.

Continuation de la notice ci-dessus par le même auteur dans un autre
volume.

Les évêques de Condom nous sont plus connus que leurs voisins. Si nous les avons passés sous silence depuis si longtemps,
c'est qu'ils sont constamment restés étrangers aux faits que nous
avions à raconter. Désormais nous les allons voir se mêler à notre

histoire. RAYMOND DE GALARD, que nous avons laissé aux prises avec
Édouard II, roi d'Angleterre, et avec les habitants de Condom,
n'avait pas tardé à se réconcilier avec le prince anglais. La lutte
avec les habitants de Condom fut plus longue; mais enfin on se
rapprocha de part et d'autre, et de ce rapprochement naquit un
compromis qui remettait tous les différends à des arbitres. Ceux-
ci prononcèrent sur quelques points et en déférèrent d'autres au
jugement du sénéchal d'Agenais. Les consuls et les habitants furent maintenus dans leurs anciens priviléges. L'interdit qui pe-
sait sur la ville fut levé, et l'évêque s'engagea à ne plus recourir
à cette arme. Raymond confirma, à cette occasion, les coutumes
dont jouissaient les habitants, et leur concéda les deux grandes
foires de Sainte-Catherine et du Carême. (Lundi avant la Purification 1327.) Rien ne troubla désormais son administration, qui
ne se termina que dans les premiers mois de 1340. Des affaires
l'ayant alors conduit à Paris, il y mourut[1] le 16 mars; mais son
corps fut rapporté à Condom et enterré dans la chapelle de
Saint-Benoît. Après ses obsèques, le siége vaqua quelques mois.

Histoire de Gascogne par l'abbé Monlezun, tome V, pages 51 et suivantes.

1. L'abbé Monlezun ajoute en note :

« Par son testament, il établit dans sa cathédrale quatre chapellenies, dont il
laissa la nomination à ses successeurs, stipulant toutefois qu'elles ne seraient données qu'à des religieux du chapitre dépourvus d'autres bénéfices. Il dota cette
fondation de tous les biens qu'il avait acquis durant son long pontificat. Il mention-
nait entre autres la moitié du moulin de Vadarnaut, qui, avec les terres et les prés
qui en dépendaient, avait coûté 220 livres, une maison à Francescas du prix de
210 livres, une métairie du prix de 35 livres, 15 cartelades de bois dans Eauze, et
le quart des dîmes de la Serraute, le tout du prix de 240 livres; une métairie à
La Ressingle avec 22 concades de terre labourable et de bois du prix de 550 livres;
à Cassaigne, 16 concades de bois au prix de 250 livres; enfin, dans le lieu de Gar-
dères, des terres pour le labourage d'une paire de bœufs, au prix de 130 livres. »

Entre 1306 et 1340.

L'abbé de Lespine, sur la foi d'un titre, que nous produirons dans le groupe de ceux relatifs à PIERRE DE GALARD, grand maître des arbalétriers, rapporte que celui-ci et son frère Raymond, d'abord abbé et ensuite évêque de Condom, accrurent leur fortune par l'exportation de leurs vins dans les Flandres.

Au reste, les terres de Limeuil et de Pompinhan n'étoient pas venues par succession à ce grand homme[1] (Pierre de Galard). Il les avoit achetées, au moyen des profits qu'il avoit faits en Flandre, où il avoit été employé pendant 14 ans. Il y faisoit, dit-il, porter tout le vin de ses vignes de Gascogne et tout celui de l'abbaye de Condom qui appartenoit à RAYMOND, son frère; et après en avoir fait la provision de son hôtel, il en fournissoit aux seigneurs et aux généraux, et comme il avoit le privilége de ne pas payer de maltote, il y gagnoit beaucoup d'argent. Il rendit ainsi son compte devant la chambre des comptes de Paris, qui l'avoit recherché après la mort du roi[2].

PIERRE DE GALARD, seigneur de Limeuil, se dit frère de Raimond, évêque de Condom. »

Mss. de l'abbé de Lespine, dossier de Galard, Bibl. Imp. Cabinet des titres.

1. Cette assertion constitue une erreur que nous aurons occasion de relever plus tard, car le grand fief de Limeuil, en partie, lui était incombé par suite de l'héritage de son oncle Bertrand de Beauville.

2. PIERRE DE GALARD plaida lui-même sa cause et fut maintenu dans toutes les donations royales dont ses grands services militaires et diplomatiques avaient été l'objet. Nous reproduirons plus loin la défense de l'infatigable guerrier qui se trouve partout où la puissance souveraine est menacée.

De 1306 a 1340. .

Notice sur Raymond de Galard, *tirée du manuscrit de Lagutère.*

Raymond de Gaillard étoit abbé, comme se justifie par la transaction du 14 avril 1307, passée entre le dit abbé, le scindiq du monastère et le chapelain maieur de l'église de Saint-Pierre de Condom, le prieur et le chapelain de Nérac d'une part, le gardien et couvent des frères mineurs de Condom, le couvent et gardien des cordeliers de Nérac, d'autre, sur les droicts des funérailles et sépultures, laquelle porte : « Raymondo Gaillardo, abbate Condomii, » retenue par Arnaud Bonafoy, notaire de Condom, laquelle est dans le livre manuscrit in folio du chapitre.

Toute la justice du dit Condom, Goualard et Larressengle appartenoit au dit abbé et couvent de Condom. Voyant qu'il n'en pouvoit pas jouir, il appela en paréage Edoard II, roy d'Angleterre et duc d'Aquitaine, comme se voit par le dit paréage, passé entre noble Jean de Greylli, escuyer du dit seigneur roy et duc et son lieutenant dans la dite duché de Guienne et terre d'Agen, et frère Arneus Gerualdi, religieux du dit couvent, procureur et scindic du dit abbé et couvent, en datte du 20 juin et du règne du dit Edoard ; il fallut que ce fût fort peu de temps avant l'érection de la dite abbaye en evesché. D'autant que cet Edoard II commença à régner par la mort de son père Edoard I, dessus duc de Guienne, en l'an 1304[1], et ce fut la 13ᵉ année de son

---

1. Erreur. Édouard II ne monta sur le trône qu'en 1307. D'après Mary Lafon, il aurait séjourné à Condom, en 1305, alors qu'il n'était qu'héritier de la couronne. Peut-être l'auteur de l'*Histoire du Midi* a-t-il confondu Édouard II avec Édouard Iᵉʳ qui, en effet, était à Condom au printemps de 1289, ce qui appert des *Lettres des rois*

règne. L'érection de l'abbaye en évesché est du 13 aoust 1317, le paréage fut du depuis confirmé par le roy Philippe de Valois, l'an 1329, comme se voit par l'acte de la dite confirmation mise au pied du dit paréage. Les coutumes de la ville furent données par le dit Edoard et Raymond, abbé, comme se justifie par le préambule dicelles.

Soubs cet abbé, en l'an 1308, le pape Clément V étant à Lectore, les habitants de Condom obtindrent une bulle du pape, couchée au livre manuscrit de la maison de ville, par laquelle est porté : « quod nullus de Condomio extra diœcesim trahi possit « per literas apostolicas nisi de hujus modi privilegio expressa « habeatur mentio, » et les termes dans lesquels elle est conceue marquent qu'elle estoit alors la piété des habitants de Condom. « Devotionis vestræ meretur affectus ut vos et terram vestram « favore apostolico prosequentes petitionibus vestris... Datum « Lectoræ, 2 decembris, nostri pontificatus anno 4. »

Soubs cet abbé et le dimanche avant la feste de la Magdelaine, l'an 1306, fut passée à Condom la transaction d'entre le dit abbé, le couvent de Condom, le prieur de Nérac et noble personne Amanieu d'Albret, par laquelle le dit prieur, nommé Senebrun de Gobbes, lui bailla toute la jurisdiction qu'il avoit au dit Nérac, le droict de péage et douze deniers Morlans, que le dit sieur d'Albret lui faisoit annuellement de fiefs ; et fut donné en eschange la 3e partie du moulin de Nérac, les boucheries et

et reines, tirées des archives de la Tour de Londres par Bréquigny et publiées dans les documents inédits de l'histoire de France, par Champollion-Figeac, tome I, pages 555, 556, 557, 558. Nous laissons à Mary Lafon la responsabilté de l'assertion suivante :

« Au commencement du xive siècle en 1305, Édouard II vint à Condom rece-« voir l'hommage des citoyens comme duc d'Aquitaine et selon la coutume signala « son passage par l'octroi d'une charte contenant d'amples priviléges et donnée de

l'exemption de péage dans toutes les possessions du sieur d'Albret. Le dit prieur ne relàcha que le péage dans la ville de Nérac, et par hommage le dit sieur d'Albret s'oblige, à toute mutation d'abbé et prieur, de donner une cucule et une aumusse noire, de laquelle appert comme le péage de Barbaste resta au dit prieur de Nérac; les domestiques du prieur de Nérac pourront porter avec liberté les armes dans toute la baronnie du dit Nérac. La dite transaction fut passée dans le cloistre du dit couvent et retenue par Raymond de Campet, notaire de Condom. Présent à ce Othon de Lomagne, sieur de Fimarcon, régnant Philippe, roy de France, et Edoard, roy d'Angleterre, duc de Guienne.

Soubs ce mesme, et le mois de juin 1315, fut passée transaction entre le sacristain de la dite église et le chapelain maieur de Condom, portant le règlement de leurs droicts pour les oblations et funérailles, baptêmes et autres.

Le jour d'après la fête de saint Grégoire 1318 [1] les consuls firent acte au bayle de l'évêque d'avoir à prêter serment entre leurs mains avant de faire aucune fonction. Réponse de bayle qui reconnoît y être obligé. Réquisition pour même fin à l'évêque qui répond qu'il l'entend de même et consent que les consuls soient maintenus dans leurs priviléges. Dans les archives de l'Hôtel de ville, cassette B, liasse 1, n° 1.

Manuscrit de Jean Lagutère, folio 43 recto et verso.

« concert avec l'abbé qui s'appelait RAYMOND DE GOULARD. Huit ans après cette visite
» royale le pape Quercinois Jean XXII accrut d'une façon inespérée la splendeur de
« Condom, en créant à la place de l'antique abbaye de Saint-Pierre, un évêché dont
« RAYMOND DE GOULARD, le dernier abbé bénédictin, fut le premier titulaire. » (Histoire des villes de France, par Aristide Guilbert, t. II, p. 308. Notice sur Condom, par Mary Lafon.)

1. Cette date n'est pas exacte : ces actes eurent lieu en 1280, sous l'abbé Auger d'Andiran.

Année 1340 et avant.

*Autre notice sur Raymond de Galard, évêque de Condom, tirée comme
la précédente du manuscrit de Jean Lagutère.*

MÉMOIRE DES ÉVÊQUES DE CONDOM DEPUIS L'AN 1317 QUE L'ABBAYE
DU DIT CONDOM FUT ÉRIGÉE EN ÉVÊCHÉ, JUSQUES A PRÉSENT.

Raymond de Gaillard[1], abbé de Condon fut esleu par les religieux pour premier evesque de Condom, l'an 1317. L'abbaye
Saint-Pierre de Condom, ordre de Saint-Benoist, fut érigée en
evesché par le pape Jean 22ᵉ, comme remarque Duchesne en
son histoire, et que nous justifions par la bulle de ladite érection
en date du 13ᵉ aoust 1317 et du pontificat dudit pape le premier[2]; ensuite de laquelle, par autre bulle du mesme an et jour,
le diocèse et evesché de Condom fut séparé de celuy d'Agen,
duquel ladite abbaye estoit dépendante, et lui fut délaissé pour
territoire et destroict tout ce qui estoit au delà de la rivière de
Garonne qui les sépare; tous les reveneus que l'evesque dudit
Agen avoit accoutumé d'y percevoir appartiendront à l'evesque
de Condom.

En conséquence de ladite érection en evesché et église cathédrale feust esleu par le chapitre de Condom et religieux d'icelui,
qui continueront dans leur habit et observance, Raymond de
Gaillard, lors leur abbé, pour premier evesque, comme résulte
de la transaction passée entre le dit Raymond, esleu evesque, et
le chapitre touchant le revenu appelé de la clef, lequel consiste

---

1. Il se trouve escrit plus souvent *de* Golardo *et* Gualardo *in manuscripto
obituum*.

2. Le mot *an* est sous-entendu.

en la disme et prémisses de la paroisse Saint-Pierre de Condom,
scellée du sceau dudit seigneur evesque esleu et de celui du chapitre, en date du samedi après la nativité de Notre Dame audit
an mil trois cent dix-sept, et publiée du depuis, en la cour de
l'officialité de Condom, le 4e janvier 1328; de laquelle transaction
il y en a partie au livre manuscrit du chapitre où sont les statuts
faicts par Pierre, son successeur. La charge estoit qu'en cas de
gresle ou autrement, si elle ne suffisoit pas pour l'entretien des religieux, c'estoit à l'evesque à suppléer d'après le 23e article des
statuts faicts soubs Pierre, 2e evesque, par lui et ledit couvent.

Ledit Raymond s'appeloit de Gaillard ainsi que nous avons
remarqué en ce que nous avons dict de lui en qualité d'abbé,
parce que dans les actes faicts de son temps il se lit : « RAYMUNDO
DE GAILLARDO, abbate Condomii. »

Peu de temps après son sacre et le trentiesme du mois de
juillet 1318, Arnaud d'Aux, cardinal et evesque d'Alby[1], fonda le
chapitre de Larromieu, en ce diocèse, lequel il composa du
nombre de dix-huit chanoines, outre et pardessus les dignités
qu'il institua, sçavoir : doyen, sous-doyen, chantre, sacristain et
ouvrier, voulant que ledit doyen fût chanoine, lesquels il veust
vivre en commun jusqu'à ce que il aye des fonds suffisants pour
leur entretien en particulier et faire le partage des portions et
prébendes et distributions quotidiennes, se réservant pour lui,
ses héritiers et successeurs le droit de patronage et nomination auxdits canonicats; voulant seulement que, pour le regard
du doyenné, ils demandent permission audit patron d'eslire, et
alors ils pourront en nommer deux ou trois d'entre eux, des
quels ledit patron en choisira un pour estre doyen, lequel doibt

---

1. Erreur. Arnaud d'Aux, camerlingue de l'Église romaine, était évêque d'Albane et non pas d'Albi.

estre confirmé par l'evesque de Condom et aura la charge des ames de la paroisse de Larromieu. Il laissa audit chapitre plusieurs et très-précieux ornements d'église dont il faict le dénombrement dans l'instrument de ladite fondation. Laquelle ledit Raymond, evesque, confirma le jeudi, veille de Noël l'an 1327, comme il se voit par l'acte de confirmation dudit jour reteneu par Bertrand Prépendi, notaire de Condom.

Raymond demanda au roy Philippe de Valois la confirmation du paréage, laquelle il lui accorda comme il se voit par l'acte couché au pied d'iceluy en date du mois de janvier 1329 et de son règne le second.

Ledit Raymond gouverna cet evesché jusques en 1340 qu'il mourut à Paris, et, après son décès, le chapitre procéda à une nouvelle élection de la personne de Pierre de Goallard, religieux et prieur de Nérac, comme il se voit par le verbal de ladite élection.

Ledit Raymond, avec son chapitre et religieux, confirma les coutumes données par Edoard, duc de Guienne et roy d'Angleterre, à la ville de Condom par acte daté de Condom le lundi avant la Purification, « anno Domini 1327. »

Ladite année le susdit Raymond et religieux concéderent aux consuls et habitants de Condom deux foires.

Nous trouvons aussi, audit livre des coutumes et au fol. 112, un acte daté de Condom, le lundi avant la feste de la Purification 1327, par lequel ledit Raymond, evesque, leva l'interdit jeté par lui et son official à l'instigation de son chapitre, dans Condom et ses appartenances, qui nous faict connoître la mauvaise intelligence qui estoit entre eux. Ce qui me persuade qu'il y avoit du défaut de la part des habitants, c'est qu'au même endroit j'ai leu un acte de l'année suivante 1328 par lequel ledit Raymond accorda pardon aux consuls qui le lui demandèrent à

genoux, sans que pourtant ladite posture pust être une flétris-
sure, ni marque d'infamie pour eux, ainsi qu'il est spécifié par
les parties, d'où nous devons inférer comme quoi ils en agis-
soient avec plus de sincérité et d'humilité chrétienne d'avoir
cela conservé dans leur thrésor.

Soubs cet evesque, dans le liv. mss. in-fol. du chapitre, il y a
une transaction, passée entre ledit Raymond, evesque, et son chapitre, d'un costé, et la communauté de la ville, d'autre, pour divers
différends, retenue par Auger d'Escalanis, notaire de Condom,
suivant les compromis des parties, ledict accord faict et prononcé
par l'arbitre, prins par toutes parties en date du 5 janvier 1328 :
1° pour le territoire de la Ressingle, Couchet et Casurario, et fut
dict qu'on faisoit juger le procès par devant le sénéchal d'Agen
qu'on prendroit pour droict de pugnère la quatorzième partie, et
en cas que les manquises fissent tort que ce seroit de la connois-
sance des consuls, que l'interdit, jeté par l'evesque, seroit levé
et qu'à l'avenir il n'en lacheroit contre lesdits habitants et que
les corps des décédés, durant l'interdit, seroient ensevelis dans les
églises ou cimetières, qu'on laisseroit lesdits consuls et les habitants dans les priviléges accordés par le roi Charles de Valois. En
suite il y a l'acte qui porte la levée de l'interdit, tant jeté par ledit sieur evesque que par son official.

Il se justifie que cet evesque vivoit en 1339 par certain accord passé entre les consuls et scindic de ceste ville et mestre
Bernard de Cana, licencié en droict et « rector Condomii, » au
subjet de plusieurs de leurs différends en date du 22 avril 1339.

« Domino Reymondo, Dei et sedis apostolicæ gratia Condomiense episcopo, existente. »

« Ex manuscriptis obituum, folio V, 12 kal. aprilis obiit Raymundus, prior, dominus Raymundus de Golardo, primus epi-

scopus Condomii, qui est sepultus ante altare Sancti Benedicti a parte sinistra. Est suum anniversarium super decimam Sancti Bartholomei de Francescas, et est sepultus 3 idus aprilis ; est anniversarium super molendinum de Grasiac. Idem est fol. 26 v.

Il signoit : « Raimundus permissione divina Condomiensis episcopus » comme se voit dans la transaction posée entre le procureur, du roy au sénéchal d'Agen, Bernard de Trenchéléon, noble Galhardin de La Roque-Saint-Aignan, et Bernarde de Saint-Orens, sa femme. Ledit acte fut retenu par Guillaume (*illisible*) notaire d'Agen, en date du 23 février 1334. Le roy Philippe par ses lettres du mois de janvier 1329 print sous sa protection et sauvegarde l'église et evesché de Condom[1].

Manuscrit Lagutère, folio 47-48 recto et verso.

ANNÉE 1340 ET AVANT.

Autre notice sur le même.

La commune de Condom supportait avec impatience l'autorité des abbés ; à plusieurs reprises, des collisions eurent lieu entre les moines et les habitants. Cependant, grâce à l'esprit conciliant en apparence du successeur d'Odon, RAYMOND DE GOUALARD, ces dissentiments furent apaisés, vers 1301, et la bonne harmonie se rétablit entre la ville et l'abbaye.

En 1306, Raymond de Goualard fit un accord avec Amanieu d'Albret au sujet de la possession de Nérac.

---

1. Cette biographie est informe et peu méthodique, mais j'ai dû la donner telle qu'elle était ; la suivante est erronée en certains points.

La même année, de concert avec le roi d'Angleterre, il donna des coutumes et des priviléges à la ville de Condom.

En 1313, il y eut une transaction entre le roi et les consuls; l'article 160 porte : « Par la présente composition, aucun préjudice ne sera fait au paréage qui existait entre mon prédécesseur, le roi d'Angleterre, et l'abbé et le couvent de Condom. » Par cette transaction, les consuls participent à la simple administration de la justice et nullement à la propriété. Les seigneurs consentent et donnent pour coutume à la ville que, dans les matières criminelles, qui seront portées dans leurs cours et devant leurs juges, les consuls et trente prud'hommes choisis seront appelés; que devant eux seront faits le rapport et les informations des procédures; qu'ils auront voix délibérative et qu'on y suivra ce qui sera décidé à la majorité, sans qu'à raison de ce les consuls puissent, ni pour le présent, ni pour l'avenir, prétendre aucun droit de justice seigneuriale, laquelle juridiction demeurera tout entière audit seigneur. Par l'article 17, il est accordé aux consuls d'assister à quelques actes en matière civile; mais il est bien stipulé qu'ils ne seront appelés que comme conseils et pour empêcher toute fraude.

Les consuls nouvellement élus prêtaient serment entre les mains de l'évêque et de l'officier du roi; ils juraient d'exercer leurs fonctions en bons et loyaux citoyens et de rendre, en sortant de charge, les clés et les sceaux de la ville à l'évêque et au roi qui étaient leurs seigneurs.

Vers 1313, les consuls et l'université de Condom eurent à se plaindre de la conduite de l'abbé; ils s'adressèrent au roi d'Angleterre qui chargea son sénéchal, Amaury de Créon, d'informer.

Toutefois la commune et le monastère formaient encore, en 1315, deux corps entièrement distincts ayant même chacun leurs troupes particulières, car cette année le roi d'Angleterre écrivit séparément au maire et à l'abbé, les priant de s'entendre avec le sénéchal et les principaux seigneurs de Gascogne pour la défense du pays contre l'ennemi commun (les Français).

L'année 1317 vit porter à son comble la prospérité de l'abbaye et couronner tous les efforts de son ambitieux abbé. Jean XXII, alors souverain pontife, sépara Condom et son territoire du diocèse d'Agen, et en fit le siége d'un évêché; Raymond de Goualard fut à la fois le dernier abbé et le premier évêque.

A peine revêtu de la dignité épiscopale, Raymond, dont nous avons signalé la douceur et la prudence, sema la division entre les Anglais et les Français. Dès cette même année 1321, quatre ans seulement après son élection, le roi d'Angleterre fut contraint d'en écrire au pape et de le supplier de mettre un terme à la résistance du prélat.

Ou le pape ne jugea pas convenable d'accéder à la demande du monarque, ou le fougueux évêque ne tint pas plus compte des remontrances de l'un que des menaces de l'autre; il parut, au contraire, redoubler d'audace, car à la fin de l'année Édouard écrit au souverain pontife la lettre suivante [1] :

« Le roi d'Angleterre au pape, salut :

« Je vous informe que la méchanceté de l'évêque de Condom « va toujours croissant; à l'instigation du diable, il est chaque « jour en dispute avec les officiers, les consuls et la commune de « Condom. J'avais chargé mon sénéchal de Gascogne, Aymeric de « Créon, de rétablir la paix; mais l'évêque a méconnu mon séné- « chal, et ne cesse de me créer des tracasseries continuelles, et « depuis un an et demi, il tient ma ville en interdit et cherche à « me brouiller avec le roi de France, etc...

1. Voir les notes des pages 257, 260, 268.

« Veuillez intervenir, car la prolongation de l'interdit ne
« peut que favoriser le crime et l'impiété, et faire perdre les
« âmes de mes fidèles sujets[1]. »

Guienne monumentale, tome II, page 117 et suivantes.

ANNÉE 1340 ET AVANT.

Autre notice sur le même, tirée de la Revue d'Aquitaine.

RAYMOND DE GOALARD était neveu de Montassin, homme très-
religieux et très-prudent. Ce dix-sept ou dernier abbé, dans un
différend entre ses prédécesseurs et la ville, à raison des courses
(incurrementi), s'interposa fréquemment pour les concilier.
En 1306, il transigea avec Amanieu d'Albret (de Lebreto), au
sujet du domaine de la ville de Nérac. Il associa le roi d'Angleterre, comme duc d'Aquitaine, en paréage avec lui pour la seigneurie de Condom, et donna, conjointement avec ce monarque,
des lois et des priviléges aux habitants. Il assista en 1313 aux co-
mices de la patrie Occitanique (patriæ Occitanæ), tenus à Toulouse. Il fut le dernier abbé de Condom, cette abbaye ayant été
érigée en évêché par Jean XXII, en 1317.

Premier évêque de Condom fut ce même Raymond de Golard
ou de Goulard, qui occupa le siége jusqu'en 1340. Il mourut
cette même année et fut enterré devant l'autel de St-Benoît, du
côté gauche. Les Frères de Ste-Marthe prétendent qu'il termina
ses jours à Paris. Il avait séparé la mense épiscopale de celle des

---

1. Cette traduction d'un texte latin reproduit plus haut est un peu trop libre.
Sa teneur, on l'a vu par les actes ci-dessus, est démentie par les faits.

moines. Ce prélat fut odieux au roi d'Angleterre, qui écrivit au pape, en 1321, pour se plaindre de ses excès, et de nouveau, en 1324, pour demander sa translation ailleurs. Il fut nommé exécuteur testamentaire, par François d'Albret, seigneur de Ste-Bazeille (Stæ Bazillæ), en 1327. Il confirma cette même année les coutumes accordées à la ville par le roi d'Angleterre, Édouard. Son successeur fut PIERRE DE GALARD ou GOALARD, son neveu [1].

Revue d'Aquitaine, tome V, page 448.

10 DÉCEMBRE 1308.

A la suite des lettres d'Édouard III, roi d'Angleterre, du 10 décembre 1308, pour le payement du restant des gages de Fortanier de Lescun, est une note sur pareilles lettres qui furent expédiées à trois seigneurs de Guienne, du nombre desquels est GUILLAUME DE GALARD [2] (*Guillelmo de Galard*).

Mss. de l'abbé de Lespine, dossier de Galard. Bibl. impériale. Cabinet des titres.

1. Une satire, en langage gascon, dirigée contre les nobles d'Armagnac, tance les pseudo-gentilshommes de ce pays avec une sévérité sans pareille. L'auteur de cette verte censure, qu'on présume être l'abbé Beautian, a mis à nu l'inanité de certaines prétentions en dévoilant les origines. Quelques familles, dont la notoriété historique était irrécusable, ont été louées exceptionnellement selon leur mérite. Dans ce nombre se trouvent celles des Noé et des Galard, comme on peut le voir par ces deux vers :

> Lous Noé, lous Galard an leurs noms bien illustres :
> Lous abesques anciens lous an dat de grans lustres.

2. Ce Guillaume de Galard peut être le fils d'autre Guillaume, qui prit part à la promulgation des coutumes de la Sauvetat en 1271, ou bien encore de Bertrand de Galard, seigneur de l'Isle Bozon. Dans tous les cas, il ne saurait être le même que Guillaume (fils de Bertrand de Galard, seigneur de Brassac), dont les faits et gestes seront relatés en temps et lieu.

A LA NOEL 1318.

GUILLAUME DE GALARD *reçut à titre d'indemnité de séjour, pour la garnison mise au château de l'Isle, la somme de 1033 livres, 5 deniers.*

COMPOTUS THESAURI, NATIVITAS 1318.

GUILLELMUS DE GAILLARD, armiger, pro residuo vadiorum suorum et gentis suæ in castello Insulæ, in extremo exercitu, 1033 lib. 5 den. 14 juillet.

Mss. de l'abbé de Lespine, dossier de Galard. Bibl. imp. Cabinet des titres.

ANNÉE 1310.

PIERRE DE GALARD, *précepteur de Launac, lors du procès de Philippe le Bel contre les Templiers, fut enfermé dans le château royal d'Alais et eut à subir l'interrogatoire suivant du commissaire subdélégué par l'évêque de Nîmes.*

Frater PETRUS GALHARDI, serviens templi, preceptor de Launaco, juratus dicere et confiteri veritatem, sponte et devote dixit et confessus fuit errores infrascriptos : dicens et deponens quod ille qui recipitur per magistrum templi seu per suum locum tenentem petit panem et aquam illius ordinis et societatem fratrum ejusdem ordinis; et postmodum ille recipiens ducit eum in aliquo loco secreto, et ei ostendit crucem, cum effigie domini Jhesu Christi et facit dominum Jhesum Christum et dictam crucem ter abnegare, et etiam dicere quod dominus Jhesus Christus fuit quidam falsus propheta, qui se fecit crucifigi ut mundum deciperet, et qualibet vice spuit versus crucem ille receptus, etc.

Frater Jacobus Johannis, serviens templi, conventus Montis Pessulani, qui sequebatur, ut dixit, laborem de Launaco, juratus dicere veritatem super sancta Dei evangelia, devote et sponte confessus fuit et dixit idem in omnibus et per omnia, in substantia et effectu, quod frater Petrus Galhardi[1] supra dixerat et confessus fuerat; hoc salvo quod dixit de nihil scire nec dici audivisse ab antiquo usque nunc quod aliqua testa, sive caput hominis mortui, vel mulieris, vel ydolum, adoretur per fratres templi in capitulis provincialibus vel aliis locis. De quibus dictus dominus Odardus petiit, etc.

Histoire de la ville de Nismes, par Ménard[2], tome Ier, preuves, pages 203, 204, col. 1.

1. Il ne faut pas confondre ce Pierre de Galard avec un autre Pierre, grand maître des arbalétriers, qui va se montrer page 303.

2. Dans ce même ouvrage et dans le *Procès des Templiers*, par Michelet, tome I page 98, il est également mention de Jacobus Galhard, mais il est dit *Magolensis*. Nous n'avons pu éclaircir si Maguelone était le lieu de son berceau ou celui de sa dernière résidence comme chevalier de son ordre. Dans l'incertitude, nous ne saurions l'incorporer dans la maison de Galard. Voici ce qui concerne le groupe de chevaliers où se montre ce Jacobus ou Jacob de Galhard : « Nomina vero dictorum fratrum in quorum presencia dicti domini commissarii, ut predictum est, aperuerunt dictos articulos et fecerunt eos et dictam commissionem legi, sunt hec, videlicet fratres : Ranaudus de Bord, miles Lemovicensis, Guillelmus de Chabonnet, Lemovicencis, Bertrandus de Sartiges, Claramontensis... Albertus de Canellis, Æquensis in Lombardia, miles, Guillelmus de Ranco, Uticensis, Johannes de Tribus Viris, Magalonensis, Petrus de Agusano, Nemaunensis, Jacobus Galhardi, Magalonensis, Petrus Jubini Nemausensis, Poncius Pisani Magolensis, Poncius de Vernegia Lemovicensis, Petrus de Brolie, Claramotensis, Bosso Gocta de Peyrato Lemovicensis, etc. »

Le texte du susdit procès (publié par Michelet, tome II, pages 203 et 204) nous révèle également l'existence d'un « Galhardus cujus cognomen ignorat, erat tamen de Burdegalensi diocesi oriundus. »

24 MAI 1309.

Arnaud Garcias de Goth, vicomte de Lomagne et d'Auvillars, jura sur les saints Évangiles aux habitants du Marensin, dont sa femme Miramonde de Mauléon était seigneuresse, qu'il serait bon et loyal seigneur, et qu'il ferait droit au pauvre comme au riche. La population du Marensin, à son tour, lui promit fidélité. A ce serment réciproque et solennel assistait RAYMOND DE GALARD, *dit Cortès*[1].

EN LANGAGE GASCON.

Conegude cause sie que sexta die exitus mensis maï, anno Domini millesimo trescentesimo nono, en la presencia de min Joan de la Trena, notari publicq deu dugat de Guiayne, et deus testimonis de jus escriuts, et en la presencia et de voluntat deu sehor Nauger de Mauléon, cavoirs, lo nobles abars, lo seinhor Narnaud Gassias deu Got, cavoirs, vescoms de Lomanha et d'Auovilar, juret et fet segrament sobreus sancts evangelis Diu, corporalements tocants, per nom de la done na Miramonde, sa moilher, done de Marensin, en publicq, et en la place qui es près de Lagleysa de Lit, en Marensin, au poble, et alas gents de la terre de Marensin, et de la honor de Marensin, qui eren aqui aiustat et mandat especiaument per prendre et receber loudit segrament, et per far audit vescomte lo segrament que far lo devren per rason de laditte terre de Marensin, que ed per nom de laditte done Miramonde, sa molher, lous sera bons senhor et leyaus de laditte terre de Marensin, et en la medixe terre lous

---

1. Ce Raymond de Galard, dit Cortez, paraissant distinct de l'abbé de Condom, son homonyme, quant au nom et quant au prénom et aussi son contemporain, nous avons cru devoir lui donner une place à part dans la classification des documents.

gardera de tort et de force de sin et d'autruy, a son leyau pouder
a bonne fé, et fera dreit comunaument à touts aytant bé au
paubre comme al laric, eus tendrà et garderà lours fors et lours
costumes et lous priviledges, en la medixe forme et manière
queu dits senhor Naugers de Mauléon lous y havé acostumats a
tenir et gardar sa enarreyra avant la date de questà present
carte. Et aqui medix feyt loudit segrament en la maneire que
dit es : en Guilhemed Datguaroià cavoirs, et Mos Bertran de
Leon, daudets, et RAMON DE GOLARD[1] aperat CORTÈS, et Bertran Arramon de Lit, et Arnaud Bertran de Ligerrossà et mout daustres
havitants en laditte terre de Marensin, et generaument tut li
autre home, et cade un dets qui eren aqui vengut, ajustat, et
mandat per far audit vescomte, per nom de ladite done Miramonde per la terre de Marensin, so que far lo devren per rason
de laditte terre de Marensin, jureren sobreus sancts evangelis
Diu audit vescomte, recebent, per sin et per laditte sa moilher,
que id lo seran bon, leyau, et fieu, engardaran cors, terre, vite
et membres, a lour leyau poder a bonne fé, et son daun et son
dampnadge, lo destorberan, ou si destorbar no li poden assaver
lac faran au plus tost que poyran et secret lo tiendran ; et bien
et leyaument en las causes et de las causes, que ed lous deman-

---

1. La maison de Galard eut, dans tous les temps, de fréquents rapports avec
les Lannes et le Marsan. Avant le Raymond, mentionné dans cet acte-ci, nous
avons vu, page 137 de ce volume, qu'Ayssin IV de Galard avait siégé à Dax, en
qualité de lieutenant du sénéchal de Gascogne pour le roi d'Angleterre. Plus tard,
un Guillaume de Galard fut maire de la même ville. La branche de Brassac, héritière des apanages ainsi que du nom et des armes des Béarn, implanta un de ses
rameaux, celui de Marsan, dans ce pays et y posséda les grands fiefs de Saint-Maurice, de Roquefort, de Saint-Loubouer, de Marsan, etc. L'alliance contemporaine
de M. le comte Hippolyte de Galard de l'Isle avec Mlle Joséphine de Captan complète ce long échange de relations entre la famille de Galard et la contrée des Lannes
et du Marsan.

darà cosseilh, lo cosselharan, et toutes austres hobediences lo faran que audit seinhor Auger haven acostumat affar sa enarreyre, per rason de laditte terre de Marensin avant la datte dequestà present carte. Et de so foren feytes per voluntat de lasdittes partides doas cartes dune tenor : une à ops deudit senhor Narnaud Gassias, autre à ops de lasdittes gents, et poble de Marensin. Actum fuit sexta die exitus maii, anno Domini millesimo trescentesimo nono, regnant Philippe, rey de France, Eudoart regnant en Anglaterre, duc de Guieyne, Arnaud, archivesque de Bordeu, la senhor en Gui Ferre, cavoir, senescaut de Gasconhe per lavantdit duc. Testimonis sunt adasso apperats et pregats li reverent payre en Christ lo senhor en Gassias Arnaud de Caupenà, per la gracie de Diu, abesque Dax, et lo senhor en P. de Mareinhe, evesque de Bayonne, et Garin de Castetnau cavoyr, maestre Ramon Jauffré, calonges de Bordeu, maestre Bertran Arramon Dors, clercs, en Bernardet de Ladius, en Gailhard deu Soler et plusiours austres, et jo avantdits Joannes de Latrena, notari dessusdit, qui aqueste carte enqueri et recebuy, et de mon senhau acostumat la signey, laquoau Joannis de Faucon, cartolaris de Bordeu, per voluntat et per commandament de mi escrivo et tragode mon paper enfores [1].

Collection Doat, vol. 247, fol. 113-115. Bibl. imp. Cabinet des titres.

1. L'acte ci-dessus est accompagné de la déclaration suivante :

« Le treiziesme juillet mil six cens soixante six, la présente copie a esté bien
« et deüement vidimée et collationnée sur la grosse escripte en parchemin qui
« estoit au trésor et archives du roy au chasteau de Nérac, qui a esté portée en
« celluy du chasteau de Pau et qui est inventoriée en l'inventaire de Tartas, cha-
« pitre intitullé Meillan sur Tartas, Marensin, Saubusse, Saas, Angoumes et La-
« harie, cote de lètre Q. Par moy, conseiller et secrétaire de Sa Majesté en la
« Chambre des comptes de Navarre soubssigné de l'ordonnance de ladite Chambre.
« signé : *Dupont.* »

Année 1310.

Armes de Pierre de Galard, *grand maître des arbalétriers, d'après Chevillard.*

Pierre de Galard, chevalier, seigneur d'Espiens [1] et de Limeil (pour Limeuil), maître des arbalestriers, depuis 1310 jusqu'à sa mort, sous Philippe le Bel, Louis le Hutin, Philippe le Long et Charles le Bel.

Grand armorial, par Chevillard (format atlantique), planche ayant pour titre : « Grands maîtres des arbalestriers et grands maîtres de l'artillerie de France [2]. »

1. C'est une erreur : Pierre de Galard, grand maître des arbalétriers et seigneur de Limeuil, n'est point le Pierre de Galard, son contemporain, qui fut seigneur d'Espiens. Cette confusion sera redressée par les documents eux-mêmes dans le cours de cet ouvrage.

2. Chevillard, dans un cartouche qui est en tête de la planche où sont dessinées les armes de Pierre de Galard et des autres grands maîtres, dit ces quelques mots du rôle des arbalétriers et de leur chef :

Le nom d'arbalestrier vient d'un homme armé d'une arbalestre pour tirer des « flèches, et ces hommes de guerre estoient estimez entre les gens de pied, en quoi

16 MARS 1310.

Dans l'instruction du procès contre Boniface VIII et sa mémoire,
PIERRE DE GALARD *apparaît parmi les quatre accusateurs envoyés*
par le roi de France. Les trois autres étaient Guillaume de Nogaret,
Guillaume de Plasian et Pierre de Blanasc.

Ce livre contient les actes faicts en l'instruction du procès
contre le pape Boniface et sa mémoire, qui fut compilé par un
notaire du commandement du pape Clément V, l'an 1310, 16 mars.
A ce estoient présents Guillaume de Nogaret, PIERRE DE GALA-
HART, Pierre de Blanasco, « militibus et nunciis Philippi regis
Franciæ. »

1° Fut levée, par le commandement du pape, sa bulle « id
septemb. pontificatus ann. 5 » qui est le 13 septembre 1309,
pour laquelle accusation du roi, Loys, comte d'Évreux, Guy,
comte de Saint-Paul, Jean, comte de Dreux, et ledit de Plasiano,
sont tous assignés à certain jour à Avignon.

Nogaret proposa lors quelque chose ; et, incontinent, le fils
de Petrus Gayetan et autres comparurent pour défendre la mémoire de Boniface, disans les accusateurs n'estre recevables. Les

---

« consistoient, avec les archers, les principales forces des armées françoises ; et le
« chef qui les conduisoit étoit nommé maître des arbalestriers ou dans la suite
« grand maistre des arbalestriers de France.

    « Avant l'usage de la poudre, il avoit la surintendance sur les officiers qu'avoient
« chargés sur tous les instruments et machines de guerre. Cette charge a cessé
« d'exister sous le règne de François Iᵉʳ qui en pourveut, en 1529, Aymar de Prie,
« seigneur de Monpoupon, qui la posséda jusqu'à sa mort, arrivée en 1534. Per-
« sonne n'en a été pourvu du depuis. Les colonels généraux de l'infanterie fran-
« çoise ont succédé à cette charge à cause que l'on ne s'est plus servy en France
« de l'usage des arbalestres et que l'arquebuse et les armes à feu ont été mises en
« usage. »

cardinaux, « Berengarius, episcopus Tusculanus, et Stephanus tituli Sancti Cyriaci in Thermis, » furent commis pour procéder et escouter les parties.

Nogaret présente l'acte d'appel au futur concile avec les points dont il accuse Boniface, de l'an 1302, vivant ledit Boniface, inventorié *supra* n° 749, comme aussi l'acte n° 14, d'après cet acte de Guillaume de Nogaret et de Plasianio, le procès commencé doibt estre continué suyvant les derniers erremens et traicté secrettement; ils recusent quelques cardinaux intéressés. Le roy informé de la mauvaise vie de Boniface VIII, Nogaret se délibera de le poursuyvre en plein concile, ce que le roy arresta. Du depuis Duplessis, en pleine assemblée à Paris, accusa ledit pape, et dit qu'il estoit prest de le poursuivre au concile général. Les comtes de Dreux, d'Évreux, etc., jurèrent l'accusation vraye. Le roy et les autres nobles et évecques offrirent assistance à la convocation du concile. Boniface l'empescha. Benedict mourut voulant continuer, ce qui reste à présent, et non pas à faire de nouveau, de leurs propositions, selon ledict du pape Clément duquel ils remarquent plusieurs nullités. Demandent que les tesmoings contre Boniface soient cités pour venir, se plaignent de Benedict qui les avoit cités trop précipitemment. Nogaret et autres, pour la capture de Boniface et vol du thrésor de l'église, demandent que le procès faict par Benedict soit cassé, ils se justifient : Boniface, qui en liberté les avoit absous, avoit de mauvais desseings contre la France. Le 27 mars, ils baillèrent acte où sont nommés les cardinaux récusés promeus par Boniface.

Les accusateurs sont : « Guillelmus de Nogareto, Guillelmus de Plasiano, Petrus de Galahart, Petrus de Blanasio, milites et nuncii domini regis Franciæ Philippi. » Les deffenseurs : « Franciscus, filius Petri Gaytani, comitis Captani, Thiobaldus, filius domini Bernazonis, militis, de Aragonia, nepotes dicti Bonifacii, Gotius de Arimono, Baldrettus Bis, doctor Thomas de Murro, Nicaulaus de Verulis, Jacob de Sermineto et Conradus de Spoleto, jurisperiti. »

Fonds français, 7250, Mélanges, vol. 7, fol. 12 v° et 13; fol. ancien 55. Bibl. imp. Mss.

---

25 AVRIL 1310.

Extrait d'un acte du temps, dans lequel PIERRE DE GALARD *se montre plusieurs fois comme accusateur de Boniface VIII.*

... Postquam... constitutis coram domino nostro in tribunali sedente in consistorio publico... Guillelmo de Nogareto, et Guillelmo de Plasiano, PETRO DE GALAHARDO et Petro de Blanasco, militibus et nunciis, ut dicebant, magnifici principis domini Philippi, regis Francorum illustris, etc.

... Comparuerunt coram dominis cardinalibus... domini Guillelmus de Nogareto, et Guillelmus de Plesiano, et Petrus de Galard, et Petrus de Blanasco, milites et nuncii supradicti, et exhibuerunt... duos rotulos scripturarum [1], etc.

... Die Lune post dominicam qua cantatur *Reminiscere*,... in presentia SS. P. D. N. Clementis... summi pontificis, ac fratrum suorum, et Guillelmi de Nogareto et Guillelmi de Plasiano,... presentibus etiam aliis nunciis domini regis Francie, videlicet, magistro Alano de Lambala, archidiacono in ecclesia Briocensi, domini regis clerico, domino Petro de Blanasco, milite domini

1. La procédure contre Boniface VIII.

regis ipsius, ac domino Petro de Galardo[1], ejusdem domini regis milite, ac in regno predicto arbalistariorum magistro, etc.

... Die XXV aprilis... (mêmes détails), etc.

Archives de l'Empire, J. 493.

Année 1310.

Solde de 400 livres aux gens d'armes de l'armée de Lyon, placée sous la conduite de Pierre de Galard.

Mutua facta gentibus armorum pro exercitu Lugdunensi 1310 : Dominus Petrus de Galardo, magister balistariorum, 400 l.

Fonds Clairembault; Bibl. imp. Mss. Parchemin, dossier de Galard.

Octobre 1311.

Le roi de France députa Pierre de Galard, *grand maître des arbalêtriers, et Enguerrand de Marigny en la ville de Douai pour y rétablir l'ordre troublé par les factions.*

Pendant la guerre que le roi Philippe le Bel porta en Flandres, les habitans de la ville de Douai se divisèrent en différens partis. Plusieurs quittèrent cette ville pour suivre celuy du roy; de là les haines et les dissensions qui s'allumèrent entre eux. Ce fut pour les éteindre que le roy leur envoya son chevalier et

1. Dans plusieurs séances, Pierre de Galard est toujours au nombre des ambassadeurs du roi pour porter et soutenir l'accusation contre Boniface VIII.

chambellan Enguerrand, sire de Marigny, Jean de Grès, chevalier, maréchal de France, Harpin d'Arquery, chevalier, son
grand panetier, Pierre de Galard, chevalier, maître des arbalétriers de France, et maître Gérart de Courtonne, chanoine de
Paris, son clerc, qui établirent en cette ville un conseil de seize
hommes sages et prudens, ce qui fut confirmé par lettres patentes du roy, données à Lille, au mois d'octobre 1311.

D. Villevieille, *Trésor généalogique*, vol. 43, fol. 142 v°.

Octobre 1311.

*Un accord touchant l'administration communale de la cité de Douai
avait été conclu entre les bourgeois de cette ville et les commissaires
du roi de France, qui étaient Pierre de Galard, maître des arbalétriers, Enguerrand de Marigny, chambellan, Jean de Grès, maréchal, Arpin d'Arqueri, panetier. Philippe le Bel dans les lettres
suivantes ratifie les divers articles de cette convention.*

Phelippes, par la grace de Dieu, roys de Franche, savoir faisons à tous presens et à venir, que, pour bien de pais, est acordé
entre les bourgois et manans de le ville de Douay, que ou tamps
des guerres demourèrent en leditte ville d'une part; et les autres
bourgois de leditte ville qui à che tamps furent dehors, et se
tinrent de nostre partie, d'autre part; en la maniere que sen-
sieut. Et a été fais li dis acors par Engueran, signeur de Marre-
gni, nostre chamberlenc, Jean de Grés, mareschal, Harpin d'Arqueri, panetier, Pierre de Galart, maistre des arbalestriers de
Franche, chevalier, et maistre Girart de Courtoune, chanoine
de Paris, nostre clerc, nos amés et feals amis envoyés ès parties

de Flandres de par nous, si comme li dit Enguerrans et si compaignon as quels, quant à che et à plus grans choses, nous aions tous plaine foy, nous ont raporté ledit acort fait par yaus, du consentement desdittes parties, si comme il est chi desous contenu.

Premièrement. Esquevinages sera fais en leditte ville, de preudômes sages et convenables, pris en l'une partie et en l'autre; liquel gouverneront le ville, as us et as coustumes et selonc le loy ancienne de la vile, et demourront chil esquevin en leur esquevinages, dusques à deux jours devant le Toussains, qui sera l'an M. CCC. et XII. et che terme passé, il referont l'esquevinage aussi comme on a accoustumé anciennement.

2. Item. Li article de le pais faite de leditte guerre entre nous et les Flamens, seront tenu et égardé, si avant comme il touchent et pueent touchier tous bourgois et manans en leditte ville de Douay.

3. Item. Quant à payer les dettes et les carches de leditte ville, qui ont été faittes puis le tems de leditte pais, et qui seront faittes puis or-en-avant, tuit seront yguel et compaignon, selon leurs richeches.

4. Item. Quant à payer les debtes et les carches qui furent faites par chiaus qui demourèrent en laditte ville ou tamps de guerres, chil qui furent dehors en seront quitte et delivre, et chil qui demourèrent dedens, en seront carchié, tant des arrierages des rentes à vie, comme des autres debtes qui au jour de hui sont à payer; et est estimés li tamps des guerres à quatre ans; c'est à savoir deus ans pour le premiere guerre et deuz ans pour le seconde.

5. Item. Quant à payer les debtes et les carches qui estoient faites avant que les guerres commenchassent, li assise qui keurt

à présent, et qui courra d'or-en-avant jusques a no volonté, sera
convertie à payer lesdittes debtes faites devant le tamps desdittes
guerres, et puis le pais, et non en autre chose; et quant à ches
assises tout seront yguel et compaignon. Et se pour lesdittes
debtes payer il convenoit faire taille, outre leditte assise, et aucune
en eust esté promise à faire, lequele ne fust mie faite ne payé,
elle sera faite et payé par chiaus qui demourèrent en leditte
ville, selonc che que nous ou nostre cours en ordeneront; et se
faite et payé est, il en sont quitte et délivre, et se des-ore-en-avant,
pour les communs frais de le ville convenoit faire aucune nouvelle taille, tuit chil de la ville, tant de l'une partie comme de
l'autre, en seroient ygal et compagnons, selonc leur riqueches;
et parmi l'acort desusdit, toutes graces et privileges empetré de
l'une partie contre l'autre, de nous ou de autrui, contre les
libertés de le ville devant ditte, ou autres, par lesqueles chis acors
poroit estre enfrains ou empechiés, seron cassées et annullées,
et ne s'en porront aidier lesdittes parties dore-en-avant; sauf
che que, se chil qui furent dehors laditte ville ont aucunes promesses, graces ou lettres de nous, pour ravoir leur damages, ou
de respit de leur debtes payer, il en approcheront quand il leur
plaira, nous ou nostre court. Et on en fera che que raisons
donra, gardée le fourme de le pays; et quant as franchises et
libertés de leditte ville, tuit seront yguel et compagnon dès-ore-
en-avant; et est chis accors chi-dessus escris, fais pour durer et
valoir à tousjours.

6. Item. Avœcques toutes ches choses, est ordené par lesdis
Enguerran et ses compaignons, pour le commun pourfit de leditte ville, que li esquevin qui seront, prendront ès quatre
escroetes de leditte ville, en cascune quatre hommes, et chil
seze homme qui jurront en le hale devant les esquevins, que il

feront bien et loyaument leur office au pourfit de le ville, sauront
toutes les revenues, recheptes, levées et mises de leditte ville, et
aront copie des escrips qui en seront fait, aussi comme li massart; et auront deus clés du lieu où li sçaus de la ville sera mis,
et li esquevin en rauront deus clés; et ne porra on sceller lettres
dudit scel, se che n'est par l'assent des esquevins et des seze
hommes, ou de la plus grant partie des esquevins et des devant
dis seze hommes. Li esquevins et li massart renderont cascun
an, vers la fin del esquevinage, en le hale des esquevins, devant
lesdis seze hommes ou la plus grant partie de eus, compte de
leur offices, et après en la grant hale, à son de cloque, devant
tous chiaus de la ville qui estre i vaurront. Cascun an de chi en
avant, quatre jours après che que eschevins seront renouvelé,
li seze hommes qui auront esté l'année devant qui isteront de
leur office, estiront ès quatre escroetes de laditte ville, en la
fourme de susdite, autres seze hommes qui recheveront et gour-
verneront ledit office si comme dessus est dit, et feront saire-
ment as esquevins en la fourme dessusdite, et durra l'ordonanche de ches seze hommes, tant comme il nous plaira et non
plus.

7. Et nous chest acort desus escript en la fourme et en la
manière que il est fais pour durer et valoir à tousjours, et l'ordonanche faite de seze hommes, en la fourme et en le maniere
que ele est faite pour durer et valoir tant comme il nous plaira
et non plus, loons, gréons, approuvons et confermons de nostre
auctorité royal, par le teneur de ches presentes lettres; et volons
et otroions que par l'acort, et l'ordonanche desusdis, ne soit fais
préjudices en temps à venir as libertés, franchises, loys, us et
coustumes de laditte ville, ne à nous. En tesmoin desquels
choses, nous, à la relation des devant dis Enguerrar et ses com-

paignons, avons fait mettre notre séel en ches presentes Lettres, sauf nostre droit en autres choses, et en toutes choses le droit d'autrui.

Donné à Lille, ou mois d'octembre, l'an de grace mil trois-cens et onze[1].

Ordonnances des rois de France de la troisième race, recueillies par ordre chronologique, par M. de Vilevault et M. de Bréquigny, in-folio (1759), tome XI, pages 423, 424, 425.

Année 1312.

PIERRE DE GALARD *nomme Cholart Bourlivet bailli de Mortagne.*

PIERRE DE GALARD, chevalier de nostre sire le roy, M^{re} de ses arba-lestriers[2] et capitaine de par iceli seigneur ez parties des fron-tieres de Flandres, dit avoir saisi, pour le roy, la terre de Mor-

---

1. Ces lettres, qui existaient autrefois et qui existent peut-être encore dans les archives de Douai, registre des priviléges, avaient été transmises par M. de Calonne à M. de Vilevault. La transcription avait été faite sous les yeux de Becquet, greffier de la ville de Douai.

2. Dans le butin fait sur l'ennemi, l'artillerie appartenait de droit au grand maître des arbalétriers.

« Ce sont les droicts que le connestable de France doit avoir pour cause de la « connestablie. »

« *Item.* Si on prend chastel ou forteresse à force, ou qu'il se rende, chevaux et « harnois, vivres et toutes autres choses, que on trouve dedans, sont au connes-« table, excepté l'or et les personnes qui sont au roi, et l'artillerie au maître « des arbalestriers. » (*Histoire des connétables, chanceliers, maréchaux, ami-raux de France,* etc., par Jean le Feron, et continuée par Denis Godefroy, histo-riographe du roy, in-folio, page 56.)

tagne et en establit bally ;Cholart Bourlivet, en 1312[1], le dimanche après St Nicolas. Sceau en cire verte : *une corbeille et un
lambel.*

Fonds Clairembault, dossier de Galard, Bibl. imp. Mss.

1. La charge de grand maître des arbalétriers, déjà définie page 303, fut une
des plus importantes de l'ordre militaire jusqu'au xve siècle. C'est de cette façon
que l'apprécie le P. Anselme, tome VIII, page 1 :

« L'office de maistre des arbalestriers étoit considérable en France sous Saint
« Louis. Il avoit commandement sur les gens de pied. Du Tillet, dans son recueil
« des rois de France et de leur couronne, chapitre des conestables, sur la fin, et
« Pasquier dans ses recherches, disent qu'il étoit ainsi nommé, parce que les
« arbalestriers étoient les plus estimez entre les gens de pied, les principales forces
« des armées françoises consistant en archers et arbalestriers. Le premier de ces
« auteurs ajoute que c'étoit un office et non une commission, et que le colonel de
« l'infanterie lui a succédé. Il avoit encore la surintendance sur tous les officiers
« qui avoient charge pour les machines de guerre avant l'invention et l'usage de la
« poudre et de l'artillerie. Il est difficile d'établir plus précisément en quoy consis-
« toient ses fonctions et son autorité, et dans quel temps il a été connu sous le titre
« de grand maistre des arbalestriers. Ce que l'on a de plus certain, est que sur un
« débat entre le maréchal de Boucicault et Jean, sire de Hangest, dans lequel les
« arbalestriers, archers et canonniers soutenoient qu'ayant pour supérieurs les
« maistres des arbalestriers et de l'artillerie, ils n'étoient point dépendans des
« maréchaux de France, le roi Charles VI jugea, le 22 avril 1411, qu'ils étoient et
« demeuroient à toujours sous la charge des maréchaux au fait de la guerre. Du
« Tillet rapporte ce jugement fort en détail, et ne donne point à Jean de Hangest le
« titre de grand maistre des arbalestriers. Cet office ne subsiste plus depuis près
« de deux siècles, et le dernier que l'on en trouve pourvu est Aymar de Prie, qui
« étoit mort en 1534, ainsi qu'il se verra à son article dans la suite de ce chapitre. »

D'après l'abbé de Lespine (*Cabinet des titres, dossier de Galard*), le grand office
de grand maître des arbalétriers eut plus tard pour équivalent celui de grand maître
de l'artillerie : « La charge de grand maître des arbalétriers de France, dont était
« revêtu en 1317 Pierre de Galard, répond à celle de grand maître de l'artillerie. »
La milice des arbalétriers, d'abord supprimée par Louis le Jeune, à cause de son
arme trop meurtrière, fut rétablie par Philippe-Auguste. La victoire de Bouvines
fut déterminée par ce corps d'élite, dans lequel, depuis, les grands guerriers,
comme Duguesclin, servirent de préférence.

ANNÉE 1313.

PIERRE DE GALARD, grand maître des arbalétriers, capitaine et gouverneur des Flandres pour le roi de France, conclut avec Baudouin de Mortagne et Jean de Landas, son fils, un traité qui terminait les débats soulevés par des compétitions réciproques sur les territoires de Mortagne et de Tournai. Baudouin et Jean de Landas, à titre d'héritiers les plus proches de dame de Mortagne, réclamaient la baronnie de ce nom et celle de Tournai au roi Philippe qui les retenait. Pierre de Galard avait résisté à cette revendication en invoquant la coutume du pays et en motivant la continuation de la saisie par les précédentes forfaitures de Marie, dame de Mortagne. Il consentit néanmoins à ce que son souverain maître indemnisât les requérants par une concession de cent livrées de terre et l'acquittement des dettes de ladite dame de Mortagne. En retour, Baudouin et Jean de Landas étaient tenus de renoncer à la terre de Mortagne au profit de la couronne de France et de donner quittance perpétuelle.

A tous cheaus ki ces présentes lettres verront et oiront, PIERRES DE GALART[1], chevaliers du roi de France no signeur, mais-

---

1. PIERRE DE GALARD avait dû assister à la deuxième guerre de Flandres en 1302, année où commença le procès contre Boniface VIII. A son retour du nord (avant 1310), il ne faut point s'étonner de voir parmi les accusateurs du pontife le grand maître des arbalétriers, issu de l'une des anciennes familles de Gascogne qui avait donné par ses prélats tant de gages de dévouement à la cour de Rome. Les barons, assemblés au Louvre avaient approuvé le réquisitoire de Plasian contre Boniface et un appel au concile. Les corps les plus favorisés du pape, tels que l'Université, les Dominicains de Paris, les Mineurs de Touraine, l'abbé de Cluny, s'étaient prononcés en faveur du prince français; le vicomte de Narbonne était allé en personne distribuer les lettres du souverain adressées aux prélats, aux églises et aux villes. Le patriotisme de la noblesse s'était soulevé contre le Saint-Père à la pensée qu'il pouvait recommencer contre la race de Hugues Capet la sanglante histoire de la

tres de ses arbalestriers, et capitaine de par lui es pais de Flandres, Bauduins de Mortaigne, chevaliers, et Jehans de Landas,
fius deu dit mon signeur Bauduins, salut. Sachent tout ke
comme li lius, li tiere de Mortaigne, et toute li baronnie, et li
castellenie de Tournai et tout li autre liu appendant de icheaus
avoec tous les drois, jurisditions et appartenances, rentes et tous
autres emolumens et obventions quel kil soient, ki avenir
pooient et devoient de la ditte baronnie de Mortaigne et de la
castellenie de Tournai, en Tournesis, et en tous autres lius pour
quescunques raisons et causes ke ce fust, eussent estei mis et
tenu longhemeut en le main du roi de France, no signeur, en
tout ou en partie, pour pluiseurs fourfaitures ke Marie, dame de
Mortaigne, ki dairainement fu, et si ancisseur, signeur de Mortaigne, avoient fourfait, ou autres par leurs commandemens, si
comme on dissoit, eaus aians pourformé aussi comme fait pour
eaus et en leurs nons, pourquoi toutes les choses dessus dittes et
cascune dicelles, avoec leurs appartenances, estoient encourues
et fourfaites au roi no signeur, si comme nous Pierres de Gallart
dissions, et apres la mort de la ditte dame de Mortaigne, nous
Bauduins et Jehans, ses fius dessus dit, comme li plus prochain
hoir de la ditte dame en tous ses biens, si comme li pleu prochain de son linage, avons requis pluiseurs fois au roi, no
signeur, et a seu consel ke tout li bien de la barronnie de Mortaigne, de la castellenie de Tournai et tout li autre bien meuble
et non meuble, ke la ditte dame avoit et tenoit, et pooit et devoit
tenir entirement, nos fuissent délivret et bailliet en manyere ke
nous en peussions goir entirement; et nous Pierres de Gallart

---

maison de Souabe. Un autre grief les animait encore : c'était le souvenir des fleurs
de lis et du drapeau de la France foulés aux pieds dans les rues d'Anagni, sous les
yeux de Boniface VIII.

dessus dis en nom du roi, no signeur, meimes avant et deimes
pluiseurs raisons et causes pour quoi li dit liu et les appartenances ne leur devoient mie estre délivret, ains devoient demorer au roi no signeur comme ses propres yretages pour droit et
pour raison, par loi par coustume et usage de pais, par le raison
des fourfaitures ki devant avoient estei fourfaictes ; a le parfin
par traitement de pluiseurs amis de cascune des parties, par
consel de bonnes gens, et pour bien de pais, nous Pierres de
Gallart dessus dis ou nom du roi no signeur et de ses successeurs, et nous Bauduins de Mortaigne et Jehans de Landas, ses
fius dessus dit, pour nous et pour nos successeurs, avons acordei
ke li rois no signeur ou autres pour lui doit donner, baillier et
délivrer audit monsigneur Bauduins wit cens livrées de tiere au
fort paris a pris juste et loial fait par le prisie don pais la ou li
tiere sera assise. Lesqueles wit cens livrées de tiere dessus dittes
li dis mesigneur Bauduins et si successeurs tenront yretavlement
et frunkement en baronnie du roi no signeur, et lui seront assignées ou roiame de France en liu convignable, là il plaira au roi
et a son consel, dédens le jours des brandons prochainement
venant ; le quele tiere en quel lieu kelle soit assise, li rois doit
tenir et faire tenir paisible audit monsigneur Bauduins et a ses
successeurs. Et de tant comme li dis mesigneur Bauduins ou si
successeur detrieroient ou aroient deffaute des wit cens livrées
de tiere dessus dittes en tout ou en partie par le deffaute de las-
signation deuwe estre faite dedens le terme dessus dit, il aura
de mois en mois... a le quantitei kil devroit rechevoir des wit
cens livrées de tiere dessus dittes sil en estoit en saisine. Item
ke toute li tiere, ke li dis Jehans de Landas tient, ki eskeuwe li
est de par se mère, sera mise et ajeustée avoec lommage et en
lommage des wit cens livrées de tiere dessus dittes, ke on doit

baillier et delivrer audit monsignor Bauduins, apres le deces
du dit monsigneur Bauduins; et ara li dis Jehans les quatre cas
de haute justice ke li rois a en toute la tiere dessus ditte ki li
est eskeuwe de par se mere. Et tout che tenra il en baronnie
avec les dites wit cens livrées de tiere. Item ke li rois no signeur
ou autres pour lui doura et paiera audit monsigneur Bauduins
ou a ses successeurs trois mille livres parisis fors, compté un
gros tournois pour dis deniers et maille on autre monnoie al ave-
nant, à le requeste deu dit monsigneur Bauduins ou de ses successeurs. Item ke li rois no signeur sera kierkies de paiier toutes
les debtes, dons et autres coses en quoi li ditte dame de Mortaigne pooit et devoit estre tenue raisonnablement au jour de
ceu trespas, especialment de cel kelle pooit devoir et estre tenue
deuwensent au signeur de Destre, a monsigneur Jehans de
Bellare, au signeur de Rume, au Brun de Roumeries, et a toutes
autres personnes queles kelles soient, et en aquitera le dit monsigneur Bauduins et ses successeurs et de tous cens et damages
kil i pouroient avoir. Et de toutes les choses dessus dittes ara
li dis mesigneur Bauduins, pour lui et pour ses successeurs,
lettres du roi no signeur teles kelles devront seuffire audit monsignor Bauduins et à son consel. Et nous Bauduins et Jehans,
ses fius dessus dit, les letres euwes du roi nosigneur de confirmation de toutes les choses dessus dittes, laisserons, quitterons,
baillerons perpétuelment pour nous et pour nos successeurs,
au roi nosigneûr et a ses successeurs, toute le tiere, le liu, le
baronnie de Mortaigne, le castellenie de Tournai, et tous les
autres lius dépendans a cheaus, ki a nous et a nos predeces-
seurs signeurs de Mortaigne pooient et devoient, puéent et
doivent appartenir, soient justices, rentes, possessions, domaines, fief, arriere-fief nobles, et autres redevances, et toutes autres

coses queles kelles soient. Et transporterons du tout en tout au
roi nosigneur la propriétet, la possession, tout autre droit et
raison, quel kil soit, ke a nous appartiegne et appartenir doit,
et ki a nos ancisseurs, signeurs de Mortaigne, appartenist et
appartenir pevist en quelcunques maniere ke ce fust. Et volons
et octroions kil puist prendre par se propre auctoritei par soi ou
par autrui la possession des choses dessus dittes et prise retenir.
Et promettons en bonne foi cascune des parties ke nous ne
ferons ne dirons riens par quoi les convenences dessus dittes
puissent estre rompues, anullées ne empeschiées en tout ne en
partie. Et nous Bauduins et Jehan ses fius dessus dit promettons
sollennement ke nous livrerons au roi nosigneur toutes lettres,
instrumens, en toutes les manieres et tant de fois com il plaira
au roi nosigneur, et toutes autres choses ke nous poirons, par
quoi les convenences dessus dittes soient entirement gardées
fermes. Et de toutes les choses dessus dittes acordées en le
fourme et en le maniere ke dessus est deviset, les dittes parties
requisent a moi notaire publike chidesous nommet ke je leur
en ferisse instrument publike un ou pluiseurs; les ques instrumens les dittes parties promisent et eurent en convent a sceller
de leurs seaus en tesmoignage de veritet. Che fu fait à Lille,
juesdi apres la feste Saint Martin, en hyver, en l'an de grace mil
trois cens et treze, en le présence monsigneur Pierre du Bruech,
adont gouverneur de Lille, monsigneur Juis de Brut, monsigneur
Jakes de Sains, monsigneur Pierre de Senghin, chevaliers, et
monsigneur Gheraut dou Thillet, docteur en loi, canonne de
Cambrai, tesmoins as choses dessus dittes, priiés et requis et
appellés. En tesmoignage des choses dessus dittes, nous Pierre
de Gallart ou nom dou roi nosigneur, et nous Bauduins de Mortaigne et Jehans de Landas, ses fius dessus dit, avons scel-

lées ces présentes lettres de nos seaus, l'an et le jour dessus dis.

Et je Rikiers Souplest, clers notaires publikes, del auctoritei imperial au mandement especial des dittes parties, ai toutes les choses dessus dittes escriptes de me propre main, et mis men signe acoustumei en tesmoignage ke toutes les choses dessus dittes ont esté faites en la manière com dessus est contenut, priiés et requis, pour ce faire des dittes parties en le présence des tesmoins dessus dis [1].

Archives de l'Empire, J. 529, n° 50.

1. A l'acte qui précède sont appendus les trois sceaux ci-après reproduisant les armes des contractants :

† s' PIERRE DE GALARD CHR.   † s' BAVDVIN DE MORTAGNE CHLR.   † s' BAVDVI DE MORTEN CHR.
Scel : Pierre de Galard,   Scel : Baudouin de Mortagne,   Scel : Baudouin de Mortène,
        chevalier.   chevalier.   chevalier.

L'original sur parchemin, comme on le voit, est scellé de trois sceaux (en cire verte). Le premier, celui de Pierre de Galard, rompu en deux fragments, est entouré d'un *quadrilobe à figures d'animaux*. L'intérieur de l'écu est occupé par *un corbeau brisé d'un lambel à trois pendants*.

Les deux autres sceaux, demeurés entiers, sont le grand et le petit scel de Baudouin de Mortagne, qui portait *une croix brisée d'un lamel de cinq pendants*.

Il est également question du traité dont nous venons de rapporter le texte dans la *Collection des sceaux*, publiée par Douet d'Arcq, tome Ier, p. 288, n° 226 :

« PIERRE DE GALARD : fragment de sceau rond..... appendu à un acte dans lequel Pierre de Gallard, chevalier du roi de France, maistre de ses arbalestriers et capitaine ez parties des Flandres, traite au nom du roi avec Baudouin de Mortagne, au sujet de la possession de la baronnie de Tournay. Lille, le jeudi après la Saint-Martin d'hiver 1313. »

Année 1313.

D'après l'enquête dont il va être question, le roi, par l'entremise de
PIERRE DE GALARD, s'était engagé envers le comte de Flandre à
colloquer l'indemnité de 20,000 livres de rente sur le pays de
Rethelois.

Enqueste de 28 tesmoings, touchant les limites, appartenances
et despendances et mouvances de l'Isle de Bethune, baillée, avec
Douay, au roy par le comte de Flandres pour les $\overline{10}$, l. (10000 livres)
de rentes, fond faisant partie de $\overline{20}$ l. de rente qu'il estoit obligé
de luy asseoir, par le traité de paix, au païs de Retelois (1313),
par le sieur Hugues de la Celle et PIERRE DE GALAHART, chevalier et
maistre des arbalestriers de France.

Fonds français, volume 7250, mélanges VII, fol. 240 de la pagination
ancienne et 103 de la nouvelle.

1er mai 1314.

Demoiselle Amerin et son fils, bannis par PIERRE DE GALARD, obtiennent
leur grâce du roi de France.

4294. Lettres de grâce en faveur de la demoiselle d'Amerin et
de son fils, qui avaient été condamnés au bannissement par
PIERRE DE GALARD, maître des arbalétriers et capitaine du pays de
Flandre, comme coupables du meurtre de Michel de Mar-
chiennes (de Marchinellis) et dont une information subséquente
avait démontré l'innocence. 1er mai 1314.

Actes du Parlement de Paris, publiés par Boutaric, page 125. — Criminel, I, fol. 50 v°; Archives de l'Empire.

Année 1314.

Pierre de Galard *abandonna plusieurs terres, sises en la baillie de Lille, au roi de France pour que celui-ci pût fournir à Baudouin de Mortagne hypothèque de l'indemnité convenue. Philippe le Bel promit à son grand maître des arbalétriers une compensation territoriale en son royaume.*

EXTRAIT D'UN LIVRE IN-FOLIO COTÉ BEL, INTITULÉ : « REVOCATIO FACTA PER REGEM PHILIPPUM LONGUM DE PLURIBUS DONIS, PER EJUS PATREM ET FRATRES FACTIS ANNO 1320, » SÉNÉCHAUSSÉE DE TOULOUSE.

Philippe le Bel, en l'an 1314, à Arras, comme il fut tenu d'asseoir à Baudoin de Mortagne, chevalier, et à ses hoirs 80 sols parisis, monnoie de St Loys, en récompense de ses droits en la terre de Mortagne pour raison de la succession de la mère dudit Baudouin; et pour faire ladite assise, Pierre de Galard, maître des arbalestriers, eut donné au roy certaines possessions à la baillie de l'Isle et l'y promist l'y asseoir en son royaume.

Mss. de l'abbé de Lespine, dossier de Galard. Bibl. imp. Cabinet des titres.

28 mai 1314.

Pierre de Galard, *grand maître des arbalétriers, reconnaît avoir touché par les mains de François l'Hopital 1332 livres tournois à titre de provisions sur ses dépenses.*

Pierre de Gallart, chevalier de nostre sire le roy, maistre de ses arbalestriers, ay eu et receu de Renaut Buhure, clerc des arbalestriers du seigneur, par la main de François l'Ospital, en

prest sur mes despens, fais au service de nostre sire le roy, ez
frontières de Flandres, depuis le premier jour de mai 1314,
1032 livres tornois. Donné à Lille le 28e jour de l'an de dessusdit. — Sceau en cire rouge : *Quadrilobe à figures d'animaux,
écu portant une corneille et un lambel à trois pendants* [1].

Titres scellés, vol. 54, fol. 3837. — Fonds d'Hozier, dossier de Galard,
parchemin. Bibl. imp. Cabinet des titres.

[1]. Ce sceau est le même que celui déjà décrit page 319, moins la légende *scel
Pierre de Galard,* qui est dans l'autre et n'est pas dans celui-ci.

Le champ est ici occupé par une seule corneille, tandis que trois se trouvent
dans le précédent dessin qui a toujours été le type héraldique de la famille. La
dissemblance des armes sur des actes émanant du même personnage ou de divers
ne constitue ni la différence des familles ni celle des individus qui les portent.
Avant l'édit d'Amboise (1555), les armoiries étaient sans fixité et chacun pouvait
les modifier suivant ses convenances. Le chevalier banneret, dans les courses ou les
batailles, était exposé à perdre fréquemment son sceau. Il opérait alors avec celui
de son office, ou d'une alliance, ou de l'un de ses fiefs, et même avec celui d'un
autre capitaine. « Il y eut les armes des familles et les armes personnelles, » dit
M. de Coston, dans son étymologie des noms propres, page 207. Dalloz, en son
Répertoire de jurisprudence, article *Noblesse,* vol. 32, page 501, n° 15, nous
apprend que « l'usage permettait, dans les premiers siècles de l'emploi des armoi-
« ries, de changer arbitrairement ; mais on fit à la longue un tel abus de cette
« faculté que l'ordonnance du 26 mars 1555, article 9, défendit à toutes personnes
« de changer leurs armes, sans avoir obtenu des lettres de dispense, et permission,
« à peine de mille livres d'amende et d'être puni comme faussaire. Les armoiries
« non timbrées étaient l'apanage de certaines dignités ou fonctions. »

Nous reprendrons ce sujet lorsque nous arriverons aux actes de Guillaume de
Galard, qui sont diversement scellés.

JOUR DE SAINT-MARTIN 1314.

Quittance de PIERRE DE GALARD *établissant qu'il a fait payer les dettes de la dame de Mortagne par Colart Bourlivet, bailli de Tournèsis.*

PIERRE DE GALLARD, chevalier du roy de France, nostre sire, et maistre de ses arbalestriers, à tous chioux qui ces lettres verront salut. Comme nobles Pons et Mre Pierre du Broec, chevaliers, et honorable et discret Mre Estienne du Pressoir, clerc du roy, furent commis de par le roy à enquerre que les dettes de la dame de Mortagne estoient bonnes et loyaules et que pour eaus infourmer de ce et savoir la vérité, appellassent Othon de Nivelle, Gillon, le Clerc, et Jehan Mousqueton, lesquels appelez de eux despendirent l'espaisse de ladite information pour quinze jours et quatre chevaux à l'ostel d'Henri le Jone jusques à quatorze livres quatorze sols parisis. Sachent tous ladite somme d'argent, despendue en signe dit, et avoir esté payée par nostre amé Colard Bourlivet, à ce temps bailly de Mortagne et de Tournezis, de nôtre commandement, audit Henry le Jone, par le tesmoing de ces lettres, que nous lui avons baillées scellées de nôtre scel[1], le jour St Martin, l'an 1314.

Titres scellés[2], vol. 51, fol. 3837.

1. En cire rouge comme le précédent.

2. La même collection des *Titres scellés* nous fournit une quittance antérieure (1302) délivrée par un JEAN DE GALARD, qui servait également dans les Flandres pour le roi de France. Il ne paraît néanmoins pas appartenir à la race de Gascogne; aussi l'avons-nous laissé, en transcrivant son acte, à la note de la page 262, parmi les homonymes étrangers. Ayant négligé de donner ses armes en temps et lieu, nous les plaçons ici pour qu'on puisse les comparer à celles de la maison qui nous occupe.

8 MAI 1315.

*La communauté de Lille soutenait en justice contre le sire de Vaurin
que les échevins avaient le droit de réprimer les sévices commis par
les étrangers envers les habitants. PIERRE DE GALARD s'était prononcé en faveur des officiers municipaux. Le roi maintint sa sentence comme ayant force de chose jugée et abolit toutes les décisions
qui étaient contraires.*

Cum lis penderet in curia nostra inter scabinos et communiam
ville Insulensis, ex una parte, et Robertum, dominum de Waurin, ex altera, super eo quod dicti scabini et communia proponebant ipsos esse et eorum predecessores ab antiquo fuisse in
pacifica saisina, quociens casus se obtulit, certam vindictam
capiendi, sub certis forma et modis, contra quemcumque fora-
neum, in quacumque villa infra castellaniam Insulensem, sub
cujusvis jurisdictione, manentem, qui extra villam mansionis
sue, animo injuriandi, in aliquem burgensem dicte ville Insulensis manum injecerit violentam; quodque ipsos, qui suam
continuando saisinam predictam, contra Herlinum des Sarciaus,
in villa de Waurin, infra castellaniam Insulensem manentem,
qui Herlinus, ut ipsi dicebant, Thomam de Curtraco, burgensem
Insulensem, vileniaverat, et manum violentam injecerat in eundem; volebant, prout ipsi consueverant, procedere ad injuriam
vindicandum predictam; ballivus Insulensis, pretextu quarumdam litterarum a curia karissimi genitoris nostri, veritate tacita,
ut dicitur, impetratarum per dictum Robertum, super hoc
impediebat indebite et de novo, requirentes dictum impedimentum amoveri, dicto Roberto plures raciones e contrario
proponente, et inter cetera dicente procedi debere in causa

hujus, secundum tenorem dictarum litterarum per ipsum super
hoc obtentarum, et debere compleri illa que per dictas litteras
fieri mandabantur; super quo, antequam dictorum scabinorum
et communie fuissent super hoc raciones audite, per arrestum
nostre curie fuit dictum quod illa que per dictas litteras, a
dicto Roberto impetratas, mandabantur fieri, que nundum fuerunt mandata execucioni, complerentur; dicti vero scabini et
communia de dicto arresto conquerentes, instanter pecierunt
suas raciones audiri, dicto arresto non obstante, ad quod ipsi
fuerunt per curiam nostram admissi, qui proposuerunt inter
cetera dictum Robertum non debere super hoc audiri, et dictas
litteras, per eum impetratas, et quicquid ex eis secutum est,
debere totaliter anullari, pro eo maxime quod super debato predicto ipsi habuerunt judicatum pro se contra dictum Robertum
per Petrum de Galhardo, militem, capitaneum Flandrie, qui certam commissionem super dicto negocio habuerat a dicto genitore
nostro, factum, vocatis dictis partibus et auditis, judicati predicti litteram ostendentes; dicto Roberto plures raciones e contrario proponente ad illum finem quod dicta littera et contenta in ea
non debebant dici judicatum, nec habere vim judicati. Tandem,
auditis hinc inde propositis, et visis litteris, arresto et judicato
predictis, per judicium nostre curie, totaliter annullate fuerunt
predicte littere, et tam dictum arrestum quam cetera que, virtute
dictarum litterarum, secuta fuerunt; et per idem judicium fuit
dictum predictam litteram, judicatum dicti commissarii continentem, habere vim judicati, et debere teneri, et execucioni mandari.

Octava die maii, anno millesimo trecentesimo decimo quinto [1].

Les *Olim*, publiés par M. le comte Beugnot, tome II, page 624.

1. *Les Actes du Parlement de Paris*, édités par Boutaric, tome II, page 139,

Septembre 1317.

*Au nombre de ceux qui reçurent des dons héréditaires de Philippe,
roi de France et de Navarre, figure* Pierre de Galard.

Dona ad hæreditatem facta per dominum Philippum, quondam Franciæ et Navarræ regem, a die mercurii ante Purificationem B. Mariæ Virginis, anno 1316, usque ad diem martii ante Purificationem Beatæ Mariæ, anno 1320.

A Michel de Ligne, mareschal de Hainaut et à ses hoirs.

A Pierre de Galard, chevalier, sept. 1317.

Collection de Camps, vol. 83, fol. 102 de la nouvelle pagination.

2 avril 1318.

Quittance de solde donnée par Pierre de Galard, *grand maître des
arbalétriers, à Étienne de Vassont, collecteur des dîmes au diocèse
de Tournai.*

A tous ceux qui ces présentes verront et oront, nous Pierre de Galart, chevalier de nostre seigneur le roy et maistre des arbalestriers, salut : sachent tous : que nous avons eu et receu, de honorable homme et discret Mons. Estienne, de Vassont, collecteur des dismes, en le diocèse de Tournay, huit cents livres parisis : les quelles huit cents livres nous devoit délivrer par les

n° 4451, donnent la substance de ce document en la forme suivante : « 1315. — Arrêt confirmant une sentence de Pierre de Galard, chevalier, capitaine du roi en Flandre, pour les échevins de Lille contre le sire de Vaurin au sujet du droit des échevins de poursuivre et de punir tous les étrangers qui maltraiteraient un habitant de Lille dans l'étendue de la châtellenie. »

lettres maistre Pierre d'Aubigny, à lui pour ce envoyées; et nous
en tenons pour payé, et l'en quittons pleinement et l'en promettons de délivrer par devers tous. En tesmoignage de che,
nous avons scellé ces présentes lettres de notre scel. Donné à
Tournay, l'an de grace 1318. Second jour d'avril.

Fonds Clairembault; liasse de Galard, parchemin. Cabinet des titres.
Bibl. imp.

Avril 1318.

*Pierre de Galard est au nombre des gens d'armes auxquels leurs gages
courants furent comptés, depuis avril 1318 jusqu'en janvier 1319,
par Thomas du Petit Célier.*

EXTRAIT DU REGISTRE ROUGE DE LA CHAMBRE DES COMPTES
DE PARIS.

Deniers, bailliez par Thomas du Petit Celier, à plusieurs gens
d'armes qui ont à compter depuis le 1 jour d'avril, l'an 1318, que
ledit Thomas ala ès frontières de Flandres aveucques Mons. le
connestable, jusques au jour de la Trinité ensuivant, l'an 1319,
que le dit René vint ès dites parties.

A M. Jean de Chasteillon.

Au Comte de Hénaut.

Gautier du Chastel.

M. Menaut de Barbasen.

Guillaume Galet.

Jean de Lor.

Thibaut de Barbazen.

M. Pierre de Galart, maistre des arbalestriers.

Collection de Camps, vol. 83, fol. 107, nouvelle pagination.

12 JUILLET 1318.

La cour de Paris annule une sentence, rendue par les baillis du sei-
gneur d'Ossemer dans un procès pendant entre PIERRE DE GALARD *et*
Robert de Montmaur, au sujet du retrait lignager d'une terre
acquise de Guillaume de Montmaur, frère de Robert, appelant, par
Pierre de Galard, au temps où celui-ci était gouverneur des
Flandres. La cour de Paris condamna les premiers juges à payer
au roi une amende de 200 livres parisis.

In causa appellacionis, inter Robertum de Monte Mauri, ex
una parte, et PETRUM DE GALARD, militem, ex altera, mota in
nostra curia, materia questionis, super eo quod dictus Robertus,
contra dictum militem, proponebat quod, tempore quo dictus
miles administracionem habebat, in partibus Flandrie, versus
Insulam, emerat dictus miles a magistro Guillelmo de Monte
Mauri, fratre dicti Roberti, terram dictam de Cherenc, quam
tenebat idem Guillelmus in feodum, a domino de Dossemer, et
quod dictus Robertus, admonicionem dicti ballivi de Dossemer,
per judicium hominum ejusdem curie, predictum militem in
homagio dicti domini de Dossemer, racione dicte terre existen-
tem, in causa proximitatis seu retractus ad quindenam, modo
debito, fecit, coram dictis hominibus, adjornari, qua die, coram
dictis hominibus, dictus Robertus comparuit, parte adversa
minime comparente, quapropter dictus Robertus peciit dictum
militem reputari contumacem, qui homines, ad monicionem
dicti ballivi, per judicium suum, dixerunt secundum legem et
consuetudinem patrie, dictum Robertum bene fecisse quod dies
assignata requirebat, et quod dictus ballivus readjornaret pre-
-dictum militem, super secunda die, ad quindenam, et ita factum

fuit; qua secunda die que fuit in principio feriarum, racione
messium indictarum, predictus Robertus comparuit, parte
adversa, per se vel per procuratorem, minine comparente,
propter que dictus Robertus peciit dictum militem reputari
contumacem, qui homines, ad monicionem ballivi, dixerunt
quod ferie in curia superiori de Insula, racione messium, erant
indicte, ac etiam per consequens in curia de Dossemer, que erat
inferior, et curie de Insula subjecta, propter que ipsi non poterant in dicta causa procedere, secundum consuetudinem patrie,
nec debebant, dixerunt eciam quod dictus ballivus, ad prima
placita, post dictas ferias preteritas, et postquam esset in dicta
superiori curia litigatum, in statu reassignaret dictam diem,
dicentes, per suum judicium, quod ita debebat fieri, secundum
usum et consuetudinem patrie approbatos, et ita, per dictum
ballivum et judicium dictorum hominum, fuit factum; qua die,
post dictas ferias, reassignata, predictus Robertus comparuit, dicto
milite minime comparente, et ideo dicta dies, secundum consuetudinem patrie et per judicium dictorum hominum, super tercia
die reassignata fuit, ad quindenam sequentem; qua die tercia,
coram dictis omnibus, comparuit dictus Robertus, dicto eciam
milite, per procuratorem comparente, qui dictus Robertus peticionem suam, virtute cujus predicta adjornamenta facta fuerant,
in judicio recitavit, et eciam dicti homines totum processum,
predictis diebus, coram eis factum, ad instanciam procuratoris
dicti militis recitarunt; quo processu recitato procurator predictus,
ad anullandum processum per dictum Robertum factum, et ad
finem quod dictus miles, dominus suus, absolveretur ab impeticione dicti Roberti, et quod terra predicta, que per dictum Robertum a domino suo petebatur, ex causa retractus, remaneret penes
eum, plura proposuit ex adverso, videlicet quod consuetudo

patrie talis erat quod ille qui, in causa retractus seu proximitatis,
vult agere, debet ordinare et continuare processum suum, sine
interruptione aliqua, faciendo, in qualibet die assignata, quod
dies desiderat, alioquin talis processus debet nullus atque inva-
lidus reputari; item, quod, secundum usum et consuetudinem
generalem superioris curie de Insula et curiarum eidem subjec-
tarum, quando in principio messium ferie judicantur, in curia
de Insula, ad monicionem ballivi, homines illius curie, per judicium suum, dicunt quod ballivus reassignet diem placitorum a
die mercurii, post Decollacionem beati Johannis-Baptiste, in octo
diebus, et quod omnia placita omnium curiarum inferiarum
tocius ejusdem castellanie, cessare debent, hoc salvo quod partes
litigantes, in curiis subjectis curie de Insula, in primis diebus
assignatis que incidunt in ferias, postquam cessavit curia de
Insula, que est superior, facient quidquid dies assignate desiderant, et ad plenum, ac si assignaciones illarum dierum non
incidissent in dies feriatas, alias debet reputari inordinatus et
discontinuatus processus dicte cause, et quia dictus Robertus, die
secunda sibi assignata, que dies incidit in dies feriatas, non
fecerat ad plenum illud quod dies desiderabat assignata, sed
fuit sibi dicta dies, per judicium dictorum hominum, post dictas
ferias preteritas et postquam fuerat in curia de Insula litigatum,
pro die secunda reassignata, et in statu merito processus dicti
Roberti debebat nullus, inordinatus ac eciam discontinuatus
reputari, quare dicebat dictus procurator, per raciones predictas
et plures alias per ipsum allegatas, dictum dominum suum debere absolvi ab impeticione dicti Roberti, et dominum suum
debere remanere in possessione pacifica hereditatis que per
dictum Robertum, a domino suo, ex causa retractus, petebatur,
petendo eciam se admitti ad probandum ea que in facto consiste-

bant de premissis, dicto Roberto plures raciones in contrarium
proponente, que omnia poterant liquide, per dictum processum,
apparere, quibus non obstantibus, per judicium hominum dicte
curie de Dossemer, dictus miles fuit admissus ad probandum, de
premissis omnibus propositis pro ipso, ea que in facto consiste-
bant; quo facto, testibusque super premissis productis, per judicium dictorum hominum fuit dictum predictum militem inten-
cionem suam bene probasse, manumque domini appositam in
illa terra, inde debere amoveri, dictumque militem debere
remanere in possessione pacifica dicte terre : a quo judicato,
tamquam a nullo, et, si esset aliquid, tamquam a falso et pravo,
predictus Robertus ad nostram curiam appellavit; quibus sic,
per partes predictas, in nostra curia, propositis, fuerunt commissarii, per nostram curiam, deputati qui, super premissis
omnibus propositis, inquirerent, cum diligencia, veritatem, in-
questamque, super hiis, factam, ad nostram curiam remitterent
judicandam. Qua inquesta facta, tam super principali quam
super reprobacionibus, ac eciam ad curiam nostram, ad
judicandum, remissa, visisque etiam omnibus contentis in ipsa
et diligenter examinatis, per curie nostre judicium, dictum fuit
predictos homines male judicasse et dictum Robertum bene appellasse; dicti autem homines hoc emendabunt, principalisque
causa predicta super dicto retractu, in nostra curia remanebit [1].

1. Dans les *Actes du Parlement de Paris,* publiés par Boutaric, tome II,
page 291, n° 5844, on trouve cet acte du 12 juillet 1318, ainsi résumé :

« Arrêt cassant une sentence des hommes jugeant dans la cour du seigneur de
« Dossemer, entre Robert de Montmaur et PIERRE DE GALART, chevalier, au sujet
« du retrait d'une terre que ledit Galart avait achetée de maître Guillaume de
« Montmaur, près de Lille, pendant qu'il était gouverneur de Flandre. La cour
« retient la connaissance du fond et condamne les premiers juges à deux cents
« livres parisis d'amende envers le roi. »

Duodecima die julii.

M. J. de Nonancort reportavit.

Taxata fuit ista emenda ad ducentas libras Parisienses domino regi solvendas.

Documents inédits de l'histoire de France, *Olim* publiés par le comte Beugnot, tome III, 2ᵉ partie, page 1437.

14 JUILLET 1318.

Confirmation d'un paréage ou d'un échange consenti par PIERRE DE GALARD, *grand maître des arbalétriers, seigneur de Limeuil, d'une part, Morand et Pierre de Pompignan, d'autre. Pierre de Galard concède à ces derniers tous les droits de juridiction ainsi que les territoires qu'il possède par indivis à Pompignan. Il reçoit en retour la moitié de tous les revenus et devoirs féodaux qui appartiennent aux frères de Pompignan dans les environs de Grisolles, avec cinq cartelades de forêt dans le district de Pompignan. Il est stipulé en outre que les deux frères conserveront la triple justice de ce lieu à titre emphytéotique. L'acte fut passé à Toulouse dans la maison de Morand de Pompignan.*

CONFIRMACIO CUJUSDAM PARIAGII SIVE PERMUTACIONIS FACTORUM QUE HIC CONTINENTUR INTER DOMINUM PETRUM DE GALARDO, MAGISTRUM ARBALISTARUM, EX UNA PARTE, ET MAURANDUM DE POMPINHANO ET PETRUM EJUS FRATREM.

Ph. Dei gratia Francie et Navarre rex, notum facimus universis, tam presentibus quam futuris, nos vidisse subscriptum instrumentum publicum hujus forme : Noverint universi presentes pariter et futuri quod concordatum et actum fuit inter nobilem et

potentem virum dominum Petrum de Galardo, militem domini
nostri regis Francie et Navarre, magistrum arbalistarum regni
Francie, domini de Limolio et de Pompinhano, ex parte una, et
Maurandum de Pompinhano et Petrum Maurandi, fratres, ex parte
altera, ita videlicet quod dictus nobilis Petrus de Galardo dedit
et concessit dictis Maurando et Petro Maurandi, fratribus, presentibus, pro se et eorum heredibus presentibus et futuris, racione
pariagii, descambii, seu permutacionis, medietatis, pro indiviso,
jurisdictionis alte et basse, meri et mixti imperii, quod habebat
et habere poterat in villa seu loco de Pompinhano, territorio et
pertinentiis suis, cum suis juribus, pertinentiis et incurtibus
universis. Dans et concedans et conferens dictus nobilis dominus Petrus de Galardo in predictos Morandum et Petrum
Morandi, fratres, et eorum successores, ibidem presentes, et
predictam cessionem, translacionem et composicionem, in se et
pro successoribus suscipientem predictam medietatem juridictionis alte et basse et meri et mixti imperii cum suis juribus, pertinentiis et emolumentis quibuscumque, et quiquid
juris et rationis juridicionis et meri et mixti imperii quantum ad medietatem pro indiviso domino nobili domino Petro
de Galardo competebat et competere poterat quovismodo in
recompensacione donacionis et cessionis predictorum. Et dicti
fratres Maurandus de Pompihano et Petrus Maurandi, libere et
pure dederunt et concesserunt dicto nobili domino Petro de
Galardo, militi, medietatem omnium rerum et reddituum, pro-
veniencium, obliarum, possessionum et aliorum deveriorum
quecumque sint, que habebant et habere poterant et debebant
aliquo modo in loco et villa Glisolis et pertinentiis ejusdem, sive
sint terræ cultæ et incultæ, prata, vineas, domos, nemora et
alias possessiones, cujuscumque conditionis existant. De quibus

obliis, redditibus et aliis, predictus nobilis dominus Petrus de
Galardo recognoscens ea habuisse et recepisse, se tenuit pro
bene pagato et contento, exceptioni rerum predictarum, non
habitarum et non receptarum expresse renunciando, et de predictis predictos Maurandum et Petrum Maurandi quictando
et⁚ absolvendo. Item fuit actum et conventum inter dictas
partes quod dicti Mirandus (pour Maurandus) et Petrus Maurandi,
fratres, debent dare et tradere dicto nobili domino Petro de
Galardo, in recompensationem juridictionis predicte, quinque
cartonatas nemorum seu foreste, quam habent in honore et districtu de Pompinhano, ab uno capite seu latere nemorum, seu
foreste supradicte ab illa parte quam dictus nobilis dominus Petrus de Galardo duxerit eligendam. Et predictam permutacionem
fecerunt dicte partes unius alteri racione pariagii, escambii, seu
permutacionis inter eos facti de dicta juridicione (sic) alta et
bassa et meri et mixti imperii et reddituum et proventuum
superius expressatorum. Acto etiam quod dicti fratres hec habent
tenere sub emphiteosim nobilem a dicto domino Petro et succes-.
soribus suis illam partem juridicionis alte et basse et omnia alia,
que habent et habebunt in dicto loco de Pompinhano et pertinentiis ejusdem, necnon et partem reddituum, provenien-
tium, obliarum et possessionum et aliorum deveriorum que
habebant pro indiviso, apud Tholosam, et pertinentiis ejusdem et
promiserunt facere et tenere in emphiteosim nobilem ab ipso
domino Petro et suis successoribus universis, et de predictis facere
prout alii nobiles eidem domino Petro fecerant et facere consueverant, et promisit una pars alteri super predictis facere et portare
bonam et firmam guaranciam, renunciantes omni juri canonico
et civili, per quod possent contra facere vel venire, et omni privilegio concesso et concedendo per summum principem dominum

nostrum regem Francie, volentes et concedentes quod ego
notarius infra scriptus possem de predictis facere duo publica
instrumenta, seu plura ad requisicionem parcium predictarum,
cum consilio sapientum, non mutata substancia ad utilitatem
parcium predictarum. Et fuit pactum inter dictas partes quod
bajuli loci predicti notarii servientis, preco et carceres sint
communes inter dictos dominos et nisi concordare possent,
pro quolibet heres suus et quod judex dicti domini Petri
cognoscat et judicet... Hoc fuit actum Tholose, in domo Morandi de Pompinhano et Petri Morandi, fratrum, xiii a die
introitus julii, anno Domini millesimo ccc° decimo octavo,
regnante domino Philippo, rege Francie et Navarre, Johanne,
archiepiscopo Tholose. Hujus rei sunt testes : domini Guillelmus
Seguirii, legum doctor, magister Raymundus Bertrandi, notarius,
Baronis filius domini Arnaldi Barast, militis, Petrus Raymundi
de Aula, Petrus Antini et G. Bertrandus Beraldi, notarius publicus
domini nostri Francie regis, qui ad requisitionem parcium predictarum, presens instrumentum recepi et scripsi et signo meo
consueto signavi, requisitus et rogatus. Nos autem permutacionem
et pariagium hujusmodi, ceteraque premissa acta et conventa
inter partes prescriptas, ut, in superioribus exprimantur, rata
habentes et grata, ea volumus, approbamus et auctoritate regia
confirmamus, nostro et alieno in omnibus jure salvo. Quod ut
firmum et stabile perpetuo perseveret, presentes litteras nostro
faciemus roborari sigillo; actum anno Domini M° ccc° vicesimo
primo, mense octobris [1].

Trésor des chartres, registre LX, folio 122, pièce 393. Arch. de l'Empire.

1. L'abbé de Lespine avait fait avant nous une copie de cet acte, laquelle
existe au Cabinet des titres. Bibl. imp.

Décembre 1318.

Philippe, roi de France, ordonne à son sénéchal de Toulouse d'assigner
à Pierre de Galard *un revenu de cinq cents livres. Cette rente*
perpétuelle et héréditaire fut concédée et hypothéquée sur la justice
totale ou partielle des lieux de Saint-Rustice, Castelnau d'Estrete-
fonds, Montricoux, Rayssac, la Mothe, Dieupentale, La Bastide de
Saint-Pierre, Grisolles, etc.

ASSIGNATIO QUINGENTARUM LIBRARUM TERRE DONATARUM PETRO DE
GALARDO, MILITI, MAGISTRO ARBALISTARUM REGIS.

Philippus, etc. Notum facimus universis presentibus et futuris,
nos infrascriptas vidisse litteras, formam que sequitur continentes : Noverint universi quod nos Guiardus Guidonis, miles
domini nostri regis Francie et Navarre, ejusque senescallus Tholose et Albiensis, recepimus quasdam patentes litteras prefati
domini nostri regis, exhibitas nobis per nobilem virum dominum
Petrum de Galardo, militem, magistrum arbalistarum dicti domini
regis, quarum tenor dignoscitur esse talis : Philippus, Dei
gracia Francie et Navarre rex, senescallo Tholose aut ejus locum
tenenti salutem : cum carissimus dominus et genitor noster pre-
decessori vestro per suas mandasset litteras, prout in eisdem contineri videbitis, quod dilecto et fideli Petro de Galardo, militi
nostro, ac balistariorum nostrorum magistro, quingentas libras
turonenses annui redditus in terris, locis et rebus dicte senescallie, quas ei certa de causa assignari, pro se et heredibus
suis et causam ab eo habituris, volebat, assignaret et assi-
deret, et litteras suas super dicta assignatione et assisia eidem
concederet sine difficultate quacumque, idem tunc predecessor
vester licet dictas assignationem et assisiam sibi fecerit suas tunc

litteras super has litteras, ut dictus miles asserit, non concessisset. Quocirca mandamus vobis quatenus eidem militi litteras
vestras super assignatione et assisia predictis, secundum informationem super predictis factam de mandato dicti domini et
genitoris nostri, de quo vobis liquebit et tenorem litterarum ejusdem predictarum, sub sigillo vestro concedatis, a nobis post
modo confirmandas. Datum, apud Bellosanam, die vi septembris,
anno Domini M° ccc° xvii°. » Item exhibuit nobis predictus dominus Petrus quasdam alias litteras patentes regio sigillo
inclite recordationis domini Philippi, quondam genitoris dicti
domini regis, sigillatas, ut prima facie apparebat, quarum tenor
talis est : « Philippus Dei gracia Francorum rex, senescallo
Tholose aut ejus locum tenenti, salutem. Informationem per vos
factam juxta mandatum nostrum dudum vobis directum, in quibus et super quibus locis et rebus quingente libre turonenses
quas dilecto et fideli Petro de Galardo, balistariorum nostrorum
magistro ac milite nostro, intendebamus et intendimus in
vestra senescallia assignare; possent sibi utilius et cum nostro
minori incommodo assideri, vidimus diligenter et super hoc
vestram prudenciam commendamus. Sed quia nos, qui sumus
absentes, predictam assisiam seu assignationem redditus predicti,
presertim propter hoc quod valor locorum, rerum et reddituum
contentorum in informatione predicta excedit summam redditus
memorati, ita utiliter sicut vos in cujus conspectu res predicte
consistunt facere non possimus, vobis de cujus fidelitate, diligentia et industria specialem fiduciam gerimus in hac parte,
specialiter committimus et mandamus quatenus nomine ac vice
nostris super locis, rebus, redditibus et emolumentis, in informatione predicta contentis, quingentas libras turonenses perpetui
redditus eidem Petro de Galardo pro se, heredibus, successoribus

22

suis et causam habituris ab eo assideatis, tradatis, et in hereditatem perpetuam, cum omnimoda jurisdictione alta et bassa dictorum locorum, assignetis, eumdem in corpolarem possessionem
omnium locorum, reddituum, et aliarum rerum, que et quas
pro redditu supradicto quingentarum librarum per vos contigerit
assignare eidem presentialiter per vos vel per alium, inducentes,
ac ab omnibus vassallis et hominibus qui predicta vel aliqua ex
eisdem tenent a nobis in feodum, fidem et homagia de premissis et pro premissis eidem fieri facientes, exercitu, cavalcata,
resorto et homagio per dictum Petrum successoresque suos
nobis ac successoribus nostris prestandis in eis retentis, litteras
vestras, ad eternam rei memoriam, super dicta assignatione et
assisia quam tanquam à nobis factam ex tunc habere volumus
robur perpetue firmitatis in meliori forma que fieri poterunt
concedendo. In cujus rei testimonium presentibus litteris nostrum fecimus apponi sigillum. Actum Parisius nona die octobris,
anno Domini M° ccc° decimo. » Quarum litterarum auctoritate
super premissis nos informavimus cum officialibus regis dicte
senescallie et cum nobili viro Poncio de Homelatio, milite dicti
domini regis, qui tunc existens, judex major senescallie Tho-
losane super valore reddituum de quibus in dictis litteris fit
mentio, de mandato nostri predecessoris extimacionem fecisse
dicebatur, ac per informationem predictam et relacionem predicti domini Pontii, ac per rotulum extimationis predicte per
dictum dominum Poncium sub sigillo suo nobis missum, invenimus loca infrascripta, cum jurisdictione alta et bassa et aliis
universis redditibus eorumdem ad dominum regem pertinentium
pretextu dicte commissionis regio dicto domino Petro facte olim
fuisse de mandato dicti domini regis condam, prout continetur
inferius, vocato procuratore regio dicte senescallie diligenter

extimata, et postea, virtute dictarum litterarum ejusdem domini
regis, dicto domino Petro, per discretum virum magistrum Bardi-
num Resbastensem, quondam judicem criminum dicte senescallie
et locum tenentem tunc nobilis domini Johannis domini Blienville
militis nostri predecessoris seu ejus commissarii, fuisse assignata,
et eorum corporalem possessionem sibi traditam extitisse, prout
inferius continetur, videlicet : locum de Santo Rusticio cum juridictione alta et bassa, pro viginti septem libris, octo solidis et obolo
turonensibus existentibus in rebus infrascriptis : videlicet, in alta
et bassa justicia dicti loci, computatis vɪ solidis turonensibus, pro
quolibet foco, duodecim libras decem solidis renduales. Item in
emolumento tertie partis messegarie dicti loci viginti solidis ; in
obliis minutis terre extimata valere quinque carcones bladi, duas
partes frumenti, censibus quator libras, novem solidos, tres denarios, obolum. In tertia parte agrarii viginti quatuor quarto-
natarum terre duas partes frumenti, et tertiam partem mixture
qui computato quolibet carcone frumenti viginti quatuor solidis, et carcone mixture decem sex solidis, valent annui
redditus centum sex solidos, octo denarios. In dominationibus feodalibus, seu directo dominio possessionum que tenentur ibi in emphyteosim quatuor libras, duos solidos, unum
denarium. Item in loco Castri Novi de Scrutis Fontibus, ubi
dominus rex habebat duodecimam partem alte jurisdictionis et
basse, triginta novem libras, quatuordecim solidos, quinque
denarios turonenses, existentes in rebus infrascriptis : videlicet,
in dicta duodecima parte jurisdictionis alte et basse, computato
foco ut supra, sexaginta novem solidos, duos denarios. Item,
pro alberga in pecunia quindecim libras ; item, in leuda macelli
et aliarum rerum pro predicta duodecima parte decem solidos ;
item, in obliis et minutis computatis tribus eminis bladi censua-

libus, centum solidos, undecim denarios, obolum ; item in par-
tionibus vini pro parte regia repertis valere duos tonnellos et
dimidium vini, centum solidos ; item in partitionibus bladi pro
parte regia repertis valere duos carcones, unam punheriam
bladi, duas partes frumenti et tertiam mixture, quadraginta
quatuor solidos. In dominationibus feudalibus seu directo dominio
possessionum in quibus predicti redditus consistunt pro parte
regia octo libras, decem solidos, tres denarios, obolum. Item
locum de Affinhano et suis pertinentiis cum jurisdictione alta et
bassa pro centum sex libris, septem solidis, undecim denariis
turon., existentibus in rebus infra scriptis : videlicet, in jurisdictione alta et bassa dicti loci et ejus pertinenciis tresdecim libras,
quinque solidos, pro alta jurisdictione feudorum nobilium existentium ibi duodecim libras, decem solidos ; in furno de leuda ani-
malium que venduntur ibidem sexaginta solidos ; in alberga quam
facit universitas dicti loci, quadraginta solidos ; in alberga quam
faciunt nobiles de Montogio triginta solidos ; in tertia parte messegarie triginta solidos ; pro scacagio quatuor molendinorum
navium in flumine Garone, quatuor libras, octo solidos ; in
viginti arpentis terre de insula de Portavallo extimata valere
annui redditus decem libras ; in minutis obliis et censibus dicti
loci, triginta libras quatuor solidos, seu denarios ; in partitionibus
terrarum repertis valere annuatim octo quarcones bladi, tres
partes frumenti et quartam mixture, computato blado ut
supra, octo libras, sexdecim solidos ; in partitionibus nucium
triginta sex solidos ; pro alta jurisdictione extraneorum possessorum dicti loci, octo solidos, octo denarios ; pro alta
justicia feodorum francorum ibi existentium tres solidos, sex
denarios ; in dominationibus feodalibus seu directo dominio
possessionum que tenentur sub censibus predictis, quatuordecim

libras, sexdecim solidos, tres denarios; item pro notaria de
Affinhano, de Becenchis, de Monte Requino, quadraginta solidos.
Item locum de Becenchis et suis pertinentiis cum jurisdictione
alta et bassa, pro triginta sex libris, septem solidis, uno denario
turon., existentibus in rebus infrascriptis : videlicet, in dicta
jurisdictione alta et bassa, extimato quolibet foco ut supra, quindecim libras ; item pro alta justicia feudorum nobilium ibi existentium, centum tres solidos ; item in alberga sex cartones bladi,
frumenti et avene, per modium extimatum ut supra, centum octo
solidos ; item pro alberga in pecunia sexaginta solidos; item pro
tertia parte messegarie dicti loci decem solidos; item pro jorna-
libus bovium et saumeriorum debitis antea domino regi, quadraginta duos solidos, sex denarios; item pro fromagino et ovino
debitis antea domino regi decem solidos; item pro gallino
debito antea domino regi, scilicet super quolibet hospicio
unam gallinam, quadraginta solidos; item in minutis censibus
quatuor solidos, quatuor denarios ; item in partitionibus terrarum repertis valere annuatim duos cartones bladi, frumenti et avene, per modium quadraginta solidos; item in dominationibus feudorum in quibus dicti census et partitiones
consistunt, novem solidos, tres denarios. Item loca de Monte
Requino et de Rayssaco sibi ad invicem contigua cum suis pertinenciis in quibus dominus rex habebat jurisdictionem altam et
bassam, pro viginti libris decem denariis turon. existentibus in
rebus infrascriptis : scilicet, in jurisdictione alta et bassa dictorum locorum et eorum pertinentiarum, computato foco ut supra,
septem libras, quindecim solidos ; in albergia peccunie quadraginta solidos ; in albergia bladi, videlicet, quatuor cartonibus
bladi, frumenti et avene per medium, computato cartone ut
supra, quatuor libras, duodecim solidos, in corrogiis seu jornali-

bus boumet saumeriorum, quadraginta solidos, decem denarios;
in quolibet foco unam gallinam pro gallinio valente viginti solidos,
octo denarios; in ovino et fromagio decem solidos, octo denarios;
in minutis censibus quadraginta octo solidos, unum denarium;
pro alta justicia extraneorum possessorum duodecim denarios;
in dominationibus et directo dominio possessionum que tenentur
sub censibus predictis tres solidos, septem denarios. Item loca
de Mota et de Deopantala cum jurisdictione alta et bassa, cum
pertinenciis suis pro triginta duabus libris, septem solidis,
decem denariis et obolo turon., existentibus in rebus infrascriptis; videlicet in dicta jurisdictione centum solidos; in tertia
parte messegarie decem solidos; in alberga pecunie, quinquaginta octo solidos; in alberga quinque cartonum bladi, frumenti
et mixture per medium, quatuor libras, decem solidos; pro galli-
nino duodecim solidos; pro sex sextariatis terre culte et hereme
proprietatis quadraginta octo solidos; in minutis censibus seu
obliis centum tresdecim solidos, octo denarios, obolum; in dominationibus feudalibus et directo dominio possessionumque sub
dictis censibus tenentur, centum decem sex solidos, duos denarios; item mota dicti loci cum fossatis ibi contiguis viginti
solidos; item pro alta justicia extraneorum possessorum quatuor
libras. Item locum de Monte Othie, cum medietate alte et basse
justicie et ejus pertinenciis, viginti unam libras, tres solidos,
quatuor denarios turon., existentibus in rebus infrascriptis, videlicet, pro medietate dicte alte et basse justicie quindecim libras;
in alberga pecunie quadraginta solidos; in notaria pro parte
regia viginti solidos; in messegaria pro dicta parte decem
solidos; in minutis censibus decem novem solidos, octo denarios; in dominationibus seu directo dominio possessionum
que tenentur ibi ad oblias, quinque solidos, novem dena-

rios; pro alta justicia extraneorum possessorum quatuordecim solidos, quatuor denarios; pro alta justicia feodorum nobilium dicti loci quatuor solidos, sex denarios; item villam de
Bastida S^{ti} Petri cum suis pertinenciis, cum jurisdictione alta
et bassa, pro septuaginta sex libris, sex solidis, duobus denariis
et obolo turon., existentibus in rebus infrascriptis, videlicet, in
jurisdictione alta et bassa viginti octo libras, decem solidos, pro
alta justicia feodorum nobilium existentium ibi, quinquaginta
quinque solidos; pro alta justicia extraneorum possessorum
viginti solidos; in minutis censibus septem libras, decem solidos,
duos denarios, obolum ; in partitionibus bladi decem libras, duos
solidos, sex denarios ; in directo dominio seu dominationibus
feodalibus possessionum octo libras, decem octo denarios; in
emolumento messegarie decem solidos ; in notaria curie dicti
loci quinquaginta solidos, in emolumentis furni dicti loci quindecim libras; in leuda fori, tres solidos; in partitionibus fevi
quatuor solidos. Item in loco de Glisolis et ejus pertinenciis cum
medietate alte justicie, quinquaginta unam libras turon., existentes in rebus infrascriptis: videlicet, in dicta medietate alte justicie
undecim libras, decem solidos; pro alta justicia feodorum nobilium pro parte regia sex libras, tres solidos, sex denarios ; pro
alta justicia extraneorum possessorum, pro dicta parte tresdecim
libras, tresdecim solidos, octo denarios; in notaria dicti loci,
decem solidos ; in fossatis antiquis tam pro rivragio quam pro
censibus quinquaginta sex solidos; in censibus insule prope
Malberses quinque libras, decem septem solidos, sex denarios ;
item in partitionibus terrarum dicte insule pro duodecim cartonibus et sex punheriis bladi, frumenti et avene per medium,
computato blado ut supra, undecim libras, duos solidos, decem
denarios; in dominationibus feodalibus seu directo dominic

feodorum dicte insule, undecim solidos, sex denarios turon.; item loca de Causains, Favains et Peyreria cum suis pertinenciis, cum alta justicia et medietate basse jurisdictionis pro sexaginta libris, novem solidis, decem denariis, obolo turon., existentibus in rebus infrascriptis, videlicet, in dicta alta justicia et medietate basse, triginta octo libras, decem septem solidos; pro alta justicia feodorum nobilium ibi existentium quindecim libras, novem solidos, decem denarios, obolum ; in notaria dictorum locorum pro parte regia, quatuor libras ; in messegaria dictorum locorum pro dicta parte tresdecim solidos; pro alta justicia extraneorum possessorum dictorum locorum triginta solidos. Item, in loco de Deopantala, undecim libras, decem solidos turon., existentes in rebus infrascriptis ; videlicet, in alta jurisdictione dicti loci et ejus pertinenciarum, ad dominum regem pertinente, septem libras ; pro alta justicia feodorum nobilium existentium ibi quatuor libras; pro alta justicia extraneorum possessorum dicti loci decem solidos. Predicti vero redditus olim assignati dicto domino Petro autoritate regia per locum tenentem dicti nostri predecessoris, prout superius continetur, ascendunt ad summam quatercentarum quatuor viginti librarum duarum, quindecim solidorum, septem denariorum turonensium. In quorum omnium fidem et testimonium nos senescallus predictus, juxta mandatum regium super hoc nobis factum, cujus tenor superius est insertus, sigillum nostrum presentibus duximus apponendum. Actum et datûm Tholose, decima septima die Maii, anno Domini M° ccc° decimo octavo. » Nos autem premissa omnia et singula in suprascriptis contenta litteris, rata et grata habentes, ea volumus, laudamus, approbamus, ac tenore presentium auctoritate regia confirmamus, salvo tamen in aliis jure nostro et quolibet in omnibus alieno. Quod ut firmum et stabile permaneat, in futurum, presentibus

litteris nostrum fecimus apponi sigillum. Actum apud Lannesia-
cum [1], anno Domini M° ccc° decimo octavo, mense Decembri.

Per dominum regem : *Belleymont.*

Archives de l'Empire, JJ. 56, acte 511, fol. 221.

----

6 JANVIER 1319.

Jean Boulanger, ayant convoqué les habitants du territoire d'Ypres, au
nom et de la part de PIERRE DE GALARD, *grand maître des arbalé-*
triers, et de Pierre Rodier, chanoine de Limoges, communiqua à
l'assemblée certaines lettres de Philippe, roi de France et de Navarre.
Ces lettres, adressées de Saint-Denis aux deux commissaires, leur
ordonnaient de contraindre les rebelles, ainsi que le comte de Flandre
et son fils, à l'application rigoureuse des clauses du traité.

INSTRUMENTUM SUPER INTERPELLATIONIBUS FACTIS DE COMPLENDA
PACE IN FLANDRIA.

In nomine Domini, amen. Pateat universis, quod anno ejusdem M° trecentissimo decimo nono, mensis Januarii die sexta,
indictione tertia, pontifficatus sanctissimi in Christo patris
ac domini domini Johannis divina providencia pape XXII
anno quarto, in mei notarii publici et testium subscriptorum
presencia, scabinis territorii Yprensis congregatis propter hoc
et voccatis, providus vir Johannes Boulengharii ex parte
venerabilis et discreti viri magistri Petri Roderii, canonici Lemovicensis, illustris principis domini Philippi Dei gratia Francie
et Navarre regis clerici, ac nobilis viri domini PETRI DE GALARDO,
militis ejusdem domini regis, magistrique balistariorum ipsius

----

1. Pour *Latiniacum,* Lagny.

in hac parte dicti domini regis commissariorum destinatus,
de mandato ipsorum presentavit dictis scabinis quasdam litteras sigillis ipsorum dominorum commissariorum sigillatas,
signisque ac subscriptionibus notariorum subscriptorum signatas, tenorem qui sequitur de verbo ad verbum continentes :
« Petrus Roderii, canonicus Lemovicensis, illustrissimi principis domini Philippi, Dei gratia Francie et Navarre regis,
clericus, ac Petrus de Galardo, miles ejusdem domini regis
magisterque balistariorum ipsius, in hac parte ab eodem domino
rege commissarii deputati, viris providis et discretis scabinis
territorii Yprensis, burgimagistris, scabinis ville Dixmudiensis,
burgimagistris, consiliariis ville Noviportus, scabinis ville
Furnensis, scabinis, correariis territorii Furnensis, scabinis de
franco territorio Brugensi, burgimagistris, consiliariis ville de
Cluza, scabinis, juratis ville de Rollario, scabinis et consiliariis
ville Dardembourch, consiliariis ville Aldenardensis, ac universis et singulis hominibus dictarum villarum et territoriorum
et communitatum eorumdem, ipsisque communitatibus salutem. Litteras ejusdem domini regis nos recepisse noveritis,
tenorem qui sequitur continentes : « Philippe, par la grasce
de Diu, rois de France et de Navarre, a nos amés et féals
Maistre Pierre Rodier, chanoine de Limoges, et Pierre de Galart,
chevalier et maistre de nos arbalestriers, salut et dilection.
Comme sus les articles de le pais en nostre chier seigneur et
père d'une part, et le conte et les gens de Flandre autre
part faite et accordée, et qui sunt et thoucent aussi lacort,
les attempremens et les convenenches qui ont puis esté fait
par nous ou par nos gens ou nom de nous, ou temps que nous
estions regens de dis royaume de France et de Navarre, avec
les procureurs dudit conte et des gens de Flandres, aucunes

choses qui devoient estre acomplies et faites. . . . .

. . . .

demeurent enchore à acomplir, si com nous entendons à faire.
Nous qui volons que thou qui a nous en appertient soit compli et
fait enterinement, et qui avons plaine fianche de vostre sens et de
vostre loyauté, vous commettons et mandons que veues ches
lettres faites sus le pais, lacost, les attempremens et les convenenches dessus dis, toutes et chascunes les choses qui de
par nous seront a acomplir et a faire de tous et cascuns dei
articles contenus en icelles lettres, vous les acomplisiés et
faites de par nous complir et faire, ... et a che con-
traingniés et faites contraindre les contrediseurs et rebelles,
et avec che requerés de par nous, par vous ou par autre
le conte de Flandres Robert son fils et les autres des boines
villes, lius et chastelenies de Flandres que ils complissent
et fachent toutes et chascunes les choses que il doivent complir et faire. . . . .

. . . .

Donné à Saint-Denis en France, juedi velle de la Saint-Andri
l'apostre, lan de grasce mil trois cens dix et noef. » Volentes
itaque pacis et conventionum predictarum articulos in supradictis
litteris contentos, et omnia et singula alia contenta in litteris
super dictis pace et conventionibus confectis pro ipso domino
rege, quantum ad eum pertinet, et quatenus ipsum tangit
implere. . . . . vobis omnibus et singulis, et aliis quibuscumque quorum interest. . . . . tenore presentium
offerimus, consentientes, volentes et concedentes quod vobis
pacem et conventiones ipsas implentibus seu implere cum
effectu volentibus, nulla inquesta seu correctio possit fieri
super qualemcumque personam comitatus Flandrie pro quo-

cumque casu qui retro contigerit usque ad tempus pacis et conventionum predictarum initarum. Immo quod vobis et illis de Flandriis sint salve vite, membra et franchisie, hereditates, leges, consuetudines et usus villarum, castellaniarum et patrie Flandrensis, etc. . . . .

. . . . : . . . .

In cujus rei testimonium et futuram memoriam premissorum hoc presens publicum instrumentum de mandato nostro scriptum et in publicam formam per notarium infrascriptum redactum fecimus nostrorum sigillorum munimine roborari. Actum apud Insulam, anno Domini millesimo trecentesimo decimo nono, die Jovis post Natale, indictione tertia. . . . . presentibus Guidone de Roffinhaco, domicello, Petro Audacis, et aliis pluribus testibus ad hec vocatis specialiter et rogatis. » Et ego, Johannes Yberti de Insula, clericus Tornacensis diocesis, sacri Imperii auctoritate notarius publicus. . . . . interfui, eaque recepi et audivi, presenti publico instrumento me subscripsi, ipsumque proprio et solito signo signavi, anno, die et loco. . . , . quibus supra, etc. . . . . » Quibus litteris premissis presentatis, predictus Johannes Boulengharii nihilominus viva voce insinuavit eisdem scabinis contenta in litteris supradictis et oblata per dictos dominos commissarios in dictis litteris eis obtulit, ipsosque monuit, interpellavit et requisivit ut. . . . . facerent et complerent[1], etc.

Archives de l'Empire, J. 562, n° 33.

---

1. Il existe aux Archives de l'Empire, J. 562, n° 33, une autre sommation presque identique adressée aux habitants de Courtray, ayant pour titre : « Instrumentum « interpellationum de complenda pace scabinis Curtraci factarum. »

Juin 1319.

Philippe le Long, ayant annulé tous les dons héréditaires faits par son père, PIERRE DE GALARD, vint devant la chambre des comptes de Paris exposer dans un mémoire justificatif les services par lui rendus à la couronne et rappeler les récompenses légitimes dont il avait été l'objet. Le maître des arbalétriers déclare, en outre, qu'étant exempté de la fiscalité par son titre de gouverneur des Flandres, il importait dans ce pays, francs de tout péage, ses vins de Gascogne ainsi que ceux de son frère, Ragmond, abbé de Condom. Ce commerce fut pour lui une source de profits bien plus abondante que toutes les libéralités de son souverain.

Philippe roy, 1319, à Paris, en juin, rapporte des lettres de Guiart Guy, chevalier, sénéchal de Toulouse et d'Alby, qui rapporte des lettres de Philippe roy (le Long) à Paris en août 1317. Comme le roy son père fut obligé d'asseoir en 1314 à Baudouin de Mortagne et à Jean, son fils, 800 livres de terre P. et ne lui peut assigner en lieu profitable au dit Baudouin le fit asseoir par le dit PIERRE DE GALARD, 408 livres P. de terre qu'il avoit près Mortagne, avec toute haute justice, et le dit Pierre eut assigné de sa dite terre à l'évêque de Tournay 136 livres 16 sols 10 deniers avec toute justice, pour accomplir un traité entre le père du dit roy et le dit évêque. Voulant récompenser le dit Pierre, écrit à Girault, sénéchal de Toulouse, de l'y asseoir avec toute haute et basse justice. Après suit la quittance des dits Baudouin et Jehan, à Paris 1317, de 408 livres P. de rentes en deux parties reçues du dit Pierre. — *Item* lettres du vicaire de l'évêque de Tournay, 1316 en août, contenant que les gens du roy pour le dit traité liont assigné la ville de Lezennes Lez-Lille et la terre avec toute justice, haulte et basse, que Pierre de Galard tenoit en la valeur de 136 livres 16 s. Tournois. Assignation faite au dit Pierre par ledit sénéchal et Pierre Poitevin, juge de Villelongue, du lieu de Borel et appartenances avec deux parties de haute et basse juridiction, etc. *Item* du lieu de Mas-Garnier, de Calvarıbus, de Mensaco, Montbeczon, Brezolles, de Vasucio, de Villarens, Villanova, Villanovete, Villafranqueta, etc., a retenu au roy 100 livres 10 sols d'alberge de la Villeneuve ; et quitta ledit Pierre 8 sols 5 deniers qu'il luy falloit de la somme dessus dite et que le roy confirma.

Philippe, roy à Belozane en septembre 1317, comme son père eut assigné à Pierre de Galard 500 livres 10 sols de rente, avec haute et basse justice et Loys Raymond Costa, Jean de Albeya et Jean de Machery, ils li assignèrent avec toute justice excepté 10 livres 10 sols de rente que les dits commis pour le roy ussent en la ville de Pompignan et ses appartenances avec toute justice estimée 32 l. 105. bd. tournois de rente, ce que le roy approuve et assit au dit Pierre les 14 l. de rente et li donna pour son bon service 18 l. 10 s. 6 d. T. et li donna quant il avoit en la dite ville et appartenances.

Ce sont les graces faites à Pierre de Galard en récompensation de tout service par notre sire le roy, Philippe, que Diez absoille, et par le roy monseigneur qui ore est : 1° notre sire le roy Philippe de spéciale grace octroyée, que il acqueïst 1000 l. de terre de ceux à qui il les avoit données pour les lever sur son trésor, et li octroye que li feroit asseoir en terre.

Item. Mons. Bernard de Bouville, à qui Pierre de Galart étoit de lignage, étoit sire de Limeuil ; et quand il fut trespassez de cest siècle Gaillard de Bouville, qui étoit ses niez et hoir de sa terre, fut ensaisiné du chasteil de Limeuil comme droit,

hoirs : les gens du roy d'Angleterre par force et violence se sai-
sirent du chastel de Limeuil et le tindrent environ deux ans.
Le dit Galart (Gaillard) qui étoit dit hoirs poursuivoit toujours
les gens du roy d'Angleterre pour recouvrier son héritage et pour
requerre que on li feyst droit. Et en ceste poursuite ledit Gaillard
mourut et vint l'héritage à M. Arnaud de Bouville, son frère,
chanoine de Pierregours ; lequel Mons. Arnaud vint au roy
Philippe que Diez absoille (Ph. le Bel) et li montra les griefs et
les tors que les gens au roy d'Angleterre li faisoient, et se plaint
de défaut de droit. Li roy si manda au seneschal de Pierregort
que on lui fit faire raison et vendre son héritage. A la première
fois les gens du roy d'Angleterre désobéirent du tout. Li roy
manda a la tierce fois qui a force d'armes ou autrement il ostast
hors du chateau de Limeuil les gens du roy d'Angleterre ; et
meist le dit chastel en sa main, comme en main souveraine.
Mons. Jean de Heblay (d'Arrablay), adonc seneschal de Pierregort les feist obeir, et mit ce chastel en la main du roy, le
seneschal fit tretter a Mons. Arnault de susdit qu'il laissat le
chastel au roy, ils furent d'acord que le roy auroit le chastel,
se il vouloit le donner pour 150 et en fut faite une prisée
par certaines gens et y ont certaines convenances si que il
appert par une lettre du dit seneschal, scellée de son scel.
Quand les gens du roy d'Angleterre sentirent que le seneschal
faisoit traitier que li roy eut le dit chastel, ils vinrent a li,
et li requestrent moult grandement et a grand instances que
il ne vousist mie aller avant en ce marchié, que le chastel de
Limeuil se tenoit du roy d'Angleterre, et le roy d'Angleterre le
tenoit du roy de France nostre sire, et de ce memoire, lettres et
chartes des SS. qui en avoient fait hommage au roy d'Angleterre
au temps passé. Quand le roy vit cette requeste, il fit dire

à Mons. Arnault de Bouville que il feist son profit du chastel ;
et quand il n'en avoit cure. Quant je le scoy, je suplioy au roy
Mons., que de 350 l. qui metoient dues, a assiner, que il me
le fit asseoir sur le chastel de Limeuil, et le demeurant de
l'argent que il pourroit couster des 350, je payerois au dit
Mons. Arnault. Le roy Mons. que Dieu absoille, le mit volontiers,
mesque le dit Mons. Arnault de qui le chastel estoit si manda
et commanda à Mons. de Longaret que il me fit faire bonnes
lettres et que il meist conseil que Mons. Arnault s'accordast
que j'eusse le chastel pour le prix que le roy l'avoit. J'en parle
au dit Mons. Arnault lequel me rendit que il li plaisoit moult
de ce que li chateau etoit revenu en la main d'homme de son
lignage et confirmant et octroyant l'assise que le roy m'en avoit
faite et me doit tout le droit et toute l'action que il avoit, et avoit
povoir ou chastel de Limeuil et la chastellenie et appartenances
et appendances du dit chastel et de la chastellenie : ainsi comme
il appert plus plenement par une lettre scellée du scel du Châtelet,
faite sur ce.

Item, j'ay au dit Mons. Arnault la somme d'argent qui li etoit
due, outre les 350 l. de terre ; et ce apert par lettre du Châtelet et
par charte de notaire.

Item : Les gens du roy d'Angleterre m'ont poursui toujours,
et poursuivent encore que je entrasse du chastel de Limeuil et
des appartenances en la foi et hommage du roy d'Angleterre ;
je m'en suis toujours défendu, au mieux que j'ai pu, et pour cette
cause, ils m'ont porté si gros que plusieurs fois ils sont entrés
à grosses chevauchées en ma terre et pris grand foison de
betail, et pour ce qu'il povoit avoir au pays, et tué de mes gens
plusieurs.

Item, nos seigneurs aucuns se porroient merveille dont l'argent

me seroit venu de ce que je crois fait ces acheaz. Vérité est
que j'ay demeuré en Flandres environ 14 ans, chacun an
je y fait venir des vins de mon pays, et m'en a aidé aussy
chacune année, mes freres adoncs, abbé de Condom, et je y
faisois venir les miens avec et en faisois, acheter en vendange,
et ne fut onques an que je n'en aye fait venir 260 tonneaux du
moins conduis en Flandre, et aucunes années 440 tonneaux et
entre deux de 260 et 400. Et en faisois venir selon ce que la
saison etoit, et en faisois prendre pour la pourveance de mon
hostel, qui me falloit pour l'année, et le demeurant je faisois
mettre en main de marchands qui m'en rendoient l'argent; et mes
vins ne payoient point de maltoste, et chacun du pays ou autres
marchands qui vendoient du vin a broche (brocs) payent LXVI sols
Parisis de chacun tonel. Si en ay bien fait vendre par le tems que
j'ai demeuré en Flandres, 3,766 tonneaux et en ay reçu l'argent
pardessus [1], la pourveance des vins qu'il m'a convenu boire en
mon hostel; et mes seigneurs se nuls en faisoient doute, il est
notoire à chacun, vous le pouvez savoir par toute manière de
gens qui ont demeuré en Flandres, chevaliers, ecuyers et les
gens du roy, ceux qui faisoient les pourveances et les payements
et les autres offices pour le roy Mons. et de ce que je me suis
aidé en mes achaz, et en gouverne mon etat, car autrement je
eusse mauvaisement vesqui de gages que j'ai eus du roy.

Extrait d'un livre in-folio, coté Bel et intitulé : « Revocatio facta per regem
Philippum Longum de pluribus donis, per ejus patrem et fratres factis, anno
1320. » — Mss. de l'abbé de Lespine, dossier de Galard.

1. Des lettres de Philippe Le Bel, en l'année 1295, portent : « Les nobles, soit
« qu'ils soient chevaliers, clercs, seigneurs ou damoiseaux, ne payeront rien de la
« valeur de leurs biens meubles, ni même de leur capital, s'ils ne font point le
« négoce. » Ainsi, moyennant certaines taxes, dont PIERRE DE GALARD avait été
affranchi, le commerce était licite aux gentilshommes.

23

12 AOUT 1319.

Bernard de Saint-Maurice, commandeur de l'ordre de Saint-Jean de
Jérusalem à Castel-Sarrasin, Guillaume Rotbadi, chevalier, autre
commandeur aussi de la sainte milice, et frère Astorg de Besse,
recteur de l'église des Hospitaliers, signèrent une transaction avec
les consuls de ladite ville. En vertu de cet accord, les commandeurs
abandonnaient aux habitants la dîme de blé et de légumes qu'ils
levaient dans les jardins; le chapelain susnommé s'engageait à
administrer le sacrement de mariage moyennant 12 deniers tou-
lousains et à célébrer pour trois ans l'office des morts. Raymond
Alacris, l'un des tabellions qui dressèrent cet acte, sequalifie : notaire
d'une seigneurie de puissant chevalier PIERRE DE GALARD [1].

Frater P. de Ungula, sanctæ domus hospitalis Sancti Johannis
Jerosolimitani, cancellarius et visitator in cunctis partibus cisma-
rinis, ac prior Tholosæ, notum facimus, tam præsentibus quam
futuris, nos infra scriptum vidisse instrumentum seu litteras
tenorem qui sequitur continentes : Noverint universi præsentes
pariter et futuri, quod, cum debatum, lis et controversia move-
retur, seu moveri speraretur inter nobilem et religiosum virum
dominum Bernardum de Sancto Maurisio, militem, præceptorem
domus hospitalis Sancti Joannis Ierosolimitani Castri Sarraceni,
et fratrem Austorgium de Besso, capellanum seu rectorem ecclesiæ dictæ domus hospitalis Sancti Johannis, ejusdem ordinis,
quatenus tangit quemlibet eorumdem necnon etiam insuper
religiosum et potentem virum dominum Guillelmum Rotbaldi,
militem, præceptorem domus hospitalis Sancti Johannis Villædei

---

1. Cette transaction étant fort longue, je me suis borné à la résumer dans le
titre, ce qui me permet d'être court dans mes extraits.

ejusdem ordinis, sindicum et procuratorem majorem domorum
dicti hospitalis, in tota senescallia Tholosana, a venerabili et
religioso viro domino fratre P. de Ungula, priore Tholosæ, constituto, pro se et nomine sui sindicatus, tenor cujus inferius
continetur, ex parte una, et Hugonem Grimoardi, B. Oliverii,
Geraldum de Podio Hermerio, P. de Compatre, P. de Bella Serra,
et Guillelmum Gimonis, consules, Castri Sarraceni, pro se et
nomine eorům consulatus et universitatis ejusdem, et Guillelmum Arnaldi de Podio hermerio, et Joannem de Villadei, filium
Sancii de Villadei quondam, et discretos viros magistros Guillelmum de Poma et Andream Bigoti, jurisperitos, procuratores
et sindicos consulum et universitatis villæ Castri Sarraceni prædicti, necnon et alios populares villæ Castri Sarraceni prædictæ,
ex parte altera, super eo quod prædictus dominus præceptor
Castri Sarraceni petebat et petere volebat decimas de bladis et
leguminibus, in ortis, seu casalibus hominum et popularium
Castri Sarraceni prædicti excressentibus, et dictis hominibus loci
prædicti, necnon etiam super quibusdam quæ dictus capellanus,
seu rector petebat, seu petere intendebat nonnullis hominibus
de parrochia suæ ecclesiæ plus debito defunerare exitus funerum necnon terragio funerum, et exitibus nobiorum et nobia-
rum, et quibusdam prout in articulis infra contentis liquidius
sunt expressa. Tandem post multas altercationes et quæstiones
inter dictas partes, et nominibus quibus supra habitas, dictæ
partes, videlicet dicti domini præceptores et rectores seu capellanus dictæ ecclesiæ domus hospitalis Castri Sarraceni, de voluntate et expresso assensu fratris Petri Frumenti, fratris Petri
Guachas capellanorum ejusdem ordinis, et fratris Johannis
Forest, ad infra scripta adhærentium, pro se et suis successoribus
universis, et dicti domini consules de Castro Sarraceno, videlicet

P. de Bella Serra, P. de Compatre et Guillelmus Gimonis, consules Castri Sarraceni, pro se et aliis consulibus absentibus et
nomine universitatis et habitantium in villa Castri Sarraceni et
pertinentiis ejusdem, et præfati sindici et Guillelmus Arnaldi de
Podio hermerio et Joannes de Villadei, volentes predictis litibus
et controversiis, ortis et oriundis, finem imponere, ne deinceps
controversia de præmissis seu litigium oriatur, volentesque
etiam se, pro se et nominibus quibus supra, ad pacem et veram
concordiam reducere et dictas questiones seu controversias sopere
ne lites ex litibus oriantur de et super prodictis, et infra in
modum articulorum ab utraque partium predictarum et nominibus quibus supra tradit in modum qui sequitur, transegerunt
quæquidem partes; hinc inde, etc.

Acta fuerunt hæc, apud Castrum prædictum, inter domum
hospitalis prædicti, decimo secundo die exitus Augusti, anno
Domini millesimo trecentesimo decimo nono, regnante Philippo Francorum rege, Guillelmo episcopo Montis Albani, in
præsentia et testimonio Bertrandi Amanevi senioris, domicelli,
P. de Poma, Arnaldi Guillelmi de Podio hermerio, P. Geraldi
de Poma, etc., et mei Joannis de Bastimento, publici Castri
prædicti notarii publici, qui ad requisitionem partium prædictarum hanc cartam recepi, vice et nomine cujus notarii, ego
Raymundus Alacris, notarius terræ nobilis et potentis viri
domini PETRI DE GALARDO, militis, substitutus et juratus dicti
notarii, præsens instrumentum, etc., ingrossavi. Et ego Joannes
de Bastimento, notarius prædictus, facta collatione prædicti
instrumenti cum prothocollo ejusdem, me subscripsi et signavi.

Collection Doat, volume LXXXXII, acte allant de la page 483 à la
page 498. Bibl. imp., Cabinet des titres.

Année 1319.

*Les 'rebelles obtinrent de tels succès, que la comtesse d'Artois fut
réduite à venir chercher un refuge en France, quoique soutenue et
secourue par les comtes d'Eu et de Foix, Hugues de Saint-Paul,
maréchal de Hainaut, Pierre de Galard et le seigneur de Trie.*

Tornaron à prevalecer de manera en Artois las de los conju-
rados, que le fue necessario à la condesa el retirar se à Francia,
aunque entretanto se opusieron à sus enemigos Gualtero de
Chastillon, los côdes de Eu y Foix, Hugo de Sant Pol, mariscal de
Hainault, Pedro de Galards, los señores de Beaumont y Trie,
y otros, que ganaron à Sant Venant, Reninghen, Renty, Seneghen y Fiennes, donde prendieron al señor de aquel lugar, con
su hermana, que entregaron al conde de Boloña, restituyendo
con esta vitoria la provincia à Machtilde. Truxeronla con
grandes honras y conde de Savoya y Hugo de Chaalons : per-
donó à parte de los rebeldes, los otros se huyeron à Flandes,
donde se fundò junto à la puerta de Santa Cruz de Brujas el
monasterio de los Cartuxos, que llamaron el valle de gracia. En
Gante se havia fabricado la puente del Conde, el qual resuelto
à la empresa de Lilla llegó con su exercito al rio Lis, de que
advertido el rey, tornò à embiar al cardenal Gosselino, paraque
desde Tournay descomulgasse à los Flamencos violadores del
acuerdo[1].

Anales de Flandes compuestos por Emanuel Sveyro. Anvers, 1614, tome I,
page 402.

1. Traduction : Les affaires des conjurés firent de tels progrès en Artois, que la
comtesse se vit dans la nécessité de se retirer en France, malgré l'appui que lui

Mars 1320.

Charte par laquelle Philippe le Long se réserve de garder en son pou-
voir le Mas Grenier, bien qu'un revenu de cinq cents livres
17 sols tournois ait été assigné sur cette terre à son amé et féal
PIERRE DE GALARD, *grand maître des arbalétriers. Le roi donne*
des ordres à R. évêque de Loudun, son sénéchal de Toulouse,
pour transporter ladite rente sur Fronton, Montbéton et Ville-
nouvelle.

CARTA QUOMODO DOMINUS REX VULT QUOD VILLA DE MANSO GUERNESII
REMANEAT PERPETUO IN MANU SUA NON OBSTANTE ASSIGNATIONE CERTI
REDDITUS FACTA DOMINO PETRO DE GALARDO MILITI SUPRA EANDEM
VILLAM.

Ph. Dei gratia Francorum et Navarre rex. Notum facimus
universis tam presentibus quam futuris, quod cum in quadam
assisia certorum annuorum et perpetuorum reddituum, quos, in
senescallia Tholose, per senescallum tunc Tholose, dilecto et fideli
PETRO DE GALARDO, militi nostro et nostrorum balisteriorum magistro, in locis nobis minus dampnosis et eidem militi magis

prêtèrent, contre ses ennemis, Gauthier de Châtillon, les comtes d'Eu et de Foix,
Hugues de Saint-Pol, maréchal du Hainaut, Pierre de Galard, les seigneurs de Beaumont et de Trie et autres, qui s'emparèrent de Saint-Venant, Reninghen, Renty,
Seneghen et Fiennes, dont ils prirent le seigneur avec sa sœur, qu'ils livrèrent au
comte de Bologne; cette victoire rendit à Mathilde sa province. Gagnée par les
honneurs que lui rendirent le comte de Savoie et Hugues de Châlons, elle par-
donna à une partie des rebelles; les autres s'enfuirent en Flandres, à l'époque où
fut fondé, à la porte de Sainte-Croix de Bruges, le couvent des Chartreux qu'on
appela Val-de-Grâce. A Gand, on avait construit le pont du Comte; celui-ci, résolu
d'agir contre Lille, arriva avec son armée sur les bords de la Lys; à cette nouvelle,
le roi envoya de nouveau le cardinal Gosselin à Tournay, d'où il devait excommunier les Flamands, violateurs du traité.

accomodis fieri mandaverimus, villa seu locus de Manso Guernesii pro quinquagenta quinque libras decem et septem solidos
Turonenses extimatus fuisset, consulesque et universitas dicti
loci assererent locum ipsum extra manum regis poni non debere,
pluribus rationibus et inter cetera quod locus erat populatus et
in fronteria a parte ducatus Aquitanie eisque esset prejudiciale
quam plurimum et nobis dampnosum, si fieret ibidem assisia
redditus supradicti, maxime cum in aliis locis nobis minus
dampnosis et dicto militi utilibus, juxta mandatum nostrum
eidem senescallo super hoc factum, dicta assignacio fieri
posset, propterque, ne dictus senescallus in nostri et dictorum
consulum et universitatis prejudicium ulterius procedere attemp-
taret, ad nos seu nostram curiam appellarunt; super quibus
ex commissione nostra, perdilectum et fidelem nostrum R.
Laudunensem episcopum et regentem tunc senescallie Tholose[1],
seu per alios, de eorum mandato informatione precedente reper-
tum fuit non expedire, dictum locum de Manso extra manum
regiam poni, assignationemque dicti redditus quinquaginta
quinque libras, decem et septem solidos Turonenses posse fieri
ad dicti militis commodum, in bladata quam habebamus apud
Frontonio et in locis de Monte Betone et de Villa Noveta, quiquidem redditus in dictis locis procuratori dicti militis qui
dictum persequebatur, negocium fuisse dicitur, assignatus et
per eum assignatio hujus modi acceptata. Idemque miles tacito
de premissis extimationem, seu assignationem sibi in loco de
Manso factam per nos confirmari procuravit, et pretextu confir-

---

1. L'abbé de Lespine dit dans une note :

« A la Saint-Jean 1320, messire PIERRE DE GALARD, chevalier, tient plusieurs
« domaines dans la sénéchaussée de Toulouse. On voudrait savoir pour quel prix
« ces terres lui ont été assignées. »

mationis ejusdem, possessionem redditus predicti de Manso
Guernesii, contradicentibus et ad nos semper appellantibus pré-
dictis consulibus et universitate sicut ex eorum gravi querela
accepimus nittitur adipisci. Quare nobis supplicaverunt dicti
consules et universitas ut super hoc honori et commodo regio
ipsorumque indempnitati providere vellemus et futuris periculis
obviare. Nos igitur eorum supplicatione visa, et quorundam
fidelium nostrorum qui dictum sciebant negocium relacione
audita, habitaque super hac deliberatione diligenti, ordinamus
et volumus quod dictus miles noster assignacione suo procuratori facta in·locis predictis de Frontonio, de Monte Betone et de
Villa Noveta, pro redditu predicto quinquaginta quinque libras
decem et septem solidos Turonenses in dicto loco de Manso, aliud
sibi extimato vel assignato, et per nos postmodum, ut premittitur
confirmato contentetur, et de cetero sit contentus, locum ipsum
de Manso Guernesii penes nos et successores nostros, tanquam
nobis utilem et necessarium retinentes, dictisque consulibus et
universitati, pro se et suis successoribus, ob devocionem quam ad
nos et regnum nostrum Francie habent et semper habuerunt;
mediantibus eciam mille libras Turonenses quas nobis graciose
et liberaliter obtulerunt nostro receptori Tholose, in quin-
quennio quinque terminis Ascencionis Domini equaliter solvendas, tenore presentium concedimus, ex certa sciencia et de gratia
speciali quod deinceps locus de Manso, cum suis pertinentiis,
prout hactenus consuevit, in manu nostra regia et successorum
nostrorum Francie regum perpetuo remaneat, et extra manum
regiam poni non possit in futurum, seu in alium dominum
transferri, nisi in casu in quo civitas Tholose per majestatem
regiam in alium transferetur. Quod ut firmum et stabile perpetuo perseveret, presentibus litteris nostrum fecimus apponi

sigillum, salvo in aliis jure nostro et in omnibus quolibet alieno. Datum anno Domini MCCC vicesimo, mense marcii, per cameram compotorum.

Trésor des chartres, JJ, rég. LX, folio 17, pièce 39. Archives de l'Empire.

<h2 style="text-align:center">1er AVRIL 1320.</h2>

En vertu des lettres adressées par Philippe le Long à son cher et féal Pierre de Galard, *capitaine de Lille et de Tournésis, maître des arbalétriers et commissaire du roi de France, Jean dit Boulanger, bailli de Lille, agissant au nom dudit Pierre de Galard, requiert Robert, comte de Flandres, d'accomplir pleinement le traité de paix.*

INSTRUMENTUM REQUISITIONIS ROBERTO COMITI FLANDRIÆ FACTÆ.

In nomine Domini, amen. Notum sit universis per hoc publicum instrumentum, quod anno Domini millesimo trecentesimo vigesimo, indictione quarta, prima die mensis aprilis, pontifficatus sanctissimi in Christo patris domini Johannis divina providentia Pape XXII anno quinto, in mei notarii publici et testium subscriptorum præsentia, vir providus Johannes dictus Boulengherus, ballivus Insule, ex parte nobilis viri domini Petri de Galardo, militis, capitanei Insule et Tornacinii, magistrique balistariorum illustrissimi principis. domini Philippi, Dei gratia Francie et Navarre regis, ac commissarii ejusdem per litteras ipsius domini regis sigillo sigillatas, que sic incipiunt : « Philippus, Dei gracia Francie et Navarre rex, dilecto· et fideli Petro de Galardo, capitaneo Insule et Tornacinii magistroque balistario-

rum nostrorum, militi nostro salutem et dilectionem, etc. » Et
finiunt in data : « Datum Parisius die XVIII Marcii anno
domini M.CCC. vigesimo. » De mandato dicti commissarii destinatus presentavit magnifico viro domino Roberto, comiti Flandrie, quasdam litteras prefati domini regis, sigillo ipsius, prout
prima facie apparebat, sigillatas, tenorem qui sequitur continentes : « Philippus, etc. »

Archives de l'Empire, Layettes, J. 564, n° 3 bis.

2 AVRIL 1320.

PIERRE DE GALARD, *grand maître des arbalétriers, gouverneur de Lille
et de Tournésis, mande par lettres de mars 1320 à son bailli de
Lille, Jean Dinfier, de sommer ceux de Gand de se conformer au
traité de paix conclu en 1316.*

INSTRUMENTUM SUMMATIONIS FACTÆ HABITANTIBUS DE GANDAVO.

In nomine Domini, amen. Notum sit universis per hoc publicum instrumentum, quod anno Domini millesimo trecentesimo vigesimo, indictione quarta, mensis aprilis intrantis die
secunda, pontifficatus sanctissimi in Christo patris domini
Johannis divina providentia Pape XXII anno quinto, hora quasi
completorii, in mei notarii publici ex testium subscriptorum ad
hec specialiter vocatorum et rogatorum presentia, vir providus
Johannes dictus Dinfier, serviens hereditarius domini regis
Francie in ballivia Insulensi, ex parte nobilis viri domini PETRI DE
GALARDO, militis, capitanei Insulensis et Tornacinii, magistrique
balistariorum illustrissimi principis domini Philippi Dei gratia
Francie et Navarre regis, ac commissarii ejusdem per litteras

ipsius domini regis sigillo sigillatas que sic incipiunt : « Philippus, Dei gracia Francie et Navarre rex, dilecto et fideli PETRO DE GALARDO, capitaneo Insulensis et Tornacinii, magistroque balistariorum nostrorum, militi nostro, salutem et dilectionem, etc,...

« Sic finiunt : « Datum Parisiis die XVIII Martii, anno Domini millesimo CCC. vigesimo, » de mandato dicti commissarii destinatus, prout apparet per litteras dicti commissarii sigillo sigillatas, quarum tenor sic incipit : « Pieres de Galard, chevaliers de roy nosigneur et mestres de ses arbalestries, capitainne des parties des frontières de Flandres, à Jehan Dinfier, serjant, le roy nosigneur hyretaùlt en le castelerie et en le ballie de Lille, salut, etc. » Et sic finitur in data : « Données à Lille, sus no seel le darrain jour de mart lan mîl CCC et vint ; » scabinis, consulibus et communitati ville de Gandavo, salutem et dilectionem, etc. [1]

Archives de l'Empire, Layettes, J. 564, n° 3.

---

29 AVRIL 1320.

Philippe, roi de France, donne mandat à PIERRE DE GALARD, *grand maître des arbalétriers, et à Pierre Rodier, clerc, de faire exécuter promptement les articles de la paix conclue avec le comte et les gens de Flandres. Le souverain enjoint à tous ses sujets d'obéir à ses commissaires.*

Ph., par la grâce de Dieu roys de France et de Navarre, à noz amez et feals mestre Pierre Rodier, nostre clerc et PIERRE DE GALARD

---

1. On trouve encore aux Archives de l'Empire J. 564, n° 3 *ter*, sous la date du 8 avril 1320, une autre signification aux habitants de la ville d'Ypres. Le contexte de cet acte est le même que celui du précédent.

mestre de nos arbalestriers, nostre chevalier, salut et dilection. Comme et lettres faites sur les déclarations, accorz, attempremens et ordonnances faites de par nous au temps que nous estions regenz des royaumes dessus diz, à la requestre deu conte et des autres gens de Flandres, sus aucuns des articles contenuz es lettres de la paiz jadis faite entre nostre chier signeur et pere et les Flamenz, soient contenuz entre les autres choses, etc.

Nous qui volons, tant comme en nous est, complir, garder et tenir toutes et chascunes les choses contenues es dites lettres, vous commettons et mandons que vous pour nous et en nostre nom toutes et chascune les choses contenues es diz articles, pour tant comme a nous apartient à faire, faites et complissiez et tout ce que vous en aurez fait faites garder et tenir fermement de par nous, et ainsi pourchaciez et procurez diligemment que il soit fait, compli et gardé par devers le conte et les gens de Flandres, pour tant comme à eus touche et puet toucher. Et nous donnons en mandement à tous noz subgiez que, en ce faisant, obéissent à vous. Donné à Paris, le pénultième jour d'avril, l'an de grace mil CCC et vint.

Archives de l'Empire, Layettes, J. 564, n° 5.

---

25 FÉVRIER 1321.

PIERRE DE GALARD *est mentionné dans un compte des dépenses faites à l'occasion du couronnement du roi.*

FRAGMENTA COMPUTORUM AB ANNO M. CC. XXVII AD ANNUM M. CCC. XXVI. 1321.

§ 64 *a.* Computatum fuit apud Virtutum in Campania, de xxv diebus mensis februarii, sine duobus diebus pro corona-

tione regis et una die qua rex fuit ad expensas episcopi Cata-
launensis, non causa gesti quod debet regi apud Cathalaunum,
sed de gratia II. M. VII. C. LXXV$^{l.}$ X$^{is.}$ IX$^{d.}$. — Frater Wibertus, confessor
regis. — PETRUS DE GALARDO, miles, magister arbalestariorum.

Recueil des historiens des Gaules et de France, publié par MM. de
Wailly et Delisle, tome XXII, page 772.

ANNÉE 1321.

Un rôle où se trouvent rangés les écuyers, les maréchaux, les fourriers,
les échansons, les officiers des écuries, des chasses et de la chapelle
du roi, nous a conservé également une série de noms importants
parmi ceux qui tenaient des charges militaires; dans ce nombre
figurent Monaquin de Ghistelle, maréchal du roi de Bohême, Gaucher
de Châtillon, chambellan du comte de Champagne, Guillaume d'Har-
court, maître d'hôtel du roi de France, Guy de la Roche, Hugues
de Beauville, Strabo de Seris, Harpin d'Arqueri, panetiers, et
PIERRE DE GALARD, grand maître des arbalétriers.

SEQUUNTUR VALLETI INTEGRI, SCUTIFERI, MARESCALLI, FRUCTUARII, FOUR-
RARII, HOSTIARII AULÆ, VALLETI CAMERÆ REGIS, VALLETI SERVIENTES
DE VINO, VALLETI SCINDENTES DE SCUTELLA, VALLETI FOURRARUM,
VALLETI FALCONUM, MENESTRELLI, SERVIENTES CAMERÆ REGIS, SER-
VIENTES CAPELLÆ, SERVIENTES CAMERÆ DENARIORUM, CHIRURGICI,
'VALLETI PORTÆ, ETC.

In eodem rotulo,

Robertus de Brisoliis, miles.

Robert de Gamachils, miles Normandiæ.

Michael de Recuria, miles, magister hospitii.

Adam de Ver, miles, magister hospitii.

Dom Galcherus de Castillone, junior, miles; cambellanus Campaniæ.

Frater Wibertus, confessor regis.

Monaquinus de Guistella, marescallus regis Bohemiæ.

Petrus de Galardo, miles, magister balistarum, etc.

Collection de l'abbé de Camps, vol. LXXXIII, fol. 116 et 117. Cabinet des titres, Bibl. imp.

Année 1322.

Parmi les officiers de la cour du roi Charles IV, dit le Bel, on remarque encore Pierre de Galard, *maître des arbalétriers.*

Balisterii, cuique v^s· iv^d· et per diem et l^s· pro roba·

Petrus de Galardo, miles, magister balistarum; et vingt-deux après lui.

Officiers domestiques de l'hôtel du roi Charles IV, dit le Bel, année 1322, pages 1204, 1216.

20 juillet 1322.

Pierre de Galard *était gouverneur de Douai, lors de la révolte provoquée par Watier de Wareigny et ses partisans.*

Messire Pierre Galart étoit gouverneur et capitaine de Douay, pour le roy, lorsque Watier de Wareigny et ses compagnons excitèrent des troubles dans le royaume et notamment en ladite ville de Douay, au point que messire Witasse d'Encre, chevalier, seigneur de Rumeigny, gouverneur et capitaine de Tournesis, Douay, Lille, Mortaigne et des frontières de Flandres, pour le roy, fut contraint de lui faire courir sus et d'ordonner qu'on le lui amenât mort ou vif, par lettres données le vingtième juillet 1322.

D. VILLEVIEILLE, *Trésor généalogique,* vol. 43, fol. 142 v°. Bibl. imp.. Cabinet des titres.

ANNÉE 1322.

Dernière phase du procès soutenu par Robert de Montmaur contre PIERRE DE GALARD[1].

Arrêt condamnant PIERRE DE GALARD (de Galaart), chevalier, à céder à Robert de Montmaur, à titre de retrait, la terre de Cherenc. Un premier jugement, rendu par les hommes de la cour de Doussamer, avait été annulé et le fonds retenu par le parlement. Il fut constaté que cette terre avait été vendue à Pierre de Galard par maître Guillaume de Montmaur, frère de l'appelant, moyennant mille livres tournois, monnaie courante, lors de la vente, « tempore quo burgenses pro Parisiensibus currebant. » La cour condamne Pierre à rendre la terre et à payer à Robert deux mille deux cents livres tournois petits, pour les fruits de ladite terre pendant onze ans; on en déduira mille livres, prix de la terre.

Actes du Parlement de Paris, par Boutaric, tome II, page 481, n° 6961.

1. Il résulte des *Jugés,* tome Ier, fol. 27 verso (Arch. de l'Empire), et des *Actes du Parlement de Paris,* tome II, page 312, art. 6035, que le jugement de 1318 en faveur de Robert de Montmaur, déjà rapporté page 328, avait été confirmé en 1320 :

« Arrêt confirmant un précédent arrêt rendu par la cour pour Robert de Mont-« maur contre PIERRE DE GALART, chevalier, en matière de retrait lignager, arrêt « que le perdant avait prétendu être entaché d'erreur et dont il avait obtenu du roi « la révision par le Parlement. »

Année 1325.

Sur la table des tailles et impôts, dressée par Robert Mignon, un compte particulier est ouvert à Pierre de Galard, *grand maître des arbalétriers, durant la guerre des Flandres*[1].

TABULA ROBERT MIGNON ANNO CIRCITER M. CCC. XXV. CONFECTA. — COMPOTI SUB-VENTIONUM TAILLIARUM ET IMPOSITIONUM LEVATARUM PER REGNUM PRO SUBSIDIO EJUSDEM, ANNO MILLESIMO CC. XC. ET CÆTERA, VIDELICET :

Compoti consecrationis papæ Johannis XXII, anno CCC. XVI.

Compoti guerræ Nivernensis, quæ incepit anno CCC. XVII.

Compoti domini Galtheri de Castellione, constabularii Franciæ, et domini P. de Guerra Campaniæ contra comitem Barri, anno M. CC. XCVI. Item, de guerra Flandriæ, item, de guerra Lugduni. Item de viagiis quæ fecit, videlicet pro facto confœderatorum Flandriæ et Campaniæ pro discorda inter comitissam Burgundiæ et dominum Johannem de Cabillone, et de pluribus aliis viagiis.

Compoti domini Petri de Galardo, magistri balistarum, de guerra Flandriæ.

Recueil des historiens des Gaules et de la France, publié par Guigniaut et de Wailly, vol. 21, page 528.

1. Nous avons plusieurs motifs pour croire que beaucoup de documents relatifs à Pierre de Galard, grand maître des arbalétriers, ont été perdus. Nous n'avons pu, en effet, retrouver ceux dont l'existence nous est révélée par cette note de M. de Lespine :

« M. l'abbé de la Vaissière assure, dans une lettre adressée à M. l'abbé de « Galard, et datée de Garrigou, le 24 décembre 1801, qu'il sçait de M. le duc de « Narbonne lui-même, seigneur actuel d'Aubiac, qu'il y avait dans les archives une « immensité de titres concernant les Galard, et notamment le grand maître, mais « qu'il n'avait pu les voir à cause du départ de M. de Narbonne pour Paris. » (*Mss. de l'abbé de Lespine, dossier de Galard. Bibl. imp. Cabinet des titres.*)

Vendredi après la Saint-Vincent 1326.

Pierre de Galard *passe en revue les gens d'armes et de pied de Guillaume de Biron et de sa propre compagnie dans la ville de Sainte-Foy* [1].

C'est la copie de la monstre des gens d'armes et des sergans de Guillaume de Biron, seigneur de Montferrand, et du public de Sainte-Foix faicte par nous Pierre de Galard, maistre des arbalestriers de France, et la monstre de ses sergans, le vendredi après la Saint-Vincent, l'an MCCC vingt et six, et est le prix des chevaux escrit en nos papiers.

Premièrement, Guillaume de Biron, un cheval gris-pommelé toutes les quatre jambes, blanc les pieds derrière;

Robert Guenard, un cheval blanc;

Hugues de Noilhac, un cheval bay, les trois piés blans, estelé au front;

Beron Langoiran, un cheval bay, les quatre jambes;

Donadieu de la Borderie, un cheval blanc moustous;

Guillaume de la Roque, un cheval bergous, les quatre piés, la queue et la cringue blanc;

Oudet de Mencabenne, Guillot Guiset, Pelegrin Rustaing, Béraut Ruffet, Anissent de la Garde, Johan Cassegnol, Thomas Barbe, Pierre Moline, Béraut de Laissac, Giraut de Puspignol, Béraut de la Bastide, etc.

En tesmoing de ce, nous Pierre de Galart dessus dit avons ceste cedule signée de notre signet. Donné l'an et le jour dessus dits.

Archives du séminaire d'Auch, Aˢ 44, copie en parchemin.

1. En Guienne.

ANNÉE 1326.

PIERRE DE GALARD *fait bailler par Jehan du Temple, trésorier royal, huit livres parisis à l'écolâtre de Thérouanne pour l'indemniser des frais d'un voyage à Lille.*

A tous ceux que ces lettres verront et orront PIERRE DE GALARD, maistre des arbalestriers, et Thomas de Marfontaine, chérs de nostre sire le roy, députés par iceluy seigneur ez parties des frontières de Flandres pour aucunes besoignes qui le touchent, salut: Sachent tous que Me Jehan du Temple, clerc de nostre sire le roy dessusdit, a baillé à l'escolatre de Therouane, de nostre commandement, v. l. parisiis pour ses despens en allant et venant de Therouane à Lille, à nostre requeste, pour avoir conseil sur les besoignes dessusdites. En tesmoing de ce, nous avons scellé ces lettres de nos sceaux. Donné à Lille, le samedi après l'Assomption Nostre-Dame 1326 [1].

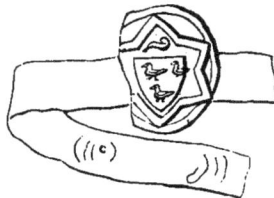

Sceau en cire rouge mesurant 27 millimètres : — 3 *corneilles,* dont la deuxième est entièrement perdue.

Sceaux, folio 3839, volume LI. Blbl. imp. Cabinet des titres.

1. Une copie incomplète et inexacte de cette pièce se trouve également dans le onds d'Hozier à la Bibliothèque imp. Mss.

12 OCTOBRE 1326.

Charles, roi de France, suspend l'action de tous les procès intentés à PIERRE DE GALARD *jusqu'à son retour de Gascogne où il a été envoyé en mission militaire*[1].

LETTRES DU ROI, CONTINUANT EN ÉTAT LES PROCÈS RELATIFS A PIERRE DE GALARD, GRAND MAITRE DES ARBALÉTRIERS.

Charles, etc., à tous les justiciers de nostre royaume de France aux quiex ces lettres vindront, salut : nous vous mandons et à chascun de vous, si comme à lui appartiendra, que toutes les causes mues et à mouvoir, les debtes, choses, besoignes, possessions et biens de nostre amé et feal PIERRE DE GALARD (chevalier) et mestre de nos arbalestriers, que nous envoions pour certaines causes ès parties de Gascoigne, puis le jour que il appera que il sera party pour aler ès dites parties, vous tiengez en état jusques à sa revenue d'icelles, ne vous souffrez que aucune chose soit attemptée cependant contre lui, contre ses pléges ou contre les obligez pour lui, ramenez loy à estat deu et s'il veut aucune chose avoir à faire en jugement contre ses adversaires, si le recevez cependant par procureur, tant en demandant comme en défendant. Donné à Chasteau-Thierri, le XIIe jour d'octobre l'an XXVI.

Greffe I, fol. 316; Archives de l'Empire. — Actes du parlement de Paris, publiés par Boutaric, page 491, n° 6961.

1. Les manuscrits de Prunis, à la Bibliothèque impériale, Cabinet des titres signalent un autre acte de 1326 concernant Pierre de Galard, grand maître des arbalétriers, et conservé autrefois aux archives de Biron.

26 OCTOBRE 1326.

Pierre de Galard, *grand maître des arbalétriers, déclare que la cession de 50 livres de rente, faite en sa faveur par le roi sur le château et la châtellenie de Clarens, sera nulle au cas où la couronne de France se trouvera dans la nécessité d'aliéner ses possessions de Guienne. Pierre de Galard s'oblige en outre à déposer tous ses droits sans exiger aucune compensation.*

A tous ceus qui ces présentes lettres verront, Pierres de Galard, chevalier, et maistre des arbalestriers du roy nostre sire, salut. Comme nostre dit seigneur le roy nous ait donné de certainne science et grace espécial, certainnes choses que il avoit ou chastel et en la chastellerie de Clarens et es appartenances et appendances diceuls chastel et chastellerie, en la manière que il est plus plainnement contenu es lettres du dit seigneur, seellées de son grant seel en laz de soie et en cire vert, dont la teneur est telle : « Charles, par la grace de Dieu, roys de France et de Navarre, savoir faisons à tous presenz et avenir, que pour considéracion des bons services que nostre amé et féal chevalier Pierre de Galart, maistre de noz arbalestiers, a faiz à noz prédécesseurs, jadis rois de France, et à nous, et fait de jour en jour, et espérons que il face encores, nous tout le droit et l'action que nous avons et poons avoir tant en seigneurie, justice, rentes et quelcunques, émolumenz daventures ou autrement, saisine, possession et propriété, et toutes autres choses quelles que elles

soient, ou chastel et en la chastellerie de Clarens et en leurs
appartenances et appendances; lesquelles choses furent acquises
jadis par tistre d'achat par le roy d'Engleterre, lors duc de
Guiene, et nous sont venues avoec ce que nous avons acquis de
novel ou duchié de Guiene, et poent valoir, si comme len nous
a donné a entendre, cinquante livres tournois ou environ de
rente annuele et perpétuele, donnons de certainne science et
de grace espécial par la teneur de ces présentes lettres, retenu
à nous la souverainneté, et le ressort des dites choses, à nostre
dit chevalier à touzjours mais, et transportons de maintenant
en lui a tenir et possoir perpetuelment par titre de nostre
presente donation, de li et de ses hoirs ou successeurs, ou ceus
qui de lui auront cause, senz ce que aucuns troubles ou em-
peeschemenz leur y soient ou puissent estre mis de ci en avant
par nous ou nos successeurs, roys de France. Et pour ce que ce
soit ferme et estable à tous jours, nous avons fait metre nostre
seel en ces présentes lettres, sauf en autres choses nostre droit
et l'autrui. Donné à Chasteaul-Thierri, l'an de grace mil trois
cens vint et sis, ou moys de octobre. » — Sachent tuit que ou cas
que nostre dit seigneur le roy, ou si successeur roys de France
rendrons, par quelque manière ou condicion que ce soit, au
duc de Guiene ce que ledit seigneur a acquis de nouvel, si
comme dit est, ou dit duchié de Guiene, nous ledit don, en la
maniere que il nous est fait, et contenus es lettres dicelui don,
nous tenons pour nul du tout, en tout, et des maintenant y re-
noncons sans y reclamer, ne demander aucun droit pour nous,
nos hoirs, successeurs, ou ceuls qui de nous auront cause et
sans demander ne avoir pour ce du dit seigneur, ou de ses
successeurs aucune recompensacion ou remuneracion ou cas
dessus dit, par quelque manière ou titre que ce soit. En

tesmoing de ce, nous avons ces présentes lettres scellées de nostre scel. Donné comme dessus[1].

S. PET. DE GA..... DOM... MOLIO MI [2].
Sigillum Petri de Galart, domini de Limolio, militis.

Collation est faite par moi avec l'original dou don ci dedans encorporé. Signé : Daniel, et par moy. Signé : Charolles.

Archives de l'Empire, J. 426, charte 17.

1. Les lettres du roi, investissant Pierre de Galard du château de Clarens, se trouvent seules, c'est-à-dire sans être incorporées à celles de son *leal* capitaine, dans le Trésor des chartes, rég. LXIV, JJ., fol. 138, acte 282, aux Archives de l'Empire.

Avant Pierre de Galard, la terre de Clarens était tenue par les anciens seigneurs de ce nom : il est question, en l'année 1158, dans le *Cartulaire de Cadouin*, de Fulcone de Clarenxio et filio ejus Fulcone, militibus. On trouve encore parmi les bienfaiteurs de ladite abbaye, Armand, Léon et Foulques de Clarens, chanoine de Saint-Front, les deux premiers en 1200 et le troisième en 1216. Dans ce même XIII° siècle, apparaissent encore plusieurs personnages de ce nom, comme il appert de la *Collection de Périgord,* volume 37, fol. 216, 231, 232, 233, 240. D'autres lieux du nom de Clarens existaient encore au pays Rivière-Verdun, non loin de Saint-Bertrand de Comminges, dans l'Astarac près de Masseube et enfin en bas Armagnac dans le voisinage de Nogaro. Il ne faut donc pas confondre la localité de Périgord avec celles de Gascogne.

2. Les épreuves en soufre des armes ci-dessus gravées, ainsi que les trois de la page 310, ont été tirées dans les moules de la Collection des sceaux et nous ont été délivrées par la direction des Archives de l'Empire, le 20 juillet 1869.

Année 1326.

Requête de Pierre de Galard, *sire de Limeuil*[1], *au roi d'Angleterre, dans le but d'obtenir confirmation du commun de ce lieu. Le demandeur rappelle que Bertrand de Bouville, son oncle, avait reçu ce droit d'Henri III en même temps que la châtellenie de Limeuil. Réponse du monarque.*

A nostre seigneur le roi :

Suplie Pierre de Gallard, sires de Limeuil, que conment le rois Henris d'Engleterre monsire au tans qu'il rendi et donne le castel et la chastelenie de Limeuil et les apartenances à Mons. Barterant de Bouville, mon oncle, il li rendi et donna le commun de Limeuil et de Paunac et des apartenances et apendanches de Limeuil au dit Monsire Barteran à li et à ses successors a tenir en hommaie du dit nostre sire le roy.

Suplie au dit roy Nos. S. le dit Pieres de Gallard, que le doum du commun dessus dit li soit donné et confermé du roy nostre S. qui ore est, de grase espesiau, et il est aplies denterer en se foy et en son honmaie du dit commun. Jasoi che que le rois Mons. ne

---

1. Nous transportons ici une note de l'abbé de Lespine sur Limeuil :

« Limeuil, une des plus anciennes baronnies et des châteaux les plus considé-
« rables du Périgord, était situé sur le penchant d'une colline, à l'embouchure de
« la Laves dans la Dordogne. Vaste et fort par sa position, il a été possédé par
« plusieurs familles, dont la première, qui en avait pris le nom, est connue par
« une charte de l'abbaye de Cadouin, depuis le commencement du xi.ᵉ siècle. La
« deuxième, originaire de l'Agenais, était établie à Limeuil dès la fin. Guillaume de
« Beauville se qualifie seigneur de Limeuil; il vivait en 1188-1201. Ses descendants
« ont subsisté jusqu'après l'an 1300. » (*Mss. de l'abbé de Lespine, dossier de Galard, Bibl. imp. Cabinet des titres.*) — La terre de Limeuil était, au milieu du

tiegne le commun ne le dit Pieres aussit, mais al aide du roi nostre sire le dit Pieres en fera son poair du recouvrer.

Transcrit sur l'original en parchemin. — On lit au dos la réponse suivante :

« Dominus noster rex, visis quibusdam litteris antiquis, certi-
« ficatus est quod castrum et castellania de Limol cum universis
« pertinentiis tenentur et debent teneri ab eo, sub uno homagio
« de quo dominus noster rex Francie, salva sua gratia, injuriatur
« eidem et ob hoc respondetur quod dictus dominus P. de Galardo,
« sicut bonus et fidelis amicus, det auxilium suum gentibus suis,
« quas intendit super hoc mittere domino regi Francie, ad finem
« quod homagium et resortum dicti castri cum pertinenciis sibi
« dimittat, quo facto dominus rex dictum dominum Petrum ad
« homagium admitteret integraliter sicut debebit, de illo com-
« muni faciat dictus dominus P. quod dominus rex seisinam
« habeat communis predicti suo facto rex faciet sibi gratiam
« de qua debebit merito contemplari. »

Archives du château de Larochebeaucourt : cahiers contenant divers extraits de la Tour de Londres. La copie de chaque pièce est certifiée conforme par Bréquigny [1].

xvᵉ siècle, passée des mains de Marguerite de Galard, petite-fille du grand maître des arbalétriers, aux La Tour, vicomtes de Turenne et barons d'Oliergues, ce qui est établi par une transaction du 24 avril 1469, entre René, roi de Jérusalem et de Sicile, Agnet de La Tour et Anne de Beaufort, possesseurs d'Oliergues et de Limeuil, qui transportent leurs droits sur le comté de Beaufort audit René, moyennant trente mille écus d'or. (*Histoire de la maison d'Auvergne*, par Justel, livre VII, page 315.)

1. On lit au bas de la charte : « Nous, commissaire du roi, par arrêt du conseil du 26 aoust 1765, pour la transcription et collation des titres concernant la France, trouvés dans les dépôts d'Angleterre, attestons que la copie ci-dessus est conforme à la copie collationnée par nous sur l'original qui est à Londres; fait à Paris, le 2 janvier 1783. »

Année 1326.

Le roi de France confirme à Pierre de Galard *grand maître des arbalétriers, les rentes de Limeuil et de Jarnac, cédées par Henri III,
roi d'Angleterre, à Bertrand de Bouville, oncle dudit Pierre.*

Charles, par la grace de Dieu, roy de France et de Navarre,
sçavoir faisons à tous présents et à venir que nous, à la supplication de notre amé et féal chevalier, Pierre de Galard, maistre
des arbalestiers, un don fait par feu Henri roi d'Angleterre à
Bertrand de Bouville, oncle de nostre dit chevalier[1], et à ses
hoirs à perpétuité et après conferme de Edouart, roy d'Angleterre,
fils du dit Henri, à Bernard de Bouville, chanoine de Périgueux,
frère du dit Bertrand, et à ses hoirs, c'est à savoir toute la rente
que les dits roys d'Angleterre aveient à Limeuil, à Jarnac et en
toute honneur de Limeuil et appartenances, laquelle rente est
appelée commun si, come ès lettres confirmatoires du dit roy
Edouart, avons veu estre plus plainement contenu; avons ferme
et agréable iceluy don en tout comme à nous appartient, loons,
appuions et de nostre autorité royale par la teneur de ces présentes lettres confirmatoires, sauf en autres choses nostre droit et
en toutes le droit d'autrui; et pour ce que ce soit chose ferme et
stable, nous avons fait mettre nostre scel en ces présentes lettres.
Donné en l'an de grace mil trois cent vingt-six.

                        Par le maréchal : de Trie, *etc.*

Trésor des chartes, JJ. 64, Archives de l'Empire; registre parchemin,
acte 203, fol. 114 v°, années 1323-1327.

1. L'abbé de Vayssière prétend que Pierre de Galard acquit la terre de Limeuil.
Cette assertion est moitié erronée. Lorsque les possesseurs de Limeuil, issus de
sa famille, ne furent plus, Pierre de Galard, qui tenait le commun de Limeuil et

16 JUIN 1327.

PIERRE, BERTRAND, NESSION *et autre* BERTRAND DE GALART, *abandonnent une journée de leurs gages au profit de Michel Pinchard.*

Cy ensuivent les noms de nobles qui de courtoisie à cette fois ont donné à Michel Pinchart, clerc de M. le mareschal, une journée de leurs gages pour eux et leurs gens de cette derraine et nouvelle retenue au partir du siége de Madillan, en cette présente guerre de Gascoigne, laquelle jornée ils otrient au dit clerc pour son bon et aggréable service, et veulent que ladite journée leur soit décomptée en leur compte par le trésorier de la guerre. Donné à Marmande, le 16 juyg, l'an de grace 1327. Ce roole est scellé des sceaux des nobles y dénommés à l'endroit où ils sont écrits :

> PIERRE DE GALART [1],
>
> Séneschal de Toulouse,
>
> Séneschal de Pierregort,
>
> Le vicomte de Tartas,
>
> Hélie Vigier,
>
> BERTRAND DE GALART,
>
> Anisans de Pins,
>
> Bernard de Pardilhan,
>
> P. de Podenas,

d'autres dépendances par suite d'une libéralité posthume de son oncle Bertrand de Beauville, compléta l'appropriation de ce fief avec ses deniers. Le grand maître des arbalétriers eut donc une portion de la susdite seigneurie par succession et le reste par achat.

1. Pierre de Galard marche en tête des compagnies, et son sceau se trouve en conséquence être le premier; il est désigné comme ayant pour armes *trois merlettes, 2 et 1.* Il est visible que les merlettes ont été confondues avec les corneilles.

Guillaume-Arnaud de Podenas,

Odet de Pardilhan,

NESSION DE GALART,

M. BERTRAND DE GALART.

Coll. de Camps, vol. 83, fol. 431. Bibl. imp. Mss.

---

19 OCTOBRE 1329.

PIERRE DE GALARD *et le sénéchal de Toulouse Béraud de Solomiac assistèrent Philippe, roi de Navarre, lorsque ce prince vint à Tarbes, dans l'église des frères mineurs, prononcer la sentence arbitrale qui mit fin aux querelles fratricides des maisons de Foix et d'Armagnac.*

La vieille querelle entre les comtes d'Armagnac et de Foix dormait toujours. Le pape espérant l'éteindre à jamais leur députa les archevêques d'Embrun et de Besançon. Les deux archevêques les déterminèrent sans trop de peine à choisir pour arbitre de leurs différends Philippe, roi de Navarre, comte d'Évreux et d'Angoulême. Les deux rivaux donnèrent leur compromis. Philippe rendit sa sentence le 19 octobre 1329 [1] dans le couvent des frères mineurs de Tarbes en présence des deux légats, du comte de Sully, de PIERRE DE GALARD, grand maître des arbalétriers de France, et de Beraud de Solomiac, sénéchal de Toulouse. Gaston de Béarn et ses frères d'une part, et Jean d'Armagnac, Géraud, vicomte de Fezensaguet, et leurs enfants, de l'autre, de-

---

1. On trouve rangé parmi les officiers et en qualité de maître des arbalestriers du roy PIERRE DE GALARD, chevalier, comme ayant reçu 116 l. 10 d. (Rouleau en parchemin intitulé : *Deniers baillez aux gens d'armes, pour le compte de Jean Le Mire, trésorier des guerres de l'ost de Flandres 1328.*)

vaient déposer toutes les haines, oublier le passé et s'embrasser en signe de parfaite réconciliation. Le comte d'Armagnac et le vicomte de Fézensaguet abandonneraient leurs prétentions sur les vicomtés de Béarn, de Marsan, de Gavardan et de Nebousan. Le comte de Foix et ses frères, à leur tour, déclareraient ne plus rien prétendre sur les terres de Rivière, sur l'Eusan et le Brulhois, sur Manciet et sur Muret, possédés par le comte d'Armagnac, et sur les terres de Carcassés, dont jouissait le vicomte de Fezensaguet[1]. Le comte de Foix s'obligerait encore à payer à ses deux rivaux treize mille livres tournois, pour lesquelles il donnerait sur-le-champ une double caution destinée à tenir otage à Toulouse sous la garde de la France, et à Pampelune, capitale de la Navarre, sous les yeux du royal arbitre. Enfin il rendrait le château de Bidouse au comte d'Armagnac, qui lui aussi rendrait à son ancien ennemi le château de la Terrade. Ces conditions furent acceptées solennellement en présence des principaux vassaux des deux maisons. Gaston donna pour caution de son engagement le comte de Comminges et son frère, le fils du seigneur de l'Isle-Jourdain, Pierre, seigneur de Castelnau dans le Tursan, et l'élite de sa noblesse. Tout semblait désormais terminé; mais la haine des deux familles était plus forte que tous les traités et tous les serments; nous la verrons se réveiller bientôt.

Histoire de Gascogne, depuis les temps les plus reculés jusqu'à nos jours, par l'abbé Monlezun, tome III, page 213.

---

1. F.-J. Bourdeau, en son *Manuel historique de Gascogne,* page 113, rappelle aussi cet acte :

« Le 18 octobre 1329, Pierre de Galard signa, comme témoin, avec Béraud de « Solomiac, sénéchal de Toulouse, une sentence arbitrale rendue dans le couvent « des frères mineurs de Tarbes, par Philippe, roi de Navarre, comte d'Évreux et « d'Angoulème. »

8 mai 1330.

Pierre, métropolitain de Sens, Jean, évêque de Beauvais, ainsi que les prélats d'Avranches et d'Arras, l'abbé de Cluny, Guilhem de Sainte-Maure, chancelier, Mile, seigneur des Noyers, Martin des Essarts, tous commissaires députés du roi de France, étant réunis aux ambassadeurs de celui d'Angleterre, élaborent un traité dans le but de rétablir une entente solide entre leurs gouvernements. Les parties tombèrent d'accord sur la nécessité d'accomplir les clauses inexécutées du précédent traité et de faire droit à leurs revendications respectives. Entre autres restitutions, les gens du roi d'Angleterre réclament le territoire de Salles, tenu par le comte de Foix, et le lieu de Sarranfront, usurpé par le comte d'Armagnac. Ces deux localités et leurs appartenances devaient être rendues au souverain britannique en vertu des stipulations du dernier pacte, et des promesses formelles faites par le maréchal de France, Pierre de Galard, et Béraud de Salignac, sénéchal de Toulouse, ministres plénipotentiaires envoyés par les prédécesseurs du monarque français.

TRACTATUS SUPER SÆPEDICTIS REQUESTIS, AMBIANIS, HINC INDE FACTIS.

A touz ceux qui ces lettres verront ou orront, nous Pierres, par la grace de Dieu, arcevesque de Sens, Jehan, par cele meisme grace, evesque de Beauvez, Jehan, par la permission divine, esleu d'Aurenches, Audri, par cele meisme permission, esleu Darraz, Pierres, par la grace de Dieu, humble abbe de Clugny, Guillen de Seint-Maure, chanceller, Mile, seigneur de Noiers, etc., Martin de Essars, conseillers du roi de France, nostre tres cher et tres redoute seigneur, tracteours especialement establez de par li sur le traitie qui ensuit; et nous, Adam, par la grace de Dieu, evesque de Wircestre, William, par cele mesme grace, evesque de Norwicz,

et Johan de Shordich, messsages et procourours du roy d'Engleterre, duc de Guyene, nostre tres cher et tres redoute seigneur,
envoiez, de par li, a nostre seigneur le roy de France dessusdit,
pour faire traitie et acort amiable sur les articles, demandes et
requestes, ci desouz escriptes, salutz en nostre Seigneur.

Savoir faisons que nous, conseillers et tracteours dessuz nomez,
deputez de par nostre seigneur le roy de France dessusdit, pour
li, et en son noum d'une part; et nous messagers et procourours de
nostre dit cher seigneur le roy d'Engleterre et duc [de Guyenne],
pur li et en son noun, d'autre part; aianz à ce plein pooir et
mandement especial des ditz roys noz seigneurs, par leurs lettres
ouvertes, seelées de lours grantz seauz, des queles la tenour est
cy dessouz escripte, desiranz que, par la grace et ottroi de nostre
Seigneur le Roi des rois, bon accort et bon paiz, par traitie amiable, peussent estre, a touz jours, entre les ditz roys noz seigneurs,
par quoi lour sougiez et souzmis puissent demouer en paiz et en
tranquillitie desouz eux, par lour bon gouvernement, avons traitie
et acorde sur les articles, demandes, et requestes, ci desouz
escriptz, en la manere qi ensuit:

Primerement, dient les gentz le roy de France que, par la
daraine pais, ou acort, qui fut faite en temps du roi d'Engleterre,
qi ores est, il fut dit et acordé que toutes les choses et terres, surprises par une commotion, qui fut faite par les gentz le roi d'Engleterre, piere du roi qi ores est, seroient rendues au roi et
remises à estat deu :

Et auxi, si les gentz du roi avoient pris sur les gentz du roi
d'Engleterre, que tout serroit rendu et mis a estat :

Ore dient, les gentz le roi qe les gentz du roi d'Engleterre
nount pas acompli la dite restitution, ainz demourent aucunes
terres devers eux ;

Si requerent les gentz du roi de France que de ce soit fait pleine restitution :

Et, si les gentz le roy d'Engleterre dient que de par les gentz le roy soit à faire aucune restitution, il la ferroit faire duement, et, si mester est, l'en declacira les choses par especial.

Item, dient les gentz le roi de France que, par la traitie de cele meisme paiz, ou acort, le roi d'Engleterre est tenuz, envers le roi de France, en la somme de cynquante mils mars d'esterlins, pour certein cause comprise en la fourme de la paiz.

Item, par unes autres lettres, pour cause de transport, fait en li du duchee de Guyenne, en la somme de soisante mille livres de Paris ; des queles sommes les termes de paiementz sont ja passez en tout, ou en la plus grant partie ; si requerent par satisfaction due en soit faite au roi.

Item, comes les gentz d'Agenais se deullent d'aucunes nouvelletez, que lour sont faictz à Burdeaux et aillors, d'aucunes impositions, faites en la terre, que tient le roi d'Engleterre en la duchee de Guyenne, contre lour custumes, libertees, et franchises ancianes, en la forme de la paiz, par la quele il doivent demourer en lour premier estat ; requerent que les dites noveletez soient ostez, et qil soient tenuz et gardez en lour libertez et franchises, et selon la forme de la paiz.

Item, dient les gentz le roi de France, que la monnoie, le roi, n'a mie son cours en la terre, que le roy d'Engleterre tient en la duchee de Guyenne.

Item, que plusours, baniz du roialme de France, sont receptez en la dite terre de la duchee.

Item, les gentz le roi de France dient, que les chasteaus des dousze nobles, que furent baniz par vertue du daraine acort, n'ount pas este abatuz en la manere q'il fut acorde ; si requerent

q'il soient abatuz en la manere q'il fut acorde sans fraude, et
qu'autres forterettes ne soient faites es ditz chateauz ; et celes qi
sont faites soient ostez.

CE SONT LES REQUESTES FAITES PAR LE ROI D'ANGLETERRE
ET DUC DE GUYENNE.

Primerement, au roy de France supplie le Roy d'Engleterre
et duc de Guyenne, que l'en li rende les lieux de Sales avec les
appartenances, que tient le count de Foix occupe; et le lieu de
Sarrafront, le quele tient le counte Darmignac; les queux lieus
sont a restabler par vertue de la daraine paiz, et auxi est il promis et jure par le mareschal de France, monseur PIERRE DE GALART,
et monseur Beraud de Solegnac, seneschal de Tholouse, chevaliers, commissaires deputez par les predecessours du roy de
France, sur l'accomplissement de la dite paiz, avec le fruiz et
issues, qui en ont este levez depuis la dite paiz.

Item, que le lieu de Dantirac soit restabli à Amanee de la
Mote ; le quel tient le viscounte Daunay, par li occupe en la
darreiner commotion.

Item, que les appartenances du chastel et chastellenie de Puy
Guille o tout lour jurisdiction, soit renduz a Bastle de Gout, seigneur de Puy Guille, selon ce que restabli en doit estre par vertue
de la darraine paiz ; et aussi li furent il restabliz par monseur
Alfons d'Espaigne, ou temps q'il estoit devant le dit chastel ;
et par vertue de la dite paix furent restablies, et au roi de
France furent restabli, en la seneschaucie d'Agien, par cele
mesme appartenances les queles occupez par les François saunz
cause.

Item, que commissaires soient deputez, d'une part et d'autre,
sur l'accomplissement de paiz darreinement faites, et sur la repa-

ration et reformation des choses qi ont este faites, contre la
teneur d'icelles, par restablir de pur le dit roy de France, au dit
roy d'Engleterre et duc, à ses gentz et souzmis, come elles eient
este faites contre la tenure et la forme des dites paiz, si come l'en
monstrera particulerement devant les commissaires, qi a ce
serront deputez.

Sur les queles demandes et requestes dessus escriptes, faites
par les gentz du roy de France, nostre seigneur, au dit roi d'Engleterre et duc, et de par li au dit nostre seigneur le roy de
France, en traitie amiable, o grant diligence, entre nous, conseillers, tracteours, messages, et procureours, de ditz rois noz seigneurs, o grant deliberation, finablement est acorde en la manere
qi ensuit :

Primerement, sur la primer demande, faite par les gentz de
nostre cher seigneur le roy de France, faisant mention de plusours
choses et terres surprises :

Est acorde que l'acomplissement de la restitution se fera pre-
sentement, et sanz delai, selon la tenur de l'acort autre foitz fait
sur ce, des terres, surprises et occupeez, sur le dit roy de France,
par les gentz du dit roy d'Engleterre et duc ; et auxi serra fait de
ce, que le roi de France ou ses gentz ont surpris et occupe sur
le dit roi d'Engleterre et duc.

Item sur la second et la tierce demande, faisant mention
des deniers dues au roy de France :

Acorde, et q', en cas que l'en trouvera, par les auncianes paiz,
ou autres obligations, que le roy de France soit tenuz au roy
d'Engleterre en aucune somme des deniers, celle some sera
rebatue, par voie de compensation des deniers demandes par le
roy de France du dit roy d'Engleterre et duc ; et de ce, que
demoura d'une part et d'autre, serra fait gree en due manere.

25

Item, sur la quart article, par le quel les gentz Ageneis se complaignent des plusours nouvell, etc. :

Est acorde q'il soient tenuz et gardez en lour libertez et franchises, selon la forme de la paiz, toutes nouvelletez ostez.

Item, sur la quint article, ou quele dient les gentz du roi que la monoie n'a pas son cours :

Acorde est que la monoie du roy de France ait son cours, à sa value, en la duchee de Guyenne, et que elle soit ainsy crie, ou maundement du roi, par les ministres du roi d'Engleterre et duc en dit duchee.

Item, sur le siste article, faisant mention de baniz :

Acorde est que ceux, qui sont ja baniz, ou serront, pur trespas, ou meffaitz, avenir, par la court le roy de France, ou par son parlement, ou par les seneschaux, ou autres officiers du dit roi, en cas que eux fassent baniz aucun de lour souzmis, ou autres, pur trespass, ou meffaitz, faictz en leur jurisdictions, desores ne soient receptez, ne retenuz en la duchee ; mais n'est mie l'intention des messages le roi d'Engleterre et duc, que, par cest acort les dictz seneschaus aient pooir de banir les seneschaus, ne autres officiers, ne ministres, le dit roi d'Engleterre et duc, pur nulle disobeisssanz, meffait ou trespas, fait par eux en leur offices ne nul autre dessourmis le dit roy d'Engleterre et duc pur meffait ou trespas fait en la duche, combien que le roy, ou sa court, le puisse faire en cas de soveraignete : et n'est pas aussi l'entention des tracteours, deputez de par le dit roy de France, que, par cest acort, prejudice soit fait au roy de France, ne a se officiaux, sur ses choses, ou autres droitz, si aucunes li appartenoient, tant de droit, come de custume, avant le temps de cest present acort.

Item, sur le septisme article des chasteaux non abatuz :

Acorde est que, des ditz chasteaus, le roy d'Engleterre et duc fera abatre, sans delai, ce que faut a abattre selon la fourme du dit acort.

SUR LES REQUESTES FAITES PAR LE DIT ROY D'ANGLETERRE ET DUC, DESSUS ESCRIPTES ET ACORDE.

Premierement, sur la premiere requeste, que l'en li rende le lieu de Sales[1], etc. :

Est acorde que les ditz lieus li soient renduz, solon la fourme de l'acort.

Item, sur la second, que le lieu Dantirac soit rendu a Amanee de la Mote, etc. :

Est acorde, que, par communs commissairs, a deputer, soit fait execution selon fourme du derreiner acort.

Item, sur la tierce requeste, que les appartenances du chastel et chastellanie de Puy Guille, etc. :

Est acorde que, par communs commissairs, la verite soit enquise, et exécution faite selon la forme du derein acort.

Item, sur la quart que commissairs soient deputez d'une part et d'autre :

Est acorde que les deux paiz, faites en temps du roi Charles, predecessour du roy qi ore est, d'une part, et le piere du roi d'Engleterre qui ores est, et le roi meisme d'Engleterre qi ores est, d'autre, soient accompliz, de point en point, d'une part et d'autre, selon la forme et la tenure d'iceles, et selon la forme des acortz, faiz sur ce entre les gentz des ditz roys.

Et quant as totes les choses desusdites, ainsi traities et acordees par nous, conseillers, tracteours, mesages, et procureours de noz cheres seigneurs les roys dessusditz soient tenues, gardees, et fermement acomplies ;

Nous conseillers et tracteours, deputez de par nostre dit cher seigneur le roi de France sur les choses dessusdites, procurerons, en bone foi, que deslors que les dessus ditz messages et procureours du dit roy d'Engleterre et duc reporteront, ou renvoieront ceste present traitie ou acort ratifie, approuve et confirme du dit roi d'Engleterre et duc, par ses lettres pendantes, seeles de son grant seel, le dit nostre cher seigneur le roi de France le confermera et ratifiera par ses lettes pendantes seeles de son grant seel, en la meisme manere que le roy d'Engleterre l'ara fait.

Et nous, messages et procureours de nostre dit cher seigneur le roy d'Engleterre et duc, dessus nomez, procurerons, en bonne foi, que le dit nostre cher seigneur le roy d'Engleterre et duc ratifiera, approvera, et confermera ceste present traitie et acort par ses lettres pendantz, seelees de son grant seel ; et que iceles lettres nous envoierons au dessusdit roy de France, à la feste de la Magdaleine prochein avenir.

En tesmoign de queles choses, ainsi traities et acordes, come dessus est dit, nous, conseillers et tracteours, à ce deputez par le roy de France, nostre tres cher seigneur, et nous messages et procureours de nostre cher seigneur le roy d'Engleterre et duc desus nomez, avons mis nos seels a ceste presente traitie et acort.

LES TENEURS ET PROCURATIONS SONT TELLES :

Philippus Dei gratia Franciæ rex, universis, etc.

Ad continuandum amicabilem tractatum inter certos conciliarios nostros, ad hoc specialiter deputatos, ex parte una, et gentes carissimi fidelis consanguinei nostri, Edwardi, Dei gratia regis Angliæ illustris et ducis Acquitaniæ, etc.

Donn' au Bois de Vincenn', le huitième jour de may, l'an de grace mil ccc et trente.

RYMER, édition de 1816 à 1848, vol. II, part. II, fol. 791.

Année 1331 ou 1332.

Dans les gages des hôtes de Philippe de Valois et de la reine est inscrite une somme de 40 livres pour le renouvellement annuel de la robe de Pierre de Galard, *grand maître des arbalétriers.*

GAGES DES HOSTIEZ DU ROI PHILIPPE DE VALOIS, DE LA REINE, DES GENS DES COMPTES, DU TRÉSOR, DU PARLEMENT, DES MAITRES, DES MONNOIES, FORÊTS ET DES MESUREURS.

Les noms de ceux qui prendront gages pour le compte :

Premièrement :

Chevaliers, etc.

Arbalétriers ;

Monsieur Pierre de Galard, maître des arbalétriers [1] : x l. pour robe par an [2].

Officiers de la maison du roi, tome II, page 977 et 902. — Mss. de l'abbé de Lespine, Bibl. imp., Cabinet des titres.

1. Après lui vient une liste de quinze arbalétriers :
« A chacun v s. iiii d. par jour et cs. pour robe par an et restor pour grand cheval xxii l. ; palefroi xl l. et pour sommier 8 l. quand le cas s'y offre. »

2. Une ordonnance de Philippe IV, dit le Bel, en l'année 1294, règle le nombre des habits permis aux chevaliers :
« Nul chevalier ne donnera à aucun de ses compagnons que deux paires de robes par an. Tous prélats auront seulement deux paires de robes par an.

« Tous chevaliers n'auront que deux paires de robes par an, soit par achat, présent ou autrement. » (*Ordonnances des rois de France de la troisième race*, tome I, p. 541. — *Abrégé chronologique d'Édits*, par Cherin. page 8.)

DE L'ASCENSION 1332 AU 28 MAI 1333.

Jean du Pouy ou du Solier, du Bugue, avait été dénoncé comme auteur du meurtre de Thomas le Barbier par la femme et la fille de la victime. Le prévenu, d'abord fugitif, avait été ensuite saisi et incarcéré par les gens de PIERRE DE GALARD, *seigneur justicier de Limeuil. La cour de ce lieu condamna Jean du Pouy à l'expulsion du territoire. Pierre de Galard, par lettres du jour de la fête de l'Ascension de l'an 1332, révoqua le bannissement prononcé contre ledit Jean, lui fit remise de toutes les peines prononcées et enjoignit à ses lieutenants de n'inquiéter sous aucun rapport celui qui était l'objet de sa clémence. Le sénéchal de Périgord fit exécuter cette grâce le 3 mai 1333.*

CONFIRMATIO ABSOLUCIONIS JOHANNIS DE PODIO SIVE DE SOLERIO DE MORTE THOME, DICTI LE BARBIER.

Philippus Dei gratia Francorum rex : notum facimus universis tam presentibus quam futuris, nos infrascriptas vidisse litteras formam que sequitur continentes : universis presentes litteras inspecturis. Raymundus de Farolas locum tenens nobilis et potentis viri domini PETRI DE GALARDO[1], militis domini Francorum regis ac domini de Limolio, judexque in criminalibus causis curie de Limolio, per eumdem nobilem datus, prout in litteris inferius insertis, sigillo dicti nobilis sigillatis, plenius continetur, salutem et

---

1. Le samedi avant l'Annonciation (21 mars 1331) de l'année qui précède, Pierre de Galard, chevalier de notre seigneur le roi de France, institua dans ses terres de Limeuil et de Clarens noble et discret homme Raymond de Farolas ou de Sarolas, comme lieutenant ou juge criminel. Ce dernier prêta serment en cette qualité à celui qui venait de l'investir. Cette nomination judiciaire est rapportée dans une note de l'abbé de Lespine.

presentibus litteris perpetuo dare fidem, noveritis quamdam
causam impositionis et prevencionis ad denunciationem Ahelie
Johannis, relicte quondam Thome le Barbier et Bernarde Johannis,
ejus filie, diu agitatam fuisse sub examine curie predicte de
Limolio inter Geraldum Sarraceni, procuratorem ac locum tenentem dicti nobilis, ad denunciacionem supradictam, nomine procuratoris dicti nobilis imponentur seu proponentur, ex parte una;
et Johannem de Podio sive de Solerio, denunciatum, impositum, seu preventum, ex alia. In qua quidem assisia dictus
procurator sive locum tenens ad denunciacionem qua supra, et
nomine procuratoris quo supra contra dictum Johannem de
Podio sive de Solerio, verbo proposuit in hunc modum. Actum
assisiis de Limolio, que fuit die lune post festum Translacionis
beati Martini, anno Domini millesimo CCCXXXII, quam tenuit
discretus vir magister Giraldus Audeberti, clericus judex dicte
curie. Qua die comparuerunt in judicio coram nobis judice
predicto ac et eorum dicto locum tenente et judice predicto
in criminalibus, videlicet, Giraldus Sarraceni, procurator seu
locum tenens domini de Limolio, una cum Ahelia Johanna,
uxore quondam Thome le Barbier de Alburgia, et Bernarda dicti
quondam Thome et dicte Ahelie filia, ex parte una; et Geraldus de Solerio, procurator et nomine procuratoris Johannis
de Solerio fratris sui, ut dixit, et de quo procuratore fecit fidem
per quasdam patentes litteras, sigillo curie domini episcopi
Baiocensis, ut prima facie apparebat, sigillatas, ex parte altera.
Quibus comparicionibus factis, dictus procurator seu locum tenens
domini de Limolio predicti, ad denunciacionem mulierum predictarum, dixit et proposuit contra dictum Johannem de Solier,
quod olim denunciatum extiterit per dictam Aheliam, uxorem
quondam dicti Thome, curie presenti, et adhuc denunciabat cum

dicta filia sua citra partem contra dictum Johannem de Solerio,
quod dictus Johannes murtro et pensatis incidiis, dictum quondam Thomam, maritum dicte Ahelie, et quondam patrem dicte
Bernarde cum quondam gladio suo, in loco de Alburgia interfecit.
Et quod pro premissis denunciatum et impositum idem Johannes
captus extiterat per gentes domini predicti de Limolio, et post
cum fugitivus se reddidisset a carcere seu prisione domini predicti,
tamquam suspectus et culpabilis de premissis banitus cum cogni-
cionem causarum exstiterat per curiam presentem a tota terra et
jurisdictione domini predicti de Limolio. Quare dictus procurator
seu locum tenens nomine quo supra, dictum Johannem tamquam
suspectum fugitivum et culpabilem de premissis, peciit puniri et
condampnari in ea pena in qua, de jure, usu et consuetudine
patrie est et erat et esset condampnandus, et puniendus pro premissis, et taliter quod ejus pena et punicio ceteris talia committere
volentibus transeat in exemplum, et peciit premissus per partem
adversam responderi, et se admitti, si negentur, ad probandum,
protestandum quod non astringit se ad omnia premissa probandum, etc. Dictus vero Geraldus de Solier, competens nomine quo
supra, pro dicto fratre suo dixit, quod si premissis denunciatum
et impositum exstiterat, dictus frater suus captus, arrestatus, fugitivus et bannitus, quod dictus dominus de Limolio dictum ban-
nimentum, fugam predictam, et penam in qua versus ipsum
poterat condisse conditione quacumque omnia ex premissis
sibi remisserat, et donaverat ex speciali gracia jus aliud, super
premissis, faciendo et reddendo quibus reservando lice de
ipso conquerentur. De qua denunciatione bannimenti, pene
et fuge predictarum, idem procurator ejusdem Johannis de Solier
fecit fidem per quasdam patentes litteras dicti domini de Limolio, ut prima facie apparebat, sigillatas. Cetera vero proposita per

dictum procuratorem seu locum tenentem domini de Limolio,
et tam nunc quam olim denunciatum et impositum contra dictum
Johannem de Solerio, protestantem, primitus per eumdem
procuratorem nomine quo supra, de omni jure suo, et quod
possint tam ipse, nomine quo supra, quam idem Johannes,
frater suus, omnes suas raciones et deffensiones et exceptiones,
tam facto quam jure proponere et probare si indigeat, et factum
contractum loco et tempore competentibus, negavit nomine quo
supra, imposita et denunciata per dictum procuratorem seu
locum tenentem dicti domini, nomine quo supra, et eciam olim
per quoscumque, si denunciatum exstiterat, penitus fore vera,
litis, contestationem impetitionem, et aliis quibusque supra, sibi
jure salvo, et jurato super premissis de calumpnia, tam per procuratorem seu locum tenentem dicti domini de Limolio, prout
est moris, quam per dictum Geraldum, nomine quo supra, dicte
partes post juramentum predictum steterunt in proposito denunciatum et preventum, et responsabilem postque dicte Ahelie et
Bernarda denunciantes et Johannes Lobreto, nunc maritus dicte
Ahelie presentis ibidem in judicio fuerint interrogati per nos
judicem predictum, ex officio nostro sepe et sepius, si alia quid
volebant aliud aliter secrete vel publice proponere contra dictum
Johannem de Solerio preventum et denunciatum seu accusatum de premissis, vel alias dictum procuratorem seu locum
tenentem dicti domini, vel curiam informare et instruere de et
super premissis aut alios testimonios, ministrare, vel nominare,
qui de premissis scire veritatem dicantur. Nam presens curia
parata erat ipsos recipere nunc et in futurum favorabiliter et
benigne super premissis que quidem Ahelia, uxor quondam
dicti Thome, et Bernarda eorum filia dixerunt et responderunt
quod nichil aliud volebant dicere nec proponere, nec prout aliter

extiterat denunciatum per eamdem Aheliam, sed requirebant in
quantum poterant circa partem, tamen ut supra presens curia
ut in et super premissis inquireret quam diligenter veritatem, et
jus faceret et redderet super premissis. Dictus vero Johannes
Lobreto, nunc maritus dicte Ahelie, dixit quod ipse nichil volebat
dicere super premissis, cum veritatem aliqualem non sciat de
premissis. Lite igitur legitime contestata super premissis per
partes predictas, ut supra, et nominibus quibus supra, postque
pluribus testibus a dicto procuratore seu locum tenente nomine
procuratore predicto, ad probandum predicta imposita et pro-
proposita per eumdem contra dictum Johannem de Solerio, seu
procuratorem ejusdem, nomine procuratoris quo supra predictis,
ipsisque receptis, juratis, requisitis, interrogatis et diligenter
examinatis, eorumque testationem in scripturis ante aliqualem
publicacionem testium predictorum; dictus Geraldus de Solerio,
predictus procurator, et nomine procuratoris dicti Johannis, ad
suam bonam famam dicti Johannis, et ignoranciam de premissis
ostendendum, tradidit in scripturis curie contra procuratorem
seu locum tenentem predictum quasdam exceptiones, objectiones
et deffensiones, que per curiam fuerunt admisse, et receptiones
in quantum erat juris et racionis, prout hec lacius per processum
curie presentem apparent, et in eodem liquido est videre; litisque
igitur legitime contestatis super exceptionibus et objectionibus
predictis, necnon et juramento de calumpnia per dictas partes
super eisdem, assercionem partis excipientibus, et negacionem
partis dicti procuratoris seu dicti domini locum tenentis post
juramentum dicte partes steterunt in proposito et responsis.
Postque pluribus testibus, ex parte dicti Johannis, super exceptionibus predictis, productis, ipsisque receptis, juratis et examinatis super predictis racionibus, deffensionibus, objectionibus, et

eorum dispositionibus in scripturis, redactionibus, et prout moris
est, sollempniter publicatis, et aliis rite, legitime agitatis, que in
talibus fieri sunt consuetis. Demumque concluso et renunciato
in causa hujusmodi per dictum procuratorem seu locum tenentem, edictus Geraldus, procurator dicti Johannis et nomine
procuratorio ejusdem, et de voluntate eorumdem in ejus causa;
Et tandem hodierna die infrascriptis assisiis dictis procuratoribus
et cuilibet eorumdem, ad diffiniendum si comode diffiniri possit,
per hujus modi assignacionem competentibus in judicio, die
hodierna, videlicet dicto Giraldo Sarraceni procuratori seu locum
tenente predicto ex parte una, et dicto Johanne de Podio sive de
Solerio, imposito seu prevento predicto ex alia, petentes et postu-
lantes cum justicia in causa hujusmodi diffinirent. Quiquidem
Johannes ante omnia ratificavit, approbavit, laudavit quicquid
in causa presente per quoscumque procuratores seu deffensores
ejusdem factum, agitatum extiterat nomine ejusdem; igitur cum
justiciam petentibus non sit denegandus assensus, nos locum
tenens et judex predictus, visis et diligenter inspectis cause
presentis merita, et aliis rite legitime peractis, que in talibus
consuetudines sunt observate, in causa predicta imposicionis,
seu prevencionis, que diu ventilata extitit in presenti curia inter
partes predictas, ut supra, habitoque consilio cum peritis super
premissis sacrosanctis Dei evangeliis positis coram nobis, ut de
vultu Dei nostrum prodeat judicium, et nostri oculi videant equi-
tatem in Dei nomine sine in diffinitivam sentenciam in hiis
scripturis fecimus in hunc modum, cum nobis constet intencio-
nem dicti procuratoris seu locum tenentis dicti domini et curie
minus sufficienter fore probatum super impositis denunciationem
seu prevencionem contra dictum Johannem, constetque ipsum
Johannem suas raciones, deffensiones et exceptiones per ipsum

propositas ad suam bonam famam ostendendum et ignoscenciam
de impositis contra eumdem legitime et sufficienter probasse. Ideo
dictum Johannem de Podio sive de Solerio presente a dictis impositis et denunciatione et prevencione sentencialiter absolvimus
in hiis scripturis ipsumque ab arresto quo per presentem curiam
detinebatur et fidejussores et premissorum ejusdem penitus
liberantes, et ad suam bonam famam penitus restituentur si in
quocumque ejus fama agravata erat per premissas; in quorum
premissorum testimonium, nos locum tenens et judex predictus
sigillum presentis curie, et dicti domini quo in talibus uti est
consuetum, hiis presentibus duximus apponendum. Lata fuit
hec sentencia in modum quo supra, in assisia de Limolio, que
fuit ibidem die lune ante festum beati Georgii, anno Domini
millesimo ccc° xxx° iii. Tenor vero littere supradicte in dictis
constitutionibus in criminalibus sequitur sub hiis verbis. Noscant
cuncti quod nos PETRUS DE GALARDO, miles domini nostri regis
Francie, dominus de Limolio et de Clarencio, notum facimus
universis et singulis quod nos fecimus, constituimus ac eciam
ordinavimus dilectum nobilem et discretum virum Raymundum
de Favolas [1], a quo recepimus fidelitatem, juramentum, judicem
nostrum in criminalibus in castris de Limolio et de Clarencio,
dantes et concedentes judici predicto plenam et liberam potestatem judicandi, cognoscendi, absolvendi et exequendi, instituendi
et substituendi, interloquendi, necnon et omnia alia faciendi
que ad bonum et fidelem judicem pertinent et pertinere possunt,
gratum et firmum habentes quidquid cum dicto judice datum,
gestum seu judicium fuerit per ipsum datum tenore presencium, mandamus omnibus subditis nostris de Limolio, de Cla-

---

1. *Alias* Farolas.

rencio et Dassendreos, et pertinentiis ejusdem et dependentiis ejusdem, ut dicto judici pareant, obediant efficaciter et intendant. In cujus rei testimonium sigillum nostrum hiis presentibus duximus apponendum. Datum Limolio die sabati ante festum Annunciacionis beate Marie Virginis, anno Domini millesimo ccc° xxxi°. Item sequitur alia littera. Petrus de Galardo, miles dominus de Limolio et magister balisterorum domini nostri Fiancie regis, universis ad quos littere pervenerint, salutem. Cum Johannes de Solier de Albugia, olim nostris carceribus mancipatus tanquam accusatus et insequutus in curia nostra de Limolio, de morte Thome le Barbier, nequiter per eundem Johannem, in jurisdictione nostra, ut dicitur, interfecti, se pro facto hujusmodi absentaverit, et reddidit et existat fugitivus. Ob hoc quod idem Johannes per gentes nostras, et nostram curiam de Limolio, tanquam fugitivus, et suspectus de morte predicta, a tota terra et jurisdictione nostra banitus sit, fuerit et adhuc existat. Notum facimus quod nos, ad supplicacionem et requestam quorumdam amicorum nostrorum, eidem Johanni, ex speciali gracia, salvo jure alterius cujuscumque, dictum bannitium, bannum et penam pro fuga nobis commissam conferimus, remittimus et damus. Injungentes omnibus officialibus, gentibus et subditis nostris, ne ultra formam et tenorem hujusmodi gracie et remissionis, eumdem Johannem aliquatenus inquietent seu vexent. Datum et sigillo nostro sigillatum, in testimonium premissorum, Limolio, die Jovis in festo Ascencionis Domini, anno ejusdem millesimo ccc° tricesimo secundo. Item, sequitur alia littera : Petrus de Marmande, miles, senescallus Petrogorensis et Caturcencis pro domino nostro Francorum rege: universis bajulis, executoribus regiis, vel eorum locatenentibus et omnibus commissariis servientibus seu officiariis regiis hujus senescallie, salutem. Vobis et et vestris cuilibet in solidum precipimus et mandamus, et sub pena centum marcharum argenti, fisco dandarum, quam sentenciam latam per Raymundum de Favolas, locum tenentem ac judicem causarum criminaluim nobilis et potentis viri domini Petri de Galardo, militis, domini de Limolio, pro Johanne de Podio sive de Solerio, contra procuratorem dicti domini, super quibusdam contra ipsum denunciatum per Aheliam Johanninam, relictam quondam Thome le Barbier, et Bernardam ejus filiam, cui hec nostre littere sunt anexate, teneatis, observetis, et contra non veniatis, et eciam teneri, custodiri, et observari faciatis, et quicquid contra dictum Johannem feceritis, seu attemptatis reperitis, seu ejus bona occasione contentorum in dicta sentencia, ea ad statum pristinum reducatis, seu reduci faciatis prima racione. Non permittetis a quocumque per vos, seu aliquem alium, pro contentis in dicta sentencia, seu occasione contentorum in eadem adjournari, seu molestarum forma qualibet inquietari. Premissis fieri appellationibus volumus appellationibus seu recusacionibus frivolis et subterfugiis in contrarium impetratis seu eciam impetrandis non obstantibus quibuscumque. Datum in Monte Dome tercia die mensis maii, anno Domini m° ccc° xxx° iii. Vos autem sentenciam predictam quatenus rite et juste lata est, et in rem transiit judicatam, ac omnia alia singula in suprascriptis contenta literis, rata habentes, et ea volumus, ratificamus, laudamus, approbamus, ac tenore presencium, nostra auctoritate regia, quantum nostra interest, confirmamus. Quod ut firmum et stabile permaneat in futurum, in presentibus litteris nostrum fecimus apponi sigillum. Datum Pissiaci, anno Domini millesimo ccc° tricesimo tercio, mense februarii.

Registre 66 du Trésor des chartes, fol. 619, pièce 1417.

Année 1332[1].

Les officiers du roi de France qui occupaient Langon et ceux du roi d'Angleterre qui tenaient Saint-Macaire étaient en lutte au sujet d'un droit de justice. La revendication du souverain français fut exposée dans soixante-huit articles dont nous allons extraire le quarante-cinquième, où PIERRE DE GALARD *joue un rôle.*

45. Item, que toutes foiz que les senechals de ladite duche, pour ledit duc, avesques ses autres gentz solempneles, messages, traiteurs et procureurs ont eu parlement ou tractement avec les senechals de Gascoigne, d'Agennois, de Tholose, monsieur PIERRE DE GALARD, mestre des arbalestriers, ou avesques monsieur Mahieu de Trie, mareschaut de France, monsieur de Noiers, monsieur Robert Bertran, mareschaut de France, monsieur de Byannes et ses compaignons, ou avecques monsieur Bertrand Boniface, chanoine de Paris, monsieur Pierre-Raymon de Rabasteinsx, chevalier, conseilliers de nostre sire le Roy, lesdiz senechals, evesques, genz solempneles, messages, tracteurs et procureurs dudit duc sont venuz a eulz et venoient communement en la terre de nouvel acquise, parler, tractier et parlamenter des choses et besoingnes sur quoy s'ensembloient, et hors de toute la terre dudit duc; c'est assavoir a Lengon et audit pré devant Lengon, a Saint-Martin, entre Caudrot et Saint-Maquaire, a Agien, La

1. Dans une pièce du Cabinet des titres, Bibliothèque impériale, qui mentionne les accroissements des domaines du roi de 1332 à 1343, ainsi que les libéralités souveraines depuis 1328 jusqu'en 1332, on voit que les biens de PIERRE DE GALARD, situés en Agenais, furent acquis par la royauté au prix de 105 l. 490 s.

Riole et autres lieus de ladite terre. à nostre sire le roy, de nouvel acquise (1332).

Lesdits et contredits de ceux de Langon et de Saint-Macaire, Archives municipales de Saint-Macaire : Rouleau de parchemin de trois mètres de long.

Après l'Exaltation de la sainte croix 1333.

Mention du mariage de Pierre de Galard, *seigneur de Limeuil et grand maître des arbalétriers, avec Talésie de Caumont* [1], *sœur de Guillaume, sire de Caumont, dans le testament de ce dernier qui substitue, en cas de mort, à sa fille Indie de Caumont* Jean de Galard, *son neveu.*

Quoniam humana fragilitas evadere non potest mortem, sed licet mors certa sit, nil est incertius ejus hora, idcirco nos Guillelmus, dominus de Cavomonte, sanus, per Dei gratiam, mente et corpore, et in nostro bono sensu ac perfecta memoria, volentes ordinare de bonis nostris, juribus et rebus, et taliter disponere, ne in posterum super prædictis nostris bonis quæstio oriatur, prevenire cupientes, ut nobis possibile fuerit, casus fortuitos humanæ fragilitatis sæpius contingentes, qui mortis pericula inferunt subito non prævisa de rebus, bonis, juribus nostris disponendo, nostrum ultimum acceleramus deliberato poposito, in modum qui sequitur, condere testamentum et disponere nuncupativam ultimam voluntatem sane quia res spirituales sunt temporalibus præferendæ tanquam digne, etc.

----

1. L'alliance de Pierre de Galard, seigneur de Limeuil, avec Talésie de Caumont, devait remonter à 1310 ou 1312, car leur fils, Jean de Galard, apparaît sur la scène historique vers 1330, comme on le verra plus loin.

Si vero contingeret quod dicta filia et hæres nostra decederet, sine liberis de suo corpore de legitimo matrimonio nascituris, adhuc volumus quod dicta bona revertantur ad Johannem de Galhardo, filium domini Petri de Gallardo et domine Talesiæ [1], quondam sororis nostræ, ubi. . . . .

. Et in casu quo dictum Johannem de Galardo dictam successionem nostram, ex substitutione prædicta, habere contingeret, et ipsum decedere sine liberis ex suo corpore de legitimo matrimonio procreatis, item volumus et ordinamus quod dicta bona nostra revertantur et veniant ad proximiores de genere nostro, ad quos de jure debebunt pervenire.

Collection Doat, vol. 43, fol. 23-31 v°. Bibl. imp. Mss.

1. Ce testament tout entier sera reproduit dans la partie des documents concernant Jean de Galard, seigneur de Limeuil, fils de Pierre, grand maître des arbalétriers. Nous avons donné ici cet extrait pour établir d'une manière irrécusable l'alliance de ce dernier avec Talésie de Caumont, qui jusqu'à ce jour avait été une cause d'équivoque.

Presque tous les auteurs et le P. Anselme lui-même ont cru que Pierre de Galard, grand maître des arbalétriers et seigneur de Limeuil, était le même personnage que Pierre de Galard, sergent d'armes, sire d'Espiens, et surnommé *junior* dans plusieurs documents, notamment dans une dispense qui lui fut accordée par le pape Jean XXII, en 1333, à l'occasion d'un premier mariage avec Alpais de Montaigu. Ces deux Pierre, étant contemporains, homonymes de nom et de prénom, exerçant la profession militaire, s'étaient en outre mariés l'un et l'autre dans la maison de Caumont. Seulement le seigneur de Limeuil avait rempli les plus hautes fonctions à l'époque où celui d'Espiens débutait dans de plus humbles. Le premier, grand maître des arbalétriers, gouverneur de Flandres, négociateur de trois rois de France dans les affaires militaires, religieuses ou politiques, s'était uni à Talésie de Caumont, morte avant 1333, ce qui est établi par le testament de son frère Guillaume de Caumont, seigneur de ce lieu, tandis que Pierre de Galard, possesseur d'Espiens, cousin de l'autre, s'était allié une première fois à Alpais de Montaigu et une seconde avec Nauda, fille d'Alexandre de Caumont, seigneur de Sainte-Bazeille et de Landerron. C'est cette Nauda que tous les généalogistes, par

Bien avant 1333.

L'abbé de Lespine est le seul de tous les généalogistes qui n'ait point erré
sur le prénom de la femme de Pierre de Galard, *grand maître des*
arbalétriers, laquelle fut Talésie de Caumont.

Pierre de Galard, chevalier, seigneur de Limeuil, maître des
arbaletriers du roi depuis 1310 jusqu'en 1331, gouverneur et capi-

une méprise concevable, ont donnée pour épouse à Pierre de Galard, grand maître
des arbalétriers. Cette erreur matrimoniale est facile à redresser avec les pièces
authentiques que nous possédons. Il suffit pour cela de lire l'extrait ci-dessus du
testament de Guillaume de Caumont (1333), qui institue son héritière Indie de
Caumont et lui substitue Jean de Galard, fils de Talésie, sa sœur, autrefois femme
de Pierre de Galard, seigneur de Limeuil. Ce n'est pas tout : le mariage de Talésie
dut être célébré vers 1310 ou 1315, tandis que celui de Nauda de Caumont avec
Pierre, feudataire d'Espiens, ne put l'être que postérieurement à son premier
mariage (1333) avec Alpais de Montaigu et antérieurement à 1340, date à laquelle
il n'était plus ; ce qui résulte de la remise de l'amende faite à Nauda, qualifiée sa
veuve : « Naudæ, relictæ domini Petri de Galardo, militis. » Pour compléter le doute,
un autre Pierre de Galard, seigneur d'Espiens, épousa, en 1341, une Marie de
Caumont qui a été prise, elle aussi, pour les deux autres.

En résumé, le P. Anselme et d'autres ont faussé l'identité des deux Pierre
de Galard, celle de trois dames de la famille de Caumont, appartenant à des
rameaux divers, celle enfin de Guillaume de Caumont, seigneur de Caumont, et
d'Alexandre, seigneur de Sainte-Bazeille. Quant aux de Galard, semblables en
plusieurs points et coexistants, ils étaient dissemblables, sous le rapport de l'âge,
des fiefs, de la résidence, des offices et enfin des partis : l'un servait le roi de
France et les autres celui d'Angleterre. Notre coup d'œil comparatif sur les deux
parents et guerriers sera repris et éclairé par des preuves nouvelles concernant
ledit sire d'Espiens, quand viendra son tour chronologique. Ces explications nous
paraissent suffisantes pour résoudre en partie une question posée par l'abbé de
Lespine en ces termes : « Il reste maintenant à savoir quel était ce Pierre de
Galard et pourquoi il est appelé le jeune. » On le connaît déjà un peu ; on a vu
qu'il était seigneur d'Espiens et marié en premières noces avec Alpais de Montaigu,
dont il devait être nécessairement veuf lorsqu'il fut uni à Nauda de Caumont.
Celle-ci n'avait de commun que l'origine avec Talésie, femme de Pierre, grand
maître des arbalétriers, et mère de Jean de Galard, héritier de son oncle Guillaume
de Caumont.

taine de Douay, vivoit encore en 1333[1], mais il mourut bientôt après. Il avoit épousé TALÉSIE DE CAUMONT, fille de Bertrand, seigneur de Caumont et de Samazan, dont il eut :

JEAN, chevalier, seigneur de Limeuil, Borrel, connu dès l'an 1332, vivoit encore en 1357 et 1363; il laissa de Philippe de Lautrec, sa femme, etc.

MSS. de l'abbé de Lespine; dossier de Galard. Bibl. imp., Cabinet des titres. '

Juin 1336.

PIERRE DE GALARD, *grand maître des arbalétriers, confirme la révocation du bannissement accordée à Rimfroy de Durfort, coupable de désobéissance envers le roi de France et de violence à l'égard de plusieurs de ses sujets.*

REVOCATIO CONFIRMATA BANNI LATI IN REINFREDUM DE DUROFORTI, PROPTER INOBEDIENTIAM CONTRA DOMINUM REGEM.

Ph. Dei gratia Francorum rex, notum facimus universis, tam presentibus quam futuris, nos infra scriptas vidisse litteras, formamque sequitur continentes :

Universis presentes litteras inspecturis, PETRUS DE GALARDO, miles, magister balisteriorum domini nostri regis Francorum, et Petrus Ramundi de Rapistagno, miles, senescallus Agenesii et Vasconiæ pro dicto domino nostro rege Francorum, salutem et presentibus dare fidem. Noveritis quod nos, volentes pacem dominorum regum Francorum et Anglorum, ducisque Aquitaniæ, fovere

---

1. C'est une erreur, il existait encore en 1338.

et nutriri, ac eciam cupientes que eidem contraria sunt et possent
evenire evitare pro viribus; considerantes Raymfredum de Duroforti, occasione quia obedientiam prestari nolebat dicto domino
nostro Francorum regi, et nobis nomine suo, bajuloque regio
et consulibus civitatis Agenni, quathenus ad ipsos pertinebat loci
de Baiolmonte (Bajaumont), rationibus et ex causis per ipsum
allegatis, quampluresque socios suos et amicos, pro pluribus et
diversis criminibus, excessibus et maleficiis aliis, per nos, cete-
rosque officiarios, seu ministros regios, seu alios quoscumque sibi
impositos per nos et alios officiarios regios a regno Franciæ ban-
nitos fuisse; necnon a tanto mandato regio de et super infrascriptorum litteratorum nobis facto, et die hodierna, in presencia
testium infrascriptorum, et plurium aliorum proborum virorum
ostenso, ad supplicationem dicti Raynfredi, et nonullorum amicorum suorum nomine et vice dicti domini regis, ac potestate, nobis
super hoc specialiter per dictum dominum nostrum regem, dicto
mandato regio mediante, attributa, ex certa scientia et de gracia
speciali, dictum bannum contra dictum Ramfredum latum reap-
pellamus, ac etiam revocamus, et quicquid ex eo, vel ob id sequtum est. Et nihilominus eidem Reynfredo quittamus, perdona-
mus omnia maleficia, crimina et excessus per ipsum commissos,
retroactis temporibus, usque ad hodiernum diem contra dominum
nostrum regem predictum, ejusque officiarios et subditos, sive
sint crimina lese majestatis, sacrilegii, de raptu, de homicidio, de
vi publica, seu privata rapine, sive cujuscumque alterius criminis,
seu delicti, sive rebellionis, et inobedientiæ; ipsum insuper ad
famam propriam et larem penitus. in integrum restituentes;
bannum predictum siquidem, confiscationes et multas contra
dictum Reynfredum factas usque ad diem hodiernum, ut est
dictum, et quicquid ab eis, vel ob eas secutum est, virtute et

auctoritate quibus supra, revocantes et anullantes, quathenus ad regiam pertinet jurisdictionem; jure prout remanente semper salvo regis mandant subditi, ne ex nunc in antea dictum Ramfredum, premissorum occasione, in corpore vel bonis suis aliqualiter inquietent, vexent, seu molestent. Datum et actum Agenni die vııı maii, anno Domini ᴍ° ᴄᴄᴄ° tricesimo sexto; testibus presentibus dominis Ramundo de Albenassio, legum doctore, dicti domini Francorum regis consiliario, ejusque majore judice Agenensi et Vasconiæ, Bernardo de Cassanea, legum doctore, consiliario regio, Bernardo de Calveto, clerico regio, ejusque judice ordinario Agenesio, Guillelmo de Calvomonte [1], Petro-Ramundi de Aula [2], Rodulpho de Montibus [3], Arnaldo Cassanea [4], serviente armorum dicti domini nostri Francorum regis, et pluribus aliis. In quorum premissorum testimonium, nos magister et senescallus predicti sigilla nostra presentibus apponi fecimus impendenti. Que omnia et singula nos rata habentes et grata, ea volumus, laudamus et approbamus, et auctoritate nostra regia de gracia speciali et ex certa scientia, tenore presentium confirmamus, salvo in aliis jure nostro, et in omnibus alieno, quod ut firmum et stabile perpetuo perseveret, nostrum presentibus litteris fecimus apponi sigillum. Datum Pissiaci anno Domini ᴍ° ᴄᴄᴄ° tricesimo sexto, mense junii.

Trésor des chartes, registre LXX, n° 3, fol. 2, v°.

1. Guillaume de Caumont était beau-frère de Pierre de Galard, comme il appert de l'extrait testamentaire reproduit ci-dessus, page 401.

2. *De Aula* peut être traduit par *de Cours* ou *de la Cour.*

3. Il existait une famille *de Mons* dans le Bordelais et une autre aussi dans le Condomois.

4. Les de Cassagne étaient du lieu de ce nom en Condomois; c'est d'eux que les évêques de Condom acquirent le château de Cassagne, dont ils firent leur résidence d'été.

ANNÉE 1336.

Philippe de Valois donna le gouvernement de Guienne et la direction
de la guerre en ce pays à PIERRE DE GALARD, *grand maître des*
arbalétriers, et à Pierre de Rabastens.

Philippe de Valois, roi de France, et Édouard IV, roi d'Angleterre, avoient divers sujets de plainte l'un contre l'autre. Ils ten-
tèrent d'abord la voye de la négociation pour se concilier : elle
auroit pu réussir, si Robert d'Artois, rebelle au roi, qui s'étoit
réfugié à la cour d'Angleterre, n'eût animé Édouard contre Philippe, et ne l'eût empêché de conclure la paix avec lui. Pendant
la négociation, les deux rois se disposèrent de part et d'autre à la
guerre, et Édouard se ligua avec divers princes, entre autres avec
Louis de Bavière, qui avoit des prétentions à l'Empire. Philippe,
de son côté, ne demeura pas oisif : il nomma, pour commander
en Guienne et y observer les mouvemens des Anglois, PIERRE DE
GALARD, maître des arbalétriers, et Pierre de Rabastens, sénéchal
d'Agenois, qui exerçoient leur autorité dans cette province
en 1336. Philippe conclut un traité avec Gaston II, comte de Foix
et vicomte de Béarn, qui s'engagea, moyennant trois mille
livres tournois, d'entretenir pendant deux mois, à commencer
le 24 de novembre de l'an 1336, cent hommes d'armes et cinq cens
hommes de pied pour servir ez parties de Gascogne, en cas qu'il
y eût guerre dans le païs, et de servir ensuite le roi avec le même
nombre de troupes, aux gages accoutumés.

Histoire générale de Languedoc par les bénédictins; édition in-folio,
tome IV, page 221.

16 MAI 1338.

PIERRE DE GALARD *dans sa charge de grand maître des arbalétriers eut*
pour successeur Étienne de la Baume, 16 mai 1338.

Étienne de la Baume, dit *le Galois,* après la mort de PIERRE DE
GALARD, fut pourvu de la charge de grand maître des arbalétriers.
Il prend cette qualité et celle de conseiller du roy, capitaine et
gouverneur de Languedoc, dans un ordre qu'il donna le 16 may
1338.

P. ANSELME, *Histoire des grands officiers de la couronne,* tome VIII,
page 5.

DE 1306 A 1338.

Notice du P. Anselme sur PIERRE DE GALARD, *grand maître des*
arbalétriers.

D'or, à trois corneilles de sable, les pieds et les becs de gueules.

PIERRE DE GALART, chevalier, seigneur d'Espieux et de Limeuil,
exerça la charge de maître des arbalestriers du roi, depuis l'an 1310

jusqu'à sa mort. Il servit en Flandres comme capitaine depuis le 6 juin 1311, jusqu'au mois de septembre 1315, et encore en 1318, avec le comte d'Évreux, sous le connétable de France. La même année il fut envoyé en la cour de Rome, où il avait déjà été l'année précédente. Au mois de juin 1319, le roi lui donna la moitié de la terre et seigneurie de Mauzé et celle de Pompignan, en récompense de celle qu'il avait cédée au seigneur de Mortagne; puis lui manda, le 27 septembre suivant, de signifier un ajournement personnel au comte de Flandres. Il alla en Flandres avec Hugues de Vissac, chevalier, et Pierre Rodier, clerc du roi en 1320, et trois ans après en Poitou, avec Pierre le Roy, chevalier, pour amener prisonnier Jean l'Archevêque, seigneur de Partenay, où il séjourna depuis le 5 juillet 1323 jusqu'au 3 décembre suivant. Ensuite il fut envoyé en Flandres vers la Saint-Jean 1326, avec Thomas de Marfontaines, chevalier, et Bertrand de Pommiers, pour achever le traité de paix qui se négociait avec les Flamands. En reconnaissance de ses services, le roi lui donna, au mois d'octobre de la même année, tout le droit qu'il avait en la terre de Clarens, que le roi d'Angleterre avait acquise, et qui était revenue au roi avec la Guyenne. Il fut envoyé en cette province, au mois de janvier suivant, avec le maréchal Bertrand; et il se trouva au siége de Madaillan. En 1327, il passa en Flandres, et il servait à la guerre contre les Flamands. Il est qualifié « chevalier, sire le Roy, maistre de ses arbalestriers et capitaine de par iceli, seigneur ès parties des frontières de Flandres, » dans un acte du dimanche après la fête de Saint-Nicolas 1312, par lequel il déclare avoir saisi pour le roi la terre de Mortagne, et en établit bailli Cholart Bourlivet. Sur son sceau est une corneille et un lambel. Il donna quittance à Lille, le 28 décembre 1314, à François de l'Opital, clerc des arbalestriers, de 1132 livres 7 sols

3 deniers. Le sceau est le même, au-dessus et hors de l'écu est un lion, à côté deux oiseaux. « Pierre de Gallart, maistre des arbalestriers, et Thomas de Marffontaines, chevaliers notre sire le roi, deputez de par icelui seigneur ès parties des frontières de Flandres, » certifièrent, par acte du samedi après l'Assomption 1326, que Jean du Temple, clerc du roi, avait donné à l'Escolastre de Therouenne de leur commandement 8 livres parisis pour ses dépens en allant et venant, et demeurant de Therouenne à Lille. Cet acte est scellé de deux sceaux en cire rouge, le premier porte trois corneilles, le second est perdu. On le trouve encore qualifié maistre des arbalestriers en 1331. (Mémor. B. fol. 22.)

Il laissa de sa femme Marie de Caumont, dite Nauda[1], fille d'Anissant de Caumont, seigneur de Sainte-Bareille, et d'Isabeau de Péberac, mentionnés tome IV de cette histoire, page 481, Jean de Galart, seigneur de Limeil, Borrel, etc.

P. ANSELME, *Histoire des grands officiers de la couronne,* tome VIII, page 3.

---

16 JANVIER 1313.

Édouard II, roi d'Angleterre, ajoute à ses libéralités envers Bertrand de Goth, vicomte de Lomagne et d'Auvillars, le don de la suprématie féodale exercée par le souverain dans lesdites vicomtés sur BER-TRAND DE GALARD, *Séguine de Pins, Bernard de Berrac, Bernard de Durfort et autres*[2].

PRO BERTRANDO DE GOUT,

Rex universis, præsentes litteras inspecturis, salutem, et fidem præsentibus adhibere.

---

1. Voir la note de la page 401 de ce volume.

2. Nous jugeons à propos de consigner ici quelques lignes de l'abbé de Lespine sur GÉRAUD DE GALARD, fondateur de la branche de l'Isle-Bozon, dont le troisième

Dudum nobilem virum, Bertrandum de Guto, nunc vicecomitem Leomanniæ, et Alti-Villaris, ob fructuosa servitia, quæ

degré paraît représenté par le Bertrand de Galard qui va nous occuper. Voici la
note du savant professeur de l'École des chartes :

« GÉRAUD DE GALARD, damoiseau, seigneur de l'Isle-Bozon, Saint-Avit, Sempes-
« serre, fils puîné d'Ayssin Ier, seigneur de Galard, de Terraube, en partie, et de
« Gazene de Francs, est regardé comme l'auteur de la première branche des sei-
« gneurs de l'Isle-Bozon. Il transigea sur partage avec Ayssin II, son frère aîné,
« le 13 septembre 1270, la succession de leur père et mère, et eut pour sa part
« entre autres la terre de l'Isle. On ne connaît pas la date de sa mort; on présume
« qu'il épousa la fille unique et héritière de Bertrand de l'Isle, donzel, un des trois
« seigneurs qui donnèrent, en 1284, des coutumes aux habitants de Terraube,
« dont il était coseigneur avec la maison de Galard. »

Si Géraud de Galard, point de départ de la branche de l'Isle-Bozon, s'allia, conformément à la croyance de l'abbé de Lespine, avec la fille de Bertrand de l'Isle,
coseigneur de Terraube, on s'explique très-bien la recouvrance partielle de cette
terre à titre maternel par les enfants de ce même Géraud qui avait reçu sa part
d'héritage dans le partage de 1270, en dehors du fief de Terraube. En admettant
ledit mariage, on peut également comprendre pourquoi Gaission de Galard, à l'é-
poque de l'octroiement des coutumes de Terraube, se trouvait être le principal possesseur de ce lieu. Géraud de Galard, seigneur de Terraube, dont Géraud, seigneur
de l'Isle, paraît être l'oncle, avait dû retenir la terre originelle du Galard ou Goalard, dans le Condomois, et n'avoir par conséquent qu'une portion de Terraube.
Celui qui est appelé Bertrand de Galard dans le don de la justice en 1271, est devenu Bertrand de l'Isle dans les coutumes de 1284. Il avait donc eu l'Isle-Bozon
dans son lot postérieurement à 1271 et avant 1284.

Géraud de Galard Ier, seigneur de l'Isle-Bozon, ne doit pas être confondu
avec Géraud, seigneur de Terraube, appelé Ier par tous les généalogistes, à raison
de son rang dans la branche aînée, et non point à cause de son antériorité dans le
nombre des personnages de la famille qui ont porté ce prénom. Géraud, seigneur de
l'Isle-Bozon, est resté sans désignation numérale par la raison que sa branche n'a
jamais été traitée méthodiquement.

Les enfants de Géraud, seigneur de l'Isle-Bozon, sont énoncés dans l'ordre ci-
après par l'abbé de Lespine, qui omet Bertrand:

« GÉRAUD DE GALARD, seigneur de l'Isle-Bozon, Saint-Avit, Sempesserre, etc.,
« transigea avec Assieu de Galard II du nom, son frère, seigneur de Terraube,
« le 13 septembre 1270, et fut père de :

« 1° ASSIEU, dont l'article suit;

« 2° GASSION de Galard, mort sans enfants;

ipse et antecessores sui, ac alii de genere suo, progenitoribus
nostris, et nobis multipliciter impenderant et gratanter, volentes
prosequi munere gratioso, sibi mille et quingentas libratas terræ
Chipotenses, per annum, duximus concedendas.

Et in partem satisfactionis earumdem, sibi, pro se et suis
hæredibus, et quibuscumque successoribus suis, per quasdam
nostras litteras, castrum et villam de Blankaford, Burdegalensi
diocesi, cum suis juribus et pertinentiis universis, in valorem
septingentarum libratarum terræ Chipotensium per annum.

Et postmodum, per alias nostras litteras, castrum de Podio
Guillielmi, et Bastidam Montis Securi, Vasatensi et Petragoricensi diocesibus, cum suis juribus et pertinentiis universis.

Ac etiam homagia, fidelitates, sacramenta, et alia deveria feudalia nobilium et tenentium subscriptorum, ac hæredum et
successorum suorum nobis tunc debita in vicecomitatu Leomaniæ et Alti-Villaris, pro castris, villis, terris, seu tenementis quibuscumque, in vicecomitatibus antedictis, videlicet:

« 3° Jacquette de Galard, femme d'Odet de Gelanis (Gelas;)
« 4° Catherine de Galard, dont le sort est ignoré. »
A nos yeux, Gassion de Galard des coutumes de Terraube et Ayssin III ne font
qu'un seul nom et qu'une seule personne. De même le Gassion ci-dessus, deuxième
enfant de Géraud, seigneur de l'Isle-Bozon, ne saurait être qu'Ayssin IV. Ni
Ayssin III ni Gassion ou Ayssin IV ne moururent sans enfants, puisque le premier
laissa une fille, Séguine, mariée à Bernard de Berrac, et le second une fille aussi,
du nom de Condor, inscrite, en 1315, dans le testament de Condor de Saboulies.
L'abbé de Lespine fait donc Assieu et Gassion ou Ayssin IV fils de Géraud. En
adoptant sa manière de voir, on aurait la raison du surnom de *junior* donné à
Gassion ou Ayssin IV pour le différentier de son aîné; il pourrait se faire encore
que l'abbé de Lespine, dans l'insuffisance des documents, ait attribué la primo-
géniture à Assieu ou Ayssin, quand elle revenait à Gassion. Notre explication res-
terait toujours juste; seulement elle serait encore plus conforme à la lettre des
textes, et ce que nous avons dit de Gassion serait appliqué à Assieu ou Ayssin et
réciproquement.

Episcopi et capituli ecclesiæ Lectorensis.
Seguine de Pinibus.
Guillielmi Arnaldi de Antigiis.
Reymundi de Manas.
Bernardi de Berrak.
Fortunarii de Mareschaub.
Arnaldi de Vicomonte.
Hæredum Aynardi de Cutmont.
Guillielmi Bernardi de Cutmont.
Bertrandi de Cobiraco.

Assionis de Faudas, et Beraldi fratris
ejus.
BERTRANDI DE GALARDO [1].
Guillielmi Reymundi Lort.
Reymundi de Lutmont.
Bozonis de Lutmont.
Bernardi de Dure-Forti.
Vosiani de Leumania.
Galabrini de Goleux, etc.
Armandi de Falgaroliis.

In plenariam satisfactionem, mille et quingentarum libratarum terræ Chipotensium prædictarum, dedimus et concessimus, pro nobis et hæredibus nostris, ac successoribus quibuscumque, habenda et tenenda eidem Bertrando, et hæredibus et successoribus suis quibuscumque, de nobis et hæredibus nostris, prout in litteris nostris prædictis plenius continetur, etc.

Datum apud Windesor, 16 die januarii, anno Domini 1313.

RYMER, *Fœdera,* tome III, page 375. Londini 1706.

1. Bertrand de Galard, qui avait ses terres en Lomagne, ne pouvait être que le seigneur de l'Isle-Bozon, car, à cette date, Géraud, seigneur de Terraube, devait vivre encore, puisque le partage de sa succession n'eut lieu qu'en 1328. Le lot de Bertrand, son fils aîné, qui fut la vicomté de Brassac, devait lui avoir été assigné d'avance, car l'aîné des cadets, dans les maisons féodales, était, d'habitude, apanagé d'une partie des biens maternels. Les possessions de Bertrand de Galard, seigneur de l'Isle-Bozon, étaient en Lomagne; celles de Bertrand, son cousin, fils de Géraud et d'Éléonore d'Armagnac, étaient, en réalité ou en perspective, dans le Quercy. Voilà pourquoi nous avons annexé ce document à ceux qui concernent le seigneur de l'Isle-Bozon, homonyme quant au nom et au prénom du sire de Brassac. Les deux Bertrand désignés ci-dessus avaient encore d'autres parents du même prénom qui étaient leurs contemporains, entre autres Bertrand de Galard, seigneur de Campanès, qui s'est montré dans un acte de 1328, page 255, et Bertrand de Galard, d'abord archidiacre de Gand en 1332, et d'Agen en 1335.

Année 1313.

Arrêt du Parlement de Paris maintenant la sentence rendue contre
Bertrand *et* Assin de Galard, *pour diverses voies de fait exercées à*
main armée contre Bernard de Moulinier, syndic des communautés
d'Helisona et de la ville comtale de Bertanha, en la jugerie de
Verdun.

Lite mota, coram senescallo Tholose, inter procuratorem nostrum, in judicatura Aerduni constitutum, et Bernardum de Molinerio, sindicum tunc villarum et universitatum de Helisona et
ville comitalis alias vocate Bertanha, et procuratorem aliquorum
singularium hominum dictorum locorum dampna eisdem illata
petencium, agentes, ex parte una, et Othonem de Casa-Nova,
militem, dominum de Gondrino, Vigerium de Mahanco, Petrum
de Scalano, Bertrandum de Galhardo, milites, Assinum de Galhardo, Guillelmum de Astraforti, domicellos, et consules castri de
Gondrino defendentes, ex altera, super eo quod dicti agentes
dicebant quod dicti defendentes, cum pluribus aliis malefacto-
ribus, equitibus et peditibus, cum lanceis, telis et aliis diversis
armorum generibus, elevatis vexillis, hostili more, contra bonum
pacis securitatisque et garde nostrarum, per nos seu curiam nostram apportatarum, in bonis et personis ipsorum postque et
contra appellacionem ad nos interpositam per agentes predictos, ut ipsi dicebant, loca, domos et bordas ipsorum in dictis
villis et pertinenciis earumdem existentes, igne immisso in eis,
destruxerant, et, ex certo proposito, et concepta malicia, dampna
gravia intulerant eisdem, contra bonum pacis ac nostra statuta
temere veniendo, quare petebant dicti agentes factum hujus
modi nobis et parti lese competenter emendari, et dampna, per

hoc sibi illata, resarciri, usque ad summam contentam in articulis super hiis traditis contra defendentes predictos; dicta parte
rea, pluribus racionibus, e contrario proponente, petita fieri
non debere; auditis igitur super hiis, dictis partibus, liteque
legittime super hoc contestata, et utriusque partis probacionibus
super hiis receptis, cognitoque de causa predicta, tam cum dicto
Othone de Casa-Nova, milite, quam, eo defuncto, cum Othone,
ejus filio, domicello, et in dicta causa a partibus concluso, dictus senescallus, predictum Othonem de Casa-Nova, domicellum,
filium et heredem dicti Othonis de Casa-Nova, militis, qui deces-
serat post litem super hoc cum eo contestatam, et ipsius heredis
curatorem et procuratorem, quo supra nomine, ad dandum et
solvendum dictis hominibus singularibus dampna passis et procuratori ipsorum, nomine procuratorio eorumdem, certas sum-
mas pecunie in judicato dicti senescalli, super hoc lato, contentas
et declaratas, pro satisfactione et emenda dictorum dampnorum,
premissa super hoc taxacione dicti senescalli et juramento recepto
a dictis dampna passis, super estimatione et valore dictorum
dampnorum, necnon et pro emenda nostra, dictum Assinum in
quingentis libris, dictum Vigerium in ducentis libris, et predictum Bertrandum de Galhardo, militem, in sexaginta libris, et
Guillelmum de Astraforti in ducentis libris, et Petrum de Scalano
in sexaginta libris Turonensium parvorum, et consules, homines
seu universatem dicti castri de Gondrino in mille libris Turonensibus et procuratorem seu sindicum predictorum, nomine
procuratorio seu sindicatus eorum, dandis et solvendis nobis,
pro dictis excessibus, sentencialiter condempnavit, et insuper
condempnavit eosdem in expensis dicte litis, quarum taxacio-
nem idem senescallus suo judicio reservavit, dictam partem
ream a pena majori, si quam pro premissis incurrerat, absol-

vendo; salvo tamen et retento quod contra Bernardum de Auria-
baco, qui tunc erat bajulus de Gondrino, et alios singulares, si
qui fuerint, qui in predictis separatim deliquerint seu deliquisse
dicantur, adhuc inquiri possit, ad finem civilem, et fieri justicie
complementum; a qua sentencia pars utraque, tanquam ab ini-
qua, quatenus contra se lata fuit, ad nostram curiam appellavit.
Auditis igitur dictis partibus, in causa appellacionis predicte,
visisque processu, et judicato predictis eodem tamen judicato,
quantum ad Garciam de Fau, ad sexcentos solidos, et quantum
ad Guillelmum Arnaldi de Galardaz, ad octoginta solidos monete,
in dicti senescalli judicato, contente, licet ipsi Garsias et Guillelmus, per idem judicatum, in majoribus summis condempnati
fuissent, moderato et restricto, per nostram curiam, et ex causa,
per ejusdem curie nostre judicium, dictum fuit eumdem senescallum bene judicasse et dictos appellantes male appellasse, et
quod fiet execucio de summis predictis contra condempnatos
predictos.

Martis, ante Ascensionem Domini, 1313.

Les *Olim* publiés par le comte Beugnot dans les Documents inédits de
l'histoire de France, tome III, 2ᵉ partie, pages 903, 904, 905.

Année 1313.

*Extrait des actes du Parlement de Paris concernant les personnages et
les faits ci-dessus.*

Arrêt confirmant, tout en modérant les amendes, le jugement prononcé par le sénéchal de Toulouse contre Othon de
Cazeneuve, chevalier, sire de Gondrin, Vigier de Manhanco,

Pierre·de Scalano, Bertrand de Galhard (de Galhardo), chevalier, Ayssin de Galhard, Guillaume d'Astaffort, damoiseau, et les consuls de Gondrin, pour violences commises à main armée *contre Bernard de Moulinier (de Molinerio), syndic des villages et communautés de Helisona, et de la ville comtale appelée Bertanha*, etc. — Jugerie de Verdun.

Actes du Parlement de Paris, publiés par B. Boutaric, tome II, pages 125 et 126. — *Olim*, tome IV, fol. 266 v°; Archives de l'Empire.

Le dernier jour de juillet 1323.

Mention de la présence de Bertrand de Galard[1] *aux noces de Marquèze de Savinhac, veuve de Bertrand II de Faudoas, avec Othon de Montaut.*

Bertrand IIe du nom, seigneur de Faudoas, damoiseau, épousa Marquèze de Savinhac, fille de Bertrand de Savignac, chevalier, seigneur de Savinhac ou Savignac, suivant la quittance qu'il donna à son beau-père par-devant Mathieu Fabri, notaire d'Agen, le 11 janvier 1315, de la somme de 1,600 livres des petits tournois, et des habits nuptiaux de la constitution dotale de son épouse, de laquelle il ne laissa qu'une fille nommée après lui sous le n° VIII. Marquèze, étant veuve de lui, se remaria par contrat, passé à Merens, près d'Agen, le dernier jour de juillet 1323, avec Othon de Montaut, damoiseau, seigneur de Montaut; et à ce contrat furent témoins N... du Fossat, seigneur de Ma-

---

1. Il serait, d'après l'abbé de Lespine, le même que le suivant.

« Bertrand de Galardo, domicellus, *alias* dictus *de Fontefrigido,* fut témoin d'un acte passé par-devant l'official de Condom en 1324. »

daillan BERTRAND DE GALARD, Raymond-Guillaume de Falgar, Raymond de Goth, chevaliers, Bertrand de la Mothe, Bertrand de Pardaillan, Thibaut de Barbazan, damoiseaux.

Histoire généalogique de la maison de Faudoas, page 19.

20 MAI 1324.

Dans le premier codicille de Bertrand de Goth, vicomte de Lomagne et d'Auvillars, seigneur de Duras, le testateur libéra d'une dette de 1,000 florins d'or VIGIER DE MANHAN et BERTRAND DE GALARD, chevalier, désignés comme frères; il transféra de plus à Vigier sa créance sur l'archevêque de Besançon.

In nomine Domini, amen. Noverint universi et singuli quod anno ab Incarnatione Domini millesimo trecentesimo vicesimo quarto, die vicesima mensis maii, regnante serenissimo principe domino Karolo, Dei gratia Franciæ et Navarræ rege, Edoardo, rege Angliæ, duce Aquitaniæ, et Arnaldo, archiepiscopo Burdegalæ, in mei notarii et testium subscriptorum præsentia, magnificus vir dominus Bertrandus de Guto, vicecomes Leomaniæ et Alti-Villaris, considerans et attendens, ut dixit, contenta in suo ultimo testamento nuper apud Vinhandraldum facto inscriptis, clauso et sigillato sigillis ipsius vicecomitis et reverendi in Christo patris domini Rogerii de Armaniaco, episcopi Vaurensis, fratris Othonis de Scura, prioris domus prædicatorum Lectoræ, dominorum Anissancii de Corosa Adurensis, Johannis de Monasterio, Ariensis, Raymundi de Artigaviridi de Vinhandraldo, Petri servientis de Bilhonio, Gauberti Franc, Sancti Hilarii Pictavis ecclesiarum canonicorum, et Bertrandi de Monteacuto, Poncii

Vassalli, et Savarici de Losinhano, militum, addendo et tra-
hendo, mutando et revocando prout per infrascripta patet, fecit
præsentem codicillum nuncupativum et in modum qui sequitur
ordinavit. In primis, voluit quod hæres suus, qui erit dominus
de Vinhandraldo, possit præsentare ad capellanias quas in dicto
suo testamento mandavit fieri, apud Vinhandraldum et Usestam,
capellanos qui pro tempore fuerint præsentandi, qui ibidem celebrare habebunt pro animabus felicis recordationis domini Clementis, quondam papæ quinti, patrui sui, et suæ ac parentum
et benefactorum suorum, quodque jus patronatus capellaniarum
prædictarum spectet in solidum ad prædictum dominum Vinhan-
draldi... Item voluit quod Raymundo de Fargis, consanguineo
suo, solvantur illa quæ debentur sibi ratione emptionis factæ
per ipsum supra locum de Lafots a domino Bertrando de Monteacuto, ratione proventuum seu exituum receptorum per dictum dominum vicecomitem et sibi appropriatorum a tempore
emptionis prædictæ citra, et quod in antea per hæredem suum
vel aliquem alium ab eo causam habentem non impediatur, quominus prædictos redditus habere possit, sicut ei jus competit
juxta acquisitionem factam, ut præmittitur per eumdem. Item
voluit et ordinavit quod hæres suus, qui erit dominus de Blan-
chaforti, teneatur deffendere Arnaldum de Bagerano et Guillermum de Pardilhano super litibus, quas habuerunt et habent in
parlamento Parisius, contra Audam de Cirano et Bernardum de
Audengia, et quod eosdem Arnaldum et Guillermum servet super
hoc penitus indempnes. Item voluit et ordinavit quod de summa
legata servitoribus suis, in dicto testamento suo ultimo, habeat
Bertrandus Raymundi, serviens armorum domini regis Franciæ,
centum libras turonenses. Item legavit dominæ Indiæ, uxori
domini Almavini de Vares, sibi debet ex causa mutui sicut dixit.

Item cum, ut idem codicillans assuerit, dominus Vitalis, archiepiscopus Vesontinus, domini Vigerius de Manhanco et Bertrandus de Galardo, milites, fratres, essent sibi obligati in mille florenis auri quilibet eorum in solidum et re vera, sicut dixit idem codicillans, quantitas debiti predicti ad utilitatem domini archiepiscopi pervenisset, prefatos milites ab obligatione predicta penitus liberavit et quittavit. Legans et jure legati cedens eidem domino Vigerio actionem dicto codicillanti competentem contra dictum dominum archiepiscopum, ita quod idem dominus Vigerius dictum debitum a dicto domino archiepiscopo possit assequi et habere, et ejus proprio commodo applicare, et alias de dicto debito facere, prout predicto domino Vigerio placuerit faciendum. Volens et mandans idem codicillans instrumenta seu munimenta quecumque dicte obligationis tradi domino Vigerio supradicto; et insuper si aliter, modo quolibet, apparebat dictos milites, et uxorem dicti domini Vigerii ac Johannem de Nadius, Guillelmum de Serran et Raymundum de Porta eidem codicillanti pro debitis pecuniariis obligatos ipsius et eorum quemlibet a talibus penitus et perpetuo liberavit.

Collection Doat, vol. 247, titres concernant les vicomtes de Lomagne, fol. 227, 233 et suiv., Bibl. de Richelieu, Cabinet des titres.

20 mai 1324.

L'abbé de Lespine, s'appuyant sur le codicille de Bertrand de Goth, ci-dessus rapporté, fait Vigier de Manhan et Bertrand de Galard frères utérins.

Il est fait mention, dans le premier codicille, de Bertrand de Goth, vicomte de Lomagne, daté du 20 mai 1324, d'un Vigier de

MANHANC (Vigerius de Manhanco), qualifié chevalier et frère de BERTRAND DE GALARD, aussi chevalier.

Il semble que Vigier ou Vegier étoit le prénom de ce Manhanc et qu'il devoit être frère utérin de Bertrand de Galard [1].

Mss. de l'abbé de Lespine, Bibl. de Richelieu, Cabinet des titres.

LE 28 AOUT 1327.

Parmi ceux qui reçurent leur solde sur la somme de trois cent mille livres apportée par les soudoyers à Marmande, on remarque BERTRAND DE GALARD.

CY ENSIENT LES ORDONNANCES SUR L'ARGENT QUI FUT APPORTÉ A MARMANDE, LE 20ᵉ AOUST 1337, PAR LES SOUDOYERS, DONT LA SOMME MONTE A 300,000 L. TS. POUR ESTRE PAYÉE.

N d'Andouins,
à Arnaud de Baulac,
à N. de Pardilhan,

---

1. Malgré la dissemblance apparente de nom, Vigier de Manhan et Bertrand de Galard pouvaient très-bien être fils du même père et de la même mère, car les cadets, à cette époque, de même que plus tard, portèrent fréquemment la dénomination du fief dont ils avaient été apanagés.

Vigier de Manhan, d'après les archives du Vatican, registre coté Benoist XII, an V, ép. 93, demanda une dispense pour épouser JEANNE DE LAMBERT, sa cousine au quatrième degré de consanguinité. Ce mariage avait été ménagé dans le but d'éteindre de vieilles discordes survenues entre les deux familles précédemment alliées. En cette considération, la bulle pontificale fut accordée par le pape Benoist, la cinquième année de son pontificat ou le 29 mars 1329.

Vigier de Manhan reparaîtra dans plusieurs autres actes, en compagnie de Bertrand et d'Arsieu de Galard.

L'abbé de Lespine, revenant ailleurs sur Vigier de Manhan, ajoute :

« Vigier, Vegier ou Viguier de Manhan, chevalier, est énoncé frère de Bertrand « de Galard, chevalier, dans un acte de 1324; il était alors marié.

à de Moncade,

à BERTRAND DE GALARD [1].

à Anissant de Pins.

Collection de Camps, vol. 83, fol. 134, v°, Bibl. de Richelieu, Cabinet des titres.

---

10 NOVEMBRE 1328.

BERTRAND DE GALARD *fut présent à l'alliance d'Odon de Montaut avec Simone de Preissac* [2].

Simone de Preissac, mariée en présence et du consentement d'Odon de Preissac, son frère, avec Odhon de Montaut, coseigneur d'Homs, par contrat du 10 novembre 1328, passé au château

1. Voir ci-dessus, pages 378 et 379, un rôle des gens d'armes qui renoncèrent à une journée de leurs gages. On y remarque plusieurs membres de la maison de Galard, entre autres Pierre, deux Bertrand et un Nession, diminutif aussi d'Ayssin, comme Gaission.

Deux Galard du prénom de Bertrand se trouvent ensemble sur ce rôle en tête duquel vient Pierre de Galard. Parmi les gens d'armes, au nombre de soixante-sept, qui sont rangés à sa suite, l'un des Bertrand de Galard est le quinzième, et l'autre Bertrand, précédé d'un Nession de Galard, est le soixante-troisième. Le premier de ces Bertrand est le sire de Brassac, dont les actes ont été rapportés plus haut, et l'autre le sire de Lisle-Bozon. Quant à Bertrand de Galard, seigneur d'Espiens, il était mort depuis longtemps en 1320. Cette année-là, on le verra plus loin, son fils, dans une requête au roi d'Angleterre, constate que son père n'est plus.

2. Fille de Vital de Preissac et d'Anglèze d'Arros, sœur de Pierre, seigneur d'Andofielle. Simone avait pour frères Vital de Preissac, seigneur d'Esclignac et de Gavarret, ainsi que Odon, damoiseau, qui épousa la dame de Montech.

d'Esclignac par Pierre de Limère, notaire de Francheville. A cet
acte furent aussi présens M. Émeric de Couserans et BERTRAND DE
GALARD, chevaliers, Raimond Sans de Manas, Amalvin de l'Isle,
Odet de Maurens et autre Odet, son fils, Arnaud d'Ossun, Arnaud
d'Esparbès, Arnaud de Corné et Raymond-Guillaume de Meillan,
damoiseaux.

Généalogie de la maison de Preissac, tirée du *Nobiliaire historique de la
province de Languedoc* par Gastelier de la Tour, Paris, in-4°, 1770, p. 63.

10 NOVEMBBE 1328.

Extrait de D. Villevieille sur le même sujet.

Messire BERTRAND DE GALARD, chevalier, assista au contrat de
mariage entre noble Bodon de Montault, damoiseau, conseigneur
des Ormes en Lomagne, et noble D^{elle} Simone, fille de feu noble
homme Vital de Montgaillard, damoiseau, seigneur d'Esclignac,
le 10 novembre 1328.

Archives de M. de Preissac, comte d'Esclignac. — *Trésor généalogique*,
par D. Villevieille, Cabinet des titres, vol. 43, fol. 130.

ANNÉE 1329.

D'après une dispense de 1329, BERTRAND DE GALARD, *seigneur de Lisle-
Bozon, fut père de Lugane, femme d'Odon de Sédilhac.*

BERTRAND DE GALARD, chevalier du diocèse de Lectoure, fut père,
entre autres enfants, de Lugane, mariée à noble Odon ou Eudes de

Sédilhac, fils de noble homme Ramond de Sédilhac, damoiseau ;
mais comme ils étaient parents au quatrième degré, ils obtinrent
un bref de dispense du pape Jean XXII, en date du 16 des calendes de février, la treizième année de son pontificat, ce qui
revient à l'an 1329[1].

Mss. de l'abbé de Lespine, dossier de Galard, Bibl. de Richelieu, Cabinet des titres.

8 JUILLET 1330.

Mathe d'Albret, femme de messire Renaud de Pons, seigneur de Bergerac,
rendit hommage, le mois et l'année ci-dessus, pour la baronnie de
Castelmoron, à Jean de Bléville, sénéchal d'Agen et de Gascogne,
commissaire du roi de France. A cet acte féodal assistèrent plusieurs
membres de la maison de Galard, entre autres BERTRAND DE GALARD,
Vigier de Manhant[2], qui est dit son frère dans plusieurs actes, tous
deux chevaliers, AYSSIN DE GALARD *et Menaud de Manhant.*

Noverint universi hoc præsens instrumentum publicum inspecturi, quod anno Domini millesimo trecentesimo tricesimo, die
octava mensis julii, in præsentia mei notarii et testium subscriptorum, ad hoc specialiter vocatorum et rogatorum, nobilis domina
Matha de Lebreto, uxor nobilis viri domini Reginaldi de Ponte,
domini de Brageiraco, militis, dominaque castri de Castromau-
rone, coram magnifico viro domino Johanne de Bleville, milite,
senescallo Agenni et Vasconiæ pro domino nostro Francorum

1. La dispense sera transcrite textuellement à l'article Lugane ou Luganette de
Galard.

2. Nous avons déjà remarqué que les cadets, pour se distinguer de leurs aînés,
prenaient souvent le nom de leurs fiefs.

rege, in prato fratrum minorum ville de Regula personaliter
constituta, dixit, seu per organum vocis discreti viri magistri
Doati de Gardona, clerici villæ predictæ de Regula dici, et proponi fecit quod, cum ipsa domina Matha teneret in feudum a
prædicto domino nostro Francorum rege baroniam et castrum
Castri Mauronis cum pertinentiis suis, et pro homagio quod
dicta domina Matha eidem domino nostro Francorum regi facere
tenebatur, et præfatus dominus noster rex per suas patentes litteras, ut dicta domina Matha et idem dominus senescallus dixerunt et assuerunt, eidem domino senescallo dedisset in mandatum ut idem dominus senescallus nomine ejusdem. . . . . .

. . . .

Acta fuerunt hæc anno Domini 1330, die octava mensis julii, in
prato fratrum minorum villæ de Regula, presentibus nobilibus
viris : Bernardo Esii, domino de Lebreto, domicello, dominis Guillelmo de Balma, castellano Reule, BIGERO DE MANHANT, BERTRANDO
DE GALARDO, Arnaldo de Novelliano, Bernardo de Semenxs, Ramundo Amanevi, militibus, venerabili et discreto viro domino
Ramundo de Albenacio, legum doctore, judice majore Agennensi,
ASSIVO DE GALARDO, MENALDO DE MANHANT [1], domicellis, Ramundo de
Samsone, burgensi, et magistro Doato de Gardona, clerico de
Regula, et pluribus aliis testibus ad hoc vocatis specialiter de
rogatis, et me Helia de Malenaco, prædictæ villæ de Regula nota-
rio, etc. [2]

Collection Doat, vol. 185, titres concernant les maisons de Foix et d'Armagnac, XXI, fol, 1, v°. Bibl. de Richelieu, Cabinet des titres.

---

1. Voir la note de la page 420.

2. Cet alinéa se trouve au folio 3 verso de la collection Doat qui va être indiqué ci-dessous.

6 AVRIL 1332.

BERTRAND DE GALARD *et d'autres seigneurs de Lomagne ratifient la procuration donnée à Bertrand de Faudoas pour régler le procès engagé entre eux et la ville de Lectoure.*

Nobles Bertrand de Faudoas et Berauld de Faudoas, seigneurs de Plius, coseigneurs de l'Isle-Boson en Lomagne, Guillaume-Ramon Lore et BERTRAND DE GUALHARDO, coseigneurs dudit l'Isle, noble Guillaume de Lucomonte, damoiseau, aussi coseigneur de l'Isle, ratifièrent la procuration qu'ils avaient donnée audit noble messire Bertrand de Faudoas, à noble Othon de Preyssac, *aliàs* de Guaries, Geraud de Dieupantala, damoiseaux, pour traiter dans leurs procès avec la ville de Lectoure, touchant leurs juridictions respectives, le 6 avril 1332; présents Arnaud de Faudoas, Bertrand de Lucomonte, N..... de Brolio[1], etc.

Mss. de l'abbé de Lespine, dossier de Galard.

---

22 JUIN 1332.

Un jugement arbitral termine le procès pendant entre la ville de Lectoure et BERTRAND DE GALARD. *Parmi les témoins de cette sentence amiable on remarque* ARCIEU *ou* ARCHIEU DE GALARD, *damoiseau, coseigneur de Terraube.*

Noble BERTRAND DE GUALHARDO et les autres conseigneurs de Lisle-Boson, en Lomagne, et de Plius, étant en procès avec la

---

1. (1344.) Bernard de Faudoas, coseigneur *de Rios et de Insula-Bosonis*, fit foi et hommage à Jean, comte d'Armagnac, pour raison desdits lieux et de tout ce qu'il tenait en la vicomté de Lomagne. (Mss. de Doat, tome I, fol. 329.)

ville de Lectoure, touchant les limites de leurs juridictions, s'en rapportèrent à des arbitres qui rendirent sentence en présence d'ARCIEU DE GUALHARDO[1], damoiseau, conseigneur de Terraube et autres, le 22 juin 1332.

Archives de l'hôtel de la ville de Lectoure. — D. VILLEVIELLE, *Trésor généalogique*, vol. 43, fol. 143. Bibl. de Richelieu. Mss.

---

22 JUILLET 1332.

Le seigneur de Lisle-Bozon (BERTRAND DE GALARD) *et celui de Plieux étaient en contestation avec l'évêque de Lectoure sur l'étendue de leurs juridictions respectives. Ces démêlés furent apaisés par une décision arbitrale prononcée devant* ARCHIEU DE GALARD, *coseigneur de Terraude et* VIGUIER DE MANHAN.

Honorable et religieux homme messire Aymond de Faudoas, abbé de Clayrac, Mre VIGUIER DE MANHANCO, Mre Pelagos de Montlezun, chevalier, ARSIEU DE GALLARDO, coseigneur de Terraube, Raoul de Montz, châtelain royal de Lectoure, damoiseaux, furent témoins de la sentence arbitrale rendue sur le différend des seigneurs de Plius et de Lisle-Bozon, en Lomagne, avec l'évêque de

---

1. Cet Arcieu devait être celui qui, dans une échelle filiative de la branche de l'Isle-Bozon, dressée par l'abbé de Lespine, représente le quatrième degré. Dans tous les cas, cet Arcieu, comparaissant à la solution d'un litige (1332) entre la ville de Lectoure et divers seigneurs, ne pouvait être en bas âge à cette époque, puisqu'il accomplissait un acte sérieux. Il est, par conséquent, distinct de l'Arcieu ou Archieu fils de Géraud II, qui était encore mineur en 1349; car cette année même Viguier de Galard et Arcieu de Berrac lui furent donnés pour tuteurs, comme on le verra plus loin.

Lectoure, touchant les limites de leurs juridictions, le 22 juillet 1332.

Archives de l'hôtel de ville de Lectoure, dépouillées et résumées par D. Villevieille, en son *Trésor généalogique.* Bibl. de Richelieu. Mss.

Année 1337.

Inscription de Bertrand de Galard, *de* Guillaume *et de deux* Pierre de Galard, *sur l'état des dépenses du comte de Valois dressé par Guillaume Feucherolles.*

Extrait d'un rouleau en parchemin intitulé : « C'est le compte de la despense de l'hostel de M. le comte de Valois, rendu par M. Guillaume de Feucherolles, depuis les octaves de la Toussaint, l'an 1337, jusqu'au mardi neuvième jour de février ensuivant, que il tint l'hostel du roy. »

ESTABLIES DE PIERREGOT ET D'AGENOIS.

Pierre de Galard, 39 escuyers, 60 sergents.

Bertrand de Galard, 5 escuyers, 12 sergents.

Escuyers simples.

Pierre de Galard, sergent d'armes, 5 escuyers.

Guillaume Gaillart,

Collection de Camps, vol. 2. — Bibl. de Richelieu, Cabinet des titres. — Mss. de l'abbé de Lespine; dossier de Galard, même fonds.

Vers 1337.

Armes des DE GALARD, *seigneurs de l'Isle-Bozon, cadets des sires de Terraube, premiers barons de Condomois.*

Une bande et un lambel [1].

1343 et avant.

Notice [2] *de l'abbé de Lespine sur* BERTRAND Ier DE GALARD, *seigneur de l'Isle-Bozon.*

BERTRAND DE GALARD, Ier du nom, chevalier seigneur de l'Isle-Bozon en Lomagne, de Plius, etc., fut du nombre des seigneurs de Gascogne dont Édouard, roi d'Angleterre, céda les hommages et

1. Ce dessin est la reproduction exacte de l'écu que l'on voit au-dessus d'une porte intérieure donnant sur l'une des cours du château de l'Isle-Bozon, dont la gravure ci-contre représente les restes échappés à l'action du temps. Nous ne consacrons point une notice à cette résidence féodale par la raison que son histoire se trouve résumée dans plusieurs personnages répartis dans cette collection de documents. Trois branches diverses de la race de Galard depuis le xiie siècle ont successivement possédé la dite place de l'Isle-Bozon.

2. Cette notice est un assemblage de diverses notes éparses sur un feuillet in-4° où l'abbé de Lespine a fait et refait deux ou trois fois sa rédaction, raturée en différents endroits.

RUINES DU CHATEAU DE L'ISLE BOZON

serments de fidélité et autres droits féodaux à Bertrand de Goth, auquel il avait déjà donné le château et la ville de Blanchefort, au diocèse de Bordeaux, du château de Puyguilhem dans celui de Périgueux et de la bastide de Montségur, dans celui de Bazas. Peu de temps après, BERTRAND DE GALARD eut procès avec la ville de Lectoure.

Il s'obligea, conjointement avec VIGIER DE MANHAN, son frère, et Vital, archevêque de Besançon, pour une somme de 1,000 florins d'or, envers Bertrand de Goth, vicomte de Lomagne, suivant le codicille de celui-ci, daté du château de Villandraut, le 20 mai 1324. Bertrand de Galard fut un des seigneurs qui assistèrent au siége de Madaillan et donnèrent au clerc du maréchal de Trie une journée de leurs gages, comme il paraît par un rôle de 1327. Il assista au contrat de mariage de Bozon de Montaut[1].

Mss. de l'abbé de Lespine, dossier de Galard, Bibl. de Richelieu, Cabinet des titres[1].

---

26 JANVIER 1316.

Sansaner de Pins, avec l'assentiment de sa femme Jeanne de Périgord, dame de Lavardac, assura, sur le château de Taillebourg, 300 livres de rente à son gendre, Guillaume-Raymond de Caumont, qui avait épousé Esclarmonde de Pins. Cet acte de collocation fut accompli sous les yeux de PIERRE DE GALARD, *de Gaston d'Armagnac, vicomte de Brulhois, de Hugues de Pins, etc.*

Noverint, etc. quod, cum actum pactum et conventum fuisset inter nobiles et potentes viros Guillelmum, dominum de Cavomonte, domicellum, ex parte una, et dominum Sansanerium de Pinibus, militem, et dominum Tailhaburgis, ex altera, quod

---

1. L'abbé de Lespine dit ailleurs que Bertrand de Galard ne vivait plus en 1343.

ratione matrimonii tunc in facie sanctæ matris Ecclesiæ cele-
brandi seu sollempnisandi inter Guillelmum Raimundi de Cavomonte, domicellum, filium dicti domini Guillelmi, et Esclarmon-
diam de Pinibus, domicellam, filiam dicti domini Sansanerii,
quod ipse dominus Sansanerius debebat dare pro dote et dotis
nomine dictæ Esclarmondiæ, filiæ suæ, dicto nobili Guillelmo,
domino de Cavomonte, ut patri dicti Guillelmi Raymundi, duo
millia et quingentas libras turonensium parvorum, in bona pecunia numerata, et tercentas libras arnaldenses in redditibus an-
nuis ad cognitionem et esgardum nobilium et potentium virorum
Jordani de Insula, domicelli, domini Montis Gailhardi, Casalis-
boni et Arnaldi de Montepesato, domicellorum, super prædictis
a dictis partibus communiter electorum, et ibidem dictum fuit,
prout hæc et plura alia in quibusdam instrumentis dotalibus
super hoc confectis, receptis et notatis per magistros Petrum
Poilhonis et Petrum de Aussamora, notarios regios, et ibidem
dictum fuit prædicta melius et clarius continentur, dictis nobilibus
et potentibus viris Guillelmo, domino de Cavomonte, domino
Sansanerio de Pinibus, militibus, in mei infra scripti notarii et
testium subscriptorum præsentia personaliter constitutus, antequam dictum matrimonium esset in facie sanctæ matris Ecclesiæ
celebratum, aut etiam sollempnisatum, dictus dominus Sansanerius de Pinibus pro se suisque hæredibus et successoribus
universis, volendo, etc.

Acta fuerunt hæc apud Montem Caprellum, vicesima sexta
die mensis januarii, anno Domini millesimo trecentesimo
decimo sexto, regnantibus dominis Philippo, rege Franciæ,
Eddoardo, rege Angliæ, duce Aquitaniæ, et Amanevo, Agenni
episcopo : testibus præsentibus nobilibus et potentibus viris
dominis Petro de Galhardo, Gualabruno de Ligardis, militi-

bus, Raimundo Auselli, legum doctorem, Guastone Armaniaci,
vicecomite Brullesi et Fesenseguelli, Geraldo et Bernardo Tren-
caleonis, domicellis, dominis Hugone de Pinibus, milite, Arnaldo
de Gardia, dicto Serrerii, rectore ecclesiæ Castri Comitatis, ad hoc
vocatis specialiter et rogatis. Postque, anno, die, loco et regnantibus quibus supra, constituta personaliter in præsentia mei infra-
scripti notarii et testium subscriptorum, etc.

Collection Doat, vol. 181, fol. 95-104 v°, Bibl. de Richelieu. Mss.

Année 1321.

Pierre de Galard, *dans la supplique ci-après, prie le roi d'Angleterre
de confirmer la donation du château de Belly et du lieu de la Mothe
d'Ensarrès faite à son père Bertrand de Galard pour l'indemniser
de ses pertes durant les dernières guerres. Ces possessions sont la
seule ressource du demandeur pour soutenir sa mère et ses
compagnons*[1].

A NOSTRE SEIGNURE LE ROI ET A SOUN BON CONSEIL.

A nostre seignur le roi et à soun bon conseil monstre le vostre lige homme Pierre de Galard, fluz del nostre chevaler Bertrand
de Galard, que, comme en la guerre de Gascoigne, le dit Pierre
ad perdu son père et tous ses chateux et rentes, et le noble
homme mon seigneur Edmond, counte de Kent et lieutenant
adonqes de nostre seignur le roi en la duchée de Gyene, donait
al dit mon seignur mon père, en récompensacion de ses chateux

---

1. Voir le compte de Michel Pinchart en 1327, page 273, dans les documents relatifs à Pierre, grand maître des arbalétriers, Bertrand de Galard, seigneur de l'Isle-
Bozon. Pierre de Galard et d'autres membres de sa famille abandonnent une journée de leurs gages au profit de la défense nationale.

et rentes qu'il avait perdu en soun service en sa dite gerre le
chastel et lieu de Belly et Mote d'Ensar ove tutes les apartenances,
si com il piert par les letres overtes ensealeez du seal, ledit mons.
Ensmon et comme ledit Pierre nad dount vivre, ne dequoi
sustener sa mere ne ses autres compaignons for que taunt
seulement de la dite donacioun. Suplie le dit Pierre à nostre
seignur le roi et à son boun conseil qe il vous plese ladite donacion confermer et garenter par vos letres patentes en tieu manère
que il puisse meintener son estact al honur de vous et al profit
de lui.

> *Transcrit sur l'original en parchemin au dos duquel est écrit
> la réponce suivante.*

« Le roi ad entendu qe ascuns emendes eut esté factes en tieu
« cas et enverra procheinement un senescal suffisant devers celes
« parties et s'enformera des procès et des domages donez et re-
« ceuz et domages fetz et des condicions de gentz et fra en ma-
« nère que chescun se tendra apaie par reson. »

Archives du château de Larochebeaucourt, transcription certifiée conforme par Bréquigny. — *Histoire de Gascogne,* par l'abbé Monlezun,
tome VI, page 470.

---

24 FÉVRIER 1327.

*Édouard III, roi d'Angleterre, avait confié, au temps où il était duc de
Guyenne, à Jean de Bretagne, comte de Richemond, et à PIERRE DE
GALARD, diverses missions qu'il révoque par les lettres ci-après.*

Rex omnibus ad quos, etc., salutem...
Commissiones quascumque et potestates per nos dum eramus

dux ducatus prædicti antequam regni nostri gubernacula suscepimus dilecto consanguineo et fideli nostro Johanne de Britannia, comite Richemundiæ, et PETRO DE GALARD, in eodem ducatu, sub sigillo quo utebamur factas, tenore presentium revocamus, et hoc omnibus quorum interest innotescimus per presentes. In cujus, etc.

Teste rege, apud Westmonasterium, xviiii die februarii (1327). Per consilium.

Archives du château de Larochebeaucourt; copie certifiée conforme par Bréquigny.

15 JUILLET 1331.

Dans un compte de chevauchées et de fournitures pour chevaux, dû par le connétable de Bordeaux à Guillaume de Berrens, figure un PIERRE DE GALARD.

De debitis tam pro vadiis, quam pro restauro equorum, per constabulario Burdegalense solvendis Guillelmo de Berrenis[1]. Datum apud Lichefeld, 8 julii, pro Petro de Montecalvo, ut supra :

PETRO DE GALARDO ;

Guillelmo Amanus de Pomeriis ;

Arnaldo Garsii de Toars, chivaler ;

T. R. ut supra 15 julii.

Collection Bréquigny, tome 40, rôles gascons, page 116 de l'ancienne pagination et fol. 59 de la nouvelle.

1. Berrens est le nom d'un lieu situé entre Mezin et Condom et tout près de cette ville.

22 JUILLET 1331.

Édouard III écrit à Pierre de Moncaup et lui fait connaître son inten-
tion de récompenser ceux qui se sont dévoués à la défense de sa
cause. C'est dans ce but que le souverain ordonne une enquête sur
les dommages subis par ses partisans durant la dernière guerre.
Une lettre pareille fut adressée à PIERRE DE GALARD, *seigneur d'Es-*
piens.

DE CERTIFICANDO SUPER DAMPNIS QUÆ DIVERSI HOMINES SUSTINUERUNT
. PER GALLICOS.

Rex senescallo suo Vasconiæ, et constabulario suo Burdegaliæ,
qui nunc sunt, vel qui pro tempore erunt, salutem.

Supplicavit nobis dilectus nobis Petrus de Moncaup, ut, cum
ipse in guerris, in ducatu prædicto, tempore domini E. super
regis Angliæ, patris nostri, et nostro, exortis, eidem patri nostro
et nobis contra Gallicos adhæsisset, et se et sua variis periculis
exposuisset, ac dampna et jactura quamplurima, occasione
guerrarum prædictarum, sustinuisset,

Velimus, in recompensationem dampnorum et jacturarum
hujusmodi, sibi remunerationem facere aliqualem.

Nos,

Ut ejus supplicationi in hac parte annuere valeamus, volentes
per vos certiorari quæ dampna, et jacturas, præfatus Petrus pro
ipso patre nostro et nobis in guerris prædictis sustinuit, et qualiter,
et quomodo,

Vobis mandamus quod, habita super hoc, viis et modis quibus
expedire videritis, informatione pleniori, nos de eo, quod inde
inveneritis, sub sigillo quo utimur in ducatu prædicto, distincte
et aperte certificetis, ut tunc, inde certiorati, ulterius inde fieri

faciamus quod rationabiliter fuerit faciendum. Dat. apud Lincoln,
decimo octavo die julii, ann. D. 1331, Per concilium.

Consimiles literas habent subscripti, videlicet :

PETRUS DE GALLARDO,

Ramfredus de Monte Pesato,

Arnaldus de Monte Pesato,

Pro Willielmo comite de Julers, de feodo annuo-sibi solvendo.

Teste rege apud Lincoln, vicesimo secundo julii.

RYMER, *Conventiones, fœdera, litterœ,* tome II, 3ᵉ partie, page 68.

---

7 AVRIL 1333.

*Dispense du pape Jean XXII qui autorise le mariage de PIERRE DE
GALARD, dit le jeune, et d'Alpaïs de Montaigu, malgré le quatrième
degré de consanguinité existant entre eux.*

DILECTO FILIO, NOBILI VIRO PETRO DE GALARDO JUNIORI ET DILECTE IN
CHRISTO FILIE NOBILI MULIERI ALPAIDE DE MONTEACUTO, NATE QUONDAM
BERTRANDI DE MONTEACUTO, ·CONDOMIENSIS ET CARTUCENSIS DIOCESIS,
SALULEM [1].

Intenta salutis operibus apostolice Sedis circumspecta benignitas, nonnunquam rigorem justitie mansuetudine temperans,

1. Cette adresse sur le registre du Vatican est écrite en caractères rouges.

Pierre de Galard le jeune et Alpaïs de Montaigu obtinrent une deuxième dispense, le 12 décembre de la même année 1333, car, après avoir reçu la première,
ils reconnurent que le quatrième degré de consanguinité, dont ils avaient été absous,
n'était pas le seul empêchement, et qu'il fallait de nouveau recourir à la grâce
pontificale pour effacer aussi un autre quatrième degré d'affinité. Cette dernière difficulté fut levée par une bulle du pape Jean XXII fulminée d'Avignon le 12 décembre 1333.

Cette dernière dispense est de même teneur que la première, avec cette diffé-

quod negat juris severitas de gratia benignitatis indulget, cum. id secundum Deum prospicit expedire. Exhibita siquidem nobis vestra petitio continebat quod vos, exigentibus certis causis rationalibus, desideratis invicem matrimonialiter copulari, sed quia quarto consanguinitatis gradu invicem vos contingitis, matrimonium hujusmodi contrahere non potestis dispensatione super hoc apostolica. non obtenta. Quare nobis humiliter supplicatis ut providere vobis super hoc de opportune dispensationis remedio dignaremur. Nos igitur certis ex causis que ad id nostrum animum rationabiliter induxerunt, vestris in hac parte supplicationibus inclinati, vobiscum quod impedimento consanguinitatis predicte aliquatenus non obstante, hujus modi matrimonium invicem libere contrahere et in eo, postquam contractum fuerit, licite remanere valeatis, auctoritate apostolica, de speciali gratia, dispensamus, prolem suscipiendam ex hujus modi matrimonio legitimam decernendo. Nulli igitur, etc. Datum Avenione, VII dus aprilis, anno XVIII°.

Archives du Vatican, registre coté Johanne xxii; anno XVIII, Ep. 539.

rence toutefois que le prénom d'*Alpaïs* a étéch angé en *Alpaide,* que les deux époux, désignés d'abord comme habitants des diocèses de Condom et de Cahors, appartiennent en dernier lieu à ceux de Condom et d'Agen. Il est présumable que dans l'intervalle des deux dispenses, c'est-à-dire du mois d'avril au mois de décembre, Alpaïs de Montaigu avait transporté sa résidence du Quercy dans l'Agenais.

Alpaïs de Montaigu appartenait à la puissante famille de ce nom qui joua dans tous les temps un grand rôle en Quercy. On trouve fréquemment sa trace dans Rymer, la collection Bréquigny et ailleurs. Il ne faut point toutefois confondre cette race avec celle de Montagut ou Montaigut en Armagnac. De cette dernière étaient Bernard de Montagut signalé dans les preuves de l'*Histoire de Gascogne,* par l'abbé Monlezun, tome VI, pages 61 et 79, Guillaume de Montagut, témoin du testament de Baulat, seigneur de Preneron en Fezensac, et de Saint-Gery en Albigeois, le 17 mai 1382, ce qui appert d'un acte de fonds Doat, t. 195, fol. 2 et 3. En Auvergne, on rencontre également dès le xiii° siècle une famille de Montagut qui projeta un certain éclat.

Année 1338.

Pierre de Galard *est au nombre des écuyers qui servirent en 1338 sous les ordres de Jean, roi de Bohême, lieutenant général du roi de France ès parties de Gascogne.*

EXTRAIT D'UN ROLE INTITULÉ : LA RETENUE DES GENS D'ARMES DE L'OST ET MAISNAGE DE NOUS RAOUL, COMTE D'EU, ETC.

Chevaliers qui ont servi en la guerre de Xaintonge sous Itier de Maingnac, chevalier du roy, capitaine de Xaintonge, et qui ont touché leurs gaiges par les mains de Renaut Grollebois, receveur du roy au dit pays, l'an 1340.

Gens d'armes, qui ont servi et ont esté aux gages du roy, nostre sire, ez parties de Gascongne, sous le gouvernement de monseigneur le roy de Bohëme, lieutenant du roy ès dites parties.

Escuyers : Pierre de Galart.

Collection manuscrite de l'abbé de Camps, vol 83, Bibl. imp. Cabinet des titres.

Année 1338.

Lettres de Philippe de Valois, roi de France, qui ratifient la donation des biens d'Arnaud de Cautrain précédemment faite à Pierre de Galard.

CONFIRMATIO DONI FACTI PETRO DE GALART DE BONIS ARNALDI DE CAUTRAIN.

Ph. Dei gracia Francorum rex, notum facimus omnibus, tam presentibus quam futuris, nostras infrascriptas vidisse litteras

formam que sequitur continentes : « Jehan, par la grace de Dieu,
roi de Beauhème, et lieutenant du roy de France, nostre sire,
es parties de la langue d'oc… à tous ceulx qui ces lettres verront
salut: savoir vous faisons que nous, à la supplication de PIERRE DE
GALART, sergent d'armes de nostre sire le roy, et pour la considération des bons services qu'il a faiz envers lui, tant en l'office de
sergenterie que autrement, sur l'espace de XIX ans, toute la terre
et biens et terres de Cautrain, rebelle au roy, nostre sire, que Ar-
nauld de Caumont, a ou peut avoir par non devis ou autrement,
au lieu de Chasteau-Mouron ou en les appartenances, de nostre
grace espéciale et de certaine science, au nom du dit nostre sire
le roy, abandonons, octroyons, remettons au dit Pierre à tenir,
user, exploiter à sa volonté, faire comme de sa propre chose pour
soi et pour ses hoirs et successeurs par ces présentes. Si mandons au sénéchal d'Agenois et aux juges et au bailli du dit lieu
et à tous aultres et à chascun d'eulx et à leurs lieutenants que le
dit Pierre mettent en possession d'iceulx biens, lequel nous y
mettons par ces présentes, le tiegnent et défendent et que contre
ceste grace ne facent et ne permettent faire aucun dol de icelle,
le facent et laissent jouir a plain. En tesmoins de la quelle chose,
nous avons fait mettre nostre scel en ceste présente grace.
Donné à Marmande le XXI jour de janvier de l'an de grace mil
trois cent trente-huit….. » Nos autem omnia et singula in dictis
litteris contenta grata habentes, etc.

Trésor des chartes ; rég. LXXIII, vol. X, JJ. 73, fol. 193, verso. Archives
de l'Empire. Charte 247.

___

1. Voir ci-dessus, page 159, le compte de Jean Le Mire, trésorier des guerres, sur
lequel est mentionné Pierre de Galard, sergent d'armes, comme étant en activité
militaire durant les mois de juin 1337 et de février 1338.

8 SEPTEMBRE 1339.

*Une revue de deux cents hommes d'armes à cheval et de deux mille
servants à pied, combattant sous la bannière de France et le commandement du comte de Foix, fut faite à Mont-de-Marsan et reçue
par Bernard de Beauvoir (de Bellovidere), viguier de Carcassonne,
conformément aux lettres de Pierre de Palude, seigneur de Varembon, capitaine général pour le roi en Languedoc.* PIERRE DE GALARD,
*monté sur un cheval bai aux pieds blancs, assista à cette montre
en compagnie d'un autre* PIERRE DE GALARD, *sergent d'armes, et de
deux* RAYMOND DE GALARD, *arbalétriers.*

Monstra recepta in loco Montis Martiani per Bernardum de
Bellovidere, servientem armorum domini nostri regis et vicarium
Carcassonæ, de ducentis hominibus armorum et duobus millibus
servientibus egregio viro domino comiti Fuxi, per dominum
Petrum de Palude, militem, senescallum Tholosæ et capitaneum
in partibus Occitanis, a rege nostro deputatum vigore mandati
sibi literatorie facti, quod est tale :

Petrus de Palude, dominus Varambonis, miles; domini nostri
Franciæ regis capitaneus generalis, commissus per dominum
nostrum regem in Lingua Occitania, egregio viro comiti Fuxi,
vicecomiti Bearnii et Martiani, salutem. Cum prout intelleximus
inimici domini nostri regis in terris Bearnii ac Martiani plura
damna, incendia, homicidia ac rapinas intulisse dicantur in domini nostri regis vituperium, et vestri ac successorum vestrorum
detrimentum, nos, ad opprimendam quorumdam inimicorum
vanitatem et superbiam, vobis mandamus, quatinus cum ducentis hominibus armorum equitibus et duobus millibus servienti-

bus peditibus, quos ad vadia, gagia consueta ultra numerum
gentium armorum equitum et peditum·stabilitare terræ vestræ
per octo dies, pro damnificando inimicos prædictos, tenore præsentium retinemus contra et adversus dictos inimicos equitetis,
mandantes thesaurario guerrarum dicti domini regis vel ejus
locum tenenti quatenus eidem domino comiti de vadiis consuetis, pro se et suis prædictis gentibus armorum equitibus et peditibus, de octo diebus computet juxta formam monstræ per
Bernardum de Bellovidere, servientem armorum ac vicarium
Carcassonæ domini nostri regis, retinendæ, cui super præmissis
recipiendi monstram prædictam tenore præsentium concedimus
et comittimus potestatem, et id quod per finem compoti eidem
deberi noveritis exsolvatis, retinendo recognitionem et quittatio-
nem cum præsentibus literis, per quas domini cameræ compotorum in suis compotis allocabunt, et de sua deducent recepta.
Datum et actum Tholosæ, octava die septembris, anno Domini
millesimo trecentesimo tricesimo nono; et *plus bas*; per Dominum
et à *costé* : P. de Pinibus.

MONSTRA.

Dominus Arnaldus de Yspania, miles et baro, cum equo
bayardo claro stellato in longitudine frontis, extimato centum
quinquagenta libras turonenses.

Lubetus de Puenctis cum equo liardo pomelato, cauda, crine
et tibiis nigris, extimato xxx l.

Guillermus Raimundi de Viania, cum equo ferrando mascoso,
ιν^{xx} l.

Lubetus de Bordis, cum equo bayardo, pede ultimo sinistro
albo, xxx l.

Bertrandus de Yspania cum equo bayardo scuro, cauda, crine et tibiis nigris, LX l.

Galhardus de Rupe cum equo bayardo parum albo supra nazis, extimato XXV l.

Bertrandus de Punctis cum equo bayardo claro, cauda, crine et pedibus albis, extimato XL l.

Guillermus Raymundi cum equo maurello, caucto quatuor tibiis, ultimo pede sinistro baussano, XXV l.

Pontius de Calvayraco cum equo bayardo tribus pedibus albis, XL l.

Johannes de Sancto-Pastore cum equo bayardo, cauda, crine, tibiis nigris, XL l.

Petrus de Benca cum equo bayardo, cauda, crine, tibiis nigris, XXX l.

Raymundus Rotgerii cum equo penitus maurello, extimato XXV l.

Petrus Dornesa, scutifer barayrerius cum equo bayardo, scuro musello et ylis rubeis, extimato LXX l.

Dominus Geraldus de Cos, miles, cum equo liardo, genibus nigris, extimato LXXX l.

Arnaldus de Barbasan, cum equo liardo pomelato a parte posteriori, LX l.

Petrus de Galar, cum equo bayardo, facie et pedibusalbis, XXV l.

Arnaldus de Ruppe, cum equo rami stellato, cauda, crine, tibiis nigris, LX l.

Johannes de Levis, cum equo maurello stellato, musello albo, CL l.

Jacques de Mirapisce cum equo penitus maurello, XXV l.

Guillelmus B. de Sancto-Pastore cum equo maurello, pedibus dextris albis, LXX l.

Isarnus de Cornilhano, cum equo nigro liardo cauda albo, xxx l.

Bernardus de Cornilhano, cum equo nigro liardo, cauda, crine, tibiis nigro, ultimo pede dextro baussano, extimato l l.

Bertrandus de Labat, cum equo ruffo liardo stellato, cauda et tibiis nigris, extimato xl l., etc.

Monstra servientium peditum cum lanceis, tanlachis, telis, ensibus et gladiis, recepta ut supra :

Raymundus de Casaus,
Boatus de Lassus,
Raymundus de Lesias,
Monicotus de Casaus,
Arnaldus de Casanova,
Guillelmus de Puteo,
Johannes de Casanova,
Arnaldus de Castilho,
Guillelmus de Cassios,
Olmerius de Pontaco,
Petrus de Pratis,
Guillelmus de Labat,
Johannes de Casanova,
Guillelmus Raymundi,
Arnaldus Gassie de Casalibus,
Petrus de Forcada,
Guillelmus de Forcada,
Petrus de Fageto,
Arnaldus Gassie,
Doatus Gassia,
Guillelmus de Casanova,
Doatus de Casalibus,
Guillelmus Arnaldi de Casanova,
Bort de Prato.
Arnaldus de Fita,

Raymundus de Vassalis,
Raymundus Rogerii,
Guillelmus de Casanova,
Arnaldus de Casalibus,
Doatus de Casalibus,
Arnaldus de Lafita,
Spurius de Pratis,
Raymundus Rotgerii,
PETRUS GALHART[1].
Raymundus de Vassalis,
Johannes de Casalibus,
Raymundus de Casanova,
Bernardus de Ruppe,
Petrus de Bordis,
Guillelmus Arnaldi de Cazanova,
Monicotus de Forcada,
Menaudus de Fita,
Guillelmus de Cortada,
Monicotus de Cazanova,
Arnaldus de Anglada,
Guillelmus de Roca,
Petrus de Puteo,
Guillelmus Costa,
Bernardus de Cazalibus,
Gassias de Lafita,

---

1. Ce Pierre de Galard est certainement celui qui épousera, en 1341, Marie de Caumont. Il appartenait à la branche d'Espiens de même que le Pierre de Galard monté sur un cheval bai et aux pieds blancs.

Guillelmus de Casanova,
Raymundus de Casanova,
Spurius de Vilheriis,
Raymundus de Puey,
Arnaldus de Pratis,
Bernadotus de Casanova,
Petrus de Labenchis,
Monicotus Danglada,
Galhardus de Lobene,
Petrus Cosso,
Petrus de Planha,
Guillelmus Raymundi de Cazalibus,
Bernardus Danglada,
Guillelmus Arnaldi de la Fita,
Petrus deu Causo,
Raymundus de Cazalibus,
Fortanerius de Lanalongua,
Arnaldus Bernardi,
Sancius de Pontat,
Bajulus de Gornes,
Bernardus de Bosco,
Arnaldus Gassie,
Mathio de Luca,
Bernardus de Sancto-Pastore,
Bernard de Fontanilhiis,
Arnaldus de Bosco,
Helias Vigier,
Raymundus Bernardi,
Guillelmus de Bosco,
Raymundus de Castilho,
RAYMUNDUS GALHARDI,
Johannes de Biana,
Petrus de Serra, etc., etc.

Infra scripti sunt balisterii :
Johannes de Bencho,
Petrus de Bosco,
Guillelmus Cazals,
Johannes Roca,
Durandus de Cabanas,
Guillelmus de Sancto-Paulo,

Raymundus de Antino,
Guillelmus Sudre,
Johannes de Prato,
Bernardus de Sancto Paulo,
Guillelmus Bernardo,
Petrus Arnaldi de Lassus,
Petrus de Cazalibus,
Bertrandus de Bordis,
Petrus de Bordis,
Bernardus de Sancto-Paulo,
Vitalis de Mirapeis,
Raymundus de Bordis,
Raymundus Roca,
Raymundus de Lafita,
Raymundus de Tezan,
Viana,
Raymundus del Benquet,
Hugo de Sancto-Paulo,
Guillelmus Roqua,
Berdotus del Pueg,
Johannes de Monte,
Bernardus Rotgerii,
Johannes de Cabanis,
Guillelmus de Bos,
Petrus de Lassus,
Deodatus Forabost,
Fortanerius de Putco,
Spurius de Luco,
Raymundus Guillelmi de Barbaza,
Arnaldus de Bernat,
Arnaldus de Lacu,
Gassias Arnaldi de Cazalibus,
Guillelmus de Lassus,
Peyrotus de Casanova,
Arnaldus Guillelmi de Forcada,
Raymundus Guillelmi de Cazalibus,
Arnaldus de Peyria,
Berdoletus de Cazalibus,
Petrus Raymundi,
Spanus de Barbazano,

Petrus de Bost,	Petrus de Fita,
Jacobus Ramundi,	Guillelmus de Cornilha,
Raymundus de Luco,	RAYMUNDUS GALHARDI [1],
Augerius de Mirapeis,	Etc., etc.

Collection Doat, vol. 186, du fol. 332 au fol. 363, v°. Bibl. imp. Mss.

ANNÉE 1339.

PIERRE DE GALARD, *sergent d'armes, délivre quittance de ses gages à François de l'Hospital, chef des arbalétriers en la ville de Saint-Quentin.*

Sachent tous que je, PIERRE DE GALARD, sergent d'armes, ay eu et receu de François de l'Hospital, chief des arbalestriers du roy, nostre sire, en prest sur les gaiges de ma paye et le cours de ma masse 100 s. tornois desservis et à desservir en ceste présente guerre, desquels c s. je me tiens pour bien payé. Donné souz mon scel à Saint-Quentin, le 28e jour de l'an 1339.

Fonds d'Hozier, liasse de Galard, Bibl. imp. Cabinet des titres.

Une bande et un lambel.

1. Cette revue fut inscrite et collationnée, en présence du président Doat, au trésor des chartes du château de Foix, sur un rouleau de plusieurs feuilles en papier, le 12 janvier 1668.

On trouve des extraits de la même montre dans l'*Histoire de Gascogne*, par Monlezun, t. III, p. 497, dans l'*Histoire de Languedoc*, par D. Vaissète, t. IV, p. 181 et suivantes. Cette revue est également signalée dans le 3e volume du *Nobiliaire de Guienne*, rédigé par M. de Laffore et en nos *Maisons historiques de Gascogne*, t. II, p. 160.

25 OCTOBRE 1339.

Autre quittance du même au même.

Saichent tous que je PIERRE DE GALARD, sergent d'armes du roy, ay eu et receu de François de l'Hospital, chief des arbalestriers du roy, nostre sire, en prest sur les gaiges du cours de ma maste[1] pour VIII jours vinc sols tournois des queux je me tieng apayé. Donné soubz nostre scel, à Saint-Quentin, le vingtiesme jour d'octobre 1339.

(Sceau fruste.)

Sceaux, vol. 51, fol. 3,839. Bibl. imp. Cabinet des titres.

ANNÉE 1340.

D'après le sommaire ci-dessous d'une charte malheureusement perdue, dame Nauda, présumée par plusieurs généalogistes de la maison de Caumont, était veuve en 1340 de PIERRE DE GALARD, chevalier.

Remissio facta NAUDE[2], relicte domini PETRI DE GALARDO, mili-

1. Pour masse.

2. Certains généalogistes ont confondu cette dame avec Marie de Caumont, alliée à un autre Pierre de Galard, seigneur d'Espiens en 1341, et avec Talésie de Caumont, femme de Pierre de Galard, grand maître des arbalétriers. Nauda ne pouvait être Talésie, morte en 1333, comme il est établi par le testament de Guillaume de Caumont dont nous avons donné un extrait page 400. Nauda ne pouvait pas être davantage Marie de Caumont dont les noces furent célébrées en 1341 et dont le contrat de mariage sera rapporté ailleurs. Des deux lignes de texte latin, que nous venons de reproduire, il résulte que Pierre de Galard contracta une deuxième union avec Nauda. On n'a pas oublié que la première avait eu lieu avec Alpaïs ou Alpaïde de Montaigu ou Montagu. Voir la note de la page 400, ou l'on trouvera des explications complémentaires.

tis, emende LXIX l. in qua per magistrum forestarum senescallie Tholose condempnata fuerat[1].

Trésor des chartes, registre LXXII, acte 152, année 1340-1343, fol. 630.

ANNÉE 1317.

Acquisition d'une pièce de terre par frère FRANÇOIS.DE GALARD *au profit de l'ordre de Saint-Jean de Jérusalem.*

Achat fait par frère Jacques de Manas, commandeur d'Argentens[2] et de Cours, et par frère FRANÇOIS DE GOULART, du dit ordre,

1. Nous avons feuilleté le registre dans la table duquel le sommaire de la pièce était indiqué; or le cahier qui la comprenait manque. Cette lacune existait déjà lorsque la dernière pagination a été faite.

2. Les de Galard, bien avant cette époque, avaient contribué à la prospérité de l'ordre du Temple, qui avait précédé celui de Saint-Jean de Jérusalem, par divers actes de bienfaisance. GUILLEM DE GALARD, en 1227, avait permis à la maison d'Argentens de faire paître ses bestiaux dans toute l'étendue de ses fiefs, ce qui résulte de l'inventaire de ladite commanderie conservé dans les archives de la Haute-Garonne, salle de Malte, cahier 35, fol. 3, dans lequel nous lisons :

« Donation faite en faveur dudit sieur commandeur d'Argentens par GUILLEM « DE GOULARD de douze livres d'argent et du pasturage, par toutes ses terres, du bétail « appartenant au dit sieur commandeur, en date de l'an mil deux cens cinquante-« huit. »

Quelques années plus tard (1258), d'autres personnages de la même race, tels que VIDAL et BERNARD GOULARD, renouvelèrent les largesses de leur père, comme il est établi par cet article du registre susdit fol. 2, v° :

« Donation faite en faveur du commandeur d'Argentens par les sieurs VIDAL et « BERNARD GOULARD, prestres, de tous les droits qu'ils avoient et prétendoient dans « les fiefs appelés les de Marsans et de Saubardan, de l'an mil deux cens vingt-sept, « reçue par de Garlandia, notaire de Nérac. »

L'inventaire d'Argentens, cahier 35, p. 14, nous fait connaître une compétition de terres survenue en 1274 entre le commandeur d'Argentens et BERTRAND DE GA-

d'une pièce de terre, au dit lieu de Cours, moyennant la somme de 30 francs bourdelois de l'an mil trois cens dix-sept, retenu par Pierre de la Grace, notaire.

Archives de la Haute-Garonne, salle de Malte[1], inventaire d'Argentens, vol. 35, p. 97.

LARD, seigneur d'Espiens, laquelle fut réglée à l'amiable, ainsi qu'il appert de la citation suivante :

« Sentence arbitrale rendue par Me Pierre de Martres, entre le commandeur « d'Argentens et BERTRAND DE GALARD, pour raison du différend qui estoit entre eux « à cause des terres de Maupas et bois d'Espienx dans la paroisse de Saint-Vincent « de Padiern ; appert d'icelle escrite en une peau de parchemin, en latin, de l'an « mil deux cens septante quatre, rettenue par de Bruc, notaire de Nérac et coté « nº 66.

En 1276, Bertrand de Galard est encore mentionné dans le même document, p. 54, où il reconnaît que sa revendication sur la forêt d'Espiens est sans fondement : « Plus un acte duquel appert comme quoy BERTRAND GALARD advoue et dit « n'avoir aucun droit sur le bois appelé Espiens, qui est dans le fief de Mellan, en « date de l'an mil deux cens septante six, receu par Garlandia, notaire de Nérac, « et cotté nº 2. »

Le tirage des premières feuilles, dans lesquelles sont rapportés les gestes de Guilhem ou Guillaume de Galard (probablement celui des coutumes de la Sauvetat) et les actes concernant Bertrand de Galard, sire d'Espiens, était opéré lorsque nous avons découvert les faits ci-dessus. C'est pour cette raison que nous les consignons ici, ne pouvant les introduire en leur place méthodique.

M. Denis de Thézan, avec une constance bénédictine, a consacré dix années à dresser une liste malheureusement inédite de vingt-cinq mille pèlerins croisés, chevaliers du Temple, de Saint-Jean de Jérusalem et de l'ordre teutonique, allant de 1096 à 1796. Parmi les homonymes des de Galard, appartenant aux susdites maisons militaires et religieuses, durant les XIIIe et XIVe siècles, nous relevons :

Golard ou Goulard (12), commandeur de Saint-Remy, en Poitou, ordre de Saint-Jean de Jérusalem ; 1208 (LE DAIN, Histoire de Partenay) ;

Galhard ou Gallard (frère), commandeur du Temple de la Capelle-Livron en Quercy ; 1250 (Doat, CXXXIV, 119) ;

Gaillard ou Gaillarde (Guillaume), chevalier de Saint-Jean de Jérusalem, commandeur d'Étampes ; 1376 (Carton MM. 30, Arch. de l'Empire).

. 1. Ce dépôt est, pour l'histoire de l'ordre des Hospitaliers, un des plus riches de France.

4 MAI 1320.

ASSALIDE DE GALARD *avait contracté alliance avec noble Bernard de Fourcès, damoiseau, fils de Jourdain, seigneur du château de Fourcès, lorsqu'on découvrit que ce mariage était entaché de nullité par suite du cousinage au quatrième degré entre les époux. Le pape Jean XXII, prévoyant que leur séparation pouvait entraîner des querelles entre leurs familles, valida la deuxième union par une dispense dont la teneur suit.*

VENERABILI FRATRI EPISCOPO CONDOMIENSI.

Peticio dilecti filii Bernardi de Forcesio, domicelli, et dilecte in Christo filie nobilis mulieris ASSALIDE DE GALARDO, tue diocesis, nobis exhibita, continebat : quod ipsi olim ignari quod aliquod esset obstaculum, quod inter eos posset matrimonium impedire, matrimonium invicem publice in facie Ecclesie, bannis prius editis, ut moris est, contraxerunt, et carnali inter eos copula subsequta, diu insimul habitarunt. Verumque postmodum ad eorum pervenit noticiam quod maritus, quem antea dicta Assalida habuerat, dicto Bernardo in quarto consanguinitatis gradu, dum viveret, attinebat; propter quod ipsi Bernardus et Assalida non possunt, absque dispensatione Sedis apostolice, in sic contracto matrimonio licite remanere. Fuit nobis, ex parte ipsorum, humiliter supplicatum, ut, cum ex eorum separatione, si fieret et eam fieri contingeret, possent inter parentes utriusque partis guerre et scandala quamplurima exoriri, providere super hoc de opportune dispensationis remedio misericorditer dignaremur. Nos igitur, qui salutem querimus singulorum et libenter Christi fidelibus quietis et pacis commoda procuramus, super hiis salubriter providere ac guerris supradictis et scandalis obviare volentes,

gerentesque de circumspectione tua fiduciam in Domino specialem, fraternitati tue per apostolica scripta mandamus, quatenus
si premissis veritas suffragatur, cum eisdem Bernardo et Assalida,
quod impedimento consanguinitatis hujusmodi non obstante,
possint in dicto matrimonio licite remanere auctoritate nostra
dispenses, prolem susceptam et suscipiendam ex eis, legitimam
nuntiando. Datum Avenione, IV Nonas maii quarto.

Archives du Vatican, registre coté Joan. XXII, parte 5, ep. 971.

13 NOVEMBRE 1333.

*Le bref pontifical de 1320 en faveur de Bernard de Fourcès et d'*ASSALIDE DE
GALARD, *pour cause d'un autre vice, fut renouvelé treize ans après.
On avait découvert, dans l'intervalle, que des liens d'affinité existaient
entre Arnaud de Beauville, seigneur de Brassac, premier mari
d'Assalide, avec Bernard de Fourcès, qui était le second.*

DILECTO FILIO BERNARDO DE FORCESIO, NATO DILECTI FILII NOBILIS VIRI
JORDANI, DOMINI CASTRI DE FORCESIO, DOMICELLO, ET DILECTE IN CHRISTO
FILIE NOBILI MULIERI SARIDE DE GALARDO, CONDOMIENSIS DIŒCESIS,
SALUTEM.

Romani pontificis precellens auctoritas non nunquam rigorem
justicie mansuetudine temperans quod negat juris severitas de
gracia benignitas indulget, cum id in Deo conspicit salubriter
expedire. Sane petitio vestra nobis exhibita continebat quod vos
dudum ignorantes aliquod impedimentum fore propter non
possetis invicem matrimonialiter copulari ad precludendum viam
inimicitiis et scandalis que hactenus fuerunt diu inter vestros
consanguineos et propinquos, ex quibus strages hominum et alia

gravia damna provenerunt; pro bono pacis et concordie inter
ipsos solidius nutriende, in facie Ecclesiæ, bannis prius super
hoc editis, ut est moris, per verba de presenti matrimonium
invicem contraxistis ; et carnali inter vos postmodum subsecuta,
annis pluribus insimul existentes, prolem ex matrimonio hujusmodi suscepistis ; quodque nuper ad vestram notitiam relatu fide
digno pervenit, quod tibi fili Bernard quondam Arnaldus de
Bovevilla, dominus de Brassaco, Caturcensis diocesis olim, tuus
filia Sarida maritus in quarto consanguinitatis gradu attinebat,
propter quod tu et Sarida præfata non potestis in hujusmodi
matrimonio remanere, dispensatione super hoc Sedis apostolice
non obtenta. Quare nobis humiliter supplicastis ut cum hujusmodi matrimonii separatione si fieret graviora dampna, pericula
et scandala timeantur veresimiliter suboriri, providere vobis
super hoc de opportune dispensationis remedio misericorditer
dignaremur. Nos igitur, qui salutem querimus singulorum et
libenter Christi fidelibus quietis et pacis commoda procuramus,
hujusmodi scandalis, dampnis et periculis, quantum cum Deo
possumus obviare volentes, vestris in hac parte supplicationibus
inclinati, vobiscum ut, impedimento quod ex consanguinitate
hujusmodi provenit aliquatenus non obstante, in dicto matrimonio remanere licite valeatis, auctoritate apostolica de speciali
gratia dispensamus, prolem susceptam et suscipiendam ex hujusmodi matrimonio, legitimam nuntiando. Nulli igitur, etc. Datum
Avenione, Idus novembris, an. 18 [1].

Archives du Vatican, registre coté Joan. XXII, anno XVIII, parte 1ª,
cap. 362.

1. Pièce également rapportée par l'abbé de Lespine, dossier de Galard.

8 MAI 1322.

HÉLIE DE GALARD et plusieurs autres obtiennent une enquête sur les faits relatifs à la mort de Vital le Roi.

Mandement à maître Gaillard de Cazes (de Casis), chanoine de Saint-Severin de Bordeaux, Raymond Durand et Hugues le Fort, jurisconsulte, de faire une enquête sur l'appel porté en la cour, au sujet de la mort de Vital le Roi, par Bernard et Pectavi de *Brigeto*, frères, maître Jean Fabre, Fortun et Bernard de *Gyotano*, frères, Raymond de Brulhois (de Brulbesio), HÉLIE DE GALARD (DE GALHARDO) et autres, d'une sentence rendue par la cour du duc de Guyenne. On assignera les parties au parlement aux jours du duché de Guyenne[1].

Actes du Parlement de Paris, par E. Boutaric, page 451, n° 6803.

20 NOVEMBRE 1322.

Arrêt du Parlement de Paris qui casse l'ordre donné par le sénéchal de Périgord à MONTAZIMON DE GALARD *et autres, prévenus d'avoir surpris le château de Montpezat placé sous la protection du roi de France.*

Arrêt annulant un mandement du lieutenant du sénéchal de Périgord, enjoignant à MONTAZIMON DE GALARD[2], à Arnal de Salles, à

1. Voir, pour la teneur intégrale de l'acte criminel, III, fol. 26, v°, Archives de l'Empire.

2. Montazimon, diminutif de Montasin, indique qu'il était, sinon le fils, du moins le filleul de Montasin, seigneur d'Espiens, dont la carrière dans les documents déjà produits commence en 1296.

Remond de la Segrina et à Remond Bernard de Poges, sous peine de mille marcs d'argent, de se constituer prisonniers à Cahors, pour répondre à l'imputation d'avoir attaqué en armes et occupé le château de Montpesat, dont le seigneur de Montpesat était sous la garde spéciale du roi ; à la suite d'un appel par lui interjeté au roi d'une sentence du sénéchal d'Agenois, la cour nommera des commissaires pour faire une enquête[1].

Actes du Parlement de Paris, par E. Boutaric, page 481, n° 6960.

19 JANVIER 1329.

Les familles de Galard et de Sédillac, étant depuis longtemps en que-relle, résolurent d'éteindre leurs vieilles inimitiés par le mariage de LUGANE DE GALARD, *fille de Bertrand, seigneur de l'Isle-Bozon, avec Odon de Sédillac, fils de noble Raymond. Un empêchement de con-sanguinité au quatrième degré ayant surgi, le pape Jean XXII le leva par la dispense ci-après.*

VENERABILI FRATRI EPISCOPO LECTORENSI SALUTEM.

Intenta salutis operibus apostolice Sedis graciosa benignitas indulta sibi de super plenitudine potestatis tunc benignus utitur mansuetudinem proferendo rigori, cum ex inde animarum salus et 'fidelium tranquillitas procurantur ; sane exhibita nobis pro parte dilecti filii nobis viri Oddonis de Sedelhaco, nati dilecti filii nobilis viri Ramundi de Sedelhaco, domicelli, et dilecte in Chris o filie nobilis mulieris LUGANE, nate dilecti filii BERTRANDI DE GA-

1. Voir le texte entier de cet acte dans les *Jugés*, fol. 242, v°, Archives de l'Empire,

lhardo, militis, Lectorensis diocesis, petitio continebat quod a magno tempore citra inter utriusque ipsorum progenitores consanguineos et amicos magna dissensionum, homicidiorum, incendiorum, sacrilegiorum et alia infanda guerrarum discrimina fuerunt, prout dicitur esse notorium attemptata et adhuc continue attemptantur et sperantur fortius in posterum suscitari; quodque pro hujusmodi dissensionum et guerrarum sedatione, inter ipsorum Oddonis et Lugane amicos actum extitit et conventum de matrimonio inter eosdem Oddonem et Luganam invicem contrahendo. Verum quia dicti Oddo et Lugana quarto consanguinitatis gradu invicem, ut asseritur, se contingunt, propter quod non potest inter eos hujusmodi matrimonium celebrari dispensatione super hoc apostolica non obtenta, nobis pro parte ipsorum fuit humiliter supplicatum, ut providere eis in hac parte, de opportune dispensationis beneficio misericorditer dignaremur. Nos itaque qui salutem et pacem querimus singulorum, et ne hujusmodi dissensiones suscitentur ulterius quantum cum Deo possum obviare volentes, hujusmodi supplicationibus inclinati fraternitati tue de qua in iis et aliis fiduciam in Domino gerimus specialem, per apostolica scripta committimus et mandamus quatenus si est ita cum eisdem Oddone[1] et Lugana ut impedimento, quod ex consanguinitate hujusmodi provenit, non obstante, matrimonium hujusmodi invicem libere contrahere et in sic contracto licite remanere valeant auctoritate nostra dispenses, prolem suscipiendam ex eis legitimam nuntiando. Datum Avenione, xvi Kal. februarii, anno tercio decimo.

Arch. du Vatican, registre coté Joan. XXII, anno XIII, parte 3ᵃ, ep. 990, fol. 374.

1. De la maison d'Odon de Sédillac était Bernard de Sédillac, évêque de Tolède en 1085.

Février 1329.

Robert, comte de Leycestre, ayant déchargé pour lui et ses successeurs
Guillaume de Galard *de tous services et chevauchées, Philippe, roi*
de France, ratifia ladite exemption.

CONFIRMATIO QUITTANCIE FACTE WILLELMO DICTO GALART DE EXERCITU ET
CHEVAUCHIA IN QUIBUS TENEBATUR COMITI LEENCESTRIE.

Philippus, Dei gracia Francorum rex, notum facimus universis tam presentibus quam futuris, nos infrascriptas vidisse
litteras formam que sequitur continentes :

Sciant omnes, tam presentes quam futuri, quod ego Robertus,
comes Leencestrie, relaxavi et quietavi Villelmum Galart[1] et heredes
suos, pro homagio et servitio suo, de omnibus serviciis et actio-
nibus ad me, vel ad meos heredes pertinentibus et de exercitu et
chevalcheia, nisi meo iminente negocio, ad meas expensas; et
ut hoc ratum et stabile in perpetuum habeatur, presentem cartam
sigilli mei munimine roboravi. Testibus hiis Petronilla, comitissa
Leencestrie, Giliberto de Mineriis, Eustachio de Herlenville, militibus, et pluribus aliis. Nos autem omnia et singula supra dicta,
in suprascriptis litteris contenta, rata et grata habentes, ea volumus, laudamus, ratificamus et approbamus, ac ex certa scientia
auctoritate regia tenore presentium confirmamus, nostro et alieno
in omnibus jure salvo, quod ut perpetue stabilitatis robur obti-
neat, presentibus litteris nostrum fecimus apponi sigillum. Datum
apud Vayssiacum, anno Domini 1329, mense februarii.

Trésor des chartes, registre 66, fol. 84, acte 231 (XI xx XI). Archives
de l'Empire.

1. Guillaume de Galard était fils de Bertrand, seigneur de Brassac.

27 AVRIL 1330.

Édouard notifie à Jean de Grailly, à GUILLAUME DE GALARD et à plusieurs autres seigneurs, l'envoi de deux commissaires chargés de réformer les abus et de recevoir les plaintes des feudataires gascons.

Un mois plus tard, il envoya (27 avril 1330) deux commissaires en Gascogne, leur donna pouvoir d'écouter les plaintes, de corriger les abus et de traiter avec les seigneurs de tout rang, en les enrôlant à son service pour un temps ou pour la vie. Il notifia l'emploi de ces commissaires et les pouvoirs dont ils étaient revêtus à Jean de Grailly, Arnaud de Lalaude, Arnaud de Lécussan, Bernard de Béarn, Raymond-Arnaud de Gerderest, Denat de Siderac ou Sariac, aux seigneurs de Castelnau, de Caupène, de Benquet, de Baudens, de Pouillan, de Toujouse, à Arnaud de Marsan, seigneur de Cauna, aux vicomtes d'Orte, à Jean de Mauléon, à Guillaume-Arnaud de Sault, à Arnaud, seigneur de Poyanne, à Garsie-Arnaud de Navailles, à Guillaume-Emeric de Barbotan, à Arnaud de Montpezat, à GUILHEM DE GALARD, à Arnaud-Bernard de Pressac, à Thibaut de Gensac, à Raymond de Mélignan et une foule d'autres seigneurs. Les villes ne furent pas oubliées : Bayonne, Dax, Saint-Sever, Le Mas d'Aire et quelques autres sont mentionnés dans Rymer[1].

Histoire de Gascogne par l'abbé Monlezun, tome III, page 215.

---

1. Quelques jours plus tard (18 août), il faisait payer leurs gages à Vital de Poudens, à Arnaud Bernard de Pressac, à Arnaud de La Claverie, à Bernard de Francs, à Guillaume de Caupène, à Guillaume de La Case, à Taillefer du Thil, à Arnaud du Lyon, à Raymond de Miossens et à Jean de Mauléon.

27 AVRIL 1330.

Le roi Édouard II mande à ses grands vassaux d'Aquitaine, et notam-
ment au vicomte de Benauges et à GUILLAUME DE GALARD, *que sa*
volonté est de remédier aux abus et de rémunérer les dévouements
à sa couronne, aussitôt qu'il sera rentré dans le paisible gouverne-
ment de son duché. En attendant, il prie les principaux feudataires
de lui continuer fidélité et concours effectif.

AD MAGNATES ET COMMUNITATES AQUITANIÆ, DE CREDENTIA.

Rex nobili viro et fideli suo,..... vicecomiti Benangiarum,
salutem.

Laudabilem gestum vestrum erga domum nostram regiam,
tam progenitorum nostrorum, quam nostris temporibus, et qualiter pro conservatione ipsorum et nostrorum jurium frequenter
exposueritis variis periculis vos et vestra, assistentium nobis nobilium patefecit assertio, et ipsa rei evidentia operibus compro-
bavit.

Vestram igitur fidelitatis constantiam merito commendantes,
vobis volumus notum esse quod, etsi multum cordi nostro inse-
derit, et insideat in præsenti, bonum et tranquillum regimen
ducatus nostri Aquitanie, et ut errata ibidem, si quæ fuerint,
debite corrigantur, propter impedimenta tamen, quæ nobis,
postquam gubernacula regni nostri suscepimus, diversimode
emerserunt, non potuimus hucusque complere per omnia vota
nostra.

Et quamvis penes curiam Franciæ, per solempnes nuncios,
multum institerimus, et exhaustæ hinc inde discordiæ via amicabili sopirentur, jamque de eadem causa hujusmodi nuncios

ad eandem curiam duxerimus destinandos, et speremus quod, Deo propitio, negotia illa ad bonum exitum deducentur;

Mittimus tamen ad vos, dilectos et fideles nostros, Johannem Darcy de Cosyn, et Guillielmum de Seintz, dominum de Pomeriis, quibus intentionem cordis nostri aperuimus, super diversis, quæ nos tangunt.

Vos rogantes quatenus eisdem, Johanni et Guillelmo, in hiis quæ vobis dicent ex parte nostra, fidem credulam præbeatis, et conceptam benevolentiam erga nos, et nostros, taliter continuare, et operum efficacia demonstrare studeatis, quod in hiis, quæ vestris honori et utilitati convenire videbimus, obligatiores effici debeamus temporibus opportunis.

Data apud Wodestok, vicesimo septimo die aprilis.

Eodem modo mandatum est subscriptis, videlicet :

> Petro de Gavareto,
> Pontio, domino de Castellion,
> Guillelmo Raymundi de Cavomonte,
> Domino de Pomeriis,
> Domino de Caupena,
> Domino Raymundo Durandi,
> Domino Bernardo de la Breto, domino de Varüs,
> Petro de Mouncaump (pour Moncaup),
> GUILLELMO DE GELARD (pour GALARD),
> Raymundo Bernardi de Santa Fe,
> Theobaldo de Gensaco,
> Petro Lamberti,
> Arnaldo Sanci de Luco.

RYMER, *Fœdera,* tome IV, page 433.

Année 1331.

Paye des chevauchées de Guillaume de Galard.

De vadiis post compotum solvendis per constab. Burdeg. Guillelmo de Galardo dat. apud Lichefeld 8 julii.

Collection Bréquigny, tome 40, page 116, ancienne pagination, fol. 58, verso. Bibl. imp. Mss.

Année 1338.

Guillaume de Galard *coopéra à la guerre de Gascogne à partir du commencement de* 1338.

Gens d'armes de la sénéchaussée de Toulouse qui ont été en Gascogne depuis le 1er janvier 1338.

Bannerets.

M. Gaston, comte de Foix, pour 280 hommes d'armes et 900 sergens ; lesquiex il a tenus pour chevaucher contre les ennemis en Béarn, etc.

Item, pour Arnaul d'Espagne, chevalier banneret, 4 autres chevaliers bannerets, 195 escuyers.

Item, Bertrand de l'Isle, banneret, pour 5 chevaliers bannerets, 5 bacheliers, 243 escuyers.

. . . .

Guillaume Galliart.

Collection de Camps, vol. 83, fol. 267, v°, et 270, Bibl. imp., Cab. des titres.

1er juin 1340.

Le roi d'Angleterre dénonce aux nobles et aux communautés de Gas-
cogne l'usurpation consommée, à son détriment et au mépris de toute
légitimité, par Philippe de Valois. Celui-ci s'était emparé de ladite
couronne qui revenait au prince britannique comme fils de la sœur
du dernier souverain français. Édouard prie ses vassaux, et entre
autres Guillaume de Galard, de l'aider à recouvrer ses droits et à
défendre sa cause, qui est celle de la justice.

AD COMMUNITATES ET NOBILES VASCONIÆ, SUPER JURE REGIS AD REGNUM
FRANCIÆ.

Rex Franciæ et Angliæ, et dominus Hiberniæ, prudentibus
viris,

Consulibus, et universitati Villæ Francescas, amplecti justitiam, et injustitiam declinare.

Cum regnum Franciæ per mortem, celebris memoriæ, domini
Karoli ultimi regis Franciæ, fratris germani dominæ matris
nostræ, sit ad nos jure successorio notorie devolutum, ac dominus Philippus de Valesio, filius avunculi dicti regis, se per po-
tentiam in dictum regnum intruserit, dum eramus in annis
minoribus constituti.

Qui nedum dictum regnum occupat sic injuste, set, movens
nobis guerram injustam, nos omnino deprimere nititur, ut sic
possit, per nephas et libitum, contra Deum et libitum, contra
Deum et licitum, seculo dominari optentu justitiæ.

Vos rogamus quatinus, præmissi debite ponderatis, nobis
contra dictum Philippum in justitia favere velitis, et nos ac
nostros, et nostrorum recuperatione jurium, pronis auxiliis præ-
venire.

Et speramus quod ipse rex excelsus (qui injustos propter suas injustitias humiliat, et justos diligit et exaltat) faciet nobis cum signum in bonum, ut vobis, et aliis valitoribus nostris, in justitia, gratam faciamus, ut cupimus, repensivam.

Dat. apud Shottele, vicesimo primo die junii, anno regni nostri Franciæ primo, regni vero nostri Angliæ quarto decimo.

Consimilia brevia diriguntur subscriptis, sub eadem data, videlicet :

> Hugoni de Revynhano,
> Rudel, domino de Seyssas,
> Bernardo de Pardelhano, vicecomiti de Juliaco,
> Anesancio de Pinis, domino de Montcrabeu,
> WILLIELMO DE GALARD,
> Domino de Forcès,
> Vesiano de Lomanha, domino de Stratsford.

RYMER, *Fœdera,* tome V, page 192.

---

13 AOUT 1340.

Quittance délivrée par GUILLAUME DE GALARD, *écuyer, à Jean Mousqs, clerc des arbalétriers, pour la somme de vingt livres tournois.*

Sachent que je GUILLAUME DE GALARD, escuyer, ay eu et receu de Jehan Mousqs, lieutenant du chief des guerres et du clerc des arbalestriers du roy, notre sire, par les mains de Caucillon, en prest sur les gages de moy et des gens d'armes de ma compagnie desserviz et à desservir en ceste présente guerre de Gascogne,

vingt livres tornois. Donné à Arras, le 13ᵉ jour d'aoust, l'an
M.CCCXXXX.

Sceau en cire rouge [1].

Sceaux, vol. 51, fol. 3839, Bibl. imp. Mss.

1. Cet écu, *fascé* et trop effacé, semble présenter *onze billettes d'argent et une
bande chargée de trois charbons ou besans de sable.*

D'où venaient ces armes portées par Guillaume de Galard? C'est ce que nous
ne pouvons vérifier à une distance de plus de cinq siècles. Celles qu'il pren-
dra tout à l'heure seront encore disparates des présentes et des armoiries des siens.
Cette dissemblance dans les armoiries ne nuit ni à l'unité de la famille ni à l'identité de l'individu.

M. de Semainville, dans son *Code de la noblesse,* p. 445, va nous faire connaître la cause de cette différence dans la forme des armoiries : « Il ne faudrait pas
« conclure de ce qu'un acte fait par un particulier est signé d'un sceau que ce
« sceau fût le sien. Ainsi qu'on le voit dans le *Dictionnaire diplomatique,* on scel-
« lait souvent d'un sceau emprunté à des personnes égales ou supérieures en
« dignité. » Bien avant l'auteur contemporain que nous venons de citer, de la
Roque, dans son *Traité de l'origine des noms,* chapitre xxxiii et xxxiv, p. 54,
207 et 208, avait démontré victorieusement, « qu'il y a des familles qui ont
« mesme nom et diversité d'armes et d'autres qui ont diversité de noms et des
« armes semblables, et quelques autres qui tirent leurs armes de leur seigneu-
« rie. »

Le célèbre feudiste corrobore son opinion par des exemples :

« Je commenceray par celles de Caumont en Gascogne, dont l'un porte : *tranché*
« *d'or, de gueules et d'azur,* et l'autre : *d'azur à trois léopards d'or.*

« Percy, en Angleterre, qui vient du sang de Louvain, désigne son escu : *d'or*
« *au lion d'azur;* et ceux de ce nom, en France, originaires de Normandie et établis
« en Angleterre, portent : *de sable, au chef danché d'or.*

« Ainsi l'ancien Montgommery, en Normandie, portoit : *d'azur au lion d'or* et
« en Angleterre, en Écosse et encore en Normandie : *de gueules à trois fleurs de*
« *lis d'or.*

« On remarque aussi que les seigneurs d'Audelay, du nom de Touchet en Angle-
« terre, portent : *d'hermines au chevron de gueules,* et en Normandie ceux de ce

28 JUIN 1341.

Autre quittance du même au même.

Sachent tous que je GUILLAUME DE GALARD, seigneur de Brassac, ay eu et receu de Me Jean de Mousqs, trésorier du roy, nostre sire, etc. Donné à Agen, le 28 juin 1341.

Fonds Clairembault, dossier de Galard, Bibl. imp., Cabinet des titres.

« nom ont : *d'azur à trois mains d'or*, les premiers y ont ajouté *un chevron d'ar-*
« *gent.*

« Bray en Angleterre porte : *d'argent, au chevron accompagné des trois pattes*
« *de griffon de sable.*

« En Normandie, deux autres maisons du nom de Bray ont des armes diffé-
« rentes ; l'une, *d'argent au chef de gueules, chargé d'un léopard d'or;* l'autre, *échi-*
« *queté d'or et d'azur à la bande accompagnée de deux cotices de gueules.*

« Bailleul, en Artois : *d'argent à la bande de gueules ;*

« Bailleul, en Flandres : *de gueules au sautoir de vair;*

« Bailleul, en Picardie, s'arme : *d'hermines à l'écusson de gueules;*

« Bailleul, en Normandie : parti *d'hermines et de gueules;* et encore *d'hermines*
« *semé de croisettes recroisées, au pied fiché, à la croix niellée de gueules.* Autre
« Bailleul : *de gueules, semé de croisettes et à la croix niellée d'argent.*

« (Chapitre XXXIV), au nombre de ceux qui ont pris les noms et les armes de
« leur seigneurie qu'ils avoient acheptée, Jean Scohier cite chanoine de Bergue,
« Jacques Mouton, seigneur de Turcoing, qui achepta la terre de Harchies en 1440
« dont il porta le nom et les armes, *brisées d'un canton de gueules;* il les écartela
« de celles du Quesnoy, à cause de Marguerite du Quesnoy Turcoing, sa mère.

« De même, Guillaume Lejosne, seigneur de Contay, gouverneur d'Arras, qui
« mourut en 1467, prit les armes de Contay, sa seigneurie, qui étaient : *de gueules,*
« *semé de fleurs de lis d'or fretté d'argent.* Jean le Landois possédait la terre de
« Herouville-Azeville, dont il prit le nom et les armes.

« Ceux qui succèdent à une souveraineté en peuvent prendre les armes de plein
« droit et mettre dans un quartier inférieur celles de leur maison. » (*Traité de l'ori-*
gine des noms et des surnoms, par messire Gilles André de la Roque.)

10 OCTOBRE 1344.

Jean, évêque de Beauvais, lieutenant général pour le roi de France, ès
parties de Languedoc et de Saintonge, ordonne au trésorier de
Cahors de reconnaître les services rendus et les sacrifices faits par
Bernard de Saconhin, durant les dernières guerres de Flandre et de
Gascogne, en le gratifiant de la somme de deux cents livres due à la
couronne par GUILLAUME DE GALARD, *coseigneur de Brassac.*

Johannes, permissione divina Belvacensis episcopus, locum
tenens generalis domini nostri Francorum regis in partibus Occitanis et Xantonensibus, thesaurario regio Caturcensi, vel ejus
locum tenenti, salutem. Notum facimus quod nos, attendentes
grata et laudabilia servicia per nobilem virum Bernardum de Sa-
conhino, militem, domino nostro regi fideliter inpensa, non
solum in presentibus guerris Vasconie, set etiam in guerris
Flandrie et Henaudi, et quod ipse fuit in campo Montis Jupipi,
in quo, pro jure regis fideliter et strenue se habuit; in quibus
quidem guerris cum affectus fideliter se habendo, plures equos
amisit, de quibus ex ipsis licet plus valerent, non tamen de omnibus restantium ad precium regium obtinuit; prout de predictis,
per relationem fide dignorum sumus plenarie informati, dictum
militem, suis gratuitis serviciis merito condignis, remunerare
volentes, eidem militi ducentas libras Tur. parvorum in quibus
nobilis GUILLERMUS DE GALARDO, condominus de Brassaco, domino
nostro regi, aut vobis ejus nomine, tenetur, ratione cujusdam
financie per ipsum facte, erga dictum dominum nostrum regem,
debitas ad terminos jam venturos... auctoritate regia nostra que
speciali gracia et certa sciencia dedimus tenore presentium et
donamus, dantes vobis et cuilibet, hiis presentibus in mandatis
quatenus dictas ducentas libras Turonenses eidem militi per

dictum Guillelmum exsolvi, visis presentibus, faciatis, et eamdem
summam per ipsum Guillelmum exsolvendam dicto militi pro
satisfactione predicta liberetis et assignetis, absque alterius expec-
tatione mandati, retinendo penes vos has presentes litteras, una
cum recognitionis litteris de soluto ; quarum testimonio, ac si
presentes littere per compotorum cameram transivissent, et esto
quod non transiverint non obstante, predictam summam faciemus in vestris compotis allocari, et de vestra deduci recepta.
Datum apud Brantholmium, die decima mensis octobris, anno
Domini millesimo ccc° quadragesimo quarto.

Per dictum locum tenentem de mandato domini ducis. *Signé :*
DAILLY.

Fonds Clairembault, dossier de Galard, parchemin, Bibl. imp. Mss.

4 OCTOBRE 1345.

Quittance délivrée par GUILLAUME DE GALARD, *écuyer, à Jean de Mousqs,*
lieutenant du trésorier des guerres.

Sachent tous que GUILLAUME DE GALART, escuyer, ay eu et receu
de Me Jehan de Mousqs, clerc du roy nostre sire, lieutenant du trésorier des guerres et du clerc des arbalestriers dudit sgr. en prest
sur les gages de moy et des gens d'armes et de pié de ma compagnie desserviz et à desservir, etc., c s. tornois. Donné à Marmande, le 4 octobre 1345.

Scellé de cire rouge : *croix ancrée accompagnée de besans et sur le tout un filet*
en bande [1].

Sceaux : vol, 51, fol. 3839, Bibl. imp. Mss.

1. Voir la note de la page 461.

1353 ET AVANT.

Notice de l'abbé de Lespine sur GUILLAUME DE GALARD, *seigneur de Brassac.*

GUILLAUME DE GALARD, chevalier, seigneur en partie de Brassac: Robert, comte de Leycestre, le déchargea, lui et ses héritiers, de l'hommage et du service auquel il était tenu envers lui et ses successeurs, et l'exempta du service militaire et de la chevauchée par lettres qu'il fit confirmer par Philippe le Long, roi de France, au mois de février 1329. Il donna quittance à Agen, le 28 juin 1341, à maître Jean Mousqs, clerc du roi, lieutenant du trésorier des guerres et du clerc des arbalétriers, de la somme de 30 livres tournois en prêt sur ses gages et des gendarmes et de pied de sa compagnie qui ont servi dans les guerres de Gascogne [1]. Il est mentionné dans les lettres de Jean, évêque de Beauvais, lieutenant du roi en Languedoc et en Saintonge, datées de Brantôme, le 10 octobre 1344, dans lesquelles il est énoncé qu'il devait envers le roi la somme de 200 livres de petits tournois à raison d'une finance « per ipsum factæ erga regem. » Il est qualifié noble Guillaume, seigneur de Brassac.

Le roi d'Angleterre Édouard III lui écrivit de Shotelle, 24 juin 1340, pour l'engager à l'aider de ses forces à retirer des mains du roi de France, Philippe de Valois, ce royaume de France qu'il prétendait lui appartenir, comme fils d'Isabelle de France.

---

1. On ignore la date de sa mort, mais il paraît qu'il ne vivait plus en 1357. On remarque, parmi les autres seigneurs de Guienne, à qui de semblables lettres furent adressées, les seigneurs d'Albret, de Tartas, de Caumont, de Durfort, de Pins, d'Estillac, de Taleyrand, de Grignols, de Marsan, de Madaillan, de Lesparre, de Beauville, de Salviac, de Castillon, de Grailly, de Montpezat, de Bergerac, de Pellegrue.

Il servit de témoin avec Raimond, comte de Comminges, Arnaud et Bernard d'Armagnac et Raimond de Saint-Geniès à l'hommage que Jean d'Armagnac, vicomte de Brulhois, rendit, le 26 avril 1353, à Pierre de Galard, oncle, évêque de Condom [1].

Il fit plusieurs arrentements dans la terre de Brassac, reçut, le 18 juin 1348, l'hommage des seigneurs qui relevaient de lui.

Il avait été marié deux fois : 1° avec demoiselle Borgne de Beauville [1], héritière de noble et puissant baron Gaillard de Beauville, seigneur en partie de Brassac, suivant acte de l'an 1366, dans lequel elle est rappelée. Il laissa entre autres enfants :

Guillaume III dont l'article suit.

Il avait épousé : 2° Gillette du Maine [2], fille de Pierre du Maine et de Marie d'Andouins.

Mss. de l'abbé de Lespine, dossier de Galard, Bibl. de Richelieu. Cabinet des titres.

1. C'est une erreur, Guillaume de Galard ne se montre pas dans cet acte.

2. L'abbé de Lespine, dans une autre note, donne pour mari à Gillette du Maine non pas Guillaume, mais Pierre, seigneur de Brassac. D'après certains historiographes, la maison du Maine, originaire d'Écosse, serait venue s'implanter en Agenais par suite du mariage de Godefroy du Maine avec l'héritière des seigneurs d'Escandillac. La branche des Galard Béarn compte deux alliances postérieures avec la race du Maine.

Moréri, toujours distrait lorsqu'il dresse les degrés filiatifs, a fait ce Guillaume fils de Guillaume, le premier de son prénom dans la branche de Brassac, et de Gillette du Maine, tandis qu'il était issu dudit Guillaume I et de Borgne de Beauville. Le même biographe attribue encore la paternité de Anne de Galard, femme d'Odet V de Pardaillan, à Guillaume I, qui était son aïeul.

L'abbé de Lespine a suivi avec raison l'opinion de Chérin, le plus rigide des juges d'armes de France, devant lequel furent produits, en 1766, par un membre de la branche de Galard Béarn, tous les quartiers nécessaires pour l'admission au chapitre de Saint-Louis de Metz. Dans le groupe de preuves, remontant à 1341, il fut établi, par un hommage authentique, que Guillaume II avait hérité d'un moulin du chef de sa mère Borgne de Beauville.

7 AVRIL 1331.

BERNARD DE GALARD, *seigneur du château de Montalbery, assiste à l'hommage que Gaillard de Leaumont rendit au comte d'Armagnac pour la ville de Puygaillard, sept parties de Mauroux, l'intégralité de Framiac, la moitié de Gaudonville et de Pessoulens.*

Lan mile tres cents trente et un et sept dies del mées d'avril defens lo castel de La Vit de Lomagne, nostre ville, en la diocese de Laitore, presents constituent noble Gailhard de Leaumont[1] senhor de Peygailhart et austres villes et castels, la teste descouberta et de genolhs en terra present, et devant monseignor lo comte hacetias desoubre une cadiera, defens son tinel et al dit castel, et las mans juntos et de genoils en terra, la teste descouberta del dit noble Guailhart, et monseignor lo comte et viscomte de Fasensaguel prenguet las mans deldit noble et honnorable moussen Goalhart de Leaumont entra las souas, et mettet las maas deldit noble mossen Goalhart de Leaumont dessin un libre messal et tegitur et la croutz ; et monseignor lou comte et viscomte deldit Fazensaguel tenie ledit messal et croux de sousbre lou sous genoils, et loudit noble mossen Goailhart de Leaumont ha fet homadge et fidellitat et prestat jurament devotement de no venir contre mondit seignor lou comte et viscomte deldit Fazensaguel en degune maniere que sie, mais de lou servir et honorar et luy gardar son bon proffieyt et sa personne et à touts lous sens bens enver touts et contre touts de tota sa poys-

1. L'acte porte *Gaillard de Caumont* quand il fallait *Gaillard de Léaumont*, puisque cette dernière famille est la seule qui ait tenu le fief de Puygaillard. Dans la copie de Doat on a converti le nom de Caumont, la première fois qu'il se présente, en celui de Léaumont, mais on a négligé de le faire dans la suite de l'acte.

sance. Et recogneis loudit noble mossen Goailhart de Leaumont
toutes las villos, villadges et castelz, terres, boscages, garenes,
bosiages, praderies, vignes et toutas terras nobles et innobles
happartenentes aldit noble mossen Goailhart de Leaumont,
lasquoalles villos et villadges et terras, castels, son de jos nom-
madours et confronta dos et limitades ainsing comme senseguin
al present homadge et carta retengut per my notary, à la presency
dels honorables persones testimonis happellatz et dejuus nom-
matz per consentiment de mondit seignour moussur lo comte et
viscomte deldit Fasensaguel , et també per consentiment de
noble mossen Goalhart de Leaumont. Et a jurat loudit mossen
Goalart de Leaumont, sus le libre messal et tegitur et la croux et
sur les quatre sans evangelis de Dieu haut, toutes las dues mans
que nou a toucat ne reconegut hares que appartengues aldis
monseignour lou comte et viscomte deldit Fasensaguel , mes
reconois en veritat ce qui li appartè et li es degut bonnement.

Item, monseignour lou comte deldit Fazensaguel a donnat et
donno de present aldit noble moussen Goalhart de Leaumont, son
bon servidor, toutes las plassos, villos, villages, castels, terras et
touts altres drets dessus nominats especiallement a reconegu
monsur lou comte et viscomte aldit noble moussen Goalhart
douos vigados la ville de Garies et la mitat de la ville de
Pordeac, per so que lou senhor de la mitat deldit Pordeac
et deldit Garies nou volion consenty quel dit noble mousen
Goaillart fesso l'homage deldit Garies et Pordeac, et per commandement de mondit senhor, lou comte et viscomte deldit
Fesensaguel an escrint et y incerit doues begades loudit Garies
et Pordeac a la present carto instrument, et loudit monseignour
lou comte et viscomte vol que loudit senhour moussen Goalhart
de Leaumont possedesquo a jamay irrebocables toutas lasdittes

pessas sens deguno contradictio del ne dels sens hereters et suc-
cessours que vendran apres il, et aysso per lous bons et agrada-
bles servicis queldit mouseignour Goalhart ly a faitz espere que
li faira dayssy en abant, et per mandement de mondit seigneur
en retengut la present carto esturment. A la presencia de moussen Bernad de Grossolos, cancelier d'Armanhac, et moussen Benat
Feudi, et moussen Anthoni, senhor de Monpezat, et moussen
Guiraut de Giro senhor de Montesquiu, et moussen Johan de
Bicmont, senhor de Tournocopo et Moussen BERNARD DE GOLLARD[1],
consenhor del castel de Montalbery, et moussen Guirauld, senhor
de Troussens, et moussen-Espain de Dulceto, senhor de Peyroso.

Collection Doat, vol. 185, fol. de 30 à 40, Bibl. de Richelieu. **Mss.**

---

27 OCTOBRE 1332.

Lettres patentes de Philippe de Valois par lesquelles il enjoint au
sénéchal d'Agenais et au baile de Vermandois de défendre contre
toutes violences BERTRAND DE GALARD, archidiacre de Gand, qui
s'est mis, lui, sa famille et ses biens, sous la protection royale.

Philippus Dei gracia Francorum rex,... universis presentes
litteras inspecturis salutem. Notum facimus quod nos ad supplicationem magistri BERTRANDI DE GALARDO, archidiaconi Gandensi
in ecclesia beate Marie Tornacensi, asserentis a nonnullis personis ex verissimilibus conjecturis sibi timere, ipsum ac ejus

---

[1] BERNARD DE GALARD (Calart) était dans les compagnies des gens d'armes sous
monseigneur de Beauvais, en 1339, comme il appert du volume 7, 877, *Fonds fran-*
çais, folio 118, verso, 1re colonne. Bibl. de Richelieu ; Cabinet des titres.

gentes et familiam, res, bona et jura sua omnia in nostra protectione et salva gardia speciali suscipimus per presentes, dantes senescallo Agenni et ballivio Viromandi vel eorum loca tenentibus et eorum cuilibet presentibus in mandatis quatenus prefatum magistrum Bertrandum in suis justis possessionibus, usibus, juribus, libertatibus et saisinis manuteneant et defendant ab injuriis, violenciis, vi armorum et potencia laycorum quorumcumque, nec permittant eidem aut ejus gentibus et familie injurias et violencias inferri aut aliter eidem fieri aliquas indebitas novitates, quas si factas fuisse repererint, ad statum pristinum et debitum reducant ac nobis et parti lese faciant emendam inde prestari condignam; ac unum vel plures de servientibus nostris eidem magistro Bertrando [1] ad ejus requisitionem et sumptus concedant, qui tamen de hiis que cause cognitionem exigunt, se nullatenus intromittant. In cujus rei testimonium, presentibus litteris nostrum fecimus apponi sigillum. Datum Parisiis xxij die octobri, anno Domini millesimo trecentesimo tricesimo secundo [2].

Per vos.

Archives de la ville d'Agen, GG.

1. Ce Bertrand de Galard était vraisemblablement un cadet de la branche des seigneurs d'Espiens. En dehors des deux documents trouvés dans les archives d'Agen, sa trace ne reparaît nulle autre part. Il est présumable qu'il dut être nommé archidiacre de Gand à la recommandation de Pierre de Galard, grand maître des arbalétriers, capitaine de Tournésis et gouverneur des Flandres, qui était probablement son grand-oncle. On n'a pas oublié que le diocèse d'Agen était administré au temps de la guerre des Albigeois par un évêque issu de la maison de Galard.

2. Parchemin de 0m,30 sur 0m,11. Neuf lignes d'écriture gothique. Traces d'un sceau en cire blanche. Nous devons la communication de ce document à l'obligeance de M. Adolphe Magen, érudit modeste autant que distingué et secrétaire de la Société d'agriculture, sciences et arts de Lot-et-Garonne.

21 OCTOBRE 1335.

Lettres patentes de Philippe VI de Valois, par lesquelles il enjoint au sénéchal d'Agenais et de Gascogne de maintenir sous sa sauvegarde BERTRAND DE GALARD, *grand archidiacre de l'église Saint-Étienne d'Agen, et, avec lui, sa famille et tous ses biens.*

Philippus, Dei gratia Francorum rex,... senescallo Agenni et Vasconie vel ejus locum tenenti, salutem. Ad supplicationem BERTRANDI DE GALARDO, maiori archidiaconi in ecclesia sancti Stephani Agenni, in salva gardia nostra speciali et protectione una cum omnibus membris suis familie et bonis universis existentis, ut dicitur asserentis per (nonn)[1] ullos dictam nostram salvam gardiam et protectionem frangere non verentes et etiam contempnentes in perceptione reddituum, jurium et deveriorum ad ipsum pertinentium se indebite impediri ac etiam perturbari, mandamus vobis quatenus dictum archidiaconum in sua justa possessione omnium jurium, reddituum et deveriorum quovismodo ad ipsum pertinentium in quibus ipsum esse et predecessores suos fuisse pacifice ab antiquo inveneritis, prout ad vos pertinuerit protegatis et defendatis, et eundem ad plenum de eisdem pacifice gaudere prout justum fuerit et ad vos pertinuerit faciatis, omne impedimentum in permissis indebite appositum penitus amovendo ac eundem una cum familia et bonis in dicta nostra salva gardia et protectione manuteneatis ac defendatis ab

---

1. Parchemin en bande allongée ; huit lignes d'écriture, une petite déchirure formant trou à la seconde et divisant un mot que je crois être *nonnullos*. Reste de sceau indéchiffrable sur queue de parchemin horizontale ; pas de côte au dos de l'acte.

omnibus injuriis, violenciis et novitatibus indebitis quibuscumque. Datum apud Vadum Malinidi, prope Cenomanium, sub
sigillo secreti in absencia magni, xxiᵃ die octobris, anno Domini
M° CCC° tricesimo quinto.

Per dominos magistrum Cham

Et G. DE VILLAR.

Archives municipales de la ville d'Agen, GG.

----

*Noble Guillaume de Caumont, dans son testament, prive de sa succession
son fils Guillaume Raymond, pour cause d'ingratitude, d'impiété,
de conspiration contre la vie paternelle, et de révolte contre le roi
de France au profit des Anglais. Le testateur institue son héritière
universelle sa fille, Indie de Caumont, et lui substitue, au cas où
elle n'aurait pas de postérité,* JEAN DE GALARD, *fils de* PIERRE *et de
Talésie de Caumont, sa sœur. L'acte fut entériné en la cour de
Bordeaux, à la requête de Mᵉ François de Bacon, bachelier ès lois
et procureur fondé de Jean de Galard, seigneur de Limeuil et de
Miramont, qualifié noble et puissant homme.*

Universis præsentes litteras inspecturis, visuris et audituris,
Henricus de Verolha, locumtenens venerabilis et discreti viri
magistri Petri de Moyssieco, clerici, custodis et executoris sigilli
et contrasigilli illustrissimi principis domini nostri Edduuardi,
Dei gratia Angliæ et Franciæ regis, quibus utitur in Burdigala
ad contractus, salutem et præsentibus dari fidem. Noveritis nos,
die data præsentium, in præsentia magistrorum Guillelmi de
Beesis, auctoritate imperiali et ducatus Aquitaniæ publici notarii,

Petri de Maderano, apostolica auctoritate et dicti ducatus notarii, ac etiam Guillelmi Aubonii, clerici, dictæ curiæ executoris et notarii ducatus antedicti, et testium infrascriptorum, vidisse, legisse, tenuisse, palpasse et diligenter inspexisse quoddam publicum instrumentum continens in se testamentum, seu ultimam voluntatem, seu dispositionem extremam nobilis et potentis viri Guillelmi, nuper domini de Cavomonte, inquisitoris, et confectum per magistrum Clementem Sabbaterii de Carcassonna, tunc notarium regis Franciæ, ejusque signo solito signatum et roboratum, non rasum, non cancellatum, nec in aliqua sui parte corruptum, vel viciatum : sed omni fraude et suspicione carens, ut prima facie apparebat, cujus tenor de verbo ad verbum sequitur in hunc modum : « Quoniam humana fragilitas evadere non potest mortem : sed licet mors certa sit, nil est incertius ejus hora, idcirco nos Guillelmus, dominus de Cavomonte, sanus per Dei gratiam mente et corpore, et in nostro bono sensu ac perfecta memoria volentes ordinare de bonis nostris, juribus et rebus, et taliter disponere, ne in posterum super prædictis nostris bonis quæstio oriatur, prevenire cupientes, ut nobis possibile fuerit, casus fortuitos humanæ fragilitatis sæpius contingentes, qui mortis pericula inferunt subito non prævisa de rebus, bonis juribus nostris disponendo, nostrum ultimum acceleramus deliberato proposito in modum qui sequitur condere testamentum et disponere nuncupativam ultimam voluntatem, sane quia res spirituales sunt temporalibus præferendæ tanquam dignæ. Idcirco animam nostram inprimis reddimus omnipotenti Deo et Beatæ Virgini ejus matri, et totæ curiæ supernorum, et in ejus manus spiritum, corpus nostrum, et animam commendamus cum de separatione animæ et corporis nostri omnipotens Deus duxerit ordinandum ; subsequenter ante nostram sepulturam

eligimus in choro Fratrum Minorum conventus Mansi Agenesi,
ubi domini pater et mater nostri sunt sepulti. Cujus conventus
operi legamus illas quinquaginta libras quas eidem operi promi-
simus nos daturos, quas solvi præcipimus per hæredem nostram
infrascriptam, impedimento et debato cessantibus quibuscumque,
et ultra hoc legamus dicto conventui vigenti quinque libras
turonenses, solvendas per hæredem nostram infrascriptam,
quolibet anno, in duobus terminis; videlicet : duodecim libras
et decem solidos in festo Beati Andreæ, et alias duodecim libras
et decem solidos in festo Carniprimi, sub iis tamen conditionibus,
modo et forma, quod dicti conventus et fratres, qui ibi moran-
tur seu morari contigerit in futurum, qualibet die septem missas
celebrare, seu cantare teneantur, videlicet : tres de requiem
et unam in honorem Beatæ Mariæ et aliam de Sancto Spiritu,
alteram de officio Sanctæ Crucis, reliquam de Sancta Trinitate,
et hoc ad Dei omnipotentis laudem, et in redemptionem omnium
peccatorum nostrorum, et patris et matris nostrorum et G. Raimundi, quondam patris nostri, et totius generis nostri. Incluso
tamen in dictis vigenti quinque libris legato per dictam dominam
matrem nostram dicto conventui relictæ. Et si forsan fratres et
conventus nolebant dictum nostrum legatum consequi, seu nol-
lent dictas septem missas modo præmisso die qualibet celebrare,
eo casu ordinamus et disponimus quod de bonis nostris emantur
redditus usque ad valorem vigenti quinque librarum rendualium
et quod duo capellani ordinentur et statuentur, quorum quilibet
singulis septimanis celebrare teneantur quinque missas supra-
dictas, et in aliis duobus diebus sequentibus alias duas de requiem pro defunctis. Item pro legatis, et eleemosynis ad pias
causas per nos distribuendas et declarandas, ac pro restitutionibus
et emendis, necnon pro nostrorum servitorum remuneratione

facienda, prout nos tunc vel alias distribuemus, faciemus et
declaravimus, retinemus nobis quatuor millia librarum turonensium parvorum. Porro, quia Guillelmus Raimundi de Cavomonte,
filius noster impius et ingratus, contra nos mortem non timuit
conspirare : sed amissionem bonorum nostrorum et corporis
nostri perditionem exstitit machinatus, et dolo se toto cogno-
mine procuravit in eo speciali, quia nobis existentibus in exercitu ducatus Aquitaniæ apud Reulam a parte exteriori serenissimi
principis domini nostri Franciæ regis una cum domino Karolo
comite Valesii, quondam bonæ memoriæ, locumtenente dicti
domini nostri regis, qui tunc erat, idem Guillelmus Raimundi
contra nostram prohibitionem, voluntatem et mandatum apud
Reulam cum inimicis domini nostri Franciæ regis, et nostris :
quare regni Franciæ iminicos nos devoti et fideles regiæ majestati nostros inimicos..... reputamus; se inclusit cum eisdem
inimicis regni Franciæ et nostris, ad finem quod nos indigna-
tionem dicti locumtenentis et majestatis regiæ incurreremus et
pœnam corporis et bonorum pateremur, et ad finem quod adju-
torium et auxilium et consilium daret et impenderet ipsis regni
Franciæ et nostris inimicis contra dominum nostrum Franciæ
regem, et ejus gentes, et nos, qui ipsius domini nostri regis honore deffendendo cum dicto suo locumtenente tunc præsentes
eramus devota subjectione vassallatica, et fidelitatis juramento
eidem domino nostro regi, seu alii ejus nomine præstito abstricti
dampnum majestati regiæ, et contra gentes suas et nos totis
viribus procurando, et etiam debellando, et cum armis extra
dictum locum de Reula pluries exeundo, et irruundo. Ea propter
dictum Guillelmum Raimundi ex prædictis et aliis legitimis
causis suis loco et tempore declarandis et probandis, si opus
fuerit per nos, seu hæredem nostram infrascriptam, tanquam

nobis impium et ingratum ac male meritum, ab omnibus bonis, juribus et hæreditate nostris jubemus esse penitus alienum, et ab eisdem ipsum privamus et etiam exhæredamus et exhære- datum esse volumus et privatum. Verum si dicta exhæderatio non teñet vel sit inefficax et invalida, eo casu, dicto Guillelmo Raimundi, jure restitutionis et hæreditatis portionis legamus centum libras turonensium parvorum annui redditus, in quibus ipsum in casu prædicto et in ducentis libris annui redditus, quas sibi dedimus in Pampolona hæredem nobis instituimus et fa- cimus, quas centum libras annui redditus in casu prædicto sibi volumus assignare in redditibus quos habemus in senescallia Petragoricensi et Caturcensi. Et cum prædictis centum libris annui redditus per nos. . . . . . . dicto sibi relictis et cum dictis ducentis libris donatis eidem ut præmittitur per nos rendualibus. Volumus ipsum Guillelmum Raimundi esse contentum de om- nibus bonis nostris pro omni legia et fra. . . . . . . casu quo exhæredatio non teneat antedicta. Ac tamen si dictus Guillelmus Raimundi, casu prædicto existente, vellet experiri ratione suæ legitime supplementum, volumus, eo casu, quod computatis prædictis centum libris et ducentis libris rendualibus, id quod deesset in casu prædicto suppleatur et assignetur sibi in dictis nostris redditibus quos habemus in dicta senescallia Petra- goricensi et Caturcensi. . . . . . . Postremo vero in cæteris bonis, villis et castris, et juribus nostris quibuscumque, quæ nos habemus et habere possumus et debemus in locis et castris nos- tris de Cavomonte, de. . . . . . . Montepolhano et eorum juribus, pertinentiis et juribus universis et alibi ubicumque cujusque conditionis existant, instituimus hæredem nostram universalem dominam Indiam de Cavomonte. . . . . . . filiam prædictam, et ejus liberos de suo corpore in futurum de legitimo matrimonio

procreandos seu etiam nascituros, cui injungimus et mandamus,
ut omnia legata nostra persolvere . . . . . . et ordinationem
et dispositionem observare inviolabiliter non postponat, differat,
vel recuset. Si vero contingeret quod dicta filia et hæres nostra
decederet sine liberis de suo corpore de legitimo matrimonio
nascituris, adhuc volumus quod dicta bona revertantur ad
Johannem de Galhardo, filium domini Petri de Galardo et dominæ
Talesiæ, quondam sororis nostræ, ubi. . . . . . Et in casu quo
dictum Johannem de Galardo dictam successionem nostram ex
substitutione prædicta habere contingeret, et ipsum decedere
sine liberis ex suo corpore de legitimo matrimonio procreatis ,
item volumus et ordinamus quod dicta bona nostra revertantur
et veniant ad proximiores de genere nostro, ad quos de jure debebunt pervenire. Hoc autem volumus esse nostrum ultimum
testamentum nuncupatiyum, quod valere volumus jure testamenti, et si non valet, valeret, valebitve, jure testamenti hoc
valere volumus jure codicillorum vel donationis causa mortis,
vel alterius ultimæ voluntatis. Quod promittimus et volumus
observare et tenere et nunquam contra facere vel venire, et aliud
testamentum non facere; quod si factum apparet alias per nos
vel fieri contingeret in futurum, illud nunc ut extunc, et extunc
ut ex nunc revocamus, et annullamus. Et de prædictis omnibus
et singulis et infrascriptis fieri volumus publicum instrumentum
ad utilitatem dictæ heredis et commodum et quod possit dictari,
ordinari valeat ad majorem firmitatem et utilitatem dictæ
hæredis de consilio sapientis substantia non mutata, ad finem
quod annullari, irritari, cassari, revocari non possit per aliud
testamentum per nos factum, vel faciendum, vel alia quacumque
via, jure, vel consuetudine, vel alias quoquo modo nonobstante
quod grossatum fuerit, vel in judicio productum per vos magis-

trum Clementem Sabbaterii, notarium regium infrascriptum. »
Acta fuerunt hæc apud Blogonium, anno Domini millesimo tre-
centesimo tricesimo, tertio die mercurii post festum Sanctæ
Crucis·mensis septembris, domino Philippo rege Franciæ regnante, in præsentia et testimonio discreti viri magistri Poncii
Garrici, jurisperiti, diocesis Caturcensis, Bernardi de Ruppe, domicelli, diocesis Albiensis, Arnaldi de Bretes de Cavomonte,
Guillelmi de Ruppe Negata, diocesis Albiensis, Bernardi de Sanz,
domicelli, diocesis Convenarum, Petri de Montebruno, diocesis
Lombenensis, Petri de Vaor, diocesis Albiensis, testium, qui ad
prædicta omnia et singula præsentes fuerunt rogati et vocati per
dictum testatorem specialiter ad prædicta, et mei Clementis
Sabbaterii de Carcassona, domini nostri regis Franciæ notarii, qui
per dictum testatorem requisitus et rogatus, et specialiter vocatus,
ad prædicta una cum testibus prænominatis ad præmissa omnia
interfui, et de prædictis omnibus et singulis recepi publicum
instrumentum, et hæc omnia scripsi et signo meo consueto
signavi. Quibus quidem visione, lectione et inspectione sic factis,
nos locumtenens prædictus, ad supplicationem et requestam
discreti viri magistri Francisci de Bacco, bacalarii in legibus, pro
et nomine nobilis et potentis viri domini Johannis de Galardo,
militis, domini de Limolio et de Miramonte, ut procurator ad-
jornatus ejusdem, dictum publicum instrumentum auctenticum
sive originale in curia prædicta executoris dicti sigilli publica-
vimus, et pro publicato perpetuo habere volumus, tenoremque
ejusdem interseri præcepimus in libro dictæ curiæ ad æternam
memoriam rei gestæ, hincque præsenti sumpto, vidimus, seu
transcripto adhibere volumus tantam fidem quanta adhiberetur
seu adhiberi posset dicto instrumento auctentico, sive originali.
In quorum præmissorum fidem, firmitatem et testimonium nos

locumtenens prædictus, auctoritate et decreto nostris ut decet interpositis, sigillum regium prædictum duximus apponendum, præcipientes notario ac jurato dicti sigilli infrascriptis ut de præmissis omnibus et singulis dicto domino Johanni conficiant publicum instrumentum, seu publica instrumenta sub sigillo prædicto, tot quot eidem fuerunt necessaria ac etiam opportuna. Testibus præsentibus discreto viro magistro Arnaudo Guillelmi de Conginis, baccallario in legibus, judice majori Agennensi, Menaldo de Brocariis, serviente regio ad arma, et præposito urbis Burdegaliæ, magistro Petro-Fortis, clerico, notario publico, et Guillelmo Arnaldi de Castro Bugone, domicello, ad præmissa vocatis et rogatis. Datum in castro regio Burdegalæ, in curia dicti executoris, die septimo mensis octobris, anno Domini millesimo trecentesimo sexagesimo.

Ego vero Guillelmus de Blesis, clericus, Carnotensis diocesis, auctoritate imperiali ac dicti nostri regis in toto ducatu Aquitaniæ notarius publicus et dicti sigilli juratus qui in præmissis visione, palpatione, requesta et publicatione decreti et sigilli regii interpositione præsens una cum dicto domino locumtenente, et magistris Petro de Maderano et Guillelmo Amboyra, notariis publicis, et juratis dicti sigilli et aliis testibus suprascriptis, vocatus præsens dum agebantur in dicta curia fui, et hæc præsens vidimus, seu transcriptum de dicto publico instrumento auctentico, sive originali, de verbo ad verbum, prout in eodem originali vidi contineri fideliter manu propria scripsi, grossavi, et in formam publicam redegi, hicque me subscripsi et signis meis solitis auctoritatibus quibus supra signavi de præcepto dicti domini locumtenentis, et per dictum magistrum Franciscum requisitus.

Et ego Petrus de Maderano, clericus Burdegalensis diocesis, auctoritate apostolica et coavi regia notarius publicus et sigilli prædicti juratus, qui præmissis omnibus et singulis videlicet visione, palpatione, requesta et sigillis regiis interpositione una cum notario et testibus ac custode et executore prænominatis, et notario inferius scripto præsens fui in dicta curia et hoc præsens vidimus, seu transsumptus cum dicto publico instrumento auctentico sive originali inveni concordatum quod signis meis solitis de præcepto dicti locumtenentis per dictum magistrum Franciscum requisitus signavi.

Et ego Guillelmus Aubonii, clericus Xantonensis diocesis, auctoritate regia notarius publicus,... præsens fui in dicta curia et publicari de mandato dicti locumtenentis per dictum magistrum Franciscum requisitus signo meo solito signavi.

Collect. Doat, vol. 43, du fol. 23 au fol. 31, v°, Bibl. de Richelieu. Mss.

DE 1333 A 1368.

Armes de JEAN DE GALARD, *d'après un sceau du temps.*

Jean de Galard, sire de Limeuil : *d'or à une croix de sable et quatre corneilles de même.*

Sceau reproduit par Justel en son *Histoire de la maison de Turenne,* preuves, page 141.

Année 1337.

Jean de Galard était chevalier banneret en l'année ci-dessus.

Gens d'armes de la séneschaussée de Pierregort qui ont servi sous Pierre de Marmande, lors seneschal de ladite séneschaussée.

Chevaliers bacheliers.

Helies de Saint-Astier, 10 escuyers.

Escuyer banneret.

Bertrand de Touquebœuf, 1 escuyer.

Chevalier banneret [1].

M. Jean de Galart, 1 chevalier bachelier, 39 escuyers, 80 sergents.

Chevaliers bacheliers.

M. Pierre de Saint-Estier, 3 escuyers.

M. Ythier de Saint-Estier, 4 escuyers.

M. Arnaut de Saint-Estier, chevalier capitaine de Crevenhac, 2 chevaliers, 9 escuyers.

Collection de Camps, vol. 83, fol. 279. Bibl. de Richelieu. Mss.

---

1. Nous avons déjà fait ressortir ailleurs, par des citations que nous allons fortifier de quelques autres, le rôle important de chevalier banneret. Rastallus le définit ainsi dans son livre qui a pour titre : *Les termes de la loi.*

« *Benneret* est un chivaler fait en le campe ove le ceremony del amputer le « point de son standart : et feasant ceo si comme un banner. »

Suivant du Tillet, on appelait *banneret* celui qui avait autant de vassaux qu'il en fallait pour lever bannière et faire une compagnie de gens de guerre entretenus à sa table et soudoyés à ses dépens.

Un ancien cérémonial, dit Guyot (*Répertoire de jurisprudence*, t. II, p. 129), nous apprend que le banneret devait avoir 50 lances, en dehors des hommes de trait, les archers et les arbalétriers qui lui appartenaient, savoir 25 pour combattre et un pareil nombre pour garder sa bannière.

Septembre 1338.

Jean de Galard avait donné la moitié de la part qu'il tenait dans le lieu de Pompignan à Arnaud de la Salle pour reconnaître le long dévouement de ce vieux et loyal serviteur. Son maître lui abandonna en outre la possession du sol ainsi que la triple justice et ne réserva pour lui que l'hommage. Le roi, dans les lettres confirmatives que nous allons transcrire, approuve cet acte de gratitude déjà validé par Simon, sire d'Arquery et le Gallois de la Balme, capitaines du roi ès parties de Languedoc.

CONFIRMATIO DONI FACTI BERNARDO ARNALDI DE AULA PER DOMINUM JOHANNEM DE GALARDO, MILITEM, JURISDICTIONIS QUAM HABEBAT ET TOTIUS MEDIE PARTIS, IN LOCO DE POMPINHANO.

Philippe, par la grâce de Dieu roys de France, à touz ceuls qui ces présentes lettres verront, savoir faisons que, veues unes lettres de noz amez et féauls feu Symon, sire de Arquery et le Gallois de la Balme, maistre de noz arbelestiers, chevaliers, lors capitaines de par nous députez es parties de la langue d'oc, scellées de leurs seauls en pendant, contenans la fourme qui sensuit : « Symon dominus de Arquiriaco, consiliarius et magister requestarum hospicii, et Galesius de Balma, magister arbalisterium domini nostri Francie regis, milites, capitanei et gubernatores in Occitaniæ partibus a regia magestate destinati, universis presentes litteras inspecturis salutem, et presentibus dare fidem. Noveritis nos vidisse, tenuisse et de verbo ad verbum legi fecisse quoddam publicum instrumentum receptum et ingrossatum per magistrum Petrum Cluselli, notarium publicum Agennensis et Vasconie, et ejus signo signatum, ut prima facie apparebat, cujus tenor talis est : Noverint universi hoc presens

publicum instrumentum inspecturi quod, constitutus personaliter in castris ante Pennam Agennensem, nobilis vir dominus
Johannes de Galardo, dominus de Limolio et de Borello, certus de
jure suo et consultus non errans, ut dixit, in aliquo vel deceptus,
habita et obtenta prius licentia speciali infrascripta faciendi a
magnificis et potentibus viris dominis Symon, domino de Erque-
riaco requestarum hospicii, et Galesio de Balma, arbalisterum
domini nostri Francie regis, magistris, militibus, capitaneisque
et gubernatoribus per magestatem regiam in Occitanis partibus
destinatis, mediantibus patentibus litteris dictorum duorum ca-
pitaneorum eorum sigillis in pendenti cum cera rubea, ut prima
facie apparebat, sigillatis, quarum tenor sequitur in hec verba :
Symon, dominus de Arquiriaco requestarum hospicii, et Galesius
de Balma, arbalisterum magistri, milites domini nostri Francie
regis, capitanei et gubernatores, pro dicto domino nostro rege
in lingua occitana destinati, notum facimus universis quod ad-
missa supplicatione domini Johannis de Galardo, militis, asserentis se velle donare Bernardo Arnaldi de la Sala medietatem
illius partis quam idem miles habet in loco de Pompinhano,
cum jurisdictione alta et bassa, quem quidem locum de Pompinhano idem miles tenet in feudum a domino nostro rege, sub
fide et homagio, petentisque sibi per nos faciendi dictam dona-
cionem eidem Bernardo Arnaldi, et quod idem Bernardus Arnaldi
de predictis ipsi domino Johanni, et ipse dominus Johannes
dicto domino nostro regi de toto dicto loco, ut prius fidem et
homagium facere teneantur ; licentiam impertimur eidem domino
Johanni de Galardo predictam medietatem dicte partis dicto Bernardo Arnaldi donandi seu conferendi, et quod idem Bernardus
Arnaldi de dicta medietate per dictum militem sibi, ut premittitur, conferenda eidem militi, et idem miles ipsi domino nostro

regi de toto dicto feudo ut prius fidem et homagium facere teneantur. In quorum fidem et testimonium sigilla nostra presentibus litteris apponi fecimus et appendi. Datum in castris ante Pennam Agennensis, die vicesima septima mensis madii, anno Domini M° CCC° XXX° octavo. Dedit, donavit, contulit penitus et quitavit, donatione pura, simplici et irrevocabili inter vivos et mera liberalitate facta et pro se et suis imperpetuum valitura, Bernardo Arnaldi de Aula, domicello, dilecto et fideli servitori suo ibidem presenti, stipulanti et recipienti pro se et ejus ordinio et omnibus suis et livore successorum et heredum voluntate plene ac perpetuo facienda medietatem totius illius partis jurisdictionis alte et basse, cum mero et mixto imperio et cum omni exercicio dicte jurisdictionis et ejusdem necessarie et plenarie, emolumentorum receptione et explectacione eorumdem, quam idem miles habet in loco de Pompinhano et ejus territorio et districtu, tenendum ac possidendum, seu etiam quasi exercendum et explectandum ex nunc in antea per dictum Bernardum Arnaldi et suos successores et heredes et ab eo causam habentes tanquam suam propriam. Cedens et transferens dictus miles donator dicto Bernardo Arnaldi omnes acciones reales, personales, mixtas, utiles et directas et rei persecutores, pretorias et civiles, et omnes alias quascumque eidem domino militi competentes et competituras in dicta medietate dicte partis predicte jurisdictionis et ejus exercicio et perceptione emolumentorum, quam dictus miles habebat in dicto loco de Pompinhaco et ejus pertinentiis, ipsumque faciens ut in rem suam procuratorem et dominum. Hanc autem donationem, cessionem et translationem dicte medietatis dicte partis predicte jurisdictionis, dictus dominus miles donator etiam dixit et asseruit se fecisse dicto Bernardo Arnaldi, servitori suo, propter verum (sic) dilectionis amo-

rem quem dixit se habere erga Bernardum Arnaldi predictum et
propter multa grata et vera servicia et plaseria que per dictum
Bernardum Arnaldi eidem militi et domino Petro de Galardo
ejus patri quondam longis temporibus facta et impensa fuerunt;
de quibus idem dominus miles se pro bene paccato habuit et
contento, promittens dictus dominus miles donator dicto Bernardo Arnaldi ibidem presenti et solemniter stipulanti de dicta
medietate dicte partis dicte jurisdictionis esse guirens, bonamque
et firmam portare guirenciam et evictionem ab omnibus petito-
ribus et contradictoribus, sub omnium bonorum suorum presentium et futurorum obligatione ac etiam ypotheca, et ipsum in
dicta medietate dicte sue partis ipsius jurisdictionis legitime tenere et deffendere in judicio et extra, eo modo quo fidelis dominus servitorem et vassallum suum deffendere tenetur, seipsum
idem dominus miles et suos de omni jure et proprietate ac possessione juris et facti et cum presenti publico instrumento totaliter investiendo, retentis tamen per dictum dominum militem
donatorem, fide et homagio, per dictum Bernardum Arnaldi et
suos dicto militi et suis faciendis, quod fidem et homagium
dictus Bernardus Arnaldi pro se et suis successoribus et causam
ab eo habentibus facere et prestare promisit dicto militi stipulanti, pro se et suis successoribus in futurum temporibus opportunis. Et renunciavit idem dominus miles certioratus de jure
suo per me notarium infrascriptum exceptioni dicte donationis
non facte ex causis predictis et exceptioni dictorum serviciorum
per ipsum dominum militem et dictum dominum ejus patrem
condam non habitorum vel receptorum, exceptionique doli mali,
metus, fraudis, et omni deceptioni, conditioni sine causa et in
factum actioni, et juri dicenti propter ingratitudinem posse revocari, et donationem absque judicis insinuatione excedentem

summam trescentorum vel quingentorum aureorum non valere,
et omni restitutioni in integrum postulandi minorique etiam
beneficio et omni alii juris et facti auxilio cum quo vel quibus
contra premissa vel aliqua premissorum, vel alias quovis modo
posset in aliquo venire aut se deffendere vel tueri. Et ut predicta
omnia et singula majori firmitate et pressidio fulciantur, dictus
dominus miles juravit super sancta quatuor Dei evangelia, ejus
manu propria corporaliter tacta, dicta servicia bona grata ascen-
dentia donationem et remunerationem presentes dicte, medietatis dicte partis predicte jurisdictionis et sibi et domino ejus
patri, longis temporibus, per dictum Bernardum Arnaldi vera-
citer fuisse prestita et impensa, et omnia et singula supradicta
in hoc presenti publico instrumento contenta et renuntiata tenere, complere et firmiter observare aliquem articulorum superius expressatorum et quibus renuntiatum est vel alias non
proponere vel allegare in solidum vel in parte, et non contra-
facere, vel venire ratione minoris etatis vel alias per se vel per
personam interpositam, aliquo ingenio vel cautela ullo modo,
prout est expressum sub dicto prestito juramento de non agendo
vel supplicando, vel alias quovismodo in futurum pro aliquo articulo premissorum; voluitque idem dominus miles de predicta
donatione fieri per me notarium infrascriptum tam bonum instrumentum sicut fieri posset cum renuntiationibus ibidem necessariis de consilio peritorum. Acta sunt hec in obsidio sive
castris ante Pennam Agennii die quarta mensis junii, anno Domini
M° CCC tricesimo octavo, regnante domino Philippo Dei gracia
rege Francie, Amaneto Agennensi episcopo existente. Testes sunt
dominus Ebardus la Rocha, miles, Bertrandus la Rocha, Guillelmus Vatta, Raymundus de Faroliis, Helias de Guerra Holiis,
Bernardus de Veyrinis, Guiljelmus de Tunhaco, et ego Petrus

Cluselli, clericus Agennensis et Vasconie notarius publicus, qui premissis donationi, cessioni, spoliationi dicte jurisdictionis et omnibus aliis et singulis superscriptis una cum dictis testibus donatoreque et donatario predictis, dum agebantur presens fui, et de eisdem ad requisitionem dicti Bernardi Arnaldi et de voluntate dicti domini Johannis, donatoris, hoc presens instrumentum recepi, notavi et signo meo consueto signavi. Quod quidem instrumentum, ego Johannes de Sancto Paulo, clericus coadjutor datus dicto magistro Petro Cluselli per dominum senescallum Agennensis et Vasconie, a nota et papiris dicti notarii de jussu et voluntate ejusdem abstraxi et in formam publicam redegi. Idemque notarius, presenti publico instrumento, facta prius diligenti collatione cum originali, signum suum apposuit, quod est tale... Ceterum cum dictus Bernardus Arnaldi nobis supplicaverit quatenus dictam donationem auctoritate regia qua fungimur in hac parte, et omnia alia et singula in dicto instrumento contenta ex causa et ex certa scientia confirmare dignaremur, nos plene de contentis in dicto instrunento informati, attendentes quod nos, ante dictam donationem factam eidem domino Johanni de Galardo, licentiam prebueramus dandi et transferendi dictos redditus qui in feudum domini nostri regis tenentur, Bernardo Arnaldi memorato, dictam donationem et alia universa et singula contenta in instrumento suprascripto, auctoritate regia qua fungimur in hac parte, ex certa scientia et de gratia speciali rattificamus et approbamus, et perpetuo volumus esse firmam. In quorum testimonium sigilla nostra hiis presentibus duximus apponenda. Actum et datum in castris ante Pennam Agennensis, decima septima die mensis junii, anno domini м°. ccc, trigesimo octavo. » — Nous, toutes les choses contenues ès dictes lettres et chascune d'icelles voulons, loons, approuvons, et de nostre grace espécial, de certaine science et auctorité royal, par ces présentes lettres confermons, sauf nostre droit es autres choses et l'autrui en toutes. Et pour que ce soit ferme et estable à tousjours mais, nous avons fait mettre nostre seel en ces présentes lettres. Donné au Moncel, près du pont Sainte Maxance, l'an de grace mil ccc trente huit, ou mois de septembre.

Par le roy : BERTH. CAMA.

Dicunt gentes compotorum quod non est in hoc financia.

J. DE SANCTO JUSTO.

Trésor des Chartes, JJ., 71, acte 245, Archives nationales, registre parchemin.

ANNÉE 1338.

Extrait du compte de Jean le Mire, trésorier des guerres, etc.

La bataille de M. le connétable d'Eu, lieutenant du roy en toute la Languedoc et es-parties de Gascoigne.

La seneschaussée de Pierregort.

M. JEAN DE GALLARD, banneret, 3 chevaliers, 72 escuyers, 180 sergens.

M. Regnaut de Pons, 14 chevaliers, 37 escuyers, 47 sergens.

Agenois.

Arnaut de Cours, 1 escuyer, 20 sergens.

Bernart Roger, 2 escuyers, 6 sergens.

PIERRE DE GAILLART, 1 gentilhomme, 10 sergens.

Establies.

GIRAUT DE GALART, 16 escuyers, 51 sergens.

PIERRE DE GALART, 39 escuyers, 60 sergens.

BERTRAND DE GALART, 5 escuyers, 12 sergens.

Coll. de Camps, vol. 83, fol. 198, 201, 212, v°. Bibl. de Richelieu. Cabinet des titres.

DE 1338 A 1340.

JEAN DE GALARD *servait sous la charge de Mons. Payen de Mailly.*

Gens d'armes de la seneschaussée de Pierregort qui ont servi par les retenues et sous le gouvernement de Mons. Payen de Mailly, lors seneschal de Pierregort et capitaine et gouverneur de ladite seneschaussée, tant pour assiéger le lieu de Montreal qu'autrement.

Chevaliers bannerets.

Monsieur Payen de Mailly, chevalier de la seneschaussée de Pierregort, 13 escuyers;

Mons. Remon Talleran, 5 chevaliers bacheliers, 29 escuyers;

Fergan d'Estissac, 6 escuyers, 12 sergens;

M. JEAN DE GALLART, 1 chevalier bachelier, 39 escuyers, 80 sergens;

Oger de Montaut;

Helie de Bordeille, 11 escuyers, 18 sergens.

Coll. de Camps, vol. 83, fol. 282, verso. Bibl. de Richelieu. Mss.

De décembre 1338 au 18 février 1342.

Dans une répartition des gages par Barthélemy du Drach, on trouve
Jean de Galart.

Extrait du compte rendu par Barthelemy du Drach, trésorier
des guerres, des Droitures prises et rabatues aux gens d'armes en
leurs comptes par li et ses lieutenants depuis décembre 1338 que
ledit Barthelemy fut fait trésorier jusqu'au 18 soir de février 1342[1],
que trièsves furent prinses par tout le royaume de France.

---

[1] En cette même année on retrouve Jean de Galard mentionné dans les *gages
des gens d'armes qui ont servi le roy en la guerre de Gascongne depuis le mois
d'octobre 1344 jusqu'au 14 février 1342.*

« *Somme des gages XIII^c IIII^{xx} XIII l. VIII s.*

« Mons. Jehan de Galard, chevalier banneret, pour lui, trois autres bannérets,
quatorze chevaliers bacheliers, trois cens quatre vingt deux escuiers au pris et deux
cens soixante quinze sergens, ce vingtiesme jour de janvier mil trois cens quarante
deux jusques au quatorzième jour de février ensuivant, par vingt cinq jours huit
vingt treize livres, huit sols par jour. » (*Fonds français, vol. 7877, fol. 150, Bibl. de
Richelieu. Cabinet des titres.*)

AUTRE MENTION DE SOLDE
Sous le gouvernement de M. de Beauvais.

Mons. Jehan de Galart, chevalier banneret, pour lui, trois chevaliers, cinquante
cinq escuyers, montez au prix, trois à moins de pris et quarante sergens du dernier jour d'aoust jusques au premier jour d'octobre ensuivant par trente deux
jours, vint trois livres six sols six deniers par jour VII^c XLVI^l VIII s.

Pour la venue dessus nommez de Lymeul li à Bergerac et le retour par deux
jours par jour comme dessus, XVI^l, XIII s. (Ut supra vol. 7887, fol. 206.)

Gendarmes de la sénéchaussée de Pierregort mandez par
M. de Valentinois.

Royer Bernard, comte de Perrigort,

Ricrier de Penne,

JEAN DE GALLART.

Coll. de Camps, vol. 83, fol. 430, recto, verso. Bibl. de Richelieu. Cabinet de titres.

AVRIL 1339.

Le roi Philippe libéra pleinement et à perpétuité JEAN DE GALARD *de*
tout ce qui pouvait lui être réclamé, soit pour lui soit, pour le
compte de son père, par la couronne de France au sujet du château
de Limeuil. Cette terre avait été baillée en assiette à PIERRE DE GA-
LARD, *grand maître des arbalétriers, comme rapportant 350 livres*
de rente, quand sa valeur réelle était bien supérieure. Le suzerain
tient son vassal quitte de toutes dettes moyennant 20,000 livres tour-
nois qui devront être payées par à-compte de 2,000 livres entre les
mains du receveur royal, chaque année, à la fête de la Toussaint,
jusqu'à complet acquittement.

LITTERA QUITTATORIA DE OMNIBUS PER DOMINUM REGEM FACTA DNO JOHANNI
DE GALART, MILITI, MEDIANTE CERTA PECUNIÆ SUMMA.

Philippus, etc., sçavoir faisons à tous présens et avenir que
entre nos gens de la chambre de nos comptes à part pour nous
et en notre nom, d'une part, et JEHAN GALART, chevalier, fils et
hoir de feu Pierre de Galart, jadis maistre de nos arbalestiers,
d'autre part, sur toutes les demandes que nous pour le temps
passé peuyons faire envers le dit Jehan de Galard, tant pour
cause de son dit père que de luy, tant pour cause du chastel de
Lymeuil et des appartenances d'icelui et de ce que leur en avoit;

lequel chastel et appartenances lui avoient été baillées en assiette
pour trois cent cinquante livres tournois de rente et ils valoient
plus, assez si, comme l'on disoit et de plusieurs sommes d'ar
gent et autres choses receues par le dit feu Pierre au temps que
il vivoit et par ses gens, pour li et en son nom, pour cause de
son office et autrement et par le dit Jehan... des trésoriers et
receveurs royaux tant de nostre temps comme du temps de nos
devanciers, roys, desquels nous li peussions demander raison ou
compte pour le restant ou faire envers lui autre demande et de
toutes les actions réelles et personnelles et articles d'ou nous le
puissions poursuivre afin que de confiscation de biens ou autrement... et aussi de toutes les demandes, actions ou raisons que
le dit Jehan, tant pour cause de son dit père que pour cause de
luy, peut faire envers nous pour tout le temps passé, a esté
traité et acordé en la somme et en la manière qui s'ensuit : c'est
à sçavoir que le dit Jehan, pour luy et pour ses hoirs et pour
ceulx qui de luy auront cause, avons quité et quitons tout
aplain perpetuellement de toutes les demandes que nous peussions faire envers le dit Jehan ou ses biens meubles ou heritages, reelles ou personnelles, criminelles ou civiles, de quelque
manière que ce fust, jusques à la date de ces présentes lettres,
parmi la somme de vint mille livres tournois, que le dit Jehan
nous en doit payer en la manière qui s'ensuit : c'est assavoir :
deux mille livres tournois à nostre trésor à part et à la Toussaintz qui sera l'an mil trois cenz quarante un, deux mille livres
tournois à nostre receveur de Caour pour nous et aussi chascun
an à la feste de Toussaintz, deux mille livres tournois à nostre
dit receveur pour nous jusque à tant que nous serons entièrement paiez des dites vint mille livres tournois. Et ne sera jamais
le dit Jehan, ou ses hoirs ou successeurs, ayant cause de li,

tenuz de nous rendre compte du restant ou autre raison des choses dessus dites, et n'entendons pas par cest traictié et accort empeschier au dit Jehan son droit et action se aucuns en y a à demander et requerre, envers Arnaut de Beuville et envers ses hoirs ou successeurs, aucune chose pour certaine somme d'argent que le dit feu Pierre païa au dit Arnaut pour cause du dit chastel de Limeuil, lequel le dit Arnaut vendit jadis à nos devanciers si, comme dit le dit Jehan, et li octroye et accorde, octroyons et accordons que ceste quittance soit d'aussi grand valeur tant pour nostre compte que pour luy et d'aussi grand effet comme si toutes et chascunes les choses actions et demandes desquelles nous et nos hoirs ou nos successeurs le peussions poursuivre li ou les siens ou ses biens ou héritages, au nom de son dit père ou de soi, fussent en ces presentes lettres specialement déclarées et spécifiées le dit Jehan nous a donné lettres de quittance sur les choses dessus dites et obligations de nostre chastellet de Paris de nous païer la somme de vint mille livres tournois dessus dites, et nous doit rendre lettres éscrites et cédules et autres escriptures des quelles il se pourroit aider ou demander aucune chose envers nous ou envers nos successeurs, au temps présent et avenir et pour le temps passé, jusque ce jour dehuy, tant pour cause de son père que de luy, et se aucunes en estoient trouvées au temps à venir qu'il ne eust point rendues, il a volu et accordé par ledit traictie et accord qu'elles soient de nulle valeur et effet ; et pour que ce soit chose ferme et stable à tous jours, nous avons fait mettre un scel en ces présentes lettres, sauf en autre chose nostre droit et au dit Jehan et en toutes choses l'autruy. Ce fut fait à Paris l'an de grace mil ɪɪɪᵉ trente neuf au mois d'avril.

Trésor des chartes, JJ. 71, acte 348, fol. 224, Archives nationales.

1340 ET APRÈS.

JEAN DE GALARD *est inscrit, sous les années 1340, 1342, 1343, parmi les gentilshommes de la livrée du roi de Navarre.*

Noms des seigneurs de la livrée du roi de Navarre à la Toussaints 1340 :

MONS JEHAN DE GALART.

Noms des seigneurs de la livrée du roi de Navarre à la Toussaints 1341 :

MONS JEHAN GALAART.

Noms des seigneurs à la livrée du roi de Navarre à la Toussaints 1342 :

MONS JEHAN GALAART.

Officiers de la maison du roi, t. II, vol. 61, p. 1124, ibid. 1137 et 1149.

---

21 OCTOBRE 1341.

JEAN, PIERRE ET BERTRAND DE GALARD *étaient aux champs durant la guerre de Gascogne.*

Gens d'armes de la séneschaussée d'Agennois qui ont servy es partie de Gascongne.

PIERRE DE GALARD, sergent d'armes, pour quatre escuyers,

BERTRAND DE GALARD, pour luy et deux autres escuyers montez, 22 septembre jusqu'au 21e jour d'octobre 1341.

Autres gens d'armes de la séneschaussée de Périgord.

JEAN DE GALARD.

Collection Doat, vol. 26, fol. 100. Bibl. de Richelieu. Mss.

Année 1341.

Jean de Galard *était cantonné dans les « Establies » de Périgord à la date ci-dessus, sous le commandement de monseigneur de Beauvais.*

Establies de Pierregort.

M. Jean de Gaillart [1], seigneur de Limeul, chevalier banneret, 1 bachelier, 19 escuyers.

M. Evrart de la Roche, chevalier bachelier, 9 escuyers.

Collection de Camps, vol. 83, fol. 290, v° et 294 r°. Bibl. de Richelieu; Cabinet des titres.

Année 1341.

Jean de Galard *combattait dans les compagnies commandées par monseigneur de Beauvais, en l'an ci-dessus.*

GENS D'ARMES TANT DE LADITE SENESCHAUSSÉE COMME D'AILLEURS QUI SERVIRENT EN LA SENESCHAUSSÉE DE PIERREGORT SOUS LE GOUVERNEMENT DE MONSEIGNEUR DE BEAUVAIS.

Chevaliers bannerets :

Pierre de Gontaut, chevalier banneret, sire de Biron, 1 chevalier, 11 escuyers;

Arnaud de Saint-Astier;

Jean de Galart, 3 chevaliers, 55 escuyers;

Bérenger d'Uzès; 1 chevalier, 23 escuyers.

Collection de Camps, vol. 83, fol. 284 v°. Bibl. de Richelieu, Cabinet des titres.

1. Il est cité, page 163, comme ayant servi en 1341, et page 262 v°, comme étant encore sous les armes le 21 janvier 1342.

1341 et 1342.

Sur un compte de Barthélemy du Drach est inscrit Jean de Galard.

Droitures et autres qui ont compté au dit b. du drach, de la guerre
de gascogne des ans 1341-1342 :

Jehan de Galart,

M. Bertrand de l'Isle,

Collection de Camps, vol. 83, fol. 463, recto et verso. Bibl. de Richelieu,
Cabinet des titres.

Année 1342.

Jean de Mérignac, évêque de Beauvais, de concert avec le comte de
Périgord et Jean de Galard, *rasèrent le château de Montancès,*
repaire de brigands qui terrifiaient la contrée.

Anno Domini m° ccc° xlii episcopus Belvacensis (Johannes de
Marigniaco) obsedit castrum de Monte Insizo (Montancès, Dordogne) una cum comite Petragoricensi et domino Johanne de Gualart, et cum aliis baronibus et pluribus nobilibus viris, cum magno
exercitu. Ibidem erant inclusi plures vispiliones, capitaneus eorum erat quidam qui vocabatur Moras. Unde plura mala faciebant, et omnes mercatores transeuntes circumquaque in cir-
cuitu duarum leucarum deprædabant, ita quod dictus episcopus
cum exercitu suo dictum castrum dissipavit et omnes illos male-
factores de castro ejecit, omnes turres et muros subvertit;
et quæ vocabantur castrum, modo vocantur Plateæ de Monte
Insizo. Eodem anno, fuerunt suspensi duo fratres minores
apud Biguaroca : qui venerant sicut falsi prophetæ in vestimentis ovium, intrinsecus erant lupi rapaces.

Recueil des historiens des Gaules et de la France, Vol. 21, p. 788, I.

10 MARS 1343.

Mention d'une cession de droits féodaux faite par Corbeyran de Limeuil
au profit de JEAN DE GALARD.

Transaction passée entre Messire JEAN DE GALARD, chevalier, seigneur de Limeuil, et Corboran de Limeuil, damoiseau, coseigneur dudit lieu, par laquelle ce dernier cède à Jean de Galard tout le droit qu'il pouvoit avoir dans la juridiction de Limeuil, soit comme cens, rentes, péages, dixmes, hommages, et en récompense Jean de Galard lui cède tout ce qu'il peut avoir dans le Bourget, paroisse de Saint-Alvère, sous la réserve néanmoins des hommages à lui dus par les nobles dudit Bourget et paroisse de Saint-Alvère, en date du mercredi avant la fête de saint Grégoire, c'est-à-dire le 10 mars 1343.

Mss. de l'abbé de Lespine, dossier de Galard. Bibl. Richelieu, Cabinet des titres.

ANNÉE 1344.

Note de l'abbé de Lespine relative à la capture de JEAN DE GALARD
dans Bergerac.

En 1344[1], durant la guerre entre Philippe de Valois et Édouard II, roi d'Angleterre, le comte de Derby, à la tête des

1. Lire la savante dissertation de M. Bertrandy sur les campagnes du comte de Derby en Guienne, Saintonge et Poitou, publiée sous forme de lettres adressées à M. Léon Lacabane, directeur de l'École des chartes. Dans cette critique approfondie et lumineuse des erreurs de Froissard, l'auteur repousse l'année 1344 et établit, à l'aide des documents les plus irrécusables, que l'expédition de Derby en

Anglais, vint assiéger Bergerac où s'était rendu le comte de Lisle, gouverneur de Guienne, qui avait assemblé l'élite de la noblesse du parti de Philippe pour la défense de cette place. Le comte de Valentinois, soutenant l'assaut, fut tué, le comte de Lisle blessé, et les autres seigneurs, étant effrayés, abandonnèrent la place, dont les Anglais se rendirent maîtres.

Ce fut sans doute dans cette occasion que JEAN DE GALARD fut fait prisonnier. Voyez les lettres de rémission qui lui furent accordées par le roi au mois de février 1349. Aussi ne trouve-t-on pas d'actes sur lui de 1344 à 1349.

Mss. de l'abbé de Lespine, dossier de Galard. Bibl. Richelieu, Cabinet des titres.

---

29 SEPTEMBRE 1345.

Parmi les grands seigneurs qui tombèrent aux mains du comte de Derby, lors de la prise de Bergerac, en 1345, Robert d'Avesbury se borne à signaler le sénéchal de Périgord et JEAN DE GALARD.

DE TRANSFRETACIONE COMITIS DERBEYE IN VASCONIA, ET GESTIS SUIS IBIDEM.

Idem dominus Edouardus tercius a conquestu, anno regni sui Angliæ XIX^{no}, regni vero Franciæ VI^{to}, circa festum sancti Michaelis archangeli, anno Domini millesimo CCC^{mo} XLV^{to}, nobilem virum dominum Henricum, filium comitis Lancastriæ,

Gascogne appartient à l'année 1345. Cette opinion va se trouver corroborée par l'historien anglais Robert d'Avesbury, dont nous allons tout à l'heure donner un extrait.

consanguineum suum, comitem tunc de Derby, cum plus quam quingentis hominibus armorum, inter quos dominus comes de Penbrochie et Walterus de Manny connumerabantur, cum totidem sagittariis, in Vasconiam destinavit, domino Radulpho, barone de Stafforde, senescallo Vasconiæ prius facto. Ipsis quidem transvectis, ibidem, dictus nobilis comes, factis de suo exercitu plus quam quinquaginta militibus, villam de Bruggerack, fortiter hominibus armorum munitam, primo insultu, per Dei gratiam, cepit, quod, propter ipsius villæ fortitudinem, fuit, in oculis omnium, mirabile reputatum, in eademque villa, senescallum de Punregor, per dominum Philippum de Valesio ibidem capitaneum ordinatum, dominumque JOHANNEM DE GALARD et alios IX dominos villarum cepit. Villas eciam de Pelagru, de La Lynde, de Mountagier, de Seint-Lowis, de Seint-Chester et de La Jole, magnas, et alias villas, quasdam bonas et quasdam mediocres, plus quam XLVI, per dominum Philippum de Valesio injuriose occupatas primitus et detentas, dominio regis Angliæ, Deo propicio, subjugavit.

ROBERTI DE AVESBURY : *Historia de Mirabilibus gestis Edvardi III, Oxonii, a theatro Sheldoniano.* MDCCXX, p. 121-122.

ANNÉE 1345.

D'après l'abbé Monlezun, JEAN DE GALARD, seigneur de Limeuil, fait prisonnier par les Anglais, dut racheter chèrement sa liberté.

JEAN DE GALARD, fils aîné et héritier de PIERRE DE GALARD, grand maître des arbalétriers, fut moins heureux que ces seigneurs. Il fut pris dans une rencontre près de Bergerac, et con-

damné à payer une très-forte rançon. Le roi de France vint à
son aide et l'aida à compléter la somme. Jean, dans sa reconnaissance, fit hommage au prince, et s'engagea à combattre les
Anglais avec une nouvelle ardeur. Néanmoins, quelques mois
après, il embrassa le parti de l'Angleterre, et prêta à Édouard le
serment qu'il venait de prêter à Philippe de Valois. Jean avait
un frère, GUILLAUME DE GALARD, seigneur de Brassac [1], qui se
montra plus fidèle et continua de servir sous les ordres de Guillaume de Flavacourt.

Histoire de Gascogne, par l'abbé Monlezun, tome III, pages 304, 305.

FÉVRIER 1349.

Rémission pour JEAN DE GALARD, *baron de Limeuil. Dans un engage-*
ment près de Bergerac, il tomba aux mains des Anglais qui, après
une longue captivité, exigèrent une énorme rançon pour sa déli-
vrance. La somme demandée n'ayant pas été fournie, les ennemis
du roi de France firent plusieurs incursions sur la terre de Limeuil
où ils furent accueillis par la femme et les partisans du prison-
nier. C'est pour ce fait de condescendance que le souverain français
accorda des lettres de grâce.

Litteræ Philippi, regis, quibus narratur quod dilectus et
fidelis suus JOHANNES DE GALARDO, miles, dñus de Limolio, primogenitus et hæres defuncti PETRI DE GALARDO, quondam magistri
balistariorum Franciæ, in servitio suo, videlicet in conflictu
Bragiaci, per inimicos nostros captus fuit et in eorum prisone

---

1. Erreur : Jean de Galard, baron de Limeuil, était cousin de Guillaume de
Galard, seigneur de Brassac, et non point son frère.

longe et diu detentus, cum propter personæ et status sui sufi-
cientem ad magnam et sibi impossibilem anscorum (ou ausco-
rum) summam pro sua fuisset redemptione estimatus et taxatus,
dñi inimici nostri terram et loca ejusdem militis frequenter in-
traverant et ibi prædictorum intuitu et favorabiles ipsi militi se
redderent, tamque ipsum, quam per conjugem etf amiliares suos
recepti fuerint ac multas curialitates donaque, servitia et alia sibi
necessaria receperint et habuerint ab eisdem. Interdumque
ipsi inimici existentes excinde incedendo per loca et terram obedientiæ nostræ conficerunt et strages commiserunt, reis illis de
istis omnibus et aliis remissionem concedit apud Merenvillam
prope S. Dyonisium 1349, mense februarii.

Fonds d'Hozier, dossier de Galard, Bibl. Richelieu. Mss.

JANVIER 1350.

JEAN DE GALARD, *seigneur de Limeuil, après une première défection
envers le roi de France qui la lui avait pardonnée, s'était de nouveau rallié aux Anglais et leur avait prêté assistance. Le souverain
français, dans le but de punir cette récidive de trahison et de lèse-
majesté, confisque les biens de Limeuil, de Clarens, de Miremont,
appartenant à* JEAN DE GALARD, *et les donne à Roger Bernard,
comte de Périgord.*

DONATIO BONORUM JOHANNIS DE GALARDO, ROGERIO BERNARDI COMITI PETRAGORICENSI.

Johannes Dei gratia Francorum rex, universis presentibus et
futuris... Exaltatur nomen regnantium et augetur fidelium devo-

tio subditorum si ad illos in quibus pure fidei constantia jugiter
et inviolabiliter experitur, celsitudo regia dexteram liberalitatis
extendens eos casibus ad hoc se offerentibus condignis muneribus
prosequatur. Ad nostram igitur nedum semel, sed pluries devento,
fama publica referente, notitiam quod licet erga JOHANNEM DE GA-
LARDO, dominum de Limolio, militem carissimum domini et genitoris nostri dum viveret nostrique subditum hominem ligium et
vassallum, qui jam pridem guerris inter ipsum genitorem nostrum et regem Anglie procurante pacis emulo suscitatis, fidei
terminos quæ genitori nostro atque nobis tenebatur imprudenter
et infideliter transgrediens, regi Anglie prefato ipsiusque sequentibus inimicis rebellibus et proditoribus nostris adheserat, consilium et auxilium eisdem contra nos et regnum nostrum multis
modis impendendo, misericorditer agens ipsi penas quas ob hoc
nobis demeruerat remississemus, ipsa nichilominus in errorem
pristinum recidens et adherens iterato regi Anglie prefato ipsi ac
nostris aliis rebellibus inimicis et proditoribus contra nos et regnum nostrum nec non et nostros devotos et subditos et fideles
consilium et auxilium multipliciter prestitit et impendit, prestare-
que et impendere non cessat modis omnibus quibus potest, et
sunt ista adeo notoria quod nulla possunt tergiversatione celari,
propter que non est dubium ipsum crimen lese majestatis incur-
risse bonaque sua omnia et singula nobis confiscata esse, et ad
nos ut confiscata pertinere; nos attendentes devotionem sinceram
et vere fidelitatis constanciam quam erga nos et progenitores
nostros dilectus et fidelis noster Rogerius Bernardi comes Petragorensis et antecessores sui totis hactenus transactis temporibus
habuerunt, nec non grata et utilia que nobis et predecessoribus
nostris servicia guerris nostris durantibus et alias fecerunt et
impenderunt, volentes propter ea Rogerium prefatum gracia

prosequi speciali, castra de Limolio, de Auramonte et de Cla-
rancio omnesque villas et loca, terras, possessiones ac bona
feudalia et alia quecumque mobilia et immobilia, universa et singula que memoratus Johannes de Galardo habet, tenet et possidet ubicumque in Petragoricinio, scilicet in dyocesibus Petragoricensi et Sarlatensi et infra illas consistentia quocumque
titulo seu nomine censeantur, cum honoribus, jurisdictionibus
et aliis juribus et pertinenciis omnibus et singulis eorumdem
que propter crimen predictum a prefato Johanne commissum
nobis confiscata sunt et ad nos pertinent, ut est dictum, supradicto Rogerio Bernardi pro se, heredibus ac successoribus suis
in perpetuum dedimus, concessimus, atque donavimus, damus
et concedimus per presentes ex vera liberalitate nostra certa-
que scientia et gracia speciali, concedentes et transferentes omnia in eumdem Rogerium comitem Petragoricensem, heredesque
et successores ipsius, omne jus et omnem actionem, dominium,
proprietatem, possessionem et saisinam que et quas racione
dicte confiscationis in rebus predictis sic donatis habemus seu
habere quomodolibet possumus et debemus, dantes ipsi comiti
ac heredibus et successoribus suis eorumque cuilibet licentiam et
auctoritatem plenam et liberam potestatem castrorum, locorum,
villarum, jurisdictionum et pertinenciarum, bonorumque aliorum predictorum omnium et singulorum corporalem possessionem et tenutam auctoritate propria per se vel per alium seu
alios capiendi, recipiendi, intrandi et obtinendi, nostra aut alterius superioris cujuslibet licentia minime requisita, ad ipsorum
donatariorum omnimodam libertatem; et quia decet beneficia
principis esse mansura, ita ut nullius varietatis casibus alteren-
tur, volumus et auctoritate regia de nostre plenitudine potestatis decernimus atque statuimus quod donatio et concessio

nostra hujusmodi valeat et robur contineat perpetue et inviola-
bilis firmitatis, supplentes tenore presentium auctoritate regia
et de potestatis nostre plenitudine predictis omnem deffectum
solempnitatis juris, si quis intervenerit in eadem, inhibentes
senescallo Petragoricenci et Caturcensi ceterisque justiciariis
et officialibus nostris aut eorum loca tenentibus et cuilibet
eorumdem ut supradictum comitem vel ejus gentes in premissis aut eorum aliquibus impediant aut perturbent seu impediri aut perturbari faciant quoquomodo. Quod ut firmum et
stabile perpetuo perseveret, presentes litteras nostri, quo ante
regni nostri susceptum regimen utebamur, sigilli munimine fecimus roborari, nostro in aliis et alieno in omnibus jure salvo.
Datum in villa Aquarum mortuarum, anno Domini millesimo
CCC° quinquagesimo, mense januarii.

Per dominum regem, presente domino comite Montisfortis :

P. BLANCHET.

Trésor des Chartes, JJ. 80, fol. 462, verso, acte 771, archives nationales.

ANNÉE 1350.

JEAN DE GALARD, *seigneur de Limeuil, est compris dans la trêve conclue
entre le roi de France et celui d'Angleterre comme partisan du
premier.*

Le roi avoit établi quelque tems auparavant Jean de Poillevillain pour ordonneur et gouverneur de toutes les monnoies, à
condition de n'en faire ouvrer que sur le pied qui seroit réglé
par quatre, trois ou deux conseillers du conseil secret, appelant
avec eux ledit Poillevillain.

La trêve fut alors renouvelée entre la France et l'Angleterre par l'entremise du pape Clément VI. Guillaume, archevêque de Brague, et Jean, archevêque de Brindisi, legats apostoliques, en reglèrent les conditions, le treisième juin, dans un lieu situé entre Calais et Guines. On demeura d'accord que la trêve par mer et par terre commenceroit à soleil levant, et dureroit jusqu'au premier jour du mois d'août de l'année suivante, qu'avant la Toussaints chacun des deux rois envoyeroit au pape un duc, comte ou autre noble personne de son sang, pour traiter une paix perpetuelle ou la continuation de la trêve; que les deux rois et leurs principaux barons la jureroient sur les saints Évangiles; qu'on en feroit la publication en France et en Angleterre le lendemain de la fête de la Magdelaine, et quinze jours après en Écosse; que de la part du roi de France seroient compris dans la trêve les rois de Boheme, de Castille, de Portugal, d'Aragon et d'Écosse; le comte de Flandre, le duc de Brabant, le duc de Gueldre, l'évêque de Liége, la duchesse de Lorraine et ses enfans, la comtesse de Bar et ses enfans, le comte de Hainaut, le comte de Namur, les Genois, messire Jean de Chalon, le sire de Lescun, messire JEAN DE GALART et messire Raoul de Caours; que de la part de l'Angleterre seroient aussi compris dans la trêve les rois de Castille, de Portugal et d'Aragon, le duc de Brabant, le duc de Gueldre, le marquis de Juliers, messire Jean de Chalon, le comte de Neufchatel, messire Jean d'Apremont, le sire d'Albret, messire Hermand du Fossard, la dame de Clisson, les Flamands et les Genois, et généralement tous ceux que les deux rois nommeroient avant la publication de la trêve. Ils établirent aussi des juges de part et d'autre pour régler les incidens qui pourroient arriver. Les juges pour les François furent le duc d'Athènes, le comte de Foix, le comte d'Armagnac, le comte

de Harcourt, le sire de Beauge, le sire de Boulogne, le sire de
Montgascon, le vicomte de Thouars et le sire de Laval : les Anglois nommèrent le comte de Lancastre, le connétable d'Angleterre, le sénechal de Gascogne et le sire d'Albret.

Quand toutes ces conditions eurent été réglées, les légats du
pape les jurèrent à la manière des ecclésiastiques en présence
du livre des saints évangiles et les autres plénipotentiaires ou
témoins tant François qu'Anglois les jurèrent en mettant la main
sur le livre des évangiles, et par les ames des deux rois, et y
mirent chacun leurs sceaux.

Histoire de Philippe de Valois et du roi Jean, par M. l'abbé de
Choisy. — Paris, Antoine Dezallier, 1690, in-4°, pages 198-200.

Nativité de saint-jean-baptiste 1350.

Jean de Galard, *seigneur de Limeuil, dans un hommage à Philippe de
Valois, lui jure fidélité et lui promet son appui contre le roi d'Angleterre. Ce serment fut prêté au monastère de Saint-Cyprien dans
le diocèse de Sarlat en présence de Roger Bernard, comte de Périgord,
et d'Arnaud d'Espagne, sénéchal de Quercy et de Périgord. Jean de
Galard déclare qu'il a été ainsi que ses prédécesseurs homme lige et
vassal du roi de France, et nie d'avoir embrassé le parti des Anglais, à l'instigation du comte de Lancastre.*

Noverint universi et singuli presentes litteras seu presens in-
strumentum publicum inspecturi quod, anno Domini millesimo
CCC^{mo} quinquagesimo, die Mercurii in vigilia festi Nativitatis beati
Johannes-Baptistæ, regnante excellentissimo principe domino
Philippo, Dei gratia Francie rege, apud sanctum Ciprianum
Sarlatensis dyocesis in monasterio ante altare majus dicti loci,

in presentia spectabilis viri domini Rotgerii Bernardi, comitis Petragoricensis, et nobilis et potentis viri domini Arnaldi de Yspania, domini de Monte Yspano, militis, senescalli Petragoricensis et Caturcensis pro dicto domino nostro rege, et venerabilis et discreti viri magistri Petri de Labatut, clerici, secretarii dicti domini nostri regis, ac mei notarii et testium subscriptorum; constituto personaliter nobili et potenti viro domino Johanne de Gualardo, domino de Limolio et de Borrello, ex parte una; et discreto viro magistro Petro de Dyosido, procuratore regio dicte senescallie pro jure regio, ex parte altera. Idem dominus Johannes pro se et subditis suis dixit, asseruit et recognovit se esse et suos predecessores fuisse et esse debere hominem litgium et vassalum dicti domini nostri regis, seque olim ipsi domino regi homatgium et fidelitatis juramentum fecisse et prestitisse de et pro persona, terris, locis, castris, juribus et deveriis ad ipsum deventum et pertinentem que tenet ab eodem domino nostro rege, et cum ipse intellexisse se diceret quod ex quorumdam male informatorum assertione dictum seu perauditum fuerat ipsum dominum Johannem nonnullis mediantibus persuasionibus et .... seu requestis factis ex parte comitis Lencastrensis, locum tenentis regis Anglie seu aliquorum aliorum partem et obedienciam ipsius regis Anglie tenentium voluisse, seu velle partem tenere dicti regis Anglie contra dictum dominum nostrum regem, dictis persuasionibus seu requestis adquiescere volendo. Dictus dominus Johannes super hiis se purgare et immaculatum reddere, ostendere, exhibere desiderans, juravit ad sancta Dei evangelia supra sanctum altare predictum, libro missali in loco in quo consecratur corpus Christi, et corporali existent... ibidem manu sua propria libro tacto, se nunquam viam, partem seu obedienciam dicti regis Anglie tenuisse vel sequtum fuisse, neque juramentum fecisse

dicto comiti Lencastrensi vel alii seu aliis ejus vice et nomine
de parte dicti regis Anglie, et dictum juramentum reiterando de
novo, altero eciam facto ut permittitur non excluso set in eodem
persistendo promisit, in vim predicti dudum prestiti homagii et
juramenti dicto procuratore regio et michi notario infrascripto
sollempniter stipulantibus, vice et nomine dicti domini nostri
regis et suorum, et juravit ad sancta Dei evangelia supra altare
librum et corporale predictum, quod dictum homagium et fidelitatis juramentum tenebit perpetuo dicto domino nostro regi
Francie fideliter observando, et nichil in contrarium faciet per
se vel per alium, seu fieri permittet; quodque ipse et sui cum
terra et subditis suis universis erunt perpetuo fideles, et obedientes dicto domino nostro regi et suis successoribus, sibique et
suis successoribus servient fideliter et parebunt, et legitime eorum partem tenebunt contra dictum regem Anglie et suos
auxiliatores et alliquos... et contra quoscumque alios homines
viventes et victuros. Pro quibus premissis omnibus et singulis te-
nendis, observandis et complendis, et pro non faciendo vel
attemptando aliqua in contrarium per se, vel per alium, obligavit
dicto domino nostro regi et suis successoribus, dicto procuratore
regio, et me notario infrascripto pro eodem domino rege stipu-
lante et recipiente personam suam, et omnia et singula bona sua
mobilia et immobilia, presentia et futura, dicto procuratore regio
stipulanti nomine dicti domini nostri regis efficaciter obligando,
hypothecando et affecitando se et subditos suos et omnia et singula bona, jura et deveria sua predicta jurisdictioni, foro et or-
dinationi dicti domini nostri regis, supponendo et etiam submit-
tendo. In cujus rei testimonium presens instrumentum publicum
dicto procuratori regio, vice et nomine dicti domini nostri regis,
dedit et concessit, quod voluit sigillo suo proprio, ac sigillis dic-

torum dominorum comitis et senescalli sigillari, ad majorem roboris firmitatem. Acta et concessa fuerunt hec in modum predictum die, anno, loco et regnante quibus supra, presentibus dictis domino comite et senescallo, venerabilibus et discretis viris magistris Petro de Labatut, secretario, Helia de Sudor, clerico dicti domini nostri regis, nobilibus viris domino Ebrardo de Rupe, milite, Guillelmo Audeberti et Raimundo Ebrardi, domicellis, testibus ad premissa vocatis.

Et me Ademaro Crezalonis, clerico, Petragoricensis dyocesis, auctoritate regia notario publico, qui premissis omnibus dum agerentur in modum predictum, una cum dictis testibus presens fui, et presentes litteras, seu presens instrumentum publicum recepi et in protochollo meo notavi et exinde scribi et grossari feci, et eisdem manu propria me subscripsi et signo meo publico et solito signavi, in formam publicam redigendo requisitus in testimonium premissorum.

Quibus quidem litteris seu publico instrumento nos dictus Johannes de Galardo sigillum nostrum proprium apposuimus ad majorem roboris firmitatem.

Nos veró dicti comes et senescallus presentibus litteris seu presenti publico instrumento sigilla nostra apponi fecimus in testimonium veritatis [1].

Fonds français 72,46, mélanges, vol. Ier, fol. 134, vo, fol. 337 ancien. Bibl. de Richelieu. Mss.

1. Original en parchemin scellé de trois petits sceaux en cire rouge, pendant à des bandes de parchemin découpées. Celui de Jean de Galard, qui est le premier et le plus grand, est écartelé : on distingue très-bien deux corneilles, une au premier et l'autre au troisième.

Une copie de cet acte, collationnée par M. Joly de Fleury, garde du trésor des chartes, titres et papiers de la couronne, se trouve aux archives du château de Terraube, A 12.

30 JANVIER 1354.

Au temps où le duc de Lancastre, alors comte de Derby, était venu camper sous les murs de Bergerac, JEAN DE GALARD, seigneur de Limeuil, qui s'était enfermé dans la place pour soutenir la cause nationale, tomba au pouvoir des Anglais. Ceux-ci l'emmenèrent dans le Bordelais où ils le retinrent longtemps prisonnier. Le sire de Limeuil, sachant ses villes et ses châteaux sans défense et craignant de voir ses terres fourragées, ouvrit, d'après la rumeur publique, par l'entremise de ses cousins, des pourparlers avec les ennemis du royaume, qui furent accueillis dans ses fiefs, hébergés et assistés par les partisans et la femme de Jean de Galard (Philippe de Lautrec). Jean de Galard, en outre, était accusé d'avoir fait un traité clandestin avec le prince de Galles, au grand dommage de la couronne de France. Les lettres de rémission du roi Jean constatent toutefois que l'hospitalité donnée aux Anglais était imposée par les circonstances et la nécessité d'attendre que les châteaux de Jean de Galard fussent fortifiés et munis de garnison. Les mesures défensives une fois prises, Jean de Galard offrit au roi de France « soy, ses subgez, compaignons, gens, chasteaux et villes. » En considération de ce fait, le monarque français absout son vassal repentant de toutes les peines criminelles, corporelles et civiles; il lui fait grâce, en outre, des forfaitures et des erreurs commises sous forme de traité ou autrement soit par lui, soit par sa dame, soit par ses familiers et serviteurs.

Jehan, par la grâce de Dieu, roys de France, savoir faisons à touz présens et avenir, que come nostre amé et féal chevalier, JEHAN DE GALLART, sire de Limeuil et de Borrel, ou temps que le duc de Lencastre lors conte Derbin, lieutenant du roy d'Angleterre en son host et chevauchie de genz d'armes, guerres durans entre nostre très cher seigneur et père, que Diex absoille, et ses

ennemis, vint par devant Bergerac, dedans estant ledit sire de
Limeuil, et avec li ses compaignons et gens d'armes estant en
sa compagnie, ou service de nostre dit seigneur et père et nostre,
y cellui seigneur de Limeuil et ses dites genz fussent pris par les
diz ennemis en la besoigne et desconfiture qui fû en ladite ville
et emmenez prisonniers et longuement détenuz ès parties de
Bourdaloys, après et pour laquelle desconfiture et prise de ladite
ville, le.pais d'icelles parties et les subgés de nostre dit seigneur
et père et nostres furent et non sanz cause, entendu le cas fortune
avant dit, en grant effroy et moult espventez et troublez, mesmement ledit sire de Limeuil, sentans soy et ses dites genz estre
en la main et prison desdiz ennemis, et ses chasteaulz, villes et
lieux seans en la frontière de ladite ville estre dispourveuz de
gens d'armes, closures, forteresses et autres garnisons nécessaires
à la tuicion et défense d'iceulx. Et pour ce il voulans pourveoir
à la conservacion et garde de ses diz chasteaux, villes et lieux
afin que chevauchie et envaiz ne fussent ne pris et occupez des
diz ennemis, eust pourchassiez à l'aise d'aucuns ses prochains
cousins et parens, estans subgets et de la partie dudit roy d'Angleterre certains patis ou souffrances de guerre à li pour soy et
ses subgets, chasteaux, villes et lieux dessus diz octroyés, et
d'iceulx, il et ses diz subjets, senz en avoir congié ou licence,
eussent joy et usé durant ladite prison et après, parmi ce que
les dix ennemis, ou aucun d'eulx, à cause des diz patis et souffrances de guerre; et pour ce que en yceulx l'avoient retenu et
exprimé, aloient et reparoient et avoient leur. réduit sauf aler
demourer et retourner es diz chasteaux, villes et liex et environ
en la terre dudit seigneur de Limeuil. Pour occasion desquelles
choses et d'aucunes chevauchies, forfaitures et prises que on disoit les diz ennemis avoir faites souventes fois en ycelli temps,

ou pais, sur et contre les liex et subgets de nostre dit seigneur et nostres, environ la terre dessus dite, vois de pueple, et renômée prist naissement et fu provolguée; et eussent esté accusez et souspeçonnez ledit sire de Limeuil, sa femme, ses familiers et genz de son hostel, que il avoient conversé, participé, traitié, pourparlé ou machiné avec les diz ennemis, et les diz ennemis avec eulx, et que à yceulx ennemis il avoient donné, en faisant les chevauchies, forfaitures et prises dessus dites, conseil, conforts et ayde, les receptant es diz chasteaux, villes et liex, alant faire lesdites chevauchies, forfaitures et prises dessus dites, et en retournant. Et mesmement d'avoir conceu, machiné et consenti, et certains couvens faiz aus diz ennemis d'estre avec ledit roy d'Angleterre, et de sa part contre nostre dit seigneur et père et contre nous et la couronne de France, et autrement en plusieurs et diverses manières, eust esté dit et relaté contre ledit sire de Limeuil, sa femme, leurs mesnies, serviteurs et genz, eulx avoir mespris, erré et forfait tant, ou temps de nostre dit seigneur et père contre li, comme après son trespas, au nostre contre nous, et contre le peuple, et plusieurs singuliers du pais dessus dit, subgets, et de la part et obéissance de nostre dit seigneur et père, et nostre.

Pourquoy, et pour le faux rapport d'aucuns jangleurs, fait aus diz conjux, eulx avoient eue longuement occasion de soy doubter d'estre encouruz en la indignacion de nostre dit seigneur et père et de nous, dont plusieurs inconveniens en ont cuidé avenir, et tout pour ignorance de vérité, de laquelle sur les choses dessus dites et les touchans, nous à present sommes enformez et certifiez à plain, et avons trouvé de vray que tout le déport, soustenance ou autre confort, que les diz ennemis avoient euz et trouvez desdiz conjûx, leurs mesnies et genz ès

chasteaux, liex et terre dessus diz, avoit esté à la fin et pour ce
que yceulx ennemis souffrissent sanz aucune couleur et avoient
souffert, et donnée pacience que entre deux on eust et avoit
efforciez, cloz, reparez, garniz et mis en estat deffensable les
chasteaux, villes et liex dessus diz, et autrement s'estoit le dit
sire de Limeuil pourveu et restauré de garnisons, compaignons
et autres choses nécessaires à la tuicion, deffension et garde de
sa dite terre, et au service de nostre dit seigneur et père et de
nous, auquel il moult aggréablement, affectueusement et honora-
blement a offert et offre soy, ses subgez, compaignons, genz,
chasteaux et villes, lieu et terre dessus diz, contre les ennemis
de ladite couronne de France.

Pour ce est-il que nous actendues et considérées les choses
dessus dites, lesquelles ne portent aucune coulpe ou blasme, an-
çois les réputons et déclairons estres loyales et méritoires, voulans obvier en cest cas à toute occasion de faux rapport et de
double, de nostre certaine science, auctorité royal et grace
espécial aus diz sire de Limeuil et à sa femme, et à touz leurs
serviteurs, familiers, conseillers et autres de leur conseil et service et à chacun d'eulx avons quicté et remis, quictons et remettons du tout à plain par ces présentes, toute paine criminelle,
corporelle et civille, que eulx, ou aucun d'eulx pourroient avoir
commis ou encouru envers nostre dit seigneur et père et envers
nous, en aucune manière pour lesdites causes, ou aucune
d'icelles, ou autres qui ensuivies en soient ou pour cause de
quelconques autres crimes, excès, maléfices, trespassemens, erreurs ou déliz, que eulx ou aucun, ou aucun d'eulx eussent
commis, faiz ou perpétrez, traictiez, geigniez, pourpallez, ou
consentiz estre faiz ou temps passé jusques à la date de ces lettres, en aucune manière contre nostre dit seigneur et père et

33

nous, ou contre le pais, pueple, et quelconques singuliers dessus
diz, et desquiez peussent estre accusez, souspeçonnez, ou diffa-
mez en quelconques guise ou manière que ce fust, supposé et
nonobstant que les choses dessus dites, ou aucune d'icelles
eussent esté vraies, et que touchassent ou peussent toucher à
crime, ou crimes de lèze-majesté, et toute infamie ou que lesdiz
conjoins, leurs mesnies, serviteurs et genz, ou aucun, ou aucun
d'eulx eussent encourue pour l'occasion avant dite. Nous rappel-
lons et abolissons du tout, et avec ce toutes informations, oppo-
sitions ou autres procèz sur ce faiz, se aucuns ou aucunes faiz
ou faites en auroient esté contre les diz conjoins, ou leurs familiers, conseillers, serviteurs et genz dessus diz; retractons et
mectons au nient et donnons en mandement à noz amez et
féaulx gens de nostre parlement à Paris, aus sénéchauls de Pierregort, de Tholose, d'Agennois et à touz les autres officiers et
justiciers de nostre dit royaulme, qui sont adprésent, et seront
au temps avenir, ou à leurs liextenanz, et à chascun d'eulx, que
ceste présente grâce, rémission et déclaration tiegnent et
gardent, et facent tenir et garder de point en point, et d'icelles
joïr et user les diz conjoins, et leurs familiers, conseillers, serviteurs et genz, et chascun d'eulx, senz point d'empeschement ou
contredit, et sans faire ou souffrir estre faite aucune chose au
contraire. Et tout ce qui seroit trouvé avoir esté fait, ou attempté
en aucune manière contre la teneur de ces présentes revoquent
foncièrement et de plain, et retournent au premier estat et deu,
sans autre mandement attendre. Nonobstant que toutes et chascune des choses dessus dites, faites, traicties, mâchinées, pour-
parlées, ou consenties ne soient exprimées ou déclarées en ces
présentes lettres, lesquelles, et chascune d'icelles voulons et
tenons pour exprimées et déclarées, et sur ycelles imposons

silence perpétuelle à nostre procureur général, et à noz autres
procureurs des sénéchaucées dessus dites, et à touz autres. Et
avec ce avons octroyé audit sire de Limeuil, et octroyons par ces
lettres que toutes graces à li faites par nostre dit seigneur et père,
et par nous, ou quelconques autres lieutenanz et capitaines soient
tenues, gardées, et vallables sans contredit. Et que ce soit ferme
et estable à touz jours mais, nous avons fait mettre le scel de
nostre Chastellet de Paris, en l'absence de nostre grant, à ces
présentes lettres. Donné à Paris, le pénultième jour de janvier
l'an de grâce mil ccc cinquante et quatre. Par le roy présent,
l'évesque de Chaalons : Yslo Bucy. Sauf en autres choses nostre
droit, et l'autrui en toutes. Donné comme dessus.

Par le roy présent, l'évêque de Chalons : Yvon Bucy.

Trésor des chartes, JJ. 82, acte 601, Archives nationales, registre parchemin.

---

30 JANVIER 1354.

Pierre de Galard, *grand maître des arbalétriers, et* Jean, *son fils,
dans plusieurs circonstances avaient, pour le service du roi de
France, prélevé aux recettes de Paris, de Toulouse et de Périgord
diverses sommes qui avaient servi à solder les gens de guerre et à
mettre en état de défense plusieurs places fortes. Le souverain français, en vertu d'un accord intervenu entre le comte d'Angoulême,
grand connétable, et Jean de Galard, déclare que les dettes de ce
dernier et de son père envers la couronne seraient compensées par
celles de la couronne envers eux sans préjudice d'autres obligations.*

Jehan, par la grace de Dieu, roy de France, savoir faisons à
tous présens et avenir : Comme le feu Pierre de Gallart, sire de

Limeuil, jadis maistre des arbalestriers, en son vivant, et après
son trespas nostre amé et féal chevalier J ᴇʜᴀɴ ᴅᴇ Gᴀʟʟᴀʀᴛ, sire
de Limeuil et de Borrel, son ainsné fils et hoir, particulièrement
tant pour cause d'aucuns services faiz par eulx à nostre très chier
seigneur et père et à nous, comme pour la deffense et garde de
leurs chasteaux et villes ès frontières, guerres durant eussent
prises et receues plusieurs et diverses sommes de monnoies de
la monnoie du dit seigneur et de la notre, tant au trésor de Paris,
comme ès receptes de Thoulouse, de Pierregort et autre part, et
au dit sire de Limeuil fussent dues aucunes grosses sommes de
monnoie, tant pour lesdiz services, comme pour tenir genz
d'armes de cheval et de pié, retenuz aucunes foiz aus gaiges de
nostre dit seigneur et père et nostre, pour la garde et deffense
de nostre droit et honneur et de ses diz chastiaux et villes et
lieux, desquelles receptes, sommes, mises, despens, gaiges et
services dessus diz, n'avoit encore esté fait ou rendu aucun
compte. Savoir faisons que de commun accort et consentement
de noz bien amez et feaulz le conte d'Engolesme, connestable de
France, nostre chier cousin, et le mareschal d'Audenchan, nos
lieutenans, pour nous d'une part, et du dit Jehan de Gallart, sire
de Limeuil pour soy d'autre, deuement faiz et à nous rapportez,
attendus et considérez ses services, gaiges, receptes, mises et
despens, dessus diz, faissant recompensacion et déducion de l'un
à l'autre, avons quicté et remis, quictons et remettons de grace
especial audit sire de Limeuil, pour soy et ses hoirs et successeurs, tout ce en quoy il nous peut estre tenus, tant pour soy,
comme son dit feu père, pour cause de receptes et sommes dessus dites, et nientmoins mentinons toutes autres debtes et sommes
pécuniaires ès quelles il pour soy, ou pour son dit feu père, ou
pour quelconques autres causes ou receptes à nous, pour nous

et pour nostre dit seigneur et père peut estre tenu et devoir en aucune manière, jusques au jour de la date de ces présentes. Parmi ce que le dit sire de Limeuil[1] pour soy et ses hoirs et successeurs, nous a quicté et remis à plain tout ce qui lui pourroit estre deu tant pour soy, comme pour son dit feu père, pour cause des services, mises et despens et gaiges dessus diz ou autrement, en quelconque manière et sentine pour paié et contens, pour soy, son dit feu père et les gens d'armes dessus dites desquiex se fist fors en cest cas, sauf et excepté certaine somme de monnoie par une foiz, et certaine quantité de terre ou rentes perpetuelles octroiées à li, en recompensacion ès domages et pertes soustenuz par li au temps passé pour cause des guerres dessus dites, dont il a noz autres lettres souz la date de ces présentes; et de ce il nous a donnces et octroiées semblables lettres, scellées de son scel. Et que ce soit ferme, estable à tousjours mais, nous avons fait mettre le scel de nostre Chastellet de Paris, en l'absence de nostre grant, à ces présentes lettres. Donné à Paris, le penultiesme jour de janvier l'an de grace mil trois cens cinquante et quatre. Par le roy présent, l'évesque de Chaalons : Yslo Bucy. Sauf nostre droit et autres choses, et l'autrui en toutes. Donné comme dessus.

Trésor des chartes; vol. 82, pièce VIe LXI (661), Arch. nationales.

1. Après Jean de Galard, mort sans héritier mâle, la terre de Limeul passa à la maison de Beaufort comme il résulte d'une série de documents, plus loin reproduits, et de ce passage de Moréri : « Pierre de Galard, etc., fut père de JEAN DE « GALARD, seigneur d'Épieux (erreur) et Limeul, qui fut excepté de l'amnistie géné- « rale dans le traité de Brétigny avec le vicomte de Fronsac. Il rentra depuis dans « la possession de ses biens. Sa femme, Philippe de Lautrec, le rendit père de MAR- « GUERITE DE GALARD, dame de Limeul, mariée avec Guy Rogier (nouvelle erreur, « son prénom était Nicolas), comte de Beaufort et frère du pape Grégoire X. » (Mo- RÉRI, article de Galard.)

Pénultième de janvier 1354.

Par suite de convenance arrêtée entre JEAN DE GALARD, *d'une part, le
comte d'Angoulême et le maréchal d'Audenchan d'autre, le roi de
France était tenu de payer au sire de Limeuil 10,000 écus vieux
de Philippe, et de lui restituer tous les fiefs qu'il possédait dans la
sénéchaussée de Toulouse. Ces terres avaient été aliénées par Jean
de Galard pour faire face à certaines exigences du trésor envers
Pierre de Galard, grand maître des arbalétriers; la somme promise de 10,000 écus représentait diverses avances et dépenses récla-
mées par le service et les besoins de la couronne. Bien que Jean de
Galard soit dans la nécessité d'acquitter sa rançon, il consent, par
déférence pour son souverain et par courtoisie envers le comte
d'Armagnac, à réduire de moitié la dette monarchique.*

Jehan, par la grace de Dieu, roy de France, savoir faisons à
touz présens et avenir, que pour cause de certain accort et convenances faites entre noz bien amez et feaulz le conte d'Engolesme, notre cousin, et le mareschal d'Audenchan, nos lieuxtenanz pour nous d'une part : et nostre amé et féal chevalier,
JEHAN DE GALLART, pour soy, d'autre; duquel accort et convenances
appert par lettres de nos diz lieuxtenanz sur ce faites, et à nous
présentées, entre les autres choses accordées et convancies audit
sire de Limeuil, est esté une que en recompensation de plusieurs
fraiz, mises et despens qu'il a faiz au temps passé, lui estant ou
service de nostre très cher seigneur et père, que Dieux absoille,
et nostre. Nous sommes tenuz à paier et rendre à luix ou à son
certain mandemant pour lui en trois termes dix mille escuz
d'or, et oultre ce li devons et sommes tenu à rendre et restituer
toute sa terre, rentes et héritages qu'il a vendus et aliénez en la
seneschauciée de Thoulouse, jusques à la somme de six cens

livres tournois de rente à héritage, tant pour cause de paier à nostre dit seigneur et père une finance ou composicion faite par li jadis, à cause de son feu père, faite en chambre des comptes à Paris, et nientmoins mentinons pour cause de paier sa rençon faite par li envers noz annemis, desquieulx il fuz pris guerres durans, lui estant au service dessus dit; et depuis ledit accort, ledit Jehan de Gallart ait accordé avec nostre très chier et féal cousin le comte d'Armignac, nostre lieutenant ès parties de la Langue doc, que il pour révérence de nous, et aus prières de nostre dit cousin d'Armignac il remettroit et quicteroit ladite somme desdiz mille escus pour et jusques à la somme de cinq mille escus vielx de Philippe à paier à li tout maintenant, lesquelles choses dessus dites, accordées, promises et convenancées audit sire de Limeuil comme dit est. Nous aians fermes et aggréables ycelles avons promis et par ces présentes promettons à faire, complir et enteriner à plain; et au cas que ladite terre, rentes et héritages par li vendus et aliénez pour lesdites causes, comme dit est, ne lui rendrions et restituerions, nous lui devons rendre, asseoir et délivrer en ladite séneschauciée de Thoulouse, autant de terre sanz forteresse, et de tels value et prisée, comme vault et monte la terre et rentes par li vendues, comme dit est. Et que ce soit ferme et estable à touzjours mais, nous avons fait mettre le scel de notre Chastellet de Paris, en l'absence de nostre grant, à ces présentes lettres. Donné à Paris, le pénultime jour de janvier l'an de grace mil ccc cinquante et quatre. Par le roy présent, l'évesque de Chaalons : Yslo Bucy. Sauf ès autres choses nostre droit, et l'autruy en toutes. Donné comme dessus [1].

Trésor des chartes, JJ. 82, acte 662, Archives de l'Empire.

1. Une copie réduite de cet acte se trouve dans le fonds d'Hozier, dossier de Galard, Bibl. de Richelieu. Mss.

Quittance délivrée au roi par JEAN DE GALARD.

JOHANNES DE GALLARDO, dominus de Limeuil et de Borrel... quittancia facta sibi per dominum regem Franciæ qua sibi dedit tam pro se quam patre suo, quondam magistro balistarum, a dicto domino rege per dictum militem facta de omnibus, in quibus rex sibi tenetur, excepta summa pecuniæ semel in aliis litteris continta et reddita; data penultima januarii 1354. Par le roy présent, l'évesque de Chalons. *Item,* de recognitione Domini regis a promissione 63 scutorum veterum Philippi et vi^c terræ redditus ad hereditatem ut supra; *item,* de remissione omnium criminum lesæ majestatis. Data ut supra.

Fonds Clairembault, dossier de Galard; Bibl. de Richelieu. Mss.

ANNÉE 1354.

Ordre de payer les 5,000 florins vieux de Philippe dus par le roi
à JEAN DE GALARD.

EXTRAIT D'UN LIVRE IN-FOL. DE PAPIER, COUVERT EN PARCHEMIN COTÉ B B ET INTITULÉ : DONA REGISTRATA ET SIGILLATA SUR SIGILLO CASTELLETI, PARISIIS A DIE NOVO CITRA ANNO DOMINI 1354.

Johannes, etc. A Nicolao Ode, receptori nostro generali in lingua Occitana, mandamus tibi quod 5000 florinos veteris de cugno carissime domini et genitoris notri, in quibus JOANNI DE GALARDO, domino de Lumelh, tenemur per certum accordum inter nos et carissimum consanguineum nostrum, comitem

Armaniaci, ex una parte, et dictum Joannem ex altera. Factum eidem Joanni visis præsentibus indilate solvas, etc. Parisiis, die 8 februarii 1354.

Fonds d'Hozier, dossier de Galard ; Bibl. de Richelieu, Cabinet des titres.

---

22 NOVEMBRE 1354.

JEAN DE GALARD *pacifie une terrible lutte qui divisait les seigneurs ses voisins.*

Pierre de Cugnac prit part, ainsi que tous ses frères, aux funestes divisions qui éclatèrent, vers le milieu de ce siècle, entre les seigneurs de Beynac, de Comarque, de Themines d'une part, et le seigneur de Castelnau, de l'autre. Ces seigneurs, après s'être fait entre eux une guerre sanglante, dans laquelle ils engagèrent leurs parents et leurs amis, consentirent à suspendre les hostilités par une trêve qui fut conclue entre les parties belligérantes et signée à Limeuil, le 22 novembre 1354, par JEAN DE GALARD, seigneur de Limeuil [1], et Hélie de Pomiers, seigneur d'Arbenas, qui furent choisis pour médiateurs [2].

SAINT-ALLAIS, *Nobiliaire universel,* tome XVII, page 174.

---

1. Un acte de la collection générale des documents français, conservés en Angleterre et publiés par Jules Delpit, établit la possession de Limeuil, par Nicolas de Beaufort, au commencement de l'année 1364 ; le mariage de ce dernier avec Marguerite de Galard était donc antérieur à cette date ; puisque ladite terre constituait la dot de celle-ci.

2. Le titre avait été transcrit par Saint-Allais sur l'original qui était au château de Beynac.

Année 1354.

L'abbé de Lespine remarque que Jean de Galard, *dans son accord avec le roi de France, semble traiter plutôt en pair qu'en vassal.*

Dans la suite, Jean de Galard fit un traité particulier par lequel il promettoit de quitter le parti anglois. Ce seigneur paroît agir d'égal à égal avec le roi de France dans ce traité dont Justel et Villaret ont donné un extrait.

Mss. de l'abbé de Lespine, dossier de Galard. Bibl. Richelieu, Cabinet des titres.

----

17 mars 1355.

Le roi adjuge les terres et revenus que possédait Jean de Galard, *aux lieux de Borrel, de Villeneuve ; de Villelongue et de Châteauneuf, à Jean Boucicaut.*

EXTRAIT D'UN LIVRE DE PAPIER COTÉ A IN-FOL. INTITULÉ : DONA REGISTRATA ET SIGILLATA SUB SIGILLO CASTELLETI PARISIIS, IN ABSENTIA MAGNI SIGILLI, A 5 DIE MARTII TITRA, ANNO DOMINI 1354, DOMINO CANCELLARIO ABSENTE USQUE AD ULTIMAM MARTII 1356.

Joannes..... quod attentis, gratis servitiis nobis per dilictum et fidelem consilarium Joannem le Maingre, *aliàs* Boucicaut, factis eidem terras, reditus, possessiones, jurisdictiones et justicias, altam, mediam, bassam ac quacunque alia jura, omnia qua et quas Joannes de Golardo, miles, qui nuper inimicum nostrum et ad obedientiam adversarii nostri rege Anglie se reddidit, habebat, tenebat et possedebat in locis de Borello, judicatura Verduni, de Villanova, de Villelonge ét de Maῖsa Ribaudo de Castronovo, etc. 17 martii 1355.

Fonds Clairembault; dossier de Galard. Bibl. Richelieu, Cabinet des titres.

DÉCEMBRE 1355.

Lambert de Vals, chevalier, coseigneur de la Roche Saint-Christophe et de Plazac, vend à JEAN DE GALARD *tous les droits et redevances lui appartenant sur les susdites terres et châteaux, le mardi avant la Noël 1355.*

Actum super iter publicum quo itur de Miramonte versus Petragors, extra totum locum de Miramonte, in plateis supra dictis iter publicum, die martis ante festum Nativitatis Domini anno Mᵒ CCCᵒ LVᵒ regnante domino Johanne, dei gratia Franciæ rege, etc. Personaliter constitutis nobili et potenti viro domino JOHANNE DE GALARDO, milite, domino de Limolio et de Borrello ex una : et nobili viro domino Lamberto de Wallibus, milite, condomino Ruppis, Sancti Cristofori, diocesis Sarlatensis, et de Plazaco dyocesis Petragorensis, ex altera... dictus Lambertus gratis pro suo commodo et utilitate, cum alia bona non habeat, ut dixit, quæ sine suo majori incommodo vendere possit pro suis creditoribus solvendis nisi bona infra... vendidit dicto Johanni... omnes res bona, hereditates, pedatgia, jurisdictiones altas et bassas et merum et mixtum imperium et omnimodam jurisdictionem et dominium et omne deverium et jus et jura quem seu quod dictus Lambertus habet quoque jure in castro Ruppe et loco Sancti Cristofori, dyocesis Sarlatensis et in parrochia, honorio, juris-

dictione, districtu et castellania ejusdem; nec non et in fortalitio
loco, honorio, jurisdictione, districtu et parrochia de Plazaco
dyocesis Petragoricensis et pertinentiis eorumdem et cujuslibet
eorumdem, sive sint domus, turres, ruppes, cazalia, orti, vineæ,
grangiæ, boriæ, maynamenta, terræ cultæ et incultæ, molendina, molinaria, aquarum cursus et aquæ fluentes et defluentes
Veseræ et aliorum fluminum, stagna, piscaria, prata, pascua,
landæ, bruciæ, garenæ, nemora, forestæ, homagia, centus, redditus, colonacgia, questæ, talliæ, bladi, vini, ceræ, jornalia,
caponum, volatilium, pecuniæ, mostra feudi, accaptamenta,
arreratgia, gatgia, debita, et omnia bona res mobilia et immobilia ubicumque sint... et consistant in dictis castris, locis, jurisdictionibus, distric..., honoribus et parrochiis Ruppis Sancti
Christofori et Plaziaci et pertinentiarum dicti domini Lamberti...
necnon et duas boryas suas quarum una vocatur Landrivia, et
alia vocata Larrocheta, necnon et omne jus ad habendum, etc.,
pretio trium millium scutorum auri boni ponderis et legatis
cugni domini regis Franciæ, primi cugni regis Philippi... Nichil sibi neque suis retinens in præmissis, nisi homagium et
deverium exinde debit. domino episcopo Petragoricensi cui
supplicavit et tenore presentium requisivit ut ipso præsente vel
absente præmissa eidem placeant, et in eis laudare velit, et dictum dominum Johannem recipere, ut dictus dominus Lambertus vult et superius disposuit et ordinavit, etc. Deditque, tenore
præsentium in mandatis, tenentiariis debitoribus, omnibus suis
bajulis, hominibus feodatariis, emphiteosis, colonis, incolonis, et
omnibus suis subditis et quorum interest... ut dicto nobili domino Johanni et suis... de cætero hobediant, pareant, et intendant... et promisit facere garentiam in totum et in parte se et
sua omnia et heredes et successores suos, et specialiter bona

quæ habet Petragori, et locum de La Doza, se et sua mobilia supposuit foro cohercioni et districtui domini nostri Papæ, et parvi sigilli Montispessulani, et cohercioni domini senescalli Petragoricensis et Caturcensis, et fuit condemnatus et monitus, auctoritate officialis Petragoriensis. Testibus religioso viro domino Gaufrido Morcello, præposito de Palnato, domino Amalvino de Sivraco, Helia Morcelli, Bertrando de Miromonte, domino Petri Fabri, rectore ecclesiæ Santi Supplicii de Albugia, domino Ademaro Delpi, presbytero et pluribus aliis, ad premissa vocatis et rogatis. Au-dessous : Helia Fabri de Limolio, cum Guidone Maurelli, notariis regiis, et Guillelmo de Sofronts, notario, auctoritate imperiali retulit contractum.

Archives du château de Pau, armoire de Périgord, chapitre 42, côté Montignac et Bergerac n° 46. Inventaire de Montignac, fol. 508, v°. Acte en papier, original, écriture à l'encre verte. — Mss. de l'abbé de Lespine, dossier de Galard. Bibl. Richelieu, Cabinet des titres.

------

4 MARS 1357.

JEAN DE GALARD *fut l'un des arbitres qui se prononcèrent pour les droits du roi d'Angleterre sur la vicomté de Castillon contre les prétentions d'Archambaut de Grailly.*

JEAN DE GALARD, seigneur de Limeuilh, et plusieurs autres barons ou chevaliers jugèrent entre Archambaud de Greyly et monseigneur Bérard d'Albret, chevalier, son curateur, d'une part, et le roy d'Angleterre, d'autre part, que la vicomté de Castillon devait appartenir au roy, attendu qu'elle n'avait été donnée

qu'à vie seulement à feu monseigneur Jean de Greyly, aieul de
feu monseigneur Jean de Greyly, qui s'en était emparé contre
justice, le 4ᵉ mars 1357.

D. Villevieille, *Trésor généalogique*, vol. 43, fol. 143 vº. Bibl.
Richelieu, Cabinet des titres.

———

22 mai 1357.

Le roi d'Angleterre, dans les lettres qui vont suivre, ordonne à ses lieu-
tenants, sénéchaux et connétables, de maintenir Jean de Galard *et*
ses hoirs dans toutes leurs possessions et péages conformément au
traité conclu par le seigneur de Limeuil avec le prince de Galles.

PRO JOHANNE DE GALHARDO.

Rex universis et singulis locum nostrum tenentibus, senescallis, capitaneis, judicibus, constabulariis, castillanis, procuratoribus, prepositis, ballivis ceterisque officialibus et ministris nostris in ducatu nostro Aquit. qui nunc sunt vel qui pro tempore
fuerint aut eorum loca tenentibus salutem. Cum inter cetera in
tractatu et concordia inter carissimum primogenitum nostrum
Edwardum principem Wall. dum erat capitaneus et locum nostrum tenens in ducatu nostro Aquitanie et nobilem virum Johannem de Galhardo, militem, dominum de Limolio, fidelem nostrum tempore quo ad obedientiam nostram venit habitis, quos
per litteras nostras confirmavimus, contineatur quod bastide alique ex tunc in antea in potestate et territorio dicti Johannis, in
prejudicium vel exheredationem suam aut patrimonii sui nequa-
quam fierent, et quod predictus Johannes et heredes sui in
omnibus possessionibus et seisinis de comunibus pedagiis, sali-

nis et aliis quibuscumque rebus, in quibus ipse fuerat et esse
consueverat debite et sine debato, dum in et de obedientia Galli-
corum extitu manutenerentur, et quod super hoc omnibus officialibus et ministris regiis pro tunc et imperpetuum silencium
imponeretur, nos volentes ea que sic tractata et concordata exis-
tunt in omnibus quatin ad nos attinet debite observari, vobis
et cuilibet vestrum injungimus et mandamus quod omnia et
singula premissa prout ad vos et vestrum quemlibet pertinet vel
pertinere poterit debite compleri, teneri et observari juxta tenorem tractatus et concordie[1] ac confirmationis predictorum. Dat.
apud Westm. xxii. die maii.

Per ipsum regem.

Collection Bréquigny, vol. 29, Guienne Aquitaine, XX, fol. 213 r° et v°,
Bibl. Richelieu, Cabinet des titres.

22 MAI 1357.

*Lettres du roi d'Angleterre qui transporte dans le ressort du bailliage
de Beaumont, au diocèse de Sarlat, les terres de JEAN DE GALARD
avec tous ses habitants.*

PRO JOHANNE DE GALHARDO.

Rex eisdem, salutem. Cum inter cetera in tractatu, etc. ut
supra usque ibi contineatur et tunc sic quod resortimentum

---

1. Le *Mercure de France*, juillet 1756, volume 1, page 232 à 234, rappelle cette
convention en ces termes : « Un traité que le prince de Galles fit avec lui (Jean de
« Galard) pour l'attirer à son parti contre le roi de France, prouve la haute consi-
« dération dont il jouissait. On apprend par ce traité que le mariage de sa fille avait
« été arrêté avec le fils de Bernard-Ezi, sire d'Albret. »

ipsius Johannis et totius terre sue de Senescaleia de Pagortz
gentium que et habitantium in eadem terrra erunt infra balliagium de Bellomonte, in diocesi Sarlatensi, et ibidem et non
alibi habeant resortitiri nos volentes, etc. ut supra. Dat. apud
Westm. xxiii die maii.

Collection Bréquigny, vol. 29, Guienne Aquitaine, XX, fol. 213, recto
et verso. Bibl. Richelieu, Cabinet des titres.

---

22 MAI 1357.

*Le roi d'Angleterre ordonne à Corbeyran de Limeuil de rendre à JEAN
DE GALARD l'hommage qu'il faisait au comte de Périgord pour la
paroisse de Saint-Alvère.*

PRO JOHANNE DE GALHARDO.

Rex eisdem, salutem. Cum inter cetera in tractatu, etc. ut
supra usque ibi contineatur et tunc sic quod dictus concessit et
promisit dicto Johanni quod homagium quod Corboranus de
Lymholio de parochia de Sancto Alvero, comite Petragoricensi in
juris nostri et domini de Lymholio prejudicium, ut dicitur, fecit
et quod idem Johannes, ut asseruit, homagium pro dicto loco de
Lymholio et omnibus pertinenciis suis infra quas dicta parochia
existit ab antiquo facere debuit et tenebatur prefato Johanni
debite restitueretur nos volentes, etc. ut supra. Dat. apud West.
xxii die maii.

Collection Bréquigny, vol. 29. Guienne Aquitaine, XX, fol. 213, r° et
v°. Bibl. Richelieu, Cabinet des titres.

22 MAI 1357.

*Un des articles du traité particulier passé entre le prince de Galles et
JEAN DE GALARD affranchissait les gens de ce dernier de subsides,
tailles et autres droits. Au cas où les officiers du roi viendraient à
imposer ces charges aux habitants du territoire de Limeuil, les
sommes perçues indûment devaient être restituées à Jean Galard.
Le roi d'Angleterre mande à ses lieutenants d'observer cette clause
de la susdite convention.*

PRO JOHANNE DE GALHARDO.

Le roi à tous ses lieutenants, seneschaux, capitans, juges,
conestables, chastelleins, procurours, provots, baillifs et autres
nos officiers et ministres en nostre duchié de Guienne, qi ore
sont ou pur temps seront, ou à leurs lieuxtenants, saluz. Come
entre autres choses traités et accordés par entre nostre très-cher
eisné fils Edward, prince de Gales, au temps qu'il estoit capitan
et nostre lieutenant en le duché de Guienne, et le noble homme
JOHAN GALHARD, seigneur de Lumyth, quant il vient à nostre obéisance, quant traite et acorde nous avons par nos lettres confir-
més soit contenu que les gents de toute la terre du dit Johan
seroient quites de toutes questes, subsides, taillages et autres
imposicions que le duc de Guienne ou ses officiers et ministres
leur vousissent imposer et qui seroient remises au dit Johan et
ses heirs pur faire ycel.

Sinoun que ce feust pur grant necessite et adonges que feust
fait appelle ledit Johan et ses heirs et par la leur mein et assin-
tement se fist, nous voilliants ce qest issent traitee et acordée en
quant que à nous attient estre duement tenu et garde comme
affiert; vous mandons que les choses dessus dites en quant que à

vous et chescun de vous appartient ou pura appartenir duement acompliez et tenez et facez accomplier et tenir selonc l'effect et forme des traite, accord et confirmation avant dites. Don. a Westm. le xxii jour de may.

Archives du château de Larochebeaucourt, copie certifiée conforme par Bréquigny.

---

22 MAI 1357.

Édouard III mande à ses sénéchaux et lieutenants de Gascogne et de Périgord que toutes les terres comprises dans la juridiction de Clarens, autrefois mouvantes du duc de Guienne, ne relèvent plus que de JEAN DE GALARD.

PRO JOHANNE GALHARD.

Le roi a ses sénéchaux de Gascoigne et de Pierregortz qi ore sont ou pur le temps seront ou à leur lieutenant, saluz. Comme entre autres choses traitées et accordées par entre nostre tres cher eisné fitz Edward, prince de Gales, au temps qil estoit capitan et nostre lieutenant en la duchie de Guienne, et le noble homme JOHAN GALHARD, seigneur de Lumylh, quant il vient à nostre obéissance, queux traita et acorde nous avons par noz lettres confirmes, soit contenu que comme d'anncienté plusieurs seigneurs de la seigneurie de Clarenx feussent tenuz de faire hommage au duc de Guienne, et ore lesditz homages et autres devoirs soient devenuz en la main dudit Johan ou de son père par voie de chatement purqoi lesdits seigneurs a ce que ledit Johan dist ne sont plus tenuz de faire lesditz hommages ne autres devoirs audit duc, sinoun à lui, et que lesditz devant ses heures seigneurs de Clarenx et leurs heirs des adonqes deussent faire audit Johan, pur les autres biens et choses que eux avoient et possedissoient, en la seigneurie et jurisdiction de Clarenx, hommages et devoirs deuz comme à sire oudit lieu pur le title que dessus come les autres subgitz de son poair lui fasoient, que si ensi soit que lesditz seigneurs de cea en arrière de Clarenx lui faissent, pur les biens que eux ont en le poair de Clarenx, lesditz hommages et devoirs et soient tenuz de faire comme à sire dudit lieu par le title que dessus. Nous veulliant ce qest issint traitée et acordée en quant que a nous attient estre duement tenu et gardé comme affiert, vous mandons et à chescun de vous que les choses dessusdites, en quant que à vous appartient ou purra appartenir, facez duement acomplir et tenir solone leffet et forme des traitée, acord et confirmacion avantditz. Don. Wistm. le xxiiᵉ jour de maii.

Collection Bréquigny, vol. 29. Guienne, Aquitaine, XX, fol. 209. Bibl. de Richelieu. Mss.

22 MAI 1357.

Édouard III ordonne à ses lieutenants d'imposer à Séguin de Longa l'hommage qu'il doit à JEAN DE GALARD, *seigneur de Limeuil, à raison de la terre du Grand-Castanh.*

PER IPSUM REGEM PRO EODEM (JOHANNE DE GALHARDO).

Le roi à ses seneschaux de Gascoigne et de Pierregort, qui ore tout ou pur temps seront, ou à lour lieutenantz, saluz. Comme entre autres choses traitées et accordées par entre nostre très cher eisné fitz Edward, prince de Gales, au temps qil estoit capitan et nostre lieutenant en le duché de Guienne, et le noble homme JOHAN DE GALHARD, sʳ de Lumylh quant il vient à nostre

obéissance, queux traitée et acord nous avons par nos lettres
confermez soit contenu que comme le lieu de Grand Castanh
feust esté avant ces heures mis à la main du seigneur pur certeinz debats qadonyes essoient par entre le seigneur de Clarenx
et un autre gentilhomme du poair deldit lieu de Clarenx, et ce
a la instance et requeste dudit noble et ore ledit lieu de Grand
Castanh feust devenuz à Seguin de Longa et ledit lieu de Clarenx soit devenuz à la main dudit Johan, et lesdites parties vousissent que ladite main en feust ousté par ensi que ceste chose
ledit Johan avoit reporté que à sa relacion ledit prince voleit que
ladite main en feust oustée et que ledit Seguin en fait audit
Johan les homages et autres devoirs que faire lui en deust et
seroit tenuz. Nous veuillantz ce qest issint traitée et accordée en
quant que à nous atteint estre duement tenu et gardé comme
affiert, vous mandons que les choses dessus dites en quant que a
vous et chescun de vous appartient purra appartenir facez duement acomplir et tenir solone l'effet et forme des traitée, acord
et confirmacion avantditz. Don. à Westm. le xxii jour de may.

Coll. Bréquigny, vol. 29, Guienne et Aquitaine, XX, 1350-1358, du
fol. 210 et 211 recto. Bibl. de Richelieu. Mss.

30 MAI 1357.

*Accord entre Benedict de Dorville, prévôt de Themolac, de l'ordre de
Saint-Benoît, d'une part; et* JEAN DE GALARD, *sire de Limeuil et de
Clarenx, d'autre, au sujet de la haute et moyenne juridiction dudit
lieu de Themolac.*

De compositione super jurisdictionem, merum et mixtum
imperium loci de Themolaco et ejus totius territorii, inita inter

PETRUM DE GALHARDO, tunc dominum de Limolio et condominum de Clarencio ex una parte, et religiosum virum fratrem Benedictum de Dorvilla, tunc prepositum prepositatus dicti loci de Themolaco ordinis sancti Benedicti, ex altera, per quam compositionem medietas jurisdictionis dicti loci meri et mixti imperii, pro indiviso, ad dictum prepositum et ejus monasterium, et alia medietas dicto Petro et suis fuerat concessa, assignando tamen per prefatum Petrum dicto monasterio 25 libras renduales in bonis et competentibus feudis, quas JOHANNES DE GALHARDO, filius et heres dicti Petri, predicto monasterio solvere recusabat; per prefatum Johannem visa dicta compositione et habita informatione observari facienda. Dat. ut supra 30 maii.

Coll. Bréquigny, vol. 40, rôles gascons, ancien fol. 333 et nouveau 167, membr. 3. Bibl. de Richelieu. Mss.

----

30 JUILLET 1357.

Lettre d'Édouard III, roi d'Angleterre, enjoignant aux héritiers de Corbeyran de Limeuil de transporter à JEAN DE GALARD l'hommage que ledit Corbeyran devait au comte de Périgord pour la paroisse de Saint-Alvère.

PRO JOHANNE DE GALHARDO, MILITE, DOMINO DE LYMHOLIO.

Rex, universis et singulis senescallis, capitaneis, judicibus, constabulis, castellanis, procuratoribus, prepositis, ballivis, officiariis, ministris, ac aliis fidelibus nostris in ducatu Aquitanie constitutis, ad quos, etc., salutem.

Cum carissimus primogenitus noster Edwardus princeps Walliæ dunc erat capitaneus et locum nostrum tenens in ducatu nostro

Aquit. juxta trattatum inter ipsum et nobilem virum Johannem de Galhardo militem[1], dominum de Lymholio, super adventu ipsius Johannis ad obedienciam nostram, concesserit et ordinaverit quod homagium, quod Corboranus de Lymholio defunctus comiti Petragoricensi de quadam parochia vocata de Saint-Alvère in prejudicium dicti Johannis et loci sui de Lymholio et pertinenciarum ejusdem, infra quas dicta parochia existit, fecit, ut dicitur, ad prefatum Johannem debito revertatur, prout in litteris patentibus ipsius principis inde confectis, quas per litteras nostras patentes confirmavimus, plenius continetur, vobis et cuilibet vestrum mandamus quod heredibus dicti Corborani et aliis dictam parochiam tenentibus dictis in mandatis quod homagia sua que prefato Johanni, pro parochia predicta, racionabiliter facere tenentur, eidem Johanni sine contradiccione aliqua faciant ut est justum, ipsos ad hoc si necesse fuerit compellentes juxta tenorem litterarum et confirmacionis predictarum. Dat. apud Westm. xxx die julii.

Coll. Bréquigny, vol. 29. Guienne, Aquitaine, XX. fol. 247. Bibl. de Richelieu. Mss.

1. « Il y avait trois ordres de chevaliers. Les *titrés* : ducs, comtes, barons; les *Bannerets* non titrés, et les *Bacheliers,* ou bas chevaliers, selon l'étymologie probable. Matthieu Paris appelle le chevalier-bachelier *minor miles.*

« Les bacheliers ou bas chevaliers étaient ceux qui ne pouvaient lever bannière, car ils *n'étaient mie riches,* comme dit la chronique de Flandre. Ils portaient un pennon allongé en flamme à double pointe, et quand on les créait chevaliers bannerets, le roi ou tout autre seigneur coupait l'extrémité de la flamme et faisait alors une bannière.

« Les chevaliers bannerets étaient gentilshommes de nom et d'armes; ils avaient pour vassaux plusieurs gentilshommes qui suivaient leur bannière à l'armée; ils formaient un corps qui tenait le premier rang dans les troupes françaises dès le temps de Philippe-Auguste...

« Si la qualité de chevalier n'était pas héréditaire, celle de banneret l'était... » *Nouveau Manuel du blason,* par J. F. Jules Gautet, pages 61 et 63.)

30 JUILLET 1357.

*Le roi d'Angleterre sanctionne de nouveau la clause du traité conclu
entre le prince Noir, son fils, et JEAN DE GALARD. Cet article plaçait
ce dernier et les habitants de toutes ses terres, sises en la sénéchaussée
de Périgord, dans le ressort juridictionnel de Beaumont, au diocèse
de Sarlat. Édouard III ratifie également, en faveur de Jean de
Galard, tous les priviléges et donations dont le roi de France avait
récompensé le père du seigneur de Limeuil.*

PRO EODEM JOHANNE (DE GALHARDO).

Rex, eisdem, salutem. Cum carissimus primogenitus noster,
etc., ut supra, usque ibi ad obedienciam nostram et tunc sic,
concesserit et ordinaverit quod resortimentum ipsius JOHANNIS
et tocius terre sue de senescalcia Petragoricensi et habitancium
in eadem sint infra balliagium de Bellomonte in dioc. Sarlatense
et ibidem et non alibi habeant resortiri, nec quod Bastide alique
in potestate et territorio predicti Johannis in prejudicium et exheredationem ipsius vel patrimonii sui fiant. Et eciam concesserit et
confirmaverit eidem Johanni omnia privilegia et donaciones que
adversarius noster Ffranciæ patri predicti Johannis dederat super
castro et castellania de Clarence, prout in litteris patentibus ipsius
principis, inde confectis, quas per litteras nostras patentes plenius
continetur vobis et cuilibet vestrum, mandamus quod premissa
quantum in vobis est teneatis, compleatis et inviolabiliter observetis ac teneri, compleri et observari faciatis juxta tenorem litterarum et confirmacionis predictarum. Dat. ut supra.

Coll. Bréquigny, vol. 29. Guyenne, Aquitaine, XX, fol. 248. Bibl. de
Richelieu. Mss.

30 JUILLET 1357.

*Édouard III confirme le don de la haute et basse justice sur le château
de Longa, fait par le prince de Galles à JEAN DE GALARD. Le roi
recommande à ses officiers de le maintenir dans cette prééminence
féodale.*

PRO EODEM JOHANNE (DE GALHARDO).

Rex, eisdem, salutem. Cum carissimus primogenitus noster,
etc., ut supra usque ibi ad obedienciam nostram, dederit et concesserit prefato JOHANNI, heredibus et successoribus suis in perpetuum locum et castrum de Longa, cum alta et bassa jurisdiccione
et omni jure quod in eodem loco et ejus pertinenciis habemus[1]
et quod valorem annuum decem librarum sterling non excedit,
quod eciam Johannes a manibus inimicorum nostrorum con-
questavit sicut dicitur, superioritate, resorto et hommagio, ac in
aliis juribus regiis et alienis semper salvis, prout in litteris patentibus ipsius principis inde confectis quas per jurisdiccionem et
aliis pertinsuis universis habere et tenere permittatis et in possessione eorumdem manuteneatis et defendatis juxta tenorem
litterarum et confirmacionis predictarum. Dat., etc., ut supra.

Coll. de Bréquigny, vol. 29. Guienne et Aquitaine, XX, 1350-1358, du
fol. 247 au fol. 249 verso. Bibl. de Richelieu. Mss.

1. Ces récompenses, au lendemain de la fatale bataille de Poitiers, où le prince
de Galles fit le roi Jean prisonnier, prouvent que Jean de Galard dut prêter, dans
cette journée, une assistance efficace aux Anglais. On ne peut, en effet, s'expliquer
de telles rémunérations sans de grands services. Nous devons toutefois reconnaître
que la présence du sire de Limeuil sur le théâtre de l'action n'est constatée par
aucun document en notre possession. Il est probable aussi que Jean de Galard
suivait le généralissime étranger quand ce dernier entreprit, en 1356, ses terribles
courses à travers le Rouergue et le Limousin d'où, pour me servir d'une expression
de Michelet, les Anglais revinrent « chargés comme des porte-balles, soûlés des
fruits et des vins de France. »

30 JUILLET 1357.

*Édouard III renouvelle ses lettres du 22 mai 1357 touchant la réinté-
gration, le maintien et la sauvegarde de* JEAN DE GALARD [1] *dans tous
ses domaines et saisines.*

PRO EODEM JOHANNE (DE GALARDO).

Rex eisdem, salutem. Cum carissimus primogenitus noster,
etc., ut supra, usque ibi ad obedienciam nostram, et tunc sic,
concesserit et ordinaverit quod dictus JOHANNES [DE GALARDO] et
heredes sui in omnibus possessionibus, et seisinis de coïbus (com-
quibus) pedagiis salvis et quibuscumque aliis in quibus extitit et
solebat debite et absque debato quando de obediencia Galliorum
fuerat, manuteneatur. Et super hoc idem princeps singulis officiariis et ministris pro tunc et in futurum silencium imposuerit
prout in litteris nostris patentibus inde confectis plenius continetur; vobis mandamus quod ipsum Johannem in omnibus possessionibus et seisinis predictis manuteneatis et defendatis et super
hoc singulis officiariis et ministris nostris silencium imponatis
juxta tenorem litterarum confirmacionis predictarum. Dat. ut
supra.

Coll. Bréquigny. vol. 29, Guienne, Aquitaine, XX, fol. 249. Bibl. de
Richelieu. Mss.

1. Les possessions féodales de Jean de Galard étaient considérables ; elles com-
prenaient, avant ou après le 30 juillet 1357, Limeuil, Clarens, Miramont, Montflanquin, partie de la Linde, les châteaux de Pompignan et de Caumont, Bourret ou
Borel, Grisonis, Villemontez, la châtellenie de Longa, les terres de Villelongue, de
Villeneuve, de Châteauneuf, Florac, Mairac, Sandros, les seigneuries de la Roche-
Saint-Christophe, de Plazac. Jean de Galard exerçait en outre des droits féodaux sur
le transit de la Dordogne, la paroisse de Saint-Alvaire, le grand Castang, la prévôté
de l'Ombrière, etc.

8 SEPTEMBRE 1357.

Le roi d'Angleterre mande à ses lieutenants de fixer les limites des territoires riverains de la Lynde, possédés par JEAN DE GALARD.

Mandatum. Rex senescallis Vasconiæ, Petragoricensi et Catursensi, quod habita informacione de veris finibus et limitibus territoriorum et jurisdiccionum, que JOHANNES DE GUALARDO dicit se habere et debere habere circa locum de Lyndia, bonas et certas bundas ac terminos inter territoria et jurisdictiones ejusdem Johannis et gentium dicti loci de Lyndia, figant et ponant seu poni et figi faciant ad perpetuam memoriam rei geste. Dat. apud Westm. viii die septembris.

Coll. Bréquigny, vol. 40, Rôles Gascons, ancien fol. 342 et nouvelle pagination 172. Bibl. de Richelieu. Mss.

10 OCTOBRE 1357.

Le roi Édouard III ratifie le traité d'alliance[1] *en vertu duquel* JEAN DE GALARD, *contractant avec le prince de Galles, se met sous l'obéissance et suzeraineté du roi d'Angleterre, et place sous sa mouvance les grands fiefs de Limeuil, de Miremont, de Sandros, de Longua, Mairac et Florac. Cette confirmation rappelle toutes les conditions énoncées dans le pacte en question, notamment celle où le souverain anglais s'engage à ne signer aucune trêve ou aucune paix avec son adversaire, le roi de France, sans y comprendre la personne et les biens de Jean de Galard.*

DE CONFIRMATIONE TRACTATUS SUPER FIDELITATEM JOHANNIS GALARD VENIENTIS AD FIDEM REGIS HABITI.

Rex omnibus ad quos, etc., salutem. Inspeximus tractatum et concordiam per Edwardum, principem Walliæ, filium nostrum

1. Ce traité porte la date du 10 mai 1357.

carissimum, cum Johanne Galard, domino de Lumyth, factos, quos dictus filius noster sub sigillo suo nobis in cancellaria nostra misit in hec verba[1].

Ces sont les choses traitées et accordées avant ces par entre le très excellent seigneur monseigneur le prince de Gales d'une part, et mons. Johan de Galard sire de Lumyth d'autre.

C'est assavoir que ledit mons. Johan vient à la obeisance de notre seigneur le roi et de notre seigneur le prince ouesque son dit lieu de Lumith, et ouesque les lieux de Miremont, Clarenx, Sandros, Longua, Mairac et de Ffloirac et ouesque tous ses autres lieux, chasteux, ffortelesces, terres et tenemens queux que soient, et fist au dit nostre seigneur le prince, en noum de nostre dit seigneur le roi et de lui-même le serment de foialte et de obeisance ouetous ses deux chapitres par la manere qe sen suit :

C'est assavoir quil serra bons et loialx et obeissants et foialx au dit nostre seigneur le roi, dux de Guienne, et au dit nostre seigneur le prince pur ore et pur touz jours encontre touz parsones qui purront vivre et morir corps, vie et membres lour gardera a son loial poair a garder et meintenir lour heritage que eux ont et a recoverer ceoque lour endelinent en le duche de Guiene lour aidera à son loial poair bon et loial conseil lour durra, qant lui seigneur demande à son loial poair et secret, tendra les choses que secret lui serront baillées et que se fount a tenir secretes lour profit et avancement, lour purchacera à tous domages qu'il suist que lour puissent avenir contresseira à son loial poair et si contre ester ou defendre ou résister ne poet, il le revelera au plus toust qu'il purra as dites nostre seignour le roi et nostre seignur le prince ou a lours officiers et ministres et

1. L'acte qui vient à la ligne suivante est du 21 mai 1356.

bien et loialement lour tendra, gardera et acompliera tous les
chapitres de foialté, si avant que tout bon et loial vassal le doit et
est tenu de faire tenir garder et acomplir a son lige et naturel
seignour, et plus qil ferra guerre overte de ses lieux et chasteux
en hors contre les enemis du dit nostre seignour le roi et dudit
nostre seignour le prince et soeffra auxi que par les gents de la
obeisance des dits nos seignurs guerre en soit faite et lour lessera
entrer, demorer, passer et retorner à ses lieux et pais si come
gents d'une obeissance fount et deivent faire. Et le dit nostre seignur le prince, en noun que desus le dit, serment fait en regard
des lieux, terres et rentes qil disoit qil pardoit en la seneschaleie
de Tholousoin, les queux disoit que se montoient taunt que a
qatre mill de turnois et de bone monoie de rente par an, et les
queux disoit qil pardoit pur la dite obeisance que celles quatre
mill livres de rente, de bone noneie, le dit nostre seignour le
prince lui granta qil lui assigneroit en lieu ou lieux competens
par cascune partie ouesqes juridiction haute et baces en la
manere que s'en suit :

C'est assavoir que desdites quatre mill livres de rente les
deux mill en serroient baillées à la file du dit monsr Johan en cas
que mariage se ferroit par entre la dite file et un des fils du seignour de Lebret, en lieux convenables, ouesque seignuries
hautes et basses, as termes qe serroient empris et acordes par entre
le ledit notre seigneur ledit seignour de Lebret et en cas que le dit
mariage ne se perferroit, les dites deux mill livres returneront au
dit mons. Johan et ceo dejour en autre a la requeste ou samouce
du dit mons. Johan ou de ses heirs ou de son suffisant procurour
et atturne, pur lui et pur ses heirs, ove toute la bone seurte et suffisants chartres et muniments que faire se purroit et deveroit bonement et a bon foi et les autres deux mill que resteiront serroient

assignets au dit mons. Johan en lieux ou places convenables, pur
l'un partie et pur l'autre. Et desia le dit nostre seignur le prince
l'en avoit assigné pur lui et pur ses heires le lieu de Montflanquin
en Agenois, ove toutes ses seignuries meres et mixtes empires,
haute et basse et toute jurisdiction et autres ses droits, rentes,
émoluments, homages, profits, issues et tous ses appartenances,
et pur le pris de quatre cents livres de turnois de rente chescun,
an bone moneie, lequel lieu de Montflanquin le dit mons. Johan
et ses heirs tiendroient tanques les dites quatre cents livres lui
serroient assignets aillours en lieu ou lieux si honurables et si
profitables et si plesants par raison à l'un partie et à l'autre come
le dit lieu de Montflanquin est et faite la dite assignation, le
dit mons. Johan et ses heirs devient returner le dit lieu de
Montflanquin au dit nostre seignur le roi ou au dit nostre seignour le prince ou lours officers et ministres, aiant sur ceo poair
non empire et non appeticie de droit ne de estat, et que en celle
cas les despens nécessaires faits par le dit mons. Johan ou ses
heires ou les fortelesces du dit lieu pur la conservation d'icelles
appelles certeines et suffisants en celles choses deputes par le
seneschal de Gascoigne ou par le conestable de Biordeux ou l'un
de lour, qui ore sont ou par temps serront, et a la veue et ordinacion des deputes, esteant la dite lieu en la mein du dit mons. Johan
lui serroient denemis satisfaits, et le surplus lui serroient assigné
sur la custume que saudroit chescun an des vines d'entre Dour-
doigne laquele receivera par les meins d'un certein deputé du
dit mons. Johan a la veue du conestable du Burdeaux qi ore est
ou par temps serra ou de son lieutenant ou de son certein depute
a cella et outre lui serroit assigne la provoste de Lombrier,
ouesque tous ses emoluments et issues. Lesqueles choses toutes desus dites lui serroient assignes en paiement et assignement des

dites deux mill livres et a resceiver les dites emoluments tanqe la summe des dites deux mill livres tansolement.

Item. Le dit nostre seignour le prince devoit faire tenir et garder le dite lieu de Montflanquin, du jour de la date de ceste traitée tanqe à la feste de la Nativité seint Johan Baptistre plus prechein en suiant et de la dite feste tanqe l'autre feste de la Nativité seint Johan l'an revolu as despens custages et pariles du dit nostre seignur le roi et du dit nostre seignur le prince.

Item. Pur la parte des granns summes du gents qil disoit quil pardoit pur la dite obeissance le dit nostre seignur lui devoit bailler dusze mille escuts d'or, des queux en seroient rebatus trois mill qil devoit à mons. le duc de Lancastre, des queux le dit nostre seignur le prince lui devoit faire quites par devers le dit mons. le duc par ses bones et suffisants lettres ; et des nief mill que restoient le dit mons. Johan en devoit avoir trois mill la que il se deveroit armer contre les enemis, et les sis mille deniz la feste de la Nativité seint Johan Baptistre plus preschein en suiant ou par illocqes en lour suffisamment et a bone foi par entre les dites parties.

Item. Afin de purveer a tous debates et disceucions que peurroient par temps à venir sur les jurisdictions bondes et limitations et termes des territoires, qil disoit qad et doit avoir en lour le lieu de la Linde, parentre le dit mons. Johan et les gents de la dite ville, si serroit faite commission au seneschal de Perregort et de Quersin que bien et duement et sans tout irrenable deslai feist d'une informacion des veritables limitacions et fines des dites jurisdictions et territoires, et y meist bones et certeines bondes et termes. Et selonc cela meintinist et feist avoir a chescun partie son droit et que nul baillif n'autre officer des dites parties ne conneussent ne excercissent ascune jurisdiction en le poair ne jurisdiction de l'autre outre ceo que droit et reson ne la lei du pays ne vaudroient et si le fesoient qua lieux ne feust obéi mes coure ascune autre privée persone et que soient punits par celui a qi le partiendront par reson.

Item. Que nul bastide ne serroit fait desore en avant en le poair et territoire dudit mons. Johan en préjudice ne déshericement de lui ne de son patrimoine.

Item. Que le dit mons. Johan et ses heirs serroient meintenus en tous les possessions et seisines de communes et de paiages et de salvis et de tous autres choses en quei il estoit et avoit acustume de estre duement et sans nul debat esteant en la obeisance des Ffraunceis et que sur ceo serroit duement impose silence à tous officers et ministres le roi, pur ore et pur tous jours.

Item. Que l'omage qe Corbaran de Lumith a fait a ceo que est dit au counte de Perregort d'une paroche que lemelaime de Seinte Alvere en prejudice de la seignurie de Lumyth et de dit nostre seignur le roi et du dit nostre seignur le prince, pur ceo que le dit mons‌r Johan desoit qe d'auncieneté le sire de Lumyth devoit et estoit tenus de faire l'omage, pur le dit lieu de Lumyth, et de tous ses appurtenances deins lesqueles ladite paroche est qe celui homage lui serroit duement returne.

Item. Serroit ordeigne que le resortement du dit mons. Johan et de toute sa terre de la seneschalcie de Perregort et les gents et habitants en icelle serroient deins le baillage de Leumont en la diocise de Sarledes et qe illoqes eiont lour resortir et noun aillours.

Item. Qe come danuciente plusours seignours de la seignurie de Clarenx fuissent tenus de faire homage au duc de Guiene et ore les dites homages et autres deniers soient denemis en la mein du dit mons. Johan ou de son piere par voie de chatement pur

quoi les dites seignours a ce qe le dit mons. Johan disoit ne sont
plus tenus de faire les dites homages nautres deniers au dit duc,
sinoun a lui, et que les dites devant ces heures seignours de Clarenx et lours heirs de ci avant deunent faire au dit mons. Johan,
pur les autres biens et choses que eux avoient et possedissoient
en la seignurie et jurisdiction de Clarenx, homages et deivers
dues come a sire du dit lieu par le titre que desus come les
autres subgits de son poair lu fesoient que si ensi soit que les
dites seignours de cea en arere de Clarenx lui fesont pur les
biens qe eux count en le poair de Clarenx les dues homages et
deniers et soient tenus de faire come a sire du dit lieu par le titre
que dessus.

Item. Que tous privileges et donacions, que son soverain avant
ces heures de Fraunce eust done au piere du dit mons. Johan
sur le dit chastel et chastellenie de Clarenx, serroient ottreies et
confermes au dit mons. Johan.

Item. Que les gents de toute la terre du dit mons. Johan serroient quites de tous questes, subsides, taillages et autres impositions que le dit seignour duc de Guiene ou ses officers et
ministres lour vousissent imposer et qe serroient remises au dit
mons. Johan et ses heirs pour faire icelle, si noun que ceo
feust pur grant nécessité et adouge qe feust faite appele le dit
mons. Johan et ses heirs et par la lour mein et assertement se
feist.

Item. Que le lieu et chastel de Longua, ouesque le haut et
baas juridiction et tout le droit que le dit nostre seignur le roi et
le dit nostre seignour le prince ount en cellui et ses appurtenances, lequéle a ceo que le dit mons. Johan disoit ne vaut
outre dis livres desterlinges par an de rente et laquele le dit
mons. Johan disoit que avoit conquis par force d'armes de la

mein des Ffraunçois serroit ottreie et conferme a perpetuance au dit mons. Johan et a ses heirs soverainte et resort et homages saufs et en autres choses les droits rois et autres sauvés.

Item. Le dit nostre seignur le roi ne le dit nostre seignur le prince ne prendroient pais ne treves oncsqe lour adversaire partie de Ffraunce que le dit mons. Johan et ses lieux et terres gents et valours de nostre obeisance ne y fuissent expressement compris, ensi qil et ses dites lieux et terres et valours puissent estre asseuré de lour dite adversaire partie.

Item. Que le dit nostre seignour lui durreit convenable retenance de gents d'armes en temps de guerre et convenable en temps de trieves.

Item. Que son homage qil deit est tenu de faire au dit nostre seignur le duc pur lui et pur ses lieux et terres ne serroit james done ne transporte hors des meins du dit nostre seignur le roi ne du dit nostre seignur le prince, mes leur serroit annexé et reserve a eux a perpetuance.

Item. Come le lieu et hostel de graunt chastaud fuist avant ses heures este mis a la mein du seignour pur certeines debates, qadonges estoient par entre le seignur de Clarenx et un autre gentilhomme du poair du dit lieu de Clarenx, et ceo à la instance et requeste du dit noble et ore le dit lieu de graunt castaud fuist d'enemis a Seguin de Longua, et le dite lieu de Clarenx soit denemis a la main du dit mons^r Johan, et les dites parties voulissent que ladite mein en fuist oustée par ensi que ceste chose le dit mons. Johan avoit reporté que a sa relation le dit nostre seignour voloit que la dite mein en fust oustée et que le dit Seguin ou fait au dit mons. Johan les homages et autres deviers que faire lui en deust et serroit tenus.

Item. Les biens et héritages appurtenances as compaignons

du dit mons. Johan qi vendroient ouesque lui a la obeisance susdite des queux ferroient due foi our que fuissent en ladite obéisance lour serreint rendus et bailliées.

Item. Que le dit mons. Johan et tous ses compaignons et allietz, qi reviendroient ouesqe lui a ladite obeisance, serroient pardones et quites de tous excesses et crimes comis et perpétrés countre la Roial Majesté par rébellion ou autrement en quant qe toucheroit le droit du seignour et serroient repelles et restitus a lour bone fame et lour biens hereditaires lour serroient rendus et délivrés.

Item. Que le dit nostre seignour le prince ferroit sa due diligence coment le roi nostre seignour ratifiast et confermast les choses desus dites, le dit nostre seignur le prince, en noum que desus par les patentes lettres lesquelles choses dessus dites ad promis faire tenir et accomplir si avant qe reson et bon foi le voillent et requirent et deceo sont faites deux cedules d'une tenour desquelles l'un enseale du seal du dit monsʳ Johan demorée devers le dit nostre seignur le prince et l'autre enseale du seal du dit mons. le prince deit demurer devers ledit mons. Johan de Galard faites et acordées furent cestes choses à Burdeaux le disme jour de may, l'an de grace mill CCCLVII.

Nos autem omnia et singula quæ sic tractata sunt et concordata rata habentes et grata, ea pro nobis et hæredibus nostris quatenus ad nos rationaliter attinet approbamus et confirmamus.

In cujus, etc.

Dat. apud Westm. decimo die octobris.

Archives du château de Larochebeaucourt; copie certifiée conforme par Bréquigny, commissaire envoyé par le roi en Angleterre pour recueillir les documents relatifs à l'histoire de France.

Années 1357 et suivantes.

Dans les rôles gascons publiés par Carte on trouve les mentions suivantes de Jean de Galard, lesquelles ne sont que les titres de divers actes qui ont été ou qui seront transcrits in extenso dans cet ouvrage.

27. De confirmatione tractatus super fidelitate domini Johannis Galard, venientis ad fidem regis habiti. Teste rege apud Westminster, 10 die octobris [1357].

10. De assignando Johanne de Galhardo locum de Montflanquin. Teste rege ut supra; 20 die februarii, 1358.

11. De informando pro Johanne de Galhardo, domino de Lumhull (Limeuil) de metis et bundis de loco de la Linde. Teste ut supra.

67. De concordia inter principem Walliæ et Johannem de Galhardo, militem, observanda. Teste ut supra, 22 die maii [1358].

68. Quod refortimentum ejusdem Johannis et totius terræ suæ de senescalia de Perigorts, gentiumque in eadem erit infra bailliagium de Bellomonte. Data ut supra, 23 die maii [1358].

69. Pro eodem Johanne habendo homagium pro loco de Lymholio (Limeuil). Data ut supra, 22 die maii [3158].

70. Quod idem Johannes et gentes suæ quieti sint de impositionibus. Data ut supra.

71. De revocatione pedagii concessi domino de la Sparre. Teste ut supra.

De restituendo Garlhardo, filio Raimundi Durandi, ballivam et terram de la Bourd. Teste ut supra, 27 die maii [1358].

75. De dominiis de domino de Clarenx faciendis homagium Johanni Galhard, domino de Lymulh. Teste 22 die maii [1358].

45. De confirmatione indenturæ inter principem Walliæ et Johannem Galhard, chivaler, super adventu suo ad obedientiam regis. Data apud Westminster 26 julii [1358].

55. De bonis liberandis sociis Johannis de Gualardo. militis, domini de Lymolio, qui venerunt ad obedientiam regis. Data ut supra, 8 die septembris [1358].

56. Pro Johanne de Gualardo, milite, de limitibus et bundis faciendis circa locum de Lindia. Data ut supra, 8 die septembris.

Catalogue des Roles Gascons, Normans et François, conservés dans les archives de la Tour de Londres, publiés par Carte. Londres, 1743, in-fol. Tome Ier pages 138, 140, 142, 145.

28 octobre 1357.

Les deux successions de Guilhem de Caumont et de Guilhem-Arramont de Caumont sont partagées entre Jean de Galard, seigneur de Limeuil, d'une part, et Berard d'Albret, seigneur de Vayres, Amanieu d'Albret, seigneur de Langoiran, Arnaud d'Albret, seigneur de Cussac, et leurs sœurs, d'autre part. Jean de Galard eut la moitié de l'héritage et demeura possesseur de la terre de Caumont.

Conegude causa sia que, lo vingt et huyt jorn deu mes de octobre en lan de nostre Senhor mil tres centz cinquanta et set, en la presencia de min notari et deus testimonis deins escruitz, personalment establit, lo noble et poderos baron mossen Johan de Gualard, cavaler, senhor de Limulh d'una part, et lo noble et

poderos baron mossen Berard de Libret, senher de Bayras et de
Puchnormand, et mossen Amaneu de Lebret, senher de Loguoy-
ran, son fraire, per lor et per mossen Arnaud de Lebret, seigner
de Cubsac, lur fraire, et per lurs serors, d'autra part, de lurs bonas
voluntatz et de lurs certes scienssas, an feit, ordenat, tractat et
acordat entre lor, sus lo dreit et action et dever que losdeitz
sobrenompnatz et cascun de lor an o peden o deven aver a present
o payran o devran aver aissi en avant, tant per succession de mossen
Guilhem de Caumont et de mossen Guilhem-Arramon de Caumont, cavaler, o per tot autre titre per testament o sens testament
per donacion, conquesta, o per aucun autre titre quausque sia
estat saenareire et es a present, o payra estre daissi en avant en
los locs, baromias, senhorias, meri, mixti, juridictions hautas et
bassas, homenatges, maisons, terras, heritatges, rendas, dretz et
devers, et autras causas quausque sian, o puscan estre, qui foren
deudeit Guilhem de Caumont en quauque part que sian, o puscan
estre en nulha maneyra las convenenssas, qui sensequen.
Prumeyrament que lodeit mossen Johan de Galard per sin, per
sos hers et per son ordenh, per aras, et per totz temps, a
reculhit, acomunautat et assossiat en totz los deitz bens et
causas et cascun dequetz, dessus expressadas, losdeitz mossen
Berard, et Amaneu, et mossen Arnaud en nom que dessus. So es
assaber que losdeitz mossen Berard, et Amaneu, en nom que
dessus, ayan la maytat soudz et quites, de totz los deitz bens et
causas, o que l'autra maytat deusdeitz bens remanga souta et
quita audeit mossen Johan et aus sous per totz temps. Empero
es assaver que en la part deudeit mossen Johan et de sous hers
deu venir et escader lo loc, et la senhoria de Caumont sotz tan
forma, que en ladcita sua part no sera contat en res lo castet,
loc, et forteressa, et habitacion de Caumont sens tant solament

les rendas, et los autres esmolumentz appartenent audeit loc,
e per medissa maneyra lodeit mossen Berard, et mossen Ameneu
en nom de lor, et deudeit mossen Arnaud, et de lors sors, et per
lurs hers et per lur ordenh per totz temps an reculhit, et acomunautat et assossiat lodeit mossen Johan et sos hers et successors,
so es assaber en totz los bens et causas qui foren deudeit Guilhem
de Caumont. So es assaber que ids volen, et autreyan per lor, et
en nom que dessus, que lodeit mossen Johan et son hers ayan et
tengan tota la maytat per entegramentz souta et quita deusdeitz biens et causas. Empero es assaver, que en la part deudeit
mossen Johan escayra lo lot et lo nom de Caumont sotz tau forma
que en la sua part no sera comptat en res lo castet, loc, ni
forteressas de Caumont, sino tant solament las rendas et los autres
esmolumentz appartenentz audeit loc. E que ausdeitz mossens
Berard et Amaneu per lor, et en nom que dessus atotz amassa
remanga l'autra maytat ausdeitz bens et causas. Empero es
assaber que en lor part deu estader lo melhor castet et loc qui
sera ens deitz bens apres lo loc de Caumont no contat en res lo
castet, forteresses daquet loc. E plus an promes et jurat lodeit
mossen Johan d'una part, et losdeitz mossens Berard et Amaneu,
per lor et en nom que dessus, d'autra part, et feit comvent expres
entre lor que a conquestar losdeitz bens et causas per via de
pleit d'armas et de guerra per laissa testamentara per donacion,
compra et en tota autra maneira que poyran ids et cascun de
lor et ab tot lor poder, tota la diligenssa que poyran sens tota
finta ni color, et l'un no cessera ni estera per l'autra que no
fossan tot quant que poyran. E tot quant que ids o aucun de lor
conquesteran deusdeitz biens volen et autran las deitas partidas
per la maneyra que dessus. E plus es ordenat et acordat entre
lor que si per aventura ni avé aucun o aucuna que no volguos

estar aiudant a conquestar los bens et causas sobredeitz zotz
o pastida daquetz, que aguet, o aquera sia foras de tota part, sens
esperar quen sia dada autra sentencia ni judiament. E que totz
los costatges despens que ids o aucun de lor faren rasonable-
mentz et a bona fe a conquestar los bens et causas avantdeitz o
aucuna daqueras seran satifeit per lor. So es que a lavantdeit
mossen Johan nescaira la maytat deusdeitz despens, et a mossen
Berard, mossen Amaneu en nom que dessus l'autra maytat
deusdeitz despens, aconoguda et taxacion de quatre homes esli-
gados per lasdeitas partidas, dos de cada part, per far taxacion
deusdeitz despens. Et plus es assaber que lodeit mossen Bernard
et mossen Amaneu et cascun deus an promes et feit combent
expres audeit mossen Johan de far ratificar, aproar et laudar
audeit mossen Arnaud et a lurs sors totas vetz que per lodeit
mossen Johan ne seran requeritz las convenenssas auandeitas,
en la maneira que deit es. E en lo cas enque no conquesteran
mas lo loc de Caumont ou autre loc tant solament que aquet loc sia
en comun entre lor tant entre que aguossan conquestat autres
locs a la valua dequestz que auren conquestat, prumeyrament
en apres que auran conquestat autres locs an acordat entre lor
que sia feita ladeita division entre lor daquetz locs cum deit es.
E si per fauta de tener, gardar et complir totas las convenenssas
sobredeitas, en la maneira que deit, es la una partida faze costz
messions o suffre auscuns despens o interesses en fauta de
l'autra, aquera partida en fauta de laquau seren feitz loc don et
es tenguda tot rendre, payar et satisfar a la partida qui feit
los autres sens tota contradiction aissi et artant ben cum si era
principau deuta, dreyti leis costumes et autras causas disent la
contrari, no contrastant als quaus las medissas partidas an
renunciat et renuncian expressament en aquetz cas. E per tenir,

gardar, observar et complir totas et senglas las causas, sobredeitas et cascuna dagueras lodeit mossen Johan de Galard, per sin et lodeit mossen Berard et mossen Amaneu per nom de lor, et deudeit mossen Arnaud, et de lurs serors an ne obligat et obligan ab la tenor et per la tenor daquest présent instrument la una partida a l'autra, en tant quant acascuna de lor apperten pot et deu appertener o appertendra dassi en avant, lurs personnas et totz lurs bens et causas moblas et no moblas en que sian presens et auenidure per totz locs. E que nan soutzmes et sotzmeten cascuna partida en dret sin lurs personas et lurs bens et causas auant-deitz a la juridiction, compultion et rigor de lauditor de la cambra nostre senhor lo saint Paire, deus nobles senhors los senescaucs de Gasconha et de Peregurs et de totz autres senhors et jutges de Santa Gleisa et de Setgle et de lurs locs tenentz et de cascun de lor, per davant los quaus clamor et complanta ne sia feita o demostrada sens appeu, et sens reclam d'autra court ni d'autra senhoria. E an renonciat sobre asso lideitz mossens Johan, Berard et Ameneu, en nom que dessus, a cascun de lor a tot dreit escriut et no escriut canon et civil a demandar jorn de conselh et d'avocat a una causa feita et autra escriuta, a tota franquessa et libertat, paratqui aus dreitz, et alas leis aindantz aus deubutz outra la maytat deu dreiturer pretz et adaquetz dreitz que ditz que aucun no pot prometre l'autruy feit et a totz autres renunciamentz de dreit et de costume, defenssas, exceptions et cauthelas las quaus avidar ni valer se poscossan per venir en contra las causas sobredeitas o aucuna dagueras. E an mandat, promes, et jurat sobreus saintz Evangelis Diu corporaumentz toqualz lodeit mossen Johan de Galard, et mossen Berard, et mossen Amaneu per nom de lor et deudeit mossen Arnaud, et de las serors : que las causas sobredeitas et cascuna partida

apperten deu et pot appartenir et devra et poyra daissi en avant
tendran, compliran, et observeran sens venir en contra per lor
ne per autre ab ginh ne sens ginh en aucun temps, en aucuna
maneira. E dasso voloren et autreyeren las deitas partidas quen
fossan feitas tantas cartas o instrumentz publics quantz aver ne
vorran corregitz et esmandatz ab cosselh de savis los quaus jo notari deins nompnat los autreyey a far substancia non mudada.

Acta fuerunt hæc in civitate Burdegalensi, anno et die quibus
supra, presentibus ibidem nobilibus viris domino Johanne de
Lobcnx[1], milite, Raimundo de Belloc, domicello, magistro Petro
de Roffiaco, jurisperito, domino Guillermo de Ranton, Petro
deu Seranh, Helia de Graulxlz, domicellis, et Jacobo de Bobetan,
ad premissa testibus vocatis et rogatis. Et me Petro de Maderano,
clerico, Burdegalensis diocesis, authoritate regia in ducatu
Aquitaniæ publico notario, qui in præmissis omnibus et singulis
una cum prænominatis testibus præsens fui, et hujusmodi
instrumentum et contenta in eodem audivi, inquisivi et recepi
et signo meo consueto signavi, quod occupatus aliis negotiis per
Arnaldum Vitalis scribi feci, constat michi notario de raturis ‑in
vocabulo et factis non vitia sed errorem corrigendo. Actum
ut supra[2].

Collection Doat, vol. 192, mss. Bibl. de Richelieu, acte allant du fol. 54
au fol. 60.

1. Ces de Loubens, distincts des Loubens Verdale du Languedoc, sont d'origine
fort ancienne.

2. Ce titre, qui donne une idée de la grande situation féodale de Jean de Galard,
existait en 1668 aux archives du château de Nérac et figurait au vieux inventaire
d'Albret sous la cote C 4. La copie ci-dessus fut collationnée sous les yeux de Jean
Doat, président de la Chambre des comptes de Navarre, député par le roi, pour
relever tous les documents intéressant l'histoire de France.

Année 1357.

Trêve signée entre le roi de France et le roi d'Angleterre, dans laquelle
Jean de Galard figure comme allié du souverain étranger [1].

Messages et procurours dudit roi de France et de monsieur le
duc de Normandie, son eisne filz,

Si come y nous a paru par les lettres et procuracions et substi-
tucion des ditz roys, prince et duc.

Les quelles, ayent en nostre présence assemblez, par plusors
jours, en la ville de Burdeaux, et eyont eu ensemble plusours parlemenz et traitez sur certainz poinz, touchantz la
pees et acord des ditz roys, finalment sur bonne et ferme espérance de bonne pees et de bon acord finales faire metre et
acomplir entre iceux, a l'aide de Dieu, les ditz messages et
procurours, es noms de leurs ditz seignours, et pur eulx et aussi
pur tutz lours subgiz et allies, eidanz et adherentz, ount pris et
acorde bonnes et loyaus abstinences et treues en la manere qui
s'ensuyt ; c'est assaver :

Que bones et loyaus abstinences et treues sount et serront
entre les ditz seignurs roys d'Engleterre et de France et entre
touz lours subgiz et alliez, aidantz et adherenz, quecunque et
queque part q'il soient et en tutes les terres, lieux, et paiis des
ditz roys, et de lours subgiz, alliez, aidantz et adherenz, tant par
mer, come par terre, et tant es isles de mer, come aillours ;
c'est assaver :

---

1. Ce titre existait, en 1668, au château de Nérac et figurait au vieux inventaire
d'Albret, sous la cote C 4. La copie ci-dessus fut collationnée sous les yeux de Jean
de Doat, président de la Chambre des comptes de Navarre.

En touz les paiis de Gascoigne, Lemosin, Caourssin, Pierregort, Agenoys, Poictou, Xantonge, Engolmoys,

Et en tute la duche de Guiene, et en tute la Languedock,

Et auxint en tous les paiis de Berri et de Bourgoigne, Bretaigne, Normandie, Flandres, Artoys et Picardie,

Et generalement, en touz les royaumes d'Engleterre, et de
France, et d'Escosse, tant par mer, come par terre, auxi es isles
de mer, obeissans à l'une ou à l'autre des ditz roys.

Les queles treues et abstinences dureront, fermes et estables,
en touz les ditz paiis et lieux, et chescun d'eulx, du jour de la
date de ces presentes jusques au jour de Pasques prochain
venans enclos,

Et du dit jour de Pask jusques a deux ans ensuians et lande-
main soleil levant.

Pendaunt le quel temps riens ne serra, ne purra estre meffait
de l'une des dites parties, ne de ascuns de ses subgiz ou alliez,
eidans ou adherens, es corps ne es biens de l'autre partie, ne
d'ascun de ses subgiz ou alliez, eidanz ou adherentz, coment
que soit.

Et auront celles trieues ou abstinences lour vertu et plein
effect, en touz les paiis, lieux et roailmes dessus ditz, du jour de la
date de ces presentes lettres; ja soit ce que la publicacion
d'icelles ne soit mie uncores faite :

La quelle publicacion serra faite, en Engleterre et en France,
en Gascoigne et Bretaigne, et par tout la ount il appartendra,
dedans un mois enpres la date de ces presentes, ou plus tost, si
fait puyt estre bonement.

Et est acorde, entre les ditz messages et procurours es noms
que dessus, que chescun des ditz roys enpreigne et enprendra la
dite trieue pur lui, et pur touz de sa partie, et, neantmeins,

touz les plus principaus capitayns, de chescune partie, jureront solempnement, en noz mainz, ou es mains de nos députez, en la presence d'aucuns de la partie adverse, au plus tost que bonement purra estre fet, tenir et garder fermemant les dites trieues sans enfraindre.

Et est compris en ceste presente trieue tout ce que les ditz roys, lour subgiz et alliez, eidans ou adherens, tienent quelque part qui ceo soit.

Et, pur espicial, i sount compris, pur la partie du roi de Engleterre,

Les roys,

De Castelle,

De Portugall,

Et d'Aragon;

Le duc Guillem, le counte de Henaut, de Seiland et de Holant, Et tutz ses paiis et terres;

Monsieur Gautier de Manny, ses chasteux, et forteresces;

Le duc et le pays de Brebant;

Le duc de Guelle;

Le duc de Juliers;

Et le seigneur de Faucoigny;

Le sire de Noes Chastell;

Le viscount de Vissul;

Monsieur Johan d'Aspremont;

Monsieur Robert de Namur;

Monsieur Henri de Flandres;

Le gens, et tout le paiis de Flandres, et de la Leue;

Le gens, et tout le paiis de Henaut;

Le sire de Lebret;

Le heirs de ... Mountfort, qui soit dit duc de Bretaigne;

Messire Johan de Galard,

La dame de Clicon, et les enfants de Clicon ;

Les Genevoys ;

Monsieur Phelip de Navarre ;

Monsieur Amy de Beauvoir.

Rymer, *Fœdera, conventiones, literœ,* tome III, 1ʳᵉ partie, page 133.

Année 1357.

Le roi de France transporte au comte d'Armagnac certains hommages qui lui sont dus par Jean de Galard.

Le roy Jean donna au comte d'Armagnac les hommages que messire Jean de Goulart faisoit à Sa Majesté pour raison des lieux, justices et ressorts de Bourret, Grissonnis, Montfolcan et Ville-munte, l'an 1357.

Bureau des finances de Montauban, inventaire de Lomagne, n° 56, coté G. 4. — *Trésor généalogique,* par D. Villevieille, vol. 43, fol. 143, v°.

Année 1357.

Autre extrait de Doat sur le même sujet.

Lettres patentes par lesquelles Jean, roy de France, donna au comte d'Armanhac les hommages que messire Jean de Goullard fesoit à Sa Majesté pour les lieux de Bourret, de Grisonis, de Montfolcan et de Vilemunt avec le ressort des premières appellations desdits lieux, 1357.

Collection Doat, vol. 33, fol. 41, Bibl. de Richelieu. Mss.

20 février 1358.

Le roi d'Angleterre indemnise Jean de Galard, *seigneur de Limeuil, de la perte de 2,000 livres tournois de rente en lui donnant le lieu de Montflanquin en toute juridiction et la prévôté de l'Ombrière.*

ROTULI VASCONIÆ, ANNO 32. ED. III, PARS PRIMA, MEMBRANA 19.

Mandement du roi par lequel il ordonne au sénéchal de Gascogne et au connetable de Burdeaux de délivrer à noble homme Johan Galhard, seigneur de Lumylh, le lieu de Montflanquin avec toutes ses appartenances et la prevosté de l'Ombrière, avec tous ses émolumens, en récompense de 2,000[1] tournois qu'il avoit perdues en se soumettant à l'obéissance du roi et ce en conséquence de l'accord fait entre ledit Jehan Gallard et le prince de Galles lorsqu'il étoit lieutenant du roy au duché de Guyenne, confirmé par les lettres patentes du roi. Donné à Westm. le 20 février 1358.

Archives de Larochebeaucourt, extrait des Rôles Gascons, certifié conforme par Bréquigny. — Coll. Bréquigny, vol. 40, fol. 322 de la pagination ancienne et 161 verso de la nouvelle. Bibl. de Richelieu. Mss.

26 mai 1358.

Sur les rôles gascons, à la date ci-dessus, est inscrit Jean de Galard, *seigneur de Limeuil.*

De solutione per constabularium Burdegaliæ post compotum facienda Paganino Salvage, militi, ratione vadiorum suorum et hominum suorum in servicis regis in guerris ducatus Aquitaniæ retentorum. Datum apud Westm. 28 martii [1358].

Similium solutionum faciendarum sequitur mentio

Johanni de Pomeriis, militi, 28 aprilis;

Ramundo Pelagrue, militi;

JOHANNI DE GALHARDO, militi, domino de Limholio, 26 maii;

Galhardo Durran, 30 maii;

Et Guillelmo de Avempton, militi, domino de Claromonte et de Belregard, 10 junii.

Coll. Bréquigny, vol. 40, Rôles Gascons. Bibl. de Richelieu. Mss. Pagination ancienne 325, nouvelle 163.

13 JUILLET 1358.

JEAN DE GALARD, *seigneur de Limeuil, en embrassant le parti anglais avait perdu 4,000 livres de revenu que lui ou les siens tenaient du roi de France dans la sénéchaussée de Toulouse. Édouard III, pour se conformer à la lettre du traité d'alliance conclu entre son fils, le prince de Galles, et Jean de Galard, assigne à ce dernier 4,000 livres de rente en compensation de celles dont il avait été dépouillé. La moitié de cette somme était destinée à constituer partie de la dot de Marguerite, fille de Jean de Galard, si son mariage projeté avec le sire d'Albret se consommait. Au cas où la négociation matrimoniale n'aboutirait pas, Jean de Galard reprenait le lot réservé à sa fille. Les deux mille livres restant étaient affectées sur le transit des vins descendant la Dordogne sur le lieu de Montflanquin, sur les sorties et recettes d'Ombrière. Édouard ordonne à ses lieutenants et connétables d'investir Jean de Galard de ces diverses concessions.*

PRO JOHANNE DE GALHARDO, SUPER ADVENTU SUO AD OBEDIENTIAM REGIS.

Rex senescallis suis Vasconiæ, et Agenni, et constabulario nostro Burdegalæ, ac capitaneo de Monte Flancano, qui nunc sunt, vel qui pro tempore fuerint, aut eorum loca tenentibus, salutem.

Cum carissimus primogenitus noster, Edwardus, princeps
Walliæ, dum erat capitaneus et locum nostrum tenens in ducatu
nostro Aquitaniæ, juxta tractatum, inter ipsum et nobilem
virum JOHANNEM DE GALHARDO, militem, dominum de Lymholio,
super adventu ipsius Johannis ad obedientiam nostram, concesserit assignare præfato Johanni quatuor millia librarum annui
redditus, in locis competentibus, in ducatu nostro prædicto,
cum jurisdictione alta et bassa, in recompensationem illarum
quatuor millium librarum, quas idem Johannes, causa adventus
sui ad obedientiam nostram, in senescalia de Tholosano amisisse
se dicebat.

De quibus quatuor millibus librarum annui redditus, duo
millia librarum filiæ prædicti Johannis, in casu quo ipsa se uni
de filiis domini de Lebreto maritare se voluerit[1], in locis competentibus, cum dominiis altis et bassis, ad terminos, inter
ipsum principem et dictum dominum de Lebreto concordandos,
assignentur et tradantur.

Et, si dictum maritagium, ex aliquibus causis, fieri non
possit, dicta duo millia librarum ad præfatum Johannem revertantur.

Et hoc, de die in diem, ad requestam sive summonitionem
ejusdem Johannis, vel hæredum suorum, aut sufficientis procuratoris, aut attornati pro se et hæredibus suis, cum tota bona
securitate, et cartis, et munimentis sufficientibus, quæ bono
modo et bona fide fieri potuerunt et deberent in hac parte.

Et, pro residuis duobus millibus librarum, idem princeps
assignaverit eidem Johanni, pro se et hæredibus suis (videlicet)

---

1. Les généalogistes ont puisé à cette source le projet de mariage entre la fille
de Jean de Galard et un des fils du sire d'Albret.

locum de Monte Flanquino in Agenno, cum omnibus dominiis meris et mixtis, imperiis altis et bassis, et tota jurisdictione, ac aliis juribus, redditibus, emolumentis, homagiis, proficuis, exitibus, et omnibus aliis pertinentiis suis, in valorem quadringintarum librarum Turonensium, bonæ monetæ, per annum, habendum et tenendum eidem Johanni, et hæredibus suis quousque dictæ quadringintæ libræ annuæ sibi, in locis aliis honorabilibus et utilibus, ac adeo utrique parti placentibus, sicut est dictus locus de Monte Flanquino.

Et id, quod de eisdem duobus millibus librarum, ultra prædictas quadringintas libras, superfuerit, super custuma, de vinis Burdegalæ, per riperiam Dordoniæ descendentibus, proveniente, per manus deputati prædicti Johannis, per visum constabularii nostri Burdegalæ recipiendum,

Et super exitibus et emolumentis præposituræ Umbrariæ Burdegalæ,

Quam quidem præposituram, exitus et emolumenta, prædictus Johannes tenebit et recipiet, una cum dicto loco de Monte Flanquino, et dicta custuma vinorum, in solutionem et assignationem, usque ad summam dictorum duorum millium librarum Turonensium per annum, tantum quousque sibi dicta duo millia librarum alibi in locis competentibus fuerit assignata, prout in literis patentibus ipsius principis, inde confectis, quas per literas nostras patentes confirmavimus, plenius continetur.

Vobis et cuilibet vestrûm comittimus et mandamus, quod præfato Johanni dictum locum de Monte Flanquino, cum omnibus dominiis meris et mixtis, imperiis altis et bassis, et tota jurisdictione, ac aliis juribus, redditibus, emolumentis, proficuis, exitibus, et omnibus aliis pertinentiis suis, necnon dictas custumam vinorum et præposituram Umbrariæ Burdegalæ, cum

omnibus exitibus et emolumentis suis, liberetis, et in possessionem eorumdem ponatis, inducatis, et sic inductum manuteneatis
et defendatis, et vos (præfate constabulariæ) residua duo millia
librarum Turonensium, pro maritagio filiæ prædicti Johannis
sic assignata, eidem Johanni de exitibus ducatus Aquitaniæ,
singulis annis, quousque eadem duo millia librarum sibi in locis
competentibus assignata fuerint, solvatis, seu solvi faciatis, juxta
tenorem literarum et confirmationis prædictarum ; et nos vobis
inde, in compoto vestro, debitam alleationem habere faciemus.

Dat. apud Westmonasterium, tricesimo die julii.

RYMER, *Fœdera, conventiones, literæ,* tome III, page 171, 1ʳᵉ partie.

---

26 JUILLET 1358.

Édouard, roi d'Angleterre, vidime et confirme le traité conclu entre le
prince de Galles, son lieutenant en Guienne, d'une part, et JEAN DE
GALARD, *sire de Limeuil, d'autre. Ce dernier, étant retourné sous la*
puissance britannique, est non-seulement amnistié pour sa rébellion
passée, mais encore dédommagé de la perte de ses terres sises en la
sénéchaussée de Toulouse, par une rente de 4,000 livres. La moitié
de cette somme doit être assignée à la fille de Jean de Galard en pré-
vision de son mariage avec le fils du sire d'Albret. Le reste est col-
loqué sur le lieu de Montflanquin, que le sire de Limeuil possédera
en toute justice. Le roi d'Angleterre promet en outre de compter à
son adhérent 12,000 livres tournois, déduction faite de 3,000 livres
dont Jean de Galard était redevable au comte de Lancastre. Le roi
ordonne de plus que l'hommage dû au comte de Périgord par Cor-
beyran de Limeuil à raison de la paroisse de Saint-Alvaire soit
transporté à Jean de Galard.

PRO JOHANNE GALHARD, CHIVALER.

Rex omnibus ad quos, etc., salutem.

Inspeximus literas carissimi primogeniti nostri Edwardi, principis Wallie, ducis Cornubie et comitis Cestrie, in hec verba [1].

Edward, eisné fils, à très-excellent et très-redoute prince le roi d'Engleterre et de France, prince de Gales, capitain et lieu-tenant dudit nostre seigneur le roi en la duché de Gyene, à tous ceaux qui cestes lettres verront ou orront, salutz.

Savoir faisons que come selonc le tretée et accord faits entre nous en noum de nostre dit seignur et piere et de nous d'une part, et lui nobles hommes mons. Johan de Galhard, chivaler seignur de Lymoylh, d'autre part, sur la venue dudit nostre seignur et piere, eions promis de grantir au dit monsʳ Johan certeines choses contenues en icelle trettée et accord nous vaillants les choses tretéz et accordez en quanque en nous appertient en noun de nostre dit seignur et piere et de nous accomplir et per-fourmir, cest àssavoir.

En premiez come le dit monsʳ Johan nouz a dit et enfourmé qil ad pardu lieux, terres et rentes en la seneschalcie de Tolosano que a montent a quatre mille livres de turnois de bone moneye de rente par an, par cause du dite hobeissance, si eïons grante et grantons de lui assigner, en lieu ou lieux competentz, par ches-cune partie avesque jurisdiction haut et basse, quatre mille livres de rente par an de la dite money en la dite duchee et volons et grantons que des dite quatre mille livres de rente les deux mille soient baillez et assignez à la fille du dit monsʳ Johan en cas en qele se purra marier à un des fils du seigneur de la Bret, en lieux et places convenables avesque seigneuries haute et basse, as termes que seront pris et accordes par entre nous et le d. seigneur de la Bret et en caz que la dite mariage ne surra prendre, les ditz deux milles livres retourneront au dit monsʳ Johan et

---

1. L'acte qui vient à la ligne suivante est du 21 mai 1356.

ceo de jour en jour, a la requeste ou semons dudit mons^r Johan
ou de sez heirs ou de son suffisant procureur, ou attourner
pur lui et pur ses heirs ove toute la bonefastee et suffisantz
cheres et muniments que faire se purront et devront bonnement
et a bone foi, et pur les autres deux milles livres demeurants, si
avons assignés et assignons pur lui et pur ses hiers le lieu de
Montflankin, en Agenois, ove toutes les seignuries mere et mixte,
empire haute et basse et toute jurisdiction et autres ses droits,
rentes, emoluments, homages, profits, issues et toutes les appartenances en value de quatre centz livres de turnois de rente, chescun
an, de bone moneye, a avoir et tenir audit mons^r Johan et ses heirs
tanqe les dits quatre centz livres lui soient assignes ailleurs en
lieu ou lieux si honorables et profitables et si plaisants par reson
a lune partie et a lautre, come le dit lieu de Montflankin est
issint, que la dite assignacion faite le dit mons^r Johan et ses
heirs returneront le dit lieu de Montflankin au dit nostre seigneur le roi ou a nous ou à noz officierz et ministres eiantz
sur ceo plein poair ment empire nenpelite de droit ne destat,
et en ce cas les despenses nécessaires faitz par le dit mons^r Johan
ou ses heirs en les forteresses du dit lieu pur le conservacion
dicelle appelez certeinz et suffisantz en celles choses, député
par le seneschal de Gascoigne ou par le conestable de Burdeux
ou l'un de eux qui ore sont ou pur temps serront et alavene
et ordinacion dez detez deputez. Esteant le dit lieu en la mein
du dit mons^r Johan lui serront duement satisfaitz et le surplus
des dits deux mille livres, outre les dits quatre centz, lui avons
assigné et assignons sur la custume que sourdra chescun an
des vines que descendent a Burdeux par la rivere de Dordoyn
à resceivre par les meins d'un certein deputé du dit mons^r Johan
pur la veue de conestable de Burdeux. Et auxint lui avons assigné

et assignons la provouste del Vinbrere de Burdeux ovesque touz
ses emoluments queux provosté et ses emoluments et issues il
tendra et resceivra ovesque le lieu de Montflankyn et custumes
de vines avant ditz, en payement et assignement, tanque a la
summe des ditz deux mille livres tant soulement jusques a tant
qil soit aillours des dits deux mille livres et lieux convenables
assignets comme dessus est dit; et ferrons garder le dit lieu de
Montflankyn, du jour de la datte del dit tretee tanque a la feste
del Nativitate de seint Johan Baptiste preschein et suivant et de
la dite feste tanque a lautre feste de seint Johan lan revolu, as
depenses, coustages et parils du dit notre seignur le roi et de nous.

Item come ledit monsr Johan se dit avoir pardu grantz sommes
dargent par cause de sa dite obeissance, nous lui promettons de
bailler douze mille escuz dor, des queux en seront rebatus trois
mille escus queux il dit qu'il devoit à nostre très chère cosyn le
duc de Lancastre, de queux nous lui acquiterons devers ledit duk
par bones et suffizantz lettres et des autres noef mille escus ledit
monsr Johan avera trois mille escutz, la ou il se devera armer
contre les enemies, et les sis mille escutz demurrantz entre ci et
la feste de la Nativité de seint Johan le Baptiste preschein en
suiant ou entour même la feste suffisament et au bon foi.

Item pur peseer touz debatz et dissenssionz qi purront sourder
en tempz avenir sur les jurisdictions, bondes et limitations et
termes de territoirs, queux ledit monsr Johan dit qu'il ad et doit
avoir entour le lieu de la Lynde par entre meme cului monsr Johan
et les gentz dudit lieu si volonz et grantons que commission
soit faite as seneschaux de Gascoign, de Peregort et Caorsyn et à
chescun de ceux que bien et duement et sanz toute deslay facent
due informacion des veritables limitations et fines des dites jurisdictions et territoirs et y mettent bones et certeins bondes et

termes et solonc cela mainteinent et facent avoir à chascune
partie son droit et que nũll baillif nautre officer des dites parties
ne conoissent ne exercent ascune jurisdiction en le poair ne jurisdiction de lautre, autrement que droit reson ne la loi du pais ne
voudrent; et si nulles le facent que a tieux ne soit obeie mes come
autre prive persone et qils soient puniz par celui a qi appartendra
par reson.

Item avons granté et ordaigné et grantons et ordinons que
nul bastide ne sera faite desoreenavant en le poair et terrtoire
dudit monsʳ Johan et prejudice et desheritement de lui ne de
son patrimoine.

Item avons granté et ordeine et grantons et ordeinons que
ledit monsʳ Johan et ses heirs soient maintenuz en tous les possessions et seisines des comes de palages et de salins et de toutes
autres choses, en queux il estoit et avoit acustumé destre e duement et sans nul debat, al tems quant il estoit en obeissance des
Ffranceis et sur ceo nous avons mis et mettons silence a touz officiers et ministres roiaux pur ore et pur tous temps.

Item avons grante et ordeigné et grantons et ordeignons que
l'omage de Corboran de Lymulh ad fait, a ceoquest dit, al conte de
Peregork dune paroche que l'en appelle de seint Alvere in prejudice du seignur de Lymulh et dudit nostre seignur le roi et de
nous pur ce que ledit monsʳ Johan dit que de anceinte le seigneur
de Limulh devoit et estoit tenuz de faire homage au dit nostre
seignur le roi come a duk de Guyene pur ledit lieu de Limulh
et de toutes ses appartenances deinz queux ladite paroche est lui
soit duement returné.

Item avons ordeigne et granté et ordeignons et grantons que
le resortement dudit monsʳ Johan et de toute sa terre de la seneschalcie de Peregork et les gentz et heritantz en icelle soient deinz

le baillage de Beaumont en la diocèse de Serlades et que illoques eient lour resortir et non pas aillours.

Item come de anquitité, a ce que ledit mons^r Johan dit, plusours seignuries queux par raison de lour seignuries qils tenoient en ce lieu de chastellaine et Clarance estoient tenus de faire homage a nostre dit seignur et piere come a duc de Gyene, queux seignuries sont ore devenus a la mayn dudit mons^r Johan par achate fait par mesme celui mons^r Johan et son piere istint que ledit mons^r Johan est tenuz de faire homage pur lesdites seignuries que sont issint en sa main et *nenice* les autres, que primerement les tenoient et ore même ceux par cause qils soleint faire lour homage audit nostre seignur et piere come aduc contredient et ne voillent faire lour homage audit mons^r Johan pur autres terres et rentes, qils tiegnent deinz ladite seignurie de Clarence, si volons et grantons que si ceux quont issint vendu lour seignouries audit mons^r Johan et son piere on lourz hierz teignent autres terres et rentes deinz mesmes la seignurie de Clarence, pur queux ils devient faire homage a mesme celui mons^r Johan facent lour homage audit mons^r Johan come ils sont tenus et doivent faire de droit sanz desturbance et come autres gentils de mesme la seignurie de Clarence sont sur les terres qils teignent en ladite seigneurie, sauve totefoiz le droit nostre dit seignur et piere et la nostre en cette partie.

Item avons granté et confermé et grantons et confermons au dit mons^r Johan touz les priviléges et donations que son soveraigne, avant ces heures, le roi de France avoit doné au piere dudit mons^r Johan sur le chastel et chastellenie de Clarence.

Item avons granté et ordeigne et grantons et ordeignons que les gentz de toute la terre dudit mons^r Johan soient quites de toutes questes, subsides, tailles et autres imposicions que nostre

seignur le roi, duc de Gyene, ou ses officiers et ministres lour vous-
sissent imposer et soient remises et pardonez audit mons^r Johan
et ses heirs qils ne lour gentz ne les soyent tenus assaire si non
que ce soit par grant necessité et adonges que soit appellé ledit
mons^r Johan et ses heirs et de lour assent soit faite et par lour
mein liveré à celui que le devera prendre de par nostre dit
seignur et nous.

Item avons doné et grante , donons et grantons audit
mons^r Johan et ses heirs et successeurs en perpetuité le lieu
de Castel de Longa avesqc la haute et basse jurisdiction et toute
le droit que nostre dit seigneur le roi et nous savons en celle
lieu et ses appartenances qecumqes, lequel, a ce que ledit
mons^r Johan disoit, ne vaut outre dix livres desterlinges de rente
par an, et lequel ledit mons^r Johan disoit qil avoit conquesté par
force d'armes des mains des Franceis soveraigneté, resort et
homage, et en autres choses les droits roiaux et autres toutefoitz
saüvez.

Item avons granté et grantons que nostre dit seignur et
piere ne nous ne prendrons pees ne treves ovesques nostre
adverse partie de France sil ne soit que ledit mons^r Johan et ses
lieux et ses terres, gentz et valeoures de nostre obeissance ne
soient expressement compriseinz qil et ses dits lieux, terres, gentz
et valeours soient assurés de nostre dite adverse partie par les
pees et treves avant ditz et lui donons covenable retenance de
gentz d'armes en temps de guerre et covenable en temps de
treves pur la garde et tuicion de sadite terre et lieux.

Item avons granté et grantons que lomage, que ledit mons^r
Johan doit et est tenuz de faire à nostre dit seignur et piere come
à duc de Gyene pur lui et pur ses lieux et terres, ne soit jammes
doné ne transporté hors des mains de nostre dit seignur et piere

ne de nous, mes soit annexé et réservé audit nostre seignur le
roi come a duc et a ses heirs en perpetuanté.

Item come le lieu et hostel de Grant Castain ad este avant
ces heures mys à la mein de nostre dit seignur le roi et duc pur
certeins debatz, qadonque estoient par entre les seignurs de
Clarences et un autre gentilhomme seignur dudit hostel du
poair dudit lieu de Clarence, et ce à la instance et requeste dudit
gentilhomme, et ore ledit lieu et ostel de Grant Castayn soit
devenuz à la mein du seignyr de Longa et ledit lieu de Clarence
soient devenuz a la mein dudit mons^r Johan, et les dites parties
ont prieez que ladite main dudit nostre seignur le roi en soit
ousté come ledit mons^r Johan ad fait entendre à nous, nous à
la relacion dudit mons^r Johan avons ousté et fait ouster la mein
de nostre dit seignur et piere, et volons et grantons que ledit seignyr face audit mons^r Johan les homages et autres devoirs que
fair lui doit et est tenuz de faire par cause dudit lieu.

Item avons granté et ottroié, grantons et ottroions que tous
les bones et heritages appurtenances as compaignons dudit
mons^r Johan, que viegnent ovesque lui al obéissance sus dite,
des queux il feront due foi enquocomqe lieux, les dites biens et
heritages soient dedeinz ladite obeissance lour soient renduz et
baillez.

Item avons pardoné, acquité et relesse, pardons, acquitons et
relessons, audit mons^r Johan et as touz ses compaignons et alliez
qui viegnent ovesque lui a dite obeissance, touz exesses et crimes
comis et perpetrés e contre le roial majeste par rebellion ou
autrement et touz autres crimes et exesses queux qils soient, en
quonque ils touchent le droit nostre dit seignur et piere, et les
avons repelles et restituez a lour bone fame et a lour bienz et
heritages queconques que les soient, sauve touz jours le droitz de

partie. Par quoi nous mandons a touz lieutenantz, capitaignes, senechalx, conestables, juges, procurours, provostés, baillifz, officers et autres ministres, et as touz foials et subgits de nostre dit seignur et piere et les noz, qi ore sont ou pur le temps serront, et à chescun deux qils gardent et accomplissent et tiegnent et facent gardir et acomplir et tenir touz les choses desus dites et chescun dicelles en la forme avant dite.

En tesmoignance des queux choses à cestes nos lettres nous avons fait mettre nostre seal.

Doné à Burdeux le vingt primer jour de may lan de grace mil CCC cinquante sisme.

Nos ob laudabile testimonium quod de bono gestu ipsius Johannis postquam venit ad obedientiam nostram per prefatum principem et alios fideles nostros perhibetur ac intuitu gratuiti servicii, nobis per ipsum Johannem ex tunc impensi, volentes securitati ejusdem Johannis in hac parte providere gratiose, dictas literas et omnia contenta in eisdem acceptamus, ratifi- camus et aprobamus, eaque pro nobis et heredibus nostris prefato Johanni, heredibus et successosibus suis concedimus et confirmamus adeo plene sicut literæ illæ testantur.

In cujus, etc. Teste rege apud Westm. xxvi die julii.

Per ipsum regem et concilium.

Coll. de Bréquigny, vol. 29. Guyenne, Aquitaine, **XX**, fol. 337. Bibl. de Richelieu. Mss. — Archives du château de Larochebeaucourt en Périgord. Copie *certifiée* conforme par Bréquigny[1].

1. Nous, commissaire du roy, par arrêt du conseil du 26 aoust 1765, pour la transcription et collation des titres concernant la France, trouvés dans les dépôts d'Angleterre, attestons que la copie ci-dessus est conforme à la copie collectionnée par nous sur l'original. Fait à Paris, le 2 janvier 1783.

BRÉQUIGNY

8 SEPTEMBRE 1358.

*Le roi d'Angleterre ordonne à ses sénéchaux de Gascogne d'exécuter les
articles qui, dans le traité de paix fait entre le prince de Galles et
JEAN DE GALARD, concernent les compagnons et les clients de ce
dernier; ils doivent être réintégrés dans tous leurs biens sous la
condition de faire acte de foi envers la couronne britannique,*

PRO SOCIIS DOMINI DE LYMHOLIO.

Rex senescallis suis Vasconiæ, etc., salutem.

Cum præcarissimus primogenitus noster Edwardus, princeps
Walliæ, dum erat capitaneus et locum nostrum tenens in ducatu
nostro Aquitaniæ, juxta tractatum, inter ipsum et nobilem
virum JOHANNEM DE GUALARDO, militem, dominum de Lymolio,
super adventu ipsius Johannis ad obedientiam nostram,
concesserit et ordinaverit quod omnia bona et hæreditates,
spectantes ad socios dicti Johannis, qui cum ipso venerunt ad
obedientiam antedictam, de quibus ipsi facient debitam fidem,
ubicumque dicta bona et hæreditates, et in quibuscumque locis
dictæ obedientiæ existant, eisdem reddantur et liberentur, prout
in literis patentibus ipsius principis, inde confectis, quas confirmavimus, plenius continetur.

Vobis et cuilibet vestrûm mandamus quod bona et hæreditates de quibus vobis debite liquebit ad dictos socios dicti
Johannis, qui secum ad obedientiam nostram venerunt, pertinere,
facta prius inde debita fide, ut præmittitur, ubicumque in dicta
obedientia dicta bona et hæreditates existant, reddatis et liberetis, seu reddi et liberari indilate faciatis, juxta tenorem literarum et confirmationis prædictarum.

Dat. apud Westmonasterium, octavo die septembris, anni D. 1358.

Rymer, *Fœdera, conventiones, literæ*, tome III, page 173, 1re partie.

Année 1358.

Le roi mande à son sénéchal de Périgord de délimiter le territoire de la Linde, appartenant à Jean de Galard.

Mandᵗ du roy par lequel il mande au sénéchal de Périgord que, appelé le procureur du roy, il fasse information des confins du territoire de la Linde appartenant à noble homme Jehan Galhard, seigneur de Lumhull, et y mette des bornes et limites pour éviter les dissensions et débats qui pourroient survenir entre le dit Jehan Galhard et les habitants du dit lieu de la Linde.

Donné à Wistm., le 20 février [1].

Coll. Bréquigny, vol. 40, rôles gascons, pagination ancienne 322, nouvelle 164, v°. Bibl. de Richelieu. Mss.

[1]. Entre la date qui précède et la suivante (16 mai 1359) nous trouvons que Marguerite de Galard, fille du baron de Limeuil, obtint une dispense du pape Innocent VI pour se marier avec Montasin de Galard, fils de Pierre, seigneur d'Espiens, son cousin au 3e et au 4e degré. Ainsi, en juillet 1358, Marguerite est promise au fils du sire d'Albret, comme il résulte de deux traités de son père avec le roi d'Angleterre. En 1359, elle semble fiancée à son parent Montasin, avec lequel l'union dut être fort courte si elle fut consommée, car avant 1364 (on le verra tome II, à l'article spécial de Marguerite de Galard) elle épouse Nicolas, comte de Beaufort, frère du pape Grégoire XI et neveu de Clément VI. La hauteur de ces alliances indique celle de la maison qui nous occupe.

DÉCEMBBE 1359.

Lettre de JEAN DE GALARD, *seigneur de Limeuil et de Miramont, dans*
laquelle il est déclaré que trois de ses compagnons, PERRON DE GALARD,
Aymeric et Ebrard de la Roque, s'étaient emparés du château de
Terrasson, ignorant qu'il appartînt au baron Raynaud de Pons. A
ce sujet s'élevèrent divers débats, terminés par un accord entre noble
dame Jeanne de Périgord et Philippe de Lautrec, femme du sire de
Limeuil. En vertu de ce traité, la garnison dudit lieu devait être
moitié anglaise, moitié française. Deux capitaines nommés par les
deux dames furent Héliot Grimoard et Périchaud de Turenne, qui
jurèrent fidélité à leurs seigneuresses respectives et s'engagèrent à
ne livrer la forteresse de Terrasson ni au roi de France, ni à celui
d'Angleterre. Au cas où le comte de Périgord et le sire de Pons ne
ratifieraient point les clauses ci-dessus, Héliot Grimoard, représen-
tant les droits et l'autorité de Jeanne de Périgord, devait évacuer la
place et la laisser entièrement aux mains de Périchaud de Turenne,
qui commandait pour le compte de Philippe de Lautrec.

A totz aquets qui aquestas lettras veiran ny auziran, JOHAN DE
GALARD, senher de Lymulh et de Miramon, salutz, et a las pre-
sentz donar fé. Cum el temps qui passat es, mons^r Aymeric La
Roqua, cavalier, é PERRON DE GALARD, e Ebrard La Roqua, companhons nostres agossan près lo castel de Terrasson, non sabentz
que lodit castel fos, ni appartenguès al noble baron Raynaud,
senher de Pontz. E en agriès sia estat tractal per la nobla é podrosa
dona madona Johana de Peregorc, et per Phelippa de Lautrec,
dona de Lymulh, cum los companhons nostres rendessan lo
dit loc aldit senher de Pontz o à sas gens. E sobre aisso sia agut
alcuns debatz entre losditz companhons nostres, é las gens deldit
senher de Pontz, per las despenssas faytas eldit loc. A la fin es estat

acordat entre las ditas donas et las ditas partidas, que las ditas donas puechan ordenar à lor bona voluntat, dels debatz et deldit loc. E lo dit loc sia mes en los mans en la maniera que sensset : so es assaber que els qui son eldit loc balhan et liouran lodit loc en las mans de las ditas donas per la maniera que sensset : so es assaber que cascuna de lor y meta, el y pausa un escuder, losquals y sian ab engalh poder de gens, losquals fassan (effacé) sagrament (serment), et las gens de l'un à las gens de l'autre, de fizentat et de leyautat, tant cum esteran en la garda del dit loc, é que lodit loc, et los ditz escuders et lors ditas gens sian en pati ab Anglés é ab Francés. E mays promettra et jurera lodit escuder que y sera per ladita madona Johana de Peregorc et sas gens, que durant lo terme de la garda deldit loc, il ne feran, porchasseran, ny procureran, ny tracteran, ny soffreran que sia fait, tractat, ny porchassat, ny procurat coment lodit loc sia baltrat, ny liourat à negun home de la part deus Francés, ny per lor, o aucun delor sia occupat de qualqua condition qu'il sia ny donat dampnage aldit escuder qui per la dita dona de Lymulh y sera, ni à sas gens en cors, ny en bens, en neguna maniera. E pol la medissa maniera jurera lésaider qui y sera per la dona de Lymulh et sas gens, qu'ils ne feran, tracteran, ny procureran, ni suffreran que sia feit, tractat, ny procurat que lo dit loc sia balhat ny liourat a negun home qui sia de la partida deus Anglés, si nō que sia de voluntat et comun assentiment de las ditas donas. Ny al dit escuder qui per la dita madona Johana y sera, ny a sas gens, dat dampnatge en cors ny en bens, durant la garda deldit loc per qualqua maniera que sso sia. E mais es ordenat que los habitans del castel é de la Bastida sian en pati et en suffransa expressa totas retz si las gens de la Bastida forfazian à las gens deu rey de Anglaterra nostre senhor. Et las gens deudit nostre senhor lo rey s'entornaran sobre lor que per sso lo parti del castel no sia romput, mas demora en sa valor. E la dita madona Johana los deu provéer de vioures et de los autras necessitatz per la garda deldit loc, cant y esteran. E lors escuders qui y son mes per las ditas donas son aquetz, so es assaber per madona Johana de Peregorc, Heliot Grimoard et per la dona de Lymulh Perrichaut de Torena (Turenne). Losquals en nostra presencia an jurat sobre lo livre Missal et sobre la vraya Crotz, l'un à l'autre, tenir et gardar et complir a bona fé, sens tot malenginh, las causas dessus ditas et cascuna daqueras. E las ditas doas donas an promes et jurat et son tengudas de ordenar de las ditas causas de jorn en autre an . . . . . . tost que bonament poeran sens tot delay. E mays es ordenat que ou cas que lo noble senhor lo comte de Peregorc e lo dit senhor de Pontz no volian tenir las causas qui per las ditas donas seran accordadas, que en aquel cas, la dita madona Johana deu far issir deldit castel lo dit Heliot Grimoard et sas gens, et lo leissar audit Perrichaut et à sas gens, totas vetz que la dita dona de Lymulh, o autre son procurador et atornat, adasso en requerra la dita madona Johana de Peregorc. E mays es ordenat que en cas que lodit comte de Peregorc et lodit senher de Pontz tenguan et complissen las causas qui per las ditas donas seran acordadas, que en aquel cas, a la requesta de ladita madona Johana, o d'autre son procurador et atornat à dasso, la dita dona de Lymulh deu far balhar et liourar lodit loc à la dita madona Johana, o à ses gens. E en tesminoniage dasso, a mes ladita dona de Lymulh son saget en pendent en aquestas. Dad. à nostre loc de Miramont, sotz nostre saget, lo . . . . jorn de decembre, l'an de gràce mil CCC L IX.

Recueil de titres originaux provenant de la collection D. Villevieille, original en parchemin.

JANVIER 1360.

Le sire de Limeuil (JEAN DE GALARD) et les seigneurs de Mucidan et de Chateauneuf ayant refusé de rendre après la guerre l'hommage qu'ils devaient au comte de Périgord, celui-ci porta plainte à Jean Chandos, lieutenant du roi d'Angleterre; le généralissime enjoignit aux vassaux qui avaient voulu se rendre indépendants de reconnaître la suprématie féodale du comte de Périgord qui, à la faveur de la dernière paix, avait été réintégré dans ses droits et possessions.

Jehan Chandos, viscomte de Sainct Sauveur, lieutenant général es parties de France pour nostre sire le roy d'Angleterre, seigneur d'Illande et d'Aquitaine, au sénéchal de Pieirigort et de Quercin ou a son lieutenant, salut. Nous avons receu la complaincte de noble homme le comte de Pieiregort, contenant que comme le sire de Limeuil, le sire de Mussidan et le sire de Chastelneuf soient tenus à leurs prédécesseurs aient accoustumé à faire d'ancienneté par avant les guerres audit comte et à ses prédécesseurs, homages et certains autres droits et devoirs à cause de leurs dits lieux et autres biens, qu'ils tiennent audit comté : nientmoins les dessusdits SIRES DE LIMEUIL, de Mussidan et de Castelneuf, et chacun d'eulx sont et esté durant le temps des guerres par lesquelles ils ont esté de l'obéissance du roy, nostredit seigneur, refusans, contredisans et désobéissans de faire et paier audit comte les dits homages, droits et devoirs, qu'il li doivent comme dessus; pour ce que ledit comte et son . . . . estoient de l'obéissance et subjection du roy de France monseigneur, laquelle chose est en gref préjudice et domage dudit comte s'il est ainsi et . . . . que comme il soit venus à la subjection et obéissance de . . . . roy d'Angleterre par vertu de la paix, pour laquelle il doit avoir et reprendre et li doivent estre rendues et délivrées ses terres, devoirs, hommaiges et possessions . . . . le traitié et accord . . . . nous li vuillons sur ce pourvoir de remède gracieux et convenable. Pourquoy nous vous mandons que s'il vous appert deiiement les pardessus estre tenus ad ce vous faites faire rendre et payer les hommages, droits et devoirs quelconques ainssi et par la forme et manière que tenus y sont et que ladite paix le porte et neantmoins mandons aux pardessus et à chacun d'eulx que ainssi . . . . que ad ce les contraignes par le remède de justice, sauve reservé en toutes choses le droit du roy, nostre sire, et tout autre. Donné à . . . . jour de janvier l'an mil trois cens soixante et un.

Par monseigneur le lieutenant en son conseil : PIGACH.

Collection Doat[1], vol. 243, fol. 272, 273, Cabinet des titres. Bibl. de Richelieu.

1. Doat fit transcrire cet acte sur l'original en parchemin qui se trouvait primitivement aux archives du roi à Nérac et fut plus tard transporté au trésor de Pau; ce qui ressort de cette note mise au bas de l'acte ci-dessus :

« Le deuxiesme octobre mil six cens soixante six, la présente copie a été bien et « duement vidimée et collationnée à l'original, escript en parchemin, qui estoit au « chasteau des archifs du roy au chasteau de Nérac, porté au trésor des archifs de « sa majesté au chasteau de Pau et vériffié, qu'il est inventorié en l'inventaire du « Périgord et Limozin, chapitre troisième des hommages, dénombrements et recon- « noissances, soubz la cote CXXV, par moi soubzsigné estant à la ville de Foix à la « suite de monsieur de Doat, conseiller du roy en ses conseils d'estat et présiden « de la chambre des comptes de Navarre suivant l'arrest de la dite chambre du vingt « troisiesme juin dernier. »

8 MAI 1360.

Clause 25 du traité de Brétigny touchant JEAN DE GALARD, *seigneur de Limeuil, exclu des avantages généraux en vertu desquels les personnes dépouillées des deux camps recouvraient leurs possessions et héritages.*

TRACTATUS BRETIGNIACI, 8 DIE MAI, PROXIMO PRÆTERITO, TRANSACTUS CUM ARTICULIS CALESII CORRECTIS, PER REGEM FRANCIÆ AD EUNDEM LOCUM RATIFICATUS.

25. Item est accordé que les terres de bannis et adhérens de l'une partie et de l'autre, et aussi des églises de l'une roiaume et de l'autre, et que tous ceux qui sont desheritez ou ostez de leurs terres ou héritages, ou charges d'aucune pension, taille ou redevance, ou autrement grevez en quelque manière que ce soit pour cause de ceste guerre, soient restitués entièrement en mesme droit et possession, qu'ils eurent devant la guerre commencée.

Et que toutes manières de forfaitures, trespas et mesprisons faits par eulx, ou aucun d'eulx en moyen temps, soient du tout pardonnées, et ces choses soient faites au plustôt que l'on pourra bonnement, et au plus tard, dedans un an, après que le roy sera partiz de Calais;

Excepte ce qui est dit en l'article de Calais et de Merk et des autres lieux, nommez au dit article.

Excepté aussi le vicomte de Fronsac, et monsire JOHAN DE GALART; lesquels ne seront point compris en cest article, mais demouront les biens et héritages en l'estat qu'ils estoient par avant cest present traictie.

RYMER, *Conventiones, fœdera, literæ et acta publica, inter reges Angliæ,* tome VI, page 291, édit. de 1708.

Année 1360.

Double mention de Jean de Galard, *seigneur de Limeuil, dans l'histoire de France par Villaret, à propos de l'article 25 du traité de Brétigny.*

25° Aucuns des sujets des deux princes qui par le traité changent de domination ne peuvent être inquiétés pour quelque action qu'ils ayent commise auparavant. — 26° Tous les propriétaires des terres confisquées pendant la guerre en seront remis en possession, à l'exception des seigneurs de Fronsac et de Galard de Brassac[1], seigneur de Limeuil. Le second de ces deux seigneurs, très puissant et très considéré dans la Guyenne, avoit fait un traité particulier avec le prince de Galles, confirmé par Édouard qui lui donna quatre mille livres de rente en terre, en considération du mariage projeté de son fils avec la fille du seigneur d'Albret, allié depuis longtemps avec le roi d'Angleterre.

Jean de Galard (de Brassac), seigneur de Limeuil, étoit fils de Pierre de Galard, grand maître des arbalétriers sous le règne précédent, charge qui répond à celle de grand maître de l'artillerie. Les descendants de cette maison, connue sous les noms de Galard Terraube et Galard Brassac, l'une des plus anciennes et des plus distinguées de la Guyenne, ont toujours depuis ce temps signalé

---

1. Ce qualificatif terrien de Brassac, nous l'avons déjà dit, n'a jamais appartenu à la branche de Limeuil ; Jean de Galard, sire de ce dernier lieu, était le neveu de Bertrand, fondateur de la branche de Brassac, et fils de l'auteur de celle de Limeuil. Cette dénomination-ci est la seule qui ait été portée par son rameau. Villaret a donc commis une erreur en identifiant à tort les seigneurs de Brassac et de Limeuil, issus du même tronc, mais distincts comme branches. L'abbé de Lespine, un peu plus loin, a fait une semblable confusion.

leur zèle et leur attachement pour la personne de nos rois, et ont suffisamment réparé par leurs services et leur fidélité une démarche à laquelle Jean de Galard ne s'étoit laissé entraîner que par la conjoncture des temps, la position de ses domaines, l'alliance et l'affinité de sa maison avec celles d'Armagnac, de Foix et d'Albret, et surtout l'étendue de la principauté de Guyenne dont les limites incertaines occasionnoient quelquefois des difficultés pour la mouvance et le ressort des seigneuries voisines [1].

Histoire de France depuis l'établissement de la monarchie jusqu'au règne de Louis XIV, par M. Villaret, in-8°. Tome XI, pages 415, 416.

24 OCTOBRE 1360.

Édouard III annonce qu'un traité a été conclu à Brétigny, le 8 mai 1360, entre les rois de France et d'Angleterre; l'une des clauses stipule que « les bannis, les églises et les personnes qui auront encouru quelque déchéance pendant la guerre, rentreront dans leurs anciens droits, à l'exception du vicomte de Fronsac et de JEAN DE GALARD. » *Voici le texte de l'article qui regarde ce dernier :*

XXVI. *Pro bannitis et adherentibus* item est accordé que les terres de bannis et adherens, de l'une partie et de l'autre, et ainsi des esgleises d'un royalme et de l'autre, et que tous ceulx qui sont deshéritez ou ostez de lors terres et héritages, ou chargiez d'aucune pension, taille ou redevance, ou autrement grevez en quelque manère que ce soit, per cause de ceste guerre, soient

---

1. Ce dernier alinéa est placé en tête de la page 416.

restituez entièrement en meisme les droits et possession, qu'ils auront devant la guerre comancie, et que toutes manières des forfaitures, trespas et mesprises, fait par eulx ou aucun d'eulx, en moien temps, soient de tous perdonnés; et que cestes chouses soient faites à plus tôt que l'on porra bonament, et à plus fait, dedainz un an proschain aprez que le roy soit party de Calays, excepte ce qui est dit en l'article de Calays, de Merk et autres lieus nommez en dit article; excepté ainsi le viscontée de Fronsac et mon sire Johan de Galard, les queux ne seront point compris en cest article, mes devront (demourront) leurs biens et héritages en l'estat qu'ils estoient par avant ce présent tractie [1].

Livre des Bouillons, pages 49 et 90, n° xvi. Archives municipales de Bordeaux.

Année 1360.

Note de l'abbé de Lespine résumant l'article du traité de Brétigny particulier à Jean de Galard.

Personne n'ignore la malheureuse bataille de Poitiers si fatale à la France, en 1356, et la paix de Brétigny, signée en 1360 et composée de 40 articles; l'article 26 concerne Jean de Galard [2],

1. La clause qui précède fut reproduite presque textuellement dans des commissions délivrées par Édouard III, pour faire exécuter la convention de Calais, ainsi qu'il appert de la page 111 du livre des Bouillons sous la date du 28 octobre 1360.

2. Nous avons supprimé ici et un peu plus loin l'appellatif glébé de Brassac dont l'abbé de Lespine a fait suivre celui de Galard; jamais ni Jean, ni Pierre son père, grand maître des arbalétriers, ne le portèrent. Cette désignation féodale appartenait, nous le répétons, exclusivement à l'oncle du premier et au frère du

comte de Limeuil. Le roi de France remet en possession les propriétaires des terres confisquées pendant la guerre, à l'exception de Jean de Galard, seigneur de Limeuil. Ce seigneur était fils de Pierre de Galard, grand maître des arbalétriers de France, et petit-fils de la princesse d'Armagnac, et l'un des plus puissants et des plus distingués de la Guienne. Il avait fait son traité de paix particulier avec le prince de Galles, confirmé par Édouard qui lui donna quatre mille livres de rente en terres à la considération du mariage projeté de sa fille avec le fils du seigneur d'Albret, allié depuis longtemps avec le roi d'Angleterre.

Quelques années après, le roi de France le réintégra dans ses droits et dans tous ses biens.

Mss. de l'abbé de Lespine, dossier de Galard. Bibl. de Richelieu, Cabinet des titres. — Coll. Moreau, idem.

---

4 AVRIL 1363.

JEAN DE GALARD, *baron de Limeuil, figure dans le procès-verbal des hommages, rendus au prince de Galles du 9 juillet 1363 au 4 avril 1364 par les seigneurs des villes de la principauté de Guienne, rédigé, d'après les notes du P. de Maderan, par Richard Filongleye.*

SÉNÉCHAUSSÉE DE PIERREFORT :

Jean de Puch;

Anissant de Caumont;

Gaston, baron de Gontaut;

second, à Bertrand de Galard, fils d'Assieu III, seigneur de Galard et d'Éléonore d'Armagnac, ainsi qu'à sa branche. Les sires de Limeuil formèrent une branche particulière, à laquelle leur fief communiqua son nom.

Mons. JOHAN DE GALHARD, seigneur de Limulh, baron;

Bertrand de Born;

William de Bourdeux.

Collection générale des documents français conservés en Angleterre et publiés par Jules Delpit, vol. in-4°. Paris, Dumoulin, 1847, p. 86. Procès-verbal des hommages rendus au prince de Galles du 9 juillet 1863 au 4 avril 1364.

4 AOUT 1363.

Mention d'un hommage rendu sous la date ci-dessus au roi d'Angleterre par JEAN DE GALARD.

Monseigneur JEAN DE GALARD, seigneur de Limeuilh, fit hommage au roy d'Angleterre dans la chapelle du château de Bragerac, le 4e août 1363.

Bureau des finances de Bordeaux. Registre F, fol. 107, verso. — Fonds D. Villevieille. Bibl. de Richelieu, Mss.

17 DÉCEMBRE 1363.

Philippe de Lautrec, femme de JEAN DE GALARD, dota le couvent des Jacobins de Bergerac d'une somme de 400 florins destinée à la fondation de douze obits par an. Le monastère associa sa bienfaitrice à toutes ses prières et à toutes ses œuvres pies.

Le 17 décembre 1363, association pour noble et puissante dame Dame PHILIPPE DE LAUTRICO, épouse de noble et puissant homme JEAN DE GALARDO, seigneur de Limolio et de Miramonte, à toutes les

messes, oraisons et prières et autres bonnes œuvres qui se feront
dans le couvent des Jacobins de Bergerac, avec fondation de
douze anniversaires ou obits par an, à perpétuité, ainsi que frère
Hélie de Canela, prieur du couvent, l'assure, pour avoir reçu la
somme de 400 florins de bienfait de ladite dame.

Mss. de l'abbé de Lespine, dossier de Galard. Bibl. de Richelieu,
Cabinet des titres.

17 DÉCEMBRE 1363.

Extrait d'un acte authentiqué sur le même sujet.

Nobili et potenti domine PHILIPPE DE LAUTRECO[1], uxori nobilis et
potentis viri domini JOHANNIS DE GOLARDO, domini de Limolio et de
Miremonte, et ego frater Helias de Canela, humilis prior fratrum
predictorum de Brageraci . . . item nobilis et potens domina,
ex speciali gracia, ego dictus prior, de voluntate et assensu
omnium fratrum dicti conventus, vobis concedo duodecim anni-
versarios . . . in perpetuum pro vobis et pro familiaribus et
benefactoribus ordinis applicantur.

Archives du château de Terraube, acte coté A. 14.

1. « Les vicomtes de Lautrec (dit de Courcelles), qui existaient au commencement du treizième siècle et qui ont succédé à tous les domaines de la 1re race, tirent
leur origine directe et masculine de la maison souveraine des comtes de Toulouse.
C'est le sentiment unanime de tous les historiens du Languedoc, appuyé d'une foule
de titres originaux et pièces authentiques, produits juridiquement depuis près de
quatre siècles par les descendants de ces vicomtes. Mais si l'opinion est immuable
quant à l'extraction des vicomtes de Lautrec, elle ne s'accorde nullement sur le
prince de la maison qui en a formé la souche. » (DE COURCELLES : *Histoire des pairs
de France, généalogie de Toulouse Lautrec,* tome Ier, page 19.)

Avant et après 1364.

Autre extrait généalogique dans lequel de Courcelles gradue, d'après
Baluze, les prédécesseurs et parents de Philippe de Lautrec, mariée
à Jean de Galard, *baron de Limeuil, et issue, toujours suivant*
Baluze, de Frédol III de Lautrec et d'Hélie de Canel.

XI. Frédol de Lautrec, IIIe du nom, chevalier, seigneur de Janès
et Venez, fut présent à l'assemblée des trois ordres tenue à Montpellier le 25 juillet 1302. Dans l'estimation qui fut faite en 1304
des biens et revenus des principaux seigneurs de la sénéchaussée de Carcassonne, on voit que Frédol de Lautrec avait pour
300 liv. tournois de rente. Il acquit, l'an 1305, de Pierre, vicomte
de Lautrec, seigneur de Montredon, une portion de la vicomté de
Lautrec, ce qui donna occasion à ses successeurs de se qualifier
vicomtes de Lautrec. L'an 1322, Frédol de Lautrec appela le roi
en pariage pour les châteaux de Venez et de Cheffols. C'est le
dernier acte connu de sa vie. Il avait épousé, en 1311, Héleine de
Canet, de laquelle il eut :

1° Isnarn II, qui suit ;

2° Frédol de Lautrec, IVe du nom, seigneur de Janès. L'an 1355,
Sicard VII, vicomte de Lautrec, fit faire une enquête contre
Frédol sur ce qu'ayant autrefois inféodé le château de Janès à
feu Frédol de Lautrec, père dudit Frédol, qui lui en fit hommage, il prétendait que ledit fief était tombé en commise par la
félonie dudit Frédol, son fils ; attendu que lui, Sicard, seigneur
de Montredon, avait fait fortifier une maison appelée Aigrefeuille,
auprès de Montredon, pour l'opposer aux courses de ses ennemis ;
qu'il y avait mis Amaury, son frère, pour la défendre ; et que,
nonobstan son droit, ledit Frédol l'avait attaquée. L'an 1366, il

intervint un arrêt du Parlement de Paris sur ce différend;

3° Ratier de Lautrec, religieux en l'abbaye de Moissac, ordre de Saint-Benoît. Il était abbé de Saint-Victor de Marseille en 1333 et de Moissac en 1338, se démit en 1367 et eut pour successeur Frédol de Lautrec-Venez, son neveu[1];

4° PHILIPPE DE LAUTREC, femme de JEAN DE GALARD, seigneur de Limeuil en Périgord, vivant en 1332 et 1337.

Histoire généalogique et héraldique des Pairs de France, par M de Courcelles. Article de Lautrec-Venez. Tome I, pages 14, 15.

<hr/>

VERS 1364.

Extrait généalogique dans lequel de Courcelles mentionne, d'après Justel,
les auteurs et ascendants de Philippe de Lautrec, femme de JEAN
DE GALARD, *baron de Limeuil, fille, suivant ce dernier historien,*
d'Amalric III, vicomte de Lautrec, baron d'Ambres, etc., et de
Marguerite de Périgord, née d'Hélie VIII de Taleyrand, comte de
Périgord, et de Brunissende de Foix.

, XIII. Amalric III, vicomte de Lautrec et baron d'Ambres, chevalier, se qualifie petit-fils d'Elips, vicomtesse de Lautrec, dans la cession qu'il fit par acte du 14 octobre 1315, à Isarn de Lautrec, seigneur de Venez, de tout ce qui pouvait lui appartenir, et à feu dame Elips, son aïeule, aux lieux de Cheffols, de Venez et de Saint-Laurent, avec les hommages dépendants de ces lieux, s'en réservant la foi et hommage qu'Isarn lui rendit le même jour. Amalric servit en Flandre l'an 1319 et est nommé au nombre des seigneurs qui avaient suivi le parti du comte de Comminges, dans des lettres que le roi accorda à ce comte et à ses adhérents au mois de

<hr/>

1. Ces vicomtes de Lautrec étaient de la première race de ce nom, que de Courcelles fait remonter à 867.

novembre 1333. Amalric est qualifié noble et puissant homme, chevalier, vicomte de Lautrec, seigneur d'Ambres, fils de feu Sicard, vicomte de Lautrec et seigneur d'Ambres, dans un hommage qu'il rendit à l'évêque de Cahors le 1er janvier 1336. Amalric III fit son testament le 13 juillet 1343 et mourut la même année. Il avait épousé Marguerite de Périgord, fille d'Elie Talleyrand, VIIIe du nom, comte de Périgord, et de Brunissende de Foix, sa seconde femme. Elle se qualifiait veuve en 1343, et, en cette qualité, le roi lui accorda une sauvegarde pour elle, son fils Amalric, prisonnier des Anglais, et pour ses autres enfants, le 28 novembre 1345, en considération des services qu'Amalric III et son fils lui avaient rendus. Les enfants d'Amalric et de Marguerite de Périgord furent :

1° Amalric IV, qui suit ;

2° Archambault de Lautrec, évêque et comte de Châlons, pair de France, était évêque de Lavaur depuis l'an 1355, lorsqu'il fut élevé à l'évêché de Châlons en 1357. Il fut nommé par le cardinal de Talleyrand de Périgord, son oncle maternel, l'un des exécuteurs du testament qu'il fit le 25 octobre 1360. Il promit par ses lettres, données en son château de Sarry le 31 mars 1361, d'observer et de faire garder par ses vassaux la paix faite entre les rois de France et d'Angleterre. Il assista au sacre du roi Charles V, le 19 mai 1364, et y porta l'anneau royal. Le 3 février suivant, il fut attaqué par le procureur du roi sur ce qu'il prétendait soustraire ses sujets de la juridiction du bailli de Vermandois et les soumettre à son bailli de Vitry. Le procureur conclut que les exploits donnés au nom de l'évêque fussent mis au néant ou réparés, et qu'il fût condamné à perdre les priviléges et la juridiction qu'il avait soumis à son bailliage de Vitry, et enfin qu'il fût appliqué au roi, au moins pendant la vie de ce prélat, une amende de

10,000 livres ou telle autre, comme la cour le jugerait. Le Parlement accorda à l'évêque un délai de défendre à cette requête, à huit ou à quinze jours. L'an 1377, Archambauld de Lautrec, Sicard, son frère, et leurs deux sœurs plaidaient contre le comte d'Astarac pour raison de la quatrième partie de la vicomté de Lautrec et des château et terre d'Ambres. Les registres font foi qu'il ne put se trouver avec les autres pairs du royaume à l'ajournement du 4 décembre 1378 donné contre Jean de Montfort, chevalier, naguère duc de Bretagne, étant empêché de maladie, en son hôtel, à Paris, et s'étant fait exoiner, comme porte le registre, par maître Ferry de Metz, conseiller du roi. Archambauld assista au lit de justice tenu par le roi Charles V, sur cette affaire, le 9 du même mois, et au sacre de Charles VI, en 1380. Brunissende de Lautrec, sa nièce, plaidait contre lui le 17 mai 1386, ainsi qu'on le verra plus bas, pour la portion du château de Lautrec qu'il disait être en la main du comte de Foix et ne tenir à lui que parce que le comte en était seigneur en partie ; et le 27 du même mois, il engagea la vicomté d'Ambres à ce même comte nommé Gaston. Archambauld ayant eu une contestation avec les généraux de la justice des aides, pour savoir s'il était tenu de plaider devant eux pour raison du mesurage du sel de la ville de Châlons, il fut prononcé en parlement, le 10 mars 1388, qu'il ne pouvait plaider ailleurs qu'au parlement, lequel pourrait appeler au jugement aucuns desdits généraux. Il mourut le 10 novembre 1389 et fut inhumé en sa cathédrale ;

3° Sicard de Lautrec, élu évêque de Beziers, le 12 août 1371, mort le 22 juillet 1383 et inhumé dans sa cathédrale, ainsi qu'il est marqué au tome II, p. 423, verso, du *Gallia christiana,* édition de 1656 ; mais au tome Ier du même ouvrage, imprimé en 1715, col. 83, il est qualifié évêque d'Agde, et l'on y marque que par ce codicille il fit plusieurs legs à l'abbaye de Vieilmur, où il ordonna sa sépulture dans la chapelle de Sainte-Marguerite, près du tombeau de sa mère, Marguerite de Périgord ;

4° PHILIPPE ou PHILIPPINE DE LAUTREC, femme de JEAN DE GALARD, seigneur de Limeuil, fils de PIERRE DE GALARD, grand maître des arbalétriers de France (*Hist. d'Auvergne,* par Justel) ;

5° Éléonore de Lautrec[1], abbesse de Vieilmur, nommée avec cette qualité avec Archambauld et Sicard, ses frères, dans le procès de 1377 et dans un arrêt de 1379. Dans un autre arrêt du 8 mai 1383, il est dit qu'elle et Jeanne, sa sœur, religieuse, seront admises avec leurs frères à la succession de leur famille ;

6° Jeanne de Lautrec, religieuse avec sa sœur en l'abbaye de Vieilmur. Ce fut vraisemblablement elle qui lui succéda, quoique dans la nouvelle édition du *Gallia christiana* il soit marqué que Jeanne de Lautrec succéda à sa tante Éléonore et gouverna cette abbaye jusqu'en 1390 ;

7° Brunissende de Lautrec, quatrième femme de Géraud, seigneur de la Barthe et d'Aure.

Histoire généalogique et héraldique des Pairs de France, par M. de Courcelles. Article de Lautrec. Tome I, pages 43-49 (note).

1. Amalric IV, vicomte de Lautrec, baron d'Ambres et frère de Philippe, femme de Jean de Galard, se ligua en 1345 avec les comtes de Comminges et de l'Isle en Jourdain, les vicomtes de Bruniquel et de Carmain, pour marcher sous la bannière du roi de France contre le comte Derby. Leur vaillance patriotique, malheureusement, vint échouer sous les murs d'Auberoche. Amalric de Lautrec tomba au pouvoir des Anglais qui le gardèrent plus d'une année prisonnier. Il avait perdu dans cette action un de ses sergents d'armes et un écuyer de sa suite. Ce fait nous est révélé par l'*Histoire de Languedoc,* tome IV, p. 255 et 270. Le comte d'Armagnac, dans des lettres, dépêchées de Moncuq, donne le titre de neveu à Amalric, et Éléonore de Comminges, veuve du comte de Foix, dans une transaction du 11 août 1355, exprime le vœu de voir se raffermir la consanguinité qui l'unit au vicomte de Lautrec. (DE COURCELLES, *Histoire des pairs de France, généalogie de Toulouse Lautrec,* note des pages 49, 50 et 51.)

Juillet 1365.

*Charles, roi de France, confirme la vente de la terre ayant appartenu
à Jean de Galard, faite par Jean Le Mengre, dit Boucicaut, en faveur
de Bertrand, seigneur de Tarride, et d'autre Bertrand de Tarride,
seigneur de Penneville, de Bernard Raymond Ysanguier, de Pierre
Raymond de la Salle et de plusieurs autres qui avaient acquis ces
possessions, confisquées à Jean de Galard pendant la révolte de celui-
ci envers le roi de France. Jean Boucicaut, en récompense de ses services, avait reçu les dépouilles du seigneur de Limeuil, entraîné par
l'esprit de malice et de félonie, disent les lettres du roi Jean.*

CONFIRMATIO VENDITIONIS TOTIUS TERRE DOMINI JOHANNIS DE GALART
FACTE BERTRANDO DE TARRIDE ET ALIIS.

Karolus, etc., serenitatis regie celsitudo libenter apud illos
qui suis insistunt obsequiis et virtuosis operibus attolluntur, pre-
cipue qui in regni nostri guerris vigentibus corpora sua viriliter
exponere minime formidaverunt, ymo qui plurima pericula,
sumptus et misa . . . . subierunt et incurrerunt favorem profert
grossum, se reddendo erga ipsos liberalem, notum igitur facimus universis modernis et successuris, quod pro parte dilectorum
et fidelium nostrorum Bertrandi, domini de Tarride, Bertrandi
de Tarrida, domini de Pennevilla, Bernardi Raymundi Ysanguier,
Petri Raymundi de Aula, militum, Johannis de Aula et Aymerici
de Grimouart, armigerorum in hac parte consortium, asseren-
tium ipsos totam terram que quondam fuit JOHANNIS DE GALART,
militis, dudum per ipsius forefacturam et rebellionem corone
Francie acquisitam et commissam, qui maligno et proditorio
seductus intellectu se nostrum et dicti regni reddidit inimicum, a
dilecto et fideli milite nostro Johanne dicto Le Mengre alias Bou-

cicaut, marescallo Francie[1], cui serenissime recordationis carissimus dominus genitor noster certis de causis terram ipsam
dederat et concesserat per eum vel ejus causam habituros tenendam et possidendam pacifice et quiete perpetuis temporibus successuris, emisse et acquisivisse mediante certo pretio quod idem
persolverant eidem, próut per litteras dicti domini nostri super
dono predicto, ac prefati marescalli super venditione hujusmodi
terre debite confectas potest liquidius apparere, ac ne forsitan
impediri valeant, tempore futuro ; in eadem nobis fuerit humil-
lime supplicatum ut cum dicta terra et portione cujuslibet iidem
emptores usi pacifice fuerint et gavisi quousque noviter certum
impedimentum per senescallum vel receptorem Tholose sibi fuit
subgestum et illatum, occasione hujusmodi, quod pretendebat
dictam terram domanio nostro fore applicatam, eamdem vendi-
cionem et cessionem juxta ipsius seriem et tenorem ratam et
gratam habentes, et quicquid inde fuit subsecutum confirmare et
vallare dignemus, maxime cum eadem terra nomine forefacture
predicte et non aliter ad coronam prelibatam devenerit in commissum. Et quod prefatus Johannes, per tractatum pacis inter
dominum nostrum, ex una parte, et regem Anglie, ex altera parte,
a restitutione omnium bonorum suorum mobilium et immobi-
lium et a reconciliatione sua fuerit totaliter exemptus, prout in
certo articulo ejusdem tractatus hoc plenius continetur. Nos
idcirco considerantes et memorie reducentes grata et accepta servicia que nonnullorum fidedignorum relatu ipsos predecessoribus

1. Il ne faut pas confondre Jean le Meingre, dit Boucicaut, 1er du nom, maréchal
de France, l'un des plus habiles capitaines des rois Jean et Charles V, avec son fils
Jean le Meingre, dit aussi Boucicaut, qui, à peine âgé de vingt-cinq ans, parvint à
la dignité militaire de son père et le dépassa en célébrité par ses services, ses
aventures et ses deux captivités.

nostris et nobis, in guerris et alias, diu et fideliter impendisse novimus, premissis attentis, predictum donum et venditionem prout facta sunt, ut prefertur, laudamus, approbamus et tenore presentium de nostris certa scientia auctoritateque regia nostreque plenitudine potestatis et gracia speciali confirmamus, concedentes eisdem et eorum singulis prout ad eum pertinuerit, ut ipsi ac eorum heredes vel successores predicte emptionis sue dictique marescalli venditionis titulo prefatam terram cum ejus pertinentiis juxta litterarum predictarum de quibus liquere poterit forciam et tenorem possidere et obtinere pacifice valeant et impugne, prefato impedimento jam apportato vel alio indebito in posterum apportando per quemquam non obstante. Dilectis et fidelibus gentibus computorum nostrorum Parisius, senescallo et receptori Tholose prenominatis, ceterisque justiciariis et officiariis nostris universis vel eorum locatenentibus modernis et posteris et eorum cuilibet, ut ad eum pertinuerit, mandantes et firmiter injungentes quatenus prefatos supplicantes ac heredes et successores suos et eorum quemlibet nostris presentibus gratia confirmationeque uti pacifice faciant et gaudere temporibus successuris, nec ipsarum tenore ipsos vel eorum alterum ullatenus inquietent vel molestent, seu inquietari vel molestari per quemquem quoquo modo patiantur aut permittant; sed quicquid in contrarium vel attemptatum invenerint ad statum pristinum et debitum indilate reducant seu reduci faciant, juxta voluntatis et concessionis continentiam predictarum, mandatis, seu prohibitionibus contrariis non obstantibus. Datum Silvaneti, anno Domini Mᵒ CCCᵒ LXVᵗᵒ et regni nostri secundo, mense julii.

Sic signatum : Per regem in suis requestis.

J. CHESNEL.

Trésor des Chartes, registre JJ., 98, acte 558. Archives nationales.

2 MAI 1367.

Autre mention de JEAN DE GALARD, *tenu en dehors du traité de Bretigny, dans un acte semblable au précèdent.*

ROTULI VASCONIÆ ANNO 33, EDUARDO III, MEMBRANA 4.

De restitutione post informationem et auditis partibus per principem Walliæ facienda Johanne, filii et heredi Johannis de Brakenburgh, certarum terrarum quas idem Johannes habebat in villis de Cherroye et Chateron in insula Oleronis, secundum tractatum pacis a quo viccomes Fronsac et JOHANNES GALART sunt tantum excepti. Dat. apud Westm., 2 maii.

Coll. Bréquigny, vol. 40, rôles gascons, fol. 397 ancien foliotage, nouveau 199. Bibl. de Richelieu. Mss.

---

20 NOVEMBRE 1367.

Le vicomte de Fronsac et JEAN DE GALARD *sont dits exceptés du traité de Bretigny à propos d'une restitution à faire par le prince de Galles dans l'île d'Oléron.*

De restitutione, audita querita per principem Walliæ facienda Johanne de Folkesworth tanquam heredis Johannis de Brakenbergh certarum terrarum quas idem Johannes habebat in villis de Cherroye et Chateron in insula Oleron. Tanquam heres Petri de Rabayn, avunculi ejus; et hoc secundum tractatum pacis a quo viccomes de Fronsak et JOHANNES GALART sunt tantum excepti.

Dat. ut supra, 20 novembris.

Coll. Bréquigny, vol. 40, rôles gascons, fol. 402, ancien foliotage, nouveau 204 verso. Bibl. de Richelieu. Mss.

Année 1367 et avant.

Notice du P. Anselme sur Jean de Galard, *sire de Limeuil.*

Il (Pierre de Gallard) laissa de sa femme ... Jean de Galart
seigneur de Limeil, Borrel, etc., auquel en considération des
services de son père, le roi accorda en 1332 deux cents livres de
rente à vie, à prendre sur la terre de Périgord, et le déchargea
au mois d'avril 1339 de tout ce qu'on pouvait lui demander et
à son père tant de l'excédant de la terre de Limeil, qui lui avait
été donnée, que de plusieurs sommes dont il pouvait être redevable moyennant vingt mille livres, et on promit de le garantir
des demandes que lui pourrait faire Arnould de Bouville sur cette
terre de Limeil. Ce prince lui fit encore payer, le 30 mai 1343,
une somme de six mille livres et une autre de deux mille deniers
d'or à l'écu sur la recette de Toulouse en 1347. Deux ans après
au mois de février il obtint rémission d'avoir retiré et donné
entrée dans ses forteresses aux ennemis de l'état, sous prétexte
de s'acquitter d'une grosse rançon qu'il leur devait ; mais l'année
suivante s'étant joint avec eux, et ayant embrassé le parti du
roi d'Angleterre, les terres de Limeil, Miraumont, et autres qu'il
possédait en Périgord, furent données à Rorger-Bernard, comte
de Périgord, et celles de Borrel, de Gleysolles et de Montfoucaut
assises en la sénéchaussée de Toulouse au maréchal de Boucicault. Néanmoins ayant depuis fait son accomodement, le roi le
déchargea de nouveau, le penultième janvier 1354, de tout ce
qu'on lui pouvait demander et à son père ; lui accorda rémission
de ses révoltes et désobéissances ; lui promit de le faire payer
d'une somme de cinq mille écus d'or vieux, et lui faire asseoir
six cens livres de terre à héritage. Le comte de Périgord lui

donna en 1357 un fief pour le tenir de lui avec la terre de Limeil.

Il avait épousé PHILIPPE DE LAUTREC[1], de laquelle il eut MARGUERITE DE GALART, dame de Limeil, qui fut mariée à NICOLAS DE BEAUFORT, seigneur d'Hermenc, auquel le duc d'Anjou comme lieutenant du roi en Languedoc, fit rendre et restituer au mois d'octobre 1371 toutes les terres assises en la sénéchaussée de Toulouse, qui

---

1. Baluze, qui doit nous être plus que suspect, et Justel, chacun en leur *Histoire de la maison d'Auvergne*, donnent, comme on l'a déjà vu page 585, un père différent à Philippe de Lautrec, femme de Jean de Galard. D'après le premier historien, qui malheureusement utilisa le Cartulaire de Brioude, elle était fille de Frédol de Lautrec, IIIe du nom, qui assista, en 1302, à l'assemblée des états généraux convoqués à Montpellier et qui jouissait de 300 livres tournois de rente lors de l'évaluation des fortunes féodales, faite l'an 1304, dans la sénéchaussée de Carcassonne. Philippe eût été, de cette façon, sœur d'Isnarn, de Frédol IV et enfin de Ratier de Lautrec qui devint abbé de Saint-Victor de Marseille, en 1333, et de Moissac en 1338. Selon Justel, Philippe aurait eu pour auteurs Amalric III, vicomte de Lautrec, baron d'Ambres, et Marguerite de Périgord, dont les enfants mâles furent : 1° Archambault de Lautrec, d'abord évêque de Lavaur (1355), ensuite de Châlons (1357), pair de France. Il fut présent au sacre de Charles VI, en 1380. 2° Sicard de Lautrec, qui fut élevé au siége épiscopal de Béziers, le 12 août 1371.

De Courcelles en son *Histoire des pairs de France*, généalogie de Lautrec, tome I, page 14, plus haut citée, n'a pas voulu se prononcer et il a donné les deux ascendances, abandonnant aux lecteurs le choix de la bonne. Dans ma pensée qui est celle de l'abbé de Lespine, inclinant pour Justel, Philippe de Lautrec était issue non de Frédol III, seigneur de Janès et de Venez, mais du vicomte Amalric III.

Jean de Galard, héritier d'un immense apanage, fils d'un des plus grands hommes de guerre de son temps, dut contracter union avec la branche de Lautrec, alliée aux comtes de Périgord, dont il était le voisin et un peu le vassal. Ce fut probablement Marguerite, sœur du cardinal de Taleyrand et mère de Philippe, qui dut ménager le mariage de celle-ci avec le seigneur de Limeuil. J'ai dit que l'abbé de Lespine était de cet avis et je le prouve par ces lignes qui lui sont empruntées :

« Amalric, vicomte de Lautrec, IIe du nom, baron d'Ambres, seigneur de Bra-
« metourtes, Bellegarde, testa le 13 juillet 1343.

« Il avait épousé Marguerite de Taleyrand-Périgord, sœur du cardinal de Péri-
« gord, dont il eut deux enfants ;

« Amalric III ;

« Philippe, fille aînée. »

avaient été confisquées sur le père de sa femme et lui fit asseoir deux mille livres de terre en toute justice sur les terres du Mas, de Sainte-Pucelle et de Belle-Plaine en la jugerie de Lauragais.

P. Anselme, *Histoire des grands officiers de la couronne*, tome VIII, page 4.

ANNÉE 1339.

BERNARD DE GALARD *figure dans le rôle ci-dessous.*

AUTRES GENS QUI VINDRENT EN AGENOIS PAR MANDEMENT DE M. DE BEAUVÈS POUR LA CHEVAUCHIE QUI SE FIT A BOURDEAULX, L'AN 1339.

Pierre de Cuignac,

Ratier de Montpezat,

Bernard de Rochefort,

BERNART DE CALART (Galard).

Coll. de Camps, vol. 83, fol. 271. Bibl. de Richelieu, Cabinet des titres.

ANNÉE 1339.

BERNARD DE GALARD *était dans les compagnies de gens d'armes sous monseigneur de Beauvais en 1339.*

BERNARD DE CALARD (pour Galard) pour lui monté au pris du vingt-huitiesme jour de juin jusqu'au dix-neufviesme jour de juillet ensuivant par vingt et un jour six sols six deniers par jour. vi^l xvi^s vi d.

Fonds français, vol. 7877. Fol. 118 verso, 1re col. Bibl. de Richelieu, Cabinet des titres.

21 JANVIER 1340.

Lettre de PIERRE DE GALARD[1], *évêque de Condom, qui, conformément à certain article des coutumes, admet les consuls aux enquêtes des causes criminelles dont sera saisie la cour du juge de la temporalité en la dite ville.*

LITTERA DOMINI PETRI (DE GALARDO), EPISCOPI CONDOMIENSIS, QUOD CON SULES CONDOMII QUI NUNC SUNT ET PRO TEMPORE FUERINT, ADMITTAN TUR ET VOCENTUR IN INQUESTIS CAUSARUM CRIMINALIUM QUÆ FIENT IN CURIA JUDICIS TEMPORALITATIS CONDOMII ET QUOD IN DICTIS CAUSIS ET SENTENCIIS ACORDUM DICTORUM CONSULUM ET JURATORUM OBSERVETUR.

Pateat universis presentes litteras inspecturis quod nos PETRUS DE GALARDO), divina providentia Condomiensis episcopus, pro nobis et ecclesia nostra et successoribus nostris, et nos Petrus Cloca, prioris claustralis predicte ecclesie cathedralis Condomii, et Guilhermus Raymundi de Forcesio, monachus et sacristo dicte ecclesie, Guilhermus Raymundi de Sevinhaco, monachus et operarius in ecclesia predicta, Bernardus de Ruvinhano, prior de Agrauleto, monachus et pitancerius in dicta ecclesia, Forcius de Mousserono, monachus et camerarius in eadem ecclesia, Vitalis de Sevinhaco, monachus et infirmarius in dicta ecclesia, Bernardus de Ligardis, monachus et helemosinarius in dicta ecclesia, Johannes Teulerii, Augerius de Pausaderio, Vitalis de Seysos, Vitalis de Podio, Galabrunus de Serra, Bernardus de Podio, Geraldus de Serra, Petrus de Argenteno, Arnaldus de Friensta, Arnaldus Ozelli, Helias Giborelli, Michael Silvester Arnaldus de Lato, Bernardus de Podio, monachi predicte eccle-

1. Nous avons vu Pierre de Galard, pages 231, 240, etc., participer à plusieurs actes de Raymond son oncle, sous les années 1327 et 1328 ; il est donc inutile de rappeler ici les faits déjà connus.

sie, capitulum facientes et profaciendo capitulum, more solito,
et pro infrascriptis infra capitulum dicte ecclesie unanimiter
congregati, cum auctoritate et expresso assensu prefati domini
episcopi ibidem presentis cum solempnitate qua decet pro nobis
et successoribus nostris, videlicet nos episcopus prefatus pro
nobis et ecclesia nostra, cum expresso assensu dicti capituli, et
nos predicti monachi, capitulum facientes, cum auctoritate et
expresso assensu prefati domini episcopi habita diligenti deliberatione cum conciliariis nostris volentes annuere humili supplicationi et universitatis Condomii ut ipsi in plenitudine juris sui
et integritate libertatis in antra letharentur, que supplicatio
continebat licet ipsi consules nomine dicte universitatis ex consuetudinibus seu privilegiis dicte civitatis dudum eisdem concessis per regem Anglie, tunc ducem Aquitanie, et ex tunc per
dominum nostrum Francie regem ut asserebant confirmatis. Nec
non et per reverendum dominum Raymundum, bone memorie
condam Condomii episcopum, in inquestis et sentenciis causarum criminalium que ratione excessuum in dicta civitate et ejus
pertinenciis commissorum agitabantur et *sñiabantur*[1] ne dum
incuriis bajulorum dicti loci ymo etiam judicum et senescallorum seu etiam condominorum vocari debeant et presencia
litibus interesse si voluerint et quando super predictis causis seu
excessibus *sine* proferebantur dicti consules et certi jurati eorumdem vel probi viri, usque ad certum numerum, debeant presenter

---

1. Les abréviations de *Sinabantur,* et celles *sîne* et *sinas,* qui sont plus loin,
ont été ainsi restituées par nous : *serniabantur, sernie, sernias,* pour *cerniaban-
tur, cernie, cernias.* Il faut évidemment : *Sententiabantur, sententie, sententias* —
ou *sentenciabantur,* le *c* étant plus dans le caractère du manuscrit. On trouve exac-
tement cette solution dans le *Dictionnaire des abréviations* par Chassant, page 92,
col. 1, lig. 7.

esse prout hec omnia lacius in articulo dictarum consuetudinum ·
et privilegiorum plenius asserebant contineri judex jure temporalitatis et procurator noster asserentes articulum dictarum consuetudinum seu privilegiorum habere locum dumtaxat in causis
que coram bajulis dicte civitatis firmariis et non in causis que
coram domino judice nostre temporalitatis una simul cum indue
regio senescallo seu gentibus regiis ventilantur seu deciduntur
ipsos consules perturbare intendo super predictis eosdem ad
dictas enquestas complendas et decidendas vocari obmittebat
ipsos consules in hoc ut asserebant aggravando in premissis et
circa premissa nec non et quod predicta licet clara existerent ut
ipsi consules asserebantur jam viguo seu dubio de die in die
inde ducebant et ne ex predictis litigia oriri possent premissa per
nos eidem declarari, dilucidari et ordinari super premissis humiliter supplicarunt : nos igitur ut promittitur dicte supplicationi
volentes intendere et eosdem consules et universitate favore
benevolo prosequi generose, cum ad nos pertineat, nostros subditos in sua justicia confovere et ut dignis digna rependamus,
volumus, ordinamus et eisdem de certa scientia concedimus et
non obstante ambiguitate et contradictione predictis quod dicti
consules in antea vocentur et inter sint in inquestis et sentenciis
causarum criminalium et ipsorum acordum sequi debeat juxta
et secundum formam articuli dictarum consuetudinum et privilegiorum ne dum in curiis bajulorum dicte civitatis ymo eccam
in cuius judicis nostre temporalitatis ubi nos vel ipsum judicem
nostrum vel alium per nos vel ipsum deputatum vel deputatum[1]
una cum judice seu senescallo vel aliis gentibus seu sine ipsis
regiis inquestam facere seu *siñas* profere contingit de coïsser

---

1. *Pour* deputaturum.

juxta articulum dicte consuetudinis et accordum dictorum consulum et juratorum sequi habeant et servare prout in articulo dicte consuetudinis seu privilegiorum continetur. Hoc non obstante quod dictus articulus consuetudinis in bajulis firmariis diceretur locum dumtaxat habere mandatis omnibus subditis nostris et officialibus nostris qui nunc sunt et pro tempore fuerint, ne dictos consules et habitatores seu universitatem predictam in futurum contra tenorem dicte nostre gracie et concessionnis predicte impediant seu perturbent. Quod ut firmum et stabile perpetuo remaneat, nos prefatus episcopus et capitulum predictum has presentes litteras nostrorum sigillorum appentione muniri fecimus. Datum Condomii, vicesima prima die mensis januarii, anno Domini MCCC quadragesimo.

Livre cadenas, fol. 124 de la pagination noire. Archives communales de Condom.

———

21 JANVIER 1340.

PIERRE DE GALARD, évêque de Condom, termine de longs débats judiciaires en concèdant aux consuls de la dite ville la troisième partie des amendes appliquées en matière civile.

LITTERA DOMINI P. EPISCOPI CONDOMII ET EJUS CAPITULI ECCLESIE CONDOMII QUALITER CONSULES CONDOMII ADMITTANTUR AD TERTIAM PARTEM FINANCIARUM QUE FIENT ET FIUNT IN CAUSIS ET CASIBUS IN QUIBUS IN PENIS ARBITRARIIS JUXTA ARTICULUM CONSUETUDINIS SEU PRIVILEGIORUM DEBEBANT ADMITTI ET IN SENTENCIIS QUE EX INDE PROFERENTUR ET DEBENT VOCARI ET INTERESSE.

Pateat universis presentes litteras inspecturis, quod nos, Petrus, divina providencia Condomiensis episcopus, pro nobis et

ecclesia nostra et successoribus nostris, et nos Petrus Cloca, prior
claustralis predicte ecclesie cathedralis Condomii, et Guilhermus
Raymundi de Forcesio, monachus et sacrista dicte ecclesie, Guilhermus Raymundi de Sevinhaco, monachus et operarius in ecclesia predicta, Bernardus Rovinihano, prior de Agrauleto, monachus,
et Bertrandus de Gothbesio, pitancerius in dicta ecclesia, Forcius
de Mousserone, monachus et camerarius in eadem ecclesia, Vitalis
de Sevinhaco, monachus et infirmarius in dicta ecclesia, Bernardus de Ligardis, monachus helemosinarius in dicta ecclesia,
Johannes Teulerii, Angerius de Pausaderio, Vitalis de Seyssos,
Vitalis de Podio, Galabrunus de Serra, Bernardus de Podio, Geraldus de Serra, Petrus de Argentino, Johannes de Fenestra, Arnaldus Auselli, Helias Guiborelli, Michael Silvestre, Arnaldus Delato,
monachi dicte ecclesie, capitulum facientes, et pro faciendo
capitulum more solito et pro infra scriptis infra capitulum
dicte ecclesie unanimiter congregati, cum auctoritate et expresso
assensu prefati domini episcopi, ibidem presentis, cum solempnitate qua decet, prout et successoribus nostris, videlicet nos,
episcopus prefatus, pro nobis ut ecclesia nostra, cum expresso
assensu dicti capituli, et nos predicti monachi capitulum facientes, cum auctoritate et expresso assensu prefati domini episcopi,
devotam et humilem supplicationem consulum civitatis Condomii audivimus, continentem quod aliquando et bajulus noster
Condomii et judex nostre temporalitatis Condomii et alie gentes
nostre temporalitatis Condomii pro criminibus, infra juridictionem Condomii comissis, ex quibus condempnatio ipsis vocatis
si qui debet et cujus tercia pars pene arbitrarie ad ipsos expec-
taret juxta articulum consuetudinis seu privilegiorum dicte
civitatis, concessorum per dominum regem Anglie, tunc ducem
Aquitanie, et confirmatum per dominum nostrum regem Francie

et per dominum Raymundum bone memorie quondam episcopum Codomii, financias sub tali quali pallicione verborum simul
cum gentibus regiis, ipsis consulibus inscientibus et non vocatis
nec ad dictam terciam partem quam de pena arbitraria haberent
juxta articulum consuetudinum seu privilegiorum suorum
admissis recipiunt cojunctim vel divisim in fraudem consuetudinum et privilegiorum sicut dicunt appropriando dictam totam
financiam seu penam domino nostro regi et nobis licet, ipsi
consules questionem fecerint in curia senescalli Agennensis
super predictis cui se opposuit procurator nomine temporalitatis,
sicut dicunt, et dici super premissis extitit litigatum et in debite
ut asserunt debatum et litigium factum eisdem extitit in premissis per procuratorem nostrum, una cum procuratore regio,
licet ut asseritur ipsi consules, in dictis financiis, que loco pena-
rum arbitrariarum succedere censeretur, terciam partem habere
debeant et in sentencia que ex inde subsequeretur vocari debeant
et esse presentes, prout in sua supplicatione affirmarent super
quibus humiliter exposterunt per nos sibi de opportuno remedio
provideri. Nos igitur, audita supplicatione predicta, cum omni
modestia et mansuetudine intellecta, volentes super predictis
per salubria providere gracia celesti irriqui influente ipsos consules et universitatem premiorum suorum uberi retributione
prosequentes ut in sui juris plenitudine libertatis integritate
letentur; intendentes ipsos consules et universitatem paterna
sollicitudine pertractare, inspecto per nos et nostrum consilium
articulo consuetudinis seu privilegiorum plenam de penis arbitrariis mentionem faciente, et omnibus aliis circa premissa plena
deliberatione pensatis, grandi benevolencia qua sumus dictis
consulibus et universitati in domino alligati, volumus, et ex certa
sciencia et deliberato proposito et de gracia speciali, concedimus

et eciam ordinamus, quod deinseps consules qui nunc sunt in
dicta civitate vel qui pro tempore fuerint, admittantur ad dictas
financias in tercia parte, et habeant terciam partem in causis et
casibus in quibus in penis arbitrariis juxta articulum dicte consuetudinis seu privilegiorum admittebantur et admitti debebant,
et in sentenciis que exinde proferentur, vocentur et adsint, si
vocati voluerint interesse, mandantes omnibus subditis nostris
ut in premissis et circa premissa per nos dictis consulibus et
concessa et donata minime in antea turbationem vel impedimentum faciant quoquomodo, sed ipsos tercia parte dictarum
financiarum et hac nostra gracia deinseps non obstante lite
predicta que pendebat super predictis gaudere faciant et permittant. Et ita concedimus et donamus eisdem, salvo in aliis
jure nostre ecclesie et capituli memorati. Quod ut firmum et
stabile remaneat, nos prefatus episcopus et capitulum predictum
has presentes litteras fecimus nostrorum sigillorum appenssione
muniri. Actum et datum Condomio XX prima die mensis januarii,
anno Domini MCCC quadragesimo. B. de Artigato refert de commune.

Livre cadenas, fol. 125 de la pagination noire. Archives communales de
Condom.

Année 1340.

Extraits des bulletins de Garempi concernant PIERRE DE GALARD, *d'abord
prieur de Nérac et ensuite abbé de Condom.*

1340. — 8 Kal. nov. PETRUS (DE GALARDO), prior prioratus de
Neraco, ordinis sancti Benedicti, Condomiensis diocesis fit episcopus, per obitum Raimundi. (*Ben. 12. VI. 349.*)

1340. — 8 Kal. nov. Petrus fit episcopus Condomiensis, post obitum Raimundi. (*Instr. p. 24.*)

1340. — 13 nov. Petrus Condomiensis episcopus, obl. tam pro parte assignata mensæ suæ de bonis mensæ quondam episcopatus Agennensis, quam pro bonis abbatiæ Condomiensis antequam in cathedralem esset erecta, 2129 florenos.

In presenti obligatione non veniunt illæ 796 libræ tur. consistentes in decimis de quibus fit mentio in alia obligatione facta a quondam R. Condomiensi episcopo, quia haberi non potuit certitudo quales decimæ et quanti valeris a tempore assignationis de ipsis dictæ ecclesiæ factæ. (*Obl. T. 6. p. 170. T. 16. p. 43.*)

Petro, episcopo Condomiensi indul. (*Ben. 12. VII. 537.*)

Petrus, episcopus Condomiensis (*Cl. 6. I. 5. ep. 536.* 1701-2. = VI. I. p. 303. — IV. 3. p. 440. = IV. T. 4. parte *secunda, p. 182.* = VI. 2. p. 242.*)

Bulletins de Garempi, Rome. Archives du Vatican.

Année 1340.

D'Achery, en rangeant dans un ordre chronologique et sommaire des abbés et des évéques de Condom, rappelle les trois membres de la maison de Galard qui le furent jusqu'à Pierre inclusivement.

Isti fuerunt Abbates hujus Cœnobii Ugo episcopus Aginnensis, Petrus de sentas-Puellas, Guilelmus de Puerletiam, Seguinus de Calsada, Durandus de Sentaler, Oddo de Casaniova Bergomus de Lana, Aignerius de Cavomont, Ramundus Dalbuzon, Garsias Ciz... Peregrimus de Forcès, Arnaldus Oddo de

Lomaiha, Montasius de Gualard, Augerius de Andirano, Arnaldus Oddo de Lomaiha.

Isti fuerunt post abbates episcopi primo domnus Ramundus de Gualardo[1], secundus Domnus Petrus de Gualardo[2], Tertius Domnus Bernardus Alamandi.

Luc d'Achery, *Spicilegium*, tome II, page 602 de l'édition in-fol., et tome XIII, page 511 de l'édition in-4°.

1. Dans la chronologie des abbés de Condom (qui succédèrent en 1011 aux clercs séculiers) ou des évêques leurs continuateurs, Raymond de Galard est rangé le treizième et Pierre de Galard le quatorzième. Voici, du reste, la liste descendante d'après le manuscrit Lagutère :

1. Hugues, abbé des clercs séculiers de l'église St.-Pierre de Condom (1011) y introduisit la règle de saint Benoît;

2. Pierre;

3. Verecundus de Lana;

4. Siguinus;

5. Raymundus de Ollion (1062);

6. Amerius (1130);

7. Arnaud Sanctio (1133);

8. Garsias (1167);

9. Peregrimus de Forcès (1190). Cet abbé appartenait à la noble et ancienne maison de Forcès, qu'on disait être une branche de la maison comtale d'Armagnac

10. Moncassius de Galard (1244);

11. Augerius d'Andiran (1277);

12. Arnaud Odo (1288) de Cazenove;

13. Raymond de Gaillard (1307);

14. Pierre de Gaillard (1340).

2. Richard, précepteur de Mende, fut, d'après Baluze, élu à sa place; « mais ce « Richard mourut (dit l'abbé Monlezun en son *Histoire de Gascogne*, tome V, « page 53) avant d'avoir pris possession ou l'opposition du chapitre le priva de ce « siége. Il est du moins certain que Pierre de Galard fut remplacé par Bernard d'Alle- « man, moine de Saint-Pierre, comme ses deux prédécesseurs. Bernard s'attacha « d'abord à Urbain VI, que reconnaissait l'Angleterre, maîtresse à cette époque d'une « partie du Condomois, et alla se faire sacrer à Rome par les mains du même « pontife. »

Année 1343.

Analyse des statuts établis par Pierre de Galard, *évêque de Condom,
qui institua quatre chapelles dont les desservants devaient prier
pour son salut et celui de sa famille. Le prélat assura le revenu
de ces quatre fondations par divers achats de terres et moulins à
Francescas, Larressingle et Cassagne. La nomination des titulaires
était réservée à ceux qui lui succéderaient sur le siège de Condom.*
Pierre de Galard *garantissait au chapitre toutes ses rentes au cas
où les redevances des religieux seraient insuffisantes ou détruites
par la grêle.*

Il paraît, par le huitième article des statuts, faicts par Pierre
(de Galard), successeur (de Raymond), qu'il fonda quatre chapelains
pour prier Dieu pour lui et les siens et les dota des acquisitions
par lui faictes tant en dizmes qu'en terres, scavoir du lieu de
Sauveterre qu'il achepta à cinq mille livres, une vigne acquise
de Guilhem Mote, du prix de cinq cent trente cinq livres tournoises la moitié du moulin de Vado Arnaldi, avec les terres et
prés, du prix de deux cent vingt livres tournoises, une maison
à Francescas, qui avait été du nommé Campanès, du prix de deux
cent dix livres, une mesterie du prix de trente cinq livres au dit
Francescas et quinze cartelades de bois au lieu de deux et la
4e partie au lieu Sarraute, au prix de 240 livres, et une pièce de
vigne de trente neuf livres, une mesterie au lieu de Larressingle
avec vingt deux concades de terre et bois, au prix de cinq cent
cinquante livres, et au lieu de Cassagne seize concades de bois, au
prix de deux cent cinquante livres, et « omnia servitia quæ Arnaldus de Sans habebat in dicto loco » au prix de 150 livres, et dans
le lieu de Gardère des terres pour le labourage d'une paire, au prix

de cent trente livres. La collation et disposition desquelles quatre chapelles appartiendroient à l'évesque pour en disposer en faveur des religieux de la dite église non pourveus d'aultres bénefices. Au dixième article est porté que nul ne pourra estre receu pour religieux en la dite église que du consentement du dit seigneur évesque et religieux. Au 22 est dict que l'evesque doibt prendre le fait et cause pour les religieux et à ses dépens dans les procès que les consuls des dits lieux pourroient leur intenter, soit pour leurs biens, terres et autres choses. Au 23 que le revenu de la clef ne suffisant pas pour l'entretien des religieux, l'evesque le reprenoit, s'il y avoit gresle ou autre cas fortuit, et fourniroit personne pour y prendre garde en baillant la part en sus pour le dit entretien. Le 30e article est de « forma juramenti per præbendarios præstanda. » Au 33e le nombre des prébendiers en la dite église est réduit à vingt. Les dits statuts reteneus et signez par Arsinius de Albatia, clerc du diocèse d'Aux (Auch), notaire imperial. A la fin des dits statuts il y a deux lettres du dit Pierre dans lesquelles il met seulement Petrus, « Dei gratia Condomiensis episcopus » ou « permissione divina episcopus. »

Manuscrit appartenant à la famille de Lagutère de Condom.

Année 1343 et après.

Pierre de Galard *réforme le chapitre, réduit le nombre des prébendiers et annexe l'archiprêtré de Béraut et la chapellenie de Mons à la vicairerie de Saint-Pierre.*

Le 13 novembre, le chapitre élut Pierre de Galard, neveu de Raymond, d'abord moine de Condom comme son oncle et ensuite prieur de Nérac. L'acte d'élection qui nous a été conservé vante sa piété, sa prudence, sa parfaite connaissance des divines Écritures et la noblesse de son origine. Pierre siégea près de trente ans, car il ne mourut que le 24 octobre 1370. La peste et les guerres désolaient la Gascogne ; aussi de ce long pontificat n'avons-nous pu recueillir que quelques faits assez peu importants. En 1343, il donna des statuts à son chapitre et réduisit à vingt le nombre des prébendiers de sa cathédrale. Le 16 avril il assista à l'hommage que Raymond, abbé de Belleperche, rendit dans l'église de Laplume à Jean comte d'Armagnac, et reçut lui-même l'hommage de Jean pour le vicomté de Bruilhois. Enfin le 7 avril 1366, il unit l'archiprêtré de Béraut et la chapellenie de Mons à la vicairerie perpétuelle de Saint-Pierre.

MONLEZUN, *Histoire de Gascogne,* tome V, pages 52 et 53.

OCTOBRE 1348.

Le pape Clément VI recommande à Guillaume, archevêque d'Auch, le procès pendant entre PIERRE DE GALARD, *évêque de Condom, et les consuls de cette ville, au sujet du château de Larressingle. Le métropolitain était arbitre dans ce différend. Mentions diverses de* PIERRE DE GALARD *et de son église.*

1348.—15 Cal. octob. Clem. VI commendat Guillielmo, archiepiscopo Auxitano, causam quæ inter PETRUM (DE GALARDO), episcopum Condomiensem, et consules ejusdem civitatis, super castro de Retrosingula vertebatur, et in qua dictus Guillelmus erat arbiter electus. Dicit se specialiter diligere et dilexisse episcopum predictum, etiam in minoribus constitutum. (*Secr. VII, p. 58.*)

PETRUS, episcopus Condomiensis. (*Cl. 6. VIII. T. 2. p. 360.* = *IX. T. 4. parte secunda, p. 130.* = *X. T. 4. parte secunda, p. 186.*)

Unio mensæ Condomiensis, PETRUS episcopus. (*Cl. 6. IX. T. 2. parte secunda, p. 31.*)

PETRUS, episcopus Condomiensis. (*In. 6. II. 2. p. 218.* = *Urb. 5. Com. II. p. 340.* = *Urb. 5. Ind. VI. p. 57, etc.*)

1257. — PETRUS, episcopus Condomiensis visit. (*31. p. 9.* = *1361. 31. p. 57.* = *1364. 31. p. 86.*)

Indulgentia ad fabriciam ecclesiæ Condomiensis, quæ pro medietate dicitur diruta. (*Urb. 5. ind. p. 46.*)

1365. — Apr. De spolio episcopi Condomiensis. (*Instr.*) 1364. nov.)

1365. — 17 Apr. Bonæ memoriæ PETRUS, ultimus episcopus Condomiensis. (*R. C. 438. p. 119.*)

Bernardus, electus Condom. (*Urb. 5. Ind. VIII. p. 14.*)

1369. — 24. Decembr. Bernardus, episcopus Condomiensis, obl. flor. 1560. (*Ob. T. 35. p. 133.* — *T. 36. p. 196.* — *T. 20. p. 132, etc.*)

1370. — Dec. De spolio Condomiensis episcopi. (*Instr.*) = 1369.

Condomiensis episcopus. (*Mart. Vet. mon. I. 1497.*) — 1371. PETRUS DE GALARDO, episcopus Condomiensis[1].

Bulletins de Garempi. Rome, Archives du Vatican.

1. Nous avons vu deux évêques, l'un d'Agen, en 1235, l'autre de Condom en 1317, sortir de la maison de Galard. Au XVIIIe siècle, le siège du Puy fut occupé par un membre de la même race, Marie-Joseph de Galard-Terraube, sacré en 1774. Il émigra, dit la *Biographie moderne*, tome II, page 83, à l'époque de la Révolution, avec le haut clergé de France et vint se fixer en Allemagne. Il mourut à Ratisbonne, le 8 octobre 1804, âgé de 64 ans. Nous enregistrerons à son rang chronologique des détails intéressants sur sa vie éprouvée et méritante, qui a inspiré à M. de Bastard un éloge dans lequel abondent les pages émues.

26 AVRIL 1353.

La vicomté de Brulhois relevait de l'évêché de Condom, qui avait
succédé à la puissance temporelle de celui d'Agen pour toute la
région sise en deçà de la Garonne. C'est à ce titre que Jean d'Arma-
gnac, vicomte de Brulhois et neveu de Raymond, comte de Comminges,
rendit hommage à PIERRE DE GALARD, *évêque de Condom, sous le*
devoir d'une lance à chaque mutation de seigneur. Parmi les per-
sonnages présents à ce devoir féodal on distingue PIÉRRE DE GALARD,
seigneur d'Espiens.

Noverint universi quod nobilis vir dominus Johannes de
Armanhaco, vicecomes Brulhesii, Condomiensis diocesis, in præsentia reverendi patris in Christo domini PETRI (DE GALARDO), Dei
gratia episcopi Condomiensis, et mei Bernardi de Agusano, notarii, et testium infrascriptorum, congregata curia baronum
et nobilium terræ Brulhesii et aliorum plurium virorum ex deliberatione habita cum eisdem præsente domino Petro Ramundi,
Dei gratia comite Convenarum, avunculo ipsius domini vicecomitis, de consilio et expressa voluntate ejusdem domini comitis,
fecit homagium eidem domino episcopo, junctis manibus et
flexis genibus et caputio deposito, et juramentum fidelitatis
eidem præstitit pro jure, quod dicit, et asserit se habere in
terra et facto Brulhesii cum suis pertinentiis, quæ recognovit et
dixit se tenere ab eodem ratione ecclesiæ Condomii in locum
ecclesiæ Agennensis succedentis, et pro prædictis esse homo
ligius et obligatus sibi episcopi prædicto homagio, et suis successoribus, promittens eidem domino episcopo quod fideliter servabit
corpus suum et res suas præsentes et futuras, et jurisdictionem episcopalem qualemcumque habeat ecclesia Condomiensis

pro possessu, nichilominus et salvabit et recognovit coram me
notario prædicto quod ratione præmissorum pro quibus fecit istud
homagium præstare debet, seu exhibere dicto domino episcopo
quamdam lanceam in mutatione domini, quam incontinenti præstitit ibidem; est sciendum quod prædictus dominus episcopus
receptis prædictis omnibus promisit eidem domino Johanni se et
successoribus suis et ecclesia Condomii prædicta, succedente in
locum prædictæ ecclesiæ Agennensis, quod erit et bonus dominus
et fidelis ratione hujus feudi et territorii, seu feudi memorati, nec
supponet prædicti feudi alibi domino, et portavit eidem domino
Johanni et suis de prædicto territorio seu feudo bonam et firmam
guirentiam sicut bonus dominus debet portare guirentiam suo
bono vassallo et legitimo et fideli. Acta fuerunt hæc apud Plumam
in ecclesia sancti Bartholomei de Pluma, vicesima sexta die
mensis aprilis, anno Domini millesimo trecentesimo quinquagesimo tertio, regnante domino Johanne rege Franciæ, dominante
dicto domino Johanne, vicecomite Brulhesii et Fezenciaci, dicto
domino Petro episcopo Condomiensi; testibus præsentibus dicto
domino Petro Raimundi, comite Convenarum, dominis Arnaldo
Bernardi de Armanhaco, Bernardo de Armanhaco ejus filio,
Petro Darvilhano, domino, domino de Malbera, Petro de Galardo,
Raimundo Bernardi de Sancta Gema, militibus, Petro de Capu-
sano, domino Olivo Guilhermo Gayssi de Convenis, dominis
vitale de Fumello, legum doctore, Bernardo de Calveto, in legibus licentiato, Vesiano de Abbatia licentiato in decretis, Raimundo
Bernardi de Altique, Vesiano Mœys, Arnado Guilhermo de Artigua,
Doato de' Stilhaco, Bernardo de Montepessato, Guilhermo
Arnaudi de Fita, domicellis, domino Petro de Mossarono, Bernardo de Ruppe, monaco, Arnaudo Guilhelmi de Altigiis, domino
de Stilhaco, Gaysia Arnaudi de Hugueto, Martino Colani, domino

de Palaradis, Ramundo Parpinterii, Vitale de Dofanova, consulibus de Pluma, et magistro Bernardo de Agusano, publico
notario Plumæ, et... vicecomitatuum, qui de prædictis omnibus
et singulis duo retinuit publica instrumenta unius et ejusdem
tenoris, unum videlicet ad requisitionem dicti domini episcopi,
et alium ad requisitionem sive mandatum dicti domini vicecomitis et in papiru suo notavit ... Ego, dominus de Companio,
communis et publicus notarius Brulhesii, hanc cartam abstraxi
et in publicam formam redegi et signo meo consueto signavi
authoritate michi concessa.

Collection Doat, vol. 171, fol. 131-151. Bibl. de Richelieu. Mss.

12 DÉCEMBRE 1355.

*Pons de Castillon, seigneur de Gondrin et autres places, nomme pour ses
exécuteurs testamentaires* PIERRE DE GALARD, *évêque de Condom,
Anissant de Pins, seigneur de Taillebourg, Jean de Lomagne,
seigneur de Fimarcon.*

Pons IVe du nom, seigneur de Castillon de la Marque, de
Saint-Mambert, de Puynormand, de Montendre, fut l'un des
chevaliers les plus distingués de son temps. On le trouve en 1343
lors de la descente à Bayonne de l'armée anglaise sous les
ordres du comte Derby. Il ne tarda pas néanmoins à vouloir
secouer le joug des insulaires et contribua plus que tout autre
à la délivrance du royaume. Il nomma ses exécuteurs testamentaires PIERRE DE GALARD, évêque de Condom, nobles et puissants
hommes Anissant de Pins, seigneur de Taillebourg, Jean de
Lomagne, seigneur de Fimarcon, chevalier, Bernard de Tremo-

let, bachelier ès lois, et Robert de Redon, médecin, auxquels il donne tout pouvoir de modifier à leur gré ses dispositions, et d'exiger, pour l'acquit des legs et charges, deux créances : l'une due par messires PIERRE DE GALARD et Bérard d'Albret, dont l'acte était déposé entre les mains du cardinal de la Motte et l'autre était due par Jean du Fourc, ou Fourcès, de Figeac. Au nombre des témoins étaient nobles Pélegrin de Boumont, ou Beaumont, Pierre de Saint-Hilaire, Arnaud de Berrac, Pierre-Raymond de Saint-André, Béraud des Bordes, damoiseaux, etc.

Histoire des pairs de France, par de Courcelles, généalogie de Castillon, page 17.

12 DÉCEMBRE 1355.

Extrait des « Maisons historiques de Gascogne » où PIERRE DE GALARD *est également désigné comme exécuteur testamentaire de Pons IV de Castillon.*

PIERRE DE GALARD [1], évêque de Condom, noble Beraut de Bordes, Pelegrin de Beaumont, Arnaud de Berrac, Pierre Ramon de Saint-Lary, assistèrent au testament, fait à Condom, le 12 décembre 1355, par Pons IV, seigneur de Castillon, de Gondrin et autres places, mari de noble Jeanne de Cazenove. Pons de Castillon nomma pour faire exécuter ses ordres posthumes PIERRE DE GALART, évêque de Condom, noble et puissant homme Anissant de Pins, seigneur de Taillebourg, Jean de Lomagne, seigneur de Fimarçon, chevalier, Bernard de Tremolet, bachelier ès lois, et Robert de Redon.

1. *Maisons historiques de Gascogne,* par J. Noulens, t. II, p. 380.

AVANT 1370.

C'est sous l'épiscopat de PIERRE DE GALARD *que les habitants de Condom
s'affranchirent de la domination anglaise.*

Le duc d'Anjou, en attendant le moment d'entrer en cam-
pagne, s'adressa par lui-même ou par ses émissaires à plusieurs
seigneurs et à un grand nombre de communautés de la Gascogne,
et les exhorta à se soustraire au joug de l'Angleterre. Ses exhor-
tations furent écoutées. Plusieurs villes rentrèrent d'elles-mêmes
sous les lois de la France : d'autres n'attendirent qu'une occasion pour se déclarer. Vic-Fezensac, Astafort, Fleurance et la
Sauvetat[1], chassèrent elles-mêmes les garnisons anglaises. S'il
faut en croire Scipion Duplex, Condom leur avait donné l'exemple. Les citoyens s'armèrent sous prétexte de donner plus d'éclat
à leur fête patronale, et se portant rapidement vers les portes
de la ville et vers le château, ils en délogèrent les Anglais, qui
furent obligés de se réfugier à Mézin où leur domination était
aimée et où ils furent reçus. Condom célébra depuis cette victoire
par une fête publique que notre époque, amie des vieux souvenirs, vient de ressusciter après une longue désuétude. PIERRE DE
GALARD, qui occupait alors le siége de Condom, survécut peu à
cette délivrance. Il mourut le 24 octobre 1370 et fut enterré dans
sa cathédrale, à la gauche du maître-autel. Le pape lui donna
de sa pleine autorité Bernard d'Allemand pour successeur, et
sacra à Rome de sa propre main le nouveau prélat[2].

Histoire de Gascogne, par Monlezun, tome III, page 444, 445.

1. Dom Vaissète, tome IV, page 340.
2. D'après l'abbé Monlezun, c'est sous l'épiscopat de Pierre de Galard que les

ANNÉE 1370 ET AVANT.

Notice sur PIERRE DE GALARD, *deuxième évêque de Condom, d'après*
le Gallia christiana.

PETRUS GALARDI, seu de Goalard, præcedentis episcopi nepos,
primum S. Petri Condomiensis monachus, deinde Neyraci prior
éffectus, tandem post patrui obitum a fratribus in episcopum elec-

Condomois s'affranchirent du joug étranger en chassant les Anglais de leur ville,
l'an de grâce 1370. Or cette date ne repose sur aucun document sérieux, et tous
ceux que nous connaissons la contredisent; tandis que l'expulsion de 1340 est jus-
tifiée par des preuves surabondantes. Dupleix, le premier, avait émis l'erreur relative à 1370; l'historien de Gascogne eut le soin de la répéter avec une foi trop
aveugle. M. Gillot de Kerhardène la recueillit religieusement à son tour, et, fort des
deux autorités susdites, réédita l'anachronisme dans son *Mémoire sur les deux déli-*
vrances de Condom, dont l'une était fictive. C'est précisément celle-là qu'il déclara
la plus glorieuse et la plus digne de commémoration. Aussi la célèbre-t-on tous les
ans avec un naïf patriotisme dans la petite ville de Gascogne. L'auteur de cette
dissertation dont la moitié roule sur un fait problématique, M. Gillot de Kerhardène, fut couronné par l'Académie locale, mais il fut bientôt après, hélas! décou-
ronné par M. Lacabane, qui, armé de pièces positives, renversa d'un coup de son
érudition la fable de M. Gillot de Kerhardène. Le savant directeur de l'École des
chartes prouva que le Breton, en faisant de l'histoire à l'usage des Condomois, avait
gasconné les quasi-riverains de la Garonne ; il avait en effet reçu la palme pour des
fautes de lèse-authenticité. La solide réfutation de M. Lacabane établit lumineuse-
ment que les Anglais furent repoussés des murs de Condom en 1340, ce qui eut
toujours lieu sous l'épiscopat d'un Galard, puisque Pierre succéda à son oncle Raymond, par le choix du chapitre, dans les premiers mois de l'année ci-dessus. Mais
je crains de gâter, en la commentant, l'argumentation de M. Lacabane, auquel je
cède respectueusement la parole :

« Si, mieux inspirés, les juges du concours, sans se préoccuper du récit de
« Dupleix, eussent appelé l'attention des concurrents sur le siège soutenu contre
« les Anglais en 1340, personne n'eût eu la pensée de marchander aux Condomois
« l'approbation et l'éloge. Alors, en effet, la population de Condom se montra aussi
« fidèle qu'héroïque. Opposant à des attaques vigoureuses une résistance plus
« vigoureuse encore, elle força l'Anglais à se retirer honteusement. Cette belle
« défense des Condomois ne resta pas sans récompense. Philippe de Valois en con-
« signa le souvenir dans ses lettres du mois d'octobre 1340, portant confirmation

tus est die 13 novembr. an. 1340, ut patet ex publico electionis instrumento, in quo pius, nobilis, doctus in lege divina, prudens, etc., dicitur; præest ad annum 1370. Memoratur Petrus Condom. episc. in charta hominii Johanni, comiti de Armaniaco, præstiti a Raimundo Bellæ Perticæ abbate. Ipse comes clientelam professus est Petro episcopo, pro vicecomitatu Brulhesiensi, cujus exemplar invenimus in Bibl. Colbertina; in fine legitur :

« de leurs priviléges. Il suffirait de ce document pour prouver que Condom ne fut
« pas alors soumise. M. Monlezun se trompe donc, lorsqu'il dit le contraire dans son
« *Histoire de Gascogne*. Dom Vaissète, en parlant du siége mis par les Anglais
« devant Condom, ne nous apprend pas quelle en fut l'issue; mais, comme le fait
« très-judicieusement observer M. de Kerhardène, tout nous prouve que Condom
« résista longtemps, et que les Anglais furent repoussés. Nous trouvons une nou-
« velle preuve à cette courageuse défense dans une pièce originale du temps, qui a
« été connue de dom Vaissète, mais à l'occasion de laquelle ce savant historien a
« commis une erreur qu'on a de la peine à s'expliquer. Pendant le siége de Condom
« par les Anglais, Pierre de la Palu, seigneur de Varembon, capitaine et gouverneur
« général pour le roi en Languedoc, se trouvant à Moissac, le bruit courut que
« Condom avait ouvert ses portes aux Anglais. Ce seigneur fit aussitôt saisir et
« mettre en fourrière des chevaux appartenant à des habitants de Condom. Mais
« il ne tarda pas à être détrompé relativement à la fausseté de la nouvelle qu'on
« avait répandue. En apprenant que Condom était restée fidèle et avait résisté aux
« attaques de l'ennemi, il ordonna de payer aux Condomois propriétaires des che-
« vaux, ou à Pierre Bertrand, citoyen et bourgeois de Condom, leur mandataire,
« pour réparation des frais que cette saisie leur avait occasionnés, la somme de
« cent sols de petits tournois. Dom Vaissète, ayant cette pièce sous les yeux, et
« voyant qu'il était question de Moissac, a fait l'application aux habitants de cette
« dernière ville du fait qui ne concernait que les habitants et la cité de Condom.
« Ce fut aussi à la même époque, soit avant, soit après l'attaque des Anglais, que
« le même seigneur de Varembon accorda deux mille livres tournois aux consuls de
« Condom, pour être employées à clore et à fortifier leur ville. Le 23 juillet 1342,
« il restait encore dû, sur cette somme, celle de cent livres; mais Jean de Marigny,
« évêque de Beauvais et lieutenant du roi en Languedoc et Saintonge, donna ordre,
« par lettre de la même date, au trésorier d'Agenois, d'en faire compte aux consuls
« de Condom. Ces derniers la reçurent et en donnèrent quittance, à Agen, le
« 26 juillet de la même année.

« Acta fuerunt hæc apud Pluviam in ecclesia S. Bartholomei de
« Pluvia XVI. die mensis aprilis an. Dom. M CCC LIII, regnante dom.
« Johanne rege Franciæ... dicto D. Petro episcopo Condom. »
Illius mentio habetur in Necrologio his verbis : « IX. Cal. novembr.
« obiit D. Petrus Goalard, episcopus Condomiensis, et sepultus
« est ¹ ante altare S. Benedicti ad sinistram partem. »

  Gallia Christiana, tome II, col. 963.

« Tels sont les nouveaux détails que nous avons pu réunir sur le siége que sou-
« tint Condom en 1340, et sur l'héroïque conduite de ses habitants. Ici, nous en
« convenons, l'éloge doit être sans restriction, comme le fut alors le dévouement
« de cette vaillante population. » (*Mémoire sur les deux prétendues délivrances de
Condom,* par M. Léon Lacabane. Paris, 1851, in-8, pages 22-24.)

  C'est donc au début et non pas à la fin de l'épiscopat de Pierre de Galard, comme
l'avance l'abbé Monlezun, que Condom secoua le joug des Anglais.

  1. Le *Gallia christiana* donne pour successeur à Pierre de Galard sur le siége
épiscopal de Condom « Bernard Allemanni, seu Alamandi, seu Alamayni, primum
« monachus, deinde a fratribus Condom antistes electus an. 1371. » Contrairement
à cette opinion : « Baluzius — poursuit le *Gallia christiana* — testatur se legisse
« in registris Urbani V, anno 1371, vacante per PETRI mortem, episcopatu Condom,
« papam ad hanc sedem promovisse litteris, datis 3 decembris, ejusdem ad Richar-
« dum Mimatensis ecclesiæ præcentorem. At fatetur vir doctissimus ipsum nun-
« quam Condomi sedisse, sive morte preventus sit, sive quod onus sibi impositum
« detrectaverit, sive quod capitulum episcopum sibi datum a papa recipere
« noluerit. » L'abbé Monlezun, comme on l'a déjà vu plus haut, a adopté, tome V,
page 53, cette interprétation conciliante :

  « Baluze prétend qu'à sa mort le pape donna l'évèché de Condom à Richard,
« précepteur de Mende; mais ce Richard mourut sans avoir pris possession, ou
« l'opposition du chapitre le priva de ce siége ; il est du moins certain que PIERRE
« DE GALARD fut remplacé par Bernard d'Alleman, moine de Saint-Pierre, comme ses
« deux prédécesseurs. Bernard s'attacha d'abord à Urbain VI que reconnaissait l'An-
« gleterre, maîtresse à cette époque d'une partie du Condomois, et alla se faire
« sacrer à Rome par les mains mêmes du pontife; mais le Condomois ayant bien-
« tôt passé tout entier sous les lois de la France, Bernard abandonna Urbain
« et reconnut Clément VII, son compétiteur. Toutefois cette adhésion fut assez
« froide, car en 1392 la cour lui ayant demandé des prières pour le roi Charles VI,
« dont il était un des chapelains, Bernard écrivit au prince, dès que son état se fut

1370 ET AVANT.

Notice sur PIERRE DE GALARD, *évêque de Condom, tirée du manuscrit de Jean de Lagutère.*

Le 21ᵉ may 1340, les religieux ayant aprins la mort de Raymond, leur évesque, à Paris, ils s'assemblèrent capitulairement, et procédant à la nomination d'un successeur, ils eslurent PIERRE DE GOALARD, religieux du d. couvent de Condom et prieur de, Nérac ainsi que luy mesme assure dans le préambule des statuts.

Nous trouvons que, le 27 décembre 1343, ayant le dit Pierre, évesque, assemblé son chapitre et religieux du d. Condom, qui estoient alors en assez grand nombre, comme se justifie par le dénombrement qu'il en faict, rapportant tous leurs noms, il fit des statuts pour leur servir de règle, avec eux dans le d. chapitre teneu le dit jour, comme se peust voir par iceux, dans les quels et au préambule le d. Pierre nomme qu'il a succedé au sus d. Raymond, 1ᵉʳ évesque, lequel estoit abbé du d. couvent, fit faire l'érection en cathedrale, les quels statuts furent faits de l'avis et conjointement avec les d. religieux et chapitre régulier ; ce sont ses termes : « cum nonullis nostris constitutionibus de consensu dicti nostri capituli editis. » Le 1ᵉʳ statut porte que l'élection de l'évesque sera faite par le chapitre et la consécration aux despens de l'esleu ; le 2ᵉ, la forme du serment que doibt faire l'évesque nouveau ; le 3ᵉ, le serment des religieux à l'évesque : « promittis nobis obedientiam præstare? et monachus sic

---

« amélioré, et lui représenta que la maladie cruelle qui l'avait frappé avait peut-
« être été envoyée du ciel pour le punir de sa négligence à ramener la paix dans
« l'Église. »

« interrogatus, positis manibus super regulam, debet dicere et
« respondere : promitto. » Le 7e, que les prieurs de Nérac, Lagrau-
let, la Sauvetat et Cauderot sont tenus de défrayer, un jour de
l'an, l'évesque faisant visite dans les prieurés.

Nous ne trouvons guère de mémoires de ce qui se passa soubs
cet évesque à cause des désordres et des guerres dont cette province fut affligée durant le règne d'Edouart III, duc d'Aquitaine.

Ce fut soubs luy et le 9e avril 1366 que l'union de l'archiprétré
de Béraut et église de Mons à la vicairie perpétuelle ou chapellenie majeure fut faitte, et l'acte reteneu par Guillaume Amici
notaire, et la dite union est scellée des sceaux du dit seigneur
évesque et chapitre. Il gouverna cet évêché jusqu'en 1370.

Dans le livre manuscrit in-folio du chapitre où sont les statuts
faits par cet évesque, il y a le don fait à l'évesque d'Agen de la
moitié de la dixme, ès comté du dit Agen, par Raymond, duc de
Narbonne et comte de Tholose, datté le dit don « apud Montem
pessulanum, anno Domini 1224, in vigilia B. Bartholomei » et
peupliée à Agen, l'an 1344, le 17 février, avec la requeste du
dit Pierre, évesque.

« In manuscripto obituum, fol. 37, est couché : Nono kalenda-
« rum novembris obiit dominus Petrus de Gualardo, secundus
« episcopus hujus ecclesiæ, et est sepultus ante altare beati Bene-
« dicti, ad sinistram partem, et est 25 solidos morlanenses apud
« Francescas. »

Ce fut ce Pierre qui concéda à noble et puissant seigneur
Bernard, duc d'Albret, seigneur aussi de Nérac, et à honorable
dame Marthe d'Armaniac, sa femme, la permission de fonder le
couvent des religieuses de Sainte-Claire de Nérac, par l'acte du
26 décembre 1358, lequel acte est aux archives de Nérac.

Soubs cet évesque et l'an 1360, les habitants de Condom, qui avaient été grièvement affligés par la peste, obtindrent du pape Innocent VI une bulle portant permission à tous ceux du diocèse de choisir un confesseur tel qu'ils voudront pour les absoudre de tous leurs péchés en l'article de leur mort[1].

Manuscrit de Jean de Lagutère, page 49, recto et verso.

ANNÉE 1340.

A l'armée de Bouvines, l'an 1340, on remarqua parmi les gens de pied un BERMONT DE GALARD.

DROITURES POUR L'OST DE BOUVINES, 1340. LA BATAILLE DU MAISTRE DES ARBALESTRIERS ; GENS DE PIÉ :

Le comte d'Armignac, M. Jean,

Le comte de Comminges,

Le duc de Bourbon,

M. Jean de Surye,

M. Robert de la Heuse,

Bernard de Savignac,

M. Loys d'Espaigne,

M. BERMONT DE CALART (Galard)[2].

Coll. de Camps, vol. 83, fol. 244. Bibl. de Richelieu, Cabinet des titres.

1. On lit ailleurs, dans le même manuscrit : « Pierre de Galard, deuxième « évêque, fut nommé par les religieux le 21 may 1340 ; il étoit prieur de Nérac et « gouverna cet évêché jusqu'en 1370.

2. En cette même année 1340, existait un Nicole de Galard dont le prénom, peu usité dans le Midi, nous fait soupçonner qu'il n'appartient pas à la maison qui nous occupe ; nous rapportons néanmoins l'acte qui le concerne.

« Saichent tous que je, NICOLE GALART, seigneur de Lanes, ay eu et receu de

20 JUIN 1340[1].

Le roi d'Angleterre fait un appel au dévouement et à la justice de ses vassaux gascons pour qu'ils soutiennent ses droits au trône de France dont il a été lésé par Philippe de Valois. Cette demande de concours moral et effectif fut adressée à PIERRE DE GALARD, *à Bernard de Pardaillan, etc.*

Aux consuls de N N. suivre l'équité et éviter l'injustice. La couronne de France nous a été par droit héréditaire notoirement dévolue par la mort de monseigneur Charles, de glorieuse mémoire, dernier roi de France et frère germain de madame notre mère. Le seigneur Philippe de Valois, fils de l'oncle du dit Charles, s'est emparé de force de cette couronne pendant notre minorité. Non-seulement il la retient encore injustement, mais nous déclarant une guerre inique, il tâche de nous abaisser afin que, par un crime que réprouvent Dieu et le droit, il puisse dominer dans le siècle au mépris de la justice. En conséquence, nous vous prions qu'après avoir mûrement pesé ce qui précède, il vous plaise de nous favoriser en justice contre le dit Philippe

« Jehan Langlois, maistre des garnisons du roy, nostre sire, pour pourvoir de cui-
« sine, de chair, poissons, candelles, 22 tonneaux de vin, et pour austres maisnages
« de cuisine pour l'estorement ou vivre de sexante hommes pour deux moys qui
« yront en la dite armée présentement ordenée pour la garde et défense du royaume
« sous le gouvernement de noble homme et puissant Mons. Hue Quieret, chevalier
« du dit seigneur et son admiral, trente et six livres tornois, de laquelle somme je
« me tiens pour bien paié et promez icelle somme compter ès choses despenses des-
« sus dites au profit du dit seigneur et à faire et rendre un bon compte.
« 11 mai 1340. » (Titres scellés, parchemin, vol. 51, page 3839. Bibl. de Richelieu,
Cabinet des titres.)

1. J'ai restitué la date négligée par Monlezun à l'aide de Rymer, tome V,
page 192. Dans le groupe de ceux qui reçurent des lettres on rencontre un autre
membre de la famille, Guillaume de Galard, Willielmo Galard.

et nous aider activement nous et les nôtres à recouvrer nos droits. Nous espérons que le Roi d'en haut qui humilie les injustes à cause de leurs injustices, mais qui aime et exalte les justes, nous traitera dans sa bonté, afin que nous puissions dignement vous récompenser, comme nous désirons le faire, et récompenser aussi tous ceux qui nous auront prêté aide.

Il écrivit ainsi à Hugues de Ravignan, à Rudel seigneur de Seisses, à Arnaud de Laboulbenne, à Geraud de Labarthe, à Gallard de Fossat, à Izarn de Baylens, seigneur de Montpezat, à Bernard de Pardaillan, seigneur de Juillac, à Amsans de Caumont, à Amsans de Pins, aux seigneurs de Manbeche, d'Aiguillon, de Moncaud, de Fourcès et de Tonneins, à Arnaud de Montpezat, à PIERRE DE GALLARD [1], à Vezian de Lomagne, seigneur d'Astafort, à Gaillard de Saint-Symphorien, seigneur de Landiran, à Bernard de Béarn, à Jean de Grailly, captal de Buch, à Gaston de l'Isle, à Elie d'Andiran, à Arnaud de Pouyhaut.

Histoire de Gascogne, par Monlezun, tome III, pages 244, 245.

OCTOBRE 1340.

PIERRE DE GALARD *comparaît avec la qualité de sergent d'armes dans une compagnie de gens d'armes de l'Agenais, avec* BERTRAND *et* JEAN DE GALARD.

Gens d'armes de la senechaussée d'Agenois, qui ont servy es-parties sous le gouvernement des lieutenants et capitaines qui ont esté es-dites parties pour le roy, nostre sire :

1. Pierre de Galard, à la page précitée de Rymer, est dit seigneur d'Espiens : Petro de Galard, domino d'Espinis.

PIERRE DE GALARD [1], sergent d'armes [2], pour quatre escuyers montez au pris et cinq sergents du quinziesme jour de janvier l'an quarante jusques ou dix huitiesme jour de may ensuivant par six vingt trois jours trente et un sols par jour...
IX^{xx} X. L. XIII. S.

BERTRAND DE GALARD, pour lui deux autres escuyers montez au pris, et six sergents du vingt deuxiesme de septembre de l'an quarante jusques au vingt et uniesme jour d'octobre ensuivant par vingt neuf jours vingt sols six deniers par jour.

Autres gens d'armes de la séneschaussée de Pierregord.

Fonds français, 7877, fol. 161, 1re col. et suivants. Bibl. de Richelieu, Cabinet des titres.

1. JEAN DE GALARD est également mentionné avec Guillaume de Frans au folio 161, il l'est encore au folio 162 verso, comme étant encore en armes le 20 janvier 1342.

2. DE LA NOBLESSE DES SERGENS D'ARMES.

« Les sergens d'armes furent institués par Philippe-Auguste pour la garde de « sa personne. Destinés exclusivement à cet important et honorable service, ils « étoient choisis parmi les sujets les plus courageux et les plus fidèles, et, autant « que faire se pouvoit, parmi les gentilshommes. Les sergens d'armes se distin- « guèrent à la bataille de Bouvines, gagnée par ce prince en 1214. Ce furent les « audacieuses et criminelles tentatives du Vieux de la Montagne qui donnèrent lieu « à la création du corps, ou, pour mieux dire, de la compagnie des sergens d'armes. « Ils étoient tout à la fois gens de guerre et officiers de justice : ils avoient la faculté « d'exercer dans tout le royaume leurs offices de sergenterie, qui étoient inamo- « vibles, tandis que tous les autres offices finissoient à la mort du roi. Ils étoient « armés d'une masse d'airain, et pouvoient, dans certains cas, se rendre à la « chambre des comptes en armes. Enfin ces officiers civils et militaires, qui n'avoient « d'autre juge que le roi ou connétable, furent réduits au nombre de cent par « l'article 15 de l'ordonnance du roi Jean, du 27 janvier 1359 (1360 nouveau style). « Il y a un assez grand nombre d'ordonnances et de lettres patentes qui leur sont « relatives; mais la matière que je traite, et les bornes que je me suis prescrites « ne me permettent de citer que celles de Charles VI, du mois de septembre 1410, « portant confirmation des priviléges des sergens d'armes, et anoblissement de

15 février 1341.

Pierre de Galard, damoiseau, reconnaît avoir touché de Marc de Per-
bolène, trésorier du roi de France dans la sénéchaussée du Périgord,
soit pour lui, soit pour ses gens d'armes, à raison de ses incursions
dans l'establie de Condom, 1,050 livres tournois.

Noverint universi et singuli quod ego Petrus de Golardo, domicellus, recognosco et pro vero confiteor me habuisse et integre
recepisse a prudente viro Marcho de Perboleno, thesaurario
domini nostri Franciæ regis, in senescallia Petragoricensi et
Caturcensi, ratione vadiorum meorum, per me et gentes meas
desservitorum in presenti guerra Vasconie in stabitita de Condomio, ut patet per quamdam cedulam seu bilhetam honorabilis
viri magistri Gaufridi le Flamenc, clerici regis, locum tenentis
Johannis Le Mire, thesaurarii guerrarum, et Francisci de Hos-
pitale, clerici arbalistarum dicti domini regis, datam prima die
januarii cccxxxviij, mille quinquaginta libras turonenses, de
quibus me reputo pro contento, et de dictis mille libris eundem
dominum relinquo et thesaurario solvo per presentes in perpe-

---

« ceux qui n'étoient pas d'extraction noble : plusieurs familles tiroient leur noblesse
« de cet honorable anoblissement. »
  Voici l'extrait de ces lettres de l'année 1410 :
  « Charles... Et combien que nos sergens d'armes qui sont tenus et astraints de
« nous servir en armes et en chevaulx toutes fois que le cas le requiert, ayent plu-
« sieurs beaux droits, libertés et priviléges, à cause de leurs offices, et par espécial,
« que sitost que aucun est nouvellement fait et creé sergent d'armes, et que la
« mace lui est baillée, supposé qu'il ne soit pas noble, il est anobli, et pour noble
« doit estre tenu et reputé sans avoir besoin d'autres lettres d'anoblissement, et doit
« jouir de privilége de noblesse, etc. » (*Les Familles françaises,* par de Laigue,
pages 39-40.)

tuum atque quitto. Datum Caturci sub sigillo meo in testimonium premissorum, die xv februarii, anno Domini m.ccc quadragesimo primo.

Bibliothèque nationale, Cabinet des titres, cartons verts. 2ᵉ série; original en parchemin.

28 JUIN 1341.

*Les places de Boulogne, de Francescas et de Fourcès, aussitôt après
leur recouvrance, appartiendront à* PIERRE DE GALARD, *en vertu des
lettres suivantes du roi d'Angleterre.*

Rex omnibus ad quos, etc., salutem. Sciatis quod nos
intuitu grati obsequii nobis per dilectum nobis PETRUM DE GALART,
dominum de Spyengs, impensi et impendendi, ac amissionis
castrorum et aliorum bonorum suorum in servicio nostro,
ratione guerre in ducatu nostro Aquitaniæ, mote volentes ipsum
Petrum favore prosequi gracioso, dedimus et concessimus, pro
nobis et heredibus nostris, eidem Petro quiquid habemus in loco
de Bolonha ac etiam in locis de Francesquas et de Forcès jam
in manibus inimicorum nostrorum existentibus, cum ea ad
manus nostras devenire contigerit habenda et tenenda, una
cum mero et mixto imperio ac emolumentis et proficuis inde
provenientibus, ad totam vitam predicti Petri de nobis et
heredibus nostris, per servicia inde debita et consueta, aliquando ratione seu concessione inde per nos faciendum aliud
nonobstante ita quot, post mortem ipsius Petri, quiquid ad
ipsum Petrum ratione presentis concessionis nostre sibi inde

facte pertinere debet ad nos et heredes nostros integre revertatur.
In cujus, etc. Teste rege apud Turrim London xxviii die junii[1].

Per petitionem de consilio inpartiamento.

Coll. Bréquigny, Rôles gascons, vol. 40, p. 22. Bibl. Richelieu, Cabinet
des titres.

----

28 JUIN 1341.

ROTULI VASCONIÆ, ANNO 15, EDUARDI 3, MEMB. 19.

Variante de l'acte qui précède ou expédition plus complète.

Rex senescallo suo Vasconiæ et constabulario suo Burdegaliæ, qui nunc sunt vel qui pro tempore fuerint, salutem. Cum
nos intuitu grati obsequii nobis per dilectum nobis PETRUM DE
GALART, dominum de Spyengs, impensi et impendendi, ac amissionis castrorum et aliorum bonorum suorum in servicio nostro
ratione guerre in ducatu nostro Acquit., mote volentes ipsum
Petrum favore prosequi gracioso, dederimus et concesserimus,
pro nobis, et heredibus nostris, eidem Petro quicquid habemus
in loco de Bolonha ac eciam in locis de Francesquas et de Forcès
jam in manibus inimicorum nostrorum existentibus cum ea ad
manus nostras devenire contigerit habenda et tenenda, una cum
mero et mixto imperio ac emolumentis et proficuis inde prove-

----

1. Carte, en ses *Rôles gascons*, tome I, page 106, résume en ces deux lignes la
concession des droits de la couronne britannique sur les lieux de Boulogne, de
Francescas et de Fourcès en faveur de Pierre de Galard :

« De concedendo PETRO DE GALART, quicquid rex habet in loco de Bolonha, ac
etiam in locis de Francesques et de Forces. Teste rege ut supra 28 junii (1341). »

nientibus, ad totam vitam predicti Petri, de nobis et heredibus
nostris per servicia inde debita et consueta aliqua donatione
seu concessione inde per nos faciendum nonobstante ita
quod post mortem ipsius Petri quidquid ad ipsum Petrum[1]
ratione presentis concessionis nostre sibi inde facte pertinere
debet, ad nos et heredes nostros integre revertatur prout in
litteris nostris patentibus inde confectis plenius continetur.
Vobis mandamus quod eidem Petro in quod habemus in loco de
Bolonha ac eciam in locis de Francesquas et de Forces jam in
manibus inimicorum nostrorum existentibus cum ad manus
nostras devenerint, una cum mero et mixto imperio ac emolumentis et proficuis inde provenientibus liberari et habere factis
juxta tenorem literarum nostrarum predictarum aliqua donatione
seu concessione inde per nos faciendum aliis nonobstante. Teste
rege apud turrim London xxviii die junii.

Per peticionem de consilio in partiamento.

Archives du château de Larochebeaucourt, copie des Rôles gascons,
certifiés conformes par Bréquigny[1].

----

1. Bréquigny, en colligeant quelques actes pour la maison de Galard, semble
comprendre au nombre des siens un GALARD, séigneur de Landiran, qui serait le
lieu de Landeron en Guienne, ou bien d'Andiran en Condomois et à proximité
d'Espiens. Ce feudataire sollicita, l'an 1320, du roi d'Angleterre, une indemnité
pour ses pertes durant la guerre, la confirmation de la justice qu'il exerçait sur la
terre de Landiran, et enfin la solde de ses frais d'équipement et de voyage à l'occasion de la guerre d'Écosse. L'acte en question commence ainsi : « Regia majestati
supplicat GALLHARDUS, dominus de Landirano, quod eum ipse de terra sua, usque
ad valorem mille librarum annui redditus pro vobis et pro patre vestro, ratione
guerre Vasconie quia vobis et dicto patri vestro adherebat, amiserit, et ob hoc in
tantum depauperatus existit quod non habet unde statum suum valeat honorifice
sustentare, quatinus vobis placeat super hiis eidem recompensationem facere competentem, etc. »

20 SEPTEMBRE 1341.

Contrat de mariage entre noble PIERRE DE GALARD, *seigneur d'Espiens,*
d'une part, et noble Marie de Caumont, sœur d'Alexandre de Cau-
mont, seigneur de Sainte-Bazeille et de Landeron. L'épouse reçut en
dot: robes, lit, ornements et palefroi, 600 écus d'or, 3,000 livres
tournois petit coin, 200 livres de rente. PIERRE DE GALARD *donna*
quittance de ladite légitime et s'engagea à restitution d'une partie
au cas où sa femme viendrait à prédécéder sans enfants. Parmi les
témoins, on remarque un BERTRAND DE GALARD.

Noverint universi hoc præsens publicum instrumentum
inspecturi, quod anno Domini millesimo quadragentesimo
decimo, decimo octavo mensis martii, que fuit mercurii, constitutus personaliter honorabilis et circumspectus vir dominus
Raimundus de Abbatia, baccalarius in utroque, canonicus Basa-
tensis, procuratorque, et receptor generalis in Vasconia egregii
et potentis domini domini Caroli, domini de Lebreto, comitis
Drocharum, Carnotensis diocesis, constabulariique Franciæ, et
domini loci castri Gelosii, coram venerabili viro Michaele Imberti,
bajulo dicti loci castri Gelosii curiam ipsius locitenente, ut est
moris, dictus dominus Raimundus coram ipso baiulo judicialiter
sedente exhibuit et presentavit quoddam publicum instrumentum
non rasum, non cancellatum, nec in aliqua parte sui suspectum,
ut prima facie apparebat, cujus tenor sequitur in hunc modum :
In nomine Domini, amen. Conoguda causa sia que la noble
NAMARIA DE CAUMONT, ab voluntat et autrejament et exprès consentement del noble baron Nalexandre de Caumont, son fray,
senhor de Sancta-Baseilha et de Landarron, ses donada et autre-
jade per moilher et per espousa per palauras de present al

noble. baron AMPÈS DE GALARD, seignor d'Espienx[1], et per la
medicha maneyra et condition lo predit noble en Peys de Galard
seys donat et autrejat per marit et per expous per paraules de
present a ladita noble Namarie de Caumont, pero es assaber que
lo predit noble Nalexandre de Caumont, a donat en dot et per
maridatge al predit noble Enpès de Galard, ab la predita sa lieyt,
et raubas, et palafre, et sos autres ornaments, et garniment en
son cap al prets et sauma, et valor de sieys cents escuts d'aur de
bon, et leal pes, del conh de France, et plus tres mille libras de

1. On trouve dans l'inventaire des titres de la maison d'Albret, fonds français 16779, fol. 235, 236, mention du mariage de Pierre de Galard et de Marie de
Caumont, ainsi qu'une note généalogique sur cette dernière famille. Je consigne
ici ce double extrait :

« Quittance du douaire faite par PEYRE (Pierre) DE GALARD, sgr. d'Espienx, à
« Alexandre de Caumont, seigneur de Sainte-Bazeille et Landerron, pour le mariage
« de dame Marie de Caumont, sœur du dit Alexandre et femme du dit de Galard.

« Annissant de Caumont, deuxième du nom, était seigneur de Sainte-Bazeille,
« de Landerron, de Puch.

« D'Annissant de Caumont, seigneur de Sainte-Bazeille, et de Ramboure de
« Périgord, sa femme, vint Annissant ou Ansancy de Caumont, II° du nom, sei-
« gneur de Sainte-Bazeille, Landerron, Puch, et autres terres. Celui-ci épousa,
« l'an 1280, Isabeau de Pébérac, fille d'Alexandre, seigneur de Pébérac, en Agenais,
« et de Marguerite de Turenne, dame de Bragerac, laquelle Marguerite avoit eu
« pour premier mary Renaud de Pons et de luy deux fils, entre autres sçavoir est :
« Helie Rudel de Pons qu'elle institua son héritier en ses terres de Bragerac, Mont-
« ley, Dier et de Gensag, et Geoffroy de Pons auquel elle légua par testament les
« seigneuries de Castelmoron, Montétar, Riberac, Espeluche, Chalus, Martel et
« autres dont il se recognoist que la dicte Marguerite estoit grande et puissante
« dame.

« Quant à Isabeau de Pébérac ou de la Pebre, fille de son second mary et d'elle,
« elle laissa d'Anissant de Caumont, son mary, deux fils et une fille, sçavoir :
« Alexandre de Caumont, seigneur de Sainte-Bazeille, duquel sera parlé ci-après ;
« Ramonde de Caumont, conjointe par mariage avec PIERRE DE GALARD, chevalier
« seigneur d'Espienx, depuis grand-maître des arbalestriers de France. »

Cette dernière qualification constitua une grossière erreur déjà rectifiée ailleurs
ce qui nous dispense de le faire ici.

tournes petits de conh de tors et deners, et plus dos cents livres
de tornes de renda, assientadas et assignadas en terre,. et sober
terra fora daigna, et de flubi del qual dot et maridatge dessus
nommat, expressat et declarat lo predit noble en Pés de Galard
de son bon grat ses tengut, et reconnegut per ben pagat, con-
tentet abon dos del tot, et na quitat, et quite lo predit noble
Nalexandre de Caumont, et sos heres, et succesors, et tot son
affar, per aras et per tots temps renuncians sobre so lopredit
noble en Pés de Galard de son bon grat de nos aver agut prés
et recebut, et de no pagat, et de no comptat lou predit dot, et
maridatge, et de no tornat a son profieyt, et al benefici de restitution en integre. Et per aital forma, maneyra, et condition reco-
nego, et en vertat confesset lopredit en Pés de Galard, seignor
d'Espienx, quel predit noble Nalexandre de Caumont lave donat
et assignat lo predit dot et renda, et maridatge ab la dita noble
Namaria de Caumont, sa seror, que si dius fas son placer et commandament de la predita noble Namaria de Caumont que moris
abant, et tot permerament cuel predit noble en Pés de Galard son
marit sens heret biu, nat, ou procreat dessenden de lor dos
entramiros que lo predit lheyt, et raubas, et palafre, et garni-
ments et ornaments et les ditas tres milla livras de tornes dades
et portades en lo predit maridament fossen, demouressan et
remangossan plenament et guitament al predit nobles en Pés de
Galard, per far totas sas propis voluntats cum de la sua propi
causa; et los dos cents libras de tornes darrende tornaran, et
tornardoran al predit noble Nalexandre de Caumont, et a sos
herets soltament, et qui tament, et sons tout amermament
segond lors fors, et coustumas de Basades, et per la medicha
forma et condition, es assaber, que si dius fasé son plaser et
commendament del predit noble en Pés de Galard que moris

abant, et tot prumerament que ladita noble Namaria de Caumont
sa molher, ab herets, ou sens heret nat, biu, ou procreat dessen-
dents de lor leal matremoni; cum dit es, ladita noble Namaria de
Caumont agos, et cobres, et aure, et cobrare dels bes et causas
del dit son marit lo predit lieyt et raubas, et palafra, et son
garnimens, et ornamens al prets, et valor dessus dit, et plus las
tres milla libras de tournes, et los dos cents livres de tournes dar-
renda, pourtada en son mandament, tot soltament et quitament
et sens tot anermament et si heret biu no y avé lo jour de son
descés, que dona lo predit noble en Pés de Galard a la predita
noble Namaria de Caumont, sa molher, tres mille livres de tournes
petits del conh de tors de oscol en accreissament de son dot, et
maridatge segond los fors, et las coustumes de Basades, per laqual
dot maridatge et oscol aver et cobrar lo predit noble en Pés de
Galard a obligat a ladita sa molher tout sos bes et causas mobles,
et non moubles, presens et abiadors on que sian per tots locs.
Los quaulx bens et causas lo predit noble en Pés de Galard
volgo, et entreget que la dita sa mouilher, et autre personna per
nom de leys tengos usès, et possedis en cuilhis, leves, et per-
cebos tots los fruicts, espleits, et gausensies, quen isseran a tant
de temps, ou tous temps continuadament entro quels hereters,
o tournaleys deldit en Pés de Galard lagossan pagat, rendut, et
assignat lo predit maridatge, et osvol, et rende, sous que fructs
espleits, us ni gaussencie que pres nagos, ou feyt prener nol
fosse comptats en soltani en paga, ni en amermament de son dot,
et maridatge et osvol, et renda segond las costumas de Basadès
ants que ela fos pagada abant touts deutes qued degos
alieurs de sa fin, et adasso volgon, que fossen feites doas cartas
d'une tenor a cascuna part la sue. Testes sunt mossen Guillem
Arramon, seigneur de Caumont, mossen Doat Amaniu Caboy,

BERTRAND DE GALARD, Bertrand de Lascases, Guillem Gassia de Juzix, Arnaud de Pelagrua, mossen Ramon de Fornissac, archidiaque d'Aran, en la glesia de Commenge, Ramon de Lyons, B. den Granhol; et ego Stephanus de Brolio, clericus, et notarius Sanctæ Basiliæ, qui una cum dictis testibus præsens fui et hoc instrumentum publicum inquisivi, et recepi, manu propria scripsi, signoque meo solito signavi, vocatus et rogatus in testimonium omnium præmissorum. Acta fuerunt hæc apud Sanctam Basiliam, die sabbathi ante festum beati Mathei apostoli, videlicet vicesima die mensis septembris, anno Domini millesimo trecentesimo quadragesimo primo, regnante domino Eddoardo, rege Angliæ et Franciæ, duce Aquitaniæ, Raimundo episcopo Vasatensi, quod quidem instrumentum ibidem coram ipso dicto Bajulo fecit legi, et etiam de verbo ad verbum publicari, petens, supplicans, et requirens ipsi baiulo, quatenus de præmissis ostentione, visione, perlectione sibi concederet fieri nomine quo supra per modum vidimus publicum instrumentum, quod ipse baiulus voluit, et concessit, et de præmissis instrumentum publicum per modum vidimus per me notarium infrascriptum fieri mandavit, quod et feci. Acta fuerunt hæc apud castrum Gelosium prædictum anno, mense et die quibus supra, præsentibus dominis Petro de Belloloco, Guillelmo Arnaldi de Frangia, presbyteris, et pluribus aliis in dicta curia stantibus, regnantibus dominis Charolo, Dei gratia Franciæ rege, Petro miseratione divina episcopo Basatensi, et me Guillelmo Melicenti, clerico publico dicti loci castri Gelosii atque auctoritate imperiali notario, qui præmissis omnibus, et singulis, dum sicut præmittitur agerentur, et fierint per dictum procuratorem una cum prænominatis testibus præsens interfui, eaque exhiberi, præsentari et perlegi vidi, et audivi, et de mandato prædicti baiuli per modum vidimus in hanc formam publicam redegi, manu mea scripsi, et facta prius collatione cum prædicto instrumento originali, signo meo signavi in testimonium omnium et singulorum præmissorum.

Et ad majorem efficaciam et prædictorum roboris firmitatem habendam prædictus baiulus sigillum ipsius curiæ fecit præsenti instrumento impendenti apponi [1].

Collection Doat, vol. 39, fol. 149-156. Bibl. nationale. Mss.

[1]. La copie de ce titre est, dans la collection Doat, accompagnée de la note suivante :

« Extrait et collationné et la traduction corrigée sur une copie escrite en par-
« chemin en langage gascon, qui estoit au Trésor des Chartres du roy au chasteau
« de Nérac, portée au Trésor des Chartres de Sa Majesté au chasteau de Pau, et
« inventoriée au vieux inventaire d'Albret au chapitre commun des mariages,
« cotée de lettres K K, par l'ordre et en la présence de messire Jean de Doat, con-
« seiller du roi en ses conseils, président en la chambre des comptes de Navarre et
« commissaire député par lettres patentes de Sa Majesté des premier avril et
« vingt-troisième octobre derniers, pour faire recherche des titres concernans les
« droits de la couronne et qui peuvent servir à l'histoire, dans tous les trésors des
« chartres de Sadite Majesté et dans toutes les archives des villes et lieux, arche-
« veschés, éveschés, abbayes, prieurés, commanderies et autres communautés ecclé-
« siastiques et séculières des provinces de Guienne et Languedoc et du pays de
« Foix, et dans les Archives des archevesques, évesques, abbés, prieurs et comman-
« deurs qui en pourroient avoir de séparées de leurs chapitres; faire faire des
« extraits de ceux qu'il jugera nécessaires et les envoyer au garde de la Biblio-
« thèque royalle, par moy Gratian Capot, huissier de ladite chambre, par elle com-
« mis pour faire les extraits des titres des Trésors des Chartres de Sa Majesté, de
« son ressort, par ses arrests des vingt-troisiesme juin et neufviesme octobre mil
« six cens soixante six, et prins pour greffier en ladite commission soubs signé. Fait
« à Foix, le sixiesme mars mil six cens soixante huit. »

                                        « De DOAT.
                                            « Capot. »

On trouve également dans le Doat, à la suite du texte mi-latin mi-roman ci-dessus, une traduction française.

20 SEPTEMBRE 1341.

SEIGNEURS DE SAINTE-BAZEILLE.

Extrait du P. Anselme concernant la branche de Caumont de laquelle est sortie Marie de Caumont, femme de PIERRE DE GALARD, *seigneur d'Espiens, que l'auteur des Grands officiers de la Couronne confond une seconde fois à tort avec le grand-maître des arbalétriers.*

IX.

Anissant de Caumont, second fils de Nompar, de Caumont Ier du nom, seigneur de Lauzun, et de Guillelmine de Beauville, eut en partage les seigneuries de Sainte-Bazeille, de Landerroy, de Puch et de Manart; fit du bien à l'abbaye de Grandselve en 1247. Il se trouve des actes de lui en 1254 et 1260. Il était mort en juin 1281.

Femme, Aremburge de Périgord, fille d'Archambaud II, comte de Périgord, et de Marie Bermond d'Anduze; étant veuve, son père lui fit don de 60 liv. de rente sur le péage de la châtellenie de Montpaon, et de 20 liv. sur les oblies de Benevent; et elle fut abbesse de Sainte-Claire de Périgueux.

Anissant de Caumont, IIe du nom, seigneur de Sainte-Bazeille, qui suit.

X.

Anissant de Caumont, IIe du nom, seigneur de Sainte-Bazeille, de Landerroy[1], de Puch et de Manart.

Femme, Isabeau de Pebrac, mariée par contrat du 6 juin 1289, fille d'Alexandre, seigneur de Pebrac, et de Marguerite de Turenne, dame de Bergerac, veuve de Renaud, sire de Pons.

1. Alexandre de Caumont, seigneur de Sainte-Bazeille, qui suit.

1. Pour Landeron.

2. Raymond de Caumont.

3. MARIE DE CAUMONT, dite Nauda, mariée à PIERRE GALARD, grand-maître des arbalétriers[1], qui donna quittance du douaire de sa femme à Alexandre de Caumont, seigneur de Sainte-Bazeille, son frère.

XI.

Alexandre ou Anissant de Caumont, seigneur de Sainte-Bazeille, eut différend contre Helie-Rudel de Pons, seigneur de Bragerac et de Montignac, pour raison de la succession de Marguerite de Turenne, son ayeule maternelle; duquel différend lui et Raimond son frère se rapportèrent à ce qu'en ordonnerait Amanjeu, sire d'Albret, par compromis passé le jour de Sainte-Croix l'an 1314, eut d'autres contestations avec Jourdain de l'Isle, qui lui brûla l'une de ses maisons, à cause de quoi ils se battirent en duel, par ordonnance du parlement de Paris, qui condamna, par sentence du dernier décembre 1320, Jourdain de l'Isle à la somme de trois mille livres pour rebâtir la maison d'Alexandre, qui depuis suivit le parti des Anglais; ce qui fut cause que le comte d'Armagnac fut mettre le siége devant son château de Sainte-Bazeille, et le contraignit de le rendre au roy. Alexandre de Caumont continua à servir les Anglais, et fut pris prisonnier à l'assaut du pont d'Aiguillon, par Robert d'Anguerrant, écuyer tranchant de Jean de France, duc de Normandie, fils et lieutenant de Philippe de Valois, roi de France; ce prince se fit remettre le seigneur de Sainte-Bazeille, et donna à celui qui l'avait pris 500 livres de rente par lettres du 7 juillet 1346.

1. Cette confusion entre Pierre de Galard, maître des arbalétriers, et Pierre de Galard, seigneur d'Espiens, ayant été démontrée ailleurs, nous n'avons pas à y revenir.

Femme, Blanche de la Mothe, fille d'Amanjeu de la Mothe, seigneur de Roquetaillade et de Lengan.

1. Helene de Caumont, mariée en 1357 à Berard d'Albret, seigneur de Gensac, fils puîné de Bernard-Ezy, seigneur d'Albret, et de Marthe d'Armagnac, sa seconde femme, auquel elle porta les seigneuries de Sainte-Bazeille, de Landerroy, de Puch, et autres terres, avec le consentement de ses deux sœurs, qui lui cédèrent leurs droits et portions par lettres de l'an 1357.

2 et 3. Isabeau et Marguerite de Caumont.

P. Anselme, *Grands officiers de la Couronne*, t. IV, p. 481-482.

---

30 OCTOBRE 1341.

Jehan, évéque de Beauvais et lieutenant du roi de France ès parties de Languedoc, ordonne au trésorier de Cahors de compter à Pierre de Galard *une indemnité pour courses et services dans les guerres de Gascogne.*

Johannes, permissione divina Belvacensis episcopus et locum tenens domini nostri Francorum regis in partibus Occitanis, thesaurario regio Caturcensi vel ejus locum tenenti salutem : Mandamus vobis quatenus totum id quod per litteras. . . . . . . seu billetas thesaurarii regii guerrarum vel ejus locum tenentis, Petro de Galardo armigero, racione vadiorum suorum et ejus gentium, in guerris regiis Vasconie defunctorum, debitum noveritis eidem armigero vel ejus certo mandata indilate exsolvatis vel taliter assignetis quod exsolvi valeat infra breve dictas litteras . . . . . . seu billetas et litteram recognitionis de soluto una cum his presentibus penes vos retinendo, quibus mediantibus.

gentes compotorum Parisius id quod dicto armigero ut dictum est exsolveritis vel assignaveritis in vestris alloccabunt compotis et de vestra recepta deducent. Datum apud Montem Albani, die penultima octobris anno Domini millesimo ccc° quadragesimo primo.

Per dominum locum tenentem,

H. Canhas.

Fonds d'Hozier, dossier de Galard. Bibl. nationale, Cabinet des titres.

---

9 SEPTEMBRE 1344.

Dispense du pape Clément VI qui autorise le mariage de PIERRE DE GALARD, *damoiseau, avec Marquèse de Rovignan, nonobstant leur parenté au 4ᵉ degré.*

Venerabili fratri... episcopo Condomiensi salutem, etc. Petitio dilecti filii nobilis viri PETRI DE GALHARDO[1], domicelli, et dilecte in Christo filie nobilis mulieris MARQUESIE DE ROVINHANO, domicelle, et Lectorensis diocesis, nobis exhibita, continebat, quod ipsi, ad nutriendum unitatis et dilectionis vinculum inter eos et jurgia quelibet inter eorum amicos communes in posterum amputanda, ac ad prechidendum periculis et scandalis, ex quibus strages hominum et dampna rerum verisimiliter inter dictos communes amicos subsequi formidantur, nisi super hæc per apostolice sedis clementiam, de dispensationis beneficio provideatur eisdem,

---

1. Ce personnage est incontestablement le même que Pierre de Galard que nous avons vu, le 20 septembre 1341, épouser Marie de Caumont, qui dut laisser son mari dans le veuvage peu de temps après son union avec lui. Le seigneur d'Espiens, devenu veuf, dut convoler en secondes noces avec Marquesie de Rovignan, sa cousine.

desiderant invicem matrimonialiter copulari, sed quia ipsi
Petrus et Marquesia quarto sunt consanguinitatis gradu conjuncti,
non possunt, impedimento consanguinitatis hujus modi obsis-
tente, eorum in hac parte, absque dispensationis gratia, deside-
rium deducere ad effectum. Quare nobis humiliter supplicarunt
ut providere eis super hoc oportune dispensationis beneficio
dignaremur. Nos igitur qui quietem et pacem querimus singulorum, super hiis salubriter providere, ac supra dictis periculis
et scandalis, quantum cum Deo possumus, obviare volentes,
gerentes quoque de circonspectione tua fiduciam in Domino
pleniorem, fraternitati tue, dispensandi, si est ita, et huc tibi fore
expediens videatur, super quo tuam conscientiam oneramus, cum
eisdem Petro [1] et Marquesia, quod ipsi, impedimento consanguinitatis hujus modi non obstante, matrimonium invicem libere
contrahere, et in eo, postquam contractum fuerit, libere remanere valeant, apostolica auctoritate, tenore presentium, plenam
et liberam concedimus facultatem, prolem suscipiendam ex hujusmodi matrimonio legitimam nuntiando. Datum apud Villamno-
vam, Avenionensis diocesis, V idus septembris, anno tertio.

Archives du Vatican, rég. coté vi, anno vii, tome II, parte secunda.
fol. 135, ch. 42.

1. Dans les manuscrits de Lespine, conservés au Cabinet des titres, on trouve
la note biographique ci-après, concernant Pierre de Galard :
« Pierre de Galard, seigneur d'Espiens, en Agenais, est nommé dans des actes
de 1331, 1340. Il rappela son père dans un acte d'environ 1321, et donna quittance
en 1341, pour la dot de sa femme, à Alexandre de Caumont, seigneur de Sainte-
Bazeille, son beau-frère, et vivait encore en 1351. On le voit qualifié chevalier ; il
avait été marié deux fois : 1° avec Alpais de Montagut, Alpadie de Monte Acuto,
fille de noble Bertrand de Montagut, avec dispense du pape Jean XXII, pour le quatrième degré d'affinité, le 12 décembre 1333 ; 2° avant l'an 1341, avec Marie de
Caumont, sœur d'Alexandre de Caumont, seigneur de Sainte-Bazeille. Il ne vivait
plus en 1359. »

ANNÉE 1364.

Extrait des hommages rendus au duc d'Aquitaine, dans lequel figure
PIERRE DE GALARD, *seigneur d'Espiens.*

LES HOMAGES ET SEREMENS DE FOIALTÉ FAICTZ SI BIEN A NOSTRE SEI-
GNEUR LE ROI D'ANGLETERRE EDWARD TIERTZ, COME A EDWARD SON
AISNEZ FILS, PRINCE D'AQUITAYNE, ÈS PARTIES DE GUYENNE.

Les fourmes ez homages faictz à nostre seignour le prince
d'Aquitaine.

IV janvier, à Agen, en l'église des frères prècheurs :

PIERS DE GAILHARD, seigneur d'Espienx,
Bertrand d'Arrobinhan.

Collection générale des documents français conservés en Angleterre et
publiés par Jules Delpit, vol. in-4°. Paris, Dumoulin, 1847, p. 86. — Procès-
verbal des hommages rendus au prince de Galles, du 9 juillet 1363 au
4 avril 1364.

ANNÉE 1364.

Autre mention du même hommage.

PIERRE DE GALARD, seigneur d'Espiens[1], fit hommage lige au roy
d'Angleterre en la cité d'Agen, le 15 janvier 1364.

Trésor généalogique, par D. Villevieille, tome 43, art. de Galard.
Bibl. de Richelieu, Cabinet des titres. — Bureau des finances de Bordeaux.
Reg. F., fol. 112.

1. D. Villevieille a lu et écrit fautivement d'*Espetlne.*

11 MAI 1369.

Louis d'Anjou, frère du roi de France et son lieutenant en Languedoc, ordonne à Montmejean, trésorier général des guerres, de faire payer à chaque homme de la compagnie de PIERRE DE GALARD, *chevalier et seigneur d'Espiens, une solde de 15 livres par mois.*

Loys, filz de roy de France, frère de monsire le roy et son lieutenant ès parties de Languedoc, duc d'Anjou, comte du Maine, à nostre ame Estienne de Montmejean, trésorier général des guerres de monsire et de nous ès dites parties salut. Nous avons aujourd'uy retenu et par ces présentes retenons messire PIERRE DE GALARD, chevalier, seigneur d'Espiens, en Agennoys, lui trente hommes d'armes, c'est assavoir : dix pour garder sa terre et ses lieux et vinc pour servir monsire et nous en ces présentes guerres, tout comme il plaira à monsire et à nous aux gaiges de monsire, ordenez, c'est assavoir quinze frans par moys pour chascun homme d'armes; si vous mandons et commandons que au dit chevalier vous faciez prest et paiement pour lui et les dites gens d'armes selon sa monstre de laquelle il vous appartiendra tout ce que ainsi paié lui aurez sera alloué en vos comptes et rabatu de votre recepte par mes amez les gens des comptes de monsire à Paris, sans contredit.

Donné à Thoulouse, le 11 jour de may l'an M CCC LX neuf sous nostre contre scel [1].

Par monseigneur le duc.

Signé : TOURNEUR.

Bibl. nationale, Cabinet des titres, carton vert, 2e série. Original en parchemin.

---

1. Voir l'acte analogue du 10 juillet 1372, page 645.

6 JUILLET 1369.

*Les maréchaux de France, au nom du duc d'Anjou, mandent à
Étienne de Montmejean, trésorier général des guerres, d'acquitter
les arrérages dus à la compagnie placée sous les ordres de* PIERRE
DE GALARD, *sire d'Espiens, pour la garde de cette dernière place, à
partir de la montre faite à Condom le 6 juillet 1369.*

Les maréchaux pour toute la Langue d'oc pour monsire le
duc d'Anjou[1], filz du roy de France, frère du roy nostre sire et
son lieutenant en la dite langue, à Estienne de Montmejean,
général trésorier des guerres du roy nostre sire et du dit monsire
le duc en la dite langue, ou à son lieutenant, salut. Nous
vous envoions enclouse sous le signet commun de nostre dite
mareschaussée la monstre de dix escuiers de la compagnie et
laquelle PIERRE DE GALARD, chevalier seigneur d'Espiens que le dit
monsire le duc d'Anjou lui a donnez et octroyez pour la garde et
deffense du dit lieu d'Espiens et de ses autres lieux et terres soubz
le gouvernement du dit monsire le duc au pays de Gascoigne
receue en la ville de Condom, le VIe jour de juillet l'an M CCC LXIX,
monstrez et montez en la manière que en la dite monstre est
contenu. Si vous mandons que au dit chevalier des gages pour
ces dites gens d'armes faciez prest, compte, paiement du jour de
la dite monstre en la manière ordonnée. Donné à Tholose
soubz le seel commun de nostre dite mareschaucie, l'an et jour
dessus diz.

Mss. de l'abbé de Lespine, Bibl. de Richelieu, dossier de Galard.

1. Louis, duc d'Anjou, devint le chef de la seconde branche des rois de Naples
de la maison d'Anjou.

6 JUILLET 1369.

*Montre d'une compagnie dont le duc d'Anjou avait confié le comman-
dement à* PIERRE DE GALARD, *seigneur d'Espiens. On y voit en outre
un bâtard de* GALARD *monté sur un cheval gris noir.*

La monstre missire PIERRE DE GUAILLART, chevalier, seigneur
d'Espiens, et de dix et neuf escuiers de sa compaignie et sequelle
que monsieur le duc d'Anjou lui a donnez et octroyez pour servir
le roy, nostre sire, en ses guerres de Guascoigne, soubz le gouvernement dudit monsieur le duc, receue en la ville de Condom,
le VIe jour de juillet l'an M CCC LXIX.

Ledit chevalier, cheval gris blanc, teste noire, . . .	C l.
Bertrant Daubignon, cheval bay cler, estoile ou front,	III^{xx} l.
Mathieu de Mauriac, cheval bay cler. c. q. j. noires,	LXX l.
Jehan de Thauzenxz, cheval bay brun. c. q. j. noires,	LX l.
Guillaume Raymon du Bruil, cheval blanc moucheté,	L l.
Amenyeu Dautheyez, cheval gris blanc pommelé, .	III^{xx} l.
Arnaut de la Rivail, cheval bay cler. c. q. j. noires, .	L l.
Guiraut Barthe, cheval bay cler. c. q. j. noires, . .	XL l.
Le bastard de GUAILLART, cheval gris noir, ...	LX l.
Guaision de Picompoy, cheval bay, visage blanc, .	LX l.
Sans de Maulyon, cheval tout noir, estoile ou front,	L .
Jehan de Miqueste, cheval gris blanc pommelé, j. noires, ...	XL l.
Peyrot de Saint-Mezart, cheval bay cler, ...	L l.
Arnaut Chevalier, cheval gris blanc pommelé, j. noires, ...	XL l.
Guaillard de Sainte-Foy, cheval bay cler, c. j. noires,	LX l.

Bertrand de la Fargue, cheval gris blanc, marqué
cuisse senestre, ...   L l.

Clerion de Reignan, cheval gris blanc, j. noires, . .   XL l.

Pierre de Condom, cheval fauve, c. q. j. noires, . .   XXX l.

Guiraut de Rivière, cheval bay obscur, pied derrière
blanc, ...   LX l.

Pierre du Puthz, cheval tout noir, visage blanc, . .   XL l.

Signé : Mondinet.

Scellé d'un sceau représentant trois corneilles.

Recueil de titres originaux scellez pour servir à l'armorial de l'ancienne
noblesse, aux généalogies et à l'histoire, vol. 168, F°-G°, Cabinet des titres,
Mss. Bibl. de Richelieu.

Du 7 juillet 1369.

Montre d'une autre compagnie passée par PIERRE DE GALARD, *seigneur
d'Espiens.*

La monstre de dix escuiers de la compaignie dudit messire
PIERRE DE GALLART, chevalier, seigneur d'Espienx, que monsieur le
duc d'Anjou lui a donnez et octroyez, pour la garde et deffense
dudit lieu d'Espienx et de ses autres lieux et terre, soubz le gouvernement dudit monsieur le duc ou pays de Guascoigne, receue
en la ville de Condom, le sixiesme jour de juillet l'an mil trois
cens soixante neuf.

Pierre de Mauriac, cheval bay obscur, estoile ou
front, ...   IIII^{xx} l.

Jehan des Solliers, cheval bay cler, 4 piés blancs, . .   XL l.

Arnault de Fraulleux, cheval noir blanc couleur de
pye, ...   LX l.

Arnaùlt de la Fourcade, cheval bay cler c. q. j. noires,   L l.

Bernart Darrique, cheval tout noir, estoile ou front,   XL l.

Raymon de Lestrade, cheval bay obscur, estoile ou front, ...   L l.

Ferrando de Gayete, cheval gris noir moucheté blanc,   LX l.

Jehan Barrière, cheval tout noir sanz signal, . . .   L l.

Oddet de la Bail, cheval blanc moucheté, ...   LX l.

Guirauton de la Bail, cheval tout noir, 3 piés blancs,   L l.

Les mareschaux en toute la Langue d'oc pour monsieur le duc d'Anjou, fils de roy de France, frère du roy, nostre sire, et son lieutenant en ladite Langue d'oc, à Estienne de Montmigent (Monmejean), général trésorier des guerres du roy, nostre sire, et dudit monsieur le duc d'Anjou en ladite langue ou à son lieutenant, salut. Nous vous envoions enclouse soubz le signet commun de nostre dite mareschaucie la monstre missire PIERRE GUALLART, chevalier, seigneur d'Espienx, et de dix et neuf escuiers de sa compaignie, et sequelle que ledit monsieur le duc d'Anjou lui a donnez et octroyez pour servir le roy, nostre sire, en ses guerres de Gascoigne soubz le gouvernement dudit monsieur le duc, receue en la ville de Condom, le sixiesme jour de juillet l'an mil trois cens soixante neuf, monstrez et montez en la manière que en ladite monstre est contenu. Si vous mandons que audit chevalier des gages pour lui et ses dites gens d'armes faciez présent compte et paiement du jour de sa dite monstre en la manière ordonnée.

Donné à Tholose l'an et jour dessusdiz.

(*Signé*) MONDINET (avec paraphe.)

Recueil de titres originaux scellez pour servir à l'armorial de l'ancienne noblesse, aux généalogies et à l'histoire, vol. 162, F°-G°, fol. 4709, Cabinet des titres, section des Manuscrits. Bibl. de Richelieu.

13 juillet 1370-1372.

Gages de Pierre de Galard, *seigneur d'Espiens, touchés à Toulouse, en 1370 et 1372.*

Pierre de Galart, senhor d'Espienx sur so que le pot estre degut per causa de sos gaiges IIIe franc, à Tholosa, lo XIII jorn de jul li an LXX.

Au sire d'Espiens sur sos gages Agen lo XIII julh CCCLXXII. LX franc [1]

Bibl. nationale, Cabinet des titres, cartons verts, 2e série. — Mss. de l'abbé de Lespine; dossier de Galard.

16 juillet 1372.

Ordonnancement de cinquante francs d'or par le duc d'Anjou en faveur de Pierre de Galard, *seigneur d'Espiens, et des 25 hommes d'armes commandés par lui* [2].

Loys, fils de roy de France, frère de monsire le roy et son lieutenant en toute la Langue d'oc, duc d'Anjou et de Touraine et comte du Maine, a nostre amé Estienne de Montmejean, trésorier des guerres de monsire et de nous ès dites parties ou à son lieutenant, salut : comme nous ayons retenu notre bien amé messire Pierre de Galart, seigneur d'Espiens, chevalier, avecques vint

1. Les titres originaux qui précèdent sont scellés d'un sceau en cire rouge chargés de trois Corneilles et autour : Pierre de Galard.

2. Voir pages 640, 641.

cinq hommes d'armes, au service de monsire et de nous ès présentes guerres aux gaiges acoustumés, tant comme il plaira à mon dit seigneur et à nous, nous vous mandons, commandons et estroitement enjoignons que, tantost et sans delay ces présentes veues et sans autre mandement de nous sur ce attendre, vous faites prest et paiement pour quinze jours au dit chevalier, pour lui et ses dites gens, en diminution de ses gaiges, et par rapportant ces présentes avec quittance dudit messire Pierre, nous voulons et mandons que tout ce que baillié lui aurez pour les diz quinze jours, à la cause dessus dite, estre alloé en vos comptes et rabatu de vostre recepte par nos bien amez les gens des comptes de monsire à Paris sans aucun contredit, ordonnance, mandement ou deffenses faites ou à faire à ce contraire nonobstant quelconques. Donné à Agen soubz nostre scel secret en l'absence du grant, le XVI jour de jullet, l'an de grace mil ccc LX et douze.

Par mon sire le duc, Signé : REGIS.

Bibl. nationale, Cabinet des titres, cartons verts, 2e série.

ANNÉE 1375.

Prouesses de PIERRE DE GALARD (*rallié aux Anglais*) *en Gévaudan et Auvergne.*

GALARD (PIERRE DE), chef d'une bande de routiers vers 1375 [1]. Le Gévaudan, le Rouergue et l'Auvergne furent successivement

---

1. 1379 est une date plus exacte, comme on peut le voir par les deux actes authentiques qui vont suivre immédiatement.

ravagés par ce noble seigneur, qui prétendait qu'exilier le vilain
étoit œuvre méritoire.

Dictionnaire de l'ancien régime et des abus féodaux, par M. Paul D***.
Paris, 1819. In-8°, p. 249.

ANNÉE 1379 OU 1380.

PIERRE DE GALARD *et Bertucat d'Albret s'emparent des principales forteresses du Gévaudan et de l'Albigeois.*

Les compagnies qui tenoient le parti des Anglois avoient
fait cependant de nouveaux progrès dans la province. Bertucat
d'Albret et PIERRE DE GALARD y avoient pris entr'autres le lieu de
Montferrand en Gevaudan; et après s'être rendus maîtres, au
mois d'avril suivant, du lieu de Challiers auprès de Saint-Flour,
ils s'étoient saisis de Château-neuf de Randon dans le même païs
de Gevaudan, forte place, située à trois lieues de Mende, d'où ils
étendoient leurs courses dans toute la sénéchaussée de Beaucaire.
Ils occupoient aussi le château de Thurei ou Turie, situé auprès
de Pampelune en Albigeois.

Histoire générale du Languedoc, par les Bénédictins, t. IV, p. 371, 372.

ANNÉE 1379 OU 1380.

Extrait de l'histoire de Gascogne sur le même sujet.

Jean, comte d'Armagnac, se chargea d'obtenir de gré ou de
force l'éloignement des Anglais[1], mais il exigea six mille francs

1. Voir dans le tome VI de l'*Histoire de Gascogne*, par Monlezun, un acte de la
susdite année 1379 se rapportant au même vicomte de Fezensaguet.

d'or que lui payèrent les états. Néanmoins les Anglais n'évacuèrent
pas le pays trop promptement; car un an après Perducas d'Albret
et quelques autres de leurs chefs menaçaient encore Béziers et
Carcassonne et refusaient d'obtempérer aux prières de la duchesse
d'Anjou, qui, ne pouvant commander, les engagea par une lettre
à abandonner le pays. L'année suivante Perducas et PIERRE DE
GALLARD poussèrent plus loin leurs courses et s'emparèrent de
Château-neuf de Randon. Le roi avait sur ces entrefaites rappelé
le duc d'Anjou et nommé Duguesclin à sa place.

Histoire de Gascogne, par l'abbé Monlezun, tome IV, page 6.

24 AVRIL 1379.

Dans le testament de Géraud[1], vicomte de Fezensaguet, de Brulhois et
de Creyssel, il est question du couvent de GALARD, *membre du Nom-*
Dieu qui l'était lui-même de l'ordre de Saint-Jean de Jérusalem.
PIERRE DE GALARD, *Géraud et Guillaume d'Esparbès, Arnaud Ber-*
nard d'Armagnac, Guillaume de Frans, Othon de Cours, Pierre de
Gères et plusieurs autres sont inscrits pour un legs de cent livres
chacun dans les dispositions posthumes du vicomte.

Instrumentum testamenti Geraldi de Armaniaco, vicecomitis
Fesensaguelli, Brulhesii et Creiseilli, continens quomodo idem
vicecomes sciens se alias quoddam testamentum condidisse reten-
tum per magistrum Bernardum de Podio, notarium; quod quidem
testamentum idem testator juravit ad sancta quatuor Dei evangelia se nunquam revocare per aliud testamentum seu dispositionem aliam quamcumque, nisi essent verba hujusmodi quæ
sequuntur : Jesus Nazareus, rex Judæorum, redemptor corporis

et animæ, sit protector et custos utriusque, repetitis verbis prædictis volens prædictum testamentum revocare, anullare et
irritare, et pro non facto, casso et irrito habere, suum ultimum
condidit testamentum. Primo, animam suam commendavit
Domino nostro Jesu Christo et beatæ virgini Mariæ et toti curiæ
cœlesti. Item elegit sepulturam in ecclesia beati Georgii hospitalis in capite pontis de Malo Vicino qui est supra fluvium
Radis. Item, pro anima sua et in redemptionem peccatorum
suorum et parentum suorum et omnium fidelium deffunctorum,
recepit de bonis suis et dare jussit per hæredes suos, seu spon-
derios, seu executores suos infrascriptos, quatuor decim millia
librarum turonensium parvorum in modum qui sequitur : primo,
rectori ecclesiæ sancti Michaelis de Malo Vicino quinquaginta
libras turonenses. Item, legavit equos cum quibus die sepulturæ
mortis suæ et aliis fient exequiis sive dols et arnesium suum et
omnes oblationes et funeralia ipsius testatoris operi dicti hospitalis, et ultra hoc quinquaginta libras turonensium parvorum, et
si vero contingeret in dicto hospitali fundare, seu ædificare
domum fratrum minorum et fratres minores ibi habitare, legavit
omnia prædicta, excepto legato rectori de Malo Vicino facto
operi dicti hospitalis, et ultra hoc legavit in dicto casu trecentas
libras turonensium parvorum. Item, legavit operi beatæ Mariæ de
Lomberiis viginti libras turonensium parvorum. Item legavit operi
beatæ Mariæ de Cavars viginti libras turonensium parvorum.
Item legavit operi beati Michaelis de Malo Vicino viginti libras
turonensium parvorum. Item legavit operi beati Martini de Mota
viginti libras turonensium parvorum. Item operi beatæ Mariæ
de Gualhano viginti libras turonenses. Item legavit et dare
jussit, pro vestimentis, calice, libris et aliis ornamentis ecclesiæ
de Cugeto, viginti libras turonenses;

... Item conventui fratrum minorum de Samatano -seu operi ejusdem ecclesiæ tringita libras turonenses;

Item hospitalibus beati Anthonii de Bianes et de Beraco cuilibet ipsorum decem solidos turonenses;

Item hospitali pauperum de Samatano quinquaginta solidos turonenses;

.. Item conventui de Gualardo quinque libras turonenses;

. Item conventui minorum de Samatano et minorum de Insula, pro missis celebrandis, cuilibet quindecim libras turonenses. Item conventui de Gimonte, pro missis modo quo supra celebrandis, quindecim libras turonenses. Item conventui fratrum minorum de Auxitanensi, pro missis modo quo supra celebrandis, quindecim libras turonenses. Item conventui fratrum minorum de Miranda, pro missis modo quo supra celebrandis, decem libras turonenses. Item conventibus de Berdunis, Grandissilvæ, de Flarano, cuilibet de dictis conventibus, pro missis modo quo supra celebrandis, decem libras turonenses. Item conventibus fratrum minorum prædicatorum et Carmelitarum Lectoræ, pro missis modo quo supra celebrandis, quindecim libras turonenses. Item conventibus fratrum minorum prædicatorum, Carmelitarum et Augustinorum de Agenno, cuilibet ex dictis conventibus, pro missis modo quo supra celebrandis, quindecim libras turonenses. Item conventibus fratrum minorum, prædicatorum et Carmelitarum de Condomio, cuilibet dictorum conventuum, pro missis, quindecim libras turonenses. Item legavit conventui Casedei pro missis decem libras turonenses. Item conventui beatæ Mariæ Auxis pro missis decem libras turonenses. Item conventibus fratrum minorum prædicatorum de Podio pro missis cuilibet decem libras turonenses. Item legavit pro redemptione captivorum decem libras turonenses. Item conventibus dominarum de Bono Loco

et de Goiono cuilibet pro missis quinque libras turonenses. Item
octuaginta quartones frumenti distribuendos in pane pauperibus
Christi, videlicet : triginta cartones in vicecomitatu Fesensaguelli,
et decem cartones in vicecomitatu Brulhesii, et triginta cartones
in vicecomitatu Creyselli et baronia de Roquafolio , et decem
cartones in terra ejusdem testatoris quam habet in Carcassesio.
Item voluit et ordinavit quod hæres suus teneatur mittere duos
homines in equis et armis ultra mare, quando fiet passagium
generale et non ante, quibus legavit in dicto casu et dare voluit
pro equis et armis et aliis ipsis necessariis sex libras turonenses.
Item legavit domino Raimundo de Madagoto, militi, ducentas
libras turonenses. Item Arnaudo Bernardi de Armaniaco, fratri
suo naturali, quadringentas libras turonenses. Item Petro de
Gualardo centum libras turonenses. Item Gerardo d'Esparberiis,
domicello, centum libras turonenses. Item Guillermo de Franchis, Guillermo de Maurenchis, domicellis, cuilibet ipsorum
centum libras turonenses. Item Petro de Giera, domicello,
centum libras turonenses. Item Attoni de Maranaco quinquaginta libras turonenses. Item Petro de Convenis naturali ducentas
libras turonenses. Item Bernardo de Comerio, Bernardo de Montanhaco, Petro de Serram-Podio, domicellis, cuilibet ipsorum
centum libras turonenses. Item Arnaudo, filio Petri de Giera,
centum libras turonenses. Item Guillermo d'Espaberiis, domicello, quinquaginta libras turonenses. Item Bernardo de Sancta
Gemma, Arnaldo de Ausono, Geraldo de Siraco, et Jacobo de
Montebruno, domicellis, cuilibet ipsorum centum libras turonenses. Item Ottoni de Curribus, Archino de Montepesato,
Guillermo de Monteacuto, Bertrando de Gotbezio, Sicardo, filio
Sicardi d'Esperberiis, Dominico de Montepagano, Othoni d'Espa-
vone, Geraldo de Mirabello, Yspano de Maurenchis, Arnaldo,

filio Geraldi d'Esperberiis, domicellis, cuilibet ipsorum quinquaginta libras turonenses.

Acta fuerunt hæc apud Malum Vicinum, vicesima prima die
aprilis, anno Domini millesimo trecentesimo septuagesimo nono...
Testes sunt dominus Raymundus de Tilio, rector ecclesiæ beati
Oriencii de Assumpodio, Petrus de Ilhano, rector ecclesiæ Floren-
ciæ, licenciatus in utroque jure, Raymundus de Mandagot, miles,
fratres Petrus de Moressaco, Franciscus Retorci de ordine fratrum
minorum, magister Raymundus de Nazario, baccallarius in
legibus, Raymundus comes, Bernardus de Montanhaco et magister Raymundus de Agusano, publicusnotarius vicecomitatuum
Fesensaguelli et Brulhesii, qui hoc recepit instrumentum.

Item aliud testamenti instrumentum dicti Geraldi de Armaniaco, vicecomitis Fesensaguelli, Brulhesii et Creisselli, ejusdem
substantiæ et tenoris de verbo ad verbum et sub eisdem data et
testibus, ut est instrumentum proxime supra scriptum[1].

Collection du président de Doat, vol. 197 du fol. 26 au fol. 41. Bibl.
nationale, section des Manuscrits.

[1.] Au bas de cet acte est écrit: Extrait et collationné d'une copie écrite en
papier trouvée dans les archives des titres de Sa Majesté en la ville de Rodez,
inventoriée en l'inventaire des titres desdites archives au chapitre des mariages et
testaments côté de lettre D, par l'ordre et en la présence de messire Jean de Doat,
conseiller du roy, etc., par moy, Gratian Capot, huissier de ladite chambre (des
comptes), etc. Fait à Rodez le 21e aoust 1667. *Signé :* De Doat et Capot. »

FIN DU TOME PREMIER.

TABLE

DES DOCUMENTS

SUR LA MAISON DE GALARD

D'APRÈS L'ORDRE SUIVI DANS CET OUVRAGE.

MONTASIN DE GALARD, *abbé de Condom.*

AYSSIN OU AYSSIEU III DE GALARD, SEIGNEUR DU GOALARD, DE TERRAUBE ET DE PUYFONTAIN.

MONTASIN DE GALARD, SEIGNEUR D'ESPIENS, ET AYSSIN IV,
maire de Bordeaux et lieutenant du sénéchal de Gascogne.

SÉGUINE DE GALARD.

GÉRAUD, SEIGNEUR DE TERRAUBE.

BERTRAND, SEIGNEUR DE BRASSAC, ET AYSSIN DE GALARD.

RAYMOND DE GALARD, ABBÉ ET ÉVÊQUE DE CONDOM.

GUILLAUME DE GALARD ET RAYMOND DE GALARD, DIT CORTÈS.

PIERRE DE GALARD, GRAND MAITRE DES ARBALÉTRIERS.

BERTRAND DE GALARD, SEIGNEUR DE L'ISLE-BOZON, ET ASSIN OU AYSSIN DE GALARD.

GUILLAUME DE GALARD.

BERNARD DE GALARD.

BERTRAND DE GALARD.

JEAN DE GALARD, BARON DE LIMEUIL.

BERNARD DE GALARD.

PIERRE DE GALARD, ÉVÊQUE DE CONDOM.

FIN DE LA TABLE DES DOCUMENTS CONTENUS
DANS CE PREMIER VOLUME.

TABLE

NOMS COMPRIS DANS L'INTRODUCTION.

————

TABLE

DES PERSONNES ET DES FAMILLES

MENTIONNÉES EN CE VOLUME.

45

PARIS. — J. CLAYE, IMPRIMEUR, 7, RUE SAINT-BENOIT. — [200]

PARIS. — J. CLAYE, IMPRIMEUR, 7, RUE SAINT-BENOIT. — [200]

www.ingramcontent.com/pod-product-compliance
Lightning Source LLC
Chambersburg PA
CBHW060541280326
41932CB00011B/1362